「서울대학교 법학연구소
법의지배센터 연구시리즈 2006-1」

NGO와
법의 지배

박 은 정 편저

傳 英 社

이 책은 Microsoft사의 'Rule of Law' Fund의 지원을 받아 출판되었음.

Seoul National University
Center for Rule of Law
Research Series 2006-1

NGOs and the Rule of Law

Edited By
Un Jong Pak

2006

Pakyoungsa Publishing Co.
Seoul, Korea

Foreword

Bradford Smith*

On behalf of Microsoft Corporation, I would like to extend my sincere thanks to Seoul National University for its dedication to the Rule of Law Program for the past five years.

The rule of law is the widespread understanding of and respect for the rules by which society governs itself. Such widespread understanding is typically achieved as a result of a process of active and open debate of policies and principles that ultimately result in the generation of new laws and regulations.

We at Microsoft believe in the importance of the rule of law for a number of reasons, including the crucial role that it plays in legal and economic development and in promoting social stability. We are always grateful when there is a transparent process in which all parties can participate and can trust that they will be heard and their views considered.

While all parts of society have a responsibility to play a role in the public debate, academic institutions have long played an especially critical role. In that tradition, Seoul National University has taken a leading role by creating its Center for the Rule of Law, by hosting symposia and lecture series that allow scholars, experts and practitioners to come together and exchange ideas in a welcoming atmosphere and by promoting the publication of scholarly work on topics of importance. Through the publication of volumes like this one, the field of thought

* General Counsel, Microsoft Corporation.

expands and others may benefit from the exchange started at a particular symposium and hopefully the debate continues and the circle of participants broadens.

This year, the Center explored the interesting role that non-governmental organizations, commonly known as NGOs, play with respect to the Rule of Law. Whether acting to promote human rights or the environmental movement, promoting the pro bono work of lawyers or performing a role as judicial watchdog, to name only a few of their diverse activities, NGOs are a force for change and a catalyst for progress. Often, they provide a voice to the powerless and to those in society who may have no other representatives and no way to be heard. Thus, in the process of active and open debate of policies and principles that is so crucial to the rule of law, NGOs play a particularly significant function. We have no doubt that the articles in this volume will provoke thought and debate as to the role of NGOs in enhancing social welfare and achieving justice under the rule of law.

We congratulate Seoul National University for the excellent work that has been done over the past five years at the Center for the Rule of Law. We thank the University for the opportunity to support its work and would like to thank Professor Seung Wha Chang, the Director of the Center, Professor Un Jong Pak, the project leader, and Dean Nak In Sung for his leadership of both the School of Law and the Center. We are proud of our affiliation with this fine program and with the impact it has achieved in encouraging debate on topics of importance to society.

June 2006.

발 간 사

서울대학교 법학연구소 법의지배센터는 2003년 Microsoft사의 재정적 지원으로 설립된 이래 한국사회에 법의 지배 이념을 확산하는 데 기여할 수 있는 연구활동, 세미나 개최 및 교육활동을 지속적으로 전개해 왔다. 그동안 법의 지배 연구 시리즈로서 "절차적 정의와 법의 지배(2003)," "국제기준과 법의 지배(2004)," "사회적 차별과 법의 지배(2005)" 그리고 "법치주의의 기초: 역사와 이념(2005)"을 비롯한 여러 권의 단행본을 발간한 바 있다.

이번에 간행되는 "NGO와 법의 지배"는 우리 사회에서 현재 NGO가 차지하는 중요성을 감안할 때, 법의 지배 확산을 위한 하나의 수레바퀴로서의 NGO의 역할을 법적인 관점에서 종합적으로 조명하는 국내 첫 연구결과라고 자랑스럽게 말할 수 있다. 그 동안 법의 지배 이념의 확산을 위한 노력의 주체로서 정부나 법조계의 역할은 당연히 강조되었으나 급속한 민주화와 더불어 필연적으로 생성되는 다양한 이해를 직접적으로 표출하는 시민사회(Civil Society)의 역할은 현실로서 인식되고 있을 뿐 이를 법제도적으로 바람직하게 정착시키는 데 기여하는 학문적 시도가 이루어지지 못하고 있었음에 비추어 이 책의 출간은 더욱 의의가 있다고 할 수 있다.

이 책이 발간되기까지는 너무도 많은 분들의 지적 열정이 모아졌다. 이 프로젝트의 전체책임을 지시고 이끌어 주신 박은정 교수님, 기획단계부터 마지막 순간까지 힘을 보태주신 양현아·한인섭·조국 교수님, 제주도 심포지움에서 너무도 뜨거운 토론을 해주신 박원순 변호사님을 비롯한 모든 참석자 여러분께 우선 진심으로 감사를 드린다. 2001년 이후, 특히 법의지배센터가 설립된 2003년 이후 법의지배센터 연구사업을 재정적으로 지원해주고 있는 Microsoft사의 Bradford Smith 수석변호사, Pamela Passman 부수석변호사, 그리고 제주도 심포지움에 직접 참여해 주신 Diane D'Arcangelo와 정재훈 변호사님께 감사드린다. 또한 법의지배센터 연구사업에 항상 관심을 가지고 2005년도 사업의 일환인 본 프로젝트를 지원을 해주신 성낙인 (전)서울대 법과대학 학장님, 최병조 (전)법학연구소장님께도 깊이 감사드리고자 한다. 마지막으로 행정적으로 궂은일을 마다하지 않고 성심성의껏 도와준 이정효 조교와 현재 수녀로서의 숭고한 길을 가고 있는 이나승 (전)조교의 앞날에 축복이 있기를 기원한다.

2006년 6월

서울대학교 법과대학 법의지배센터장 장승화

차 례

제 1 장 시민사회와 법치

제 2 장 NGO와 사법을 통한 권리구제

제 3 장 NGO와 입법형성

제 4 장 NGOs와 합법성

서문: 시민사회와 법치

박 은 정

I.

이 책은 1990년대 이래 우리나라에서 활발히 전개된 NGO의 입법 운동, 공익소송 운동, 사법참여, 권력감시 활동 등의 성과를 살펴보고, '법의 지배'의 실현이라는 목표에 비추어 그 의의와 문제점, 그리고 앞으로의 전망을 논한 내용을 담고 있다. "NGO와 법의 지배"라는 주제로 32명의 법학자, 시민운동가, 법조인, 정부 정책 담당자들이 제주도에 모여 심포지움을 개최한 것은 지난 2005년 8월 말이었다. 그 후 거기서 발표한 내용들을 발제자들이 더 손질하여 글로 완성하고, 지정토론과 종합토론 내용을 녹취·정리하여 이제 한 권의 책으로 내놓게 된 것이다.

서울대학교 법과대학 법의지배센터의 연구과제로서 'NGO와 법의 지배'라는 주제를 택하고 내용을 기획하는 단계에 참여한 사람들은 필자를 포함하여 장승화 교수, 한인섭 교수, 조국 교수, 양현아 교수, 김기식 참여연대 사무처장, 양영미 인권재단 상임이사, 황필교 변호사, 염형국 변호사였다. 프로젝트 방향을 논의하면서 당시 한인섭 교수는 다음과 같은 간략한 발제문으로 우리 연구의 필요성과 과제를 정리한 바 있다.

– 한국의 민주주의는 법적 제도화 과정을 넘어서 성숙화의 단계로 진입해야 하는 과제를 안고 있다.

– 최근 입법 및 재판이 시민사회에 미치는 영향이 커지고 있다. 특히 새만금, 대통력 탄핵, 행정수도 이전 등에서 보듯이 입법과정에서의 절차적 정의와 실체적 정당성의 확보가 매우 중요해지고 있으며, 헌법·법률의 관점이 정부정책 및 시민사

회의 이슈 파이팅의 무대가 되고 있다.

– 참여민주주의의 증대 요구는 입법, 행정, 사법의 전 방면에서 실천을 요구하고 있으며, 최근 시민참여사법의 실현에 관한 합의는 그 한 예에 해당한다.

– 시민사회의 요구를 대변해왔던 NGO는 이제껏 합법·반합법·비합법의 다양한 방법을 통해 대응해 왔으나 점차 합법영역의 비중이 커지고 있으며, 그에 따라 (헌)법적 관점은 NGO 활동에서도 기본적인 방법으로 자리잡아 가는 추세이다.

– 현재 법조인들의 공익적 법률활동 참여가 활발해지고 있으나 개별 단체와 연대하여 활동하는 것을 넘어서 법률가적 활동의 방향, 방법에 대한 인식 등에 대한 문제의식의 공유와 상호 토론은 미약한 실정이다.

– NGO의 활동증대에 관심을 가진 연구자, 활동가, 법조계, 정부, 언론 등이 격의 없이 만나 현안에 대한 상이한 접근과 강조점을 토의하여 한 단계 높은 법활동을 수행할 필요가 있으며, 그럼으로써 우리 사회의 합리화에 기여하고 거래비용을 감소시킬 필요가 있다.

– NGO의 입법활동, 소송활동, 사법참여, 시민사회에서의 법의 지배 실현 등을 위한 지식 및 방법에 대한 논의가 필요하다.

– 헌법적 시각, 국제화의 시각에서 본 NGO의 의제 및 대응도 탐구할 필요가 있다.

우리 기획팀은 위와 같이 연구의 방향을 잡은 후 NGO와 법의 지배의 증대에 관심이 있는 시민활동가, 법조인, 연구자 및 정책담당자들을 주축으로 현안이 되는 핵심 이슈들을 선별하여 집중적으로 토의하는 심포지움을 개최하기로 하였다. 제주도 심포지움에 참석한 사람들은 그간 사법감시운동, 기업감시운동, 인권운동, 환경운동, 여성운동, 정보운동, 사회복지운동, 장애인 이동권운동, 역사청산운동 등 다양한 운동영역에서 일해 온 시민사회단체 상근활동가들과, NGO활동에 참여하면서 새로운 법해석과 법이론 개발에 애써온 법률가들이었다.

법학자와 법조인, 현장운동가, 그리고 정부정책담당자가 머리를 맞대고 소통을 시도하는 자리의 유익함에 대해서 새삼 장황하게 늘어놓을 필요는 없을 줄 안다. 이 모임의 결실을 담아낸 이 책은 NGO활동을 법치주의 강화에 대한 관심과 연관지어 본격적으로 논의했다는 데 큰 의의가 있다. 더 나아가, 절차적 민주화의 진전 이후 새로운 법치주의 실현과제를 염두에 두고 현장적·실천적 관심을 가진 사람들과 이론적·제도적 접근에 익숙한 사람들이 함께 모여 고민한 결과물이라는 점도 이 책의 또 다른 의의로 꼽을 수 있을 것이다.

Ⅱ.

법과대학에서 가르치는 필자가 강학상 즐겨 인용하는 대목의 하나는 독일의 법철학자 구스타프 라드브루흐의 다음과 같은 표현이다. "법치국가란 매 끼니의 밥이나, 마시는 물, 숨 쉬는 공기와도 같다. 그리고 민주주의의 가장 좋은 점은 바로 민주주의만이 이 법치국가를 보장하기에 가장 알맞다는 점이다." 이 표현은 그가 1946년에 쓴 논문인 "법률적 불법과 초법률적 법"의 끝부분에 나오는데, 그 논문을 통해서 라드브루흐는 독일에서 나치가 저질렀던 극도의 법왜곡과 법타락을 극복하고 법치국가를 재건하자는 절실한 염원을 표현했다.

필자가 이 대목을 좋아하는 이유는 법치국가 혹은 '법의 지배'의 뜻을 '법은 법이다'식의 국가우선의 권위주의 냄새가 풍기지 않는, 일상적이고 시민적인 차원에서 풀이하고 있기 때문이다. 법치국가를 시민적 일상에 갖다놓는 그의 비유를 통해 우리는 법치는 민주주의와 불가분의 관계에 있고 '법치'가 '민주'와 멀어질 때 시민사회와 법생활이 어떻게 변질되는지 깨닫게 해준다. 그의 비유는 법적 정당성과 시민적 자율성은 동일한 원천을 가진다는 이치를 터득하게 해준다.

하버마스의 말을 빌지 않더라도 '시민은 법의 수신자인 동시에 법의 저자'이다. 그러기에 시민적 자율성과 연결되지 않는 법은 한낱 정치권력의 사회통제 수단 아니면 자본의 경제독점 수단이 되거나, 법을 직업적으로 다루는 사람들의 수중으로 넘어가 사법이라는 철옹성에 갇히고 만다.

권위주의 정권시절 법은 정치권력이 시민을 탄압하고 사회를 통제하는 흉기로 동원되었다. 아니면 개발 독재의 자본집중을 위한 경제논리의 보조수단으로 쓰였다. 그러기에 지난 수십 년이 넘는 동안 이어진 사회운동은 민주화운동일 수밖에 없었고, 이는 반시민적 반일상적 '법의 지배'에 대한 시민적 분노와 저항으로 표현되었다. 민주화 이전의 모든 법운동은 그러므로 법위반 운동이었다고 해도 과언이 아니었다.

87년 6월 항쟁을 기점으로 민주화의 진전과 함께 반시민적 반일상적 '법의 지배'를 뒤로 하고 새로운 '법의 지배'로 나아갈 수 있는 발판이 생겼다. 폭력/비폭력의 담론이 합법/불법의 담론으로 바뀌면서 형식적 법치주의, 절차적 민주주의의 토양이 생긴 것이다. 민주화운동의 연장선상에서 1990년대에 등장하여 성장한 NGO활동은 이러한 토양을 전제로 한다. 1990년대에서 2000년 상반기에 이르기까지 실로 다양한 사회운동조직 즉 시민사회운동단체가 생겨났다. 소비자보호, 사회복지, 재벌감시, 언론감시, 양성평등, 소수자인권, 환경, 노동, 장애우 권익, 과거사, 정보, 아파트 문제, 자치 등 다양한 영역에서 생겨났으며, 이들 단체의 운동은 체제변혁이라는 급진성을 띠기보다는 체제 안에서의 제도개혁, 권력감시, 권리증진에 더 무게를 두는 쪽으로 바뀌게 되었다. 사회운동을 통한 민주화는 이제 사회운동을 통한 개혁의 제도화, 구체화 그리고 이를 통한 법치주의의 실질화 내지 강화에 기여하려는 쪽으로 진일보하게 된 것이다.

'법을 통한 시민운동'의 등장도 이러한 배경에서 설명될 수 있다. 민주화의 진전 이후 운동의 목표가 제도개혁에 놓이면서, NGO는 이러한 제도변화를 위한 아래로부터의 추동력으로 작용했다. 제도를 둘러싼 논쟁은 법을 둘러싼 논쟁일 수밖에 없다. 권위주의 정부를 청산하고 들어선 문민정부, 국민의 정부, 그리고 참여정부에 이르기까지 모든 정부가 대외적으로 표방하는 많은 민주개혁, 제도개혁의 과제는 바로 법률차원의 제도를 바꾸는 문제였다. 이러한 상황에서 NGO 활동들은 위로부터의 전략에 맞서 아래로부터 구체적인 제도변화와 정책변화를 목표로 법을 동원하게 된 것이다. 고소, 고발, 손해배상청구, 헌법소원 형태의 공익소송, 그리고 법률의 제정, 개정, 폐지를 목표하는 시민청원과 입법운동은 지난 10여 년 이래 NGO들이 민주주의의 정치적 역동성을 활용하는데 가장 빈번하게 동원된 자원들이다. 공익적 이슈에서 NGO의 정치적 사회적 영향력이 우리사회에서 단시간에 커질 수 있었던 것은 법률자원을 적절하고도 효과적으로 동원할 수 있었기 때문이었다. 보다 많은 시민들의 참여나 언론을 통한 공론화가 용이하지 않은 때 법적 수단을 통한 운동은 대중참여나 언론의 관심을 촉발하는 계기를 만들기도 했다.

법을 동원하는 시민운동이 가능하다는 것은 민주주의 법치국가의 기본 틀이 짜여졌다는 것을 의미한다. 말하자면 입법, 사법, 행정이 그 헌법적 위상을 찾게 되고 헌법이 국민생활규범으로 어느 정도 자리 잡기 시작했다는 뜻이다. 입법부가 입법권을 실제로 행사하고 행정부를 견제하며, 행정이 법률에 기속되고, 사법부가 정치적으로 독립적이 되고, 그를 통해서 시민들이 단순히 법률생활이 아닌 헌법생활을 할 수 있게 된 것이다.

실제로 1988년 헌법재판소의 출범과 그 활성화는 헌법을 생활규범화하는 데 크게 기여했다. 특히 국민이 직접 법률이나 행정입법, 공권력의 행사로 인한 기본권 침해를 주장하면서 해당 법률이나 공권력의 행사의 위헌성을 다툴 수 있게 한 헌법 소원제도는 헌법규범력 강화를 통해 우리사회의 법생활을 질적으로 한 단계 높이는 데 크게 기여했다. 뒤이어 출범한 국가인권위원회도 NGO에 의해 적극적으로 활용되면서 인권지향적인 시민공론장을 확대하는 데 크게 기여했다.

확보된 합법성의 공간에서 한국 NGO의 '운동정치'는 정당, 정부, 국회 등의 '제도정치'와 갈등, 경쟁, 상호작용하면서 상당한 정치적 영향력을 발휘하면서 입법과정에 그리고 정부정책 결정에 직간접적으로 참여하고 있다. 사회운동이 입법과정 내지 사법과정에 개입하여 사회변화를 이루어 내는 일이 가능하게 되었다는 의미에서 한국사회는 누군가의 표현대로 '사회운동사회'에 들어서고 있는 셈이다.

법을 동원하는 시민운동이 이처럼 활발할 수 있게 된 데는 사법시험 합격자의 증대로 법률가들의 수가 늘어나면서 공익적 활동에 관심을 가지게 된 변호사들이 많아진 이유도 작용했다고 본다. <민주사회를 위한 변호사 모임> 출범에서 최근 공익변호사 상근체제를 이룬 <공감>에 이르기까지 시민사회운동에 참여하는 실무가의 두터운 층은 '법률가가 변하면 사회가 변한다'는 말을 실감케 해준다. 이들은 국가와 민간집단 혹은 개인들 사이의 권력관계, 재벌기업, 주주, 사원 사이의 관계, 기업과 소비자 사이의 관계 등 다양한 권력관계를 법률적 권리의무관계로 적극적으로 재해석하고, 권리구제를 위해 필요시 고발과 소송을 병행하면서 효과적으로 문제제기를 하고, 더 나아가 적극적인 입법형성운동을 펼치면서 국가기관과 공적 민간기구 활동에 시민들의 감시와 참여를 유도해 나갔다.

이렇게 법을 동원하는 시민운동은 한 축으로는 사법을 통한 권리구제 차원의 공익소송운동으로 그리고 다른 한 축으로는 입법운동으로 전개되었다. 이 책에서도 크게 둘로 나누어 'NGO와 사법을 통한 권리구제' 그리고 'NGO와 입법형성' 분야에서의 성과와 문제점들을 다루고 있다. 이 책에 실린 글의 내용을 간략하게 살펴보기로 한다.

Ⅲ.

박원순 변호사의 "법치주의 강화와 시민단체의 역할"은 운동의 주요수단으로서 법률을 택한 참여연대 활동을 중심으로 살펴보면서 "한국사회 발전의 한 기둥으로서 도약한 시민운동"의 성과를 정리했다. 참여연대를 창립하여 10여 년 동안 열정적으로 법을 통한 시민운동에 헌신해온 그는, 한국 시민단체가 권위주의 정권에서 새로운 민주주의 단계로 이행하는 과정에서 정치권력 내지 국가권력을 감시하는 운동을 펼침으로써 참여민주주의 새로운 길을 열고 법치주의를 강화하는데 결정적으로 기여했다고 선언한다. 시민단체는 정부와 시장을 견제·보완하는 가장 강력한 힘으로 등장하면서 그의 표현대로 이제 "시민단체 없는 한국사회는 상상하기 힘들게 되었다." 그에 의하면 올바른 법제를 위한 입법운동은 국회를 견인하는 이니셔티브 역할을 했다. 특히 행정기관 정보공개청구 운동은 사회의 투명성을 높이고 책임성을 강화하는데 기여했다. 작은권리찾기운동, 국민생활최저선 운동 등이 보여주듯이 국민권익과 복지향상에 기여한 성과도 빼놓을 수 없다. 그러면서 박 변호사는 운동 성과를 평가하면서, 이들 운동이 중앙정부에 대한 감시에 집중되었고, 생활공동체 안에서의 운동이기보다는 제도개혁에 초점을 두었다는 점에서 일정한 한계가 있었다고 고백한다.

염형국·김영수 변호사의 "법률수요 실태 및 로펌의 프로보노 활동에 관한 조사"는 법치주의가 점차 확산되는 상황에서 시민단체의 법률수요에 대한 설문 실태조사 및 지역간담회 등을 통해 확보한 자료를 바탕으로 쓰여진 것이다. 이 글은 시민사회단체의 법률업무를 지원하고 있는 변호사들의 공익활동이 지금보다 더 활성화되어야 함을 역설하고 있다. 시민단체들의 법률수요 조사에 따르면 법률상담, 입법운동, 실무자 법률교육, 법률매뉴얼 작성 등에 비해, 공익소송과 관련한 지원요구가 큰 비중을 차지하는 것으로 나타나고 있다. 이 글은 소송비용, 당사자적격 확대, 소이익 완화, 징벌적 배상제도 등 제도개선과 함께 시민단체 실무활동가들과 법률가들의 상호이해 증진, 법률가의 전문성제고, 적극적 공익소송 아젠다 발굴 등의 과제를 제시하고 있다. 특히 로펌의 공익활동 실태와 문제점을 분석하면서 공익법률활동에 여러모로 효과적인 로펌의 프로보노의 필요성을 강조하고 있다. 더 나아가 법률가 양성 내지 법학교육 과정에서 공익변호사 양성을 위한 프로그램 도입, 시민단체 내 상근변호사 채용, 공익활동에 대한 세제 혜택 등도 대안으로 제시한다.

이찬진 변호사의 "사법을 통한 권리구제와 NGOs – 도전, 한계와 대안"은 1990년대 이후 사회복지분야에서의 공익소송 사례를 들어 NGO들이 특히 사회권 개념을 시민사회운동의 중요한 의제로 부각시켜 실천해왔음을 자세하게 다루고 있다. 그는 특히 '알권리'라는 헌법상의 기본권인 정보공개청구권이 투쟁을 통해 인정되면서 이것이 "국가권력에 대한 권력감시운동의 헌법적 토대를 구축하고 참여민주주의운동의 외연을 확산"하는 데 중요한 계기가 되었다고 분석한다. 이변호사는 공익법운동을 활성화하기 위한 방안으로 헌법재판제도에서 독일식의 추상적 규범통제 도입, 당사자주의적 소송구조 완화, 징벌배상제도 도입, 기본권 해석론 심화, 기본권에 관한 법률적 감수성 고양 등의 과제를 제시한다. 오랜 동안 사회복지 분야의 공익소송을 이끌어온 이 변호사는 마지막으로 과연 현재와 같은 NGO들의 권력감시 활동이 우리 사회의 미래를 위한 과제들에 대해서도 유용하게 작동할 수 있을 것인지 물음을 던진다. 한국 NGO들의 특수한 사회적 위치가 앞으로 도전과 변화를 요구받으면서 구체적으로 방향성이나 방법론에 있어서 어떻게 해야 할 것인가는 종합토론까지 이어지는 무거운 화두로 남았다.

이은우 변호사의 "정보운동 성과와 과제 및 법률의 역할"은 정보화시대에 정보자원을 둘러싼 갈등을 해결하기 위한 다양한 운동들을 다루고 있다. 그에 따르면 다른 운동영역에 비해 정보운동은 '무형의' '지식'자원을 다루는 만큼, 그 영역과 경계를 정하는 투쟁이 치열하다. 또한 정보자원의 생산, 유통, 분배 등의 권리실현 과정에서 다른 영역보다 제도와 법률에 대한 의존도가 크다는 특색을 지닌다. 그만큼 정보운동과 법률전문가의 역량결집이 절실하다는 이야기일 것이다. 이 변호사는 정보자원 독점화 및 사유화 대항운동, 정보통신망 검열반대운동, 개인정보 보호운동 등 정보자원의 공공성을 강화하기 위한 그동안의 입법운동, 사법구제운동 등을 점검하고, 이러한 운동의 성과에 대해서는 비판적인 평가를 내리고 있다. 그러면서 무엇보다도 활동가와 전문가 확보, 법률지식과 학제적 실증적 정책연구의 결합, 국제조약 내용 변화를 목표로 하는 국제연대, 급변하는 기술파급력 검토 등이 절실하다는 결론을 내리고 있다.

참여연대 사법감시센터 활동을 중심으로 "사법감시활동의 성과와 과제"를 점검한 차병직 변호사의 글은 사법감시센터의 출범, 조직 구성, 의사결정 과정, 활동 형태, 재정 등을 개괄하면서 1994년부터 2005년까지의 활동을 상세한 통계자료와 함께 정리해주고 있다. 사법감시센터 초기의 주요사업이었던 모니터링, <사법감시>지

발간, 사법제자리놓기시민모임, 시민법정, 법조인 자료실 운영 등은 사법의 높은 문턱과 법조비리 등으로 사법권력의 민주적 정당성에 강한 의구심을 지닌 우리사회에서 이 분야에서의 시민참여의 새로운 장을 열어 보인 활동들이다. 법조인 자료실 설치의 취지에 따른 헌법재판관, 대법관 등 고위법관 후보자 평가 및 추천활동은 사법부 독립이 반드시 공익을 보장하는 것은 아니며, 중요한 것은 법원구성의 민주적 변화유도라는 점을 일깨우고 있다. 차 변호사의 평가대로, 사법감시센터가 1995년 <국민을 위한 사법개혁>을 통해 사회의제화시킨 사법개혁안은 사법개혁의 단초를 제공한 동시에 10년이 지난 지금 상당수 제도화되고 국민의 인식변화를 이끌어냈다는 점에서 우리 사법사에서 그 의의가 제대로 평가되어야 할 것이다. 그러면서도 그는 변호사 업계에 대한 감시활동 저조, 기본적인 모니터링 활동 후퇴, 전문성 미비, 감시라는 도전적 전투적 이미지 문제는 향후 활동을 위한 검토과제로 남는다고 적고 있다.

김기식 참여연대 사무처장의 "입법운동의 조건 및 성과와 한계"는 입법운동을 둘러싼 문제점들을 활동가로서의 체험을 고리로 엮어내고 있다. 그는 우선 입법관련 제도현황을 비판적으로 검토하면서 입법예고 및 청원제도, 공청회, 의정활동 공개, 조례청구 및 주민감사청구, 주민투표 등에서 제도미비와 함께 제도의 취지를 훼손하는 무수한 부조리와 형식적 운영 관행이 남아있음을 조목조목 지적한다. 김처장은 입법운동 사례를 들어 시민단체가 제기한 의제가 성공적인 입법으로 이어질 가능성이 아주 크다는 사실을 확인해 준다. 즉 NGO 입법활동의 성공요인은 예컨대 재벌기업 등을 상대로 한 공익소송을 통해 입법의 필요성을 사회적으로 환기시켜, 상황을 적극적으로 활용하고 적극적인 로비활동을 펼치고, 여론조성에 노력에 있었음을 거듭 강조한다. 그는 한국의 입법운동이 짧은 민주화 기간에 비해 다른 나라에 유례가 없을 만큼 신속한 성과를 보여준 것은 "오랜 독재기간으로 인해 사회의 기본시스템이 제대로 구축되지 못하고 정치와 정당이 제 기능을 하지 못하는 현실에서 민주화 세력에 대한 국민적 지지기반을 바탕으로 형성된 한국 민주사회운동의 막강한 정치적 영향력이 반영된 결과"로 평가한다. 반면 그는 의료법, 변호사법 등 강력한 이해집단이 관련된 분야에서는 성과를 내기 어렵고 이념적 계층적 이해가 엇갈리는 분야의 개혁입법의 경우 제도권 정치집단의 미약으로 입법형성에 근본적인 한계가 있음을 토로하고 있다.

남윤인순 여성연합 상임대표의 "여성운동이 여성 관련법 제·개정 과제에 미친 영향"은 여성관련 법제의 개선과정을 시기별 과제별로 검토하면서 여성운동의 입법화 전략, 성과, 쟁점을 살피고, 법제도화가 반대로 여성운동에 미친 영향에 대해서 주목한다. 우리사회에서 지난 10년간 여성운동단체 주도로 여성관련 입법이 다른 어느 나라보다도 빠르게 추진될 수 있었던 데는, 적극적 사회여론조성을 통해 여성문제가 사회문제로 정의되고, 여성운동 내부의 토론과 의견수렴을 통한 운동의 대표성 구축, 정책의제화 단계에서, 그리고 다양한 세력과 연대를 통한 사회적인 합의과정 구축," 그리고 입법화 단계에서는 시민로비 방식을 취해 여성운동을 지지하는 의원과 연대하여 정치적 영향력을 확대해 나갈 수 있었기 때문이라고 평가했다. 그의 이러한 평가는 실제로 1993년 성폭력 특별법 제정에서 그 후 가정폭력 방지법 제정, 모성비용 사회분담화, 여성부 신설, 육아의 사회화, 성매매 방지법 제정, 그리고 2005년 호주제도 폐지에 이르기까지의 입법운동의 배경 및 과정설명에 그대로 반영된다.

여영학 변호사의 "환경운동과 환경정책 · 제도"는 우리나라 환경운동의 발전사를 간략히 살펴 보고, 환경 관련 정책수립과정에서 환경단체의 영향력이 커지고 있는 이 때에 정책과 법제도 혁신을 위한 환경운동의 과제를 짚어보는 글이다. 그에 따르면 1970년대의 환경운동이 피해지역 주민들의 보상운동 차원이었다면, 1980년대부터는 체계적인 환경운동 단체가 생기면서 환경운동이 지방의 공단지역에서 도시지역으로 확대되고, 1990년대에 들어 환경문제에 대한 여론의 관심 증폭과 함께 환경운동의 대중적 기반이 확대되었다. 여 변호사는 대형 환경사고를 계기로 환경정책과 환경법이 변천하게 된 국내외의 사례, 그리고 환경운동이 정책변화와 법제도 개선을 추진한 사례를 추적·분석한다. 그러면서 그는 현재 우리나라 환경법제가 형식적인 측면에서는 큰 문제가 없어 보임에도 불구하고 전반적으로 심각한 환경문제를 안고 있는 모순을, 환경법이 개발 관련 법률의 위력에 밀려 여전히 부분적인 통제밖에 할 수 없기 때문이라고 비판한다. 환경운동 분야에서 우선적으로 해결해야 할 과제를 그는 전문가 역량확충, 입법로비와 정책대안 제시, 정보공개청구, 지속적 모니터링 등으로 들고 있다.

김동춘 교수의 "과거사법 제정운동과 NGO"는 민주화 진전 이후 유족과 시민단체 주도로 진상규명운동, 시민입법운동 형태로 이루어진 과거청산운동의 대표적인 예를 통해 과거청산운동의 한계와 가능성을 짚어 보고, 참여정부에 들어와 이루어진 통합과거사법 제정 과정에서의 시민단체 역할을 다루고 있다. 과거청산운동의 이론과 실천을 주도해온 김 교수는 현재 진행중인 과거사청산 프로젝트가 정부의 의지, 시민단체의 힘, 국민여론 등이 결합되어야 성공할 수 있음을 경험을 통해 누구보다도 잘 알고 있기에, 사회운동으로 출발한 우리의 과거청산 작업이 법적, 정치적으로 해결에 이르는 과정이 얼마나 지난한 작업인가를 새삼 깨닫게 해준다. 김교수는 우선 사회운동에 힘입어 추진된 5·18 청산작업이 정치적 이해에 종속되고, 집단보상이 아닌 개인보상 등을 우선시함으로서, 민주화의 질적 발전에 미친 영향은 미비했다는 평가를 내리고 있다.

과거사 문제는 2004년 8월 모든 과거사 문제를 포괄하는 기본법 제정운동 방식으로 넘어가게 된다. 김 교수에 따르면 이 과정에서 과거사 청산은 우려했던 대로 과도하게 정치화되면서 좌우갈등, 운동단체 내부의 시각 차이, 유족과 시민단체 활동가들 간의 긴장, 정치권의 소극적 태도 등의 문제를 노출시키면서 결국 국민적 지지로부터도 멀어지게 되었다.

법철학을 전공하는 김도균 교수의 "NGO와 시민불복종 – 정당성과 한계"는 민주화가 어느 정도 정착된 단계에서 NGO의 시민불복종운동이 도덕적, 정치적으로 그리고 법적으로 정당화될 수 있는지, 있다면 그 기준은 무엇인지 다루고 있다. 김 교수에 따르면 시민성과 공공성을 그 특징으로 하는 NGO의 정당성은 "긍정적이고 성찰적인 사회자본을 산출"하는 데 기여하는 정도에 있다. 이를 바탕으로 그는 민주적 입헌국가에서 불복종의 법적인 정당화 가능성을 헌법상 기본권의 차원에서 타진한다. 그리고 정당화를 위한 일반적 기준으로서 '부정의 요건', '보충성 요건', '비례성 요건'을 제시하고, 이 요건들을 더 구체화시키고 객관적으로 판단 가능하도록 하는 작업이 필수적이라고 보고 있다. 예컨대 비례성 요건을 더 구체화시키는 기준으로서 '직접성 요청', '필수성 요청', '수단적합성 요청', '이익우월성 요청' 등을 열거한다. 김 교수는 보통의 시민불복종과 다른 NGO의 시민불복종은 NGO가 "평상시에 성찰적 합의구조를 제도화하여 성찰적 민주주의를 안착시키고 긍정적 사회자본을 산출하는 데 진지한 노력을 다 하였는가"에 따라서 그 정당성이 판단될 수 있다고 보고, "시민사회의 자기제한요청"은 시민불복종에도 적용될 수밖에 없다는 결론에 이른다.

박래군 인권운동사랑방 활동가의 "인권의 관점에서 본 시민불복종운동"은 현장 활동가로서 우리나라에서 2000년 이래 행해진 대표적인 시민불복종 운동의 경험들을 생생하게 담아 분석해준다는 점에서 의의가 크다. 그는 나름대로 시민불복종운동을 "국가의 인권의 보호와 증진의 의무를 환기시키고, 국가우선순위를 시정하기 위한 것이라는 점에서 거꾸로 선 시민사회와 국가의 관계를 바로잡으려는 인권운동"으로 정의한다. 그는 장애인 이동권 투쟁, 양심에 따른 병역거부 집시법 불복종 운동, 부안 핵폐기장 반대운동 등을 차례로 소개하면서, 특히 장애인 이동권 투쟁은 중증장애인들의 불법적 점거농성, 대중집회와 홍보 등 불법과 합법투쟁을 다양하게 엮어 법제정과 당국의 정책변화를 이끌어낸 사례로서 장애인 문제를 교육권, 노동권 등의 문제로까지 확산시키는데 성공했다고 평가한다. 그런가 하면 집시법 개정운동은 대중적 인식이 부족한 가운데 자기희생을 감수하는 구체적 주체들이 형성되기 전에 어느 정도 자의적 판단으로 불복종운동을 전개한 점에서 실패했다고 자인하고 있다. 이러한 평가의 바탕에는 시민불복종의 정당화기준을 "합법과 불법, 폭력과 비폭력의 이분법적 도식"에서 찾는 것을 거부하고 오로지 "운동의 주체들이 갖는 자기희생적 결단과 도덕성, 공익성"에 두는 그의 특유의 불복종 철학이 깔려있다.

하승창 함께하는시민행동 사무처장의 "시민운동의 합법성 테제에 대한 인식"은 2000년 총선시민연대의 낙천낙선운동 이후 전개된 시민운동의 합법성 논란의 의미와 시민운동에서의 법의 위상을 성찰하는 글이다. 하 처장은 90년대 시민운동이 합법의 테두리 안에 머물기 위해, 예컨대 집시법을 지키기 위해 경실련이 쏟은 노력, 법규제의 허점을 이용하여 참여연대가 창안한 일인시위 등을 소개하면서, 시민운동의 성장이 결국은 선거법을 개정하게 만든 과정에 주목한다. 그러면서 시민운동과 법의 관계를 다시 한번 성찰한다. 그의 해답은 명쾌하다. "현존하는 법은 무조건 지켜야 하고 다른 방식의 운동은 정의를 독점하려는 것이라거나 운동의 기초를 무너뜨리는 것이라고 보는 것은 결국 운동이 공동체가 추구해야 할 가치의 실현을 통해 사회의 변화를 이끌어내려 할 때 부딪히는 현존 제도와 싸울 수 없게 만드는 것이다."

Ⅳ.

지난 십수 년에 걸친 법을 동원한 시민운동이 우리 사회를 투명하게 하는 동시에 법치주의를 강화시키면서 참여민주주의의 확대에 기여한 점을 부인할 사람은 거의 없을 것이다. 한국의 NGO활동은 개혁을 구체화시키고 이를 제도적 성과로 이루어 내면서 현실을 변화시키고 시민의식을 변화시켜 나가는데 크나큰 영향을 미쳤다. 입법, 행정, 사법 등 국가기관의 활동은 말할 것도 없고, 기업, 언론 등 민간기구 활동에까지 다양한 형태의 시민감시와 시민참여를 이끌어 내었다.

그러나 제도개혁에 대한 NGO의 정치적 영향력이 커진 만큼 NGO에 대한 도전과 변화 요구도 커지고 있다. 한국에서 NGO의 특수한 성장과 사회적 위상, 그리고 그에 대한 비판과 도전에 대해서는 다양한 관점에서 별도의 분석이 이루어져야 할 것이다. 이 책에 실린 지정토론과 종합토론에는 그에 대한 성찰이 일부 담겨 있다. 종합토론에서 비교적 길게 논한 NGO의 전문주의화 경향, NGO의 정체성 및 권력화 시비, 소송 등 사법화(司法化)에 따른 집단적 성격 약화, 운동방식에서의 합법/반합법의 비중 문제 등은 앞으로 계속 토론을 이어 나가면서 현안에 대한 상이한 접근과 강조점을 둘러싼 문제의식을 공유하는 과정을 더 거쳐야 할 것이다. 그 점에서 심포지움 참여자들은 한국 NGO의 새로운 의제설정, 도전과 대응방향에 대한 또다른 토론의 장을 빠른 시일 안에 마련하자는데 의견을 같이 했다.

NGO를 중심으로 제기한 공익소송의 높은 성공률은 앞서 언급한대로 실무법률가들이 발 빠르게 공공 이슈에 뛰어들면서 시민운동단체 현장 상근자들과 결합했기 때문이다. 이와 관련하여 토론에서 지적된 문제는, 상대적으로 복잡한 입법과정이나 소송절차로 인해 전문가 의존도가 높아지면서 운동이 전문가 수준에서 참여하고 이해할 수 있는 쪽으로 가게 된다는 것이었다. NGO활동에서 일반 시민과 활동가를 소외시킬 수 있는 여지가 생기고, 입법과정에서 시민들이 적극 참여하지 않은 법률이 만들어 질 경우 소위 무임승차의 우려도 나왔다. 사회공론화 과정이 생략되었거나 짧았던 시민입법이 성공하기 어려웠던 경험은 종합토론에서 여성운동, 정보운동 등 여러 영역에서 지적되었다. 법을 동원한 시민운동은 공론화와 광범위한 시민참여를 발판으로 해야 함은 물론이다. 그러나 법은 그 뼈대에 있어서는 건전한 상식과 도덕에 기초하지만 세부적으로 들어가면 역시 전문가의 도움을 필요로 하는 영역이고 보면, 일정 부문 전문성의 필요는 시민운동에서도 예외일 수 없을 것이다. 특히 오늘날처럼 공적 과제가 증대하면서 다른 정책 간의 상호 연계를 필요로 하는 부분도 엄청나게 늘어나 있기 때문에 전문가의 참여는 더 늘어나야 할 것이라는 의견도 만만치 않았다. 예컨대 정보운동, 사법감시운동, 환경입법운동 분야에서는 운동정체의 한 원인이 전문가 부족에 있다는 주장도 강하게 제기되었다. 실제로 NGO의 법률수요 실태조사에서도 많은 운동단체에서 법률전문가 확보 필요성이 제기되었다. 시민운동에서 아직은 전문성의 과다보다는 과소가 오히려 문제인 것이 우리의 현실이라는 진단에 대체로 공감한 것이다.

NGO역할의 정체성 문제, 권력화 시비는 NGO활동가가 제도개선 관련 정부위원회의 정책입안이나 입법형성과정에 참여하는 기회가 늘어나면서 제기되고 있다. NGO상근활동가나 비상근으로 활동한 교수나 변호사들이 국민의 정부, 참여정부에 정치적 참여를 넘어 정치적 경력을 가지게 되면서 일반시민들 사이에 시민운동에 대해 부정적인 반응이 생긴 것도 사실이다. 민주화 진전 이후 정치세력과 시민사회세력 사이에 인적인 면에서 그리고 정책노선의 측면에서 일정 부문 연계의 고리가 이루어진 것은 부인할 수 없는 사실이다. 이른바 운동의 제도화라는 차원에서 검토되어야 할 이 문제에 대해서도 토론에서 의견의 편차가 상당했다. 요컨대 한국 NGO의 특수성이 만들어낸 "시민사회적 가치가 많이 반영된 정치세력과 정치화된 시민사회 사이의 상호 의존형 모델"이 그것 자체로 부정되어야 할 요소는 아닐 것이다. 분명한 것은 한 면으로 제도정치와 운동정치 사이의 긴장과 대립, 그리고 다른 한 면으로 경우에 따른 협업의 관계도 민주화의 진전 그리고 실질적 법치주의의 진전과 함께 발전할 것이라는 점이다. NGO활동에서 '방향' 못지않게 '방법'에 관한 치열한 고민이 필요한 것도 이 때문이다. NGO와 합법성 문제 혹은 달리 표현하여 시민불복종의 법치주의적 정당성 문제와 관련해서도 이러한 맥락에서 더 깊이 있는 상호토론을 통해 우리현실에 부합한 더 정교한 기준 및 범주 설정을 추구해 나가야 한다는 의견이 지배적이었다.

따지고 보면 역사적으로 무수한 정치의제, 입법들의 뒤안에는 NGO 활동이 있었다. 자원 활동가, 소수 지식인들의 외침이 노동착취, 성매매, 사막화, 물 부족, 빈곤, 생명윤리, 정보편중, 이주노동자 등등의 문제를 개인들 차원의 문제가 아니라 공적인 관심을 가져야 하는 사회문제로 바꾸었다. 그렇게 되면서 정책의제화되고 이슈고 정부와 의회를 움직여 법제정으로 이어지고 국제기구로 하여금 협약을 성안하게 했다.

사적인 갈등으로 보이기 쉬운 문제를 공적인 쟁점으로 바꾸는 일이 수월한 사회는 법이 사회통합의 매체로서 제대로 기능하고 있는 사회이다. 그런 사회는 공론의 장이 살아있는 사회이며, 또한 사람들 사이에 유대라는 소중한 자산이 보존되는 사회이다. 라드브루흐는 바로 그런 상태를 일컬어 매 끼니의 밥, 마실 물, 숨 쉬는 공기와도 같은 법치국가라고 표현했을 것이다. 법치민주주의라 함은 법이라는 제도가 공동체에서 가장 소중한 자원인 참여와 연대라는 자원과 결합한 성과물인 것이다.

법은 민주적으로 발생하고 법공동체는 자기조직적 공동체이기에 공공영역에 대한 시민참여야말로 법치주의 강화의 유일한 길이다. 법을 동원하는 한국 시민운동의 앞날의 성패는, 우리 사회에서 나날이 증가하는 많은 사회문제를 개인들 간의 사적인 갈등으로 보지 않고 공공의 문제로 바꾸는 시민사회와 공론의 장이 꿋꿋이 서고, 이 공론의 장이 정치권력이나 금력, 미디어 등에 의해 왜곡됨이 없이 제 기능을 다하는 정도와 함께 갈 것이다.

'NGO와 법의 지배'라는 이 책의 제목이 지난 십여 년 이래 강퍅한 우리 현실에서 이 공론장을 키우기 위해 묵묵히 걸어온 '진정한' 민주주의자들에게 바치는 헌사의 의미를 지녔으면 하는 개인적인 바람과 함께 서론에 갈음하는 글을 마친다.

제 I 장

시민사회와 법치

제 1 절 법치주의 강화와 시민단체의 역할
— 참여연대의 경우를 중심으로

박 원 순*

Ⅰ. 법치주의를 향한 시민운동의 깃발

1. 한국의 시민운동 약사

한국은 오랜 사회운동의 역사를 가진다. 일본제국주의의 침략과 식민지 지배 하에서 해방의 목적을 이룰 때까지 불굴의 투쟁을 전개하였고 해방 후 수십 년에 걸친 독재치하에서 민주화를 위해 헌신적인 노력을 다했다. 이 투쟁과 노력에는 학생·노동자·농민·지식인·예술가 그리고 일반시민이 함께 하였다. 수많은 사람들이 이 과정에서 목숨을 잃고 자유를 잃곤 하였다. 그러나 최종적으로 그들의 헌신과 노고 덕분에 오늘날 우리가 누리고 있는 자유와 번영을 이루게 되었다.

4·19학생혁명, 부마항쟁, 6월항쟁 등은 학생과 시민이 중심이 되어 독재권력을 타도한 자랑스러운 한국의 민주화전통을 일구어냈다. 그러나 한국이 본격적인 민주화를 이루기 시작한 것은 1987년부터이다. 1987년의 이른바 6월항쟁으로 인하여 국민에 의한 직선제, 정치활동금지에 대한 해제, 헌법의 개정, 인권보장조치의 구체화 등이 이루어졌다. 국민에 의해 직접 선출된 새로운 민간인 대통령이 취임하면서 이러한 조치들이 완만하게 이루어지기 시작하였다. 그러나 이 시기의 한국의 민주주

* 변호사, 아름다운재단 상임이사.

의는 여전히 '깨지기 쉬운 질그릇'처럼 연약한 것이었고 그 미래를 알기 어려울 정도였다. 그러나 군인출신인 노태우 대통령에 이어 김영삼 대통령에 이르기까지 10년간, 한국민들이 만족하기 어려운 속도와 정도였지만, 한국은 이제 과거에 비하면 착실한 민주화 조치와 제도적 개혁을 이루어왔다.

한국의 사회운동 역시 새로운 정치·사회의 변화와 함께 그 성격과 방향을 바꾸기 시작하였다. 사회운동은 이제 노동운동·인권운동·여성운동이 분화되기 시작하였고 과거 체제변혁적인 운동이 체제 내의 개혁과 시민들의 권익옹호·생활 속의 운동으로 확산되기 시작하였다. 과거의 정치적 인권뿐만 아니라 사회·경제적 인권이 부각되었고 민주주의의 절차적 측면도 고려되었다. 정치·행정의 공적영역과 기업 등 시장에 대한 견제와 감시, 견인과 대안제시의 역할이 시민단체에게 주어졌고, 정부가 미처 챙기지 못하는 소수자의 권리, 사회복지에 대한 배려와 관심도 시민단체의 활동영역으로 포함되었다. 이제 시민단체 없는 한국사회는 상상하기 어렵게 되었다.

2. 한국 시민운동과 법치주의

(1) 시민운동과 법률운동의 관련성

시민운동은 기본적으로 시민들의 자발적 조직이다. 어떠한 법적 근거나 강제도 없이 일정한 활동목표를 설정하고 시민들 스스로 나서 조직하고 활동하는 것이다. 총회와 이사회, 대표와 사무총장, 간사와 회원, 자원봉사자 등의 조직체계가 없는 것은 아니지만 기본적으로는 무정형의 조직이다. 정부와 기업과는 차원이 다르다. 회비로 충당되는 재정은 부족하기 일쑤이고 제대로 급여를 주지 못하니 충분한 인력도 없고 자원봉사자만으로 이루어진 조직도 있어 엉성한 구석이 많다. 시민운동을 움직여가는 것은 사실 시민들의 자발적인 열정의 힘이다.

그럼에도 불구하고 시민운동은 오늘날 정부와 시장을 견제·보완하는 가장 강력한 힘으로 등장하고 있다. 심지어 어느 국가, 국제사회에서도 NGO들은 공식적·비공식적 의사결정과정에서 목소리를 내고 있으며 '세계의 양심'으로 인정받고 있다.[1] 어떤 이는 오늘 지구상의 모든 나라와 사회에서 "시민사회는 정부가 다른 사회영역

1) Robert Charles Blitt, "Who will watch the watchdog? Human Rights Nongovernmental Organizations and the Case for Regulation," *Buffalo Human Rights Law Review*(Buffalo School of Law, 2004).

을 지배하고 원자화하는데 독점하는 것을 막을 수 있을 정도로 강력하다"고 표현하고 있다.[2] 한국의 시민운동은 과거 군사독재정권에 대항하여 국민의 기본권을 지키고 민주체제를 회복하는 민주화운동에 기반하고 있다. 한국의 민주화운동은 수많은 학생·노동자·지식인 등 민간의 저항운동으로서 강력한 독재정권을 무너뜨리고 온전한 민주적 헌정체제를 수립하는데 기여하였다. 1987년 6월항쟁 이후에도 보다 더 온전한 민주주의, 보다 더 높은 삶의 질을 위해서 제도적 고착화의 노력이 필요하였다. 이러한 전환기에서 경실련·참여연대·환경연합·여성단체연합 등 수많은 시민단체들이 생겨나고 발전하여 그 역할을 담당하였다.

시민단체들의 종류와 활동영역도 아주 다양하지만 한국시민운동은 정부에 대한 비판과 정책제안을 중심으로 하는 이른바 애드보커시운동의 성격이 강하다. 그것은 무엇보다도 한국사회가 아직은 제도적 변화가 크게 필요한 시기이기 때문이다. 1987년 이후 지금까지 시민단체들이 집중한 것은 과거의 비민주적인 법률을 개폐하거나 보다 민주적이고 인간적인 입법을 제정하도록 하는 이른바 입법운동, 그 법률을 제대로 적용하는지 이를 감시하고 비판하고 항의하고 고발하는 올바른 법적용운동이었다. 경실련이 주도한 토지공개념, 경제정의운동, 참여연대가 주도한 부패방지법제정운동, 국민기초생활보장법 입법운동만이 아니다. 여성운동연합이 주도한 호주제폐지운동, 성폭력방지법제정운동 등이 바로 이러한 입법운동의 연장선상에 있다. 몇몇 단체의 법률활동과 그 활동을 담당하는 기구들을 살펴보자

(2) 몇몇 시민단체의 법률운동기구 사례

<환경운동연합-환경법률센터>[3]

우리나라 최대의 환경단체인 환경운동연합은 환경법률센터를 설치·운영하고 있다. 환경단체들 역시 환경 관련 시민입법운동이나 공익소송제기 등의 법률업무를 수행한다.

"환경법률센터(법률센터, 소장 김호철)는 지난 1991년 4월 환경연합의 전신인 공해추방운동연합 내에 환경법률상담실(실장 최병모 변호사)을 시작으로 1993년 환경연합 시민법률상담실(실장 조두연 변호사), 1997년 법률위원회를 거쳐 2000년 2월 21일 환경연합 부설기관으로 확대개편 되었습니다. 법률센터는 소장 법률가들이 다양하게

2) Richard Brooks, "Law and Civil Society in the United States, Canada, Quebec, and the First Nations," *Arizona Journal of International and Comparative Law*(Winter 1998).

3) http://kfem.or.kr/home/intro/auxiliary.html

참여하고 있으며 환경단체 최초로 상근변호사(부소장 여영학 변호사)가 활동하고 있습니다. 현재 최병모 이사장을 비롯하여 100여 명의 변호사들이 이사, 운영위원, 회원 등으로 참여하고 있습니다. 법률센터의 주요한 활동으로는 환경소송의 활성화, 환경관련 제도개혁운동, 회원(시민)법률상담, 환경 현안에 대한 법률자문, 활동가 법률교육, 변호사와 전문가들의 참여프로그램 개발 등입니다. 법률센터의 전신인 '법률상담실'과 '법률위원회'에서는 시민들에 대한 무료법률상담, 자연공원법 개정 청원, 영광핵발전소 가동중지가처분 신청, 핵폐기장 허위 광고 소송제기, 그린벨트해제안 발표에 대한 헌법소원 제기, 기타 각종 개발악법·환경관련법안에 대한 입법의견서 등을 제출하였습니다. 공익환경법률센터로 확대 개편한 후에는 제주도 송악산 사건 행정심판을 제기하고 새만금 간척사업, 경인운하사업 등 대규모 환경파괴적인 개발사업을 저지하기 위해 소송을 준비중이며 서울시도시계획조례, 팔당상수원 관련 제도, 난지도 골프장 건설 문제 등에 대한 토론회를 개최하였습니다. 그 밖에도 집단소송제도 등의 입법운동에 필요한 연구도 진행중입니다."

<녹색연합-환경소송센터>[4)]

환경운동연합과 또 하나의 환경운동단체로서의 쌍벽을 이루는 녹색연합 역시 이러한 법률업무에 대응하기 위하여 환경소송센터를 설립하였다.

"환경보전과 환경분쟁을 법률문제로 대응하고 풀어가기 위해 환경소송센터는 1999년 5월 녹색연합의 전문기구로 출범했습니다. 변호사 20여 명과 법률 전문가, 현장 활동가로 구성된 환경소송센터는 녹색정의 실현을 중심에 두고 보다 전문화된 환경운동을 펼치고 있습니다. 분쟁지역 주민에 대한 법률지원과 소송대리, 기획소송, 민원상담, 환경법률학교 개최를 비롯, 국제연대활동을 통해 세계 여러 나라의 환경소송을 우리나라에 도입하는 방안도 연구하고 있습니다."

<참여연대 공익법센터>[5)]

"참여연대 공익법센터는 진취적인 법률가들을 중심으로 법률가의 공익적 역할에 대한 사회적 요구에 부응하고 권력 견제 및 거대기업으로부터 시민의 권리를 지켜 민주주의와 법치주의가 실질적으로 뿌리내릴 수 있도록 하기 위해 2000년 11월 설립되었습니다. 공익법센터는 참여연대의 공익법운동을 총화하는 동시에 시민운동의 새로운 방향을 제시하기 위한 활동계획을 가지고 출범했으며, 공익법운동의 확산

4) http://www.greenlaw.or.kr/
5) http://info.peoplepower21.org/post/public.html

을 통한 새로운 시민운동의 전형 창출, 공익법운동의 활성화를 위한 공익변호사의 양성과 배출, 법제도 개선을 활동방향으로 삼고 있습니다. 1990년대 중반 이후 시민운동은 각종 법률적 수단을 적극적으로 동원하고 있으며, 동시에 더 심화된 전문성과 정책능력, 비판기능을 갖출 것을 요구받고 있습니다. 변화된 시민운동의 지형 속에 '법을 통한 시민운동'의 새로운 지평을 열고자 공익법센터가 출범한 것입니다. 법을 단순히 생계와 생활의 수단으로 국한하지 않고 정의와 이상에 도달하는 방편임을 확신, 우리사회에 공익법운동이 공고히 뿌리내리고 활성화할 수 있는 기반을 마련하는 활동을 펼치고 있습니다. 구체적으로 집단소송법, 징벌적 손해배상제도 등의 공익법제·개정운동과 인권, 소비자, 환경 분야 등에서의 공익소송을 추진하고 있습니다. 제도개선을 위한 연구와 교육도 진행하고 있습니다. 예비 법률가들의 시민운동에 대한 이해를 높이고 공익활동의 다양한 프로그램을 경험할 수 있도록 사법연수원생 연수 프로그램을 운영하고 있습니다. 변호사들이 시민운동에 참여할 수 있는 다양한 프로그램을 기획하고 지원하는 사업을 벌이고 있습니다."

참여연대의 모든 운동은 법률적 사고와 실천에 기초한다. 창립시기부터 그 운동의 가장 주요한 수단으로서 법률을 채택한 참여연대는 이러한 기존의 법률적 운동의 총화적 기구로서 공익법센터를 설치하게 된다. 그 센터의 주요 활동내용과 평가를 해 보면 다음과 같다.

◇ 공익법운동 활성화를 위한 인적자원 개발 및 관리

변호사, 사법연수생, 대학생, 시민단체 활동가를 대상으로 하는 교육 및 연수프로그램을 조직하고자 했다. 정기적으로 공익법포럼을 개최하였고, 사법연수생의 하계봉사활동과 연계하거나, 공익법센터에서 먼저 강좌를 만들어 사법연수생이나 법대학생들을 상대로 교육활동을 진행하였다.

◇ 공익법운동의 체계화 및 전략적인 기획소송의 추진

참여연대를 포함한 시민단체의 다양한 공익법운동의 경험을 종합적으로 평가·분석하며, 이를 지원하기 위한 공익소송클리닉으로서의 역할을 담당하고. 인권·소비자·환경분야 등 각 전략분야에 대한 체계적인 기획소송을 담당하고자 하였다. 이를 위해 대한변협과의 협력하에 공익활동매뉴얼을 발간하고, 공익활동중개센터를 온라인상에 구축하고자 시도하였으나 내부역량의 부족과 여건 미성숙으로 인해 소기의 성과를 거두지 못하였다.

◇ 공익법운동 발전을 위한 제도적 환경의 개선

집단소송제도, 시민소송제도 등 소송구조의 미비함을 제도적으로 개선하고, 법률구조시스템의 개선, 변호사 공익활동 제도 등에 관한 연구를 진행하며, 징벌적 손해배상 제도의 도입, 공익소송비용 부담완화방안 등을 연구하고 실현해 나가는 활동을 하고 있다.[6)]

(3) 시민운동 법률운동의 기반

이러한 한국 시민운동의 애드보커시운동에는 광범한 변호사·법학교수 등 법률가집단과 학자 등 지식인그룹의 참여와 지원이 뒷받침되어 있다. 이들을 상근자로 급여를 제공하고 일하게 할 수 있는 자원이 부족한 시민단체에서 이들은 무보수로 자신의 법률적 식견과 기능을 자원봉사자로서 제공하고 있다.

이들은 현행법의 개폐안과 새로운 입법안의 초안을 만들었고 행정과 재벌의 불법과 탈법을 감시하고 고발하는데 법률적 전문 지식을 제공해 왔다. 한국의 법률가집단 가운데 일부 변호사들이 과거 군사독재정권하에서 침해된 인권을 변론하고 법치주의 수호를 위해 투쟁하였던 그 전통이 독재정권이 무너진 후에도 다양한 시민사회의 운동을 지원하는 역할로 계승된 것이었다.[7)]

Ⅱ. 법치주의와 참여연대

1. '참여연대'라는 충격 – 참여민주주의와 한국사회 투명성 · 책임성의 견인차

어떤 일본인 법률가가 참여연대를 다녀가서 쓴 글 가운데 '참여연대의 충격'이라는 것이 있다. 50 – 60여 명에 이르는 헌신적 상근자, 정부·시장에 대한 조직적 감시, 사회에 대한 영향력, 상근자와 자원활동가들에 의해 움직이는 활발한 사무실

6) 참여연대 10년사편집위원회,「참여연대 10년의 기록 1994 - 2004 — 세상을 바꾸는 시민의 힘」, 207면.

7) Kim, Jae Won, "The Ideal and the Reality of the Korean Legal Profession," *Asian-Pacific Law & Policy Journal Vol. 2,* University of Hawaii, p. 45.

등이 그에게는 '충격'으로 다가온 것이다. 일본사회에서는 이미 사라진, 또는 보기 어려운 장면으로 그에게 기억되었다.

참여연대는 1994년에 창립되었다. 참여민주주의를 기치로 내걸고 한국사회의 실질적 민주화와 국가권력의 체계적 감시를 표방하였다. 참여연대의 창립선언문의 한 부분이다.

"80년대까지는 민주주의를 쟁취하기 위한 행동은 최루탄 연기가 자욱한 길거리에서 벌어졌습니다. 그러나 이제는 상황이 다릅니다. 새로운 시대를 맞이하여 참된 민주주의를 건설하기 위한 행동은 사회와 정치무대의 한복판에서, 그리고 국민의 일상생활의 과정에서 일어나야 합니다. 민주주의란 문자 그대로 국민이 나라의 주인이라는 것을 뜻합니다. … 그럼에도 불구하고 지금까지는 주인이 머슴처럼 취급받고 국민의 공복에 불과한 사람들이 주인 위에 군림하는 시대착오적인 현상이 만연해 왔습니다. 누가 권력을 잡든 이러한 본말전도적 현상을 스스로 개선하려 하지 않습니다. 따라서 국민 스스로의 참여와 감시가 필요합니다. 몇 년에 한 번씩 투표를 함으로써 나라의 주인의 지위를 확인할 수 있는 것이 아닙니다. 명실상부한 나라의 주인이 되기 위해서는 매일매일 국가권력이 발동되는 과정을 엄정히 감시하는 파수꾼이 되어야 합니다."[8)]

이것은 참여연대가 국가권력에 대한 국민의 일상적인 감시와 개입을 선언한 것이다. 그것은 결국 입법부, 행정부, 사법부의 권한과 기능에 참여연대가 적극적으로 개입하여 입법기능, 법집행기능, 법적용기능에 영향을 미치겠다는 결의에 다름아니었다. 참여연대가 초기부터 의정감시센터,[9)] 사법감시센터,[10)] 공익소송센터,[11)] 내부

8) 1994년 9월 10일 참여연대가 발족하면서 공표한 창립선언문.

9) 당시 의정감시센터의 소개 팜플릿은 "우리의 신성한 주권이 마치 도둑맞은 것 같은 배신감을 종종 느끼곤 합니다. 국민의 이익을 대변해야 할 자들이 어느날 뇌물과 로비에 연루된 범죄자로 떠오릅니다. 소속당의 앵무새로 전락하는가 하면, 소신은 간데없이 거수기 노릇을 하고 날치기 통과의 주역으로 둔갑합니다. …… 정말로 필요한 것은 일반시민의 입장에서 국회의 모든 활동을 전문적으로 감시하는 일입니다. 전체회의뿐 아니라 개별 상임위의 활동을 감시하고 각 정당의 활동뿐 아니라 개개 의원들의 활동을 정당하게 평가하여야 하겠습니다. 어떤 의안이 다루어지고 있는지를 감시할뿐만 아니라, 어떤 의안이 무시되고 경시되고 있는지도 조명되어야 하겠습니다. 우리 의정감시센터는 바로 이런 활동을 집중적으로, 일상적으로 수행하기 위한 것입니다"라고 쓰고 있다.

10) 사법감시센터도 창립당시 자신의 역할을 이렇게 정리하고 있다. "앞으로는 법원과 검찰의 활동 역시 국민의 감시하에 놓여져야 합니다. 공개재판주의의 원칙에 따라 모든 국민은 재판이 어떻게 이루어지는지 방청하고 그 결과를 모니터할 수 있습니다. 재판감시활동을 통해 무성의하고 무능한 재판을 추방할 수 있을 것입니다. 고문과 조작, 오판의 희생자들을 줄여갈 수 있습니다. 여태까지 관행화되어왔던 갖가지 법조부조리와 제도적 불법행태에 대해 시정을 촉구할 수 있을 것입니다. 시민의 기준에서 법관과 검사에 대한 인사자료를 만들어, 장치 시민들에게 참으로 봉사한 분들을 대법관이나 검찰총장에 임명될 수 있도록 압력을 가할 수도 있을 것입니다. 사법감시는 단순히 재판과 검찰

비리고발자보호센터 등을 두어 입법, 사법, 행정 3권을 감시하는 부서체계를 두었다.

참여연대가 한국의 시민운동과 사회변화에 미친 영향은 적지 않다. 한국의 정치퇴영성의 핵심이며 정경유착을 통해 경제의 건강성까지 해쳐온 부패문제에 대해 천착하여 부패방지법 제정운동을 5년 동안 벌여 부족한대로 입법화시키는데 성공하였고 이른바 소액주주운동을 통해 대기업의 경영투명성과 책임성을 어느 정도까지는 확보하는데 성공하였다. 정보공개사업단을 조직하여 중앙부처와 지방자치단체의 장의 판공비공개운동을 벌였고 정부의 정당국고보조금을 심사하여 그 낭비현상을 지적하고 시정하도록 하였다. 부패한 정치인들을 낙선시키기 위해 다른 단체들과 함께 힘을 합쳐 낙선운동을 전개하여 전국적 범위에서 70% 가량의 낙선후보로 지정된 사람들을 낙선시켰다. 이루 헤아릴 수 없는 캠페인을 통해 한국사회의 발전을 위해 밤낮없이 뛰어왔다.

이와 같이 참여연대는 권위주의 정권에서 새로운 고도의 민주주의 단계로 이행하는 과정에서 정치권력을 개혁하고 감시함으로써 우리사회의 실질적 민주화를 실현하는데 견인차 역할을 다해온 것이다. 특히 시민들의 역량을 동력화해 냄으로써 그러한 개혁과 민주화의 주요한 변수로 만들어내는 참여민주주의의 새로운 길을 개척해 왔다. 과거 정부와 시장 외에 시민단체가 이제 제 3 섹터로서 중요한 사회적 역할을 하기 시작하였음을 의미한다. 시민단체들의 위상이 강화되고 영향력이 높아진 것이다. 이로써 한국의 시민운동은 새로운 시대를 맞고 있다.

2. 법치주의 강화

참여연대가 주력하고 또한 가장 큰 성과를 낳은 곳이 법치주의의 강화라고 할 수 있다. 민주화가 이루어지고 있는 나라라고 하더라도 권위주의 정부하의 법률과 제도가 하루아침에 바뀔 수는 없다. 뿐만 아니라 법제는 향상되었다고 하더라도 그

활동에 대한 개별적 모니터에 그치는 것이 아닙니다."

11) 참여연대 내에 공익소송센터를 설치한 이유를 다음과 같이 설명하고 있다. "민주주의의 한 요소로 법의 지배를 들고 있습니다. 그러나 활용하기에 따라서 이 법은 권력에 대한 견제의 도구이자 약자를 보호하기 위한 수단으로 될 수도 있습니다. 명백한 악법에 대해서는 입법투쟁을 통해 개폐해 나가야 하겠지만, 그렇지 않은 법률은 공익의 관점에서 적극 이용할 줄 아는 지혜가 필요합니다. 일상생활 속에서 보여지는 많은 폐해들을 시정하기 위하여 사건을 법률화하고, 재판과정에 적극 참여함으로써 쟁점을 부각시켜갈 수 있을 것입니다. 사안에 따라서는 시민입법운동과 국민의 청원운동도 전개할 수 있을 것입니다. 이런 사업을 조직적으로 수행하기 위하여 우리는 공익소송센터를 만들고자 합니다."

법률의 집행과 시행과정에서 법집행기관의 비민주적 관행과 태도가 쉽게 바뀌지도 않는다. 한국의 경우에도 마찬가지였다. 한국은 1910년대부터 거의 40년간 일본의 식민지로서 잔혹한 전체주의와 비인도적 지배를 받았다. 1945년 이후에도 역사 청산의 과정도 없이 곧바로 독재 치하로 진입하였다. 이 과정에서 국민의 자유와 권리를 제약하고 부패와 권력남용을 조장하는 법제가 만연하였다. 민주화가 진행되면서 이러한 법제가 정부와 국회 스스로의 노력에 의해서 일부 개선되는 모습을 보이기는 했다. 그러나 아무리 민주화가 진전되더라도 인적교체가 없는 상황에서 그러한 자체적 노력은 한계가 분명하였다. 시민단체들의 압력과 캠페인은 그러한 법제 개선노력을 촉발하거나 진전시켰던 것이다. 참여연대의 법치주의 강화 노력은 올바른 법제가 만들어지고 개정되도록 하는 입법운동, 사회적으로 중요한 사건에서 법률을 어기거나 지키지 않은 사람과 기업, 단체를 고발하는 고발운동, 구체적으로 잘못된 법률집행 관행을 고치기 위한 수단으로 피해자들을 조직하여 위자료청구 등 손해배상청구 소송을 제기하는 소송운동의 세 방향으로 전개되었다.

(1) 참여연대의 입법운동

헌법에 따르면 입법권은 국회에 속한다고 되어 있다. 따라서 시민단체가 하는 입법운동은 결국 자신이 주장하는 입법안을 만들어 국회에 청원하는 형식을 띠고 있다. 국회는 이 청원안을 받아 심사하여 받아들이거나 기각한다. 종래 국회는 이러한 일반 국민들에 의한 청원을 대체로 무시하거나 경시해 왔다. 직업 또는 직능별로 조직되어 있는 이해단체들의 경우와는 달리 일반국민들은 분산되어 있고 이들이 일정한 의견을 모아 입법안을 제출한다거나 그 입법안이 사회적으로 주목을 받고 국회의원들이 관심을 갖도록 하는 정도의 힘을 가지지 못하였다.

그러나 시민단체들의 경우는 달랐다. 시민단체들은 대체로 사회적 현안이 되고 논쟁이 되고 있는 사안에 관한 입법운동을 벌이거나 또는 사회적으로 중요한 의미를 갖는 문제에 관한 입법안을 내기 때문에 자연히 언론의 관심과 대중의 여론의 지원을 얻을 수 있는 경우가 많았다. 뿐만 아니라 그 법안이 대체로 외국의 사례를 연구, 참조하여 만들어져 있고 동시에 그 입법내용이 세련되어 있어 그만큼 신뢰가 가도록 되어 있었다. 나아가 중요한 법률안인 경우, 입법안으로 제출하였다고 하여 내버려두지 않고 국회의원 개개인으로부터 입법약속을 받거나 대중적 서명운동으로 여론을 형성하여 국회를 압박하는 노력을 기울이기도 하였다. 이러한 몇 가지 법률의 경우에는 확실히 입법기관인 국회를 견인하여 법률로 제정하는데 확실히 이니셔티브를 지고 있었다.

참여연대가 제15대국회 기간중(1996 – 1999) 제출한 입법안의 목록을 보면 다음과 같다.[12)]

<처리된 청원 법안>

Ⓐ 1996. 10. 29 상속세법개정안
Ⓑ 1996. 11. 7 독점규제 및 공정거래에 관한 법률 개정안
Ⓒ 1996. 11. 8 생활보호법개정안
Ⓓ 1996. 11. 8 노인복지법개정안
Ⓔ 1997. 2. 12 정치자금에관한법률개정안
Ⓕ 1997. 10. 25 금융실명거래및비밀보장에관한법률안
Ⓕ 1998. 2. 2 주식회사의감사등에관한특례법제정
Ⓖ 1998. 2. 2 증권거래법개정안
Ⓗ 1998. 3. 31 실용신안무심사선등록제도도입반대
Ⓘ 1998. 4. 14 대통령기록보존법제정
Ⓙ 1998. 4. 15 생활보호법개정안
Ⓚ 1998. 5. 12 공공자금관리기금법개정
Ⓛ 1998. 5. 12 예산회계법개정안
Ⓜ 1998. 5. 12 국민연금법개정안
Ⓝ 1998. 7. 23 국민기초생활보장법제정안
Ⓞ 1998. 8. 19 독점규제및공정거래에관한법률졸속개정반대
Ⓟ 1998. 9. 30 부가가치세법개정안
Ⓠ 1998. 11. 19 임대주택관리법제정
Ⓡ 1999. 7. 17 조세특례제한법중개정법률안수정
Ⓢ 1999. 11. 11 증권거래법개정안

<처리되지 못한 청원법안>

Ⓐ 1996. 11. 7 부패방지법제정안

12) 전체 입법청원안의 목록은 참여연대 10년사편찬위원회, 「참여연대 10년의 기록 1994 - 2004 — 세상을 바꾸는 시민의 힘」, 2004에 수록된 자료를 참조할 것.

Ⓑ 1996. 12. 10 경찰법개정안
Ⓒ 1996. 12. 10 검찰청법개정안
Ⓓ 1996. 12. 10 형사소송법개정안
Ⓔ 1997. 5. 29 국회에서의증언·감정등에관한법률개정안
Ⓕ 1997. 5. 29 국정감사및조사에관한법률개정안
Ⓖ 1997. 5. 29 정치자금에관한법률개정안
Ⓗ 1997. 5. 29 정당법개정안
Ⓘ 1997. 5. 29 선거관리위원회법개정안
Ⓙ 1997. 5. 29 공직선거및선거부정방지법개정안
Ⓚ 1997. 5. 29 국회법개정안
Ⓛ 1997. 6. 17 특별검사의직무등에관한법률제정안
Ⓜ 1997. 10. 25 자금세탁방지에관한법률안재검토
Ⓝ 1998. 2. 2 상법개정안
Ⓞ 1998. 2. 12 국회법개정안
Ⓟ 1998. 2. 12 고위공직자인사위원회법제정안
Ⓠ 1998. 4. 14 대통령직인수위원회법제정안
Ⓡ 1998. 5. 12 기금관리기본법개정안
Ⓢ 1998. 5. 12 재정융자특별회계법개정안
Ⓣ 1998. 9. 30 금융실명거래및비밀보장에관한법률개정안
Ⓤ 1999. 7. 1 지방자치법개정안 수정안
Ⓥ 1999. 8. 24 전파법개정안
Ⓦ 1999. 11. 11 상법개정 등

많은 법률이 참여연대에 의해 제안되었고 그 가운데는 제법 입법과정에 많이 반영된 것을 알 수 있다. 이 가운데 부패방지법 및 국민기초생활보장법 등 몇 가지 입법은 참여연대가 굉장한 노력을 기울여 법률로까지 만들어낸 성과라고 할 수 있다. 여기서는 부패방지법의 입법과정만 간단히 살펴본다.

◉ 부패방지법 제정의 경과

참여연대가 부패방지법안을 성안하여 국회에 제출한 것은 1996년의 일이었다.

그 당시 참여연대는 미국의 정부윤리법을 포함하여 싱가포르, 대만, 홍콩의 부패방지입법을 참고하고 연구하여 공직자의 윤리, 내부고발자보호, 돈세탁방지, 특별수사기구의 설치, 몰수·추징제도의 강화, 공직자재산등록제도의 확대 등을 내용으로 하는 방대한 법안을 완성하였다. 이 법안이 제출되어 몇 달 이내에 당시 야당이었던 국민회의 역시 참여연대가 제출된 법안의 대부분을 반영한 독자법안을 국회에 제출함으로써 중요법안으로 부각되었다.

그러나 부패방지법의 내용 중에 포함되어 있는 공직자윤리강화나 내부고발자보호, 돈세탁방지 등은 국회의원을 포함하는 정치인에게도 해당하는 경우가 적지 않고 특히 정부·여당에게 있어서 특별검사제의 도입 등은 검찰의 독립성을 강화시켜 권력운영에 상당한 지장을 초래할 수 있는 것이어서 적극 반대하고 나섰다. 참여연대는 우선 역, 백화점 등 사람들의 왕래가 많은 곳에서 거의 매일 나가 부패방지법 입법 서명운동을 벌이고 이 법의 제정 필요성을 홍보하였다. 동시에 국회의원 개인들에게도 전화·면담 등을 통해 전체 국회의원 3분의 2 이상의 서명을 받기도 하였다. 그럼에도 각 정당들이 소극적이어서 이 법의 심의와 통과는 계속 지연되었다. 이 과정에서 참여연대는 부패방지캠페인을 한겨레신문과 1년 동안 벌이는가 하면 국제회의를 포함해 수십 차례의 세미나, 토론회를 벌였다. 이러한 활동을 통해 부패방지법은 제정되지 않으면 안된다는 국민적 합의를 이루어내었고 이러한 여론과 압박에 따라 국회는 지난 2001년 7월에 마침내 부패방지법을 통과시켰다.

(2) 참여연대의 고발운동

사회적 불의와 비리 있는 곳에 참여연대의 고발이 있었다. 고발이 많다 보니 참여연대를 일러 '고발연대'라는 말이 생겨났다. 한국인들의 일반적 정서와 윤리로는 아무리 죄를 저질렀더라도 그 사람을 고발한다는 것이 쉽지 않은 일이었다. 개인이 그런 고발을 했다가는 원수를 질 일이었다. 지금까지는 이러한 온정주의적 사회분위기와 공직자들의 서로봐주기 경향 때문에 잘못을 저지르고도 처벌받지 않고 용서받거나, 그 처벌이 경미하게 이루어지는 경우가 많았다. 이것은 법 앞에 만인의 평등의 정신을 크게 해쳐 법에 대한 존엄성을 실추시키고 한편으로 법경시풍조를 만들어냈다. 이러한 사회풍토와 법의식을 바꾸어내기 위하여 참여연대는 사회지도자들이나 권력담당자, 대기업의 총수 등 지금까지 성역이라고 할만한 사람들에 대해 사안이 생길 때마다 고발해 왔다. 지금까지 참여연대가 형사고발한 사건은 35건에 달한다.

이 가운데 특기할 것은 의정부 법원 비리와 관련하여 판사들을 고발한 것이다. 판사들은 법집행기관의 최고위에 위치하고 있을 뿐만 아니라 우리사회의 도덕과 윤리의 중심에 서 있는 사람들이기 때문에 아무리 사소한 부정이나 비리가 있다고 하더라도 이를 처벌하고 응징함으로써 우리사회의 정의와 윤리를 가장 높은 단계로 끌어올려야 한다고 판단했기 때문에 참여연대가 시민들의 연명으로 집단고발에 나섰던 것이다. 또한 그 가운데 최순영 신동아그룹 회장 고발사건도 주목할 만하다. 엄청난 규모의 외화를 외국에 빼돌린 최회장의 경우 검찰은 계속 수사와 처벌을 미루고 있었다. 재벌의 막강한 로비의 힘은 검찰, 언론, 청와대 그 모두에게 미치고 있었다. 참여연대는 검찰에 고발장을 제출했을 뿐만 아니라 검찰청사 앞에서의 시위, 대통령에 대한 공개서한, 언론과의 협력 아래 집중추적 등의 노력을 통해 결국 최회장을 구속시키는 데 성공하였다.

그러나 이러한 고발운동이 성공을 거두기는 쉽지 않았다. 검찰은 권력유지의 핵심기관으로 권력의 편을 들지 시민단체의 편을 들지 않았던 것이다. 그것은 그만큼 한국 검찰이 독립성과 중립성을 갖추고 있지 못하다는 증거이기도 하였다. 검찰중립성의 확보가 향후의 시민운동의 한 내용이 될 수밖에 없다. 한편 참여연대가 행한 고발이 반드시 피고발자에 대한 구속이나 형사처벌을 이루고자 하는 것만 목표로 한 것이 아니라 그러한 행동을 통하여 사회적 이목을 집중시키고 그럼으로써 제도의 변화를 유도한다거나 사회적 경각심을 높이고자 하는데 있었기 때문에 최종적으로 처벌이 되지 않았다고 하더라도 그 목적을 이루지 못하였다고 말하기는 어려울 것이다.

(3) 참여연대의 공익소송운동

한편 참여연대는 특정 사안에 대해 피해자를 조직하여 법원에 손해배상청구소송을 제기하는 전략을 사용하였다. 그것은 피해자의 피해회복을 위한 것일뿐만 아니라 그 소송의 승소를 통해 소송대상자 또는 기관의 잘못을 밝히고 다시 재발하지 않도록 하는 효과를 기대한 것이었다. 개인 피해회복만을 목적으로 한 소송의 형태에 비하여 이것은 공익소송이라고 할만하다.

참여연대는 그 창립 처음부터 이러한 공익소송을 자신의 캠페인과 행동의 중요한 수단으로 설정하고 있었다. 몇 개의 부서 가운데 공익소송센터를 설치해두고 있었던 것이다. 그 후 벌어진 각 부서의 행동과 캠페인 가운데 대부분 공익소송을 하나의 중요한 활동수단과 무기로 활용하고 있었다. 예컨대, 국민생활최저선운동을 시작한 사회복지위원회는 다음과 같은 공익소송을 제기하면서 자신의 활동을 사회에 알려내고 행정기관에게 경각심을 부각시켰던 것이다.

① 국민연금 관리부실 손해배상청구소송
② 장애인 선거권침해 손해배상청구소송
③ 비닐하우스촌 전입신고거부처분 취소청구소송
④ 노령수당지급대상자선정제외처분취소청구소송
⑤ 의료보험 수가인상 행정소송 및 효력정지가처분 소송
⑥ 생활보호법위반 보건복지부장관 직무유기 고발
⑦ 의료발전기금 전용 횡령죄 고발

이와 같이 사회복지분야에서 공익소송을 제기한 것은 유례가 없는 시도였다. 사회복지에 대한 권리는 흔히 추상적 프로그램적 규정이고 국가의 시혜적 조치에 불과하다고 여겨졌다. 그야말로 그림의 떡이고 병풍 속의 호랑이였던 것이다. 그러나 이러한 공익소송을 통하여 그것이 구체적으로 실현가능한 권리이며 국가가 보장할 법률적 의무가 있다는 것을 주장한 것이다. 실제로 이러한 소송에서 일부 승소한 사건도 있고 설사 패소한 경우라고 하더라도 그것을 통하여 국가가 제도적 개혁을 통하여 보장하게 되는 계기가 되었다.

참여연대가 그동안 제기한 각종 공익소송은 수백 건에 달한다. 그것은 손해배상청구 등 민사소송, 가처분신청사건, 위헌제청신청사건, 행정소송, 헌법소원 등 다양한 형태로 제기되었다. 구체적 현안이 된 현실적 문제를 해결하기 위해 가장 적절한 법률적 형태를 찾아냈던 것이다.

이러한 소송들을 통하여 참여연대는 공익소송이라는 말을 널리 보편화시키게 되었다. '민주사회를위한변호사모임'(Lawyers for a Democratic Society) 역시 공익소송을 자신의 중요한 활동의 수단으로 삼게 되었고 그 외의 시민단체들도 흔히 공익소송을 제기하는 경향이 생기게 되었다. 그것은 그만큼 시민운동이 법률적 수단에 의지하게 되고 법률이 사회운영의 중요한 기준과 잣대가 되고 있음을 의미한다. 법치주의의 확산에 기여하고 있는 것이다.

3. 투명성과 책임성의 강화

(1) Sun-Shine Project – 정보공개사업단의 출범과 그 활약

오랜 시간의 투쟁과 압력에 힘입어 한국의 정보공개법이 제정·시행되게 된 것은 1998년의 일이다. 아직 시행으로부터 짧은 시간이지만 이 기간 동안에 참여연대가 이룩한 정보공개운동의 성과는 괄목할만한 것이다. 특히 참여연대는 정보공개법 시행과 동시에 정보공개사업단을 발족시켜 의도적이고 조직적으로 행정기관의 정보공개청구운동을 벌였다. 참여연대가 각종 행정기관에 대한 정보공개청구의 사례는 일일이 들 수조차 없다. 일상적으로 이루어지고 있기 때문이다. 다음과 같은 사항이 정보공개사업단이 벌인 중요운동의 내용이다.

① 중앙행정부처의 장과 주요 지방자치단체의 장의 판공비가 투명해 진 것이다. 참여연대는 몇몇 중앙행정부처와 서울시를 집중 청구대상으로 하여 판공비의 공개를 요구하고 나섰다. 일부는 공개했지만 일부는 공개하지 않았다. 이에 따라 행정소송을 제기하였으며 최종적인 승리를 거두었다. 행정기관의 장은 이제 모든 경비의 사용내역과 그 사용에 따른 영수증까지 공개해야만 한다. 이제 행정기관이 마음대로 쓸 수 있는 돈은 없어지게 된 것이다.

② 참여연대는 중앙행정부처의 정보공개실태를 집중 점검하여 정보공개지수를 개발하고 발표하였다. 이들 행정기관이 얼마나 성실하게 국민들의 정보공개 청구를 손쉽게 허용하고 효과적으로 이용할 수 있게 준비하고 이행하고 있는지를 각 항목마다 정리하여 순위를 매긴 것이다. 이로써 행정기관끼리 정보공개와 투명성확대를 경쟁적으로 추진할 수 있도록 하였다.

③ 참여연대 정보공개사업단은 2001년 한 해 동안 회의록 공개운동을 벌였다. 행정기관들은 각종 회의를 열면서도 제대로 회의록을 작성하고 비치하고 열람시켜오지 않은 것이다. 특히 국가의 중요한 의사결정이 이루어지는 국무회의조차 회의의 최소한의 요지만 적어 놓고 누가 어떤 발언을 했는지 그 회의의 과정이 거의 기록되지 않았던 것이다. 참여연대는 이러한 기록문화를 발전시키기 위해 회의록작성등에 관한법률 청원, 법률에 정해진 회의록작성의무의 위반의 경우에는 형사고발, 회의록 작성을 요구하는 시위와 퍼포먼스, 외국의 사례 소개, 세미나 등 모든 노력을 경주하고 있다.

④ 그 외에도 참여연대는 IMF경제위기 이후 공적자금이 투여된 금융기관들과 기업들의 이름과 공적자금 투여내역 등을 정보공개 청구하여 밝혀내는 등 다양한 영역에서 국민의 알권리를 충족시키기 위한 활동을 벌여오고 있다.

⑤ 이러한 참여연대의 전략적 노력은 이제 모든 시민단체들이 정보공개청구를 하나의 중요한 활동수단으로 삼게 만들었다. 정보공개청구는 정부와 기업에 대한 모니터. 감시운동을 하기 위한 하나의 전제이며 수단이 되었다. 이로써 이제 정부와 기업의 활동은 한층 더 투명해지지 않을 수 없으며 또한 국민의 알 권리는 충족되게 되었다.

(2) 공익제보자 보호운동

부패방지운동의 일환으로 전개된 공익제보자보호(whistle blowers' protection)운동 역시 투명성을 확보하는 중요한 수단이 된다. 한 행정기관이나 부서 안에서 벌어지는 부패나 비리는 외부에서 알기가 어렵다. 내부에서 일하고 있는 사람이 양심에 기초하여 그것을 외부에 알려줄 때 비로소 사회적으로 공개되고 여론화된다. 그러나 이 경우 그 내부고발자는 그 내부조직에서 핍박받기 일쑤이며 심할 때는 파면당하거나 구속까지 당하게 된다. 공익제보자를 보호함으로써 공익제보가 자주 일어나게 되고 그렇게 되면 어느 기관이나 조직 내에서 부당하고 부패한 일을 생각할 수 없게 된다. 그만큼 투명해지는 것이다.

참여연대는 1994년 창립시부터 이러한 내부고발자보호의 사회적 효과가 크다는 점을 주목하고 내부고발자보호센터를 설치하고 이러한 양심의 공익제보자를 보호하는 운동을 벌이게 된다. 내부고발자보호법이 제정되어 있지 아니한 상태에서 이러한 내부고발자가 많았던 것은 아니다. 더구나 참여연대가 제공할 수 있는 내부고발자보호운동도 한계가 있었다. 해임·파면당하는 경우 이들을 변론한다거나 이들의 용감한 폭로와 공개의 행동을 자료집으로 묶어내 널리 알려내는 일을 했다. 지금까지 참여연대가 조직적으로 변론한 사례는 축협의 군납비리를 내부고발한 김필우씨 등 3~4건밖에 안되지만 그 과정에서 내부고발자의 정당성과 사회적 이슈로서 제기한 공은 적지 않았다.

(3) 기업책임추궁운동 – 경제민주화위원회와 Center for Good Corporate Governance

한국의 기업은 투명성이나 책임성에 있어서 형편이 없었다. 기업의 오너는 황제처럼 군림하였다. 원래 상법상 예정하고 있는 주주, 주주총회, 이사회, 감사, 사외이사 등의 견제와 균형, 상호감시의 체제는 전혀 작동되지 않았다. 기업주는 임원을 마음대로 바꾸었고 회사 돈을 자기 호주머니의 돈처럼 사용하였다. 주주들은 경영에 전혀 관심을 보이지 않았고 주주총회는 형식일 뿐이었다. 심지어 경영진을 감시하도록 만들어진 사외이사조차도 기업주의 마음에 드는 사람이 주로 선임되었다. 회사의 회계는 분식되었고 아무도 이에 대해 책임지지 않았다. IMF외환위기는 이러한 총체적 부실과 부패, 불투명하고 무책임한 경영의 결과로 빚어졌다고 해도 과언이 아니었다.

이러한 상황에서 참여연대 경제민주화위원회는 먼저 주주로서의 권리에 주목하고 주주들의 주식을 모아내 경영진의 부당한 경영을 견제하겠다는 전략을 세웠다. 그리고 1인의 회장이 수십 개의 회사를 사실상 운영하는 한국의 재벌회사를 집중타겟으로 선정하였다. 이른바 5대재벌에 소속된 하나의 회사를 선정하여 집중적인 감시와 견제운동을 벌이기로 한 것이다. 그 회사의 주식을 조금씩 매입하거나 소액주주들을 모아내 주주총회에 참석하여 경영진에게 질문하고 따지는 일, 한 재벌에 소속된 계열회사들끼리 부당한 내부거래를 하거나 경영자들이 회사의 돈을 마음대로 쓴 경우 이들을 상대로 대표소송을 제기하는 일 등이 대표적인 운동의 내용이었다. 최근에는 기업지배구조의 정확한 내용과 그 변화과정을 정밀하게분석하고 이를 투자자 등에게 제공하기 위한 CGCG(Center for Good Corporate Governance)를 설치하게 되었다.

이 가운데서 특히 한국의 최고·최대기업인 삼성전자를 상대로 한 소액주주운동은 한국을 넘어 전 세계에 잘 알려졌다. 삼성전자 주주총회에 참석하여 16시간 동안 질문과 답변의 공방을 벌여 경영진을 긴장시켰다. 제일은행이 무모한 융자를 준 것에 대해 은행장 등을 상대로 대표소송을 제기하여 400억 원을 물어내도록 판결을 받은 일, 그 주주총회에서 소액주주들의 발언권을 제한한 것을 근거로 주주총회무효소송을 제기하여 승소한 일, 삼성전자 등 삼성 내부계열회사들이 사모전환사채를 이건희 회장의 아들 이재용에게 발행해 줌으로써 소액주주들의 권익을 침해했다고 소송한 일 등이다. 이러한 일련의 참여연대의 운동 때문에 기업의 경영진들은 보험에

가입하기 시작하였다. 언제 자신들이 소송을 당해 손해배상책임을 지게 될지 모르기 때문이었다. 이로써 한국의 재벌기업들의 최대주주들이나 경영진의 책임의식은 종래보다는 훨씬 높아지게 되었다.

(4) 2000년 낙선운동

위 소액주주운동이 기업들에 대한 운동이라면 이 운동은 정치인들에 대한 운동이다. 한국의 부패는 국내외에서 크게 문제가 되어 왔다. 국제투명성위원회(Transparency International)의 조사에 따르면 한국은 거의 40위대의 부패지수를 보여주고 있다. 부패되어 있지 않은 곳은 거의 없다고 말해도 과언이 아니다. 그러나 특히 정치인의 부패는 가장 심각할 뿐만 아니라 그들이 우리사회를 이끌어가는 지도층이라는 점에서 의미가 크다. 과거 아무리 부패한 사람이라도 돈이 있으면 그것으로 어느 정당의 공천을 얻고 선거과정에서도 막대한 자금을 투입하여 당선되는 사례가 많았다. 뿐만 아니라 정치활동의 과정에서 이권의 개입과 뇌물의 수수를 통하여 정치자금을 모집하는 경우도 적지 않았다. 국회의원은 "교도소의 옆집에 산다"고 할 정도였다.

한국사회가 IMF경제위기를 맞아 일반 서민들은 엄청난 고통을 겪고 있고 사회개혁과 경제질서의 재편에 온갖 노력을 다해야 할 국회의원들이 이러한 부패와 무능을 끝없이 되풀이하고 있는 상황에서 국민들의 분노는 극에 닿았다. 참여연대를 중심으로 전국의 1천여 개 시민단체들이 합쳐 새로운 21세기 벽두에 치르지는 국회의원 총선에서는 이들 부패한 의원들이나 정치인들이 더 이상 당선될 수 없도록 해야 한다는데 합의하고 낙선운동을 벌이기 시작하였다. 이들은 먼저 각 정당에 이들 부패한 정치인들의 리스트를 제출하고 이들을 공천하지 말 것을 요구하였다. 그 중에 일부는 반영되었지만 여전히 이들을 공천하자 시민단체들은 직접 투표권을 가진 유권자들을 상대로한 낙선운동을 벌였다. 그 결과 전국적으로는 68%, 수도권에서는 90%의 낙선율을 보였다. 대단한 성공이었다. 그것은 단지 낙선후보들이 많이 떨어졌다는 점을 넘어 유권자들이 힘을 합치면 정치권의 변화도 유도해 낼 수 있다는 정치권에 대한 경고와 더불어 유권자들의 자신감을 불러 일으켰다는 점에서 그러하다.

(5) 사법자료실과 고위 법관 · 검찰관의 임명과정 개입

참여연대는 그 사무실에 '민주주의의 벽'이라는 것을 만들어놓고 거기에 2,800여 명의 전국 판·검사와 273명의 국회의원들에 대한 개인 파일을 관리하고 있다.

그 파일에는 해당 판·검사의 판결문·공소장, 논문과 발언, 공직경력, 재산상황 등 수집할 수 있는 모든 정보와 자료들이 수집·보존되고 있다. 국회의원의 경우에도 그들의 국회법안제출과 표결상황, 발언내용과 각종 의정활동 성적 등 다양한 정보들을 수집·분류하고 있다. 사람들은 이곳을 '시민안기부'(Civilian KCIA)라고 부른다. 시민의 입장에서 공직자의 일거수일투족을 기록하고 보관하고 평가한다는 뜻이다.

이러한 자료와 정보는 이들 공직자들이 고위직에 취임·임명되거나 선거에 출마할 때 활용된다. 국회의원의 경우에는 위에서 본대로 낙선운동 당시에 소중하게 이용되었다. 판·검사들의 경우 대법원장·대법관·헌법재판소장·헌법재판관 임명시에 이들에 대한 자료를 전문가들이 분석하여 의견을 임명권자인 대통령이나 국회의 동의를 얻는 과정에 열리게 되는 청문회와 그 심의에 임하는 국회의원들에게 제공된다. 실제 대통령이나 국회의원들이 이러한 정보나 자료를 가지는 경우가 거의 없기 때문에 대단히 유용하게 활용된다. 특히 국회의원들의 경우 소속정당 또는 국회의원 개인이 이러한 자료를 수집하고 보존하고 있지 않기 때문에 이렇게 제공되는 정보는 청문과정에서 엄청나게 중요하게 활용되고 있다. 참여연대의 입장에서 보면 그만큼 특정인의 고위공직임명과정에서 커다란 영향력을 행사하고 있다는 이야기가 된다.

(6) 부패를 향한 대장정

1) 부패방지법 제정운동

참여연대의 부패방지법 제정운동은 입법운동의 한 형태로 위에서 살펴본 바와 같다. 어떤 정당도 시도하지 않은 중요한 법률제정을 시민단체가 이루어낸 것이다. 이것은 오늘날 우리 정당과 시민단체의 현주소를 말해주는 중요한 단서가 된다.

참여연대는 1995년 그 산하에 '맑은사회만들기본부'를 설치하고 본격적인 부패추방운동을 벌이게 된다. 여기에는 변호사, 회계사, 약사, 교수, 내부고발자, 공직경험자 등 다양한 분야에서의 전문가들이 모여 효과적인 부패방지 정책에 대해 논의하고 이것을 제도화하기 위한 캠페인을 전개하였다. 그 핵심적인 내용이 바로 부패방지법 제정운동이었다. 부패를 예방하고 추방하는 기본적 법률의 제정이 가장 시급하다고 보았기 때문이었다.

위에서 본대로 이 법은 통과되었지만 실제로 참여연대가 제안했던 법률의 많은 부분이 빠져있기 때문에 이 운동은 아직도 가야할 길을 남긴 미완의 운동이 되었다. 공직자윤리의 강화, 특별검사제의 도입, 내부고발자보호의 확충 등이 바로 그런 과제이다.

2) 부패인물리스트의 작성과 부패인물사전

그동안 참여연대가 축적해온 부패인물들에 대한 자료들은 여러 가지 유용한 활용방안이 생기게 되었다. 참여연대는 1998년 김대중정권 출범시에 '새정부에 등용되어서는 안될 인물 103인 리스트'를 발표하였다. 부패한 전력이 있는 사람들을 추려 이러한 리스트를 만든 것이다. 뿐만 아니라 더 나아가서 아예 부패한 인물들을 총망라하는 부패인물사전을 작성중이다. 이렇게 되면 그 사전에 들어가 있는 사람은 지속적인 명예의 손상을 입게 된다. 따라서 부패에 대한 강력한 견제와 예방책으로 작용할 것임이 틀림없다.

4. 국민권익 · 복지를 향한 깃발
— 소외자 · 소수자를 위한 운동

(1) 작은권리찾기운동

참여연대가 벌인 또 하나의 중요한 영역은 권리를 빼기거나 제약당한 일반 시민들의 권익을 되찾아주는 운동이다. 특히 일반 시민들은 아직 자신의 권리의식이 약할뿐만 아니라 설사 권리를 회복하고 싶어도 그 방법을 강구하기 어렵다. 행정기관을 상대로 고발하거나 소송하는 것은 심리적으로도 대단히 어렵고 경비와 전문지식이 소요되는 것이어서 구체적으로 행하기 어렵다. 참여연대는 바로 이러한 점에 착안하여 시민들이 일상생활 속에서 겪는 불편, 부당, 불리한 일들을 신고받고 그것이 공공의 이익을 위해 정당하고 필요한 일이라고 판단되면 무료로 그 권리회복을 도맡아 해 주고 있다.

이러한 활동은 해당 행정기관에 대한 접촉과 통고를 통해 쉽게 해결할 수 있는 것은 하고, 이것이 이루어지지 않을 때는 소송과 고발, 또는 그 행정기관에 대한 시위 등 물리적 힘의 행사와 압력을 통해 해결한다. 경우에 따라서는 입법운동 등 제도개혁운동으로도 연결된다. 최근에 벌인 상가임대차보호법이나 이자제한법 제정운동이 바로 그것이다. 상가임대차보호법의 경우 그 피해자가 400만 명에 이르는 등 다수가 피해자인 경우여서 개별적인 해결보다는 법률적 해결이 불가피한 상황이었다. 이것은 소외된 다수 서민의 권리회복 차원에서도 중요한 일이지만 행정기관의 관행을 바꾸고 민주적인 행정으로 거듭나게 하는데도 중요한 역할을 하고 있다.

(2) 국민생활최저선확보운동

사회복지분야 역시 참여연대가 시민의 입장에서 정부에 대해 일정한 역할을 한 분야이다. 특히 참여연대의 사회복지위원회는 그 출발시부터 국민생활최저선(National Minimum)운동을 시작하여 사회복지학교의 개설, 각종 국민연금 개혁, 국민기초생활보장법 제정운동, 사회복지예산 확보운동 등 다양한 운동을 벌여왔다.

이 가운데 국민기초생활보장법 제정은 정부여당이 이를 수용하여 현실적으로 제정되는 성과를 거두기도 하였다. IMF경제위기 이후 사회안전망의 수립은 필수적인 것이었다. 원래 가족주의적 사회분위기와 의식구조하에서 사회복지가 일반 국민들 개개인에게 전가되는 경향이 많았다. 그러나 IMF구제금융 이후 실업의 증대와 정부부조의 부족은 빈곤의 확대, 가족의 해체 등 사회적 위기를 초래하고 있었다. 이러한 상황에서 이 법의 제정은 한국사회에서 최초로 사회안전망을 수립하고 일부 국민생활최저선의 확보를 이룩하는 일이기도 하였다.

Ⅲ. 결 론

1. 참여연대 운동의 전략과 특징

(1) 중앙정부에 대한 집중적 감시

참여연대의 위와 같은 운동은 주로 중앙정부에 대한 감시와 견제로 집중되었다. 한국은 과거부터 고도로 중앙집권적인 국가였다. 중세시대에도 일본과는 달리 봉건영주들은 존재하지 않았다. 이러한 전통은 오늘날까지 이어지고 있다. 지방자치제도가 실시됨으로써 오늘날 지방분권이 진전되고 있기는 하지만 중앙집권의 양상이 여전히 높은 것은 사실이다. 장래에 이러한 중앙집권체제가 지방분권주의로 발전하여야 하는 것은 당연한 일이지만 동시에 현재적 상황에서 중앙정부를 효과적으로 견제하고 감시함으로써 사회발전과 개혁을 앞당길 필요도 있다. 참여연대는 지방조직을 가지고 있지 않다. 당분간 중앙정부에 대한 감시와 견제를 집중함으로써 효과적인 한국사회 개혁을 시도하고 있는 것이다.

(2) 제도개혁에 대한 집중적 노력

참여연대는 생활 속의 운동이라기보다는 제도개혁에 초점을 맞춘 운동이라고 할 수 있다. 한국사회가 가진 모순과 후진성을 제도개혁에 의해 효과적으로 극복하고자 하는 것이다. 풀뿌리시민운동은 특정 지역을 기반으로 해서 생활 속의 운동을 벌여 그 지역공동체의 문제를 해결하는 것이다. 그러나 참여연대는 주로 국가적 정책과 제도를 바꿈으로써 전국적 변화를 유도하고 견인하려는 것이다. 부패방지법이나 국민기초생활보장법의 제정운동, 재벌기업들을 상대로 한 소액주주운동 등이 바로 그러한 노력을 상징하고 있다.

(3) 시민적 참여를 통한 개혁

참여연대의 이러한 운동이 대단히 전문적인 성격을 띄고 있는 것은 사실이다. 변호사·회계사·학자 등 전문가들의 참여가 필수적이고 실제로 이들의 참여가 비교적 많다. 이러한 전문가들의 지원과 협력 없이는 성공할 수 없다.

그러나 동시에 참여연대의 운동은 평범한 시민들의 입장에서 그들의 참여에 의해 추진력을 얻고 있다. 시민로비단, 작은권리를찾는사람들, 나라곳간을지키는사람들, 사법제자리놓기시민모임 등 다양한 시민모임들이 참여연대의 전문적 운동을 뒤에서 지지하고 앞에서 이끌어가고 있다. 예를 들어, 입법운동은 시민로비단의 전화와 방문에 의해 국회의원들에게 특정법안이나 안건에 대해 개별적 서명을 받고 지지를 얻는 노력이 없다면 불가능한 일이다.

2. 참여연대와 시민운동의 법치주의 강화의 한계와 과제

한국사회의 부패하고 불의하며 비합리적이고 비민주적인 현실을 제도적으로 바꾸는 참여연대의 성공에도 불구하고 참여연대 운동이 모두 성공적이라고 말할 수는 없다. 한국사회의 빛과 그림자는 아직 병존하고 있으며 개혁의 과제는 부지기수로 남아있다. 아직 한국의 시민운동은 그 초기단계일 뿐만 아니라 시민의식도 대단히 약한 편이라고 할 수 있다. 이러한 상황에서 참여연대운동이 성공하는 데에는 한계가 있는 것이다. 보다 더 많은 사람의 참여가 확산되고 시민들의 동원이 가능해질 때 참여연대운동은 보다 더 활기를 띨 수 있을 것이다.

뿐만 아니라 위에서 지적한 참여연대운동의 장점과 특징은 곧바로 참여연대운동의 한계가 되고 있기도 하다. 참여연대운동은 중앙정부를 상대로 하여 정책변화를 목적으로 한 운동이다. 그렇기 때문에 그것은 일종의 '전략 공군'으로서의 역할을 수행하고 있다. 지방정부와 생활공동체 안에서의 확산과 실천이 담보되지 않으면 그것은 한계를 지닐 수밖에 없다. 물론 이러한 한계는 전국의 다른 시민단체와 함께 해결해 가지 않으면 안된다. 하나의 시민단체가 모든 문제를 다 해결하거나 담당할 수는 없는 노릇이다.

더구나 한국사회에 정당하고 현실적인 법질서가 뿌리내리고 그 법을 지키려는 준법의 의식이 확고히 자리 잡았다고 보기는 어렵다. 여전히 악법과 비상식적인 법들이 지속적으로 만들어지거나 그대로 온존하고 있으며 법의 예외지역에 존재하는 특권층이 있음도 부정하기 어렵다. 법 앞의 만인의 평등은 아직 실현되지 못하고 있는 것이다. 이런 상황에서 참여연대를 비롯한 시민단체의 역할은 아직 막중하기만 하다.

제 2 절 NGO 활동에서의 법률가의 역할:

NGO의 법률수요 실태 및 로펌의 프로보노 활동에 관한 조사

염형국 · 김영수*

Ⅰ. 머 리 말

1990년대 중반 이후 형식적 민주주의의 확립, 한국경제의 성장, 다양한 계급·계층의 분화 및 이에 따른 다양한 가치의 추구로 말미암아 시민운동은 과거의 사회적 과제와는 다른 주택, 환경, 여성, 장애우, 교통, 소비자, 정보인권, 청소년, 사회복지 문제 등 새로운 사회적 과제들을 사회의 중요한 현안으로 부각하기 시작하였고, 많은 시민단체들은 이러한 다양한 사회적 과제들을 해결하는 과정에서 법적 수단을 활용하는 시민운동[1]을 전개하게 되었다. 이후 법은 국민의 권익을 침해하고 강자의 논리를 대변하는 존재이기보다 국민의 권리를 보호하는 수단으로 인식되고 있으며, 공익을 실현하기 위한 법안 제정의 노력과 법률의 철저한 적용을 위하여 사회적 압력을 행사하는 일이 시민단체의 중요한 활동패턴이 되었다.[2] 뿐만 아니라 일반국민과 주민들이 자신이 당한 권익의 침해를 묵과하는 대신 적극적으로 주장하는 경향이

---

* 공익변호사그룹 공감 변호사.

1) 시민운동에서 법을 활용하는 것은 이제 거스를 수 없는 대세가 되고 있는데, 시민운동이 법을 활용하는 장점으로는 소송이나 입법을 통한 구체적인 문제해결이나 대안을 제시할 수 있다는 점, 소송이나 고발 및 입법청원을 통하여 시민이나 정부 등에 시민운동이 제기하는 이슈를 분명하게 설명하는 수단이 될 수 있다는 점, 소송이나 고발 등의 법적 수단이 결과가 나오기까지 상당한 시일이 걸린다는 점에서 운동을 지속시킬 수 있는 계기가 된다는 점, 경우에 따라서는 그 자체가 문제해결의 수단으로 작용한다는 점 등을 들 수 있다.

2) 박원순, “시민운동과 변호사의 역할,” 「참여연대 창립 5주년 기념 심포지움 자료집」, 20면 이하.

높아졌는데, 이들을 지원하고 대변하여 사회적 이슈로 부각시키고 그 배경의 제도적 문제를 개혁하는 데도 시민단체는 중요한 역할을 담당하고 있다.

이처럼 법치주의가 점차 확산되어 가는 상황에서, 또 시민운동이 활동의 주요한 수단으로서 법을 활용하기 시작하면서부터 그 전문성으로 인하여 시민운동에서 변호사의 역할은 점차 커지고 있으며, 이러한 과정에서 공익에 대한 봉사를 소명으로 하는 변호사의 시민운동에의 참여는 필수적이라 할 것이다.

지금까지 적지 않은 변호사들이 시민사회의 요구를 감당하기 위하여 시민, 사회단체의 법률적 업무를 지원하였다. 이러한 단체의 법률자문역이 되거나 상담역이 되어 그 단체에 몰려오는 민원이나 호소에 대해 자문, 상담하거나 그 단체의 구성원이 가진 법률적 애로를 해결하고 그 단체의 핵심 사안을 입법적으로 해결하는 대체법안을 작성하는 등의 일이 변호사들의 몫이었고, 시민운동에 있어서 이러한 법률적 수요는 민변 등 변호사단체에 소속되거나 시민단체의 자문 등 역할을 맡아 사회적 공익을 위해 헌신하는 변호사들이 지금껏 수행해 오고 있다. 다행히 그동안 사법시험 합격자 수의 증가로 변호사로 진출하는 인력이 늘어나고 있고 그 가운데 시민사회단체에 상근하는 변호사들도 조금씩 늘어나고 있으며,[3] 시민단체 역시 어려운 재정적 여건에도 불구하고 법률지원의 중요성을 인식하고 상근변호사가 활동할 수 있는 자리를 점차 확충하고 있는 실정이다.[4]

그럼에도 불구하고 시민단체들의 폭발적인 증대와 그에 따른 역할과 기능의 확대는 지금까지와 같은 변호사들의 공익활동으로는 도저히 감당하기 어려운 지경이 되고 있다.[5] 이제 시민사회단체의 활동은 주택, 환경, 여성, 장애우, 교통, 소비자, 정보인권, 청소년, 사회복지, 언론, 빈곤, 자치 등 몇 분야로 특정되지 않을 만큼 그 영역이 다양해지고 있으며, 지방자치의 활성화와 더불어 법률지원의 사각지대로 불

3) 현재 시민 · 사회단체에 상근하는 변호사가 있는 단체는 성매매 피해여성 자활지원을 위한 다시함께센터, 전국금속산업노동조합연맹 법률원, 전국민주노동조합총연맹 법률원, 전국사회보험노동조합, 한국소비자단체협의회, 종교자유정책연구원, 공익환경법률센터, 아름다운재단 등의 단체가 있다.

4) 이러한 실정에 불구하고, 시민운동에 참여하는 법률가들의 수는 전체 법률가들의 수와 비교할 때, 극히 일부라 할 수 있으며, 이들조차도 명망 있는 일부 시민단체들을 중심으로 활동을 한 것으로 보인다. 또한 이러한 법률가들이 지원하는 시민단체들은 주로 수도권을 중심으로 분포되어 지역에 있는 시민단체들에 대한 법률지원은 극히 제한되어 있다고 볼 수 있다.

5) 「시민의신문」에서 조사한 시민단체 현황에 의하면 1996년 2,914개에 불과하던 시민단체가 2002년에는 4,023개에 달하는 것으로 발표되었다. 이들 단체들 중 지부조직이 있는 경우 이러한 지부조직을 개별단체로 합산하면 20,000여 개에 달한다고 한다. 이들 시민단체들을 지부 조직을 제외하고 분야별로 분류해 보면 시민사회단체가 1,013개(25.2%)로 제일 많고 사회서비스복지단체가 743개(18.5%)이며 환경단체가 287개(7.1%), 지역자치 혹은 빈민단체가 222개(5.5%)로 조사되었다.

려도 족할 만큼 법률지원의 접근성이 매우 떨어지는 지방에까지 시민운동은 전개되고 있는 실정이다. 또 한편으로는 법률가 배출 수의 증가에도 불구하고 변호사들의 전통적인 프로보노 활동은 이제 시민단체의 상시적 법률수요를 감안할 때 한계를 나타내고 있는 것으로 보인다. 이렇게 볼 때, 시민단체의 활동영역이 점차적으로 다양하게 확대되고 이에 따라 더 전문화된 법률수요 및 시민단체에의 지속적인 참여가 요구되는 시점에서 변호사들의 더욱 다양한 형태의 법률지원 필요성은 이제 시대적인 요구라 할 것이다.

이에 맞춰 아름다운재단 공익변호사그룹 공감[6]은 금년 5월부터 7월까지 이러한 변화된 환경에서의 NGO의 법률수요를 알아보기 위해 전국적으로 약 400여 개의 단체를 대상으로 기존의 단체의 주요 법률활동 내용과 법률수요에 대한 설문조사 및 지역간담회를 개최하여 NGO의 법률수요 실태에 관한 조사를 실시하였고,[7] 국내 주요 로펌[8]을 대상으로 공익활동에 관한 심층 인터뷰를 진행하였다. 시민단체의 법률수요에 대한 실태조사와 간담회를 통하여 법률수요뿐 아니라 시민단체의 실무자들이 변호사들에게 기대하는 역할에 관해서도 들을 기회가 있었다. 이하에서는 시민단체의 법률수요에 관한 위 실태조사의 내용 및 로펌의 공익활동에 관한 심층 인터뷰 내용을 소개하고자 한다.

Ⅱ. NGO의 법률수요 설문 실태조사 및 지역간담회

1. 조사 내용 및 일정

NGO에 대한 법률수요 실태조사에 있어서 조사하고자 하였던 내용은 공익단체에 대한 기존의 법률가로부터의 법률지원 여부와 그 내용, 공익소송과 입법운동, 고

6) 아름다운재단 공익변호사그룹 '공감'은 2004. 1. 아름다운재단의 공익변호사기금을 재정적 기반으로 하여 사회적 약자 및 소수자의 인권 향상, 시민사회단체에 대한 법률적 지원을 목적으로 설립되었다. 5인의 상근변호사와 20여 명의 인턴 및 펠로우가 지금까지 장애인, 이주노동자와 난민, 여성, 노숙자, 주민자치와 참여를 위한 단체 등 25개 시민사회단체를 지원하고 있다.

7) 지난 2001년 참여연대에서 총 59개의 시민단체를 대상으로 '변호사 공익활동에 대한 시민단체 수요조사'를 실시한 바 있다. 참여연대 공익법센터 편, 「변호사 공익활동 프로그램」, 대한변호사협회 참조

8) 2005년에 서울변호사회의 경우 전체 5,185명의 회원 중 로펌에 소속된 변호사는 2,047명에 이르러 서울변호사회 소속 변호사들 중 약 40% 정도는 로펌에 소속되어 활동하고 있다.

소·고발과 법률상담, 단체 실무가에게 필요한 법률교육과 법률문제 해결을 위한 법률매뉴얼 등에 관하여 각 단체의 기존 법률 활동의 내용과 그 진행에 있어서의 어려운 점, 그리고 법률지원의 필요성 여부 및 필요분야, 법률지원 필요 빈도 등이었다.

설문조사는 2005년 5월 9일부터 6월 3일까지 위 400여 개의 단체에 설문내용을 이메일과 팩스를 통해 전달하였고 전화설문을 통해 설문지 작성과 회수 가능 여부를 묻고 설문내용을 단체실무자가 작성하도록 하였고, 이러한 설문조사 결과를 바탕으로 하여 2005년 6월 14일부터 7월 11일에 걸쳐 전국 5개 지역(서울, 수원, 청주, 광주, 부산)을 선정하여 각 지역에서 공익단체 실무자를 초청하여 이에 관한 심도 깊게 논의하는 간담회의 자리를 가졌다.

2. 설문조사의 표본추출

본 조사에서의 조사 모집단은 시민단체연대회의 회원단체인 354개 단체(2003년 3월 기준)와 인권단체 연석회의 회원단체인 34개 단체(2005년 5월 기준), 아름다운 재단 공익변호사그룹 '공감'에서 진행한 공익단체에 대한 변호사 파견지원사업 신청단체인 54개 단체를 대상으로 중복되는 단체를 제외한 총 429개 단체를 대상으로 하였다. 2003년 3월 기준의 시민단체 연대회의 회원단체 중 2005년 5월 현재 활동을 중지하거나 없어진 단체가 있고 본 조사에서 설문을 단체에 보내고 회수하는 방법으로 이용한 이메일과 팩스·전화를 통하여 설문을 할 수 없었던 단체를 감안하면 약 400여 개의 단체가 조사대상이 되었다. 이 중 96개의 단체가 설문에 응하였고, 아래의 조사 내용은 이 단체들의 설문 내용에 의한다.

400여 개 정도에 이르는 조사 모집단 중에서 96개의 단체만이 설문에 응하였으나, 사회복지, 청소년, 여성, 노동, 인권, 빈곤, 환경, 시민사회, 문화, 장애인, 언론, 기타의 12개 모든 영역의 단체로부터 설문에 대한 답을 얻어 영역별 법률활동 진행상황과 그에 따르는 법률수요에 대한 실태를 대체적으로나마 파악할 수 있었다.

3. 설문에 응한 단체의 지역별 분포와 활동영역

설문에 응한 단체의 지역별 분포는 서울 지역이 41개 단체로 가장 많았고, 뒤이어 경상 지역이 17개 단체, 전라 지역이 15개 단체, 경기 지역이 12개 단체, 충청

지역이 10개 단체, 강원 지역이 1개 단체로 나타났다. 전체 시민운동단체의 지역별 비율과 크게 차이가 나지 않는 결과였다.[9] 설문에 응한 96개의 단체를 그 활동 영역별로 나눈 결과 여성영역이 25%, 시민사회영역이 20%를 차지했다. 그 다음으로 환경영역 14%, 사회복지영역 9%, 장애인 영역 8%, 노동 영역 8% 등의 순으로 나타났다.

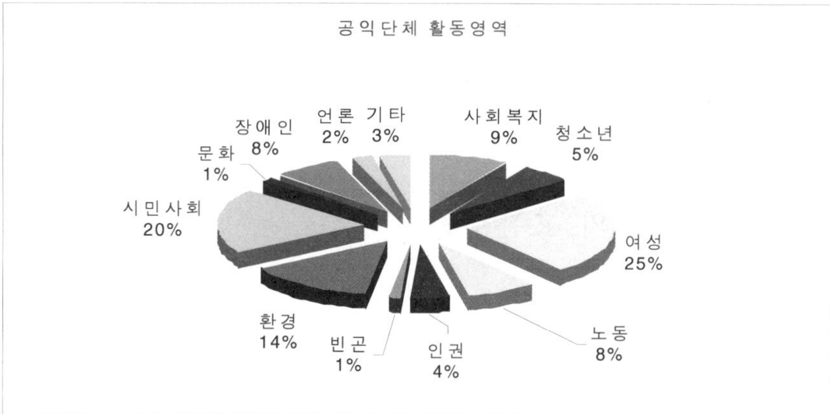

<그림 1> 설문에 응한 공익단체의 활동영역

4. 설문조사 결과 분석

(1) 법률지원 경험여부 및 법률지원의 형태

현재 변호사, 사법연수생, 법대생, 기타 노무사, 법무사, 변리사 등으로부터 법률지원을 받고 있거나 과거에 받았는지에 대한 설문에 대해 19%는 현재 혹은 과거에 이러한 법률지원을 받았다고 답했고, 81%는 이러한 법률지원을 받지 않았다고 답했다. '현재 주로 어떤 분야에서 법률지원을 받고 있는가'라는 질문에서는 법률상담이 48%를 차지했고, 공익소송이 22%, 고소·고발이 16%, 입법운동이 15%를 차지했다. 시민사회단체, 여성단체, 환경단체 등 각 단체의 활동에서 문제되는 사안들을 일차적으로 법률가와의 상담을 통해 해결하는 것으로 나타났으며 각 단체의 진행

9) 시민단체의 지역별 비율은 서울이 55%로 압도적으로 많았으나 그 외 지역들은 인구 대비 단체의 밀도가 크게 차이가 나지 않는다. 서울의 집중도 역시 큰 폭으로 줄어들고 있다. 한국시민사회단체의 분포와 다양성, 조영재 참조.

사업과 활동에 따라 공익소송과 고소·고발, 입법운동 등으로 법률지원을 받고 있는 것으로 나타났다.

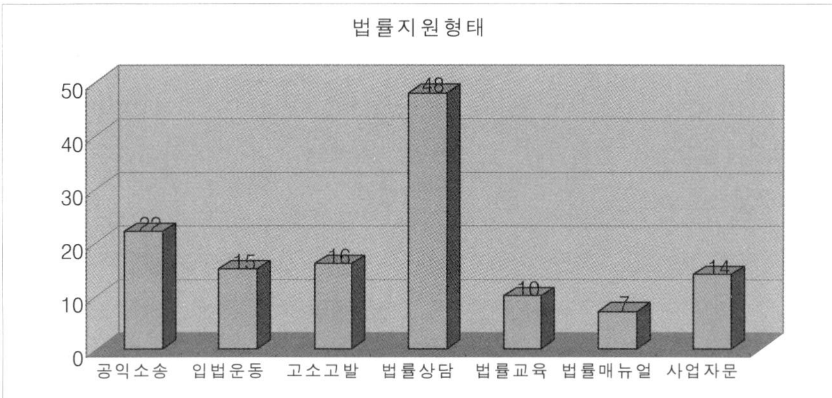

<그림 2> 법률지원 형태

(2) 공익소송

1) 공익 소송 경험 유무

과거에 공익소송을 해본 적이 있는지에 대한 물음에서는 18%를 제외한 82%의 단체가 '해본 적이 없다'라고 답하여 단체에서 공익소송을 진행하는 비율은 크지 않은 것으로 나타났다. 그러나 많은 단체들이 '공익소송의 필요성은 느꼈으나 진행하지 못한 경우'와 '공익소송 진행상의 어려움'에 답한 내용으로 보아 각 단체들이 공익소송의 필요성을 느끼고 있으나, 소송에 대한 법률지식의 부족과 소송절차상 필요한 인력의 부족, 법률가와의 연계가 약하여 소송진행에 어려움을 겪고 있는 것으로 나타났다.

2) 자문대상

'공익소송을 진행본 적이 있는 경우에 법률적인 자문은 누구에게서 구하였는가'라는 물음에 68%의 단체가 변호사로부터 받았다고 응답하였다. 그 다음으로 법대생과 사법연수생 각각 13%, 법학 교수 6%의 비율로 법률자문을 구한 것으로 나타났다.

3) 공익소송의 내용

각 단체에서 진행하였던 공익소송의 내용으로는 국가 상대 손해배상청구소송, 명예훼손 역고소에 대한 변론(한국성폭력상담소), 기지촌 혼혈인에 대한 명예회복 및 배상청구 준비(두레방), 교도소 내 수형인 처우에 대한 국가인권위원회 진정 및 국가상대 손해배상청구소송(인권운동사랑방), 수돗물 수질조작에 대한 피해소송(울산환경운동연합), 지방자치예산무효확인소송 및 예산집행정지가처분(참여자치군산시민연대), 정보공개청구비공개처분취소소송(참여자치21), 이동권에 차별을 받고 있는 중증장애인 8명의 서울시 지하철당국 상대 대중교통 이용을 위한 이동권 소송(장애인이동권쟁취를위한연대회의), 보험차별사건(푸르덴셜보험가입거부건), 제천시보건소장승진차별건, 정신지체여성장애인 성폭력건 등(장애우권익문제연구소), 언론피해관련 명예훼손소송(대전·충남 민주언론운동 시민연합) 등이 있었다.

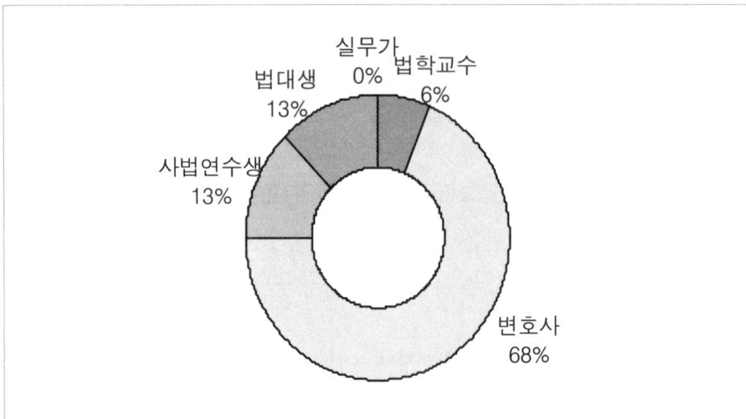

<그림 3 공익소송의 자문대상>

4) 공익소송 진행상의 어려움

단체에서 공익소송을 진행함에 있어서 어려운 점으로 관련 법률전문가의 관심과 도움의 부족, 소송비용의 문제(한국성폭력상담소), 원고적격 설정의 어려움, 경험미숙(종교자유정책연구원), 우리나라 법체계상 문제, 적극적 전문가 발굴의 어려움(울산환경운동연합), 지하철 승강장 추락사고 사건의 경우 낮은 승소 가능성과 높은 비용(장애인이동권쟁취를위한연대회의), 실무역량의 부족(장애우권익문제연구소) 등을 들고 있다.

(3) 입법운동

1) 입법운동 경험유무 및 자문대상

'입법운동을 해본 적이 있는가'라는 물음에 53%의 단체가 해본 경험이 있다고 대답하였고, 나머지 47%의 단체는 경험이 없다고 응답하였다. 입법운동을 해본 경험이 있는 단체의 36%가 법률자문을 변호사로부터 구했다고 응답해 가장 많은 수치를 차지하였다. 그 다음으로 법학교수로부터 자문을 구한다는 단체는 28%였고, 단체 내 실무가로부터 자문을 구한다는 단체가 23%였다. 공익소송 기타 법률지원이 필요한 다른 분야에 비해 실무가와 법학교수의 비율이 높게 나타나 입법운동시 실무가와 법학교수의 역할이 다른 분야에 비해 큰 것으로 나타났다.

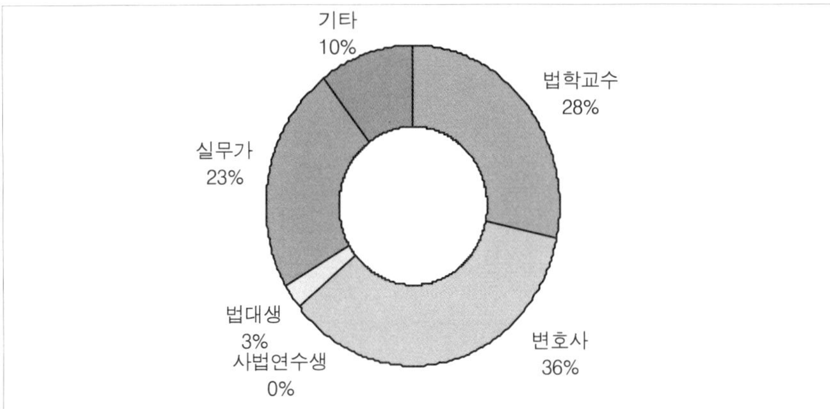

<그림 4> 입법운동의 자문대상

2) 입법운동의 내용

각 단체에서 진행하였던 입법운동의 내용으로 광명시 도시계획조례안 개정운동(광명만남의집), 언론관련특별법 제정운동(대전·충남 민주언론운동 시민연합), 지역신문발전지원특별법(전북 민주언론운동 시민연합), 장애인 이동권을 실질적으로 보장할 수 있는 장애인 및 교통약자 등에 대한 이동보장 법률 제정을 위한 입법 활동(장애인이동권쟁취를위한연대회의), 사회복지사업법, 장애인복지법, 직업재활 및 고용촉진에 관한 법, 편의증진법 등(장애우권익문제연구소), 학교폭력관련법(청소년폭력예방재단), 청소년성보호에관한법률(청소년보호종합지원센터), 성폭력특별법, 가정폭력방지법, 남녀차별금지법, 청소년성보호법(한국성폭력상담소), 성매매특별법(두레방), 이주노동자 인권보장 및 노동허가 관련(한국이주노동자인권센터), 사회보호법 폐지 등(인권운동사랑방), 유해물질 관리법, 악취방지법(울산환경운동연합), 주민참여예산제, 행정정보공개청구조례개정, 주민감사청구조례개정, 지방의원해외연수심사조례, 보행권조례 등(참여자치군산시민연대), 조례제정운동(참여자치21), 대통령 기록물 관리법 제정, 부패방지법 제정, 행정절차법 개정, 정보공개법 개정, 옴부즈만법 제정에 관한 의견 표명, 정부조직법 개정, 공직자윤리법 개정, 지방자치법 개정 등(행정개혁시민연합) 등이 있었다.

3) 입법운동의 방법

각 단체에서 진행한 입법운동의 방법으로는 타 단체와 연대조직, 전문가 그룹을 조직하여 입법안 마련, 간담회, 토론회, 공청회, 캠페인, 성명서 발표, 서명운동, 설문조사, 입법청원, 국회의원 섭외를 통한 의원발의 등이 있었다.

4) 입법운동 진행상 어려움

각 단체가 입법운동을 진행하는 과정에서의 어려운 점으로 실무역량과 변호사 등의 전문가인력의 부재(장애우권익문제연구소), 행정기관 접근의 어려움(월드비전), 현행 법체계에 대한 정확한 지식 부족, 바쁜 업무로 인해 우선순위에서 밀리게 됨(청소년보호종합지원센터), 단체의 추진력 부족과 관심 있는 의원과 법률전문가 등의 부족(한국성폭력상담소), 정치적 쟁점에 관한 국민들의 관심 부족(행정개혁시민연합) 등을 꼽았다.

(4) 고소고발

1) 고소고발 경험유무

'고소나 고발을 해본 적이 있는가'라는 물음에 54%의 단체가 해본 적이 없다고 답하였고, 나머지 46%의 단체는 고소나 고발을 해본 적이 있다고 답하였다. 고소·고발상의 어려움을 묻는 설문에서 많은 단체들이 소송절차에 대한 법률지식의 부족으로 어려움을 느끼고 있었고, 법률자문기관의 부재와 소송대리가 가능한 변호인의 부족 또한 고소·고발 진행상의 어려움으로 나타나고 있었다.

2) 고소·고발 내용

단체에서 진행하였던 고소·고발의 내용으로 학교폭력가해자·학교에 대한 고소·고발(청소년폭력예방재단), 성매매피해청소년의 유흥업주 상대 고소(청소년보호종합지원센터), 성폭력 가해자에 대한 고소(한국성폭력상담소), 성매매 피해자 관련 고소(두레방), 여성성폭력, 가정폭력, 어린이성폭력의 가해자 고소(청주여성의전화 부설성폭력상담소), 체불임금 신고(한국이주노동자인권센터), 사업주에 대한 사기 고소(성동외국인근로자센터), 사업주에 대한 폭행 고소(아시아의 친구들), 사회복지시설장에 대한 고소 등(인권운동사랑방), 오염물질 배출, 녹지 파괴에 대한 고소(울산환경운동연합), 직권남용, 근무태만, 부정부패, 사이버명예훼손(참여자치군산시민연대), 공정거래위원회 신고

(참여자치21), 시설운영자에 대한 고소 등(장애우권익문제연구소), 언론에 대한 명예훼손고소(대전·충남 민주언론운동 시민연합), 조선일보에 대한 명예훼손 고소(전북 민주언론운동 시민연합) 등이 있었다.

3) 고소·고발 진행상 어려움

각 단체가 고소·고발을 진행하는 과정에서의 어려운 점으로 활동자원의 부족(청소년폭력예방재단), 수사·재판기관·정부부처·언론 등에 의한 2차 피해 발생시 고소·고발 필요성이 절실하나, 법적검토가 많이 요구되고 법률적 대응을 같이 할 전문가 부족(한국성폭력상담소), 이주여성의 경우 성매매특별법상에서 보호받기 어려운 점(두레방), 경험미숙, 법률자문기관 부재(청주여성의전화 부설성폭력상담소), 업무과중 실무자의 여건 및 자료확보의 어려움(울산환경운동연합), 일상적인 법률 자문 받기가 어려움, 고발대상자 선정, 증거확보, 사후처리의 어려움(참여자치군산시민연대), 고소·고발에 대한 지역사회의 공감대 부족(참여자치21), 활동가와 법률가의 인식차이(장애우권익문제연구소) 등을 꼽고 있다.

(5) 법률상담

1) 법률상담 경험유무 및 상담처리방법

'단체에서 법률상담을 진행 하여본 경험이 있는가'에 대한 물음에서 72%가 법률상담의 경험이 있다고 답하였다. 단체에 민원의 형태로 들어온 법률문제와 단체

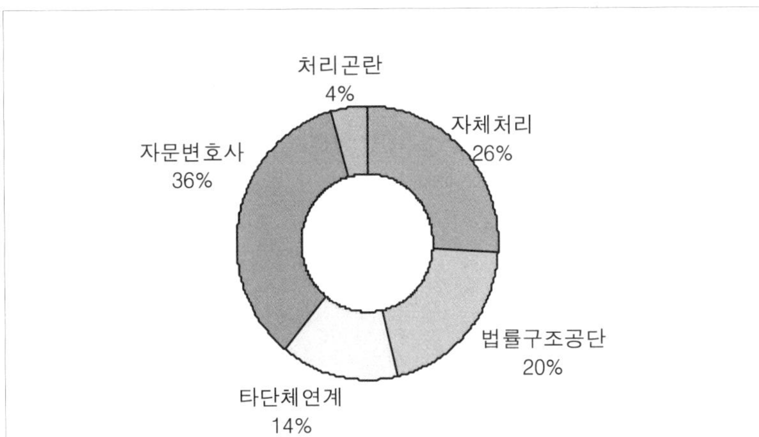

<그림 5> 법률상담의 처리방법

내의 법률문제를 법률가에게 의뢰하는 법률상담은 36%가 자문변호사에 의존하고 있었고 20%가 법률구조공단을 통해 법률문제를 해결하고 있었다. 14%는 타 단체와의 연계를 통해서, 26%는 자체처리의 방법으로 법률상담을 통해 들어온 법률문제를 해결하고 있는 것으로 나타났다. 법률상담처리의 과정에서 어떤 어려움을 겪고 있는지에 대한 물음에서 소송절차와 법률문제에 대한 지식의 부족으로 어려움을 겪고 있으며 각 단체의 영역에 대한 전문지식을 가진 법률가가 부족해 어려움을 겪고 있는 것으로 나타났다.

2) 법률상담의 내용

각 단체에서 진행하고 있는 법률상담의 내용으로는 임금체불, 가정법률상담, 노동관련(광명만남의 집), 학교폭력 관련(청소년폭력예방재단), 성매매피해청소년, 근로권, 성폭력, 학교폭력 상담(청소년보호종합지원센터), 성폭력피해 사건(한국성폭력상담소), 외국여성의 결혼, 이혼, 여권 압류, 임금체불 등(두레방), 임금체불, 산재, 고용, 출입국관리법, 국적 등(아시아의 친구들), 환경문제(울산환경운동연합), 인근교회와의 선교구역에 관한 분쟁(종교자유정책연구원), 불심검문시 적법절차 문제, 경찰·검찰 수사과정에서의 가혹행위(인권운동사랑방), 주택, 건축, 소송, 부정부패, 소비자피해, 사기, 폭력(참여자치군산시민연대), 개별 민원(참여자치21), 행정구역, 지방선거, 공청회 개최, 토지 수용에 관한 공지 등의 절차, 지방자치법 등(행정개혁시민연합), 언론 피해 사례(전북 민주언론운동 시민연합), 이동편의시설의 부재나 그로 인한 권리 침해 및 구제방법(장애인이동권쟁취를위한연대회의), 일반 법률상담(장애우권익문제연구소) 등이 있었다.

3) 법률상담처리에 있어서의 어려움

법률상담을 진행하는 과정에서의 어려운 점으로 법률가에게 비영리단체에 대한 자문을 구하는데 어려움이 있고 법률가가 실제적 내용을 잘 모르는 경우 상담이 어려움(월드비전), 자문기관 부재(부산 홍사단), 전문가의 조력 부재(청소년폭력예방재단), 실무자의 경우 법관련 전문성 부족으로 문제 발생, 법조인이라 하더라도 성폭력관련 지식이 부족하여 2차 피해가 발생하거나 성폭력관련 법적 예외조치에 대한 경험 부족, 적극적 대응을 기피하는 등의 문제 발생(한국성폭력상담소), 법적으로 처리하기 어려운 사례가 많음(두레방), 타 지역 소송처리 곤란 등(한국이주노동자인권센터), 정확한 절차와 내용을 완전하게 알지 못하는 역량부족(성동외국인근로자센터), 지식부족, 상담건수의 과다(아시아의 친구들), 역량부족, 관련 국가기관의 협조 부족 및 동성애 혐오적인 반응(한국레즈비언상담소), 법률가 부족(참여자치21), 역량부족, 전문가 부족,

법 자체의 문제 등(행정개혁시민연합), 법률상담을 일상적으로 해줄 수 있는 전문가의 부재(장애우권익문제연구소) 등을 꼽고 있어 대부분의 단체들이 전문지식의 부족과 법률전문가의 부재로 인한 어려움을 호소하고 있었다.

(6) 법률교육

1) 실무가 법률교육 경험유무 및 법률교육의 필요성

'단체에서 실무가에 대한 법률교육을 진행한 적이 있는가'라는 물음에 51%가 진행해 적이 없다고 답하였고, 49%가 법률교육을 진행하여 본 것으로 나타났다. 그러나 97%에 달하는 단체들이 실무가에 대한 법률교육이 필요하다고 답하였고 소송실무와 각 단체의 영역 관련 법률에 대한 법률교육을 필요로 하는 것으로 나타났다.

2) 법률교육이 필요한 분야

법률교육을 필요로 한 분야로 소송실무와 소송의 전반적인 절차(월드비전), 소송과 관련한 시작에서 마무리까지 진행(청소년폭력예방재단), 기획소송절차 및 실무, 입법운동전반, 젠더와 법, 외국 입법례, 성폭력사건에 대한 법적 쟁점 분석 등(한국성폭력상담소), 소송실무 및 국적법(두레방), 노동법, 출입국관리법, 국적법 등 이주관련법(한국노동자인권센터), 소송실무, 입법관련 지식 등(한국레즈비언상담소), 법률전반(흙살림), 관련분야 법률 및 행정절차에 대한 교육 등(녹색연합 환경소송센터), 환경분쟁 실무(당진환경운동연합), 문제현장에서의 법률적용(쓰레기문제 해결을 위한 시민운동협의회), 소송실무(부산참여자치시민연대), 소송실무, 조정 등에 관한 절차 및 사례(구미YMCA), 입법운동에 관한 교육(기독교윤리실천운동), 행정절차법, 건축법, 정부조직법 등의 교육(행정개혁시민연합), 공익소송 실무와 절차(대전·충남 민주언론운동 시민연합), 소송실무 및 장애관련 법률(장애인이동권쟁취를위한연대회의), 실무와 법체계 이해(장애우권익문제연구소) 등을 꼽고 있었다.

(7) 법률매뉴얼

1) 법률매뉴얼 작업 경험 유무 및 법률매뉴얼 활용경험

단체에서 활용할 법률매뉴얼을 제작한 경험이 있다고 답한 단체는 전체의 12%에 지나지 않았고 자체적으로 제작한 법률매뉴얼이나 기존의 법률매뉴얼을 활용한 경험이 있는 단체는 전체의 36%만이 법률매뉴얼을 활용해 보았다고 답했다. 이 중 24%의 단체는 단체장서에 법률매뉴얼을 가지고 있지 않았고 33% 정도가 1~2권,

16%가 3~5권 정도를 가지고 있는 것으로 나타났다.

2) 단체의 법률매뉴얼 비치도서 개수

단체 내의 법률매뉴얼 보유 권수는 1~2권이 33%로 가장 많았고, 10권 이하가 19%, 3~5권이 16%, 수십 권 정도가 있다고 답한 단체는 8%, 단체 내에 법률매뉴얼이 아예 없다고 답한 단체도 24%나 되었다.

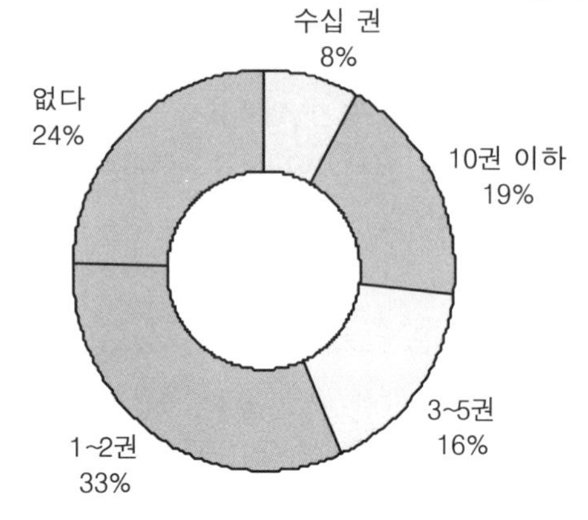

<그림 6> 단체장서의 법률매뉴얼 비치도서 개수

3) 법률매뉴얼의 도움 여부 및 법률매뉴얼 필요성 유무

법률매뉴얼을 활용하면서도 실제로 법률매뉴얼이 도움이 되었는가에 대해서는 18.4%가 도움이 되지 않았다고 답했고, 12.2%가 보통 정도로 도움이 되었다고 답했으며, 11.2%가 도움이 되었다고 답했다. 기존의 법률매뉴얼로부터는 실질적인 도움을 못 받고 있으며 소송실무와 각 단체 영역의 법률문제를 해결 하는데 이용할 영역별 법률매뉴얼이 시급하다고 답한 단체가 98%에 이르렀다.

4) 법률매뉴얼이 필요한 분야

법률매뉴얼이 필요한 분야로 소송실무(월드비전), 노인에 관련된 매뉴얼(광주전남 노인의 전화), 임금체불 등 민사 분쟁의 해결 방법 관련(청소년보호종합지원센터), 성폭력 이슈에 따른 보다 전문적인 매뉴얼(한국성폭력상담소), 소송실무 및 노동문제 매뉴얼(두레방), 헌법소원관련 매뉴얼(종교자유정책연구원), 환경문제와 관련한 민원처리 실무 가이드(녹색연합 환경소송센터), 환경분야 소송실무(쓰레기문제해결을위한시민운동협의회), 소송실무, 민사분쟁, 환경문제, 건축문제, 행정절차(참여자치군산시민연대),

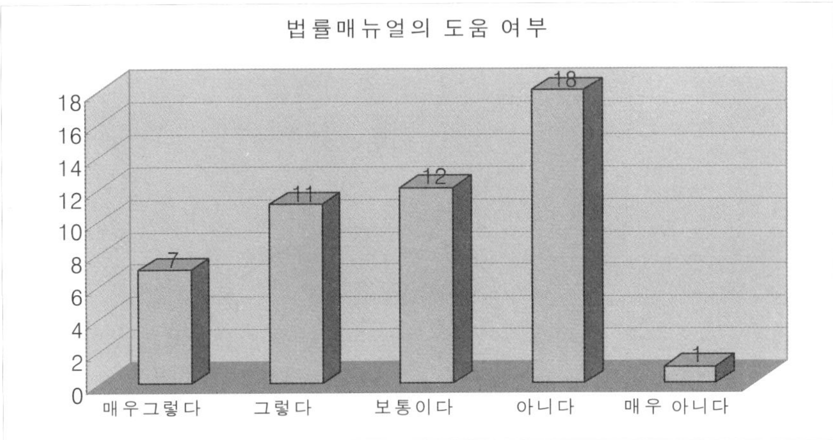

<그림 7> 법률매뉴얼의 도움 여부

민원 해결에 도움이 될만한 내용(행정개혁시민연합), 소송실무 및 형사분쟁해결 등(장애인이동권쟁취를위한연대회의), 소송실무 관련(장애인편의시설촉진시민연대), 소송실무(한국장애인단체총연맹), 소송실무에 관한 내용(대전·충남 민주언론운동 시민연합) 등을 꼽고 있어 대부분이 단체들이 전문분야에 관한 내용과 더불어 소송실무에 관한 법률매뉴얼이 필요로 한 것으로 나타났다.

(8) 법률지원의 필요성

1) 법률지원 필요성 유무

설문에 응한 단체의 94%가 법률지원이 필요하다고 답해 그 수요는 높으나 현재까지 법률가로부터 법률지원을 원활하게 받지 못하고 있는 것으로 나타났고 법률지원을 받지만 그 단체의 영역별로 전문성을 가진 법률가가 부족해 상당한 어려움을 겪고 있는 것으로 조사 되었다. 앞으로 공익단체와 법률가의 원활한 연계를 위한 중개가 활발하게 이루어져야 하겠고 각 단체의 영역별로 그 활동에 대한 전문성을 가진 법률가의 조력이 요구된다 하겠다.

2) 법률지원 필요분야 및 지원 필요 빈도

법률지원의 필요성을 느끼고 있다고 응답한 94%의 단체에서 법률상담 24%, 공익소송 16%, 입법운동 15%, 법률교육 15%, 고소고발 13%, 사업자문 9%, 법률매뉴얼 8%의 순으로 법률지원을 필요로 하는 것으로 나타났다. 단체에서 원하는 법률지원의 형태는 전화연락을 통한 상담이 50%, 월 1~2회의 방문 22%, 주1회 방문 20%, 상근 5%, 주 2~3회 3%의 순으로 나타났다.

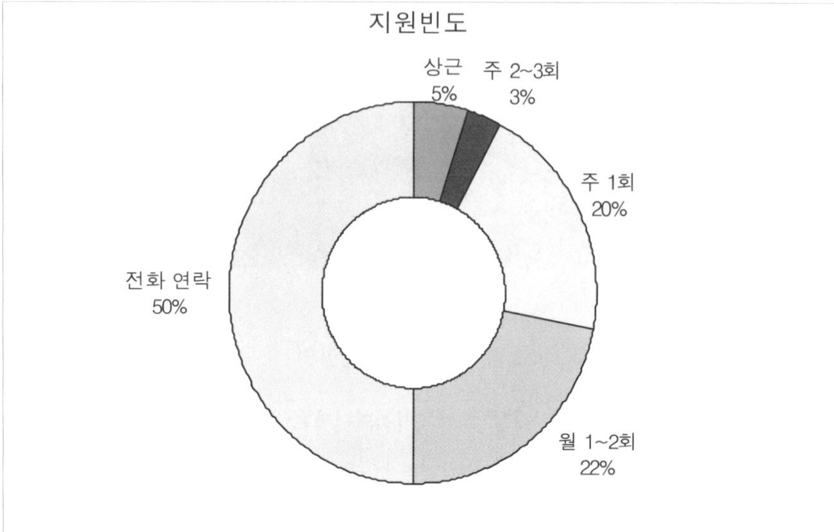

<그림 8> 법률지원이 필요한 빈도

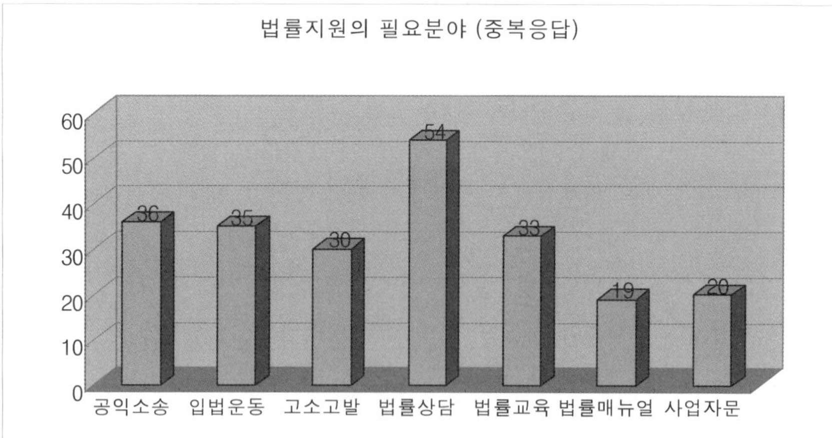

<그림 9> 법률지원이 필요한 분야

5. 지역간담회[10] 결과

(1) 공익단체의 법률수요

공익단체의 법률수요에 관하여 각 단체 실무자들은 '변호사들이 지속적으로 하나의 단체와 관계를 맺어가면서 지속적으로 상담지원을 해줄 수 있는 체계가 필요하다(한국레즈비언상담소)', '앞으로 더욱 공익단체의 법률수요가 늘어날 것으로 예상된다. 이를 위해서 일상적인 법률지원이 가능한 시스템이 필요하다(다산인권센터)', '관련 법령에 대해 알지 못한 상태에서 업무를 처리하여야 하는 경우가 많다. 이에 관하여 환경 분야의 전문 법률가들이 법률교육을 해주었으면 한다(광주 환경운동연합)', '변호사와 단체 간의 결합이 물리적으로 어려우므로 실무자에 대한 법률교육 프로그램이라도 실시해 주었으면 한다. 실무자들에 대한 법률교육을 하게 되면 그 파급효과가 크다(부산 YMCA 시민중계실)', '지방의 경우에 법률가들의 참여율이 낮다. 단체 활동가의 1.5배의 임금을 주는 조건으로 단체에서 일할 변호사를 찾아본 적이 있으나 전혀 없었다(부산 YMCA 시민중계실)', '선진 법제도를 우리나라에 받아들여 적용할 수 있는지에 관한 연구가 필요로 하다(청주 KYC)'는 등의 의견을 개진하였다.

(2) 법률가의 참여

공익단체의 법률 활동에 대한 법률가의 참여에 관하여는 '법률가에게서 법률지식 외에 함께 하고 있다는 느낌을 받았으면 한다. 지역의 법률가들로부터 자문을 구할 때에 겉도는 느낌을 받게 되는데 이는 현장에 대해 잘 모르고 피해자의 상황을 이해하지 못한 채 획일적인 기준으로 판단하기 때문이다. 현장을 이해하고 공감하기 위해서는 시간이 필요하다(충북성매매피해여성 상담소 늘봄)', '지원하는 변호사들이 현장에 대한 이해와 지원영역에 대한 감수성이 필요하다(여성민우회 성폭력상담소)', '보다 쉽게 변호를 의뢰할 수 있는 변호사가 필요하다. 지원하는 단체에 관심이 있는 변호사이어야 단체와 같이 호흡하며 문제를 해결할 수 있다(청주가정법률상담소)', '공익단체와 변호사가 같이 할 수 있는 일을 만드는 것이 중요하다. 매달 한두 번 정도 방문하여 법률상담을 하는 형식적인 지원보다도 단체에서 진행하고 있는 운동 내용

10) 지역간담회는 수원, 청주, 부산, 광주, 서울 5곳에서 진행되었다. 각 지역마다 3~7개 정도의 시민단체 실무자들이 참석하였고, 특히 광주 및 부산지역에서는 지역에서 활발하게 시민운동에 참여하고 있는 변호사들이 참석하였다.

에 대한 이해를 바탕으로 함께 활동할 수 있는 것이 필요하다(함께하는 시민행동)', '기계적인 법률지원보다는 사업내용을 같이 고민할 수 있는 변호사들이 필요하다(환경정의시민연대)', '법률적인 접근이 필요한 양태가 단체마다 다르기 때문에 법률지원 또한 이러한 다양한 양태에 맞추어져야 한다(다산인권센터)', '변호사들이 성폭력 사건의 피해자에 대한 이해가 부족하다. 재판 과정에서 2차 피해를 당하는 경우도 많다(부산 성폭력상담소)'는 등의 의견을 개진하고 있다.

(3) 법률 매뉴얼

단체에서 필요로 하는 법률매뉴얼에 관하여 '가정법률상담소의 경우에 법률매뉴얼이 있기는 하지만 그 내용에 정형화된 법률적인 내용뿐만 아니라 감성적인 활동부분까지 포함이 되었으면 한다(청주가정법률상담소)', '소송실무에 관하여 어떤 부분부터 어떻게 시작하여야 하는지 구체적인 방법이 담겨 있는 법률매뉴얼이 있었으면 한다(다산인권센터)'는 의견을 내었다.

(4) 공익활동중개

법률가와 공익단체 간의 공익활동 중개에 관하여 단체 실무자들은 '변호사회에서 변호사 인적 네트워크를 구축하여 관심 있는 영역의 단체에 지원을 하는 것이 필요하다(장애인교육권연대)', '변호사 단체가 공익단체에서 공익활동을 하려면 그 전제로 변호사 단체에서 공익단체에 대한 현황 파악이 필요하다(두레방)', '지역의 자원을 잘 활용할 수 있는 다양한 시도가 있어야 한다(부산 장애우권익문제연구소)', '단체와 법률가를 연계하는 시스템을 변호사 단체에서 고민해 주었으면 한다(부산 범죄피해자 지원센터 햇살)'는 등의 의견을 주었다.

6. 시민단체의 법률수요 설문실태조사 및 간담회 결과

시민단체의 법률수요 및 이에 따른 법률가에의 기대 역할과 관련하여 다음 몇 가지로 정리할 수 있다.

첫째, 시민단체들이 법적 수단을 운동의 주요한 방식으로 전개한 이래 종래 법률가의 관점에서는 시민운동에 있어서의 법률가의 역할을 공익소송[11]과 공익법 운

11) 공익소송이란 공익법(public interest law)상의 문제가 법원에 소로 제기된 것을 말한다. 법원에 제

동[12])의 개념을 중심으로 설명하여 왔다. 여전히 공익소송이나 입법활동 등 공익법운동은 가장 효과적이며 궁극적으로 제도적인 변화를 이끌어 내어 사회진보에 기여할 수 있는, 주요한 시민운동의 방식이라는 점에서 시민단체의 법률적 수요에 있어서 법률상담과 함께 가장 큰 비중을 차지하고 있음을 알 수 있다. 입법운동이나 법률상담, 실무자 법률교육 등 다른 법률수요에 비해 공익소송은 변호사의 지원이 가장 높은 비중을 차지하고 있으나, 이의 활성화를 위해서는 소송비용의 문제의 해결, 당사자적격의 확대 및 소의 이익의 완화, 집단소송제, 징벌적 배상제도의 도입 등 제도상 개선의 필요성과 더불어 법률가의 전문성 제고, 지속적인 시민운동 참여방식에 따른 적극적인 공익소송 발굴 등이 필요한 것으로 제시되고 있다.

둘째, 시민단체 실무자들에 대한 법률교육과 함께 법률 매뉴얼의 작성 또한 시민단체의 법률수요에서 상대적으로 큰 비중을 차지하고 있다. 법률지원의 지역적인 편중 현상을 해소하거나 시민운동의 성과를 빠르게 확산하고 공유한다는 측면에서, 또한 시민단체의 운동방법이나 조직 자체의 운영이 법적 규율의 대상이 될 수 있으므로 법률교육이나 법률 매뉴얼 제작 지원 역시 효과적이고 중요한 법률지원 방식의 하나로 보여진다.

셋째, 지역 간담회에서 자주 언급되는 것 중의 하나가 지속적인 지원 및 법적 지원의 체계와 더불어 시민단체 실무자들과 법률가들의 상호 이해의 부족이었다. '현장에 대해 잘 모르고 피해자의 상황을 이해하지 못한 채 획일적인 기준으로 판단한다'거나 '지원하는 변호사들이 현장에 대한 이해와 지원영역에 대한 감수성이 필요하다'는 견해가 그것이다. 한편 법률가 입장에서도 시민단체 실무자들이 법률가들을 지나치게 수단화하는 경향이 있음을 지적하고 있다. 이는 시민단체의 법률수요라기 보다는 상호간 이해의 문제라 할 수 있는데, 이는 법률가들의 시민단체에서의 활동이 지속적이거나 체계적으로 이뤄지지 못하거나 충분하지 못한 결과로도 볼 수 있다. 법률을 활용하여 시민운동을 하고자 하는 경우 법률가와 다양한 전문가 및 시민단체 실무자들이 결합하여야 성공적인 결과를 도출할 수 있다는 점에서 실무자들과 법률

기된다는 점에서 원칙적으로 소송의 한 형태지만, 소송의 대상이 공익법상의 문제라는 점에서 다른 소송과 구별된다. 공익소송을 규정하는 몇 가지 요소를 정리해 본다면 ① 목적의식을 가진 공익법운동단체 또는 공익변호사가 ② 이제까지 적절한 법적구제를 받지 못했던 확산이익에 대하여 ③ 새로운 법원의 판례를 이끌어 내기 위하여 ④ 법원에 소를 제기하는 것이라 할 수 있다. 황승흠, "'공익소송법' 제안," 「공익소송법 제안 설명회 자료집」, 참여연대 공익소송센터, 1996 참조.

12) 공익법은 역사적으로 무변호되거나 저변호되어 왔던 이익들에 대하여 법적 대표성을 부여하고자 하는 노력을 일컫는 것으로 역사적으로 소외되어 있던 사회적 이익(확산이익)을 법의 영역으로 끌어들이려는 현대법의 새로운 경향을 말한다. 황승흠, 위의 글 참조.

가들의 소통을 위한 상호간의 실천적인 노력이 필요하다.

넷째, 시민단체의 경우 기존의 법률지원 제도를 효과적으로 잘 이용할 필요가 있어 보인다. 대다수의 단체에서 법률가 지원의 확대 필요성을 지적하였음에도 대한법률구조공단이나 변호사단체 등의 이용실적은 부족한 것으로 드러났다.[13] 대한법률구조공단에서의 법적 서비스가 시민운동에 직접 참여하는 법률가들의 그것에 비해 부족하다거나, 국가를 당사자로 하는 소송에 있어서의 제한, 관료조직의 특성 등이 그 이유일 수 있겠으나, 그 구조대상범위가 전체 국민들 중 40%에 이르게 되었으며,[14] 법원 검찰청에 대응한 전국적인 법률구조조직임에 비춰볼 때, 적극적으로 활용한다면 필요한 법률수요의 상당 부분은 해소가능하리라 판단된다. 또한 소득기준 구조대상범위의 확대와 아울러 가정폭력이나 이주노동자, 장애인, 국민기초생활수급권자 등 개별적인 구조대상의 범위도 점차 확대되고 있는바 이러한 영역에서 활동하는 시민단체들은 오히려 법률구조공단을 지속적이고 적극적으로 활용함으로서 관행적인 제도화의 수준까지도 기대해 볼 수 있지 않을까 싶다.

Ⅲ. 미룰 수 없는 선택, 로펌 프로보노

1. 로펌 프로보노의 필요성

많은 이들이 기업자문 등을 통해 이윤극대화를 추구하는 로펌과 공익활동은 어울리지 않는다는 지적을 한다. 또한 상당수의 이들은 설사 로펌이 공익활동에 나서더라도 NGO와 법의지배라는 큰 흐름에서 로펌이 차지하는 비중은 극히 미미할 수 밖에 없다고 주장한다. 그러나 변호사들의 공익활동 일반이 그다지 활성화되어 있지 않은 현실을 고려할 때 과연 그러한가를 진지하게 고민해 볼 필요가 있다. 왜 로펌 프로보노인가.

“변호사 공익활동 프로그램”(참여연대 공익법센터 편, 대한변호사협회, 2001.11.)에서

13) 현재 법률지원상황에서 법률상담의 비중이 48%의 비중임에도 불구하고 그 처리에 있어서 자체처리, 처리 곤란, 타단체 연계 처리의 비중이 38%임에 반해 대한법률구조공단을 통해 처리하는 경우는 20%에 불과하다.

14) 대한법률구조공단은 그 구조대상자로서 월평균수입 200만 원 이하의 국민 및 국내거주 외국인, 장애인, 국민기초생활보장 수급자, 국내거주 탈북자, 가정폭력·성폭력 피해여성, 국내거주 외국인을 포함한 임금·퇴직금 체불근로자, 국가보훈대상자 등을 포함하고 있다.

는 로펌 프로보노의 중요성에 대하여 다음과 같이 언급하고 있다.

"우선, 로펌 단위의 공익법률활동이 여러모로 보나 효과적이라는 데 있다. 단독 개업 변호사나 소규모 합동사무소의 변호사들은 영업을 직접 담당하기 때문에 현실적으로 공익활동 등에 신경 쓸 여유가 없다. 따라서 공익활동을 할 기회가 줄어들게 되고 가사 공익활동을 한다고 하더라도 이에 전념할 수 없어 많은 기대를 하기 어렵게 된다. 반면 대규모 로펌의 경우에는 변호사 숫자가 많아 특화가 가능해진다. 공익활동에 관심이 높은 변호사가 공익활동관리를 전담하는 경우 소속 변호사들에게 공익사건을 배당하기 쉬워지고, 필요한 경우에는 한두 명의 변호사가 오직 공익활동에만 전념할 수도 있다.

둘째로, 로펌의 막강한 재력과 정보력을 활용할 수 있다는 데 있다. 대규모 로펌은 운용예산이 크고 강력한 법률도서관과 정보를 축적하고 있다. 이러한 막대한 예산과 정보력이 공익법 활동에 활용될 경우 보다 확실하고 전문적인 결과를 얻을 수 있게 되는 것이다.

셋째로, 공익법 활동의 관리가 쉽다는 점에 있다. 개별 변호사에게 공익활동시간 보고를 받는 것은 그 정확성이 떨어지고 번거롭기도 하다. 또한 공익법 활동의 수준이 적절하게 이루어지고 있는지 통제하기도 어렵다. 반면 대규모 로펌 단위로 공익법 활동을 맡기게 되면 로펌 운영과정에 이러한 공익활동 관리가 포함되어 자연스레 이루어지게 되는 장점이 있다.

넷째로, 로펌 프로보노는 로펌들에게 일정한 이익을 준다. 미국 사회에서 로펌은 막대한 소득을 얻는 만큼 중요한 사회적 위치를 차지하고 있다. 이러한 로펌에게 공익법 활동은 자신들이 이익의 노예가 아니라 사회에 이익을 환원하는 봉사자라는 이미지를 줄 수 있게 된다. 한편, 신규변호사 채용에 있어서도, '사회정의'에 대한 부푼 꿈을 안고 로스쿨을 갓 졸업한 변호사들에게 강력하게 다가갈 수 있어 우수한 자원 확보가 가능하게 된다. 또 경우에 따라서는 소속변호사들을 교육시키는 계기가 되기도 하고, 사건에 따라서는 신규 고객을 찾는 기회가 되기도 한다."

위의 언급은 주로 미국의 상황을 염두에 둔 것이지만 대부분은 한국의 로펌에게도 그대로 적용될 수 있는 내용이다. 또한 현재의 시점에서 로펌 프로보노를 논함에 있어서는 몇 가지 예전과는 상황에 대하여 주목할 필요가 있다.

첫째, 아래 두 차례의 설문조사와 한차례의 심층면접의 결과에서도 드러나듯이 한국 로펌들이 점차 공익활동의 중요성에 대하여 진지하게 접근하기 시작하였다는 점이다. 기업의 사회공헌에 대하여 사회적인 공감대가 형성되고 대기업들의 경우 다양한 형식을 통하여 이를 구현하고자 노력하는 모습을 보여왔음에도 불구하고 유독 로펌만은 이러한 논의나 실천의 영역 밖에 존재하여 왔음이 현실인데 이를 바꾸려는 노력이 로펌 자체 내에서 시작되고 있다는 것이다.

둘째, 법률시장개방은 그 개방의 수위를 불문하고 로펌 프로보노를 강제하게 되리라는 예측이 가능하다는 것이다. 미국이나 영국의 유수 로펌들이 자국 내에서 뿐만 아니라 사무소를 두고 있는 타국에서도 매우 활발하게 공익활동을 수행하고 있음은 주지의 사실이다. 한국 로펌들이 규모의 경제의 실현과 업무능력의 제고를 통하여 법률시장개방에 대비하고 있기는 하지만 직업윤리와 명분의 측면에서 외국 로펌에게 밀리게 된다면 그 영향은 업무능력 등 못지않게 강하게 작용할 것이다. 따라서 로펌 프로보노의 활성화는 시간의 문제이다. 즉 스스로 먼저 공익활동을 계획하고 적극적으로 수행할 것인가 아니면 현실에 의하여 마지못해 강제될 것인가의 문제인 것이다.

셋째, 로펌들의 고민에도 불구하고 지금까지는 매우 소극적으로 공익활동에 임해왔음이 현실이다. 그런데 로펌 활성화라는 과제는 로펌들만의 노력만으로 제대로 실현될 수 없는 측면이 있음을 주시하여야 한다. 이해충돌의 문제를 어느 정도는 고려하되 NGO에게 적극적으로 다가가려는 로펌의 노력, 로펌에 대한 선입견을 버리고 그들과 함께 사업을 도모하려는 NGO의 능동적인 자세, 그리고 이들 간의 의사소통과 교류를 자연스럽고 건설적인 것으로 만들기 위한 중재자들의 존재 등이 무엇보다도 요구되고 있음을 인정하고 이를 위하여 관련된 모든 이들이 공동의 노력을 펼칠 것을 현실은 요구하고 있는 것이다.

2. 현재 로펌 프로보노의 현황

지금까지 국내 로펌 프로보노에 대한 연구조사는 참여연대 공익법센터에서 지난 2003년과 2004년에 두 번에 걸쳐 10인 이상의 변호사가 활동하는 로펌을 대상으로 하여 서면 설문조사를 한 것이 전부이다. 로펌의 공익활동 전반에 대하여 그리고 개별 로펌의 공익활동에 대하여 구체적이고 체계적인 보고서가 나오고 있는 미국, 영국, 호주 등과는 크게 비교가 된다. 그리고 그나마 위 설문조사조차도 설문에 응한 로펌의 수가 극히 미미하고 그 결과도 일회성 보도자료 배포에 그치거나 발표를 제대로 하지 못하였다. 공감에서는 올해 7월말, 8월초에 변호사 수 기준 국내 10대 로펌을 대상으로 공익활동에 대한 개별 인터뷰를 진행하였다. 서면설문이 아닌 심층면접의 형태를 띠었다는 점에서 이전의 설문조사와는 다른 점이 있다.

(1) 2003년, 2004년 한국 로펌 프로보노 설문조사 결과

참여연대 공익법센터에서 진행한 로펌 프로보노에 대한 설문조사에 대하여는 그 결과를 논하기에 앞서 몇 가지 점을 지적할 필요가 있다.

첫째, 외국의 경우 로펌 프로보노를 조사할 수 있는 어느 정도 대표성을 지닌 기관 혹은 단체가 있고 이들 기관 혹은 단체의 조사에 응해야 한다는 점에 대하여 로펌들 사이에 공감대가 형성되어 있어 로펌들이 거의 빠짐없이 설문에 응하고 있다는 점이다. 따라서 공익법센터의 설문이 어떤 대표성을 지니고 있다고 보기는 어렵고 그 결과는 부분적인 진실만을 말해주고 있음을 염두에 두어야 한다.

둘째, 참여연대는 기본적으로 캠페인과 감시 등을 통해 사회의 여러 문제를 해결하고자 하는 단체이다. 따라서 낮은 설문 응답률은 로펌들이 공익활동을 제대로 하고 있지 않음에도 기인하지만 감시를 기본으로 하는 참여연대의 설문에 대한 거부감도 상당 부분 작용했을 수 있다는 점도 간과하여서는 안 될 것이다.

셋째, 조사된 내용조차도 그 신뢰도를 의심하면서 볼 필요가 있다. 로펌들이 스스로 이야기한 내용이 긍정적인 의미에서건 부정적인 의미에서건 사실과 다를 수도 있다는 것인데 이는 현재로서는 로펌의 공익활동에 대한 어떠한 검증장치도 마련되어 있지 않음에 기인한다.

이러한 점들을 고려하면서 두 차례에 걸친 설문조사의 결과를 간단히 살펴보기로 한다.

2003년의 설문조사는 당시 10인 이상의 변호사가 활동하고 있는 25개 로펌을 대상으로 진행되었는데 설문에 응한 로펌은 8곳으로 전체의 32%에 그쳤다. 아래는 2003년 9월 3일자 참여연대 공익법센터의 “로펌 변호사 공익활동에 대한 논평”의 일부이다.

“주요 설문 답변을 살펴보면, 응답한 8곳의 로펌 중 변호사 공익활동 의무이행 여부에 대해 6곳의 로펌은 소속 변호사가 공익활동 의미시간을 모두 충족했다고 응답했으나, 2곳의 로펌은 각각 1인, 2인의 변호사가 공익활동의무시간을 충족하지 못했다고 응답했다. 변호사회에 소속변호사의 공익활동에 대해 보고하도록 되어 있는 보고의무를 제때에 이행한 로펌은 5곳이었으나 2곳의 로펌은 늦게 보고했고 1곳의 로펌은 보고를 아예 하지 않았다고 응답했다. 변호사 공익활동에 대한 로펌 차원의 지원 항목에 대해서는 대부분의 로펌들이 공익활동시간을 업무시간으로 인정하고는 있었으나 적극적인 의미의 지원이라고 할 수 있는 비용지원과 공익기금조성을 한 곳은 각각 4곳과 2곳에 불과했다. 공익활동의 내용으로는 정부기관 등 공공기관에 대한 자문(6곳), 시민단체 등 공익추구단체에서의 활동(4곳), 무료법률상담(5곳), 무료법률구조(2곳)로 응답했고 기타 변호사회 업무 참가, 국선변호사 활동, 정부 각종 위원회 위원 활동 등의 응답이 있었다.

한편, 소속 변호사들의 공익활동에 대해 내규로 규율하는 곳은 응답한 8개의 로펌 중 2곳에 불과했다. 내규로 규율하지 않으면 소속 변호사들이 공익활동을 개인적 차원에서 수행하게 될 가능성이 많다. 즉 로펌 차원에서 변호사들이 공익활동을 체계적으로 관리, 실행하지 않으면 변호사 개개인의 직업적 양심과 결단에 따라 공익활동이 진행될 수밖에 없다. 특히 현재 변호사회에서 정한 공익활동의 범위가 사무실내에서 이루어지는 법률상담까지도 '공익활동'에 포함하는 등 매우 광범위하게 되어 있어, 로펌 차원에서 공익활동을 독려하고 실행하겠다는 의지와 제도적 뒷받침 없이는 공익활동규정이 유명무실하게 될 소지가 크다."

2004년 설문조사에 앞서 공익법센터가 대한변호사협회 회원과에서 받은 자료에 의하면 10인 이상의 변호사가 활동하고 있는 로펌이 38곳에 이르렀다. 규모의 경제 실현을 위한 로펌들의 치열한 움직임을 볼 수 있었다. 2004년 조사는 이들 38곳 모두를 대상으로 설문이 이루어졌고 이에 응한 로펌은 9곳으로 전체의 약 24%에 해당한다. 응답한 로펌도 일부 변동이 있었고 비록 설문응답 로펌 수는 1곳이 늘기는 했지만 그 비율은 현저하게 떨어졌다. 이 설문조사의 결과는 지금까지 외부에 소개된 적이 없는데 이는 이러한 조사에 대한 실효성에 대한 자체적인 회의에 기인하는 것으로 볼 수 있겠다.

주요 설문 답변을 살펴보면, 응답한 9곳의 로펌 중에서 공익활동수행변호사 활동여부에 관하여 3곳의 로펌은 공익활동수행변호사가 공익활동을 하고 있다고 하였다. 그러나 3곳 모두 공익활동수행변호사가 공익활동을 전담하는 형태가 아니며 변호사 개개인의 독자적인 공익활동과 병행하고 있는 형태라고 응답했다. 나머지 4곳의 로펌은 공익활동수행변호사가 없으며 변호사 개개인이 공익활동을 수행하는 형태라고 응답했다. 매년 말 소속 지방변호사회에 하기로 되어 있는 공익활동보고는 응답하지 않은 1곳을 제외한 8곳의 로펌 모두 제때에 충실하게 실시하고 있는 것으로 파악되었다. 공익활동기구를 따로 두고 있다고 한 로펌은 5곳으로 공익활동기구가

<표 1: 2003년 한국 로펌 프로보노 설문조사 결과(참여연대 공익법센터)>

로펌*	공익활동 내규	공익활동 위원회	공익활동 의무시간 충족**	변호사회 보고**	공익활동 프로그램
광장			O		v. 공익활동시간 업무시간 인정
태평양	-	O	O	O	v. 공익활동시간 업무시간 인정
세종	-	-	-	O	v. 비용지원
지평	O	-	OX	O	v. 공익기금조성 v. 비용지원 v. 공익활동시간 업무시간 인정 v. 공익활동기관알선
서정	-	O	OX	OX	v. 공익활동시간 업무시간 인정
한결	O	O	O	O	v. 공익기금조성 v. 비용지원 v. 공익활동시간 업무시간 인정
푸른	-	-	O	OX	v. 공익활동시간 업무시간 인정
정평	-	-	O	X	

* 로펌 순서는 (구성원+소속변호사)수 순

** OX는 공익활동의무시간을 충족하지 못한 변호사가 있거나 변호사회 보고를 제때 하지 못한 변호사가 있는 경우를 나타냄

주로 하는 기능은 공익활동 업무 결정, 집행, 기회 제공, 관리, 감독(5곳), 공익법 운동단체나 지역단체들과의 연계(5곳), 개별변호사의 공익활동 승인(5곳), 외사 공익활동의 수집, 정리, 홍보(5곳), 공익활동기금 운영(2곳) 등이었고 공익활동기금은 그 운영을 향후 계획중인 곳도 1곳 있었다. 공익활동의 내용으로는 시민단체 등 공익추

구단체에서 활동(5곳), 무료법률상담(5곳), 무료법률구조(2곳), 재정지원(3곳), 정부기관 등 공공기관에 대한 법률자문(3곳) 등으로 파악되었고 기타로 공익법제 관련 출판사업을 그 내용으로 하는 곳도 있었다.

소속변호사들의 공익활동에 대해 내규로 규율하는 곳은 응답한 9곳의 포럼 중 7곳이었다. 내규를 공개할 수 있느냐는 질문에 공개할 수 있다고 응답한 곳이 2곳, 공개할 수 없다고 밝힌 곳이 2곳이며, 제한적으로만 공개할 수 있다고 한 곳이 1곳, 서울지방변호사회 공익활동규정에 의해 활동한 후 보고한다고 답한 곳도 1곳 있었다. 2003년 조사에 이어 2004년 조사에서도 공익법 활동만 전담하는 변호사를 둔 로펌은 단 한 군데도 없었다.

<표 2: 2004년 한국 로펌 프로보노 설문조사 결과(참여연대 공익법센터)>

로펌	공익활동내규 (공개여부)	공익 활동 기구	공익활동 수행 변호사	변호사회 보고	공익활동 프로그램
김앤장	O (O제한적)	O	X	O	v. 공익단체활동 v. 무료법률상담 v. 무료법률구조 v. 재정지원 v. 공공기관법률자문
태평양	O (O)	O	X	O	v. 공익활동업무 공익법운동단체나 지역단체와 연계 v. 개별변호사공익활동승인 v. 회사공익활동수집, 정리, 홍보 v. 공익활동기금 운영 (계획중)
화우	O (서울지방변호사회 공익활동 규정에 의한 활동 후 보고)	X	O	O	v. 공익단체활동 v. 무료법률상담 v. 공공기관법률자문

지평	O(X)	O	X	O	v. 공익단체활동 v. 재정지원 v. 공익법제관련 출판사업
로고스	O(-)	X	X	O	v. 공익단체활동 v. 무료법률상담 v. 공공기관법률자문
한결	O(O)	O	X	O	v. 공익추구단체활동
서정	O(X)	X	O	O	v. 무료법률상담
국제	X(-)	O	-	-	v. 공익활동업무 공익법운동단체나 지역단체와 연계 v. 개별변호사 공익활동승인 v. 회사공익활동수집, 정리, 홍보
새길	X(-)	X	O	O	v. 공익단체활동 v. 무료법률상담 v. 무료법률구조 v. 재정지원

(2) 2005년 국내 10대 로펌 프로보노 심층면접 결과

공감에서는 2005년 7월말과 8월초에 거쳐 변호사 수 기준 국내 10대 로펌의 프로보노에 대한 심층면접을 실시하였다. 김앤장, 태평양, 세종, 화우, 지평 등이 면접에 응해주었다. 이 심층면접 역시 위 2003년과 2004년의 설문조사와 마찬가지로 대표성과 신뢰성이 확보된 조사였다고 볼 수 없으며, 주로 대학생들로 구성된 공감 인턴들이 면접을 수행하였던 관계로 이야기를 하는 로펌의 입장에서나 질문을 하는 공감의 입장에서나 일정한 한계 또한 지닌다고 볼 수 있다. 한편 10곳의 로펌 중 50%인 5곳의 면접만이 가능하였는데 설문에 대하여 부정적인 반응을 보인 로펌도 있었지만, 공감의 준비부족으로 휴가철에 설문을 실시하여 담당자들과 시간을 맞추기 어려웠던 점도 있었다. 따라서 이 설문 결과를 가지고 특정 로펌의 프로보노 활동을 평가하는 것은 적절하지 않을 것이다. 또한 언급된 내용의 양에 있어서도 로펌

마다 천차만별이었고 면접에 응한 변호사들의 사건을 포함하고 있어 언급된 내용의 많고 적음 등을 가지고 특정 로펌의 공익활동이나 고민의 양이나 공식입장을 평가할 수는 없음을 분명히 한다. 다만, 이전의 설문조사와 본 심층면접이 다른 것은 로펌의 공익활동 담당변호사들을 직접 대면하고 로펌의 고민을 구체적으로 경청할 기회를 가질 수 있었다는 점에 있을 것이다.

1) 로펌의 공익활동의 방향

김앤장은 전적으로 각 변호사들의 자발적인 공익활동 의지에 따라 공익활동의 개별적 알선과 독려가 이루어지고 있으며 하향식으로 의무적인 공익활동을 하도록 하는 것이 아님을 강조하고 있다. 또한 사회에의 기여가 일차 목표이고 소속변호사가 자부심을 갖게 하는 것이 또 하나의 목표이며 회사홍보를 위하여 공익활동을 하는 것이 아님을 강조하고 있다. 태평양의 경우 자체 내규에 '공익활동의 기본원칙'으로 '법인구성원들은 공익적 가치를 지향하는 전문가집단으로서 사회적 책임을 다하기 위하여 공익활동을 적극 추진하고, 법인은 공익활동을 적극 지원한다'고 규정하고 있다. 한편 지평도 홈페이지 내 공익활동 페이지에서 "모든 사람의 인권이 보장되고 민주적으로 제도가 운영되며, 평등한 사회의 실현을 위하여," "나눔의 정신"이 필요하다고 하면서 이를 지향함을 분명히 하고 있다. 반면 세종은 로펌 내에 공익활동을 하고 싶어 하는 변호사가 많다고 하면서 이들의 의사를 충분히 존중한다는 입장 정도를 보이고 있다.

2) 공익활동 관련 내규 등

김앤장의 경우 별도의 내규가 존재하지 않지만 변협에서 정해놓은 공익활동규정을 철저하게 준수하고 있고 태평양, 화우, 지평 등은 구성원의 공익활동을 체계화하고 지원하기 위한 근거로 자체적인 공익활동내규를 제정 시행하고 있다.

3) 공익활동 관련 조직 및 프로그램의 운용

김앤장, 태평양, 지평의 경우 소속변호사가 개별적으로 해오던 공익활동을 회사차원에서 활성화하기 위하여 공익(활동)위원회를 설치, 운용하고 있다. 김앤장의 경우 대표변호사 중 1인이 위원장을 맡고 있고, 태평양은 파트너변호사를 위원장으로 한 5인의 위원이 활동중이다. 개개인의 변호사들에게 공익활동을 독려하고 적절한 프로그램을 소개하고 알선하는 역할을 하기도 하고 개별 변호사가 스스로 공익활동을 찾아 지원 요청을 하는 경우 적절한 지원을 하기도 하며, 활동상황을 보고받아 취합한다. 태평양은 정부기관이나 공공기관, 단체 등에 대한 자문 등 지속적인 활동의 경우 그 기관이나 단체의 고문이나 위원으로 참여하여 활동할 것을 독려하고 있고, 불특정하게 이루어지는 공익활동의 경우 수요가 발생한 경우 즉시 그에 응하는 방식으로 운영되는데 외부 또는 내부구성원의 신청, 공익활동위원회의 심의, 결정, 담당변호사 지정, 활동, 위원회에 결과 보고 등의 수순을 밟게 된다. 지평은 구성원들이 적절한 역할을 찾을 수 있도록 돕고 공익정보제공, 체계적인 지원을 위한 자료정리·소개 등이 이루어지고 있다고 설명하고 있다.

화우는 공익위원회는 아니지만 관할하는 부서는 존재하는데 부장급 직원이 배정되고 공익단체와의 연계활동과 변호사회와의 연계활동, 각 변호사들의 사회복지단체와의 무료법률상담 등을 연계하고 있다고 한다. 세종은 공익위원회는 없으나 회사 내에 업무분담을 관리하는 그룹인 매니저 커뮤니티에서 공익활동을 승인하고 공익활동시간을 업무시간에 포함시켜 평가하는 일은 수행한다고 하였다. 그러나 세종에서도 공익성 측면은 기능을 유지하고 강화해 나가야 한다고 판단하며 이의 체계적인 관리를 위해서는 공익활동위원회가 필요할 수 있다는 고민이 없지 않음을 이야기하였다.

4) 공익활동의 내용

태평양은 2004년 소속변호사가 수행한 공익활동시간은 변협규정에 의한 공익활동 의무시간 1,602시간의 283%에 달하는 4,537시간이라고 하였고 세종은 변협규정시간 1180시간보다 훨씬 많은 1,590시간을 공익활동에 투여했다고 언급하는 등 구체적인 통계를 제시하기도 하였다. 화우는 로펌 내에서 진행하는 여러 가지 공익활동에 참여도가 50% 이상이라고 하면서 기회가 주어지고 여건만 조성된다면 그 참여도는 더 높아질 것이라고 예상했다. 지평은 공익활동의 시간을 50시간으로 규정하고 있지만 강제성은 부여하지 않고 6~7명 정도가 적극적으로 활동하고 있고 다른 로펌에 비해서는 외부활동이 비교적 많은 평이라고 자평하고 있다. 그러나 이러한 수치는 각 로펌마다 공익활동에 포함시키는 활동 등이 차이를 보일 수 있으므로 단순비교할 수 없다는 점에 주의를 요한다.

활동내용과 관련하여서는 김앤장은 법률상담이 주를 이루는데 시민단체, 국가지방단체, 변협, 종교단체 등과 연계하여 활동하기도 하고 YMCA 등에서 활동하는 변호사도 있으며 청소년 성매매 및 이주노동자에 대한 법률상담을 하기도 한다. 실제로 소송이 이루어지고 있는 경우에는 무료법률구조활동을 하기도 한다. 태평양의 경우 김민수 서울대 미대 교수 재임용거부처분취소소송, 필리핀 출신 이주여성노동자의 이혼청구사건 등 여러 공익소송을 수행하였음을 제시하고 있다. 세종도 무료상담이나 무료 변호사활동을 언급하며 국선변호사 참여, 서울시 무료상담 출장, 변협운영위 참여, 사법연수원 강의, 특별검사활동 등을 예로 들었고 봉사활동으로서 아름다운재단에의 기부, 밥퍼모임 자원봉사 등을 예로 들었다. 화우의 경우 로펌 내부에 봉사동호회가 있어 토요일에 사회복지단체에 가서 3~5시간 정도 봉사를 이에 대하여도 로펌에서 재정적 지원을 하고 있음을 밝혔다. 지평은 홈페이지 상의 독자적인 페이지를 통해 변호사들의 공익활동을 구체적으로 소개하고 있는데 개인 업무와 저촉되지 않는 범위 내에서 공익활동을 적극적으로 권장하고 공익법 활동을 상한 없이 업무시간에 포함시키고 있으며 소송팀에서는 무보수로 1년에 여러 건씩 공익소송대리를 하고 그 밖에 소송에 관한 비용지급, 업무량의 조절, 업무에 대한 평가 등이 이루어진다고 한다.

정부기관의 입법 및 자문의뢰에 업무처리가 상당수 존재하는데 김앤장은 1997년 경제위기 때에는 실제로 많은 인력이 동원되었고 환경문제, 첨단금융문제 등을 입법할 때 모두 지원이 이루어졌으며 하도급거래, 독점규제 문제 등 많은 주제를 다루어왔다. 태평양 역시 국무총리실 행정심판위원회, 서울시 행정심판위원회, 국가인권위원회, 재정경제부 세제실 등 수많은 정부 공공기관의 지원활동과 통일부 개성공업지구 법률 및 제도 등 국내입법지원활동과 베트남 정보통신관련 법률 제정 등 외국 입법지원활동 등을 수행하여 왔다.

5) 공익활동 관련 재정 또는 기금조성

화우와 지평은 내규 등을 통해 공익활동기금을 조성하고 있는데 특히 화우의 경우 수익금의 5~10%를 공익활동기금으로 조성하고 있다고 밝혔고 화우는 다른 로펌에서도 하고 있겠지만 재해의연금이나 연말연시에 불우이웃돕기 성금을 매출의 일정금액에서 마련하고 있다고 하였다. 태평양은 지금까지는 재해 등이 있을 때 성금형식으로 변호사들로부터 각출하여 관련단체에 전달해 오는 방식으로 하고 있으나 앞으로는 해마다 법인 이익의 일정비율을 공익기금으로 조성하여 이 기금을 운용하는 방안을 고려하고 있다고 밝혔다. 세종 역시 별도의 기금은 없으나 로펌 차원의 비정기적인 재산 출연과 더불어 많은 변호사들의 정기적인 개인 기부가 있다고 설명하였다.

6) 공익활동상의 어려움

김앤장의 경우 이해충돌이 발생하는 경우에 상당한 어려움이 뒤따를 수 있음을 언급하고 있다. 태평양은 변호사들의 공익활동 시간 확보의 어려움을 지적하였는데 각자 자기에게 배당된 사건을 처리하고 별도의 시간을 내어 공익활동을 하여야 하는 상황이 가장 걸리는 문제라고 언급하였고 정부기관이나 공공기관에 대한 공익활동은 장기적으로 로펌에 이익이 된다는 측면에서 국내 많은 로펌이 참여하고 있으나 이에 지나치게 편중된 측면이 없지 않음 역시 지적하였다. 또한 공익소송을 적극적으로 할 의지를 갖고 있으나 적절한 공익소송사건이 용이하게 포착되지 못함도 토로하였다. 화우는 금전적인 지원이 쉽지만은 않음에 대해서도 언급하면서 가장 큰 고충은 변호사 업무가 전문지식을 가진 정신노동으로서 노력봉사로서만 생각되어 공익단체에 도움을 줬을 때 그것이 제대로 평가받지 못하고 있다는 점이라고 하였다. 때로는 법률가의 도움이 당연한 의무로 생각되거나 공익단체로서는 이러한 도움을 받는 것을 당연한 권리로 인식하는 경우가 있다는 것이다.

7) 공익활동의 개선방향 및 과제

김앤장과 지평은 좋은 공익활동 프로그램 개발과 시민단체의 요청이 늘어나는 것도 중요하지만 법률자문만이 아니라 무료급식이나 독거노인 지원 등 '실질적인 사회봉사활동'도 그에 못지않게 중요하고 필요하다는 인식과 실천이 중요하다고 이야기하고 있다. 한편 태평양과 지평은 변호사가 아닌 로펌 직원들의 공익활동 활성화의 중요성도 역설하였는데 구성원의 자긍심을 높이고 근무의욕을 고취하며 보람 있는 직장을 만들기 위하여 직원들의 공익활동을 적극적으로 격려하고 후원할 필요성이 있다고 언급하였다. 한편 지평은 사무실의 모든 구성원에게 '1인 1사회단체 가입운동' 등도 권장해 볼만하다고 언급하였다.

또한 태평양과 지평은 중장기적으로 공익전담변호사제도의 도입을 적극적으로 검토하고 있음을 이야기하였는데 그 구체적인 상에 있어서는 정부기관이나 공공기관에 대한 공익활동은 각 분야의 전문변호사가 담당하고, 공익전담변호사는 주로 공익단체나 개인에 대한 공익활동을 위주로 활동하게 될 것이라는 상(태평양)과 공익전담변호사는 기존의 업무부담을 줄이고 공익법 활동을 늘려나가는 방법을 통해 변호사들의 공익활동에 대한 정보제공, 체계적인 지원 및 정리를 담당하면서 공익법 활동을 주도적으로 이끌어 나간다는 상(지평)이 존재하였다.

김앤장과 세종은 변협에서 의무로 정해져 있는 공익활동의 경우, 그 최소한의 기준보다 더 많은 공익활동이 이루어지고 구조적으로 공익활동 프로그램이 자리잡아 나가야 한다는 점을 지적하였고 특히 김앤장은 의무위반시 제재를 가하는 부정적인 방식보다는 공익활동을 열심히 하는 변호사나 로펌에 상을 주는 등 긍정적인 방식의 제도적 장치가 마련되는 것이 필요하고 뿐만 아니라 국가차원에서도 공익활동에 대한 세제상의 혜택 등도 고려해볼 수 있지 않겠냐는 언급이 있었는데 이에 대하여 태평양은 로펌 변호사들이 공익활동에 사용한 시간 중 변호사법에 따른 의무적인 공익활동시간을 초과하는 시간에 대하여 시간당 요율을 적용하여 산정한 금액을 법인세 산정시 전액 손금산입하여 주는 방안과 개인변호사의 경우에는 기부금 공제를 인정하는 방안 등 그 구체적인 방안까지 제시하였다.

3. 로펌 프로보노의 과제와 전망

위의 로펌의 심층면접 결과에서도 나타나듯이 로펌 스스로 공익활동과 관련된 한계와 문제점에 대하여 그 누구보다도 잘 인식하고 있으며 따라서 로펌 프로보노의 활성화를 위하서는 이들 로펌의 고민이 현실에서 긍정적인 방향으로 작용할 수 있게끔 차분히 지켜보고 격려해주는 것이 필요할 것이다. 다만, 제 3 자의 시각에서 그리고 외국의 선례와의 비교라는 관점에서 몇 가지 점을 지적하는 것도 유의미하리라고 본다.

우선 로펌이 정식 업무에서 전문가를 지향하듯이 공익활동에 있어서도 전문적인 접근이 필요함을 지적할 수 있겠다. 이는 형식적으로 공익활동위원회라는 단위를 구성하고 회의를 가져가는 것 이상의 것을 필요로 함을 의미한다. 즉 로펌 프로보노에 대해서도 체계적인 연구와 고민이 필요하다는 것이다. 공익활동에 적극적인 로펌조차도 기존 업무량은 그대로 둔 채 소극적으로 공익활동을 업무시간에 포함시킨다고 하고 있는데 이는 아마추어적인 접근일 수 있다. 한정된 시간에 동일한 업무를 다루면서 추가로 공익활동을 한다는 것은 업무에 지장을 주거나 가족과의 시간이나 휴식시간을 침범하는 것이 될 수밖에 없다. 또한 개개인의 공익활동에 대한 지향, 관심분야, 원하는 형식에 대한 사전·중간·사후점검을 할 수 있는 시스템을 갖추는 것도 중요하다. 사회공헌프로그램이 활성화되어 있는 국내 일반기업 중에 사회공헌을 이처럼 비전문가적으로 접근하는 예는 많지 않다.

둘째로 로펌 프로보노의 폐쇄성을 지적하지 않을 수 없다. 설문 등에 의하면 로펌이 나름대로는 많은 공익활동을 하고 있고, 하려고 하는 것으로 평가될 수 있지만 이러한 것을 아는 개인이나 단체는 많지 않다. 남모르게 선행을 베풀려고 한다고 선해할 수도 있겠지만 로펌이 공익활동을 아직 자신의 일로 생각하지 않고 그 활동의 안정성이나 지속성을 자신할 수 없음으로 인해, 그리고 공익단체에 대한 지원 관련 소식이 영업에 부정적으로 작용할 우려 등으로 인해 이를 제대로 공개하거나 홍보하지 않는다는 의심을 충분히 받을 수 있다. 외국 로펌 중 로펌 프로보노를 이러한 방식으로 접근하는 예는 찾아보기 힘들다는 점은 국내 로펌에게도 많은 시사점을 줄 수 있으리라고 본다.

셋째, 내규의 존재 여부나 공익활동의무의 충족과 보고는 그것이 형식적으로 흐를 가능성, 그리고 실제로 형식적으로 흐르고 있는 현실에 비추어 그다지 중요한 문제가 아닐 수 있다. 그러나 적어도 로펌 차원에서는 변호사의 공익활동이 개인의 결단에만 맡겨지는 상황은 지양되어야 한다. 한가지 공익활동을 하더라도 일반 업무와 마찬가지로 시니어와 주니어의 결합방식이나 피어 결합방식을 통해 변호사들의 공익활동을 로펌의 공익활동으로 끌어올리려는 노력을 기울여야 한다는 것이다. 그리고 로펌 차원의 공익활동을 함에 있어서는 기획과 진행, 그리고 이에 대한 평가와 후속작업에 대한 전체적인 그림, 단체와의 결합이라는 '현장성'에 대한 구체적인 상, '인권감수성'을 유지, 강화하기 위한 제반의 기제의 확보에 대한 문제의식 등이 갖추어져 있는지를 충분히 점검하여야 할 것이다.

마지막으로, 로펌 프로보노의 활성화를 위하여 로펌의 열린 자세는 아무리 강조해도 지나치지 않다. 로펌 프로보노는 법의 지배를 추구하는 NGO에게 그 목표를 구현하기 위한 행보에서 힘을 불어넣을 수 있고, 사회적 약자에 대하여 법에 대한 접근성을 높임으로써 로펌 스스로 실질적인 법의 지배를 구현해나갈 수 있다. 외국로펌의 공익활동사례에 대한 연구조사, 로펌 공익활동담당자간의 교류, 공익단체들과의 지속적인 대화, 로펌 내외부적으로 공익활동을 중개하려는 단위의 확보 및 활성화 등을 구체적으로 고민하고 실천해나가야 할 것이다. 로펌 프로보노는 미룰 수 없는 선택이지만 그 선택의 질과 양, 그리고 그것이 가져올 결과는 로펌 각자의 몫일 수밖에 없다.

Ⅳ. 맺 음 말

2000년 대한변호사협회는 개정 변호사법에 따라 변호사의 공익활동에 대한 규정을 마련하여 연 30시간의 공익활동을 의무화시켰다. 이는 사법시험 합격자 수의 증가에 따른 법률가 수의 증가와 더불어 법률가들이 시민단체들의 공익활동에 큰 법적 도움을 줄 수 있을 것이라는 장밋빛 기대를 한껏 하게 하였다. 그러나 시민단체의 법률수요 실태 조사 결과 80%가 넘는 대다수의 시민단체들이 법적 지원의 필요성에도 불구하고 법률가들의 법적 지원을 경험하지 못한 것으로 드러났다. 이와 같이 변호사들의 공익활동 총량 증가에도 불구하고 여전히 시민단체의 법률 수요에는 턱없이 미치지 못하고 그 지원이 미약한 것은 법률시장의 개방 일정이나 변호사 수의 증가로 인한 법률시장에서의 경쟁 심화와 같은 외부요인의 영향도 크겠으나, 로펌과의 인터뷰를 통해 부분적으로는 변호사들의 공익활동이 국선변호인제도의 확대, 각 지방변호사회 등 변호사단체가 마련하는 무료법률상담 등 자체 공익프로그램의 참여 확대, 장기적으로 변호사나 로펌에 이익이 되고 변호사들의 전문화를 도모할 수 있는 관련 전문분야의 정부기관이나 공공단체의 지원에 편중되고 있고, 한편으로는 변호사들의 공익활동을 활성화하고 시민운동에 유인할 수 있는 적절한 공익활동 중개시스템이나 시민단체 주도의 공익활동 프로그램의 빈약함에도 기인함을 알 수 있다.

시민단체에 대한 변호사의 법적 지원이나 공익활동이 활성화되기 위해서는 무엇보다도 사회적 혜택을 통하여 쌓은 전문성 중 상당 부분을 공익의 향유자인 시민들에게 돌려 줄 의무, 즉 인권옹호와 사회정의의 실현을 사명으로 하는 변호사들의 공익활동에 대한 사회적 책임에 대한 철저한 인식이 필요하다. 그리고 시민사회의 법률적 수요를 충족하고 법률가들의 공익활동 증대 및 시민단체에서 법적 지원을 위해서는 법률가 양성과정과 법학교육에서 법률가의 공익적 활동을 진작시키고 전문적 공익변호사의 양성을 위한 교육의 실시, 대형 비즈니스 로펌의 공익성 강화와 로펌 내 공익전담변호사제도나 공익활동기금 마련 촉구, 시민단체 내 상근변호사의 채용, 변호사들의 공익활동에 대한 세제혜택이나 기부금공제의 제도적 뒷받침이 필요하다 할 것이다.

〈참 고 문 헌〉

김기식, "변호사의 공익활동에 대한 기대,"「시민과 변호사」, 2001. 1.
김병철, "미국 공익법 운동에 관한 연구,"「연대석사논문」, 1997.
대한변호사협회,「변호사공익활동 프로그램」, 참여연대 공익법센터 편, 2001.
민주사회를 위한 변호사모임,「공익소송위원회 활동보고서」, 2002.
박원순,「변호사의 윤리와 책임」, 박영사, 2003.
박원순,「한국인권변론사 - 역사가 이들을 무죄로 하리라」, 두레, 2003.
박찬운, "일본에서의 변호사들의 의무적 공익활동,"「시민과 변호사」, 2000. 4.
이재명, "변호사의 공익활동 더 많이 기대돼,"「시민과 변호사」, 2000. 4.
차병직,「NGO와 법」, 이화여자대학교 출판부, 2002.
참여연대,「21세기의 새물결, 공익법운동」, 1999.
참여연대,「공익법운동 사례집」, 2000.
참여연대,「공익법제와 사법개혁의 과제」, 2004.
참여연대,「공익소송법 제안설명회」, 1996.
하창우, "서울지방변호사회의 공익활동 개요와 전망,"「시민과 변호사」, 2001. 1.

■ 설문지 첨부

<table>
<tr><td rowspan="4">단체</td><td>단 체 명</td><td></td><td>대 표 자</td><td></td></tr>
<tr><td>전 화</td><td></td><td>팩 스</td><td></td></tr>
<tr><td>홈페이지</td><td></td><td>이 메 일</td><td></td></tr>
<tr><td>주 소</td><td colspan="3"></td></tr>
<tr><td rowspan="3">개요</td><td>활동가 수</td><td colspan="3">상근활동가( ) 명 자원활동가( )명</td></tr>
<tr><td>설립목적</td><td colspan="3"></td></tr>
<tr><td>활동영역</td><td colspan="3">① 사회복지( ) ② 청 소 년( ) ③ 여 성( )
④ 노 동( ) ⑤ 인 권( ) ⑥ 빈 곤( )
⑦ 환 경( ) ⑧ 시민사회( ) ⑨ 문 화( )
⑩ 장 애 인( ) ⑪ 언 론( ) ⑫ 기 타( )</td></tr>
<tr><td rowspan="7">법률 지원</td><td>변호사</td><td colspan="3">① 현재 있다(이름 :) ② 없다
③ 과거에 있었다(이름 :)</td></tr>
<tr><td rowspan="3">사법연수생</td><td rowspan="2">① 있다/ 있었다</td><td colspan="2">사법연수생 실무수습 ( )</td></tr>
<tr><td colspan="2">자원활동 (이름 :)</td></tr>
<tr><td colspan="3">② 없다</td></tr>
<tr><td>법대생</td><td colspan="3">① 현재 있다 ② 없다 ③ 과거에 있었다</td></tr>
<tr><td>기타 (노무사/ 법무사/ 변리사 등)</td><td colspan="3">① 현재 있다(자격 : / 이름 :)
② 없다
③ 과거에 있었다(자격 : / 이름 :)</td></tr>
<tr><td>지원형태</td><td colspan="3">① 공익소송 ② 입법운동 ③ 고소·고발 ④ 법률상담
⑤ 활동가 법률교육 ⑥ 법률매뉴얼 작업 ⑦ 사업자문</td></tr>
</table>

공익단체의 법률수요에 대한 실태조사

<table>
<tr><td rowspan="2"></td><td>법률교육</td><td>1) 귀 단체에서 법률교육을 진행한 적이 있습니까?(예, 아니오)
2) 있었다면 어떠한 내용이었나요? ( )
3) 귀 단체 실무자 중에 외부에서 법률교육을 받을 기회가 있었거나 받으신 적이 있으신 분이 계신지요? (예, 아니오)
1) 단체 내 실무자에게 법률교육이 필요하다고 생각하십니까? (예, 아니오)
2) 필요하다고 생각하신다면 어떤 분야에 법률교육이 필요하십니까?
(예 : 소송실무) ( )</td></tr>
<tr><td>법률 매뉴얼</td><td>1) 법률매뉴얼 작업을 진행해 보신 적이 있으신가요? (예, 아니오)
2) 있다면 어떠한 내용의 매뉴얼을 만드셨나요? ( )
3) 법률매뉴얼을 활용해 보신 적이 있으십니까? (있다, 없다)
4) 있다면 어떤 법률매뉴얼을 활용하셨는지요?(예 : 법과 생활(법무부))
( )
5) 현재 단체장서에 법률매뉴얼이 몇 권이나 있습니까?
① 수십 권 ② 10권 이하 ③ 3~5권 ④ 1~2권 ⑤ 없다 ⑥ 기타 (권)
6) 법률매뉴얼이 실질적으로 도움이 되었습니까?
① 매우 그렇다 ② 그렇다 ③ 보통이다 ④ 아니다 ⑤ 매우 아니다
7) 법률매뉴얼이 필요하다고 생각하십니까? (예, 아니오)
8) 필요하다면 어떤 분야의 법률매뉴얼이 시급하다고 생각하십니까?
(예 : 소송실무, 민사분쟁해결, 형사분쟁해결, 노동문제, 환경문제 등)
( )</td></tr>
<tr><td rowspan="3">법률 지원 의 필요 성</td><td>법률지원 필요성 유무</td><td>① 법률지원이 필요하다(변호사 / 사법연수생 / 법대생 / 기타 ________)
② 법률지원이 필요 없다.</td></tr>
<tr><td>지원 필요 분야 (복수체크가능)</td><td>① 공익소송 ② 입법운동 ③ 고소·고발 ④ 법률상담
⑤ 활동가 법률교육 ⑥ 법률매뉴얼 작업 ⑦ 사업자문</td></tr>
<tr><td>지원빈도</td><td>① 상근 ② 주 2~3회 방문 ③ 주 1회 방문 ④ 월 1~2회 방문
⑤ 전화 내지 이메일 연락</td></tr>
</table>

<table>
<tr><td rowspan="3">활동
내역</td><td>공익소송</td><td>1) 공익소송을 해 보신 적이 있으십니까? (있다, 없다)
2) 있으시다면 어떤 공익소송을 하셨는지요?
( )
3) 공익소송의 자문은 누구에게서 구하셨습니까?
① 법학 교수 ② 변호사 ③ 사법연수생 ④ 법대생 ⑤ 단체내 실무가
⑥ 기타( )
4) 공익소송의 필요성을 느꼈지만 진행하지 못한 경우, 그 내용은 무엇이었고, 진행하지 못한 요인이 무엇인가요?
( )</td></tr>
<tr><td>입법운동</td><td>1) 입법운동을 해 보신 적이 있으십니까? (있다, 없다)
2) 있다면 어떤 내용의 입법운동을 하셨는지요?
( )
3) 입법운동을 어떤 방법으로 하셨습니까?
( )
4) 입법운동의 자문은 누구에게서 구하셨습니까?
① 법학 교수 ② 변호사 ③ 사법연수생 ④ 법대생 ⑤ 실무가 ⑥ 기타 ( )
5) 입법운동의 필요성을 느꼈지만 진행하지 못한 경우, 그 내용은 무엇이었고, 진행하지 못한 요인이 무엇인가요?
( )
6) 입법운동에 가장 필요한 것은 무엇이라 생각하십니까?
① 법률가의 도움 ② 정부의 지원 ③ 언론의 도움 ④ 의원실의 지원
⑤ 국민의 관심
⑥ 기타( )</td></tr>
<tr><td>고소·고발</td><td>1) 고소 · 고발을 해 보신 적이 있으십니까? (있다, 없다)
2) 있다면 어떤 고소·고발을 하셨는지요?
( )
3) 고소·고발절차상의 어려운 점을 기술해주십시오(예 : 경험미숙, 법률자문기관부재)
( )
4) 고소·고발의 필요성을 느꼈지만 진행하지 못한 경우, 그 내용은 무엇이었고, 진행하지 못한 요인이 무엇인가요?
( )</td></tr>
</table>

<table>
<tr><td rowspan="1">활동
내역</td><td>법률상담</td><td>1) 귀 단체에서 법률상담을 접수한 적이 있으십니까? (예, 아니오)
2) 있다면 주로 어떠한 내용의 법률상담이었습니까?
( )
3) 접수한 상담을 어떻게 처리하셨습니까?
① 자체 처리 ② 법률구조공단 연계 ③ 타단체 연계 ④ 자문 변호사
⑤ 처리 곤란
4) 법률상담을 처리하기 어려웠다면 그 이유는 무엇입니까?
(예 : 역량부족, 지역문제, 자문기관 부재 등)
( )</td></tr>
</table>

[토론 : 제 1 장　시민사회와 법치]

발　제 : 박원순
염형국 / 김영수

지정토론 1 : 신종원(서울 YMCA 시민중계실 정책실장)

내가 일하는 시민 중계실은 시민사회의 다양한 분쟁과 갈등을 풀어나기 위해 시민사회 내의 자발적 화해 역량을 키울 필요성이 있다는 데서 출발하였다. 우리 사회는 너무 많은 분쟁사건이 민형사 고소 등 사법적 사건화하고 있고 사실상 시민사회 내의 자발적 분쟁 해결 혹은 화해 역량이 부재하다고 인식된다. 당사자 스스로 화해하고 문제를 풀어내는 역량이 성숙한 시민사회의 바로미터라고 본다.

이런 과정에서 법률가의 조력과 노력이 매우 필요하고 중요하다. 금번 주제인 법의 지배와 관련해서, 법의 지배는 과정이며 수단이지 그 자체가 사회의 목표일 수는 없다고 본다. 성숙하고 건강한 시민사회가 목표라고 생각한다.

시민사회의 속성 중 다양성과 다원성은 매우 중요한 요소인데, 하나의 분쟁을 들여다 봐도 이와 관련된 여러 당사자들의 주장을 들어 보면 나름대로 정당성을 가진 경우가 많다. 그만큼 누구 하나가 정의와 정당성을 독점할 수는 없는 것이 시민사회의 속성이다. 그렇기 때문에 상대의 주장을 경청하고 대화하는 것, 토론과 민주적 절차가 시민사회를 키우는 매우 중요한 과정이며 이 과정을 통해 시민사회의 내용이 커간다고 본다.

이런 점에서 법의 지배는 시민사회를 건강하게 키우는 매우 중요한 수단이며 과정이다. 또 아직 우리 사회가 성숙한 시민사회에 부합되는 제도적 틀이나 기반이 취약하기 때문에 그 과정에서 법률가의 조력과 역할은 매우 중요하다고 본다.

나는 법률가의 사회를 보는 관점이 일반적으로 결과를 중시하는 것에 있다고 생각한다. 그 동안의 시민운동도 원했든 원치 않았든 결과적으로 사회적 의제에 관한 법률적 대응 중심으로 흘러온 게 사실이다. 이 점은 그 동안의 시민운동을 돌아보면 일정부분 불가피한 측면이 있었다. 최소한의 게임의 룰 또는 사회적 장치들이 마련되어 있지 않아 우선 급한 일부터 하여야 했기 때문일 것이다. 그러나 많은 시민단체들이 나 자신을 포함해 법률적 대응에 너무 치중되어있는 현실도 간과할 수 없다.

앞으로 시민운동 또는 시민단체의 방향과 과제에 있어서 시민사회의 내용을 키우고 살찌우는 역할에 보다 중점 두어야 한다고 생각한다. 예를 들면 합리적이며 민주적인 시민법률문화를 만드는 활동, 민주적 절차를 중시하는 훈련, 민주적으로 회의를 진행하고 상대를 존중하는 토론 능력을 배양하는 것 등이 아주 기본적이긴 하지만 시민사회의 인프라를 강화하는 일이라고 본다. 이런 과정에 법률가의 역할이 중요하다고 본다.

법률가들이 주도하는 NGO는 어떤 모습일까 생각해 보았다. 나는 이런 유형의 시민운동도 필요하다는 생각이다. 그러나 그것이 전부여서는 안된다는 생각이다. 일반적으로 법률가의 시민사회 참여 유형은 시민단체와 시민사회의 주요한 조력자여야 한다고 본다. 중요한 것은 시민사회의 의제를 설정해가는 역할이라고 보는데, 일반적으로 그 역할이 법률가의 몫은 아니며 보편적인 시민적 감수성을 가진 사람들의 몫이라고 보는 것이다. 또는 법률가가 시민사회의 의제를 설정하는 과정에 참여하는 것도 당연히 가능하지만, 앞으로 보다 많은 의제들이 시민사회의 민주적 다원성을 키우는 방향에서 나오고 이 과정에 법률가의 조력자로서의 다양한 역할이 강조되어야 할 것이다.

간과하고 있는 부분 중 법률가의 사회적 공급이 대폭 늘어야 하고 매우 중요하다는 점을 강조하고 싶다. 사법 서비스의 향상을 위해 법률 종사자 특히 판·검사 등 인력의 대폭 증원이 필요하다. 기존의 법률가의 입장에서 간과될 수 있지만 수요자 중심의 관점에서 보면 매우 시급하고 중요한 문제이다. 이것도 법치로 가는 사회과정에서 빼놓을 수 없는 숙제이다.

지정토론 2: 한상희(건국대 법대 교수)

법치가 중요하게 부각되고 있지만, 법을 중심으로 제기되는 NGO의 활동에서는 어려운 딜레마가 상정되어 있다고 볼 수 있다. 이번 삼성의 엑스파일의 경우에서와 같이, 그 동안 법을 중심으로 활동해 왔던 시민사회가 이 경우 어떤 판단을 해야 하는가의 문제에 난착하게 된다. NGO와 법치주의에 있어서 근본적으로 극복해야 할 문제라고 생각한다.

80년대 부패한 정권에 대응하여 NGO가 법치주의를 이용해서 사회개혁과 개량을 시도하였는데, 이는 전통적인 서구의 법치주의 개념과는 다소 차이가 있다. 여기서부터 딜레마에 빠지고 있다고 볼 수 있다. 서구에서 사회적 안정이라든가 질서를 담보하였던 권리나 자유의 개념으로서의 법치주의를 한국의 NGO는 보다 큰 틀에서 민주나 법 이념의 실천이라는 측면에서 사용하게 되었고, 현 시점에서 NGO는 법 중심의 운동이든 활동 중심이든 법치의 개념을 재정리할 필요가 있다고 생각한다. 예를 들어 엑스파일의 경우에서 알권리와 사생활보호가 충돌하게 되는데, 이는 인권의 개념을 개인의 자유와 권리로만 바라볼 것인가에 대한 문제이다. 알권리와 사생활보호는 그 차원이 다르다. 사생활보호는 개인적 차원이라면 알권리는 민주적 시민사회의 공적영역의 차원이다. 서로 충동하는 권리에 대해서 하나의 차원에 두고 논의하는 것은 무리가 있다. 특히, NGO가 87년 이전의 공권력에 저항하는 식이 아니라, 민주화가 진척된 상황에서 새로운 질서를 만들어 나가고 실천하고자 한다면 적어도 차원의 차이를 분석하고 지향점을 찾아 나가야 한다. 그러한 가운데 새로운 법치의 개념을 정립해야 한다고 생각한다.

87년 체제에서 국가가 물러난 여백에 대해서, 이 공간에서 아젠다 권력을 누가 장악하는가를 두고 시민사회와 시장의 싸움이 벌어지고 있다고 생각된다. 엑스파일이 그러한 예라고 본다. 삼성의 경우에서 볼 수 있듯이 과거에는 기업이 정경유착을 통해 법을 피해가려 했는데, 이제는 강력한 주체로서 국가권력의 공백이 생긴 공간에서 국가 자체를 형성하고 스스로 법을 만들려고 한다. 즉 뭔가 재구성의 노력을 하고 있다. 시민사회가 민주화운동과정을 통해서 쟁취한 투쟁의 성과를 당시 국가권력에 기생하며 특혜를 받아 왔던 기업이 약탈해가고 있다고 볼 수 있다. 이러한 점에서 시민사회는 과거와는 다른 도전을 직면하고 있다. 과거에는 국가를 상대로 국가로부터의 자유와 법치를 얘기하였지만, 이제는 기업을 하나의 권력의 축으로 놓고 경합하거나, 경우에 따라서는 국가와의 연대를 통해서 기업의 권력을 통제할 수 있는 역량을 개발하여야 하는 것은 아닌가 싶다. 이러한 맥락에서 NGO와 법의 지배가 의미가 있다고 생각한다.

새롭게 대두되고 있는 이슈 가운데, 대법관 등의 고위공직자의 임용과정에 대해서, 그 동안 고위공직자의 개인적인 성품과 능력을 기준으로 해 왔는데, 이러한 개인적 차원의 접근은 이미 한계를 드러냈고, 앞으로는 임용자든 감시세력이든 해당 인사의 개인적 사항뿐만 아니라 그를 둘러싼 권력관계에 대해서 검토하고 감시하여야 한다고 생각한다.

또 하나의 사항은, 시민운동에 있어서 의도와 관계가 동시에 존재하는 형상인데, 이는 시민단체의 이중적 관계라고 볼 수 있다. 즉 시민단체가 전문성이 너무 없어서 활동에 어려움을 겪는 경우가 있고, 다른 측면에서는 전문성이 너무 지나쳐서 대중과의 괴리가 발생하는 이중적 관계라고 볼 수 있다. 법 운동의 경우, 일반적으로 시민과 유리되는 경향이 존재하는데, 이를 극복하지 못하고 있다. 이러한 과정을 통해서, 법 운동이 법을 가진 법권력의 주체에 대한 운동인 동시에 시민들을 향한 법 공동체의 개념으로 나아갈 수 있을 것이라 생각한다.

제 2 장

NGO와 사법을 통한 권리구제

제 1 절 사법을 통한 권리구제와 NGO

— 도전, 한계와 대안 —

이 찬 진*

Ⅰ. 머 리 말

과거 한국 사회는 80년대 말까지의 권위주의적인 억압된 비민주적인 정치·사회구조 속에서 이에 대한 변화와 개혁을 이끌어내기 위한 '민주화운동'을 통하여 형식적인 의미에서의 절차적 민주주의의 토대를 구축하게 되었고, 이에 따라 각종 사회변혁운동 역시 합법적인 공간에서 이를 추진할 수 있는 토대가 형성되었다. 이러한 토양 하에 과거 노동운동을 중심으로 한 운동에서 경제, 환경, 시민사회 전반에 걸친 다양한 NGO들이 출범하면서 광범위한 시민사회운동으로 그 범주가 확대되었으며, 이들 단체들은 상호 경쟁하면서 각자의 영역에서 다양한 운동을 전개하여 왔다. 운동 방식에 있어서 80년대 말 이후 정치, 경제, 사회, 문화적 여건의 변화에 따라 이들 단체의 운동 방식은 과거와는 다른 형태의 활동을 요구받기에 이르렀다. 가령 운동 진영에서 선도적인 역할을 한 노동운동 분야의 운동 전개 방식에 있어서도 '법률 투쟁'이 유용한 방식으로 등장하였고, 그 대표적인 것이 민주노동조합운동의 전개와 함께 해고자 복직을 위한 '해고무효확인 소송'을 중심으로 한 노동 관계 소송들이 비약적으로 증대되었고, 노사 관계를 중심으로 한 사회적인 갈등의 문제가 법정에 드러남으로써 사법적 심사의 대상이 되고, 또한 일정한 성과를 이루는 등 소

---

* 법무법인 해람 변호사.

중한 역사적 경험을 하게 되었다. 한편으로는 이와 같은 과정 속에서 사회 변혁의 문제를 법률적인 수단으로 해석해 내고 적용시키는 법률가들의 실무적인 경험들이 축적되었으며, 법조 직역에서도 이와 맥을 같이하는 '민주사회를위한변호사모임'과 같은 변호사 집단들이 형성되어 그와 같은 흐름에 일정한 역할을 하게 되었다.

또 다른 시각에서 사회변혁운동의 여건은 특히 형식적 법치주의 체제가 어느 정도 완성되어 가고 1988.9.1.자 헌법재판소가 출범하면서 많이 변화되었다. 헌법재판제도의 시행은 출발은 미미하였을지는 몰라도 군사정부 시대에 법전 속에 죽어있던 헌법규범을 최고의 법규범으로 일반 국민들에게 널리 인식시키는데 큰 영향을 미쳤다고 할 수 있으며 결과적으로 헌법을 정점으로 한 법률의 규범력을 강화하는 긍정적인 역할을 하였다고 할 수 있다. 한편으로는 7~80년대 학창시절 학생운동의 경험 등을 통하여 사회변혁운동에 공감하는 소장 법률가들의 등장과 그들의 적극적인 현실 참여 활동은 법률을 수단으로 한 '사법을 통한 권리구제'라는 활동 방식이 유용한 것임을 실증적으로 보여 주기 시작하였다. '사법적 권리구제'를 위한 법률가들의 활동이 '국가보안법 위반' 등 시국사건을 중심으로 한 변론활동에 주로 머물렀을 때 이후로 고 조영래 변호사의 '망원동 수재 관련 손해배상 사건' 등을 통한 집단적인 공익소송의 경험이나 일련의 공해 소송의 경험이 축적되어지면서 90년대 들어서서 나타났던 사회변혁운동 중심이동의 디딤돌이 되었다. 사회변혁운동은 90년대 들어서 과거 기본적인 인권보장을 중심으로 한 자유권적 기본권의 확보에서 이와 병행한 '권력감시 활동' 등을 통한 참여민주주의[1]운동의 전개('의정활동감시', '사법감시활동', '지방자치 관련 주민운동' 등등의 예를 들 수 있다)와 '생존권의 제도적 보장' 또는 '사회권적 기본권'의 확대를 중심으로 한 제도개선 방향으로 급격하게 이동되어 갔다. 과거 군사정부 시대의 폭압적인 지배구조 하에서 이러한 급격한 중심이동은 시민사회운동조직으로 하여금 현안 해결능력과 대안 제시능력을 요구하였고, 이러한 관계로 법률가, 학자, 관계전문가들 등 과거 변혁운동의 1선에 위치하지 않던 전문가 그룹이 전진 배치되는 모습을 보였다. 이제 헌법학에서 강학상으로도 관심범위에서 벗어나 있던 '사회권'의 개념은 교과서나 대학 강단에서 머물러있지 않고 시민사회운동의 중요한 의제로서 실천되기 시작하였다. '국가권력으로부터의 억압된 자유의 회복'이라는 소극적이고 방어적인 관점에서의 문제 의식은 기본권 주체로서의 국민, 소비

1) 참여민주주의의 정의에 대하여는 강정인, 「대안적 민주주의의 전망: 참여민주주의를 중심으로」, 참여사회연구소, 1997. 2~3면 참조.

자, 농·어민, 노동자, 도시빈민이 국가나 사회, 기업으로부터 자신의 권리를 어떻게 보호받고, 나아가 국가나 사회를 상대로 하여 자신의 권리를 어떻게 쟁취하고 실천하여 나갈 것인가라는 적극적인 문제 의식으로 변모하게 되었으며, 이와 같은 흐름 속에서 '공익소송'을 통한 사법적 권리구제 유형의 운동 방식은 그 실효성이 검증된 주류적인 운동 수단으로 안착하였다고 할 수 있다. 여기서 언급하는 NGO들의 '사법을 통한 권리구제'는 일종의 '공익소송 운동'의 본질적인 한 부분으로 평가할 수 있으며, 오히려 '사법을 통한 권리구제'와 NGO들의 관계를 보다 정확하게 평가한다면, 90년대 이후 한국 사회의 NGO들—특히 시민사회운동계는 '공익법 운동'을 통하여 양적·질적인 성장을 이루어 왔고, 상당한 운동성과를 이루어 왔다고 평가할 수 있을 것이다. 전반적인 시민사회계의 보편적인 흐름이라고 할 수 있는 권력감시운동과 참여연대를 중심으로 한 사회복지운동, 재벌개혁운동, 작은권리찾기 운동의 전개과정 속에서 NGO들은 국가권력과 집단적 혹은 개별적인 시민간의 권력관계, 재벌권력과 주주, 사원간의 권리관계, 기업과 소비자와의 권리관계 등 다양한 관계를 법률적 권리의무관계로 사법적으로 재해석하고 필요시 소송이라는 기법을 통하여, 때로는 적극적인 정책형성 운동을 통하여, 그리고 입법운동에 이르기까지 다양한 형태의 공익법 운동을 전개하여 왔다고 할 수 있다. 이하에서는 이러한 공익법 운동의 역사와 현실을 소개하고 현재의 제도적 한계와 개선과제를 통하여 NGO들의 공익법 운동 방식의 향후의 발전 방향 및 전망을 살펴 보기로 한다.

Ⅱ. '알 권리'의 헌법상의 기본권 인정과 시민사회운동의 외연 확대

과거 군사정부 시절 억압된 정치 현실에서 국가권력으로부터의 사법을 통한 인권의 보호는 심각한 위협을 받아 왔으며, 이러한 상황에서 국가권력 감시 활동은 사법을 통한 보편적 인권운동의 범주가 아닌 광범위한 '민주화 투쟁'의 과제였으며, 그나마도 최소한의 범주에서 접근될 수밖에 없는 한계를 갖고 있었다고 할 수 있다. 이러한 현실을 반영하듯, 헌법규범은 현실에 있어서 그 실질적인 규범력을 확보하지 못하였고, 기본권 해석론 역시도 헌법학자들을 중심으로 한 좁은 틀 안에서 수십 년간 개념법학적인 해석론에 갇혀서 낮잠을 잤다고 할 수 있다. 그러나, 이와 같이 빈사 상태로 헌법전 속에서만 존재하다시피 한 헌법상의 기본권은 헌법재판제도의 시행에 따라 서서히 현실규범으로서 작용하기 시작하였다. 비록 '구체적인 규범통제'방식의 제한적이고도 다른 사법적 구제수단을 거쳤거나 구제수단이 없는 경우에 허용되는 보충적인, 제도이기는 하나 기본권자인 국민이 직접 법률이나 행정입법, 공권력 행사에 대하여 기본권 침해를 주장하면서 당해 법률 및 기타 공권력 행사의 위헌성을 판단할 것을 청구할 수 있는 헌법소원 제도나 법원의 위헌법률심판제청 제도를 통한 헌법재판이 전개되면서 헌법 조문에 숨겨져 있던 각종 기본권들이 헌법에 대한 최고해석기관인 헌법재판소에 의하여 자유권, 참정권, 청구권적 기본권, 생활권 등등으로 세분화되고, 이와 같은 구체적인 사례에 대한 헌법적 해석론의 전개에 따라 헌법상 명시적으로 조문화되지 않은 다양한 숨은 기본권들 — 특히, 헌법해석론에 입각한 청구권적 기본권들이 헌법재판 결정례를 통하여 규정되고 선언되었다. 그 중에서도 국가권력에 대한 일반적 정보공개청구권을 본질적인 내용으로 하는 헌법상의 기본권으로서의 '알 권리'의 정면 인정(헌법재판소 1989.9.4. 선고 88헌마22호,[2] 1991. 5. 13. 선고 90헌마133호)은 NGO들의 운동의 범주에 '국가권력에 대한 권력감시운동'이라는 헌법적인 토대를 구축하고, 참여민주주의운동의 외연을 확산하는데 매우 중요한 계기가 되었다. 이와 같은 '알 권리'에 대한 NGO들의 전면적 각성 및 수용은 정부의 정책, 행정작용, 행정입법의 제정 및 시행, 국회의 법률제정 등 입법작용, 예산·결산 관련 조치 등 전반적인 국가작용 및 지방자치에 있어서의 전반적인 정보공개청구권을 통한 일정한 국가·자치단체의 정보를 확보할 수 있게 됨으로서 시민사회운동과 참여민주주의 운동의 지속가능한 발전의 전망을 갖게 하는데 기여하였다고 할 수 있다. 이와 같은 헌재 결정례를 전후한 '경실련'을 중심으로 한 행정정보공개제도 도입

2) 위 사건은 부동산 소유권의 회복을 위한 입증자료로 사용하고자 청구인이 문서의 열람·복사 신청을 하였으나 행정청이 이에 불응하자 청구인 측이 재산권을 침해당하였다면서 헌법소원을 제기한 사건인데, 이에 대하여 헌재는 "행정청의 불응한 행위로 인하여 청구인의 재산권이 침해당하였다고는 보기 어려우나, 청구인의 정당한 이해관계가 있는 정부 보유의 정보의 개시(開示)에 대하여 행정청이 아무런 검토없이 불응한 부작위는 헌법 제21조에 규정된 표현의 자유와 자유민주주의적 기본질서를 천명하고 있는 헌법 전문 제1조, 제4조의 해석상 국민의 정부에 대한 일반적 정보 공개를 구할 권리(청구권적 기본권)로서 인정되는 "알 권리"를 침해한 것이고 위 열람·복사 민원의 처리는 법률의 제정이 없더라도 불가능한 것이 아니다"고 하여 "알 권리"를 정면으로 인정한 바 있다. 비록 특정인이 사적인 권리구제에 관한 민사소송에 부수적인 자료를 확보하기 위하여 제기한 헌법소원이었지만, 그 결과 국민의 국가권력에 대한 감시활동을 가능하게 하는 매우 중요한 선례로 작용하고 있으며, 이후 헌법재판소의 유사한 결정례를 통하여 "알 권리"는 헌법상의 기본권, 그것도 대국가적 청구권으로서 확립되었다고 할 수 있다.

을 촉구하는 일련의 제도개선노력과 이에 대한 김영삼 대통령의 대선 공약으로의 채택 및 김영삼 정부의 출범으로 공공기관의정보공개에관한법률이 1996년 제정되어 1998년 시행됨으로써 참여민주주의의 실천을 위한 권력감시활동과 주권자인 국민들의 실질적인 참여의 가능성은 더욱 넓어지게 되었다. 이러한 배경을 전후하여 각종 영역에서의 실천적 활동의 수단으로 각 운동 단체와 현장 법률가들, 그리고 학자 등 전문가들의 유기적 결합을 통한 '태스크 포스 팀'을 구성하여 유관기관의 관련 정보 확보 — 시민사회운동 단체의 주도 하의 캠페인 – 집행 단계에서의 소송의 제기 및 결과의 생산 — 필요시 입법청원 내지 의원입법을 통한 마무리 – 개정 입법 시행 이후의 정책형성 과정에서의 카운터 파트 역할의 수행을 일련의 과정으로 하는 새로운 운동의 흐름을 보여 왔고, 이와 같은 10여 년간의 일련의 운동들은 우리 사회에 대의민주주의를 보완하는 참여 민주주의를 다양한 방식으로 접목시키는 결과를 가져온 것으로 보인다.

Ⅲ. NGO들의 공익법 운동의 전개 과정

1. 공익법 운동의 개념과 각국의 시민운동과 공익법운동의 발전 과정

(1) 공익소송과 공익법운동의 개념

국내에 공익법운동과 관련하여 실질적으로 최초의 문제제기를 하였던 황승흠 박사의 글에 의하면, 공익소송이란 공익법상의 문제가 법원에 소로 제기된 것을 말한다고 한다.[3] 또한 황 박사는 공익법은 역사적으로 무변호되거나 저변호되어 왔던 이익들에 대하여 법적 대표성을 부여하고자 하는 노력을 일컫는 말이며, 공익법은 시장에서 법적 대표성을 획득하기에는 너무 가난하거나 흩어져 있기 때문에 수많은 중요한 사회영역이 법원이나 의회, 그리고 행정부에서 적절히 대변되지 않고 있다는 가정에 입각하여 있다고 한다. 결국 공익법은 확산이익 = 공익을 법의 영역으로 끌어들이려는 현대법의 새로운 경향을 말하는 것이라고 하며,[4] 공익법운동이라는 것

3) 황승흠, "'공익소송법'제안,"「공익소송법 제안설명회 자료집」, 참여연대 공익소송센터, 1997, 4면.

은 이러한 공익의 실현을 목적으로 하는 현실적인 노력 또는 사회운동을 가리킨다고 한다.[5)]

(2) 각국의 시민운동과 공익법 운동의 발전 형태

1) 공익법에 관한 미국이나 서구의 논의는 최고재판소를 정점으로 한 법원의 판결을 통한 입법형성기능을 인정하는 판례법 체계국가인 영·미계나 헌법적 근거에 기한 각종 법령이나 국가공권력 행사, 나아가 이에 준하는 민간 분야에 이르기까지의 추상적 규범통제를 가능하게 하고 있는 독일, 프랑스 등 서구 일부 국가들에서 왕성하게 발전하여 왔다고 할 수 있다. 그러나, 이러한 공익법운동의 전통은 본질적으로는 미국에서 형성되어 전 세계적으로 확산된 것이라고 할 수 있다.[6)] 공익법이 실현하고자 하는 목표는 곧 공익소송이라는 구체적인 수단으로 실현될 수 있으며, 그 결과물인 법원의 판결은 해당 분야의 또 하나의 최고 법률로서 규율되어 왔다.

2) 절차적 민주주의가 정착된 단계에서의 실질적인 민주주의를 향한 진보의 과정에서 이들 국가들의 시민사회운동단체들은 이와 같은 공익의 실현을 위한 투쟁을 법적인 절차를 통하여 전개하는 양상을 보여 왔고, 기존의 적극적인 사법의 전통에서, 한편으로는 사회의 현실적 필요를 반영하는 각종의 사법 제도 개선을 통하여 전통적인 당사자주의 소송제도의 틀을 벗겨 내고, 공익의 문제를 법정으로 끌어 내게 되었다. 이와 같은 것은 20세기 초경까지의 형식적 민주주의의의 정착이라는 토양 속에서 시민사회의 실질적인 자유와 평등을 위한 사회적 기초가 형성되었기에 가능한 것이었다. 이러한 사회적 토양에서 실질적인 자유와 평등을 위한 사회운동은 합법적인 공간에서 개별 부문별 운동으로 전개되어 왔고, 이러한 시대 상황에서 사회운동단체들은 법을 '공의'를 실현하는 도구로 보다 적극적으로 활용하기에 이른다.

그 과정에서 사법작용의 확대를 위한 訴의 이익의 확장, 청구 적격의 확장, 민중소송 내지 시민소송 개념의 확대발전 등이 있게 되었고, 이는 사법적극주의 형태로 정착된 것이라고 할 수 있다. 이와 같은 제도적, 사회적인 기초 아래 공익법 운동의 성장은 그들 국가의 시민사회의 성숙도에 맞물려 제도적인 전진을 이루어 내었고, 여기서 법률적으로 훈련된 법률가들은 조정자(cordinator) 또는 프로젝트 책임자

4) 황승흠, 위의 글, 4면.
5) 황승흠, "우리나라 공익소송의 현황과 과제," 「공익소송의 어제와 오늘」, 조영래 변호사를 추모하는 모임, 1998. 12., 3면.
6) 황승흠, "우리나라 공익소송의 현황과 과제," 「공익소송의 어제와 오늘」, 조영래 변호사를 추모하는 모임, 1998. 12., 4면..

(project manager)로서 자연스럽게 시민운동 속에 접목되고, 나아가 이들 국가들의 NGO운동의 주류를 상근 법률가들이 주도해가는 전통을 만들어 갔다.

3) 한편, 이러한 법률 전문가를 포함한 공익법 전문가들의 NGO운동의 결합과 그들의 공익적인 왕성한 활동에 대한 국민들의 긍정적인 평가와 이에 따른 그들 활동들의 사회적인 필요에 대한 국민적 공감을 통하여 이들 활동을 지원하는 국가와 지방정부의 재정 및 민간 기금운동을 활성화하였으며, 시민사회의 각종 헌금, 회비 납부 등 자발적 참여의 구조를 확대 재생산하는 긍정적인 효과를 거두고 있다고 할 수 있다.

(3) 공익법 운동의 연혁과 발전 과정

1) 미국에서의 공익법운동의 전개 양상

미국에서의 공익법운동의 중대한 전기가 마련된 사건은 이른바 1954년 미연방대법원이 선고한 브라운 판결이다(Brown v. Board of Education).[7] 이 판결은 대표적인 흑인 민권단체인 NAACP의 지속적인 노력에 의한 것이다. 이 단체의 법의 동원을 통한 흑백간의 평등을 실현하려는 전략은 시민사회운동의 한 전형을 제시한 의미 있는 것이었다. 그리고, 존슨 대통령 시절의 '빈곤과의 전쟁'의 기치 아래 1964년 제정된 경제기회법(The Economic Opportunity Act)에 의한 정책의 일환으로 국가 차원의 광범위한 법률구조(legal aid)가 실시되었는데, 이것이 단서가 되어서 전국적으로 각종 공익법률사무소 또는 공익법률공사의 설립 및 왕성한 활동이라는 새로운 양상을 띠게 되었고, 소비자보호, 환경보호, 장애인 문제, 여성권 권리, 언론개혁, 빈곤층의 복지문제, 행형 개혁, 소수인종 문제, 정치개혁 등 다방면에서의 부문별로 특화된 공익로펌 또는 이러한 전문성을 갖춘 상근변호사를 갖춘 시민사회 운동조직체들이 성장하게 된 것이었다.[8]

다음은 랄프 네이더에 의하여 출범된 '공익법률사무소(Public Interest Law Office)에서 하나의 전형을 찾을 수 있는데, 이것은 전형적인 부문별 전문 변호사와 관계전문가들의 결합으로 이루어진 조직으로서 변호사를 매개로 한 "현실참여"를 통하여 광범위한 법 개혁을 목표로 하는 입법운동을 전개하였던 것이다.[9] 이러한 미국의

---

7) 브라운 판결의 내용에 관하여는 배금자, "판결하나가 세상을 바꾼다," 「인간을 위한 법정」, 책출판사, 1999, pp. 30~33면

8) 황승흠, 위의 글, 5면.

9) 구체적인 내용들은 황승흠, 위의 글 참조.

공익법운동 조직들의 구체적인 행동프로그램은 법원에 대한 제소를 통하여 실천되었는데, 제도개선을 위한 기획된 변론이라는 차원에서 이것은 여느 민사상의 집단소송법에 의한 class action과는 본질적으로 그 궤를 달리하는 것이다.

이상과 같이, 미국의 공익법운동의 흐름에서의 두드러진 특징은, 변호사와 관계 전문가들의 결합에 의한 전문적인 부문운동조직이 바로 공익법운동을 주도한다는 점에 있다고 할 수 있다. 이러한 양상은 한국의 현 상황과는 크게 대비되는 것으로서, 적어도 형식적인 민주화와 실질적인 민주화 또는 실질적인 법치주의, 자유권적 기본권의 문제와 함께 생존권적 기본권의 지평을 동시에 확장하여야 하는 한국사회의 시민운동에서 이를 그대로 받아들이기는 어려운 것임을 알 수 있다.

2) 우리 나라의 공익소송을 통하여 본 공익법 운동의 발견

한국사회에서도 비록 체계화된 개념은 아니지만, 1984년 고 조영래변호사가 진행하였던 망원동 수재사건의 성과[10]를 통하여 '공익소송'을 통한 공익법 운동의 가능성을 확인될 수 있었다. 그러나, 이러한 특정인의 문제의식은 준비되어지고 기획된 형태의 것이 아니라, 우연성 내지는 특정인의 번득이는 천재성에서 기인한 것이었다고 할 수 있고, 당시의 한국사회에서는 이러한 공익법운동을 전개할 수 있는 아무런 토대도 갖고 있지 않았다고 할 수 있다. 기본적인 인권이 짓밟히는 군사정권하에서의 공익법운동은 한낱 환상이라고 할 수 있기 때문이다. 그동안 민변의 전통적인 형태의 인권 변론은 엄밀한 의미에서의 공익소송이라 할 수 없으며, 오히려 변호사에게 요구되는 가장 기본적인 시대적인 소명을 암울한 시대 상황에서 거부하지 않고 묵묵히 이를 수행하였던 것이라고 할 수 있다. 다만, 그 과정에서 '법'과 '변론'이라는 수단을 통하여 사회문제를 해결할 수 있다는 희망을 갖게 되었다는 점에 있어서는 충분히 평가될 수 있다.

인권 변론의 전통은 80년대 말 90년대 중반까지 사이에 이른바 '노동변호사 운동'으로 계승되었는데 이러한 흐름은 노동변호사라는 하나의 전문영역과 함께, 노동자 계층의 소외된 이익을 법적으로 대변하고, 이를 관철하는 '노동 변론'의 전형을 창출하였다. 이러한 노동 변호사 활동의 흐름의 근저에는 70년대 말 80년대 초 사회 급변기에 대학생활을 하였던 법조 경력 10년 내외의 소장 변호사 그룹의 '법조운동'의 의지가 반영된 것이기는 하나, 그것이 전문가 그룹과 결합한 공고한 운동 조

10) 망원동 수재사건 변론 내용에 대하여는 조영래 변호사를 추모하는 모임, 「조영래변호사 변론 선집」, 까치, 1992를 참조할 것.

직으로 질적인 발전을 하지 못하고, 또한 불특정 다수의 이익과 관련한 현안문제들에 대하여는 프로보노적인 성격의 활동으로 말미암아 비체계적이고 비조직적인 개인 차원의 활동에 국한되는 한계를 보이기도 하였다. 이러한 척박한 현실에서 공익법운동 내지 공익소송운동의 단초는 비법률가 단체인 시민운동단체로부터 90년대 중반 경부터 열리게 된 것이었다.

3) 참여연대의 경험을 통하여 본 우리 나라의 '공익법운동'의 전개과정

90년대 들어서 일부 소장 변호사들의 경실련, 참여연대 등 시민사회단체 활동 참여가 보다 활성화됨과 아울러 형식적 법치주의가 정착단계에 이르는 등의 사회환경변화가 맞물려 사회문제에 대한 해결 수단으로 법을 동원하여 해결하려는 경향이 두드러지게 나타났다.

시민단체가 주도하는 공익소송은 과거의 '가두 투쟁'형식의 문제제기 형태에서 탈피하여 합법적인 과정에 의한 종합적인 문제해결 방식으로 진전하게 하는 수단이라고 할 수 있다.

어떠한 사회문제가 있을 경우 이에 대한 문제의식을 정리하고, 개선방향에 관한 전문가와 법률가, 활동가 3자 간에 각 분야별 시각에 따라 해결방향을 결정하며, 그 해결수단으로서 기획된 소송을 제기하고, 소송과정에서 언론 홍보나 국회 등 정치권에 대한 문제제기, 집회 및 시위 등을 병행하고 반드시 목표하였던 결과를 도출하기 위한 의도적인 법적 노력을 기울이는 방식이다. 여기서의 소송은 1회성 사업이 아니라 이미 기획되어 승소시나 패소시를 불문한 소송의 목표와 향후 사업계획을 설정한 상태에서 시범 소송(test case) 형태로 제기되며, 이를 중심으로 하여 해당 사업이 진행된다.

이러한 전형을 처음으로 제시한 것이 바로 94년 말부터 순차적으로 제기되었던 참여연대 사회복지특별위원회의 "국민생활최저선확보 운동"을 주제로 한 국민연금과 관련한 손해배상청구소송, 노령수당 소송, 생활보호급여수준위헌확인 헌법소원사건, 의료보험 행정심판 등인데 이러한 소송들은 단지 소송에서 종결되는 것이 아닌 후속 입법작업 및 입법운동 및 입법 로비까지 포함한 자기완결형 사업으로 전개된 것이었다. 이러한 활동을 통하여 참여연대는 다른 시민사회단체와 구분될 수 있는 특성을 인정받게 되었던 것인데, 필자는 바로 이와같이 구분되는 참여연대의 일련의 활동을 '초보적인 단계의 공익법운동'으로 보며, 참여연대의 이러한 활동들이 모든 사업부서에 확산되는 과정에서 상근 조직들은 바로 이러한 '공익법운동조직'의 성격으로 점차 변화되는 과정을 겪고 있는 것으로 본다. 이러한 사회복지분야 공익소송의 궁극적인 목표는 "헌법 제34조의 생존권적 기본권의 구체적 권리성 확보를 통한 최저선 확보"라고 할 수 있으며, 이는 전형적인 '법·제도 개선을 위한 공익법운동'이라고 할 수 있다.

이와 같은 전통을 확대 발전시킨 것이 97년부터 시작된 참여연대 경제민주화위원회의 "경영의 민주성, 투명성 확보"와 "책임경영," 이를 통한 "재벌구조 해체"라는 뚜렷한 목표를 설정한 상태에서 제기된 제일은행 주주총회취소 사건, 제일은행 주주대표소송, 삼성전자 전환사채 발행 무효소송 및 가처분소송, 4대 재벌들의 주력기업을 중심으로 한 부당내부거래와 관련한 손해에 대한 재벌총수의 책임을 묻는 주주대표소송들이라고 할 수 있다.

이러한 경제민주화위원회의 활동은 사회복지위원회의 활동보다 더 심화된 '공익법운동'의 양상을 보였다. 여기서는 법률전문가와 경제학자, 회계사들의 전문 인력풀에서 각 분야별 업무를 할당하여 분야별 '분과 사업'과 전체 사업을 동시에 진행하면서 단계별로 주주총회 준비, 주주총회에서의 주주권행사를 통한 주주권운동, 주주총회 이후의 주주대표소송 등 기획 소송들의 제기, 상법 및 증권거래법 등 관계 법령 개폐를 위한 입법청원의 제기는 물론, 법개정 실무 작업 참여, 10주갖기 운동을 통한 주주권회복운동, 입법로비에 이르기까지 다양한 형태의 사업을 전개하여 왔다.

(4) 행정정보공개청구 제도의 시행을 통한 정보 접근성의 제고와 각 부문별 운동의 활성화

1998년은 NGO들에 있어서는 우리 사회의 모든 NGO들이 정부나 지방자치단체에 대하여 명실상부한 감시자로서 때로는 참여자로서의 활동을 전개할 수 있게 된 뜻 깊은 해이다. 비록 불충분한 입법으로 많은 비공개 규정들을 유보하고 있었지만, 대한민국 정부 수립 이후 일반 국민들이 공공기관에 대하여 정보공개청구권을 실정법상의 권리로 보장하는 '공공기관의정보공개에관한법률'이 1998년 시행됨으로써 이제 국가권력은 국민의 일상적인 감시의 대상이 될 수 있는 상황이 된 것이다. 이와 함께 본격적으로 공급되는 인터넷 환경은 다종 다양한 분야에서의 일반 시민들의 권리침해 회복 내지 제도개선의 욕구를 폭발시켰고, 이들 문제들을 NGO에게 제공, 시민들과 함께 하는 시민운동의 출발점을 열게 하기도 하였다. 기왕의 운동 양상이 '시민없는 시민운동'이라는 심각한 비판을 받는 상황에서 '지속가능한 참여'를 가능케 하는 '대중의 직접적인 참여'가 드디어 진행되기 시작한 것이다.

1998년 이후 NGO들의 권력감시운동에서의 가장 큰 사법적 수단은 '정보공개청구권의 행사' 및 비공개시의 '정보공개청구소송'이다. 한국 사회에서 '행정정보공개제도'의 최고의 활용자는 바로 NGO들이라고 할 수 있으며, 이들이 1998년 이후 제기한 사법적 쟁송 내지 행정심판 중 1·2위를 차지하는 것은 정보공개청구 행정심판 내지 행정소송이라 하여도 과언이 아닐 것이다. 행정정보공개제도의 시행을 통하여 공직 사회의 부적절한 예산 사용의 실태가 드러나고, 상시적으로 국민들의 감시의 대상이 되었으며, 이러한 과정에서 본격적인 의정감시활동이 전개되기에 이르렀다. 위와 같은 법률의 시행은 결과적으로 부패방지법제정을 촉진하여 2001년 드디어 시민사회운동계의 주도에 의한 부패방지법 제정의 결실을 낳게 되기도 하였다.

특히 참여연대는 '시민없는 시민운동'의 한계를 극복하기 위한 노력으로 1997년 3월 '작은권리찾기운동본부'를 출범시켜서 '추상적 시민'의 '제도적·정책적인 공익'의 문제를 '실존하는 구체적인 시민들 개개인이 갖고 있는 욕구 내지 참여 의지'의 결합을 통해서 인식하게 되는 현실적인 생활상의 '공익'의 문제에 조직적인 노력을 기울였다. 작은권리찾기운동본부는 시민제보 – 상담과 소송 등 법률적 수단의 활용 – 정보공개청구, 감사청구 등 행정감시 수단의 활용 – 시민교육 – 시민참여 조직화라는 프로세스로 사업을 진행하였는데 이러한 일련의 활동을 통하여 '김포공항 소음피해에 대한 집단소송', '한국통신 설비비 반환운동', '이동전화요금 요금인하운동'에 이어서 2001년의 상가임대차보호법 제정운동을 전개하였고, 그 결과 시민이 주체가 된 공익법 운동으로서의 모범적인 사례로 평가받고 있다.[11]

2. 사회복지분야에서의 공익법 운동

(1) 헌법상의 기본권으로서의 사회권의 개념

헌법학자들에 따라 생존권적 기본권, 사회적 기본권,사회국가원리 등등 달리 표현되고 있는 헌법 제10조에서 규정하고 있는 인간의 존엄과 제34조 제 1 항에서 규정한 인간다운 생활을 할 권리를 정점으로 한 자유권적 기본권에 대비되는 사회적

11) 구체적인 내용은 박원석, "시민권리찾기 7년,"「짜고 치나 봅시다 – 참여연대 권력감시운동 10년」," 2005, 185~210면 참조.

기본권에 대하여 이 글에서는 그 개념상의 일부 차이는 별론으로 하고 일단 '사회권' 이라는 용어로서 이를 통용하고자 한다. '사회권'은 헌법상의 '인간다운 생활을 할 권리' 및 그 세부적인 실천강령으로서의 공공부조상의 일정한 사회보장수급권을 정점으로 하여 사회보험, 복지서비스, 교육, 주거, 의료, 노동 기타 제반 분야에 있어서 헌법적인 근거에 기한 국민이 국가 및 지방자치단체에 대하여 주관적으로 청구할 수 있는 구체적인 권리로서 인권보장의 이념을 바탕으로 하는 계층적 권리로 이해된다.[12)]

'사회권'은 말하자면 원칙적으로 계급 혹은 계층간 상향이동의 기회가 잠재적인 하향이동의 위험부담과 함께 보장되어 있는 자유경쟁체제하에서 사회권의 향유의 기회는 누구에게나 전면 개방되어 있지만, 구체적인 기본권 실현의 기능적 관점에서 보면 특정한 사회적 약자 혹은 경제적 빈곤층의 계층적 이익을 보호하는 기본권이다.[13)] 이러한 점은 특히, 사회권의 근간에 위치한 공공부조와 관련한 국민기초생활보장법 및 의료급여법상의 각종 수급권에 관하여 볼 때 명확하여진다.

(2) 우리 헌법상 '사회권'의 수용양식과 공익소송운동의 제도적 토양

우리 헌법은 '사회권'과 관련하여 간접적으로 제119조 이하에서 경제에 관한 국가의 포괄적인 규제 및 조정의 권한규정과 함께 이례적으로 세부적인 경제관련규정을 두는 한편, 기본권으로서의 '사회권'을 개별적으로 규정하고 있다. 제헌헌법에서 '노동의 권리'(제17조 제1항), '여자와 소년의 근로에 대한 특별한 보호'(제17조 제3항)와 함께 '생활무능력자에 대한 국가의 보호'(제19조) 등과 같은 매우 진보적인 내용의 '사회권'을 규정한 이래 역대 우리 헌법은 개별적인 '사회권 조항'에 의한 기본권의 형식을 통해서 복지 국가적 과제를 개별적으로 규정하는 양식을 취해 왔다.

특히, '인간다운 생활을 할 권리'가 처음 명시적으로 규정된 것은 1962년 제3공화국 헌법에서였고, 동 규정은 1980년 헌법에서 '국가의 사회보장·사회복지증진 노력의무'(제32조 제2항)조항이 추가·보완되고, 1987년에 개정된 현행 헌법은 생활

12) 헌법 제34조 제1항의 "인간다운 생활을 할 권리"에 관한 헌법의 해석론은 크게 1) 프로그램규정설, 2) 추상적 권리설 3) 구체적권리설 4) 추상적권리와 구체적권리의 복층형 권리설 등 다양한 학설이 제기되어 있고, 헌법재판소의 판결례에서는 사안에 따라서는 2)항으로, 때로는 4)항의 입장으로 해석될만한 판시를 하고 있으나 여기서는 이러한 헌법학계의 구체적인 논의는 생략하기로 한다.

13) 굳이 사회보장수급권의 계급적 혹은 계층적 권리성을 부인하는 논리는 후술하는 바와 같이 이데올로기적 유산을 탈피하지 못한 데서 오는 조심스러움이거나 아니면 사회적 기본권에 내포되어 있는 가치관계성의 본질을 충분히 주목하지 못한 결과로 여겨진다. 예컨대 권영성, 「헌법학원론」, 1995, 567면.

무능력자보호, 환경권, 국가의 주거생활 개선노력의무 등에 관한 세부적인 규정을 통해 구체적인 실천사항을 제시하고 있다.

제헌헌법 이래 현행 헌법에 이르기까지 우리 헌법이 이른바 '사회국가조항'과 같은 '제도보장'형식의 입법 방식이 아닌 '기본권 방식'의 규정을 둔 것은[14] 상대적 빈곤이 아니라 절대적 빈곤이 문제가 되는 상황에서 현실적으로 사회보장급부에 대한 요청이 절실하였고 따라서 그 실현가능성을 불문하고 정통성없는 군부정권들을 위시한 역대 정권들이 정치적인 선전효과를 노려 사회국가적 강령을 헌법에 수용한 것으로 이해할 수 있다. 특히 지난 수십년간 이어져 온 '저임금 저곡가'정책에 따른 동물적인 생존의 보장을 전제로 한 이른바 '개발독재체제'하에서 우리 헌법상의 사회적 기본권은 제대로 규범적 효력을 갖지 못하였을 뿐 아니라 말 그대로 '명목적 헌법' 혹은 '장식적 헌법'에 지나지 않는 것이었다. 역대 정권의 사회복지정책들은 다분히 정략적이고, 간헐적인 시혜성의 조치일 뿐, (정의)이념과 (사회국가)원리와 (사회보장·복지)제도의 연결 속에서 기대될 수 있는 사회권의 실천적 규범력과는 거리가 먼 것이었다.

통합규범으로서 헌법은 형식적인 제정·공포만으로 규범실현과정이 끝나는 것은 아니다. 그것은 선재하는 법적, 현실적 상황에서 형성되고 관철된다. 동시에 일반 법률과의 끊임없는 대화 속에 규범적 실효성이 유지된다. 우리 헌법상의 '사회권'이 이념과 현실의 접선상에서 주목되기 시작한 것은 국가주도의 '선성장 후분배' 경제정책기조의 한계와 역기능이 분명히 드러난 1980년대 말이었다. 그 이후 '사회권' 실현의 '필요조건'[15]이라고 할 수 있는 민주주의의 발전에 따라 우리 헌법상의 '사회권'에 대한 규정들은 비로소 법제도를 통한 구체적인 실현과 연결되는 실천적인 기본권해석론의 대상이 되기 시작하였다.[16] 사회복지의 제도적 실천이라는 명제가 운동으로 접목되는 시기도 개략적으로 1990년대 초반으로 이 시기의 사회의 전반적인 개혁운동의 흐름은 비합법 – 반합법의 저항 시기를 거쳐서 합헌·합법적인 범주로 무게 중심이 이동된 시점과 일치한다. 이러한 운동의 무게 중심 이동은 우리 헌법이 다른 나라의 헌법들과는 달리 사회정책의 과제들을 '국민의 기본권'으로 수용하는

14) 그러나, 그 규범현실을 보면 그 구체적 권리성이 뒷받침되지 못함으로써 대부분 추상적인 '국가목적조항' 혹은 '입법위임조항'으로 작용되어 왔던 것이 사실이다.

15) 이에 관해서는 전광석, "국가의 사회적 과제와 사회적 기본권,"「고시연구」, 1995. 10., 41면 이하 참조.

16) 현실정합성과 규범적 실천성이 결여되어 있었던 과거 상당한 기간 동안의 우리 기본권해석론의 문제점에 관해서는 이덕연, "기본권의 본질과 내용: 한국기본권이론의 반성과 과제," 허영교수 화갑기념논문집「한국에서의 기본권이론의 형성과 발전」, 73면 이하 참조.

형식을 취한 관계로 사회의 민주화와 함께 '죽은 헌법 속'의 '사회권'을 현실 사회의 실천적 의제이자 수단으로 사용할 수 있는 토대를 헌법적으로 마련하여 주었기 때문에 가능하였다고도 볼 수 있다. 특히, 사회복지에 있어서의 헌법적 재해석과 실천으로서의 공익소송운동은 적어도 법률적 해석론으로는 헌법상의 사회권을 도구로 하여 사회권을 실현하여야 하는 의제로 하는 것으로서 헌법 해석론에 의존하는 바가 크다. 이러한 헌법적 토양이 바로 사회복지에 있어서 공익소송운동의 튼튼한 토대를 형성하고 있다고 할 수 있다. 사회권의 입법적·제도적 실천으로서 NGO들의 주도로 이룬 최고의 결실은 바로 국민기초생활보장법의 제정이라고 할 수 있다. 대량실업과 빈곤심화로 이어진 IMF위기 속에서 사회복지문제의 심각성과 그에 따른 사회안전망의 확충의 필요성에 대한 폭넓은 공감대와 '국민의 정부'의 사회복지정책의지가 합해져서 제정된 국민기초생활보장법은 사회복지에 있어서의 공익소송운동 프로세스의 정점에 있는 소중한 성과물이라고 할 수 있다.

(3) 사회복지 분야에서의 공익소송운동의 사례

1) 94헌마33 97. 5. 29. 선고 "1994년생계보호기준위헌확인" 사건

(가) 소송 기획 배경

94년도의 생계급여 및 기타 각종 급여의 합계가 최저생계비의 50%가 안 되는 사안에 70대의 노부부를 소송 당사자로 하여 당해 '생활보호기준이 청구인의 인간다운 생활을 할 권리를 침해하였다'는 점과 헌법 제10조의 "인간의 존엄", "행복추구권"을 침해한 것임을 전제로 하여 보건복지부장관이 정한 '지침'을 위법한 공권력의 행사로 보아서 문제를 제기한 사안이다. 본건 헌법소원 재판을 통하여 헌법 제34조 제1항의 주관적 공권성을 확인받고, 나아가 생활보호법을 대체하여 "최저생계비 개념을 법률상 제도화"하고 "최저생계비 이하의 소득을 갖는 자에 대한 최저생계비까지의 보충급여청구권"을 실정법상의 권리화하기 위한 의도로 기획된 공익소송이라고 할 수 있다.

당시 상황은 65세 이상으로 2600만 원 이하의 재산을 소유한 자로서 부양의무자가 없고, 부양능력이 없는 최저 빈곤층 노인들에게 지급하여 왔던 구 생활보호법상의 생계급여 65,000원을 지급하도록 되어 있는 복지부장관의 생계보호기준은 도시 기준의 최저생계비인 18만여 원보다 턱없이 부족한 것으로서 "인간다운 생활"을 보장하기는 커녕 "동물적인 생존"만을 가능케 하는 것으로서 헌법상의 인간다운 생활을 할 권리를 침해한 위헌임을 주장한 헌법소송이었다. 이러한 관계로 소송 기획 당시 청구인들은 생활보호법령상의 재산기준에 적합하고 부양능력있는 부양의무자가 없으며 아무런 소득이 없는 70세 이상의 고령자로 선정하였다.

(나) 소송 경과 및 평가

헌법재판소는 97. 5. 29. 선고한 94헌마33 1994년생계보호기준위헌확인 사건에서 "인간다운 생활을 할 권리"에 대하여 적어도 주관적 공권성을 인정하면서도 그 권리의 내용에 대하여는 "생물학적 생존권 내지는 동물적 생존권"만을 인정하고 이를 넘어서는 부분에 대하여는 추상적인 권리로 보고 있으며, 동물적인 생존을 넘어서는 부분에 대하여는 국가에 대하여 광범위한 입법재량을 부여한 것으로 해석하여 청구인의 청구를 기각하였다. 이는 본질적으로는 "인간다운 생활을 할 권리"를 인정하였다고 보기보다는 빈곤자들의 "인간 이하의 동물적인 생존을 할 권리"만을 주관적 공권으로 인정한 것이라고 할 수 있다.

(다) 그 이후의 경과

위와 같은 헌법재판소의 결정은 현재의 한국사회의 복지 현실을 적나라하게 표출한 것으로서 정부 역시도 척박한 공공부조의 현실을 더 이상 덮어둘 수 없는 도덕적인 위기에 몰리게 되었다. 이 헌법소원 과정에서 복지부는 스스로 생계급여를 인상하기 위한 노력을 지속적으로 기울였으며, 1997년도 법개정을 통하여 생활보호법상 '최저생계비'가 채택되는 성과와 함께 생계급여가 대폭 인상되는 매우 긍정적인 결과를 도출하였다. 나아가, 이와 관련하여 이미 생활보호법을 대체하는 기초생활보장법 체제로의 입법청원을 제기하고 있던 시민사회계는 기왕의 공공부조상의 시혜적인 권리를 헌법상의 인간다운 생활을 할 권리에 터잡은 급부청구권으로 실정법화하는 입법운동을 전국적으로 전개하기 시작하였다. 약 2년 가량의 입법운동 끝에 IMF 구제금융 상황에서의 대량실업과 빈곤 문제가 사회화되면서 '건강하고 문화적인 최저생계의 보장'을 제도화하는 것에 국민적인 공감대를 얻게 되었다. 결국 기획소송으로서의 최저생계비기준 위헌확인소송 및 이에 따른 입법운동이 바로 현재의 "국민기초생활보장법"을 제정하게 된 원동력이 되었으며, 공공부조 정책의 중대한 전환점을 맞이하게 된 것이다. 그리고 이와 같은 권리에의 자각은 수급자 자신의 자발적인 권리 주장과 수급자 주도하의 최저생계비 관련 헌법소원[17]을 제기하는 등의 보다

17) 장애우인 고 최옥란님과 장애계·시민사회단체가 연대하여 제기한 기획소송인 2001년도 최저생계비위헌확인의 헌법소원(2001헌마849호)과 최옥란님 사망 이후에 제기된 동종의 사건은 장애가구에 소요되는 생계비를 고려하지 않은 기존의 생계비 결정 방식의 위헌성을 제기한 사건으로 동 사건은

발전된 공익소송의 전형으로 나타났다.

2) 노령수당부지급처분취소청구사건

(가) 소송배경

노령수당은 그 명칭에도 불구하고 그 실질은 생활보호법에 의한 급여에 대한 부가급여적인 성격으로 제도화되었다. 따라서 이는 '수당'이라는 명칭에도 불구하고 공공부조 급부의 성격을 띠고 있었다.

노인문제의 핵심인 노후소득의 부족문제와 관련하여 학계나 민간단체에서 무기여 노령연금제도의 시행을 강력히 요구하여왔으나 이의 법제화는 커녕 그나마 구 노인복지법에서 규정하고 있는 65세 이상의 생활보호대상자인 노인에게 지급하도록 되어 있는 노령수당마저도 노인복지사업지침에서 이를 70세로 높여 시행함으로써 불법적인 상태를 초래하고 있는 상황에 대하여 동 지침의 위법·무효를 제기하여 이를 시정하고, 노인세대들에 대한 최저생활보장의 문제를 본격적으로 제기하고자 하였다.

그래서 생활보호대상자 중에서 65세를 갓 넘은 당사자를 선정하여 노령수당을 지급할 것을 신청하고 이를 거부당하자 행정심판을 제기함과 아울러 거부처분을 취소하여 달라는 내용의 행정소송을 제기하게 된 것이었다.

(나) 쟁점 및 소송진행 경과[18)]

서울 관악구에 거주하는 65세의 생활보호대상자를 선정하여 소를 제기하였다. 쟁점은 노인복지사업지침의 위법 여부와 관련하여 노인복지법 제13조 및 동 시행령 제17조의 해석론에 관한 것으로서 과연 보건복지부장관이 정한 노인복지사업지침에 70세 이상의 생활보호대상자에게만 노령수당을 지급하도록 정한 것이 65세 이상의 노인 중에 소득수준 등을 참작하여 노령수당 지급에 관한 기준을 정하도록 위임한 법령의 규정을 위반한 것이었는지 여부였다.

먼저, 원심법원인 서울고등법원 1995.5.4. 선고 94구39149호 판결에서는 ① 노인복지법 제13조의 노령수당 규정은 임의규정이므로 예산 형편에 따라 지급할 수 있는 것이므로 국가의 재량이 인정되는 것이며 ② 법 시행령 제17조에서 '소득수준 등'을 참작하라고 규정한 취지는 '연령 기준'까지도 위임한 것이라고 보아야 한다면서 70세 이상의 생활보호대상자에게 노령수당을 지급하도록 규정한 노인복지사업지

적지않은 사회적 파장을 일으키면서 국민기초생활보장법상의 최저생계비 결정 방식에 대한 2004년도 법 일부 개정을 이끌어 내는 결과를 가져 왔다.

18) 대법원 96. 4. 12. 선고 95누7727호 판결

침은 적법하다고 판시하면서 원고의 청구를 기각하였다.

이에 대하여 원고가 불복하여 진행된 상고심에서 대법원은 96.4.12. 선고 95누7727호 판결에서 ① 노령수당지급신청 접수를 반려한 피고의 행위를 처분으로 보았을 뿐 아니라 ② 노인복지법 제13조 및 동법 시행령 제17조[19]의 규정을 해석함에 있어서 법 및 시행령에서 보건사회부장관에게 위임한 입법의 한계는 원고측의 주장대로 "소득수준 등을 참작한 일정 소득 이하의 대상자의 선정기준"에 관한 것이라는 주장을 받아들여서 보건사회부장관이 법령에 근거없이 65세 이상의 노인보다도 연령을 높여서 임의로 70세 이상의 자에게만 지급하도록 한 것은 위법하다고 판시함으로써 원고는 결국 위 사건에서 승소하게 되었다.

(다) 평　　가

이와 관련하여 보건사회부는 대법원 재판 계류중에 이미 65세 이상의 일정한 소득수준 이하의 노인들 전원에게 노령수당을 지급하는 것으로 정책을 변경하였을 뿐 아니라 노인복지법을 전면개정하여 경로연금으로 이를 대체, 지급범위를 확대하였다. 결국 이 사건을 통하여 비록 재량규정 형태로 되어 있는 사회복지 분야 급부라고 하더라도 일단 그것이 시행령, 시행규칙에 의하여 명시될 경우 해당자는 일종의 급부청구권이 인정되어 이에 대한 잘못된 하위 규정에 의하여 자신의 급부를 지급받지 못하였을 경우 권리침해를 원인으로 하여 행정소송 및 헌법소원을 제기할 수 있다는 것을 사법적으로 확인하게 되었을 뿐아니라 본건 소송 결과로 65세부터 70세까지의 생활보호대상자모두가 노령수당을 지급받을 수 있게 되었다는 점에서 큰 의미가 있다.

3) 주민등록전입신고거부처분취소소송

(가) 소송 배경

도시빈민들 중에서 경제적인 능력이 없어서 비전형 주거시설이라고 할 수 있는 비닐하우스를 개조한 판자집과 같은 취락지역에서 거주하는 주민들은 전국적으로 30여 만 명으로 추산되는데 이들은 실제 거주지인 해당 판자집에 주민등록을 받아주지 않는 읍, 면, 동사무소의 전입신고거부처분으로 말미암아 취학세대의 아동들을 친지 등 타 지역에 위장주민등록전입신고를 하고 자신의 주거지와는 관계없는 지역에 통학을 시켜야 할 뿐 아니라 현행 기초생활보장법상의 수급권자로서 보장을 받기

19) 시행령 제17조 법 제13조의 규정에 의한 노령수당의 지급대상자는 65세 이상의 자 중 소득수준 등을 참작하여 보건사회부장관이 정하는 일정소득 이하의 자로 한다.

위한 주민등록요건도 갖추지 못한 위장전입자 생활을 하게 되는 결과 그 수급권조차 도 보장받지 못하는 한마디로 법외 지역에 방치되어 있기 때문에 이들에 대하여 해당 주거지에서 주민등록을 할 수 있도록 하는 공익소송을 기획하게 된 것이었다.

(나) 쟁점 및 소송 결과

이에 따라 이들에 대한 주민등록을 찾아 주고 기초생활보장법상의 수급권을 보장하기 위하여 서울의 집단 판자촌이라고 할 수 있는 송파구 문정동 소재 "개미마을"과 "화훼마을"에서 대표적인 주민 1인씩을 선정하여 주민등록 전입신고를 하게 하고 그 거부처분을 받은대로 곧바로 취소소송을 제기하였다.

이 사건의 법률상 쟁점은, 현행 주민등록법상 30일 이상 거주목적으로 일정한 주거에서 생활을 하면 전입신고를 하도록 하고 있는데 법상으로는 동 주거지가 불법건축물인가 여부는 불문으로 하고 있음에도 불법건축물에는 주민등록을 할 수 있는지 여부에 관한 것이었다. 행정자치부에서는 비전형주거시설에 거주하는 주민들의 주민등록전입신고를 받지 않도록 하는 지침을 운용하고 있었다.

이와 관련하여 서울행정법원에서는 2000구24654호로 전입신고거부처분이 위법하다는 취지의 원고들 승소 판결을 선고하였다. 이에 대하여 피고측이 항소를 한 사건에서도 2001.7.24.자로 서울고등법원 2001누2890호 사건에서 승소 판결을 선고받아 피고측이 상고를 제기하지 않아서 확정된 결과 위 지역 주민들은 모두 해당 주거지에서 주민등록을 할 수 있게 되었다.

그러나, 유감스럽게 위 사건 판결은 대법원 판결이 아니라는 이유로 행정자치부에서는 송파구 해당 마을에 대하여만 주민등록 전입신고를 받아 주고 나머지 지역의 비닐하우스촌 주민들은 주민등록을 하지 못하고 있는데 이들 지역에서도 이와 동일한 소송이 진행될 예정이며, 동 판결이 승소 확정되는 대로 이들 주민들이 모두 제대로 된 주민등록을 갖게 되어서 최소한의 공민권을 행사할 수 있을 것으로 기대된다.

4) 국민연금기금 관련 손해배상청구 및 위헌법률심판

(가) 소송 배경

위 사건의 기획 의도는 국민연금기금의 비민주적이고 국회의 통제를 받지 않는 실질적인 예산으로 전용하는 등의 방만한 운영 - 연금가입자들의 의사결정참여 배제, 특히 93년부터 제정된 공공자금관리기금법에 의하여 연금기금이 공공자금으로 강제 예탁되면서 연금기금 운용이 수익성, 안정성의 면에서 부실하고 방만하게 운용되어 향후 기금고갈의 사태가 우려되던 상황이었고 따라서 '공공자금관리기금법 제5

조'에 의한 강제예탁, 공공자금에 편중한(90%에 육박함) 기금운영 등의 문제가 시급하게 시정되어야 할 상황이었다 – 금리차에 의한 상대적 손실, 연금기금 재정의 파탄문제 등의 문제제기를 통한 공론화와 이를 통한 향후 국민연금법 개정에서의 바람직한 방향으로의 법개정에 대한 정책적 대안 제시와 국민적 합의 도출을 목표로 한 것이었다. 이를 위하여 직장 가입자 2명을 임의로 선정하고 사실상의 대표소송으로서 국가를 피고로 한 손해배상소송을 제기하였다.

(나) 소송상의 쟁점 및 결과

원고들인 연금가입자들의 청구권원과 관련하여 ① 미래소득의 손실에 관하여 손해배상의 법리가 가능한가 하는 점 ② 연금기금의 법적 성격 ③ 손해의 발생 여부 ④ 연금기금운용위원회의 규정이 헌법상 과잉금지의 원칙에 위배되는지 여부 ⑤ 공공자금관리기금법 제 5 조에 의한 국민연금기금의 공공자금에로의 강제예탁의 위헌성 여부 등이 쟁점이라고 할 수 있다. 이에 대하여 당시 서울지방법원 민사 제30단독재판부는 원고의 국민연금법 제84조 제 3 항 및 공공자금관리기금법 제 5 조에 대한 위헌법률심판제청신청을 받아 들여서 헌법재판소에 위헌법률심판제청결정을 하였다.

법원의 위헌법률심판제청 결정에 따라 헌법재판소는 97. 10. 4. 선고 97헌가6호 결정에서 8 : 1의 다수의견으로 기금의 수익률이 떨어지더라도 정부가 장기적으로 안정적인 운용을 하는 이상 장래의 연금수급권을 침해하는 것은 아니라고 판시하여 제청결정을 기각하였다. 이는 기금의 '안정성'이 재정안정성에 있다는 점을 잘못 이해한 것이라는 비판을 면하기 어렵다고 하겠다.

(다) 결 과

그러나, 위 헌재 결정 이후 강제예탁 규정의 폐지를 위한 입법운동이 본격적으로 전개되면서 국민연금재정을 훼손하는 공공자금관리기금법 제 5 조 제 1 항 제 1 호의 "국민연금기금"의 의무예탁 규정은 법률개정에 따라 98년 12월부로 폐지되는 성과를 거두게 되었다.

5) 의료보험수가고시위헌확인 헌법소원 사건(2000헌마659호)

(가) 소송 배경

의약분업과 관련한 의료계의 파업 사태가 반복되어 커다란 사회 문제가 되면서 정부는 의료계의 불만을 달래기 위하여 무원칙하게 의료보험 수가를 보건복지부장관의 수가인상고시를 통하여 이미 2차례 대폭 인상하여 준 상태에서 또 다시 2000. 9. 1.자로 국민건강보험법상 최소한 2000. 12. 31. 이전에는 그 어떠한 경우이든 보건복지부장관이 건강보험급여비용(=수가)에 관한 결정권이 없는 상태에서 무려 13%를 인상하는 내용의 고시처분을 하였고, 이로 인하여 국민들에게 정부 발표에 의하면 급여비용만 9000여억 원, 본인부담금을 포함하면 1조5000억 원을 훨씬 상회하는 막대한 국민 부담이 가중되는 상황이 되었다. 따라서 이와 같은 위법한 공권력 행사에 맞서서 참여연대 등 시민사회단체가 주축이 되어 보건복지부장관의 수가 인상고시에 대하여 헌법소원을 제기하게 된 것이었다.

(나) 법률상 쟁점과 판결 요지

첫째, 건강보험가입자 개개인이 보건복지부장관이 정하는 의료보험료수가관련 기준의 개정 고시로 인하여 권리침해가 되고 헌법소원 이외에는 별다른 구제수단이 없는가 하는 점이다. 이 점에 대하여는 보험수가 인상고시로 인하여 청구인들이 부담하는 보험료 본인일부부담금 역시 인상되는 불이익을 직접 입고 있고, 다른 권리구제절차가 허용되는지 여부가 객관적으로 불확실하며, 더욱이 개정 규정이 2000. 12.31.까지 한시적으로 적용되는 까닭에 그 이후에는 청구인의 권리보호이익이 부정될 가능성이 높기 때문에 헌법소원의 대상이 된다고 판시하였다. 둘째, 과연 개정 국민건강보험법상 보건복지부장관이 법이 시행된 이후인 2000.7.1.부터 2000.12. 31.까지 사이에 의료보험진료수가에 관한 기준을 정하여 고시할 법률상의 권한이 있는지에 관한 것이었다.[20]

법 제41조의 문리 해석상 2000.7.1.부터 2000.12.31.까지는 법 시행 이전의 보건복지부장관이 정한 진료수가를 적용하고 그 이후에는 수가계약에 의한 수가를 적용하도록 되어 있는 것은 의문의 여지가 없는 것이었다. 그러나, 의료계의 파업사태를 달래는 차원에서 국민의 부담은 외면한 채 보건복지부장관이 서둘러 인상한 고시처분이 법률에 위반한 것임이 지적되자 보건복지부는 법 부칙 제11조에 의하여 인상고시를 한 것이라고 헌법재판 과정에서 이를 강변하였다.

이와 관련하여 헌법재판소에서는 2000. 12. 14. 선고 2000헌마659호 사건에서 5인의 다수의견으로 보건복지부장관이 개정고시한 수가인상고시는 법률의 위임에

20) 관련 규정을 살펴 보면, 법 제42조 제1항은 "요양급여비용은 공단의 이사장과 대통령령이 정하는 의약계를 대표하는 자와의 계약으로 정한다. 이 경우 계약기간은 1년으로 한다." 제3항 "제1항의 규정에 의한 계약은 계약기간의 만료일전 3월 이내에 체결하여야 하며, 그 기한 내에 계약이 체결되지 아니하는 경우 보건복지부장관이 정하는 요양급여비용은 제1항 및 제2항의 규정에 의하여 계약으로 정한 요양급여비용으로 본다." 동법 부칙 제11조(요양급여비용의 적용례)는 "이 법 시행당시 종전의 의료보험법 및 국민의료보험법의 규정에 의하여 보건복지부장관이 정한 요양급여비용의 산정 기준은 이 법 시행일부터 6월까지는 이 법 제42조 제1항의 규정에 의하여 공단의 이사장과 의약계를 대표하는 자와의 계약으로 정한 것으로 본다"라고 규정하고 있다.

근거하지 않고, 권한없이 제정·시행한 것이라면서 위헌 의견을 냈고, 4인의 헌법재판관은 부칙 제11조를 "유연하게 해석"하여야 한다면서 법 부칙 규정에 따르면 이 사건 고시는 합헌이라는 의견을 냈다. 비록 위헌 의견이 다수 의견이었으나 헌법재판소법상 위헌결정은 재판관 6인 이상의 찬성이 있어야 한다는 규정에 따라 이 사건에 대하여는 청구인에 대한 기각 판결이 선고되었다.

그러나, 수가인상이 위법하였다는 점은 그 이후 진행된 감사원 감사결과에 의하여도 드러났고, 연이어 무원칙한 수가인상 결과 건강보험재정 파탄이라는 결과가 초래되면서 결국 위법한 수가인상을 주도한 장관이 경질되는 등의 후유증을 앓기도 하였다. 이것은 사회복지분야에서의 권력감시운동 차원에서 이루어진 정부의 행정입법으로 인한 국민들의 권익 침해에 관한 공익소송 운동의 전형적인 사례라고 할 수 있다.

6) '글리벡' 관련 헌법소원 사건(2002헌마205호)

'글리벡'은 골수성 백혈병환자에게 치료효과가 탁월한 '기적의 치료제'라고 평가되는 신약으로 백혈병 환자들에게는 반드시 투여되어야 할 치료제로 의료계에서 공인되고 있었다. 이로 인하여 정부 역시도 식품의약품안전청장이 2001. 6. 20.자 만성기 포함 만성골수성백혈병에 전부에 대한 적응증을 인정한 품목허가를 하였고 같은 날짜로 본인부담금을 제외한 나머지 금액은 약가가 정하여지는 대로 보험재정에서 정산하여 주는 조건과 제 3 상 임상시험 조건부로 국내 시판허가까지 하였다. 그런데, 제조사인 노바티스 사와 "글리벡"의 보험약가 조정이 되지 않고, 고가약으로 인한 보험재정부담의 문제가 발생하자 정부는 국민건강보험요양급여의기준에관한규칙 제 5 조 제 2 항에 의한 "요양급여의적용기준및방법에관한세부사항개정 규정"을 신설하여 만성골수병 환자의 대부분을 차지하는 만성기 환자 중 기존의 약제인 인터페론 알파 치료에 실패한 환자로서 의사의 글리벡 투여소견서를 첨부한 자에 대하여만 요양급여를 실시할 수 있도록 제한하였다. 이에 대하여 글리벡을 처치받을 수 없게 될 뿐 아니라 처치받더라도 월 수백만 원에 달하는 막대한 약가 부담으로 사실상 치료받을 수 없는 처지가 된 만성기 골수성백혈병 환자들과 보건의료단체가 연대하여 동 복지부 고시가 헌법에 위반된다는 취지의 헌법소원을 제기하게 된 것이었다. 이 사건은 현재 헌법재판소에 계류중인 바, 동 헌법재판과는 별도로 정부는 글리벡에 대한 약가를 결정하고, 결국 만성기 환자에 대한 적응증을 소급하여 인정함으로써 만성기 골수성백혈병환자들이 실질적으로 구제받게 되는 결과를 가져 오게 되었다.

Ⅳ. 현 단계 NGO들의 공익법 운동의 한계와 개선과제

1. 공익소송방식 운동의 정체 현상의 발생

90년대 이후 김대중 정부에 이르기까지 NGO들은 '절차적 민주주의의 공고화 과정'의 정치적 공간에서 '참여 민주주의'의 이상을 '헌법'과 '법률'을 수단으로 하여 상대적으로 정치적으로 독립된 사법적 공간에서, 때로는 입법이라는 공간에서 공익소송을 포함한 공익법활동 방식을 통하여 실천하여 왔고, 매우 큰 성과를 도출하여 왔다. 90년대 과거 군사정부의 잔재를 정리하는 과정에서 과거의 군사정부 하에서의 적지 않은 비민주적 법령과 제도의 개혁 과제들과 관련하여 각자 특화된 영역에서 그 대안을 제시하면서 권력감시활동의 선상에서 때로는 개혁에 주도적으로 참여하였으며, 그 방식은 상근활동가 – 전문가 및 법률가가 결합한 형태의 '태스크 포스 팀제' 형태의 공익법활동이었음은 이미 살펴 본 바와 같다.

그러나, 2000년대 이후 NGO들의 공익소송 방식의 활동은 정체를 보이고 있는 것으로 보이며, 의정감시활동이나 조세개혁운동, 재벌개혁을 포함한 경제개혁운동, 사회복지운동 전반과 정치개혁운동과 기타부문 운동들의 경우 대부분 입법과제를 중심으로 한 입법운동으로 중심을 이동하는 것으로 보인다. 이와 같은 중심이동에도 불구하고 그 동력은 참여정부 이후 훨씬 떨어지고 있는 것을 볼 수 있다.

이와 같은 현상은 대체로 정부 부문의 형식적 법치주의의 정착에 따른 헌법과 법률에 의한 자기통제 기능이 강화됨으로써 과거 잘못된 제도와 법령의 정비 작업이 지속적으로 이루어지고 있다는 점과 국회의 입법기능 강화와 정부의 정책 수립 및 입법 단계에서의 NGO들의 절차적 참여의 확대를 통하여 NGO의 활동이 국가권력 작용에 대한 감시자와 간접적인 참여자로서 변모하고 있는데도 큰 원인이 있다고 볼 수 있다. 가령 사회복지 분야의 경우 주요한 정부정책 입안 및 검토 단계에서 해당 분야의 주요 NGO들이 공익의 대표자로 정부 부문에 의하여 지명되거나 공익분야의 멤버쉽으로서 참여할 권리를 확보하여 관계 전문가들이 각종 위원회나 공청회 등에 참여하는 것이 국민의 정부 후반기 이후 참여 정부에 이르기까지 사실상 일반화되었는데 이와 같은 과정에서 정부의 정책형성과정에 참여하여 일정한 영향을 미치고, 정책에 관한 정보를 공유하게 됨으로써 정책의 생산 단계에서 결과적으로 주도적인 참여가 이루어지고 있으며, 이러한 현상은 국회의 입법 과정에서도 다양한 방식으로 절차적 참여의 공간이 확보되고 이에 따른 NGO들의 활동이 뚜렷해지고 있다. 이러한 현상은 사회복지분야에서만 나타나고 있는 것이 아니라 여성운동단체와 여성가족 정책 환경단체와 환경정책 등 각 부문의 운동단체와 그와 상관관계가 있는 정부 부문간의 관계에서 보편적으로 나타나는 현상이라고 할 수 있다.

NGO들의 공익법 활동이 상대적으로 침체되는 또 하나의 원인은 NGO들이나 일반 국민들이 정책형성에 참여하지 못하고 있는 영역이라 할 수 있는 국가 혁신에 관한 각종 정책과 미래사회에 대비한 문제를 중심으로 한 국가발전방향이 관료와 각종 전문가들로 구성된 정부 부문의 각종 위원회에서 입법과제 및 예산조치를 수반한 확정된 정책으로 수립되고 집행되고 있는데도, NGO들의 현재의 역량으로는 그와 같이 단기간 내에 집중적으로 수립된 각종 정책에 대하여 비판은 할 수 있을지 모르나 그 정책 대안을 갖고 대중 운동을 전개해 나갈 수 있는 전문 역량을 확보하기 어렵다는데 있다.

특히 '참여 정부'를 표방한 현 정부하에서 '혁신'이라는 기치하에 이루어지고 있는 막대한 양의 중장기 국가정책의 양산은 사전에 충분한 국민들의 동의나 공감대가 부족한 상태에서 객관적인 검증이 부족한 채로 진행되고 있음에도 이를 감시하고 견제할 수 있는 NGO들은 역량의 한계 – 때로는 해당 NGO의 프로보노 전문가들이나 학자들이 해당 정책 수립에 개인적으로 관여하면서 2중 멤버쉽을 갖게 됨으로써 발생하는 문제의식의 결핍 등도 이와 같은 상황을 악화시키는 원인이 되기도 한다. 이로 인하여 이에 대한 적절한 대처를 하지 못하고 있고, 결국 구체적인 문제의식과 그 대안을 제시하지 못하고 있는 등 정부 부문에 대한 NGO들의 정책 전문성의 열위 현상(이것은 어찌보면 너무나도 당연한 것이라고 할 것이다)을 보이고 있다. 이것은 과연 현재와 같은 NGO들의 권력감시활동이 우리 사회의 미래에 대한 국민적 합의와 결단, 현 세대와 차세대간의 사회적 합의를 필요로 하는 '미래에 대한 각종 과제'에 대한 부문에서 유용하게 작동할 것인가에 관한 근본적인 의문을 제기하게 한다. 결국 절차적 민주주의의 정착 단계에서 전성기를 누려 왔던 한국 NGO들의 특수한 사회적 위치는 앞으로 심각하게 도전받고 그 변화를 요구받을 것으로 판단된다.[21)]

21) 현재와 같은 종합적인 시민사회운동조직은 중·장기적으로 소멸되거나 특화된 사업단위로 집중될 것이고, 대중 부문은 지방자치분야나 각종 부문 운동, 주민생활 영역에서의 다양한 공동체 운동으로 분화될 것으로 필자는 판단하나, 그럼에도 불구하고 현재와 같은 정부 부문의 대립 당사자 역할로서의 NGO의 기능은 참여 민주주의의 발전을 위하여서도 필요할 것이므로 이를 위하여는 우리 사회의 미래상에 대한 '상상력'과 능력을 배양하고, 거대 담론에 대한 사회적 합의를 이끌어 낼 수 있는

이러한 문제를 개선하기 위하여는 각 분야별로 NGO의 대표자 또는 NGO와 관계없이 정부 부문의 정책생산과정에 참여하는 NGO활동을 하는 학자나 전문가는 적어도 해당 정책 생산과정에서의 종합적인 정보에 대하여 조직적으로 공유하고, 관계조직이 합의한 결과를 갖고 정책생산에 참여하여야 할 것이고, 한편으로는 해당 NGO에 참여하는 활동가, 전문가, 일반 시민들을 대폭 확대하여 실질적인 합의제 의사결정구조를 갖춰야 할 것이다.

한편으로, 각 부문별 전문성을 확보하고 있는 NGO들은 정부가 생산한 정책계획에 대하여 충분한 모니터링과 평가 작업을 하여야 하며, 그것이 국민의 기본권에 직접 영향을 미치는 내용이고 앞으로 법령의 뒷받침에 의하여 그대로 실시될 것이 틀림없을 것으로 예상되는 것일 때에는 그로 인하여 직접적으로 기본권 침해를 받는 것으로 해석될 수 있으므로 헌법재판소가 1992. 10. 1. 선고한 92헌마68호 등 결정례에서와 같이 위법한 공권력행사로서의 "행정계획"에 해당하는지 여부를 판단하여 적극적인 헌법소원을 제기하는 등 공익법 활동을 강화할 필요가 있다.

2. 제도적 개선과제

(1) 공익법 운동을 활성화할 수 있도록 하는 사법제도의 개선방향

1) 헌법소송의 활성화(추상적 규범통제의 예외적 도입)

현재 국가적으로 진행되고 있는 법조개혁의 요구 속에는 그 표현상의 불명료함에도 불구하고 현행 사법제도의 비효율성, 비경제성으로 인한 국민적인 불만이 본질적인 요소로 자리잡고 있다. 전통적인 민사·행정 관련 사법제도는 양 당사자간의 사건을 전제로 한 사후적 분쟁해결기능을 목표로 하고 있는데 이는 대량화문명(massification culture)으로 지칭되는 현대사회에서 야기되는 새로운 분쟁상황에 대한 적절한 대안을 제시하지 못하고 있다. 이러한 사법제도상의 개혁의 필요성은 국가나 자치단체의 복지급부를 비롯하여, 시민운동단체가 담당하고 있는 분야－즉, 다중의 공익과 관련된 분야들에 대한 제도개선과 관련한 소송적인 접근을 매우 어렵게 하고 있다.

먼저, 현행 헌법재판소법은 이른바 구체적 규범통제를 전제로 하여 헌법소원 등

NGO들의 체계적인 준비가 필요할 것으로 본다. 이 부분은 이 글의 주제가 아니므로 구체적인 언급은 생략하기로 한다.

헌법소송의 제기요건을 매우 엄격하게 규정하여, 법령을 포함하여 공권력행사로 말미암아 헌법상의 기본권을 현재 침해당한 자가 다른 권리구제수단이 없을 경우에 예외적으로 헌법소송을 제기하도록 허용하고 있다. 이러한 현행 헌법재판소법의 한계로 말미암아 국민의 기본권침해와 직접 연결되는지가 불분명한 공공부문에 대한 법, 제도개선 분야(국가, 자치단체의 재정분야, 부패방지, 지방자치 입법, 소비자 관계법제, 사회보험, 공공부조정책, 언론 등)에 대한 헌법적인 판단을 필요로 하는 경우에 이에 대한 해결방법이 매우 어렵게 되어 있다. 가령, 국민연금 관련 손해배상청구소송은 실제로는 국민연금기금이 공공자금관리기금법에 의하여 강제예탁됨으로써 연금재정을 위협받게 되자 민사 손해배상청구소송을 제기하여 강제예탁제도를 규정한 공공자금관리기금법 제 5 조의 위헌법률심판제청을 받아 내고, 이를 헌법재판소에서 심리를 받는 방식으로 사건을 기획한 시범 소송이었는데, 결국 동 사건에서는 민사사건에서 위헌제청의 근거로 한 재산권 등 침해부분이 심리의 대상이 되어 실제로 판단받고자 하였던 헌법상의 국회의 예·결산심의권 등의 논점에 대하여는 헌법적인 판단을 받지 못하게 되었다.[22] 만일, 이러한 경우 최소한 독일 헌법재판제도와 같이 일정한 요건을 정하여 이를 충족하는 경우에 예외적인 추상적 규범통제가 가능하도록 하는 형태의 헌법재판소법이 규정되어 있었다고 한다면, 곧바로 시민운동단체가 주관이 되어서 국민연금기금의 공공자금관리기금에의 강제예탁규정은 물론이고, 국회의 예·결산 심의, 의결없이 운용되는 공공자금에 관한 문제까지도 위헌 여부를 판단받음으로써 국가 재정운영의 투명성과 책임성을 제고하는 형태의 국가 재정에 대한 감시 및 통제가 가능하였을 것이다.

필자는 우선적으로 우리 시민운동 진영에서 1차적으로 헌법재판제도의 전향적인 개정을 위한 입법운동을 전개할 것을 제안하고자 한다. 이러한 제도 개선이 실현된다면, 우리는 직접적인 시민의 힘을 동원하여 공익법적인 접근을 통하여 정부, 국회의 입법에 관한 사후통제가 가능한, 꿈같은 상황을 실현할 수 있을 것이다.

2) 소송제도의 개선

(가) 집단소송법제의 도입

1차적으로, 기본법으로서의 개별법분야를 포괄할 수 있는 집단소송법이 시급히 제정되어야 한다. 집단소송이라고 함은 피해자 집단 개개인으로부터의 명시적인 위임없이도 1명 또는 수명의 피해자들이 일정 범위의 집단 전체를 대표하여 소송을

22) 구체적인 내용은 참여연대, 「사회복지 공익소송 자료모음집」, 1997. 6., 13~14면 참조.

제기하는 경우를 말한다. 전통적으로 이러한 소송은 손해배상청구소송에서 일반적으로 사용되지만, 사회복지급부 등 공공적 분야에서도 제기할 수 있다. 이에 대한 구체적인 제도 형태는 미국의 class action 제도[23]를 기본으로 하여 도입할 수 있을 것이다. 2004. 1. 제정된 증권관련집단소송법은 집단소송을 최초로 제도화하고 있으나 제소 요건의 엄격성으로 인하여 실효성에 의문이 제기되는 실정이다. 집단소송법의 도입은 결과적으로 공익의 문제를 유료 법률서비스에 의한 법률서비스 시장에서의 자유경쟁에 의하여 폭발적으로 소화시킬 것이다. 여기서 유의할 점은 집단소송제도에는 감정비나 인지대 등 소송비용의 감면에 관한 특례규정을 두어야만 한다는 점이다. 소액 피해자들의 공익을 실현하기 위한 집단소송의 본래의 목적이 달성되려면 이러한 비용부담으로 인하여 사법적인 접근이 제한되어서는 안 되기 때문이다. 집단소송이 제도적으로 가능하게 될 경우 "공익에 관한 사건"을 직업으로 하는 변호사나 공익법무법인의 현실적 생존 및 세속적인 욕구를 충족시킬 것이기 때문에 공익소송의 법률서비스 시장이 대폭적으로 확장될 것이다. 물론, 이 경우 일부 부작용이 예상되기는 하지만 이는 사회적으로 긍정적인 효과에 비하여 최소한의 필요비용으로 받아들일 수 있는 수준이라고 할 것이다. 대부분의 확산이익과 관련된 제조물 책임을 중심으로 한 소비자 문제, 환경 문제, 복지 문제 등등을 망라할 수 있는 집단소송법제를 전면적으로 도입하도록 시민운동단체들은 적극적으로 연대하여 입법운동을 전개하여야 한다. 이러한 입법운동은 결과적으로 NGO운동의 질과 폭을 비약적으로 확대할 것이다.

(나) 당사자 적격(청구 자격), 소의 이익의 완화

당사자주의적 소송구조를 갖고 있는 현행 민사소송법이나 행정소송법 등은 기본적으로 불특정 다수를 주체로 한 공익적인 문제에 친하지 않다. 현행 소송법상의 공동소송제도의 한계는 집단소송법에 의하여 극복될 수 있을 것이나, 적어도 헌법상의 기본권을 근거로 한 법적 문제제기의 경우에는 당사자 적격이나 소의 이익에 관한 문제를 대폭적으로 법적으로 완화시키는 법제가 필요하다. 이와 관련하여 미국의 환경규제법제에서 도입되어 있는 시민소송제도는 하나의 모범적인 사례가 될 수 있다.[24] 이에 관하여는 이기한 박사의 글을 중심으로 소개하기로 한다. 미국의 청정대기법(Clean Air Act), 청정수법(Clean Water Act) 등 환경규제법에서 정한 시민소송은

23) class action 제도에 관하여는 이기한, "미국공익소송제도의 현황," 「공익소송제안설명회」, 참여연대, 1996. 11., 36-45면 참조.

24) 시민소송 제도에 관하여는 이기한, 위의 글, 45-54면.

모든 시민으로 하여금 환경 침해자를 감시하고, 이를 위반한 자를 발견할 경우 환경청, 주정부 등 소관청에게 공적인 집행조치가 없을 경우 민사 소송을 제기할 것임을 통지하고, 60일의 기간이 경과될 때까지 소관청의 조치가 없을 경우에는 위반자를 상대로 하여 민사소송을 제기할 수 있도록 정하고 있다. 여기서 일반 시민이 청구할 수 있는 것은 위반자에 대한 민사상의 벌금(civil penalty)[25]과 장차의 위반행위를 금지시키는 내용의 금지명령(injunction)이다. 여기서 원고가 될 적격은 위반 행위로 인하여 불리한 영향을 받거나 받을지도 모르는 자로서 여기서의 불리한 영향은 경제적 이익 뿐만 아니라 비경제적 이익도 포함한다고 한다.

특이한 것은, 본건 규제법들에서는 환경처에 대하여도 법규상의 비재량적인 의무를 불이행할 경우 환경처 및 연방 시설 소관청을 상대로 그 이행을 청구하는 소송(이른바 의무화소송)을 제기할 수 있도록 정하고 있는 것이다. 이와같은 시민소송 제도의 유형은 시민운동 조직에 가장 친밀한 것으로서 가장 공익적인 분야라고 할 수 있다. 이러한 시민소송의 유형은 바로 복지급부와 관련한 법제에서도 그대로 원용할 수 있다고 할 것이며, 특히 공익법적 접근이 필요한 사회복지 분야는 집단소송제와 함께 이러한 시민소송제도와 같은 제도를 전면적으로 도입함으로써 은혜적인 급부에서 권리성 급여로, 정부의 시혜에서 구체적인 생존권으로의 복지 이념의 지평을 확장하는데 결정적으로 기여할 것이다.

(다) 징벌 배상 제도의 도입

미국의 불법행위법 체계에서 제도적으로 채택되어 있는 징벌배상은 불법행위자에 대하여 위법행위에 대한 제재와 동시에 앞으로 다시는 유사한 위법행위를 못하도록 금전적으로 강제하는 제도로서 그 실효성이 매우 높다. 이와 같은 징벌 배상 제도 역시 제조물책임법 등 소비자보호 분야나 차별금지법제 등 공익법 분야와 관련되어서 우선적으로 채택할 필요가 있으나, 징벌배상금의 일정 부분은 공익적 부문에 귀속시키는 형식의 변형된 형태의 제도의 도입도 적극 고려할 수 있을 것으로 보인다.

(2) NGO 차원의 과제

1) 기본권 해석론의 심화 연구 및 개발

NGO들은 "참여"와 "평등"이라는 "참여민주주의"의 이상을 실현하기 위한 헌법

25) 미국의 불법행위법상 인정되고 있는 징벌 배상(punitive damages)은 형사적 벌금으로서 귀속주체는 피해자이다.

적 근거로서의 "평등권"과 "생존권적 기본권," "사회국가원리," "표현의 자유와 알 권리," "재산권과 그 한계," "인간의 존엄과 가치," 행복추구권," "기본권제한론" 등 헌법상의 기본권 해석론을 현실 문제에 적용할 수 있도록 관련 학계와 전문가 그룹들과 함께 체계적으로 심화, 발전시켜야 한다. 이것은 단지 관련 헌법학계의 문제로 치부할 것이 아니라, 바로 참여민주주의를 법률적으로 실현할 수 있는 유용한 헌법적 수단이 되기 때문에 NGO들 자신의 문제이기도 하다.

이하에서는 필자가 관계하고 있는 사회복지 분야를 중심으로 문제의식의 일단을 피력하기로 한다. 현재 빈곤을 중심으로 한 복지적 욕구에 대한 헌법적인 논의는 황무지 상태라고 할 수 있다. 최근에 들어서야 헌법학계의 일부 소장 학자들을 중심으로 하여 사회적 기본권에 대한 초보적인 접근이 이루어지고 있는 실정이다. 이러한 결과 헌법 제34조 제 1 항에서 정하고 있는 최소한의 "인간다운 생활을 할 권리"와 관련하여 최근의 복지 분야의 현안 쟁점 및 해결 수단 – 특히 정부 예산과 관련한 부문(예산의 우선편성 등 자원의 배분에 관한 이념적인 선택 관련)은 헌법적인 논거나 권위 및 이를 바탕으로 한 현실적인 집단적인 권위가 있지 않는 한, 쟁취하기 매우 어려운 한계를 보이고 있다. 특히 이러한 점은 향후 전개될 기초생활보장예산 편성이나 의료보호 예산 등 절대적으로 필요한 사회복지 예산의 편성과 관련하여 직접적인 문제로 야기될 것이다.

그럼에도 이러한 헌법적 논의의 부재로 말미암아 참여연대 등이 주도하여 온 제도 개선 운동은 자칫 재정적인 측면의 기득권층의 저항에 직면하여 좌절될 위험이 크다고 할 수 있다. 이제는 기왕의 제도적인 결실이나 향후 확보할 제도적인 변혁의 결과물들에 대하여 구체적인 예산 확보의 우선 원칙을 헌법적으로 설득하여 나가는 작업이 필요하다. 한편으로는 입법운동으로서의 예산안 청원운동 역시도 지속적으로 전개해 나갈 필요가 있다. 2000년의 시민사회계에서의 사회복지분야 예산안 편성기준 발표에 이어서 2001년도의 시민사회계예산안 편성 및 입법청원운동은 한층 발전된 양상을 보이고 있는데 이는 정형화된 하나의 중요한 복지운동으로 자리잡아야 할 것이다.

더욱이 빈곤층을 중심으로 한 복지적인 욕구가 단지 권력의 정책적인 선택에 의하여 시혜적으로 이루어지는 것이 아니라 헌법상 "인간다운 생활을 할 권리" 내지는 "사회적 기본권"의 실현으로서 정부 및 모든 국민이 공동체를 유지하기 위하여 최우선적으로 지불하여야 할 필요비용이자 헌법적인 의무이며, 한편으로는 그와 같은 욕구를 갖는 수요자들의 입장에서는 헌법상 보장된 기본권으로서 그와 같은 복지 욕구에 대한 부조 내지 급여, 서비스 등은 개개인이 갖는 구체적인 권리라는 점을 헌법적인 시각에서 부각하고, 헌법의 권위를 바탕으로 한 보다 적극적인 빈곤을 중심으로 한 운동의 전개에 관한 계속적인 헌법상의 논거를 공급할 필요가 있다.

2) 기본권에 관한 법률적인 감수성의 고양 및 관련 법률가들의 양성

한편, 법률 교육 및 법조인 양성교육에서 실천적인 인권 및 사회권 교육과 감수성 훈련이 정규 커리큘럼으로 채택될 필요가 있다. 이와 같이 훈련된 법률교육 및 실무 교육 과정을 통하여 사회권의 소양을 갖춘 법률가들이 양산될 수 있는 토양을 마련하고 이를 터전으로 하여 미국에서의 1968년 이후 존슨 대통령 재임시 전개된 "빈곤과의 전쟁"에서 확인되듯이 공익법운동의 한 범주로서의 사회복지에서의 공익소송운동이 활성화될 수 있는 인적 기반이 마련될 수 있을 것이다.

V. 맺 음 말

우리는 일본에서 시민운동의 퇴화를 목격한다. 일본의 시민운동은 80년대 들어 시민운동은 명백히 새로운 양상을 보이게 된다. 공해반대, 고층건물 건설반대, 재개발 반대, 대형점 침투 반대 등과 같은 고도성장 말기 쟁점들의 상대적 중요성은 감소됐고, 재활용 운동, 정보공개운동, 자치권확대 운동, 여성, 장애자, 노인, 소수민족 등에 대한 반차별 운동 등 새로운 문제를 제기하는 운동들이 증대되었다. 고도성장기의 시민운동에 비해 "80년대의 시민운동은 탈물질주의적이고 가치지향적인 성격을 띠었다"라는 평가를 받고 있고, 이제는 범시민운동적인 볼룬티어 운동으로 전개되고 있다고 한다.[26] 우리 나라의 경우 진정한 참여민주주의의 실현을 위한 앞으로의 과제들인 실질적 참여와 평등의 확보를 위한 활동은 일본과는 달리 NGO활동의 상당 부분을 제도와 정책, 법제에 비중을 둘 것을 요구할 것이므로 일본과는 그 양상을 달리하여야 하고, 달리할 것으로 보인다. 또한, 이러한 일련의 활동은 현 단계에서는 상당부분 실질적 법치주의의 실현이라는 공간 속에서 전개될 것임이 분명하고, 적어도 향후 상당기간 동안은 초기 단계의 그것보다 더 심화된 형태의 '공익법운동' 기법을 필요로 할 것이다. 이와 같은 역할은 특정한 1~2개의 단체가 해결할

26) 한영애, "반공해운동에서 볼룬티어운동까지," 「참여사회」, 5·6월호, 1996, 84면.

수 있는 것이 아니며 각 분야별 전문운동단체들이 '공익법운동' 기법을 적극 활용하여 적극적으로 분야별 개선과제들을 의제화하고 이를 운동화할 필요가 있다. 이러한 치밀하고 지속적인 준비가 이루어지지 않는 한, 현재와 같은 NGO들의 운동 방식은 지속하기 어려울 것이다.

<참 고 문 헌>

강정인, “대안적 민주주의의 전망:참여민주주의를 중심으로,”「참여사회연구소 제4차 심포지엄 자료집」, 1997.

권영성, “헌법학원론,” 법문사, 1995.

박원석, “시민권리찾기 7년,”「짜고 치나 봅시다 - 참여연대 권력감시운동 10년」, 시금치, 2005.

배금자, “판결 하나가 세상을 바꾼다,”「인간을 위한 법정」, 책출판사, 1999.

이기한, “미국공익소송제도의 현황,”「공익소송제안설명회」, 참여연대, 1996.

이찬진, “참여연대의 사회복지공익소송운동,” 이영환 편,「한국의 사회복지운동」, 인간과 복지, 2005.

참여연대, “21세기의 새물결, 공익법운동,”「참여연대 창립5주년 기념 심포지움 자료집」, 1999.

참여연대 공익법센터, “변호사의 공익활동 어떻게 할 것인가?,” 2001.

황승흠, “공익소송법제안,”「공익소송법 제안설명회 자료집, 참여연대 공익소송센터」, 1997.

——, “우리나라의 공익소송의 현황과 과제,”「공익소송의 어제와 오늘」, 조영래변호사를 추모하는 모임, 1998.

헌법재판소,「헌법재판소판례요지집」, 1999.

제 2 절 정보운동 성과와 과제 및 법률의 역할

이 은 우*

Ⅰ. 정보화 시대와 정보운동

1. 정보화 시대와 정보자원을 둘러싼 갈등

현대 사회의 가장 큰 특징으로 많은 학자들은 '정보 사회'라는 점을 꼽는다. 정보 사회에 대한 정의는 다양하지만, 현대 사회를 '정보 사회'라고 특징짓는 한, 그것은 '정보'[1]가 현대 사회에서 가장 중요한 '자원'의 하나가 되어가고 있다는 것을 전제로 하고 있는 것이다. 이처럼 '정보 사회'에서 '정보'가 사회의 가장 중요한 '자원'의 하나가 되고, 계층간, 국가간의 첨예한 이해관계 대립의 대상이 되어가면서, '정보'를 둘러싼 사회의 갈등도 커지고 있다. 제임스 보일(James Boyle)은 이를 봉건제에서 자본주의로 이행하는 과정에서 나타난 '인클로져(enclosure) 운동'에 빗대어, 제2의 인클로져 운동이라고 일컫기도 한다.

이처럼 정보화 시대에 정보를 둘러싼 갈등이 첨예해짐에 따라, 정보를 둘러싼 여러 가지 다양한 운동이 나타나게 되는데, 이를 포괄하여 정보운동이라고 부르기로 한다. '정보'를 둘러싼 다양한 운동은 그 범위가 너무나도 넓고 다양하기 때문에 이를 하나의 이름으로 포괄하여 분석하는 것이 필요한지 의문이 들 수도 있다. 그렇지만, '정보'를 둘러싼 운동의 공통적인 특성이 있고, '정보운동'이 지양하는 것이 무엇

* 법무법인 지평 변호사, 진보네트워크센터 운영위원.

1) '주체가 판단을 내리기 위하여 필요한 지식'을 의미한다.

인지를 넓은 맥락에서 바라볼 수 있기 때문에, 이들을 '정보운동'이라고 포괄해서 분석하고, 평가해 보는 것도 의미가 있을 것이다.

2. 정보화에 대한 관점과 정보운동의 전망

정보운동에서는 '정보화'가 사회에 미치는 영향을 어떻게 보는지, '정보자원'의 생산, 분배, 유통을 어떤 방식으로 보장하는 것이 가장 바람직할 것으로 보는지, 그 관점에 따라 정보운동의 전망도 다르게 나타나게 된다. 정보화에 대해 낙관적인 시각을 가지고, 정보가 사회의 구조를 변화시키는 원동력이라고 보는 견해에서부터, 정보자원의 사적소유화의 강화와 독점화로 인하여 많은 문제가 발생한다고 보고, 그 대안으로 정보자원을 국가에서 취득하여 공공성을 확보해야 한다고 보는 견해, 사적소유화와 독점화의 문제점을 지적하면서도 정보자원의 사적소유의 대상으로서의 지위는 그대로 인정하되 지나친 사적소유화나 독점화를 막는 대안을 주장하는 견해, 정보자원에 대한 사적소유화의 강화와 독점화가 문제라기보다는 이를 통한 생산력의 발전을 기대하면서 오히려 정보자원에 대한 권리를 강화해야 한다고 보는 견해까지 다양하다. 그리고 '정보통신' 공간에 국가권력의 개입을 극도로 거부하는 견해와 적정한 개입과 간섭이 불가피하다고 보는 견해가 엇갈리고 있다. 정보운동의 분야도 (ⅰ) 정보의 공유나 공공성 강화, (ⅱ) 개인정보 보호나 노동감시 반대, (ⅲ) 표현의 자유의 옹호, (ⅳ) 소비자의 권익옹호, (ⅴ) 미디어의 공공성, 다양성 확보, (ⅵ) 정보의 폭력성, 음란성 규제 추진과 소비자 보호, (ⅶ) 인터넷 거버넌스, (ⅷ) 정보격차의 해소 등 다양하다.

따라서 이들 정보운동 진영 내에서도 사안에 대하여 견해의 대립이 드러나는 경우도 있다. 대표적인 것이 '음란 정보'에 대한 입장의 차이(강력한 규제를 해야 한다는 입장과 표현의 자유를 침해하는 규제에 반대하는 입장), 스팸메일의 규제 필요성이나 정도에 대한 차이(강력하게 규제해야 한다는 입장과 규제는 최소화해야 한다는 입장), 인터넷 실명제 등과 관련한 입장의 차이(명예훼손이나 사기 등의 피해를 막기 위해서 인터넷 실명제를 도입해야 한다는 입장과 표현의 자유와 프라이버시의 침해를 들어 실명제 도입에 반대하는 입장) 등이다.

현재 국내에서 정보운동을 펼치고 있는 대표적인 시민 단체와 그 활동 내용은 다음과 같다.

단 체	주된 활동
진보네트워크센터	정보의 독점반대, 정보인권의 보호, 표현의 자유 옹호
정보공유연대	정보의 독점반대, 공공정보의 강화
지문날인반대연대	감시반대, 개인정보의 보호
YMCA	소비자 운동, 개인정보의 보호
사이버감시단	사이버 폭력, 음란물 추방
포털사이트 피해자 모임	포털사이트의 책임성 강화 및 소비자 보호

3. 정보자원의 특징과 정보운동의 특징

정보운동이 다른 영역의 운동에 비하여 어떤 특징이 있는지를 보기 위해서는 먼저 정보의 특징을 살펴볼 필요가 있다.

(1) 권리구획의 어려움

'정보', '정보자원'의 특징은 권리의 구획이 어렵고, 관념적이라는 특징이 있다. '정보', '정보자원'은 기존의 자원과 달리 그 권리의 범위를 정하기 어렵다. 예를 들어 과거의 전통적인 '유형적 자원'들은 하나로 결합되어 새로운 생산물을 생산해 낸다고 할 때, 어떤 자원이 얼마나 사용되었으며, 그것이 새로운 생산물에 기여한 바는 얼마인가가 상대적으로 분명하게 파악된다. 반면에, '무형의 자원'이며, '지식'의 자원인 정보자원은 그러한 기여가 분명하게 파악되기 어렵다. 따라서 어디까지를 그의 기여로 보고 얼마만큼의 권리를 부여해 줄 것인지, 어디까지를 사적인 권리의 대상으로 인정해 줄 것인지가 분명하지 않고, 그만큼 갈등의 요소도 크다. 정보자원에 대한 권리구획을 다루고 있는 법률인 특허, 저작권, 상표, 의장 등의 지적재산권 법제에서 영역과 경계를 어디까지로 할 것인가와 관련하여 쏟아지는 새로운 법률들은 대부분 '지적재산을 산업적으로 지배하는 자', '선진국'의 이해를 옹호하는 것들이라는 지적을 많이 받는다.

(2) 비배타성(non-exclusive)과 제도 의존도

정보자원은 대부분 강력한 비배타성(non-exclusive)을 가지고 있기 때문에 권리의 실현을 보장하기 위해서 인위적인 제도의 개입이 필수적이라는 특징이 있다. 정보자원은 '지식'이기 때문에 대체로 물리적으로 다중의 중첩적 이용이 불가능한 재화와 다르게, 중첩적인 이용이 가능하다. 그리고 디지털화되어 처리되는 정보는 거의 비용의 추가 없이 복제 및 사용이 가능하다. 따라서 인위적인 독점과 인위적인 제한을 하지 않는 한 정보자원은 배타적 권리의 행사가 불가능하다. 따라서 정보자원에 대한 사적인 권리의 보장 및 그 강화는 필연적으로 강력한 규제권 부여로 이어진다. 따라서 정보자원과 관련해서는 제도 의존적으로 되고, 다른 영역에서보다 법률의 역할이 중요해진다.

(3) 정신적 영역의 가치

정보자원은 재산권의 객체가 되기도 하지만 학문, 사상, 신앙, 양심, 문화 등의 인간의 정신적 영역과 밀접한 관련을 가지고 있다. 따라서 정보자원을 생산하고, 유통시키고, 소비할 수 있는 권리는 학문, 사상, 신앙, 양심, 언론, 출판의 자유, 알 권리와 같은 정치·사회적 기본권의 보장의 전제가 된다. 정보자원를 규율하는 것과 관련해서 인권과 민주주의가 또 다른 중요한 고려요소가 되는 것이다. 그리고 획득의 대상이 되고 처리의 대상이 되는 정보 중에는 '개인이나 집단에 대한 정보'가 있는데, 이런 정보 역시 인권과 민주주의에 직결되는 것이다. 특히 개인정보는 권력(power)의 불균형을 강화하는 가장 중요한 요소로 작용하고 있다. 그런 점에서 정보자원 중에서 개인정보에 관한 부분은 좀 더 인권과 민주주의적인 관점에서 봐야 한다.

(4) 독점의 경향

정보자원의 독점 경향은 두 가지 측면에서 발생한다. 하나는 앞서 본 것처럼 정보자원의 특징에서 파생되는 것이다. 즉, 정보자원은 법률적으로 인위적인 배타적 권리의 설정이 필요한데, 그러한 특성으로부터 '독점'이 강화되고, 집중관리의 필요성에 의해 독점이 발생할 가능성이 있는 것이다. 다른 하나는 현대 자본주의 사회에서 다른 부문과 마찬가지로 독점화되는 점이다.

현대사회에서 정보자원은 다른 유형자원과 마찬가지로 생존의 필수조건이 되고 있는데, 독점의 강화는 특히 정보자원이 교육이나 사회화와 관련되고, 정신적 영역, 민주주의와 인권에 직접적인 영향을 받는 부문이기 때문에 중요한 의미를 띠고 있다.

4. 정보운동이 포괄하고 있는 범위

(1) 정보자원에 대한 공정한 권리구획

정보화 사회에서 정보가 가장 중요한 자원의 하나가 되기 때문에, 정보를 둘러싼 각계각층의 대립은 심화되기 마련이다. 따라서 정보자원을 둘러싼 각계각층의 권리의 범위를 정하는 대립에서, 정보운동은 역할을 한다. 대부분의 정보운동 그룹은 정보자원이 사유화되고, 독점화되면서, 공공성이 약화되는 것에 대해 문제의식을 느끼고, 정보자원의 사유화, 독점화, 공공성 약화에 대항하기 위해 다양한 수단을 동원한다.

(2) 정보자원과 인권, 민주주의

정보자원은 학문, 사상, 예술, 종교, 양심, 언론, 출판의 자유, 교육받을 권리와 밀접하게 연관된 것들이다. 따라서 정보자원의 생산, 유통과 관련하여 학문, 사상, 예술, 종교, 양심, 언론, 출판의 자유를 옹호하기 위한 다양한 운동이 정보운동의 중요한 활동이 된다.

(3) 개인정보의 보호

한편 정보 중에서 개인정보는 그것에 대한 생산, 수집, 유통, 활용이 개인의 인격권이나 활동의 자유에 직접적이고 치명적인 영향을 미치게 된다. 현대 정보사회의 개인정보 수집, 가공, 분석기술의 발전, 개인정보의 가치 증대는 개인정보 보호운동을 중요한 정보운동의 한 부문으로 만들고 있다.

(4) 기 타

그 밖에도 정보운동은 인터넷 거버넌스의 민주화, 각종 다양한 미디어의 공공성과 다양성 확보, 정보격차의 해소를 위한 노력 등 다양한 부문에서 펼쳐지고 있다.

5. 정보운동에 대한 그 동안의 몇 가지 논란

정보운동과 관련하여 그 동안 여러 가지 논란들이 있어왔고, 그 중에는 아직도 논란 중인 것들이 있다. 첫째, 정보운동은 정보통신에 대한 운동인가 아니면 정보통신을 이용한 운동인가가 논란이 있어왔다. 이 논쟁은 양자를 포괄하는 운동이 되어야 한다는 것으로 정리되었다. 둘째, 정보운동의 전망과 관련된 논쟁이 있었다. 즉, 정보화, 정보운동이 사회의 구조를 얼마나 어떻게 변화시킬 수 있는가에 관한 것이다. 정보화나 정보운동이 사회의 근본적인 변화를 가져온다는 주장도 제기됐었고, 근본적인 변화를 가져오는 것은 아니라는 주장도 제기됐었다. 사회변화의 폭에 대해서는 아직도 논의가 필요하다고 생각한다.

그 밖에 인터넷 음란물에 대한 대응, 인터넷 실명제의 도입 여부 등과 같이 구체적인 쟁점에 대해서는 논의가 있었지만, (i) 정보자원의 생산, 유통, 분배에 대한 권리구획을 어떻게 하는 것이 바람직한지에 대한 깊이 있는 논의는 아직 시작되지 않았고, (ii) 정보운동의 역할에 대한 깊이 있는 논의가 있어야 한다.

Ⅱ. 국제적인 정보운동의 동향

1. 정보자원의 독점화, 사유화에 대항하는 운동

정보자원의 독점화와 사유화에 대항하는 운동은 전세계적으로 다양하게 전개되고 있다. 그 하나의 흐름은 기존의 법률과 제도에 대항하여 이를 변경하고자 하는 운동이고, 다른 하나의 흐름은 공동으로 이용할 수 있는 공유자원을 만들어 냄을 통해서 독점화와 사유화에 대항하는 운동이다. 물론 전자의 흐름에도 정보자원에 대한 개인의 권리를 어느 정도의 범위에서 인정해 줄 것인지에 대해서는 현격한 관점의 차이가 있고, 후자의 흐름이 제도의 변화를 추구하지 않는 것도 아니기 때문에 이와 같은 분류는 다분히 편의적인 것이다.

(1) 정보자원의 권리 시스템의 대안 모색

저작권법이 과연 적정하고 타당한 제도로 운영되고 있는지에 대해서 많은 학자들의 논의가 있었는데, 많은 학자들은 정보자원에 대한 현재의 권리 시스템이 많은 문제를 안고 있다고 보고 있다. 그래서 그 대안을 모색하고 있다. 대안으로 제시될 수 있는 것은 소위 사회주의적인 대안에서부터 다양한데, 정보자원을 국가에서 구입하고, 그 이용을 국가에서 관리하는 방식을 취해야 한다는 입장도 있고, 권리보호기간을 획기적으로 줄이고, 기간의 연장 여부를 선택하도록 하자는 견해(Richard Posner and William Landes), P2P의 파일교환을 적법하게 허용하고, 하드웨어나 인터넷 서비스에 세금을 부과하자는 견해(Neil Netanel, William Fisher), 정보자원의 자유이용의 범위를 시간이 흐를수록 넓히자는 견해(Joseph Liu) 등이 제기되고 있다.

그와 함께 현재의 세계지적재산권기구를 통해서 정보자원의 공공성을 강화하기 위한 특별한 대책을 마련하자는 주장이 제기되고 있다.

(2) 공공자원의 생산을 통한 독점화와 사유화에 대항하는 운동

정보자원의 권리 구획과 관련하여 현재의 법률과 제도의 질서를 변화시키는 것과 함께 독립적으로 공공자원을 생산하고, 잘 관리하자는 운동이 활발하게 전개되고 있다. 애초에 GNU 프로젝트와 오픈소스 운동이라는 양대 운동이 있었으나, 현재는 다양한 정보공유 운동이 있다. 그 중에서 많은 호응을 얻으며 펼쳐지고 있는 것이 Creative Commons라는 운동과, Access to Knowledge라는 운동이다.

Creative Commons는 공유할 수 있는 정보를 만들어서 공유하는 운동이고, A2K 역시 공유할 수 있는 정보를 만들어서 공유하는 운동인데, 그 방식이 조금 차이가 있다.

2. 개인정보 보호운동

정보통신기술의 발달로 감시의 문제는 인권과 민주주의에 대한 근본적인 위협이 되고 있다. 노동감시, 국가의 불법적인 도청과 합법적인 감청요건의 완화, 테러방지와 국가안보라는 명목으로 도입되는 감시, 유비쿼터스 환경에 따른 모든 개인정보의 수집과 가공에 대항하여 개인정보 보호운동이 활발하게 벌어지고 있다.

Ⅲ. 한국에서의 정보운동

1. 정보자원의 독점화, 사유화에 대항하는 운동

(1) 제도 개선 운동

정보자원에 대한 권리의 부여와 강화는 일국적, 국제적으로 추진된다. 이해관계가 엇갈림에도 불구하고 국제적으로 정보자원에 대한 권리 강화가 이루어지는 것은 막강한 영향력 때문이라고 할 수 있다. 정보자원 부국의 영향력으로 정보자원은 권리가 보호, 강화되어 가고 있다. 그 동안 진행된 정보자원에 대한 권리강화 조치나, 시도는 다음과 같다.

항 목	내 용	비 고
저작권 보호기간의 연장	1986년 저작권 보호기간 30년에서 50년으로 연장. 별다른 논의없이 연장됨.	통 과
데이터베이스에 대한 권리강화	데이터베이스 권리보호 내용 저작권법에 삽입	통 과
저작인접권자에 대한 전송권 부여 등	실연자, 음반제작자에게도 전송권 부여	통 과
디지털 온라인 콘텐츠 보호	디지털온라인콘텐츠 보호법 제정	통 과
정보통신부 직원에 대한 프로그램저작권 침해 단속권 부여	정보통신부 직원에게 단속권 부여	통 과
기술적 보호조치의 보호	기술적 보호조치를 침해하는 것을 금지	통 과
법정 손해배상 제도의 도입	손해의 입증없이 인정되는 법정 손해배상 제도 도입	미통과
친고죄의 폐지	저작권 침해 행위에 대한 친고죄 폐지	미통과
도서 대여권의 신설	도서 대여권 신설하자는 주장	미통과
온라인 서비스 제공자의 면책	일정한 요건하에 면책	통 과
영업비밀의 보호 강화	형사처벌 대상 확대	통 과
형태모방의 금지	형태모방 보호조항 신설	통 과
희석행위의 규제	희석행위 규제조항 신설	통 과
사이버 스쿼팅 규제	도메인 사이버스쿼팅 규제	통 과
비즈니스 모델 특허 허용	비즈니스 모델 특허 허용	통 과

우리나라에서 정보자원에 대한 대중적 관심이 고조된 계기가 된 사건은 (i) 소리바다 사건, (ii) 인터넷 비즈니스 모델 특허 분쟁, (iii) 글리벡에 대한 강제실시의 청구와 의약품 특허에 대한 문제제기, (iv) 저작권법 개정, (v) mp3 폰과 관련한 논란 등이다.

(2) 공공자원의 생산을 통한 독점화와 사유화에 대항하는 운동

공공자원의 생산을 통해서 독점화와 사유화에 대항하는 운동으로는 GNU 프로젝트, 오픈소스 운동이 있어왔다. 그와 함께 최근 Creative Commons 한국어 사이트를 열고, Creative Commons 라이센스를 붙이자는 운동을 벌이고 있다.

그리고 정보공유연대 등을 중심으로 정보공유 라이센스 채택운동도 벌어지고 있는데, 현재 v2.0까지 나와 있는 상태이다.

2. 정보통신망의 검열에 대한 반대운동

정부는 정보통신망의 규제시스템을 갖추어 나기기 시작했는데, 정보통신윤리위원회를 통한 온라인 콘텐츠의 사후규제 방식을 채택하였다. 정보통신윤리위원회는 위원이 정보통신부 장관에 의하여 임명되고, 국가로부터 예산지원을 받는 공공기관이다. 독립성이 제대로 보장되지 않는 정보통신윤리위원회가 온라인 콘텐츠에 대한 규제를 담당하는 것은 '검열 금지'라는 헌법의 취지에도 어긋나고, 표현의 자유를 매우 위축시키고 있다. 더구나 정보통신윤리위원회는 위원의 선임과정이 투명하게 공개되거나 검증되지 않은 채 현재 운영되고 있다.

한편 정부는 인터넷에 등급을 부여할 수 있도록 하는 인터넷 등급제도 도입하여 필터링을 할 수 있도록 하였는데, 그 실태 역시 제대로 알려져 있지 않다.

그 동안 많은 정보운동 단체들은 정보통신윤리위원회의 온라인 콘텐츠 규제에 반대하고, 정보통신윤리위원회가 아닌 업계의 자율적인 기구의 구성을 통한 운용이나, 독립성을 강화하여 정보통신윤리위원회가 아닌 제 3 의 독립기구에서 콘텐츠 규제를 할 것을 주장해왔다.

3. 개인정보 보호와 관련한 운동

(1) 노동감시 반대운동

민주노총, 진보네트워크센터, 함께하는시민행동 등은 노동감시근절을 위한 연대모임을 만들어 노동감시에 대한 반대운동을 벌이고 있다.2) 감시기술의 발달로 인해서 노동감시가 용이해지면서, 노동감시는 새로운 형태의 노동자 통제수단이 되고 있다. 이에 노동감시근절을 위한 연대모임은 작업장의 CCTV 감시에 대한 반대, RFID나 생체정보를 이용한 감시에 대한 반대, 이메일 감시나 홈페이지 차단에 대한 반대, 위치정보를 이용한 감시 반대 등의 운동을 펼쳤다. 노동감시 근절을 위한 연대모임은 CCTV 설치, 운영에 대한 지침, 전자우편 감시에 대한 지침, ERP(전사적 자원관리 시스템)에 대한 지침 등을 만들었으며, 민주노총의 노동조합 모범 단협안에 노동감시에 관한 사항을 작성하여 포함시켰고, 노동감시 근절을 위한 법률안을 준비하고 있다. 그리고 2003년에는 한길리서치에 의뢰하여 전국의 업체에 대한 실태조사를 벌이기도 했다.3)

(2) 전자주민증 반대운동

전자주민증은 1997. 김영삼 정부때부터 추진된 것으로, 현재 존재하고 있는 주민등록제도보다도 훨씬 많은 정보를 IC 칩에 저장하여 내장한 것이다. 이 신분증에는 디지털화한 생체정보까지 포함된다. 많은 단체들이 감시를 강화하는 것이라고 하여 반대운동을 벌였다. 그 후 김대중 정부는 이를 철회하였는데, 아직도 꾸준히 전자주민증의 도입을 위한 시도를 하고 있다.

---

2) 참여단체 : 노동조합기업경영연구소, 문화연대, 민주노동당, 민주사회를위한변호사모임, 지문날인반대연대, 전국민주노동조합총연맹, 진보네트워크센터, 한국노동네트워크협의회, 함께하는시민행동

3) 2003년의 실태조사 결과 조사대상 업체의 **90% 정도가 감시 시스템을 운영하고 있었다. 그리고 평균 2.57가지 감시 시스템을 채택하고 있었다.**

업종별로는 기계/금속과 보건의료가, 사업장규모가 클수록 감시 시스템 도입 비율이 높았다. 회사 측의 감시 시스템 도입 근거와 운영 현황은 다음과 같았다.

도입 근거	문제발생시 객관적근거 마련	생산과정 모니터링 경영혁신	노동자 기물파손 절도방지	불법 소프트웨어 문제방지	근무시간 사적활동 방지	노동자 건강안전	기타	잘모름
비율	30.6%	27.4%	16.7%	8.1%	7.5%	5.9%	12.9%	27.4%

(3) NEIS 반대운동

전국민 교육행정 정보 시스템(NEIS)에 교사의 상담정보, 징계정보, 건강정보 등 방대한 양의 정보를 수집하고, 전국적으로 통합관리할 계획이라는 것이 알려지면서 전교조에서 시작된 NEIS 반대운동에 많은 정보운동 단체들도 참여를 했다. 결국 교육인적자원부는 도입을 철회하기로 했다. 이 과정에서 개인정보 보호의 문제가 전국민의 관심사가 되었으며, 개인정보통제권이라는 개념에 대해서 사회적 인식을 높이는 계기가 되었다.

(4) 프라이버시보호법 제정운동

정보운동 단체들은 통합적인 프라이버시법 제정을 위한 연석회의를 만들어, 독

	인터넷	하드 디스크	전화	CCTV	전자 신분증	ERP	비설치	설치
■ 전 체	**41.5**	**44.0**	**24.2**	**57.0**	**56.5**	**29.5**	**10.1**	**89.9**
□ 업 종 별								
기계 / 금속(N=61)	**47.5**	**47.5**	**31.1**	45.9	**70.5**	**50.8**	6.6	**93.4**
화학 / 섬유(N=24)	**45.8**	41.7	12.5	37.5	41.7	**45.8**	20.8	79.2
유통 / 숙박(N=22)	31.8	27.3	**27.3**	**68.2**	**59.1**	18.2	18.2	81.8
운 수(N=19)	36.8	42.1	15.8	52.6	36.8	15.8	21.1	78.9
금융서비스(N=30)	36.7	40.0	20.0	**80.0**	**63.3**	13.3	3.3	**96.7**
보건 의료(N=21)	38.1	**52.4**	**57.1**	**81.0**	**57.1**	4.8	0.0	**100.0**
공 공(N=30)	**43.3**	**50.0**	3.3	50.0	43.3	23.3	10.0	**90.0**
□ 직 종 별								
생산기능직(N=79)	**48.1**	**45.6**	22.8	45.6	**62.0**	**48.1**	10.1	**89.9**
사무영업직(N=38)	39.5	39.5	**26.3**	**71.1**	**65.8**	23.7	5.3	**94.7**
판매서비스직(N=20)	25.0	30.0	**30.0**	**65.0**	55.0	15.0	20.0	80.0
□ 사업장규모별								
1 - 99인(N=25)	16.0	40.0	12.0	52.0	36.0	12.0	20.0	80.0
100-499인(N=91)	31.9	38.5	20.9	50.5	50.5	27.5	16.5	83.5
500-999인(N=35)	**51.4**	**51.4**	**34.3**	45.7	**60.0**	**31.4**	2.9	**97.1**
1000인이상(N=56)	**62.5**	**50.0**	**28.6**	**76.8**	**73.2**	**39.3**	0.0	**100.0**

립적인 감독기구의 도입과 개인정보 보호의 강화를 내용으로 하는 개인정보보호법안을 민주노동당과 함께 만들었다. 개인정보보호법의 제정을 위하여 수많은 토론회를 거쳤고, 그 결과 열린우리당에서도 독립적인 감독기구를 도입하기로 하는 성과를 거두게 되었다.

(5) 지문날인 반대운동

행정자치부에서 주민등록증발급시 열 손가락의 지문을 채취하는 것과 관련해서 지문날인을 거부하는 운동이 있었다. 이것은 국가기관에 의한 개인정보 수집에 대항하는 운동으로 의미가 있었다.

(6) 그 밖의 개인정보 보호운동

호적의 폐지에 따른 1인 1적 신분등록부, 생체정보 데이터베이스 구축에 대한 반대, 학교나 도서관 등에서 출입시스템에서의 지문이용 금지, CCTV 도입에 대한 반대, 생체정보의 이용에 대한 반대, 교통카드 등의 위치정보 이용에 대한 반대, 위치정보 이용에 대한 반대, 주민등록번호의 이용에 대한 반대, 통신사의 개인정보 과다보유에 대한 반대, 인터넷 실명제에 대한 반대 등을 활발하게 벌이고 있다.

Ⅳ. 운동의 수단별 검토

1. 법률안의 제출, 법률에 대한 반대

법률 또는 법률안	비 고
정보통신망 이용촉진 및 정보보호에 관한 법률	개정의견, 개정안에 대한 반대의견
통신비밀보호법	개정안 제출
위치정보의 이용 및 보호에 관한 법률	법률안에 대한 반대의견
주민등록법	개정안 제출
공공기관의 개인정보 보호에 관한 법률	개정안에 대한 반대의견
테러방지법	반대의견
민법(신분등록부)	의견제출

미아찾기 지원법	반대의견 제출
신용정보의 이용 및 보호에 관한 법률	개정의견 제출
개인정보보호법(안)	법률안 제출
저작권법 특허법 부정경쟁방지 및 영업비밀 보호에 관한 법률 온라인디지털콘텐츠의 보호에 관한 법률	개정안에 대한 반대의견 개정안 제출 개정안에 대한 의견제출 법률안에 대한 반대의견 제출
전기통신사업법 청소년보호법	개정안에 대한 반대의견 개정의견 제출

2. 국가인권위원회

국가인권위원회법에 의하여 설립된 국가인권위원회는 국가기관에 의한 사생활의 비밀과 자유의 침해, 통신의 비밀과 자유의 침해, 행복추구권과 인격권 등이 침해되거나, 민간기관에 의해서 평등권을 침해당하는 차별을 받게 되는 경우, 당사자 또는 제 3 자의 진정 또는 직권에 의한 조사를 한다. 그리고 국민의 인권에 영향을 미치는 법률에 대해서 의견을 제출하게 된다. 정보운동 단체들은 진정을 하거나, 의견을 제출해 달라고 국가인권위원회에 요청을 하고, 의견서를 제출하는 방법으로 국가인권위원회를 활용하고 있다. 국가인권위원회가 진정을 처리하거나 의견을 제시한 것들은 다음과 같다.

NEIS에 대한 인권침해 진정,[4] 장애인 콜택시의 감시 프로그램, 정신의료기관의 환자들이 사용하는 화장실과 샤워장의 CCTV 관찰,[5] 교통단속을 위한 CCTV 운용에 관한 법률적 근거와 기준을 마련할 것을 권고,[6] 외국인 보호소의 개인정보 침

4) 교육행정정보시스템의 27개 개발 영역 가운데, 사생활의 비밀침해 등 인권침해 소지가 있는 교무/학사, 입(진)학 및 보건영역은 입력대상에서 제외하고, 교원인사 기록 인권침해소지가 있는 항목은 입력항목에서 제외하도록 "교육공무원인사기록및인사사무처리규칙"을 개정하고, 학교종합정보시스템(CS)에 대한 보안체계 강화 조치를 강구할 것을 권고함.

5) 환자들이 사용하는 화장실과 샤워장에 CCTV를 설치하여 환자가 용변을 보거나 목욕을 하는 모습이 노출되도록 함으로써 헌법에서 보장하는 인간의 존엄과 가치 및 행복추구권(제10조), 사생활의 비밀과 자유(제17조)를 침해함. 피진정인에게 샤워장과 화장실의 CCTV의 촬영범위를 최소한으로 제한하여 인권침해가 발생하지 않도록 조치할 것을 권고. 2005. 4. 25.자 05진인550 결정

6) 지방자치단체, 경찰청 등에서 범죄예방 및 범죄수사를 위하여 설치 · 운영하고 있는 CCTV 등 무인단속장비에 관하여, 그 설치 · 운영 기준을 주요내용으로 하는 법령을 제정하거나, 공공기관의개인정보보호에관한법률을 개정하여, CCTV 등 무인단속장비의 설치 · 운영에 관한 법적 기준을 마련할 것

해에 대한 권고,[7] 국민건강보험공단이 경찰에 개인정보 제공한 것에 대한 시정권고[8] 등이 있다.

3. 법원을 통한 구제

법원의 법적 절차를 거쳐 문제를 제기하고, 문제를 해결해 나가는 것은 장단점을 가지고 있다. 일반적으로 기존의 제도의 틀 내에서 문제해결을 시도할 수 있을 때는 활용의 가치가 높으나, 그렇지 못할 경우에는 다르다. 정보자원의 생산, 분배와 관련된 부분에 있어서, 기존의 제도를 변경하고자 하는 부문은 법원을 통한 구제의 가치가 높지 않다. 그러나 전통적인 권리인 사생활의 보호, 표현의 자유 등과 관련된 영역에서는 법원을 통한 권리구제가 효과적인 수단이 되기도 한다. 그러나 대체적으로 절차가 복잡하고, 시간이 오래 걸리며, 비용이 많이 들고, 보수적인 판결이 내려질 것을 우려하여 많이 활용되고 있지는 않다. NEIS와 관련하여 손해배상 소송, 입학전형과 관련하여 비진학자의 개인정보의 처리금지 가처분 신청, 보험회사의 신용정보를 이용한 마케팅, 통신회사의 개인정보 유용 등에 대해서 손해배상 청구소송이 있었다.

4. 헌법재판소

법률의 위헌 여부를 판단받는 것인데, 그 동안 전기통신사업법 제53조의 불온통신에 대한 헌법소원, NEIS에 대한 헌법소원, 주민등록증의 열 손가락 지문날인 및 지문정보의 경찰청 보관에 대한 헌법소원, 내용등급제에 대한 헌법소원, 청소년보호법에 대한 헌법소원 등등이 있었다. 그리고 선거시기 인터넷 실명제에 대한 헌법소원, 통신사실확인자료에 대한 영장주의 위반 헌법소원 등이 제기되어 있다.

을 권고. 공공기관의 CCTV 등 무인단속장비의 설치·운영 관련 정책 권고

7) 피진정인이 OO외국인보호소 소속 공익근무요원으로 하여금 ○○외국인보호소에서 진정인들을 비디오로 촬영하게 한 것은 진정인들의 인격권을 침해하는 행위로서 피진정인에게 국가인권위원회가 실시하는 인권교육을 받을 것 권고, 2002.7.25.자 02진인1036, 진인1124, 진인1125, 진인1126, 진인1127, 진인1128, 진인1129, 진인1130, 진인1131, 진인1159, 진인1160, 02진인1161, 진인1162, 진인1163, 진인1225 병합결정

8)중대한 개인정보를 다량 보유하고 있는 국민건강보험공단이 경찰청에 개인정보를 제공하고 경찰청이 이를 본래의 목적 이외의 용도로 이용한 행위는 헌법상 사생활의 비밀과 자유를 침해한다.

5. 대중적인 운동, 캠페인, 토론회

정보운동에서 정보공유라이센스 채택운동, 크리에이티브 커먼스 채택운동, GNU 프로젝트, 오픈소스 운동 등이 대중적으로 벌어지고 있다. 그리고 중요한 이슈가 생기면 온라인 시위, 리본, 배너달기, 홈페이지 운영 등을 하고 있다. 중요한 이슈에 대한 토론회, 기자회견도 많이 이루어지고 있다.

V. 정보운동의 평가

1. 정보자원의 권리구획에 대한 전체적인 문제제기 부족

정보사회에서 정보자원에 대한 권리구획이 매우 중요한 문제라는 점을 제기하여 이를 사회적인 의제로 만들어내는 것이 과제인데, 노력에도 불구하고 사회적 의제화에 이르지 못하고 개별 이슈에 파묻혀 있었다. 그래서 정부 일각이나 거대 미디어 자본의 '정보강국론'이나, '콘텐츠 부국론'을 이겨내지 못했다.

정보운동이 '타인의 정보자원을 공짜로 쓰겠다'는 수준의 운동이 아니라, 정보자원에 대한 권리구획의 문제점을 지적하고, 이를 해결하는 방향을 제시하는 운동으로 인식되도록 전체의 틀을 제시해야 한다. 이를 위해서는 이 문제에 대한 논쟁이 활성화되어야 하고, 독자적인 연구나 해외 연구의 소개도 활발히 이루어져야 한다.

WIPO의 미래에 대한 제네바 선언의 의미를 조명하고, 그 선언에 동참하는 운동을 벌이는 것도 좋을 것이다.

2. 활동가와 전문가의 부족

다른 분야도 마찬가지겠지만, 정보운동 영역의 활동가와 전문가가 부족하다. 그래서 사회 이슈를 따라가는데 급급하게 된다. 먼저 문제를 제기하고, 장기적인 방향을 제시하면서 대안까지 제시하려면 활동가와 전문가가 많아져야 하고, 많은 연구와 토론을 통해서 풍부한 내용을 갖추어야 한다.

3. 다양한 정책적 연구

정보자원에 대한 권리 구획을 어떻게 하느냐에 따라서 사회의 전체적인 효용이나 복지 수준이 달라지기 때문에, 정보자원의 권리 구획에 대해서는 여러 가지 이론적, 실증적인 연구가 필요하다. 예를 들어 정보자원의 보호범위, 보호기간, 보호방법 등에 대해서는 상호간에 실증적인 연구 결과가 제출되어야 한다. 이를 위해서 여러 가지 정책적 연구가 있어야 한다. 정보운동은 이런 정책적 연구를 수행할 능력있는 전문가 집단과 연계해야 한다.

4. 다양한 방식, 다양한 측면의 운동의 결합

정보운동을 다양한 방식으로, 다양한 측면에서 제기해야 한다. 특히 정보자원은 소수의 기업에 독점되거나, 소수의 단체에 의해서 독점적으로 운영되기 쉽기 때문에 정보자원의 독점화 경향을 공정경쟁의 측면에서 제어해야 한다. 따라서 특히 공정경쟁과 관련해서 많은 이론적, 실증적인 연구가 있어야 하며, 정보자원에 대한 독점규제, 경쟁 강화의 측면에서 다양한 운동이 있어야 한다. 그런데 그 동안 이 분야에 대해서 정보운동 진영은 문제제기를 하지 못해왔다.

5. 연대활동의 부족

정보운동 분야는 국제적인 연대활동이 아주 중요하다. 특히 정보자원에 대한 규율이 국제조약을 통해서 거대 자본의 입장이 강요되는 방식으로 진행되기 때문에, 국제적인 연대를 통해서 국제조약의 내용을 변화시킬 방안을 찾기 위해서는 국제연대가 절실하다. GNU 프로젝트나 WIPO의 미래, A2K 등은 국제적인 연대운동의 모범적인 사례이다.

국제적인 연대활동은 경험을 공유할 수 있고, 연대를 통해 실질적인 힘을 얻을 수 있어서 아주 중요한 역할을 한다. 그런데 우리나라의 경우 정보운동은 아직 연대활동이 활발하지 못하다.

Ⅵ. 정보운동에서 법률 전문가의 역할

1. 무형성과 법률의존도

앞서 본 것처럼 무형의 정보자원에 대한 독점 배타적인 권리의 부여는 법률에 의한 인위적인 제도의 설정이 불가피하기 때문에 정보자원에 있어서 법률과 제도의 중요성은 유형적인 자원의 경우보다 더 크다. 따라서 정보운동에서 법률 전문가의 역할이 중요하며, 정보운동 활동가들도 법률에 대해서 잘 알아야 한다.

2. 정책의 외화로서의 법률과 정책의존

그런데 한편 법률은 그 자체 정당성을 갖는 것이 아니라, 정책적인 선택의 결과일 뿐이다. 따라서 법률에 의하여 부여된 권리에 대해서는 무조건 받아들이는 것이 아니라, 그것이 과연 가장 올바른 정책적 판단인지를 먼저 생각해야 한다. 법률 전문가라면 예를 들어 저작권 보호기간이 50년인데, 그것이 정책적으로 합당한지에 대해서부터 의문을 가져야 하는 것이다. 법률 전문가는 먼저 경제학, 사회학 등의 이론적, 실증적 연구에 귀를 기울여야 한다.

3. 기술발전의 속도

정보와 관련된 분야는 기술 발전이 빠른 곳이다. 그래서 법률을 만들 때 부득이 장래의 기술의 변화에 대해서도 미리 예측해야 하고, 그때그때 법률이 현재의 기술과 들어맞는지도 검토해야 한다. 법률 전문가는 기술을 잘 알아야 하고, 기술의 파급력을 면밀히 검토해야 한다.

4. 자치규범의 중요성

법률이나 조례와 다르게 자치규범에서는 참가자들의 창의력을 발휘할 수 있다. 이런 자치규범이 힘을 얻어가게 되면 법률에 준하는 힘을 발휘할 수 있고, 법률을 바꿀 수도 있다. 한편 약관이라는 형태로 이루어진 자치규범은 소비자들의 권리를 침해하기도 한다. 자치규범에 대한 관심과 연구가 필요하다.

Ⅶ. 결 론

정보운동의 역사가 이제 십수 년에 이르게 되었다. 그런데 모든 영역이 다 마찬가지겠지만 그 중요성에 견주어 정보운동의 역량이나 발전 수준은 아직 미흡하다. 앞으로 정보운동의 보다 근원적인 부문에 대한 논쟁이나, 학문적 연구와 실천이 활발하게 이루어지기를 기대한다. 그리고 정보자원의 권리구획에 대한 문제, 정보와 인권, 민주주의의 문제, 개인정보의 문제 등에 대해서 보다 적극적인 국제연대 활동도 이루어져야 한다. 법률 전문가들의 정보운동에의 결합도 절실하다.

제3절 사법 감시 활동의 성과와 과제
— 참여연대 사법감시센터를 중심으로

차 병 직*

Ⅰ. 머 리 말

소송에서 이기거나 지는 일은 당사자의 개인적 사건이다. 패소한 경우 승복하지 못하면 스스로 해결책을 찾는다. 하지만 특정한 사건이라 하더라도 법관의 선고 결과 그 경향이 문제로 대두되는 경우는 어떨까. 예를 들면, 학생들의 집단 행동이나 의사 표시 행위를 대상으로 법원이 국가안보의 개념을 지나칠 정도로 폭넓게 해석한다면 어떻게 할 것인가. 또는 음란하다는 이유로 예술가의 표현 작업을 과도하게 제한하려는 듯이 보이더라도, 그 예술가를 제외한 사람들은 국외자인가. 그것도 의심스런 결론이 최상급심 법원에서 번복되어 나타났다면 무엇이 다른가. 그럴 때도 당사자나 관심있는 제3자들은 법원 밖에서 분노를 해소하고 대안의 실마리를 모색하는 수밖에 없는가.

법원만이 아니다. 새로 임명될 것으로 예고된 검찰총장 후보가 아주 정치적인 인물이어서 독립적 검찰 운영이 어려울 전망이면 국민들은 무엇을 할 수 있는가. 격분한 채 신문 기사만 읽는 데서 모든 것은 끝나는가. 변호사보다 사건을 사고 파는 브로커 수가 더 많아 극성이라고 하자. 법률 소비자들은 경찰이 그들을 일망타진하거나, 변호사들이 고도의 도덕적 자제력을 발휘해 주길 기다리는 것이 상책인가. 전

* 법무법인 한결 변호사, 참여연대 집행위원장.

국 법과대학의 학생 수나 커리큘럼 등은 전적으로 교육 정책이란 테두리 안의 전문 분야에 속하는 사항인가. 시민들은 등록금 걱정만 하고 있으면 되는가.

판결에 대한 법리적 검토와 비판은 법학자들의 몫으로 돌릴 수 있겠다. 그러나 앞에 든 예에서 국가안보의 개념 범위나 음란성의 기준은 법이론 등에 의해 객관적으로 결정되는 문제가 아니다. 정작 중요한 것은 판결의 결론으로 제시된 국가안보의 개념이나 음란성 기준이 당시 사회·문화적 분위기나 수준에 부합하는 것이냐이다. 따라서 대부분 그런 경향이 관심의 대상이 되는 법원 선고의 결과는, 판결이 옳으냐 그르냐의 문제이기보다 판결이 바람직하냐 바람직하지 못하느냐의 문제라 할 수 있다. 그런 경향을 주시하고 비판하는 행위는 법률전문가가 아닌 사람들이 주도할 수 있는 부분이다.

바로 그런 지점이 시민에 의한 사법 감시 활동의 분수령이다. 그런 문제를 앞에 두고, 사법부의 독립이란 보호막 아래 사법부 스스로 해결하도록 방치하든지, 아니면 인접 직종에 종사하는 법률전문가들에게 맡겨 두는 것이 종래의 일반적 관행이다. 반면, 평범한 시민들이 서슴없이 나서서 참견하는 것은 새로운 광경이다. 후자의 모습을 언젠가부터 사법 감시 활동이라고 부르기 시작했다. 물론 사법 감시라는 용어를 본격적으로 사용하기 훨씬 이전에도 그와 유사한 움직임이 없었던 것은 아니다. 하지만 새로운 사회운동의 하나로 체계적이고 전문적인 시민운동으로서 사법 감시 활동이 시작된 것은 분명 1990년 대에 들어선 이후다. 그리하여 검찰총장에 누가 임명될 것인가에도 적극적으로 관심을 보이고, 변호사의 서비스 태도를 질책하며, 법과대학 교육도 남의 일처럼 결코 팽개쳐 두지 않게 되었다.

사법 감시 활동은 권력 감시 운동의 한 형태로 전개된다. 따라서 모든 사법 영역에서 목표가 제대로 설정되고, 운영이 합리적이고 민주적으로 이루어지며, 그 결과가 국민의 이익으로 돌아가고 있는지 감시한다. 감시의 결과로 얻은 정보를 분석하여 대안을 제시하고, 개선과 개혁을 요구하고, 침해된 권리의 구제를 시도한다. 결국 사법 감시 활동의 목표는 실질적 법치주의의 실현이고, 그것은 곧 참여 민주주의를 통한 진정한 민주주의의 완성이란 궁극적 목적으로 향한다.

이 글은 우리 사회에서 행해진 시민들에 의한 사법 감시 활동의 성과를 살피고 과제를 점검할 의도를 가지고 시작한다. 따라서 시민운동이 본격적으로 시작됐다고 볼 수 있는 1990년대 이후 현재까지의 사법 감시 활동이 그 관찰의 대상이다. 그러나 수많은 시민사회 단체들 중에서 본격적으로 사법 감시 활동을 표방하여 출발한 운동 단체는 참여연대 사법감시센터를 제외하곤 찾아보기 힘들다. 따라서 여기서는 비록 참여연대라는 시민운동 단체의 활동 기구의 하나에 지나지 않지만, **사법감시센터**의 활동을 중심으로 논의를 전개하기로 한다.

Ⅱ. 사법 감시 활동의 의미

1. 시대적 배경

우리나라에서 시민 사회의 형성과 분화에 관한 본격적인 논의가 전개되기 시작한 것은 1990년대에 들어서서다. 1980년대에 절정을 이룬 민주화 운동과 1993년 문민정부의 출범을 통한 형식적 민주주의의 획득, 1990년대에 들어서자 바로 닥친 서구 사회주의의 붕괴 등은 민중적 변혁을 포기하고 시민적 담론을 부각시킨 배경이 되었다.[1)] 1987년 6월 민주항쟁 이후 시작된 환경, 여성, 평화 운동 등 신사회운동에 시민운동이 가세하여 대열에 진입한 것도 그런 분위기 아래서 이루어진 현상이다. 사회운동의 새 형태로서 시민운동이라 불리는 움직임은 1990년대에 들어서서 본격화됐다. 1989년 경제정의실천시민연합의 창설에 이어 1994년 참여연대[2)]가 설립되면서 시민운동은 사회 변동을 꾀하는 일반적이고 종합적인 운동으로 자리잡게 되었다. 1999년 초순 경까지 파악된 우리나라의 NGO 중 56.5%가 1990년대에 설립됐다는 사실만 보더라도 잘 알 수 있다.[3)] 1960년대 시작된 서구 신사회운동이 20세기 후반 민주주의 역사에 꽤 큰 영향을 미쳤듯이, 시민운동을 중심으로 한 우리나라의 신사회운동 역시 1990년대 이후 한국의 민주주의 발전에 일정한 동력으로 작용하였다. 그 목표는 실질적 민주주의의 완성이라고 할 수 있겠다.

항상 그렇듯이 사법부를 비롯한 법조계는 사회의 주된 움직임에서는 약간 비켜 있는 법이다. 하지만 1990년대에 일기 시작한 변화의 움직임은 법조계에도 영향을 미쳤다. 법조계는 전통의 기득권으로 확보한 권력과 경제적 이익에 계속 집착하면서 스스로 모순을 드러내고 말았다. 유서대필 사건의 피고인 강기훈에게 실형을 선고하는 반면,[4)] 민사 법정에선 김근태에 대한 고문의 불법성을 확인하는 배상 판결이 선고

1) 조희연, "민중운동과 '시민사회', 시민운동," 「시민사회와 시민운동」, 유팔무 외 편, 301면 참조.
2) 참여연대의 창설 당시 명칭은 '참여민주사회와 인권을 위한 시민연대'였다.
3) 김호기, "신사회운동과 한국의 시민운동," 「NGO 가이드」, 조희연 외 편, 한겨레신문사, 77면.

됐다.[5] 법원과 검찰의 힘겨루기는 심심하지 않게 일어났다. 피의자를 심문하겠다는 판사의 요청을 검사가 거부하고,[6] 판사가 고발한 경찰관을 검사가 불기소하는 사건이 있었다.[7] 음성적 관행으로 여겨졌던 법조계의 이런저런 부조리도 조금씩 터져나오기 시작했다. 대법원은 변호사와 검사의 판사실 출입을 제한하고,[8] 민원 창구의 비리 적발을 위한 특별감사를 실시했다.[9] 서울민사지방법원 단독판사 28명은 「사법부 개혁에 관한 우리의 의견」을 발표했고,[10] 뒤이어 대한변호사협회가 사법부 개혁을 촉구하는 결의문을 채택했다.[11] 공직자윤리법의 개정으로 모든 법관들도 재산을 등록하고 고등법원 부장판사 이상은 등록 재산을 공개해야 했다. 법관 재산 공개와 함께 김덕주 대법원장은 임기의 절반을 못채우고 1996년 9월 사임하였다. 뇌물죄로 기소된 검찰 간부와 북한을 방문한 대표적 작가에게 모두 실형을 선고한 것도 그 즈음의 일이다.[12] 사법제도의 개혁에 관한 요구는 그 범위를 넓혀 법과대학 교육부터 법조인 양성 전반에 관한 문제로 번져갔다.[13]

2. 참여민주주의와 권력 감시

시민사회에 관한 논의가 본격적으로 시작되면서, 다양한 시민사회론을 한국적 상황에 구체적으로 적용하는 시도가 이루어질 무렵,[14] 참여연대가 창설되었다. 1994년 9월 10일 창립대회를 열어 활동을 시작할 당시에는 참여민주사회와 인권을 위한 시민연대였는데, 그 명칭에 '시민'이란 용어가 들어간 것이 그때의 시대적 상황을 잘 보여주고 있는 셈이다. 우리 사회에서 일어난 시민사회론은 자유주의적 입장

4) 서울형사지방법원은 1991년 12월 20일 강기훈에게 징역 3년과 자격정지 1년 6월을 선고했다.
5) 서울민사지방법원은 1992년 1월 30일 국가는 김근태에게 4500만 원을 배상하라고 선고했다.
6) 1989년 10월 30일 서울지방법원 동부지원의 이병로 판사가 구속영장 발부 여부의 결정을 위해 피의자를 직접 심문하겠다고 했으나 검사가 협조를 거부했다.
7) 광주지방법원 목포지원의 방희선 판사는 피의자를 불법구금한 혐의로 경찰관을 고발했으나 검사가 불기소 처분했다. 이에 방 판사는 재정신청을 했으나, 1993년 1월 26일 광주고등법원이 기각했다.
8) 1993년 4월 2일.
9) 1993년 5월 6일에 시작했다.
10) 1993년 6월 26일.
11) 1993년 7월 1일.
12) 서울형사지방법원은 1993년 10월 19일 대전고등검찰청 검사장 재직중 뇌물죄로 구속된 이건개에 대해 실형을 선고했고, 그 달 25일에는 소설가 황석영의 방북 행위에 대해 국가보안법위반죄로 역시 실형을 선고했다.
13) 서울대학교 법과대학은 1994년 4월22일 사법개혁과 법조인 양성에 관한 심포지움을 열었다.
14) 유팔무, "한국의 시민사회와 새로운 진보," 「논형」, 31면.

에서 먼저 도입한 것이라고 볼 수 있는데, 시민운동은 그 출발점에서부터 민중운동과의 차별성을 강조했다. 한마디로 1990년대 초 시민사회론은 자유주의적 입장과 마르크스주의적 입장으로 나누어져 진행되는 양상을 보였다.[15] 그런 상황 속에서 참여연대는 시민운동과 민중운동의 이분법적 대립 구도를 극복하고 발전적 형태의 새로운 시민운동 단체를 창설하자는 의도로 출범했다. 민주화운동의 전통을 계승하면서도 시민사회의 분화와 확장이라는 상황의 변화에 능동적으로 대처할 수 있는 진보적 시민운동 단체를 표방하였다.[16]

참여연대의 창설 이념은 참여와 인권이 보장되는 민주사회의 건설이었다. 인간의 존엄성이 실현되고 인권 보장을 으뜸의 가치로 삼는 사회 건설이 목표였다. 그런 진정한 민주주의의 완성을 위해서는 시민의 참여가 필요하다는 것이었다. 창립선언문의 한 구절을 그대로 옮기면 이렇다. "국민 스스로의 참여와 감시가 필요합니다. 몇 년에 한 번씩 투표를 함으로써 나라의 주인의 지위를 확인할 수 있는 것이 아닙니다. 명실상부한 나라의 주인이 되기 위해서는 매일매일 국가권력이 발동되는 과정을 엄정히 감시하는 파수꾼이 되어야 합니다." 그 정신은 정관에도 그대로 반영되었다. "참여연대는 국민 각계 각층의 자발적인 참여에 의하여 국가권력을 감시하고, 구체적인 정책과 대체 입법을 제시하며, 실천적인 시민 행동을 통하여 자유와 정의, 인권과 복지가 바르게 실현되는 민주사회를 건설하는 것을 목적으로 한다(정관 제2조)." 참여연대의 이념, 설립 정신, 목적의 요체가 **참여 민주주의의 실현**이며, 그 목표 달성의 주된 수단으로 삼고자 하는 것은 **권력 감시 활동**인 것이다.

참여 민주주의란 간접 민주주의 형태인 대의 민주제의 결함을 보완하기 위해 다양한 형태로 주권자인 국민이 직접 국가권력 작용의 과정에 참여하는 제도를 말한다.[17] 참여 민주주의가 아직 학문적으로 확립된 개념은 아닐지 모르나, 헌법학이나 사회학에서는 이미 널리 사용하고 있다. 참여 민주주의가 정확히 어떤 내용을 가지는 것인지에 대해서는 합의가 이루어지지 않은 상태라 하더라도, 참여의 수준이 문제될 뿐 적어도 참여 그 자체가 배제되는 통치 영역은 있을 수 없다.[18] 이러한 참여 민주주의의 실현 방식에서 첫 걸음에 해당하는 것이 국가 권력기관에 대한 감시 활동이다.

15) 유팔무, "한국의 시민사회와 새로운 진보," 「논형」, 31면.
16) 참여연대, 「참여연대 10년의 기록」, 17면.
17) 차병직, 「NGO와 법」, 이화여자대학교 출판부, 39면.
18) 정종섭, 「헌법연구(1)」, 철학과 현실사, 381면.

3. 사법 감시 활동의 필요성과 이론적 근거

사법 감시 활동은 국가 권력 감시 활동의 한 부분이다. 무엇보다도 국가의 사법 작용 역시 입법 작용이나 행정 작용과 마찬가지로 국가 권력의 행사이기 때문이다. 종래에는 이러한 본질적인 사법의 속성을 간과하고, 막연히 재판은 국민의 자유와 권리를 실현하는 제도로만 이해했다. 하지만 점차 국민의 자유와 권리가 재판이라는 이름 아래 왜곡되고 침해당하는 경우가 있다는 것을 경험으로 알게 되면서 비로소 사법 작용도 권력 작용의 하나임을 인식하게 되었다.[19]

다시 참여 민주주의의 이념으로 돌아가서 보면, 사법 감시 활동은 사법 참여의 한 형태다. 사법 참여 역시 행정 참여나 입법 참여와 마찬가지로 당연한 시민(국민)의 권리다. 이것은 이론적으로도 분명히 설명된다. 사법을 지배하는 헌법 원리를 크게 법치주의 원리와 민주주의 원리로 나눌 수 있다. 법치주의 원리에는 법에 의한 재판과 전문성의 원리가 포함되는 반면, 민주주의 원리는 바로 민주적 정당성의 원리를 말한다. 이는 모두 국민주권의 이념에서 나오는 것이다.[20] 따라서 국민주권 원리의 실현은 사법 권력에 민주적 정당성을 부여하는 것에서 찾지 않을 수 없다. 민주적 정당성의 측면에서 치명적인 결함을 안고 있는 우리 사법부 구성을 감안한다면, 시민의 사법 참여야말로 필수불가결의 제도라 할 것이다.

보통 좁은 의미의 사법 참여는 재판권 행사를 누가 하느냐에 관련된 문제의 해결, 즉 시민의 재판 참여를 말한다. 하지만 참여 민주주의의 요소로서 필요한 사법 참여는 그런 좁은 의미에 한정되지 않는다. 사법 감시와 같은 활동은 재판 참여의 필요성과 정도를 판단하는 전단계로 당연히 사법 참여의 범위에 속하는 것이다. 그런 이유로 참여연대는 목적 달성을 위한 구체적 사업의 하나로 사법 감시 활동을 꼽았다. 정관 제 4 조 제 2 호에서 "입법, 사법, 행정 등 국가기관의 활동 및 기업과 언론 등 공적 민간기구의 활동에 시민들의 감시와 참여"를 통해 참여 민주주의를 실현하겠다는 의지를 표시했다. 시민단체의 목적이나 활동 형태로서의 사법 감시 활동은 시민단체의 시민적 정당성[21]을 확보하는 데도 유용하다.

19) 정종섭, 「헌법연구(2)」, 박영사, 381면.
20) 정종섭, 앞의 책, 325면.
21) 시민적 정당성에 관하여는 차병직, 앞의 책, 81면 이하 참조.

Ⅲ. 사법 감시 활동의 대상

1. 사법 작용의 범위

사법 감시 활동의 대상은 사법 작용이지만, 당연히 고유의 의미의 사법 작용에 한정되지 않는다. 사법 기능은 구체적 쟁송을 전제로 신분이 독립한 법관의 재판을 통해 법을 선언함으로써 법질서의 유지와 법적 평화에 기여하는 법인식을 말한다. 그리고 좁은 의미의 사법부는 법원만 의미한다. 헌법에서 "사법권은 법관으로 구성된 법원에 속한다"라고 하고 있기 때문이다. 그 조문 속에는 심지어 헌법재판소조차 포함되어 있지 않다. 그러나 이런 협소한 사법부의 범위는 국가기구론적 의미를 가질 뿐이다.

사법 감시 활동의 대상 범위로서 사법 작용은 형식적으로 엄격히 정해져 있지 않다. 따라서 사법 감시 활동의 대상은 **활동목적론적**으로 정할 수 있다. 좁은 의미의 사법부의 사법 작용뿐만 아니라, 헌법재판소는 물론 흔히 준사법기관으로 일컬어지기도 하는 검사와 검찰 제도 모두 포함된다. 거기서 더 나아가 관련된 작용이나 현상도 모두 포함될 수 있다. 굳이 사법이란 어휘를 고려하여 사법 감시 활동의 대상 범위를 표현하자면, 궁극적으로 사법부의 작용으로 귀착될 수 있는 국민의 자유와 권리에 관한 모든 국가 권력 및 공적 작용이라고 할 수 있다.

2. 구체적 대상

재판 기관의 재판과 관련한 모든 것이 첫 번째 대상이다. 이때 재판 기관이란 법원 조직법에서 말하는 법원과 헌법재판소까지 포괄하여 말한다. 법원이나 재판부의 구성, 임명을 포함한 내용이나 결과 그리고 사법 정책에 이르기까지 모두 감시의 대상이다. 형사 절차에서는 재판의 전단계인 수사에 관련한 일체의 작용이 사법 감시 활동의 대상이다. 수사 제도, 수사권의 범위, 검찰과 경찰의 관계, 인권 보장 제도, 검찰 제도 그리고 형사 정책 전반에 관한 사항이 포함된다.

그 밖에 법률서비스와 관련된 분야도 망라해서 사법 감시 활동의 대상으로 삼는다. 변호사의 업무는 사적 시장의 영역에 속해 있지만 전문직의 속성상 공적 성격을 띠고 있기 때문이다. 그리고 법조계와 관련한 법학 교육 제도나 법조인 양성 제도 등도 배제될 수 없다.

Ⅳ. 사법 감시 활동의 조직과 운영

1. 사법감시센터 출범

참여연대 사법감시센터는 참여연대 출범 당시 활동 기구의 하나였다.22) 사법감시센터는 참여연대 창립총회보다 열흘 앞선 1994년 9월 1일 민주사회를 위한 변호사 모임 그리고 한국공법학회와 공동으로 "헌법재판소의 민주적 구성과 시민 참여"라는 주제로 공청회를 열었다. 참여연대 창립총회 자료집에 사법감시센터를 소개한 내용의 일부를 그대로 옮겨 보면 이렇다.

> 그런데 우리 국민들은 사법부에 대해 대단히 큰 불신과 불만을 가지고 있습니다. 고압적인 권위의식, 관료적인 사무처리, 인권에 대한 무시와 침해, 절차의 지연, 높은 문턱과 엄청난 소송비용 등 불만의 종류와 내용은 너무나 다양합니다. 법률적 분쟁이 생겨나도 웬만해서는 경찰이나 법원에 갈 엄두가 나지 않으며, 경찰에서 출두요구서만 와도 벌벌 떠는 시민들도 많습니다. 그러나 검찰이나 법원을 권력행사기관으로 보는 시각은 왕조시대에나 타당한 것입니다. 이제 검찰과 법원도 권력행사기관이 아니라 국민에게 자세를 낮추어 봉사하는 기관으로 거듭나야 합니다. 우리의 사법감시센터는 바로 이러한 목적을 위해 만들어진 것입니다.

2. 조직의 구성

사법감시센터 자체는 소장과 부소장 그리고 몇 명의 실행위원으로 구성된다. 소장을 포함한 실행위원들은 모두 비상근자로 외부 전문가 그룹에 해당한다. 따라서 주로 법과대학 교수나 변호사로 구성된다. 하지만 반드시 전문가만 실행위원이 되는

22) 그 밖의 활동 기구로는 의정감시센터, 인권센터(인권운동 사랑방), 공익소송센터, 내부비리고발자 지원센터가 있었다. 의정감시센터는 사법감시센터와 함께 대표적인 국가권력 감시 활동 기구이고, 공익소송센터는 사법 감시 활동과 관련한 활동 기구라고 할 수 있는데 지금은 없어졌다.

것은 아니다. 일반 시민도 실행위원이 될 수 있다. 최근 사법감시센터 실행위원은 모두 15명인데, 그 중 교수가 12명이고 변호사는 3명이다. 교수들 중 10명은 공법 전공이다. 그리고 비상근 실행위원 외에 내부에서 업무를 담당하는 상근 간사가 배치된다. 초기에는 사법감시센터 간사가 1명이었으나, 지금은 3명으로 늘어났다.

<표 1> 사법감시센터 실행위원(2005. 8. 1. 현재)

구 분	교 수	변호사	합 계
명	12	3	15
비율(%)	80	20	100

3. 의사 결정의 과정

사법감시센터의 의사 결정은 형식적으로는 단일 구조이지만, 실제로는 이중적 구조로 이루어진다. 하나는 사법감시센터 실행위원회를 중심으로 이루어지는 것이고, 다른 하나는 사무국이나 상임집행위원회를 통해 결정되는 경로다.

실행위원들로 구성되는 실행회의는 소장 주재로 월 1회 정도 개최를 기본으로 한다. 그리고 제시된 안건에 대해 토론하여 결정한다. 그러나 근년에 들어서는 회의를 개최하지 않더라도 특정 주제에 관하여 수시로 실행위원들이 전자 우편을 통해 의견을 교환한다.

비상근자들로 구성된 실행회의는 신속하고 탄력적으로 구체적인 사안에 대처하지 못하는 경우가 있다. 그때는 매주 1회 열리는 참여연대 간부회의를 거쳐 사무처장이 구체적 업무 내용이나 집행을 결정하기도 한다. 그리고 보다 중요한 사항은 역시 매주 1회 개최되는 상임집행위원회에서 다루기도 한다. 이러한 현상은 실행회의를 중심으로 사법감시센터가 완전히 독립적으로 활동하고 있지 못하기 때문이기도 하다. 사법감시센터가 독자적인 활동을 펼치더라도 참여연대 운동 방향성과의 일치를 위해 조정이 요구되는 경우가 있다. 이런 문제를 사전에 해결할 수 있도록 하기 위해 사법감시센터 소장은 월 1회 열리는 정기집행위원회의 구성원이 된다.

V. 사법 감시 활동의 형태

1. 개　　관

(1) 자료수집

모든 NGO 활동의 첫 단계가 그렇듯이 사법 감시 활동도 자료수집이 중요하다. 정확한 자료를 필요한 만큼 확보해야 목적 달성을 위한 구체적 계획을 수립할 수 있다. 일반적으로 감시 활동 자체가 자료를 수집하는 의미를 포함하고 있다. 그러나 감시 활동을 시작하는 데도 자료가 필요하다. 어느 분야에서 어느 부분을 어떻게 감시할 것인가의 문제를 효율적으로 결정하는 데 적절한 자료가 제공돼야 한다. 특히 감시 대상으로서의 사법은 전문 분야이므로 필요한 자료가 많을 수 있다. 수집한 자료를 분석하여 개선을 요구하거나 대안을 제시하면서 활동을 전개한다. 자료수집의 방식으로는 모니터링, 정보 공개 청구, 조사 그리고 법조인 자료실 운영 등이 있다.

(2) 평　　가

특정한 현상을 대상으로 가치 판단을 하는 활동이 필요하다. 판단의 결과에 따라 대처 수준을 정할 수 있기 때문이다. 평가의 대상은 사건의 처리 결과가 될 수도 있고, 사건 자체가 될 수도 있다. 보통 수집한 자료를 담당자가 일차적으로 읽고 판단하는 것은 넓은 의미에서 평가라고 할 수 있지만, 여기서 말하는 평가는 가치 판단 행위를 다수가 공동으로 토론 형식을 거쳐행하는 방식을 말하다. 평가 행위에는 전문가와 일반인들이 함께 참여하는 것이 보통이다. 하지만 형식에 따라 전문가 의존도가 높은 경우와 일반인의 시각 비중이 큰 경우가 있다. 토론회·심포지움 형식은 전자에 속하고, 시민 법정 등의 행사는 후자에 속한다.

(3) 의사 · 의견의 표현

감시 활동의 결과를 알리거나, 제도의 개선이나 개혁을 주장할 수 있는 다양한 수단은 NGO 특유의 무기이기도 하다. 사법 감시 활동의 전 과정에서 단계마다 필요한 의사와 의견의 표시는 그 주장의 공론경쟁력을 높이는 데 효율적인 방식이어야 한다. 성명이나 논평은 입장이나 태도를 표시하는 가장 기본적인 방법이다. 그에 비해 의견서는 좀 구체적이고 전문적인 내용을 담는다. 집회와 시위, 항의 방문, 기자회견도 전형적인 수단이다. 그리고 고위직 인사와 관련하여 후보자 추천 또는 후보자 평가 같은 형태도 있다. 모든 의사·의견 표시 행위의 보도를 요청하는 보도자료 배포도 여기에 포함시킬 수 있다

(4) 해결을 위한 구제

특정한 문제를 해결하기 위한 구제 방법도 강구되어야 한다. 위법하거나 부당한 행위에 대해 고소·고발하거나, 각종 소송을 제기하는 것이 대표적인 방법이다. 그리고 성격이 다르긴 하지만, 보다 근본적으로 제도 자체의 변경을 시도하는 방식으로 입법청원이 있다.

(5) 연 구

감시 활동의 전문성을 강화하고 기본적 자료를 축적하기 위한 연구 활동도 병행하면 도움이 된다. 연구의 방식에는 제한이 없다. 단체에서 정한 주제를 구성원이 개별적으로 연구 활동을 수행하여 적절한 매체에 발표할 수도 있겠지만, 활동 단체에서는 포럼 형식의 공동 연구 방식이 효율적일 수 있다.

(6) 출 판

활동의 결과를 홍보하고 성과를 축적하는 수단으로 출판이 있다. 활동 단체의 기관지 형식으로 발간하는 정기간행물이 대표적이다. 그 밖에 활동이나 연구 결과를 자료집 또는 단행본 형태로 출판할 수도 있다. 보도 자료 배포가 활동 과정에서 필요한 홍보 수단이라면, 출판은 활동의 결과를 알리는 수단이다. 그리고 보도 자료 배포는 다른 매체에 의존하는 간접 홍보 방식인 반면, 출판은 스스로 행하는 직접 홍보 방식이다.

2. 구체적 형태

(1) 모니터링

모니터링은 관심의 대상을 직접 경험하고 그 결과를 정리하는 작업이다. 따라서

가장 좁은 의미에서 모니터링의 대상은 공개된 재판 같은 것에 한정된다. 수사 과정은 애당초 모니터링의 대상이 될 수 없다. 재판에 대한 모니터링은 절차를 보는 법정 모니터링과 법정 밖에서 판결문을 대상 자료로 분석하는 판결 모니터링이 있다. 집중적이고 전문적 판결 분석은 법학자들에 의한 판례 평석으로 행해질 것이지만, NGO에 의한 판결 모니터링은 주로 경향 분석과 판단을 목적으로 한다.

사법감시센터는 활동 초기에 모니터링을 주된 사업의 하나로 설정했다. 자료 수집을 위한 가장 손쉬운 방법의 하나이기 때문이다. 따라서 사법 모니터링은 일상적 활동으로 계획되었다. 일상의 모니터링은 재판 모니터링과 검찰 모니터링으로 나누었다. 재판 모니터링은 형사, 민사, 행정 노동 등 영역별로 나누어 진행하기로 했다. 검찰 모니터링은 수사 절차와 처분에 관하여 실제 경험자의 진술을 통해 간접적으로 행하기도 했다.

일상 모니터링 외에 기획 모니터링의 계획도 수립했다. 책임자를 선정하고, 먼저 모니터 요원을 확보한 뒤, 소위원회 형태의 그룹을 구성하여 활동하며, 활동 결과를 보고서로 제출하는 방식이었다. 모니터링의 대상을 미리 쟁점별, 사안별, 주제별로 나누어 정하기도 했다. 이런 기획 모니터링은 법정에서 하는 것이 아니, 주로 사후에 판결문이나 신문 기사 스크랩으로 진행했다. 모니터링의 결과는 초기 「사법감시」에 <모니터 리포트>로 게재되었다.

(2) 조　사

수사나 재판 과정에서 인권 침해나 기타 부당한 대우를 받았다는 제보가 있는 경우에는 사실 확인이 필요하다. 사법감시센터의 활동 초기에는 사법피해자들의 모임으로부터 많은 정보를 제공받았는데, 그런 모임을 통해 과거의 사례가 아닌 새로이 발행하는 사례의 정보도 많이 들어왔다. 그런 경우 NGO로서는 제대로 조사를 할 방법이 없다. 따라서 제보가 접수되면 그 사실 확인을 위해 당해 검사나 판사, 그리고 그 상급자인 검찰청과 법원의 장 앞으로 사실 확인과 해명을 요구하는 서한을 발송하는 방법으로 조사 활동을 벌인다.

특정한 사건이 아닌 일반적 사안에 대해서는 설문조사의 방법도 동원한다. 재정적 이유로 설문조사가 어려운 경우에는 다른 기관과 협력하여 행한다. 현상을 파악하기 위한 실태 조사를 할 때도 이다. 법률서비스에서 공급자 위주의 게재 관행에 따른 소비자의 불만을 확인하기 위해 한국소비자보호원이 작성한 변호사 법률서비스

실태에 대한 조사보고서를 「사법감시」에서 이용하기도 하였다.[23)]

(3) 정보 공개 청구

일정한 경우 필요한 자료를 정보 공개 청구 제도를 이용해 확보할 수 있다. 그러나 사법 감시에 필요한 자료들은 공공기관의 정보 공개에 관한 법률의 비공개 대상 정보에 해당하는 경우가 많다. 법 제9조 제1항 제4호는 진행중인 재판에 관련된 정보와 범죄의 예방, 수사, 공소의 제기, 공소 유지, 형의 집행, 교정, 보안처분에 관한 사항을 폭넓게 비공개 대상으로 규정하고 있다.

현실적으로 법원의 하급심 재판을 포함한 모든 판결문에 대한 용이한 접근이 요구된다. 검찰의 제도나 활동에 관한 법무부와 대검찰청의 자료는 가끔 국정조사 기간에 국회의원을 통해 간접적으로 얻기도 한다.

(4) 법조인 자료실

가공된 2차 자료로 활동할 목적으로 1차 자료를 수집하여 보관하는 대표적 활동이 사법감시센터의 법조인 자료실 운영이다. 법조인 자료실은 그동안 법조계의 울타리 속에 폐쇄됐던 법조인들의 개별 신상 자료를 공론의 장에 공개하고 그를 토대로 엄정한 평가를 하겠다는 목표로 시도됐다. 우선 전국의 모든 판사와 검사의 개인별 정보 파일을 만들어 비치하는 것으로 시작했다. 기본적인 인적 자료를 비롯하여, 판결이나 직무 수행의 방식과 성향, 직무 외의 사회 활동, 법조계 안팎의 평판 등을 종합적으로 수집하여 관리하는 것이 목적이다. 그런 자료는 구체적으로 대법관, 헌법재판관, 검찰총장이나 법무부장관 등 고위 공무원 임명 때 후보자의 정확한 평가가 가능하도록 하는 데 쓰일 수 있는 것이다. 법조인 자료실을 설치 운영하기 시작한 것은 1996년 4월경인데, 당시에는 법조계 인사를 포함한 고위공직자들에 대한 임명 전 인사청문회를 제도화하기 위한 의도도 있었다.

현재까지 전국의 판사와 검사의 이름을 붙인 개인별 파일을 참여연대 내부에 설치한 보관함에 보관하고 있다.[24)] 앞으로는 점차 개별 정보를 컴퓨터를 이용해 데이터베이스화하려는 준비를 하고 있다.[25)]

---

23) 한국소비자보호원의 보고서 「변호사 법률서비스 실태와 개선 방안」은 1998년 10월에 발표됐고, 사법감시센터는 그 내용을 요약하여 1999년 2월에 발행한 「사법감시」 제11호에 게재했다.

24) 짧은 복도의 양쪽에 투명한 유리벽으로 보관함을 만들어 <민주주의의 벽>이란 이름을 붙여 파일을 보관하고 있다. 참여연대를 방문하는 사람들은 이 법조인 자료실에 가장 많은 관심을 보여, <민주주의의 벽>은 가장 인기있는 기념촬영 장소가 되었다.

(5) 토론회 · 심포지움

시의적인 주제를 종합적이면서도 심도있게 다루는 적절한 방식이 토론회, 심포지움, 공청회 등이다. 참여연대의 최초 공식 행사가 창설대회 개최 이전에 연 사법감시센터의 「헌법재판소의 민주적 구성과 시민참여」라는 제목의 공청회였던 만큼, 토론회 방식의 활동은 최근까지 지속적으로 해오고 있다. 토론회나 심포지움은 특히 전문가와 일반인들 사이의 의사소통을 통해 특정 주제에 관한 합리적 결론을 도모하는 데 유용하다. 그 결과물은 사법감시센터의 논점이나 제도에 관한 논리적 주장으로 축적된다. 근년에 와서는 토론회나 심포지움의 행사비 해결을 위해 법률 잡지사와 공동으로 개최하되, 잡지사는 비용을 부담하고 사법감시센터는 내용의 잡지 게재를 승낙하기도 한다.

(6) 시민 법정

시민 법정이란 시민과 전문가가 어울려 여는 일종의 모의 재판을 말한다. 반드시 재판 형식을 갖춰 하는 것이 아니라, 문제가 있다고 판단하거나 재평가가 필요한 사안을 골라 사건 당사자를 포함한 다양한 사람들이 모여 공개된 장소에서 솔직한 생각을 털어 놓는 방식으로 진행한다.

시민 법정은 처음엔 자유로운 형식으로 시작하다 점차 모범적인 배심재판의 실험으로까지 이끌어 갈 계획이었다. 하지만 처음 한두 차례 연 뒤에, 지금까지 시민 법정은 휴정 상태에 있다.

(7) 성명 · 논평

단체의 의견을 강한 주장으로 표시하는 성명이나 논평은 가장 일반적인 활동 방식의 하나다. 사법감시센터 역시 공식적인 활동 개시일보다 이틀이나 빠른 1994년 9월 8일 첫 성명[26]을 낸 것을 시작으로 수많은 성명과 논평을 발표했다. 참여연대의 대외적 공신력과 영향력이 커짐에 따라, 사법감시센터의 성명이 뉴스를 선점하고 여론을 주도하는 경우가 많아지고 있다.

---

25) 법조인 자료실의 아이디어 역시 미국 코넬 대학이 인터넷으로 법조인 자료를 공개한 데서 처음 얻었다.

26) 첫 성명의 제목은 「헌법재판관 임기 만료에 즈음하여」였다.

(8) 집회 · 시위

집회나 시위는 제도화된 언론 매체를 쉽게 이용할 수 없는 NGO들에게 가장 매력적인 의사 표현의 수단이다. 집회나 시위 행위는 집회 및 시위에 관한 법률에 의해 제한당하긴 하지만, 구체적인 방식은 아주 자유롭다. 연설회나 성토 대회를 겸한 집회, 피케팅, 퍼포먼스, 연좌 농성, 단식 농성 그리고 1인 시위[27] 등이 여기에 포함된다. 성명 발표와 같이 사무실 내에서 하는 업무가 주된 사법 감시 활동에서 집회나 시위는 아주 이례적으로 행해지는 셈이다.[28]

(9) 항의방문

집회나 시위가 항의방문으로 이어지는 경우도 있다. 보통 의정감시센터처럼 정치인에 대한 활동을 하는 기구에서 항의방문은 쉽게 이루어지는 경우가 많다. 하지만 비교적 보수적이고 폐쇄적인 분위기의 법원이나 검찰에 대한 항의방문은 상대방의 거부로 인하여 성사되는 경우가 거의 없다.

(10) 기자회견

수집한 자료를 분석하여 특정한 사실을 알리거나, 사법감시센터의 정례적인 활동으로 그 결과를 공표할 필요가 있을 때 기자회견을 연다. 기자회견의 1차적 목적은 당해 사실을 언론 매체를 통해 보도해 달라는 데 있다. 따라서 그 내용이 공익성이나 강한 대중성을 띠고 있는 경우에 기자회견을 연다.

정식 기자회견은 많은 자료를 준비하여 참여연대 건물에 부속된 철학카페 느티나무 같이 널리 알려진 공공 장소에서 개최한다. 그렇지 않은 간편한 방식의 기자회견은 대법원이나 대검찰청 또는 기타 당해 기관의 기자실로 찾아가서 취지를 알리고 설명한다.

---

27) 우리 사회에서 NGO의 활동 수단으로 1인 시위가 처음 행해진 것은 2000년 11월 삼성그룹 가족 사이의 변칙 증여에 대한 과세를 주장하며 참여연대가 벌인 국세청 앞 시위로 알려져 있다. 참여연대의 1인 시위는 집회 및 시위에 관한 법률의 부당한 제한을 벗어나기 위해 고안한 것이지만, 항의 표시로서 1인 시위는 국내외를 통해 오래 전부터 있어 온 방식인 것 같다. 최근에는 이라크에서 아들을 잃은 신디 시핸이란 여성이 휴가중인 미국 대통령 조지 부시의 크로퍼드 목장 앞에서 텐트를 치고 1인 시위를 벌였다.

28) 1994년 9월 1일부터 2005년 8월 3일 사이에 사법감시센터는 275건의 성명을 발표하였으나, 집회나 시위는 9회 행했을 뿐이다.

(11) 보도자료 배포

기자회견까지 열 정도에 이르지 못하는 사안의 경우 각 언론사에 보도자료를 배포하는 것으로 갈음한다. 그 목적은 기자회견과 거의 동일하다. 사법감시센터가 낸 최초의 보도자료는 1995년 5월 19일 국회 법제사법위원회 및 검찰청에 동화은행 비자금 수사에 관한 의견서를 제출한 사안에 관한 것이다. 기자회견이나 보도 자료의 배포 등 활동으로 참여연대 관련 기사가 주요 신문 지상에 보도된 건수는 1994년 8월 29일부터 2004년 6월 18일 사이에 대략 341회다.[29)]

(12) 후보자 평가

사법감시센터는 법조인 자료실 설치의 취지를 살려 대법관이나 헌법재판관 후보가 지명되면 평가 의견서를 작성하여 국회에 보내고 널리 공표하고 있다. 보통 평가의 항목으로 삼는 것은 전문 법관으로서의 경력, 판결 성향, 인격적 평판, 공인으로서의 사회 경력과 사생활의 내용 등이다. 나중에 일정한 지위 이상 법관의 재산 공개가 의무화되고 난 뒤에는 재산 형성 과정도 평가 항목에 들어갔다. 1997년 송진훈 대법관 후보 지명자와 이영모 헌법재판관 후보 지명자에 대한 인사 의견서 발표를 시작으로 계속하고 있는 주요 활동의 하나다.

(13) 후보자 추천

단순히 지명된 고위 법관 후보자에 대한 평가뿐만 아니라 적극적으로 후보를 추천하자는 움직임이 일었다. 1999년 신임 대법원장 후보로 시민예비청문회를 거쳐 조준희 변호사를 공개 추천한 뒤로 필요하다고 판단할 경우 복수의 후보를 추천하기 시작했다. 대표적 사례는 2003년 여름에 시도한 헌법재판관과 대법관 추천 작업이었다. 먼저 참여연대는 사법감시센터가 주무를 맡아 민변과 함께 6월 18일 카페 느티나무에서 기자회견을 열고, 심각한 이념적·계층적 불균형과 편향성을 드러내고 있는 헌법재판소와 대법원의 개혁을 위해 후보 시민 추천 운동을 펼칠 것을 선언했다. 그리고 7월에 각계로부터 추천받은 7인의 인사들로 〈헌법재판관·대법관 시민추천위원회〉를 구성했다. 이어서 법조계, 학계, 언론계와 일반 시민들에 대한 의견조사를

29) 물론 이 수치는 정확하지 않다. 방송과 기타 언론까지 합하면 훨씬 더 많을 수 있다. 사법감시센터 기사는 그 중 일부를 차지하고 있음은 물론이다.

통해 모두 17명의 후보 추천을 받았고, 그 중 6인을 선정하여 대법관 후보로 추천했다.

(14) 행 사

여러 형태의 행사는 주로 사법감시센터 내부의 사안이다. 그러나 모금을 위한 단순한 내부 행사라 하더라도 출판기념회 같은 경우 사법감시센터의 존재와 활동 상황을 외부에 알리는 효과가 부수적으로 따른다. 사법피해자들의 모임인 사법제자리놓기 시민모임[30]에서 펼친 사법피해 사례 보고회와 같은 행사는 자료 수집의 의미도 있다.

(15) 고소 · 고발 · 소송

사법 감시 활동의 결과로 위법행위를 발견했을 경우 행할 수 있는 가장 적극적이고 강력한 수단의 하나는 고소나 고발이다. 실제로 할 수 있는 것은 대부분 고발이 될 것이다. 1998년 초 터진 의정부지원 판사 수뢰 사건에서 해당 판사들을 고발한 것은 대표적 예다. 형사 고발이 불가능한 경우에는 민사나 행정 소송을 제기하여 결과에 대한 책임을 추궁한다.

(16) 입법 청원

법조계 전반의 개혁에 대한 의견을 제시할 경우 거기에 그치지 않고 구체적인 대안을 입법 청원을 통해 실현하고자 하다. 활동 초기부터 시작한 검찰 개혁의 요구와 함께 일찌감치 검찰청법, 경찰법, 형사소송법 등의 개정안을 입법 청원한 사실이 있다.

(17) 연구 포럼

NGO 활동으로서 포럼은 독립적으로 정형화된 형식이라 할 수 없고 토론회나 심포지움과 마찬가지로 주제에 대한 의견을 나누는 하나의 방식일 뿐이다. 따라서 사법감시센터 고유의 활동 중에서 포럼이란 형식으로 따로 구분할 것은 없다. 하지만 2000년 11월 독립된 활동 기구로 출발한 공익법센터가 제대로 취지를 살려 나가

---

30) 사법제자리놓기 시민모임은 사법피해자들과 사법감시센터 후원자들이 중심이 되어 1996년 3월에 발족한 사법감시센터 소속 회원모임이었는데, 1998년에 해산했다.

지 못하고 4년 만에 사법감시센터로 편입되고 말았는데, 공익법센터에서는 구체적 사업의 실행에 앞서 주로 연구 위주의 월례 포럼을 열었다. 제조물 책임법, 법관 인사제도, 손해배상 사건의 위자료 산정 문제, 법률구조 제도의 개선, 법조인 양성제도 개혁, 배심제와 참심제의 한국적 실현에 관한 주제를 다루었다.

(18) 기획 기사

사법감시센터가 외부 언론 매체와 협업으로 기획 기사를 제작하여 보도하기도 한다. 사법감시센터가 아이디어와 구체적 기사를 작성하여 제공하면, 언론 매체는 그 취지와 내용을 게재하는 방식이다. 이런 형태의 사업은 사법 감시 활동으로서 자료 수집, 자료의 정리, 분석과 연구의 결과, 제도 개선안의 제안 및 촉구, 홍보를 통한 여론 형성에 효과가 있으리라 기대된다. 사법감시센터는 활동 초기인 1995년 2월 26일부터 한 달 동안 조선일보와 공동으로 사법 개혁에 관한 기획 기사를 10회 연속으로 내보냈다.

(19) 저널 발행

사법 감시 활동의 내용을 정기적으로 정리하여 「사법감시」를 발행하고 있다. 「사법감시」에 관하여는 별개의 항목으로 후술한다.

(20) 단행본 발간

초기 활동의 자료와 연구 결과를 모아 1996년 1월 「국민을 위한 사법개혁」을 발간했다. 주요 내용은 ‘시민의 권익 편의에 봉사하는 법원’, ‘정의와 형평성을 수호하는 검찰’, ‘값싸고 질 높은 서비스로 국민에 다가서는 변호사’, ‘인권의 사각지대, 인신구속과 교정제도’, ‘특별 보고 – 사법정의를 부인하는 전관예우’, ‘양질의 법률서비스를 위한 적정 법조인 수’, ‘법조 인력 충원제도와 법학교육’, ‘ 변호사에 의한 법률구조’, ‘시민의 사법참여’ 등이다.

그 후에는 2003년 3월 김대중 정부 5년 동안의 검찰 모니터링의 결과를 묶어 「검찰 백서」를 펴내 관심을 모았다.

3. 활동 내용의 개관

다양한 형태를 펼친 사법 감시 활동을 몇 가지 항목으로만 나누어 개관하면 <표 2>와 같다.

<표 2> 사법감시센터 활동 내용 (1994. 9. 1.~2005. 8. 3)

구분(년)	합계	성명	보도자료	토론회	기자회견	집회시위	입법청원	행사	소송·고소고발
1994	**7**	2	0	5	0	0	0	0	0
1995	**25**	10	5	8	0	0	1	0	1
1996	**25**	7	9	6	0	0	1	2	0
1997	**25**	10	7	5	0	0	1	2	0
1998	**29**	21	1	2	1	1	0	0	3
1999	**54**	35	9	7	1	1	0	0	1
2000	**29**	14	7	4	2	1	0	0	1
2001	**56**	34	14	1	1	2	2	0	2
2002	**48**	32	5	3	3	4	1	0	0
2003	**40**	25	6	4	4	0	0	0	1
2004	**80**	49	23	4	2	0	1	0	1
2005	**66**	36	22	1	3	0	0	3	1
합 계	**484**	275	108	50	17	9	7	7	11

약 11년 동안의 활동을 편의상 8개 항목으로 나누어 보면 성명(논평) 발표와 보도자료 배포가 주종을 이룬다. 전체 활동 건수가 484건이지만, 통계상 여기에 포함되지 않은 것까지 고려하면 적어도 매주 1건 이상의 활동을 펼친 셈이다.

활동 대상별로 나누어 보면 검찰과 법원에 대한 내용이 62%로 대부분을 차지한다. 사법제도개혁이나 기타 항목 중에도 검찰과 법원에 관한 내용이 많이 포함되어 있는 것을 감안하면, 상대적으로 변호사업계에 대한 활동이 저조한 편이다.

<표 3> 사법감시센터 활동 대상(1994. 9. 1.～2005. 8. 3.)

구 분	법 원	검 찰	변호사	사법제도 개혁	기 타	합 계
활동건수	133	166	19	48	118	484
비 율(%)	28	34	4	10	24	100

4. 「사법감시」

「사법감시」는 1885년 10월 2일 창간하여 현재 25호까지 펴냈다. 「사법감시」는 소식지 성격의 정기간행물로 기획하였지만, 초기엔 사법 감시 활동의 결과를 담은 보고서이자 종합 잡지의 성격을 띠고 있었다. 원래 격월간으로 정기간행물 등록을 하고, 1996년까지는 제대로 발간하였다. 그러나 1997년부터는 한 해에 겨우 한두 번 정도 발행하다 2001년엔 한 호도 만들어 내지 못했다. 그 다음 해부터 얼마간은 자료를 묶어 분량만 늘어나기도 했는데, 제21호부터 가장 최근호까지 5권은 특정 주제를 중심으로 한 보고서로 제작하여 큰 주목을 받았다.

「사법감시」는 사법 감시 활동의 결과뿐만 아니라 그로부터 도출한 대안의 제시까지 모든 것을 집약하여 정리하고자 기획하였으므로, 제대로 발간할 경우 실질적으로나 상징적으로나 사법감시센터 활동의 총화이자 정수로 평가될 수 있다. 그러나 인력과 재정상의 이유로 한계에 부닥치기도 하였다.

<표 4>「사법감시」 발행 현황

구분(년)	발행회수	호수	면수	성 격
1995	2	1	24	종합저널
		2	28	
1996	5	3	32	
		4	28	
		5	32	
		6	32	
		7	32	
1997	2	8	44	
		9	32	
1998	1	10	40	
1999	2	11	56	
		12	36	
2000	3	13	36	자료집
		14	54	
		15	58	
2001	0	-	-	
2002	1	16	66	
2003	4	17	80	
		18	106	
		19	78	
		20	16	
2004	2	21	30	이슈보고서
		22	26	
2005	3	23	30	
		24	22	
		25	22	

<표 5> 기사 내용 분류

구분	칼럼	감시비평		일반정보	토론회자료	설문통계	법률안제안	고발	행사소개	해외법조	인터뷰	독자투고	반론	사과문	합계
		기사	논평												
기사	38	118	82	103	9	20	7	10	14	14	4	15	3	1	438
비율(%)	9	27	19	23	2	5	2	2	3	3	1	3	0.8	0.2	100

<표 6>「사법감시」 기사 대상 분류

구 분	법원	검찰	변호사	경찰	정보기관	기타 일반	합계
기 사	159	110	14	4	1	150	438
비 율(%)	36	26	3	0.8	0.2	34	100

「사법감시」의 기사 내용 역시 사법감시센터의 활동 내용과 마찬가지로 법원과 검찰에 대한 감시 비평 기사가 압도적 비중을 차지한다. 변호사에 대한 기사는 활동 건수와 거의 같은 비율로 적다.

<표 7>「사법감시」 필진(직업별)

구 분	교수	변호사	상근자	편집부	판사	검사	공무원	기자	국회의원	일반	합계
기사건수	62	44	11	254	4	2	4	6	2	49	438
비 율(%)	14	10	3	58	1	0.5	1	1.5	0	11	100

<표 8>「사법감시」 필진(내외별)

구 분	내부필자	외부필자	합 계
기사건수	319	119	438
비 율(%)	73	27	10

「사법감시」는 대체로 담당 간사 1명이 기본 기획과 기사 의뢰 및 작성을 도맡았다. 따라서 기사의 절반 이상은 편집부가 작성한 것으로 채워졌다. 나머지 기명 기사도 교수와 변호사 들이 쓴 것인데, 편집 위원이나 사법감시센터 실행위원 등 내부 필자가 대부분이다.

「사법감시」는 전문적 내용을 다루는 종합잡지 성격의 보고서로 출발하였으므로 사법감시센터 실행회의와는 별도로 편집위원회를 구성했다. 따라서 대개 편집회의를 통하여 기획하고 원고 청탁을 하였다. 근년에 들어 이슈 보고서 형태로 발간하면서는 편집회의를 열지 않고 있는데, 편집회의를 통한 재정비가 필요한 상황이다.

<표 9> 「사법감시」 편집위원(연인원)

구 분	교 수	변 호 사	일 반	합 계
인 원(명)	18	11	6	35
비 율(%)	51	32	17	100

Ⅵ. 사법 감시의 연대 활동

1. 연대 가능성의 배경

사법 감시 활동도 여느 NGO의 활동과 마찬가지로 다른 단체와 연대하여 사업을 수행해야 할 때가 있다. 대체로 연대 활동의 필요성은 당해 이슈에 대한 공론의 장을 넓히고 영향력 행사의 극대화를 꾀하는 데서 찾을 수 있다. 연대의 주된 이유는 목적 달성을 위한 공론 경쟁력 강화 역량의 증대에 있지만, 그 밖의 효과도 많다. 한 단체에 부족한 전문성이나 인력의 상호보완은 물론, 사업 경비의 분담으로 재정적 부담을 덜 수도 있다. 사법 감시 활동 역시 그 대상이 비교적 광범위하고, 많은 인력이 필요하며, 상시성과 전문성이 동시에 요구되는 분야이기 때문에 적절한 연대로 효율성을 높일 수 있다.

그러나 NGO의 연대 활동은 사회적 여건이 먼저 충족되어 있어야 가능하다. 무엇보다도 비슷한 관심으로 동일한 분야의 운동을 목적으로 하는 다수의 단체가 존재해야 한다. 그런 점에서, 우리 사회에서 사법 감시 활동이나 그와 유사한 활동을 전개하는 단체의 현황이 어떠한지부터 먼저 살펴봐야 한다. 2002년까지 한국 시민 사회의 각종 사정을 샅샅이 다루고 있는 「한국시민사회연감 2003」에 의하면 사법 분야의 시민운동 단체는 모두 8개로 확인돼 있다. 그 중 7개는 서울에 1개는 인천에 소재하며, 2개 단체는 사단법인이라고 한다.[31] 하지만 구체적으로 그 8개 단체가 어떤 단체인지는 표시하지 않고 있다. 그 연감 통계의 근거가 되는 자료는 「2003

31) 시민의 신문, 「한국시민사회연감」, 748면 이하.

한국민간단체총람」인데, 해당 부분을 아무리 살펴도 유사 단체는 민주사회를 위한 변호사모임과 변화를 위한 법무사연대밖에 없다.[32] 같은 문헌의 최초판인 1997년판을 보면 공정사회실현법률소비자연맹, 대한변호사협회, 민주주의 법학연구회, 법과 사회 이론연구회, 사단법인 한국가정법률상담소, 인천노동법률상담소 등이 있다.[33]

그렇게 따지면 대략 8개가 되는 셈이긴 하지만, 그 어느 단체도 사법 감시 활동을 주목적으로 하지 않는다.[34] 어떤 단체는 아예 사법 감시와 거리가 멀기도 하다. 그리고 그 통계에 참여연대 사법감시센터는 독립한 단체로 간주되지도 않고 있다. 그렇다면 결국 현재 우리 사회에 전형적인 사법 감시를 목적으로 활동하고 있는 단체는 참여연대의 활동 기구인 사법감시센터밖에 없다. 한마디로 사법 감시 활동을 위해 연대할 환경이 조성돼 있지 않다.

2. 주요 단체와의 연대

사법감시센터는 필요한 경우 유사한 목적을 가진 단체나 당해 이슈에 동의하는 단체와 연대하여 활동을 펼친다. 가장 쉽게 연대할 수 있는 단체는 '인권 옹호와 사회정의 실현을 위한 연구 조사 변론'을 목적으로 하는 민주사회를 위한 변호사 모임이다. 특정한 사건 처리를 위한 검찰에 대한 수사 촉구, 법원과 검찰을 망라한 사법제도 개혁의 요구, 고위 법관 후보자에 대한 추천 등의 사업을 공동으로 진행한 경험이 있다.

참여연대처럼 종합적 시민운동 단체인 경실련에는 사법감시센터와 유사한 업무의 일부를 맡고 있는 기구로 시민입법위원회가 있다. 하지만 사법감시센터와 연대하여 활동한 경험은 거의 없다. 2000년 9월 윤영철 헌법재판소장 후보자에 대한 인사의견서 발표를 경실련과 공동으로 한 적이 한 번 있을 뿐이다.

그 밖에 내용상 사법감시센터의 업무에 속하나 중대한 사안일 경우에는 참여연대의 이름으로 환경운동연합이나 여성운동연합 등 단체들과 연대하기도 한다.

---

32) 시민의 신문, 「2003 한국민간담체총람(상)」, 312면 이하.

33) 시민의 신문, 「한국민간단체총람 1997」, 63면 이하.

34) 공정사회구현법률소비자연맹은 "입법 사법 행정 및 일체의 공공기관의 공정성을 감시 견제하여 사법정의를 구현하고 진정한 법치주의 실질 민주사회를 실현함"을 목적으로 한다고 소개되어 있으나, 그에 부합하는 체계적인 활동을 보여준 바는 없다.

3. 법조계와의 연대

사법 감시의 대상이 되는 법조계와 연대하는 경우도 생각해 볼 수 있다. 물론 대한변호사협회나 서울지방변호사외 등은 사안에 따라 연대의 상대방이 될 수 있다. 하지만 법원이나 검찰은 속성상 연대의 대상이 될 수 없다. 법원과 검찰은 특정 주제에 대하여 정보와 의견을 교환하는 정도의 일시적 파트너가 될 수는 있다. 과거 NGO에서 개최하는 토론회 등에 법원이나 검찰의 대표자 또는 판사나 검사 개인이 참석하는 경우는 없었다. 하지만 법조계에서 사법 감시 활동 자체를 긍정적으로 인식하고 난 뒤부터는 달라졌다.

그 밖에 위원회나 연구 모임 등을 통해 구성원을 매개로 한 NGO와 법원 및 검찰의 연대 유사 활동이 이루어지기도 한다. 사법감시센터의 실행위원이 법원이나 검찰 소속의 각종 위원회에 위원으로 참여하거나, 2004년에 운영된 사법개혁위원회 회의에 사법감시센터 상근 간사가 참관인으로 배석한 예가 거기에 해당한다.

4. 내부의 유사 활동

참여연대 내부의 다른 활동 기구에서 사법 감시 유사 활동을 하는 경우도 있다. 그 중에는 사법감시센터 업무에 속하는 것도 있고 그렇지 않은 것도 있다. 고소, 고발, 소송 그리고 입법청원의 예는 다른 활동 기구에서 더 많이 행하고 있다.

<표 10> 다른 활동 기구의 사법 감시 관련 활동

(1994. 9. 부터 2004. 4.까지의 고소 · 고발·소송, 입법청원 건수)

구 분	합 계 (고소 · 고발 · 소송)	민사	형사	행정	헌법	입법청원	총 합계
사법감시센터	**12**	1	8	0	3	8	20
경제개혁센터 (경제민주화위원회)	**49**	24	19	5	1	16	65
공익법센터	**3**	0	0	1	2	0	3
맑은사회만들기운동본부	**38**	3	16	17	2	13	51

사회복지위원회	**14**	1	5	4	4	24	38
시민과학센터	**1**	0	0	0	1	4	5
의정감시센터	**17**	0	6	1	10	20	37
작은권리찾기운동본부	**48**	30	5	11	2	15	63
조세개혁센터	**3**	0	0	2	1	6	9
지방자치센터	**1**	0	0	0	1	0	1
평화군축센터	**2**	0	0	0	2	0	2
참여연대	**6**	3	3	0	0	3	9
합 계	**194**	62	62	41	29	109	303

Ⅶ. 사법 감시 활동의 재정

NGO의 현실을 적나라하게 확인하려면 그 재정 형편을 보면 된다. 아무리 자발성과 도덕성에 기초한 단체라 하더라도 재원은 존재의 물리적 조건이다.

사법감시센터는 참여연대에 속한 기구로서는 재정적 어려움이 크게 없다. 사무국에서 분배된 재원으로 모두 충당할 수 있기 때문이다. 하지만 재정 독립을 염두에 두고 보면 사법감시센터의 상황은 위태롭다. 사법감시센터가 독자적으로 확보하고 있는 회원과 그로부터 모금하는 회비의 액수는 상근자의 급여는 물론 「사법감시」의 제작과 발송비도 감당할 수 없을 정도다.

향후 사법감시센터가 사실상 독립한 활동 기구로 거듭나기 위해서는 독자적 재원을 확보할 수 있어야 한다. 지금은 공익법센터가 사법감시센터에 흡수되어 그 전에 비해 다소 나아지리라고 기대했지만, 상근 간사가 늘어나고 사업비 지출도 조금 증액될 수 밖에 없어 큰 효과는 없다. 최근 약 1년 사이의 사법감시센터 및 공익법센터의 독자적 회비 모금 현황은 <표 11>과 같다.

<표 11> 센터 회원 회비 현황

구 분		사법감시센터		공익법센터	
연도	월	입금건수	입금액 (원)	입금건수	입금액 (원)
2005	5	100	819,000	54	696,500
	4	94	728,000	56	724,500
	3	94	728,000	53	1,001,000
	2	85	682,000	53	1,090,000
	1	89	679,000	47	588,000
2004	12	83	980,000	51	950,000
	11	79	1,109,500	51	630,000
	10	76	556,500	51	700,000
	9	70	542,500	56	717,500
	8	64	511,000	50	689,500
	7	71	525,000	48	675,500
	6	64	511,000	53	745,500
	5	64	521,000	50	731,500

Ⅷ. 사법 감시 활동의 성과와 평가

1. 일반적 성과

(1) 사법 개혁 운동의 시작

사법감시센터 출범 초기 기획 기사 시리즈와 단행본 「국민을 위한 사법개혁」 등은 우리 사회에 전반적이고 본격적인 사법 개혁 운동의 단초를 제공했다. 1995년 당시 제기한 개혁안은 법학 교육제도 개편과 로스쿨 도입, 법조인 양성제도, 변호사 수 증원, 법조 일원화와 전관예우 근절, 불구속 수사원칙의 확립, 변호인 참여권과 접견권의 보장, 기소제도 개선, 검사동일체의 원칙폐지, 재정신청제도의 전면 확대, 검찰총장 임기제, 형벌제도 개선과 사회 봉사제도 도입, 특별검사제 도입, 경찰 수사권 독립, 국선변호인제도 시행 확대, 법률구조제도 개선, 변호사 보수 적정화, 배심·참심제도 도입 등 모든 문제를 체계적으로 망라하고 있다.

이런 사법개혁안은 지금까지 상당수 제도화되었으며, 나머지는 계속 진지하게 논의되고 있다. 한국 사법제도 개혁에 대한 논의 대상 중 10년 전 사법감시센터가 제기하지 않았던 쟁점은 하나도 없을 정도다. 사법감시센터가 시도한 사법제도 개혁 운동은 제대로 된 사법 개혁의 시작을 알렸을 뿐만 아니라 기본 방향을 제시하고 개혁의 대안을 거의 완성된 형태로 제시했다. 이 부분은 우리 나라 사법사에서 더 깊이 연구되고 평가될 여지가 남아 있다.

(2) 사법 감시의 제도화

사법감시센터의 활발한 활동과 「사법감시」의 발행은, 우리 사회에서 사법 감시라는 행위를 처음으로 제도화하고 일상화하였다. 사법감시센터 이전에 사법 감시라는 말은 없었다. 사법 감시라는 말이 사용되기 시작하자 누구보다도 법조인들이 강한 거부감을 나타냈다.[35] 종전까지 어디로부터도 그 권위에 대한 정면 도전을 받아

35) 「사법감시」라는 제목에 대하여 당시 어느 판사가 쓴 글을 그대로 옮겨 보면 이렇다. "내가 생각하기에, 법조인(특히 판사들의 경우)은 이 사회집단에서 가장 높은 수준의 윤리의식과 책임감을 가지고 있는 집단이다. 「사법감시」라는 제목에서는 우호적이거나 애정이 담긴 시선을 느낄 수 없다. 불신과 적대감이 느껴질 뿐이다. 그것은 뛰어난 자질과 오랜 연마 과정을 거쳐 직무에 무한히 성실한 거의 대부분의 법조인들에 대한 모독이다. 제목을 「사법참여」 정도로 바꾸는 것이 본래의 취지도 살리고, 거부감도 줄이지 않을까?" 그러나 지금 그 판사의 생각은 바뀌었을 것이다. 꾸준히 법조인들을

본 적이 없는 셈이었던 법조인들에게, 일반인들이 자신들을 감시한다는 의미의 새 어휘는 몹시 거슬렸을 것이다. 그런 현상은 「사법감시」가 창간되고 1주년을 맞아 실시한 설문조사에 나타난 결과만 봐도 잘 알 수 있다.[36] 법조인들 중 68.8%가 「사법감시」의 제호를 바꿔야 한다고 응답했다. 사법민주화를 위해 시민들의 사법 감시 활동이 필요하다고 응답한 의견은 49% 정도였다.[37]

하지만 어느새 사정은 급변하고 말았다. 지금 '사법 감시'라는 말에 거부감을 나타낼 법조인은 없을 것이다. 사법 감시 활동은 언제나 필요한 것이고 당연한 것으로 여기게 되었다. 이런 근본적 의식과 분위기의 변화 자체가 사법감시센터 활동의 결과다.

(3) 법조인 평가의 제도화

사법 감시는 법조인 개인에 대해서도 체계적으로 시도됐다. 특히 판사나 검사의 직무 안팎의 행위를 모니터링의 범위에 포섭시켜 전문성 외에 도덕성, 청렴성, 사회 소수자에 대한 이해도, 사회 참여적 자세 등 다양한 평가 기준을 마련했다.

법조인 개인에 대한 감시 활동의 상설적 제도화를 상징하는 것이 사법감시센터의 법조인 자료실이다. 전국 검사의 개인 파일에는 수집 가능한 공적·사적 정보를 모두 담는 것을 목표로 하고 있다.

법조인 개인 정보에 관한 자료의 수집은 바로 다음 단계인 인사 의견서 작성과 발표로 이어진다. 일정한 고위 법조인의 경우 임명 전에 철저한 검증 없이 임명권자에 의해 일방적으로 임명되는 것이 종전의 관행이었다. 그러던 것이 인사 의견서의 등장 이후부터 최소한의 검증 절차를 거치지 않을 수 없게 되었고, 더 나아가 인사 청문회 제도의 정착으로 이어졌다. 인사청문회의 대상 범위는 점차 확대되는 추세다. 이런 변화의 출발점에 사법감시센터의 활동이 있었다.

후보자 지명자에 대한 인사 의견서는 좀더 적극적인 후보자 추천으로 발전했다. 평소의 정보 분석을 토대로 대법관, 대법원장, 헌법재판관, 헌법재판소장 등 고위 법조 공무원 임명을 앞두고 구체적 후보를 추천하기에 이르렀고, 이 역시 일정한 성과를 거두고 있다.[38]

모독한 사법감시자들의 열성에 의해 변화한 우리 법조계의 분위기와 시민의 의식 때문에.

36) 설문조사 결과 분석에 관하여는 「사법감시」, 제 7 호(1996년 12월), 25면 이하 참조.

37) 당시 2500부의 설문지를 우편으로 보냈으나 응답자는 51명에 불과했다. 응답자 분포는 판사 17명, 법학교수 13명, 변호사 8명, 검사 7명, 기타 6명이었다.

38) 일부 언론과 그에 동조하는 법학교수들은 사법감시센터와 같은 시민단체들의 후보자 추천 행위

(4) 법조 비리의 청산

사회 전체를 맑고 투명하게 만들어야 한다는 목표에서 법조계가 제외될 순 없다. 전통적으로 법조인들은, 그래도 법조계만큼 깨끗한 곳은 없다, 적어도 법관들만은 가장 높은 수준의 도덕성과 청렴성을 유지하고 있다는 주장을 자랑이자 변명으로 지녀 왔다. 그리하여 그들 사이의 향응이나 금품 수수는 다른 데 비하면 지극히 깨끗한 관행으로 여기도록 강요되어 온 분위기가 있었다. 그 전통의 관행에 대한 믿음을 깨뜨려 버린 것도 사법 감시 활동의 결과다. 법조계의 비리도 사소한 수준에 그치지 않고 엄청난 부정부패의 정도에 이르기까지 다층적이며, 전관예우 등의 구조적 모순의 원인이 되기도 한다는 사실을 그대로 드러냈다.

거기에는 우리 법조계를 뒤흔든 상징적 사건이 있었다. 1998년 2월에 터진 의정부 법조 비리 사건[39]이 그것이다. 그 사건은 사법감시센터와 언론의 협력에 의해 전국에 알려졌으며,[40] 검찰이 수사에 착수하고, 관련된 판사들은 모두 사직하였으며, 종국에는 의정부지원 판사 전원이 전출되었다. 이 사건에 이어 그 다음해엔 대전 법조 비리 사건이 일어나 검찰이 전체적으로 흔들렸다. 대형 법조 비리 사건이 있을 때마다 적당한 선에서 마무리하여 끝내지 못하고 실체를 밝히고 관련자의 책임을 어느 정도 추궁하게 된 것에도 사법감시센터의 노력이 기여한 바가 크다.

(5) 검찰 개혁 운동

사법감시센터는 사법 개혁의 과제 중 핵심의 하나가 검찰 개혁이란 점을 처음부터 분명히 설정했다. 근원적인 문제는 크게 두 가지이자 전부였다. 정치적 독립성의 확보와 수사의 공정성이 그것이다. 수사에 관한 모든 권한을 독점하고 있는 검찰은 국민의 사소한 권리 관계에 군림하고자 하였고, 권력형 범죄에는 정치적으로 대응하여 권력의 시녀라는 오명에서 벗어나지 못하였다. 정치적 대형 사건의 실체를 거침없이 파헤치고, 과학 수사에 기초하여 국민의 인권옹호 기관으로 거듭나라는 것이 검찰 개혁 운동의 취지였다.

자체는 부당한 것으로 보고 있다. 이에 관하여는 별도의 논의가 필요하다.

39) 1997년 10월 의정부에서 개업한 변호사가 사건 브로커를 통해 형사 사건을 수임하여 수십 억 원의 수임료를 벌고, 그 과정에서 당시 서울지법 의정부지원 판사들에게 정기적으로 금품을 제공한 사실이 드러난 사건이다.

40) 사법감시센터, 한겨레신문, 동아일보의 공동의 노력으로 사건을 전면적으로 드러내는 데 성공했으며, 이 사건은 한 달 이상 매일 각 언론에 보도되었다.

사법 개혁의 움직임에 검찰은 항상 비탄력적이고 보수적으로 대항했다. 그러나 반복적으로 불거지는 권력형 비리 사건과 여론의 질타에 의해 검찰의 기세는 조금씩 꺾였다. 검찰로서는 모든 것을 걸고 저지하겠다고 나섰던 특별검사제가 현실화되고, 고위공직자 비리 수사처 신설이 국회 통과 직전까지 갔으며, 인신구속제도에 대한 논의가 거듭되고 경찰의 수사권 독립도 가시권 안에 도달했다.

아직도 진행중인 검찰의 개혁 과정에 사법감시센터의 줄기찬 문제 제기가 동인이 되었음은 부인할 수 없을 것이다. 예를 들면, 『검찰백서』만 하더라도 검찰 개혁의 내용과 추진 방향을 설정하는 데 중요한 길잡이 역할을 했다고 볼 수 있다. 사법감시센터의 끊임없는 검찰 공격은 결과적으로 정치적 압력으로부터 검찰권을 독립시키고 국민의 신뢰받는 검찰상을 확립하는 데 도움이 된 셈이다.

(6) 법원 구성의 변화와 시민의 사법 참여 가능성

재판은 누가 하는 것인가. 이 단순한 물음에 대해 사법감시센터가 시민의 사법 참여를 들고 나오기 전까지 구체적 의문을 제기한 사람은 없다고 해도 과언은 아니다. 재판은 전문 지식으로 훈련된 직업 법관들이 하는 것이란 인식이 우리 사법의 전통이며 국민들에게 강요된 믿음이었기 때문이다. 그러나 그 오래된 확신을 깨뜨린 것도 사법 감시 활동의 성과다.

평범한 이웃 사람들도 재판할 수 있다는 주장이 결코 헛된 망상이 아니란 사실을 모두 깨닫게 됐다. 법률 지식뿐만 아니라 생활의 경험도 재판에 필요한 전문성이란 단순한 진리를 그동안 간과하도록 한 것은 법원의 견고한 관료적 권위였다. 이제 상당수의 판사들조차 진실의 발견과 분쟁 해결에 배심재판이 더 유리하다고 주장하게 됐다. 참심제냐 배심제냐는 선택의 문제일 뿐이다.

2. 성과에 대한 평가

(1) 개괄적 평가

사법감시센터의 사법 감시 활동에 대한 긍정적 평가는 이미 앞에서 두루 살펴본 셈이 됐다. 활동 내용과 성과 자체가 긍정적 평가와 거의 일치한다. 물론 그에 대한 제 3 자의 객관적 평가는 따로 정리할 과제다. 그러므로 여기서는 사법 감시 활

동의 문제점에 대해서 개괄적으로 먼저 살펴보기로 한다.[41)]

사법 감시 활동의 부정적 평가는 주로 인적·물적 시설의 한계와 내부의 능력 부족에서 비롯하는 것이다. 물론 이상적 구성과 활동을 전제하면 재정적 한계는 거의 결정적이다. 그럼에도 불구하고 반성적 검토의 결과로 스스로 지적하여 드러내는 문제점은 다시 과제로 되돌아 온다. 여기서도 역시 필수적으로 요구되는 것은 사법감시센터의 바깥으로부터의 비판이다. 내부의 한 사람으로서 요약한 문제를 몇 가지 추상적 용어로 표현하면 과학성, 전문성, 통합성, 순수성의 결여 또는 부족이다.

과학성의 문제 여기서 말하는 과학성이란 자연과학이나 사회과학에서 개념화하고 있는 과학성을 의미하는 것은 아니다. 감시의 대상으로 삼은 특정한 사실에 대한 판단을 하면서 충분한 분석적 근거를 댈 수 있어야 한다는 뜻이다. 쉽게 말하면 감시에 따른 비판이 합리적이어야 한다는 것이다. 이런 과학성은 전문성을 조건으로 하면서 통합성의 바탕이 되기도 한다. 간혹 엄밀한 정도의 분석적 근거를 제시하지 못하는 경우가 있다. 후술하는 「사법감시」에서 다룬 쟁점들의 경우를 예로 들 수 있다.

전문성의 문제 가장 넓은 의미이긴 하지만 사법 분야를 대상으로 하고 있으므로 전문성의 요구는 당연하다. 감시 대상의 선별에서부터 대안 제시에 이르기까지 전문성 없이는 대처 자체가 쉽지 않다. 사법 감시의 전문성은 감시 상대방과 대등한 수준의 무기를 갖춘다는 의미를 가진다. 사법감시센터의 전문성은 비상근자인 실행위원들로부터 확보하지만, 때때로 충분하지 못할 경우가 있다. 실행위원의 구성이 다양하지 못하고,[42)] 그나마 잠재력을 보유하고 있다 하더라도 사안의 즉시성의 요구에 의해 희생될 때도 있다. 특히 특정 제도에 대한 역사적 이해나 외국 제도의 정확한 현실과 관련하여 상대적으로 취약할 때가 있다. 상근 간사의 전문성도 마찬가지다.

통합성의 문제 사법 감시 활동도 법조계의 제도 개혁과 개선을 통해 궁극적으로 바람직한 사회적 통합에 기여할 수 있어야 한다. 이 말을 단순화하면,

---

41) 이 글의 제목대로라면 사법 감시 활동에 대한 객관적이고 냉철한 평가가 주된 부분이 되어야 옳다. 그러나 지금까지 사법 감시 활동에 대한 전반적인 정리조차 시도되지 않았기 때문에 그 부분을 생략할 수 없었고(사실 앞 부분의 성과 정리도 개괄적으로 한 편이지만), 이 글에 허용된 지면도 이미 거의 끝나버려 간략히 끝맺음할 수밖에 없다. 본격적 평가 작업 역시 과제로 남긴다.

42) 현재 실행위원 15명 중 법학교수가 12명인데, 그 중 2명이 민사법 전공자이고 나머지는 헌법과 형사법 전공자다. 노동법, 경제법, 국제법 분야가 취약할 수밖에 없다. 실무가인 변호사 수가 적은 것도 문제다.

감시 대상에 대한 비판과 제시하는 대안이 폭넓은 설득력을 가져야 한다는 의미다. 일방적인 공격과 비난을 넘어 상대방과 의사소통이 이루어지는 가운데 목적 달성을 도모할 필요가 있는 것이다. 그러나 상대방을 싸움의 대상으로만 삼아, 부정적 부분만 확대하여 부각하는 경우도 종종 있다. 물론 활동 초기에는 운동의 전략상 불가피할 때도 있었지만, 이제는 반대론의 입장을 이해하고 일면 수용할 수 있어야 한다. 세련된 설득력은 양방향으로 필요하다. 비판의 대상인 법률 전문가 집단과 그것을 지켜보는 국민 모두에 대해서다.

순수성의 문제 운동의 순수성은 다소 시대에 뒤떨어진 나약하고 감성적 구호가 아닌가 의심스러울 때가 없지 않다. 그러나 도덕성은 논외로 하더라도, 정치적 중립성은 여전히 요구되는 덕목이다. 정치적 편향성은 반드시 특정 정파와 관련해서 일어나는 문제만은 아니다. 사회의 특정 세력과의 관계에서 항상 유의해야 한다. 사법감시센터의 활동이 우리 사회에서 영향력을 발휘하면서부터 오만한 태도를 보인 적은 없는지, 언론에 너무 집착하지는 않았는지 반성할 여지가 분명히 있다. 과도한 욕심을 억제하고 겸손한 태도를 습관화할 필요도 있다. 하지만 또 한가지 명확해 보이는 점은, 비정치성을 포함한 순수성의 정도는 객관적 기준에 의해 정해지는 당위의 문제라기보다 선택의 문제라는 것이다.

(2) 부분별 평가

사법감시센터의 구체적 활동 하나하나에 관해서도 모두 비판적 검토가 필요하다. 하지만 여기서는 예시적으로 몇 가지 부분에 대해서만 문제를 지적해 본다.

자료 수집 기능의 면에서 보면 여전히 구태의연한 방식에 머물고 있는 느낌을 지울 수 없다. 누구나 관심을 가지면 쉽게 수집할 수 있는 자료가 아닌 숨은 정보를 캐내는 데 노력을 기울일 필요가 있다. 가장 기본적인 모니터링만 하더라도 현재는 오히려 초기보다 못한 실정이다. 모니터링은 그 대상 범위가 넓어 많은 인력을 필요로 할 뿐만 아니라, 모니터 요원의 전문성도 절실하다. 대학생 자원봉사자를 체계적으로 확보하고 교육하여 모니터 요원으로 활용할 수 있어야 한다. 변호사들로 모니터링단을 구성할 수 있으면 더 효율적일 것이다. 보다 전문적이고 가치가 높은 자료 수집을 위해서는 적절한 설문조사나 여론조사를 할 수 있어야 한다. 해외 법조의 정확한 자료 수집을 위해서는 직접 방문하거나 해외 네트워크를 구축할 필요도 있다.

법조인 자료실은 그 상징성만 높은 채 활용성은 낮다. 사후적으로 인터넷 검색을 통한 법조인 개인 정보 수집은 가치가 떨어지고 즉각적 활용도가 높지 않다. 평상시 폭넓은 모니터링을 통해 매일 수시로 정보를 입력하고 정기적으로 분석 정리해두어야 한다. 그리고 원래 취지대로 법조인 자료실의 축적된 정보를 필요로 하는 외부 사람이나 언론 등에 제공할 수 있어야 한다. 이런 모든 문제의 해결에는 충분한 재원이 뒷받침되어야 함은 물론이다.

도전적이고 공격적인 토론회도 여전히 유효하지만, 반대 의견을 가진 쪽과 어느 정도 의사 교환이 가능한 장으로 만들어 갈 필요가 있다. 항상 우리만의 토론장으로 그칠 것이 아니라, 모두 참여할 수 있는 종합적 토론회를 자주 가질 수 있어야 한다.

논평이든 성명이든 좀더 일반적 신뢰성을 확보하고 높은 설득력을 얻을 수 있도록 힘써야 한다. 그렇게 하기 위해서는 신중한 어휘의 선택, 정확한 문장에 의한 표현, 간명한 논리와 주장으로 신속하게 성명서를 작성할 수 있는 체계적 훈련이 필요하다. 그동안 성명이 남발되지 않았는지 반성적 검토도 해야 한다.

「사법감시」는 우선 형식면에서 개선되어야 한다. 강화된 편집회의를 통해 기획해야 하고, 발간의 정기성을 유지해야 하며, 비용에 구애되지 않고 필요한 곳에 빠짐없이 배포할 수 있어야 한다.[43] 그 다음으로 내용의 충실도를 높일 수 있는 방안을 강구해야 한다. 예를 하나 들면 이렇다. 2004년 10월에 발간한 「사법감시」 제22호는 뇌물을 포함한 불법정치자금 수수로 재판을 받은 정치인들의 형량 분석 보고서로 꾸몄다. 그렇다면 이런 점들을 분명히 드러내야 할 것이다. 문제를 제기하는 이유가 양형 기준이 너무 높다는 것인가, 낮다는 것인가, 아니면 적정하다는 것인가. 형량이 너무 낮다는 주장이면 그 비교 근거는 무엇인가. 정치자금법 위반 행위는 정치인에게만 해당되는 범죄이므로 비교 기준이 없다. 그렇다면 비교할 수 있는 유사한 범죄는 무엇이며, 그 비교 대상의 양형 자료는 확보할 수 있는가. 국내에 비교자료가 부족하다면 외국의 경우는 어떠한가. 하지만 당시 특집은 일정 기간 동안 국내 정치인들에 대한 양형 결과만 나열하는 데 그치고 말아 근본적인 한계를 보였다.[44]

43) 한때 「사법감시」는 4000부를 찍어서 전국의 판사와 검사 그리고 일부 변호사와 법학교수들에게 무료로 배부했다. 그러나 최근에는 비용 문제로 발행 부수가 적어졌다. 우편 요금조차도 재정 형편상 큰 압박이 되고 있는 현실이다. 전자우편을 이용해 배포하기도 하지만, 아직 가독성에 문제가 있다.

44) 그럼에도 불구하고 「사법감시」 제22호는 발간 즉시 법원 안팎에서 비상한 관심을 모았으며, 일부 언론에서 크게 다루었다.

Ⅸ. 사법 감시 활동의 향후 과제

사법감시센터의 사법 감시 활동 10년은 법조계뿐만 아니라 우리 사회 전체에 변화를 일으켰다. 무엇보다 **인식의 변화**를 가져왔다. 국민의 감수성은 물론 전통과 권위라는 타성에 젖어 있던 법조인들 자신의 의식이 달라졌다. 무엇이 문제인지 드러내어 고쳐 나아가야 할 **개혁 과제를 정리**하여 제시했다. 대표적 기득권층이자 특권 계급이었던 법조인들 **권위 의식의 감소**가 나타나기 시작했다. 판사와 검사가 시민적 논의에 참여하고, 법원 검찰의 내부에서 관료제 탈피의 움직임이 일어나고 있다. 법조계도 그 바깥의 세상과 마찬가지로 **민주적 합리성을 중시**하는 분위기가 종전보다 강화됐음이 분명하다.

이런 추상적이고 또한 구체적인 성과에도 불구하고 사법 감시 활동은 몇 가지 문제점을 드러내고 있다. 앞에서 지적한 문제점들의 해결이 바로 내일의 과제가 됨은 당연하다. 그리고 또 다른 과제가 있다면 보다 효율적인 성과를 기대할 수 있도록 다른 사법 감시 활동 단체가 결성되어 가세해야 한다는 것이다.

사법감시센터는 미래의 **새로운 목표**를 설정할 필요가 있다. 출범 당시의 목표를 그동안 활동에 대한 성찰로 재정비함은 물론이고, 앞으로 사법 감시 활동의 목적은 어디로 향한 무엇인지를 정해 둘 의무가 있는 것이다.

미래에 어울리는 새 목표를 설정하기 위한 필수불가결의 조건은 **창의성의 발휘**다. 과거 출발점 역시 당시의 평범한 생각을 뒤엎는 발상에서 비롯한 것이었듯이, 내일의 목표는 누구도 쉽게 생각해 낼 수 없는 신선하고 도전적인 아이디어로 만들어 내야 한다. 그런 부담스런 과제를 수행하기 위한 준비 모임의 구성부터 파격적으로 해 보는 것도 하나의 방법이 될 터이다.

현재의 사법감시센터는 실질적으로든 형식적으로든 **독립한 활동 기구**로 재탄생할 필요가 있다. 재정의 독립을 바탕으로 의사 결정과 집행을 자율적으로 할 수 있는 구조를 갖추어 가야 한다. 이것은 종합적 시민운동 단체인 참여연대의 분화만을 의미하는 것이 아니다. 그렇게 함으로써 비로소 사법 감시 활동의 전문성과 집중성을 드높일 수 있기 때문이다 참여연대는 창설 10주년을 맞아 향후 10년을 내다보는 중장기 실천 계획을 수립하였는데, 거기서도 각 활동 기구의 사실상 분화 또는 독립을 전제로 한 자율화와 전문화를 과제로 설정하였다(「참여연대 10년의 기록」, 439면 이하 참조).

새삼 11년 전으로 돌아가 본다. 법조계는 권력이었고, 국민은 그 아래의 피지배자나 다름없었다. 결코 지나친 과장이 아니다. 사법 감시라는 용어 자체가 허용될 수 있는가가 화제가 되었다는 사실만으로도 충분한 증거가 된다. 무엇보다 법원과 검찰이 국민의 신뢰를 얻지 못하고 있었다. 그 상황은 갈수록 악화될 조짐이었다. 그 사이에 사법감시센터가 끼여 든 셈이다. 그대로 두었다면 다른 형태로 터져 버렸을지 모를 위기의 상황이었는데, 사법 감시 활동이 적절히 완화된 치유제 역할을 하였다고 말할 수 있겠다.

현대 물리학의 놀라운 발전도 원래 객관적으로 존재하는 만물의 구조와 방식을 발견했기 때문에 가능했던 것이 아니다. 뛰어난 물리학자들의 의심과 상상력이 머릿속에 먼저 그려 놓은 것을 실험과 관찰이라는 수단을 통해 창조하듯 찾아낸 것이나 다름없다. 우리가 보는 세계는 우리가 어떤 질문을 던지는가에 따라 달라지는 법이다. **감시의 미학**이 거기에 있다. 애당초 절대적으로 옳은 사법제도는 존재하지 않는다. 우리가 원하는 제도와 운용을 염두에 두고 감시하고 비판함으로써 그것을 이루어내는 것이다.

하지만 도전적이고 전투적이었던 사법 감시단의 지난 날 모습을 언제까지 계속 유지해야 하느냐는 전혀 다른 문제다. 어제는 옳았더라도 내일은 그렇지 않을 수가 있다. 누구나 항상 옳은 것은 아니다. 절대 그렇지 않다는 사실만 옳을 것이다. 다음 세대에는 사회 구성원 자체가 바뀐다. 법조계도 우리가 감지할 수 없는 상상력으로 무장한 새로운 세대의 사람들이 차지할 것이다. 그런 미지의 세대가 생각하는 사법체계는 지금과 다를 수밖에 없다. 그러므로 미래의 사법감시센터를 위해 그 공간에 어울리는 모습을 미리 그려두어야 한다. 지금의 사법감시센터는 아직 다가오지 않은 내일의 공간에 넘겨 줄 가건물이나 다름없다.[45]

---

45) 그러나 가건물도 아름답다. 여러 한계 상황에도 불구하고 사법감시센터의 활동은 제법 의미있는 성과를 기록했다. 그런 면에서 질책보다는 격려가 우선해야 맞을 것이다. 먼저 박수를 받아야 할 사람들은 11년째 사법감시센터를 지켜온 상근 간사들이다. 그동안 너무 자주 바뀌어 수가 많기는 하지만, 그 이름들을 열거하면 이렇다 - 문혜진, 신채호, 김성태, 조현희, 백미순, 이재명, 이영란, 임미옥, 전제일, 김윤희, 이송희, 박근용, 이지은, 배신정.

[토론 : 제 2 장 NGOs와 사법을 통한 권리 구제]

발 제 : 이찬진
이은우
차병직

지정토론 1 : 최영애(국가인권위원회 상임위원)

이찬진과 차병직의 발제는 공익법 운동의 배경과 전개 그리고 성과를 대해서 정리한 것이다. 그리고 법치주의의 담보에 있어서 참여연대 사법감시센터의 역할 및 활동유형에 대한 설명 및 성과에 대해서 설명하였다. 앞으로의 과제에 대해서도 잘 설명하였고 그 방향성에 대해서도 동의한다. 그래서 토론의 쟁점 찾기가 어렵다. 이은우의 발제는 정보운동의 현주소와 쟁점 그리고 성격에 대해서 정리한 것으로 보인다.

이찬진의 발제에서, 공익법운동에 있어서 법조인의 역할도 중요하지만 헌법재판소의 출현이 중요하다고 강조하고 있고 앞으로의 과제에 있어서도 헌재의 개혁을 중요하게 보고 있다. 이는 사법권을 통한 권리구제나 법치주의의 실현의 측면에서 헌재를 강조하고 있다고 생각하지만, 실제로 지금의 헌재가 갖고 있는 성향과 내린 판결을 살펴보았을 때 인적 개선점이 필요한데 이에 대해 충분히 지적되지 않았다고 생각한다.

이은우의 발제에서처럼 법치주의가 법원을 통해서만 실현되는 것이 아니라 여러 다른 정책이나 제도가 함께 수반되어야 되는데, 전반적으로 국가인권위원회의 역할에 대한 언급이 미흡하다고 생각한다.

차병직의 발제에서, 사법감시의 대상이 주로 검찰과 같은 공적 조직에 거의 초점을 두고 있고 변호사 업계에 대해선 언급이 적다. 이는 공적영역에 속한 법조인이 수많은 사적 영역의 변호사보다 감시 대상으로서 중요하기 때문인지, 아니면 앞으로는 변호사업계에 대해서 감시활동을 하실 건지? 예를 들어, 근래의 대한변호사협회에서 발표하는 의견서는 진보진영에 대해서 왜곡된 내용들을 담고 있으며 이는 상당한 신뢰도를 형성하고 시민사회에 영향을 미치고 있다고 생각하는데, 이에 대한 감시활동 계획은 무엇인지 알고 싶다?

이은우의 발제에서, 정보운동에 있어서의 현 운동 성격상 쟁점에 대해서 설명하고, 그동안의 수단에 대해서 검토하고자 하였으나, 실제로 구체적인 검토는 없는 것 같다. 그동안 국가위원회의 정보인권 관련 활동에 대해서 리뷰가 이루어지지 않았고, 앞으로의 과제를 설정하는 데에 있어서도 그러하다.

심포지엄의 방향이나 배경에 있어서 법치주의의 실현이 민주주의에 중요하다는 기조인데, 차병직의 발제에서 법치주의의 실현이 민주주의의 완성이라고 말하고 있는데, 법치주의는 민주주의 실현에 있어서 하나의 중요한 도구이지 목적이라고 생각하지 않는다.

또한 NGO의 활동에 있어서 법조인이 조력자여야 한다는 의견에 대해서, 운동의 주체와 보조자를 구분할 필요가 없다고 생각한다. 법조인이 중심이 되는 영역도 필요하다고 본다.

반면, 발제의 내용이 법조인을 법치주의를 실현하는 주체로서 상정하고 그 역할에 주목하고 있다. 이는 물론 법조인이 법치주의 실현이라는 직접적 목적을 갖고 활동하기 때문인데, 일반 시민과 시민단체 활동가의 참여와 주체화를 어떻게 이룰 것인가에 대한 고민이 필요하다 생각한다. 참여연대의 경우에도 비법조인이 실행위원이 될 수 있지만, 실제로는 그렇지 못하다. 비법조인의 참여와 주체화가 없다면 또 다른 문제가 발생하게 될 것이다.

지정토론 2 : 김지연(평화인권위원회 활동가)

활동가로서 법에 대한 일반적 입장에 대해서 애기 하고자 한다. 정보운동과 관련해서 실제로 법안을 입법화하는 작업에 참여한 적이 있지만, 그러한 활동이 법치주의를 목적으로 한 것은 아니라고 생각한다. 법이란 사회적 합의를 거쳐서 형성되고 사회를 운영하는 것으로 이해하고 있지만, 실질적으로는 그렇지 않다. 아무리 시민단체를 통해서 초안되고 입법화되더라도 그 법을 해석하고 실행하는 주체는 권력층이고 입법의 의도와는 달리 해석되고 집행되는 문제가 발생하는 것이 사실이다.

특히, 헌법에 대한 해석에 있어서도 마찬가지이다. 최근 헌재의 보수적 판결의 경험이 있듯이, 활동가로서 그 운동의 법적 접근의 실효성에 대해선 의문이 든다.

사법감시 운동과 같은 법적 접근방식의 운동에 대해서 발제를 통해서 충분히 그 의미를 인식하고 동의하지만, 활동가의 입장에서는, 법 중심의 활동을 지향하는 것이 아니라 법은 사후처리의 수단으로 여길 뿐이다. 즉 법은 문제가 발생한 후에 그것을 제도화함으로써 좀더 안정한 형태로 사회를 유지하는 하나의 범위를 형성하는 정도이고 그러한 과정에서 대중의 발의를 얼마나 이끌어 내느냐 하는 것이 쟁점인데, 그러한 부분도 미흡하다고 생각한다.

이은우의 발제에서, 정보운동에 있어서 시민사회가 의제설정의 기능을 상실하였다고 하였는데, 입법활동이 전개되는 순간 의제설정을 다른 형태로 만들어 나가는 가능성을 배제하게 된다고 생각한다. 개인정보보호법의 경우, 많은 활동가들이 여러 다양한 자료를 검토하고 고민하여 법안을 작성하는 등 입법과정에 참여하였지만 법안이 작성되면서 정보인권과 관련된 많은 다른 권리들과 논의를 그 법안이 충분히 감지하고 있는지 의문이다. 개인정보보호법이 만들어졌을 때, 정보운동이 하고자 하는 바들이 충분히 반영될 수 있는지도 의문이다. 또한 활동가의 입법과정 참여로 인해 운동의 범위가 정보운동이 새로운 범주를 개척하고 확대하는 대신, 참여했던 법안에 대한 감시 기능 수준으로 한정될 우려가 나타나고 있다.

헌재를 비롯한 법제의 개혁을 위해선 활동가와 전문가들의 공동의 노력이 요구되는데, 운동의 방향이 이러한 법적 접근을 취하게 될 경우, 전문가의 수준에서 참여하고 이해할 수 있는 수준의 운동으로 가게 되고, 일반 시민이나 활동가는 소외될 가능성 즉 대중의 지지력 상실 가능성이 존재한다.

지정토론 3 : 박은정(서울대 법대 교수)

우선 차병직의 발제를 중심으로 말하겠다. 우리사회에서 사법감시 활동의 성과는 실로 컸다고 생각한다. 사법(법조인) 모니터링과 법조인 자료실 운영 등 다양한 방식의 활동이 많은 사회적 파급효과를 가져왔다. 특히, 법조인의 인식과 의식의 변화에 큰 역할을 수행하였다 생각한다. 현재 사법감시 활동에서 다루었던 사안의 80%가 제도화 과정에 있고 제도화되지 않고 있는 부분은 사회적 의제로서 사법 제도의 개혁안으로 논의가 되고 있다. 그러나 부분적으로는 사법감시 활동에 침체도 나타나고 있다. 총체적으로 이런 부분을 인정하더라도 사법감시가 성공적이었다고 생각한다. 앞으로의 과제로서 변호사와 관련된 활동 프로그램을 다양화하고 강화해야 할 듯하고, 여러 사법 주체 사이들의 혈액순환이 사법 정의를 실현하는 것이라고 생각한다면 이 주체들의 협동모델을 만드는 것이 중요하다.

이찬진의 발제에서, 정교한 공익법 활동을 펼쳐야 한다는 것과 다른 국면으로 변화하는 사회 관계에 대응하여 앞으로의 공익법 활동을 위한 담론을 지금 형성하여야 한다고 말하고 있다고 이해한다. 문제의식에 있어서는, 절차적인 민주주의의 정착단계에서 전성기를 누려왔던 한국 NGO의 특수한 사회적 위치는 심각하게 도전받고 변화를 요구받을 것이라고 했는데, 이에 대해 토론을 하고자 한다. 기본적인 기조와 문제 제기에 동감한다. 공익소송의 법률서비스가 확대될 것인데, 앞으로 집단소송제나 시민소송제에 따른 부작용과 사회비용을 고려한 프로그램을 개발하는 것이 중요하다고 한 점에도 동감한다. 또, 입법과정에 대한 시민사회활동가의 참여 확대가 이루어지면서, 엔지오의 역할의 정체성 문제와 같은 부정적인 증세에 대해서 언급하였는데, 앞으로 정부, 엔지오, 학계를 따로 나누는 장벽이나 경계가 크지 않다고 생각한다. 이러한 경계에 대한 구분이 과거와는 달리 별 다른 의미가 없어졌다고 본다. 우리 사회가 민주화는 진척이 되었는데, 사회의식이 명백히 떨어진다고 한다면, 장벽을 허물고 모두가 참여하여 고민해야 할 문제라고 생각한다.

공익프로그램을 학교교육, 특히 법과대학 교육과정에 안착시키는 것이 필요하다. 현재 몇몇 대학에서 운영되고 있는데, 대학의 변방 프로그램이 아니라 핵심 프로그램으로 정착할 필요가 있다고 본다.

공익법운동이 입법운동으로 전개될 경우, 입법운동이 예산과 연관되는 부분까지 함께 내놓을 수 있도록 범위가 확대되어야 할 것이다.

제 3 장

NGO와 입법형성

제1절 입법운동의 조건 및 성과와 한계

김 기 식*

Ⅰ. 입법운동[1] 활성화의 조건과 의미

민주화의 의미는 여러 가지 차원에서 정의할 수 있겠지만, 정치권력의 민주화 과정이자 삼권분립과 법치주의가 확립되어가는 과정이라고도 할 수 있다. 권위주의 독재체제 하에서 입법부와 사법부는 정치권력의 정점인 대통령을 수반으로 한 행정권력의 지휘, 통제를 받으며 헌법이 정한 기능과 역할을 제대로 수행하지 못했다. 독재체제는 삼권분립의 관점에서 보면 입법, 사법 권력에 대한 행정권력의 우위를 의미하는 것이기도 하다. 국민의 대의기관인 입법부는 '통법부'라는 비아냥을 들어야 했으며, 사법부는 '권력의 시녀'로 전락하여 국민의 기본권을 수호하는 본연의 임무를 제대로 수행하지 못했다. 권력이 법 위에 존재하는 현실에서 민주화와 개혁, 국민의 요구 실현과 권리 보장은 법률의 제·개정이나 사법 심판 등 제도적 틀을 통해 실현될 수 없었다. 또한 독재체제 하에서의 행정 우위 현상은 입법이 미비하거나 법률적 근거가 모호한 상태에서 국민의 생활에 직접적으로 영향을 미치는 많은 부분이 포괄적으로 위임된 행정 재량 행위에 의해 결정, 집행되는 결과를 초래하였다. 당연한 결과로 사회운동은 거리에서의 정치투쟁이라는 비제도적 방식에 의한 정치권력의 민주화에 집중할 수밖에 없었고, 입법 영역과 사법 심판은 관심의 대상이 되지 못했다.

---

* 참여연대 사무처장.

1) 여기서 '입법운동'이란 법안 혹은 조례의 청원, 의견 개진, 로비활동, 집회, 시위, 의정 모니터, 주민투표, 주민소환 등 법률과 조례의 제 · 개정과정에 영향을 미치는 일체의 활동을 의미한다.

87년 6월 항쟁 이후 민주화는 앞서 지적한 것처럼 한편으로 입법부와 사법부의 헌법상의 위상을 회복시켜 주었다. 이제 정파성 문제를 논외로 하고 과거의 기준에서 볼 때 사법부의 정치권력으로부터의 독립을 의심하는 사람은 없다.[2] 국회의 권력 역시 대통령을 탄핵할 만큼 과거와 비교할 수 없이 강화되었다. 국회의 권력 강화는 정치적 영역에서만이 아니라 행정부에 대한 견제, 입법권의 행사 등 헌법상의 국회 기능의 강화로도 나타났다.

입법부와 사법부의 권력과 기능이 강화됨에 따라 국민의 요구도 증대하고, 사회운동에도 이러한 변화가 반영되었다. 민주화는 운동의 제도적 접근을 가능하게 하고, 한편으로 강제하였다. 제도를 통한 혹은 제도의 변화를 통한 문제 해결의 가능성이 열려진 조건에서 비제도적 투쟁만을 고수해서는 국민적 지지를 유지하기 어렵게 되었고, 기약할 수 없는 혁명적 변화보다는 실현 가능한 개혁의 대안을 기대하는 대중의 요구에 부응하지 않을 수 없었던 것이다.[3] 정치적 민주화가 진전됨에 따라 경제, 복지, 환경, 교육, 교통, 여성 등 그동안 유보되었던 다양한 분야에서의 국민적 요구가 분출한 것도 운동의 변화 요인이 되었다. 이런 운동조건의 변화는 시민운동의 활성화로 나타났다. 특히 94년 창립한 참여연대는 운동의 제도적 접근을 적극화하여 공익소송과 함께 입법운동을 주요한 운동 전략의 하나로 삼았다. 이는 개량의 시대, 운동의 목표가 법과 제도를 만들고 개혁하는 것으로 일정 부분 수렴될 수밖에 없고, 그것이 사회 변화를 촉진하는 적극적 의미도 있었기 때문이다. 또 개혁을 제도화하여 공고화하는 효과, 대중운동의 매개적 수단이 되는 측면 등도 고려되었다.

90년대 이후 입법운동의 활성화는 민주화와 이에 따른 삼권분립 및 법치주의 확립의 결과이자 대의제의 한계를 보완함으로써 민주주의를 심화시키는 참여민주주의의 실현과정이기도 하다.[4] 그리고 이는 운동 내적으로 보면 제도권 밖에서 제도권 내부로 운동의 중심 무대가 이동하였음을, 또한 운동의 전략이 강령적 정치투쟁

---

2) 최근에는 사법부가 정치권력으로부터 독립하는 것에서 나아가 국민으로부터 독립하고 있다는 비판이 제기되고 있을 정도이다. 즉 보수적 사법관료엘리트가 사법권력을 지배하면서 사법권력의 민주적 정당성이 오히려 문제가 되고 있는 현실이다.

3) 93년 출범한 김영삼 정부를 '군복 벗은 민간 파시즘'으로 규정한 당시 사회운동의 주류는 비제도적 정치투쟁전략을 고수함으로써 스스로 대중적 영향력을 상실하였다.

4) "새로운 시대를 맞이하여 참된 민주주의를 건설하기 하기 위한 행동은 사회와 정치무대의 한복판에서, 그리고 국민의 일상생활의 과정에서 일어나야 합니다 … (중략) … 몇 년에 한 번씩 투표를 함으로써 나라의 주인의 지위를 확인할 수 있는 것이 아닙니다. 명실상부한 나라의 주인이 되기 위해서는 매일매일 국가권력이 발동되는 과정을 엄정히 감시하는 파수꾼이 되어야 합니다"(참여연대 창립 선언문 중).

에서 정책적 대안을 제시하고 이를 관철하는 방식으로 변화되었음을 의미한다.

Ⅱ. 입법운동 관련 제도와 현황[5)]

1. 행정부 및 국회 관련 제도 현황

(1) 입법예고 제도

입법 예고 제도는 입법 시기와 내용을 법안 결정 및 심의 전에 미리 국민에게 알려 제도 변화에 대한 예측 가능성을 높이고 국민이 의견을 제시할 수 있도록 함으로써 입법과정에서 국민의 참여를 유도하는 제도다. 입법예고 제도는 법안 제출권을 가진 행정부와 국회가 각각 행정절차법과 국회법을 통해 규정하고 있는데, 행정입법예고는 법률안 제출 이전 단계의 절차이고, 국회입법예고는 법률안 제출 이후의 심사단계의 절차이다.

행정부의 경우, 1996년 제정된 행정절차법에 따라 국민의 권리나 의무 또는 일상 생활과 밀접한 관련이 있는 법령 등을 입법하려고 할 때 입법 예고를 하도록 하고 있다. 다만 구체적인 기준과 절차는 대통령령에, 이는 다시 법제업무운영규정에 위임하고 있으나, 이 규정이 예외없이 모든 법률을 입법예고 대상을 하고 있는 점에서 사실상 모든 법령을 예고 대상으로 하고 있다고 볼 수 있다. 입법예고는 관보, 공보, 신문, 방송, 컴퓨터 통신 등의 방법으로 하며, 그 기간은 최소 20일이나 긴급한 사정이 있을 경우 법제처장 협의를 거쳐 20일 미만으로 할 수 있다. 그러나 행정절차법 제41조 제 2 항에 따라 입법이 긴급을 요하거나, 입법내용의 성질 또는 기타 사유로 예고의 필요가 없거나 곤란하다고 판단하는 경우, 상위 법령의 단순한 집행을 위한 경우, 예고가 공익의 현저한 불이익을 미칠 경우에는 입법예고를 하지 않을 수 있다. 행정청은 입법예고를 할 때 의견 접수 기관과 기간 등 필요한 사항을 함께

5) 헌법 제130조는 헌법개정에 대한 최종 결정권을 국민에게 부여하고 있다. 따라서 국민이 결정권을 갖는 최고의 상위 법률인 헌법개정문제에 대한 개입이야말로 입법운동의 가장 높은 단계라고 할 수 있다. 이후 전개될 개헌 정국에서 시민사회운동이 어떤 내용과 전략으로 개입할 것인가는 입법운동 차원에서 깊이 고민할 사안이다. 또 행정수도 이전 관련 헌법소원 사건에서 비록 소수의견이기는 했으나 행정수도 이전 관련 법률을 국민투표에 회부했어야 한다는 견해가 제시되었던바, 국민투표의 대상 범위와 요건, 절차 등을 보다 명료하게 헌법과 법률에 규정할 필요가 있고, 국민의 직접적 결정권을 보다 강화하는 방안을 검토해 볼 수 있으나 이 글에서는 이 부분들은 논외로 한다.

공고해야 한다. 따라서 누구든지 입법안에 대하여 의견을 제출할 수 있고, 한편 행정청은 이를 존중하여 처리하고 그 결과를 통지해야 한다(행정절차법 제44조). 이러한 입법예고 절차를 위반한 경우 법률의 효력을 무효화할 수 있는가에 대해서는 논란이 있으나 대통령령, 총리령, 부령, 자치법규의 경우 명백한 위반시 무효를 선언할 수 있다.[6)]

국회의 경우, 국회법 제82조의2에서 법안이 회부된 상임위가 국회공보 등을 통해 입법예고를 할 수 있다고 규정하고 있고, 그 방법 및 절차를 국회규칙으로 정하도록 하고 있다. 그러나 이 규정 외에도 국회법 제59조는 발의 또는 제출된 법률안이 그 위원회에 회부된 후 일부개정법률안의 경우 15일, 제정법률안 및 전부개정법률안의 경우에는 20일(법제사법위원회의 체계·자구심사의 경우에는 5일)을 경과하지 아니한 때에는 이를 의사일정으로 상정할 수 없도록 하고 있고, 또 법안 발의, 본회의 보고 및 상임위 회부, 의안 배포 및 국회 공보 발행, 상임위 보고 및 심의 등 국회법이 정한 의안 처리 절차 규정에 따라 통상 법안이 제출되고 처리되기까지 상당한 기간과 절차가 요하는 바, 이를 통해 사실상 입법예고가 이루어지고 있다고 볼 수 있다. 물론 국회법의 여러 규정에 의해 교섭단체 합의나 국회의장 직권으로 이런 절차를 생략하고 상임위 혹은 본회의에서 법안을 상정, 처리할 수 있다. 하지만 교섭단체 합의 상정의 경우, 대개 제출된 법안의 수정안을 회기말 정치적 타협을 통해 통과시키기 위해 사용되고, 국회의장의 직권 상정의 경우도 정치적 공방과정에서 정치적 타협이 불가능한 경우 사용된다는 점에서 법률상 절차를 생략할 수 있다는 의미이지 현실적으로는 상당기간의 법안 심의가 진행된 조건에서 절차가 생략되는 것이기 때문에 국회에서의 입법이 사전예고 없이 처리되는 경우는 실제로 없다. 특히 국회법은 제58조 제 5 항에서 법률의 제정이나 전문개정의 경우 공청회를 개최해야 한다고 규정하고 하고 있고,[7)] 공청회 및 위원회 심의 과정에서 직·간접적으로 국회의원이 아닌 자가 의견을 제출할 수 있는 길을 열어두고 있다.

그러나 행정부와 국회의 입법예고제도가 법의 취지대로 운영되고, 효과를 발휘하고 있느냐에 대해서는 회의적이다. 행정부의 경우 제출된 의견에 대해 그 결과를 통지하는 경우는 거의 없고, 그것이 어떻게 반영되었는지, 반영되지 않았다면 왜 그런지에 대해서는 전혀 통지하고 있지 않다.[8)] 그나마 있는 행정청의 회신은 사실

---

6) 차병직, 「NGO와 법」, 이화여자대학교 출판부, 2002, 51-55면.

7) 단, 위원회의 의결로 생략할 수 있다.

8) 입법예고된 법안에 대한 의견 제출시 그 처리 결과를 통지하지 않는 것은 행정절차법 제44조를 위

상 단지 의견 접수를 확인하는 것에 불과하다. 참여연대나 일부 시민단체의 경우 제출된 의견에 대한 처리 결과를 비공식적으로 통보받기도 하나, 이는 매우 이례적인 것이며, 그 이유도 해당 시민단체의 위상 혹은 관계를 고려한 것으로 입법예고제도 때문이라고 보기 어렵다. 많은 경우는 아니나 법안에 대한 의견수렴은 오히려 법안을 성안하여 입법예고하기 전 단계에서 각종 위원회나 공식, 비공식 간담회 등을 통해 실질적으로 이루어지는 경우가 있다. 그러나 이 역시 입법예고제도와는 무관한 것이다.

국회의 경우, 사실상의 입법예고기간이라 할 수 있는 법안제출 후 법안 처리까지의 기간 동안 법안을 심의하는 상임위가 공청회 개최를 제외하고 공식적으로 의견제출을 요청하거나 제출된 의견에 대해 그 처리 결과를 통지한 경우는 거의 없다. 의견 제출 요청이나 실질적인 의견 수렴, 그 결과의 통지는 국회가 아니라 정당 차원에서 대개 이루어지고 있다. 하지만 이 역시 입법예고제도와는 무관한 것이다.

(2) 입법청원 제도[9)]

모든 국민은 법률이 정하는 바에 의하여 국가 기관에 문서로 청원할 권리를 가지고, 국가는 청원에 대하여 심사할 의무를 진다(헌법 제26조). 법령 뿐만 아니라 명령이나 규칙의 제정·개정·폐지는 청원의 대상이다(청원법 제4조 제3호). 입법청원은 정부를 포함한 국가 또는 공공 단체 어디에도 할 수 있으며(법 제2조), 국회에도 할 수 있다(국회법 제123조). 지방의회에 대한 입법청원도 역시 가능하다(지방자치법 제65조). 국회에 입법청원을 할 경우에는 반드시 의원 소개를 통하여 청원서를 제출해야 한다(국회법 제123조 제1항). 국회가 청원서를 접수하면, 의장은 청원요지서에 청원인 인적사항과 소개의원, 접수일을 기재하여 의원에게 인쇄·배부하고 소관 위원회에 심사 회부한다(국회법 제124조). 위원회는 청원심사를 위해 청원심사소위원회를 둔다(제125조). 소위원회는 회기에 관계없이 활동한다(국회청원심사규칙 제8조 제2항). 국회에 청원한 입법안을 청원자 이름으로 상정할 수는 없으므로, 일반 절차를 거치다가 위원회안이나 의원안으로 채택되거나 수정되어 정식 입법절차에 회부할 수

반하는 것이나, 위반시 제재조항이 없어 이 조항은 사실상 사문화되어 있다.

9) 청원제도는 법령에만 한정되는 것은 아니나 이 글에서는 국회에 대한 입법청원에 한정한다. 일반적으로 행정부에 대한 청원은 법령외 일반 민원 사항이 주된 것이고, 국회의 경우는 대개 법령이 주된 것이 되고 있다. NGO가 행정부에 법률을 청원하는 경우는 거의 없으며, 대개 국회에 제출한다. 이는 입법권이 궁극적으로 국회에 있기 때문이기도 하지만 국회가 상대적으로 여론에 민감하고 로비가 용이하며 법안 처리가 신속하기 때문이다.

있다. 그렇지 않을 경우 폐기된다. 위원회에서 본회의에 부의하지 않기로 결정한 청원은 의장에게 보고하고, 의장은 민원인에게 통지한다. 그 때 의원들에 대한 로비활동을 펼쳐 30인 이상의 찬성을 얻을 경우 입법안을 본회의에 부의할 수 있다(국회법 제125조 제6항). 그 외 청원접수, 소관 위원회 회부, 본회의 의결, 정부 이송 등의 모든 경우에도 청원인에게 통지한다(국회 청원심사규칙 제113조).[10]

16대, 17대 국회의 청원 처리 현황은 아래 표와 같다. 이를 보면 사실상 청원제도가 거의 무력화되어 있는 것으로 보인다.[11] 하지만 아래 통계는 청원안이 그 자체로 처리된 현황으로, 내용적으로 보면 그 결과는 다르다. 뒤에 상술하겠지만 참

<표 1> 16대 국회 청원처리 통계(2000-2004년)

위원회	접수	처리				
		채택	본회의 불부의	철회	폐기	계
국회운영위원회	8				8	8
법제사법위원회	68		17	1	50	68
정무위원회	32		1	1	30	32
재정경제위원회	56		38	2	16	56
통일외교통상위원회	18		3		15	18
국방위원회	46		14		32	46
행정자치위원회	88		9	3	76	88
교육위원회	42		11	2	29	42
과학기술정보통신위원회	8		1		7	8
문화관광위원회	33		10	1	22	33
농림해양수산위원회	28		6	2	20	28
산업자원위원회	73		57	1	15	73
보건복지위원회	99		66	2	31	99
환경노동위원회	49		18		31	49
건설교통위원회	74		28	4	42	74
정보위원회	2		1		1	2
정치개혁특별위원회	11		11			11
과거사진상규명에관한특별위원회	29		29			29
여성위원회	1				1	1
계	765		320	19	426	765

자료 : 국회 홈페이지 의안정보시스템 청원통계 (www.assembly.go.kr)

10) 차병직, 앞의 책, 47-50면.

11) 국회 홈페이지를 통해 확인 가능한 13대, 14대, 15대 국회의 경우도 청원이 채택된 적은 단 한 번도 없다. 유일하게 채택된 청원은 17대에 재정경제위원회에 부의된 '어업용면세유류낚시어선업공급에관한청원'이다. 이 청원은 면세유류 공급대상에 낚시어선업법상 낚시어선을 추가하도록 특례규정을 개정해달라는 것으로 정부에 대통령령을 개정하도록 청원을 채택하였다.

<표 2> 17대 국회 청원처리 현황(2005년 8월 4일 현재)

위원회	접수	처리					위원회 계류
		채택	본회의 불부의	철회	폐기	계	
국회운영위원회	3			1		1	2
법제사법위원회	12		7			7	5
정무위원회	6						6
재정경제위원회	27	1	12	1		14	13
통일외교통상위원회	3						3
국방위원회	9						9
행정자치위원회	30		1			1	29
교육위원회	16		8			8	8
과학기술정보통신위원회	2						2
문화관광위원회	10		6			6	4
농림해양수산위원회	3						3
산업자원위원회	7		1			1	6
보건복지위원회	22		1	2		3	19
환경노동위원회	7		3			3	4
건설교통위원회	29		7			7	22
정보위원회	1						1
특위	1						1
계	188	1	46	4		51	137

자료 : 국회 홈페이지 의안정보시스템 청원통계(www.assembly.go.kr)

여연대가 청원한 법률안의 상당부분이 전면, 혹은 부분 입법화되었고, 최근 통과된 호주제 폐지 민법 개정안, 성매매방지특별법안, 신문법 개정안, 과거청산 관련 법안 등의 경우도 NGO가 청원한 법률안이 상당부분 반영되어 입법화된 경우이며, 이런 경우는 점차 증가하고 있다. 이처럼 형식적인 처리 결과와 실제 현실간에 괴리가 발생하는 것은 청원자의 명의로 법안을 본회의에 상정 처리할 수 없는 제도적 한계가 있고, NGO가 청원한 법률안의 경우 대개 정치적·정책적 쟁점이 많고, 거의 예외 없이 정부 혹은 국회의원이 제출한 다른 법률안과 병합하여 심의되어 심의과정에서 수정, 처리되기 때문이다. 이미 쟁점이 형성된 법안이 아니라 96년 참여연대가 입법청원한 부패방지법의 경우처럼 전혀 새로운 법률안의 경우에도 거의 동일한 내용의 의원 발의안이 제출되어 그 안을 중심으로 법안을 심의하고 처리하는 것이 일반화되어 있다.

한편 청원 법률안의 처리 결과와는 별개로 국회는 청원자에게 형식적인 처리 과정과 결과만을 통지할 뿐 반영된 내용이나 반영하지 않은 사유 등에 대해서는 거의 알리지 않고 있다. 물론 NGO의 경우 입법청원 후 그 과정과 결과를 모니터하는 것이 일반적이기 때문에 이에 대해 파악할 수 있으나 제도의 운영상의 문제임은 분명하다.

(3) 공청회 및 청문회

국회법은 제58조 제5항에서 제정법률안과 전문개정법률안에 대해서는 공청회 또는 청문회를 개최하여야 한다고 규정하고, 제64조 제1항과 제65조 제1·2항에서 중요안건에 대해 위원회의 의결 혹은 재적의원 1/3 이상의 요구로 공청회 및 청문회를 개최할 수 있도록 하는 등 개최 요건 및 절차를 규정하고 있다. 그러나 이런 제도에도 불구하고 입법 관련하여 청문회가 개최된 예는 없으며, 공청회의 경우도 매우 제한적으로 개최되고 있다. 심지어 법률 제정 및 전문 개정의 경우에도 위원회의 의결로 공청회나 청문회가 생략되는 경우가 많다. 공청회가 개최되는 경우에도 사안의 중요도나 전문성, 복잡성를 고려하지 않은 일회적인 절차에 불과한 경우가 대부분이고, 이미 알려진 쟁점에 대한 이견을 확인하는 수준에서 진행되어 실제 법안 심의에 영향을 미치는 경우는 드물다.[12] 때문에 NGO의 경우 대개 공청회나 청문회보다는 정당의 주요 당직자나 해당 상임위 소속 위원에 대한 로비, 소위원회 방청 등을 입법운동의 주요전략으로 하고 있다.

(4) 의정 활동 공개 제도

의정 활동의 공개성, 투명성은 입법운동의 중요한 조건이다. 법안의 처리 과정이 공개되어야 적절히 의견을 제출할 수 있고, 로비전략의 수립 및 실행, 모니터 및 이를 통한 압박 등 입법운동이 가능하고 효과적으로 전략을 구사할 수 있기 때문이다.

국회의 모든 회의는 공개를 원칙으로 한다. 원칙적으로 방청이 허용되고, 속기록 작성이 의무화되어 있다. 그러나 위원회의 의결로 회의는 비공개할 수 있으며, 방청은 허가제로 위원회의 의결이나 위원장의 결정으로 불허될 수 있다. 이 중 소위원회의 공개성, 투명성을 보장하는 문제는 매우 중요하다. 우리 국회는 상임위 중심

12) 이런 점에서 호주제 폐지 민법 개정안의 처리 과정은 매우 이례적인 경우다.

체제이고 그 핵심은 소위원회다. 사실상의 법안 심의가 소위원회에서 이루어지기 때문이다. 상임위 전체회의가 비공개되는 경우는 정보위원회를 제외하고 거의 없으나, 소위원회의 경우 각 정당간에 사실상의 협상과 거래가 이루어지기 때문에 회의의 공개에 매우 소극적이어서 국회법의 규정과는 달리 사실상 비공개를 원칙으로 하고 예외적으로 공개하고 있는 실정이다.[13] 가장 중요한 소위원회 속기록의 작성도 국회법 개정을 통해 의무화되었으나 정당간 담합에 의해 현실에서는 그 개정 취지가 무력화될 가능성이 높다.[14] 회의 진행중 민감한 사안의 경우 속기록을 작성하지 못하도록 할 수도 있고, 합의하에 삭제할 수도 있다. 또 실질적인 협상을 비공식 회의나 간사간 협의 차원에서 진행할 가능성도 높다.

표결의 경우 인사 관련 안건을 제외하고는 공개 투표를 하도록 하고 있으며, 본회의는 전자투표를 실시하고 있다. 의원 개개인의 표결 내용을 모니터하여 이를 공개하고 평가하는 것은 의정활동 평가자료로서만이 아니라 입법운동상의 중요한 압력수단이 된다.

2. 지방자치제도상 제도 현황[15]

(1) 조례 청구 및 청원 제도

지방자치법은 조례의 제정 및 개폐와 관련하여 지방의회에 대한 청원 규정만이 아니라 자치단체장에 대한 청구 규정을 별도로 두고 있다.[16] 지방자치법은 제13조

13) 창립 당시부터 의정 모니터 사업을 진행해 온 참여연대의 경우도 소위원회 방청을 허가받은 경우는 지난 11년 동안 그리 많지 않다. 허용된 경우는 사실상 참여연대가 발의한 법안으로 국민 여론이나 명분상 입법이 불가피한 경우였고, 이마저도 심의 초기에만 허용될 뿐 법안의 처리 단계에 이르러서는 거의 불허되고 있다. 특히 예결위 계수조정소위원회의 경우 철저히 비공개로 운영되다가 17대 국회에서 처음으로 공개되었다. 그러나 소위가 공개되자 실질적인 협상은 공개된 회의가 아닌 비공식적인 협의를 통해 진행하는 등 편법 운영을 하고 있는 실정이다.

14) 소위원회의 경우 속기록 작성이 의무화되지 않고 회의록만 작성, 공개할 수 있도록 하다가 2005년 7월 국회법 개정을 통해 단서조항이 삭제되어 2006년 6월 1일부터 소위원회도 속기록 작성이 의무화되었다.

15) 행정절차법은 지방자치단체에도 적용되고, 지방의회의 경우도 국회법에 준하는 절차규정을 두고 있는 바, 여기서는 조례의 제정 및 개폐와 관련된 예고제는 논외로 한다. 한편 주민감사청구제도, 주민투표, 주민소송제도 등은 직접적으로 조례의 제정 또는 개·폐를 대상으로 하는 것은 아니지만 그 대상 사안과 조례가 밀접히 연관되어 있는 경우가 많고, 지방차지단체 및 지방의회의 구성원과 의사결정에 지대한 영향을 미치는 제도라는 점에서 입법운동 관련 제도로 보아 논의 대상으로 하였다,

16) 청원법은 법 제2조와 제4조를 통해 국민이 법률, 명령, 규칙의 제정, 개정 또는 폐지에 대해 모든 국가 또는 공공단체의 기관에 청원을 할 수 있도록 규정하고 있다. 그러나 중앙 행정청의 경우

의3에서 지방자치단체의 19세 이상의 주민 총수의 일정 비율의 범위 안에서 대통령령이 정하는 주민수 이상의 연서로 당해 지방자치단체의 장에게 조례의 제정이나 개폐를 청구할 수 있도록 규정하고 있다.[17] 법에 따라 지방자치단체의 장은 조례의 제정이나 개폐 청구가 있는 경우 청구인의 대표자를 선정하여 이를 청구인명부에 기재하고, 접수한 날부터 5일 이내 그 내용을 공표하여야 하며, 청구를 접수한 날부터 10일간 청구인명부 또는 그 사본을 공개된 장소에 비치하여 열람할 수 있도록 하여야 한다. 또 지방자치단체의 장은 청구를 수리한 날부터 60일 이내에 조례의 제정 또는 개폐안을 작성하여 지방의회에 부의하여야 하며, 그 결과를 청구인의 대표자에게 통지하여야 한다.[18]

지방의회에 대한 청원의 경우 국회법과 유사한 처리 절차를 지방자치법 제65·66·67조에 규정하고 있는데, 특징적인 것은 제68조에서 지방의회가 채택한 청원으로서 그 지방자치단체의 장이 처리함이 타당하다고 인정되는 청원은 의견서를 첨부하여 지방자치단체의 장에게 이송토록 하고, 이 경우 지방자치단체의 장은 이를 처리하고 그 결과를 지체없이 지방의회에 보고하도록 하고 있다는 점이다.

(2) 주민 감사 청구제도

지방자치법 제13조의4는 시·도는 500명, 제161조의2의 규정에 의한 50만 이상 대도시는 300명, 그 밖의 시·군 및 자치구는 200명을 초과하지 아니하는 범위안에서 당해 지방자치단체의 조례가 정하는 19세 이상의 주민수 이상의 연서로 시·도에 있어서는 주무부장관에게, 시·군 및 자치구에 있어서는 시·도지사에게 해당 지방자치단체와 그 장의 권한에 속하는 사무의 처리가 법령에 위반되거나 공익을 현저히 해한다고 인정되는 경우에는 감사청구를 할 수 있도록 규정하고 있다.[19] 감사청

법령에 대한 청원 처리 규정이 별도로 없는 것에 비해 지방자치법은 별도로 지방자치단체장에 대한 조례의 제정 및 개폐에 대한 청구권과 그 처리절차를 구체적으로 규정하고 있다. 이는 주민 참여적 요소를 중심하는 지방자치제도의 특성을 적극적으로 반영한 것이라고 할 수 있다.

17) 지방자치단체의 19세 이상의 주민은 시 · 도 및 161조의2의 규정에 의한 50만 이상 대도시에 있어서는 19세 이상 주민 총수의 100분의 1 이상 70분의 1 이하, 시 · 군 및 자치구에 있어서는 19세 이상 주민 총수의 50분의 1 이상 20분의 1 이하의 범위 안에서 당해 지방자치단체의 조례로 정하는 19세 이상의 주민수 이상의 연서로 당해 지방자치단체의 장에게 조례의 제정이나 개폐를 청구할 수 있다. 다만, 법령을 위반하는 사항, 지방세 · 사용료 · 수수료 · 부담금의 부과 · 징수 또는 감면에 관한 사항, 행정기구의 설치 · 변경에 관한 사항 또는 공공시설의 설치를 반대하는 사항은 제외된다.

18) 청구인의 서명에 문제가 있는 경우 이의신청을 할 수 있으며, 이의신청이 있는 경우 14일 이내에 심사하여 그 결과를 통지하도록 하고 있다.

19) 단, 수사 또는 재판에 관여하게 되는 사항, 개인의 사생활을 침해할 우려가 있는 사항, 다른 기관에서 감사하였거나 감사중인 사항 등은 제외한다.

구가 있는 경우 주무부장관 또는 시·도지사는 감사청구를 수리한 날부터 60일 이내에 감사청구된 사항에 대하여 감사를 종료하여야 하며, 그 결과를 청구인의 대표자와 당해 지방자치단체의 장에게 서면으로 통지하고 이를 공표하여야 한다. 또 주무부장관 또는 시·도지사는 주민감사청구를 처리함에 있어서 청구인의 대표자에게 반드시 증거제출 및 의견진술의 기회를 부여하여야 하며, 조치 요구내용과 당해 지방자치단체 장의 조치결과를 청구인의 대표자에게 서면으로 통지하고 이를 공표하여야 한다. 그러나 제13조의4 제 2 항에서 감사청구를 당해 사무처리가 있었던 날 또는 종료된 날부터 2년을 경과하면 제기할 수 없도록 함으로써 청구 대상을 제한하고 있는데 이는 합리적 이유 없이 제도의 취지를 훼손하는 것이라 아니할 수 없다.

(3) 주민투표

지방자치법 제13조의2는 주민에게 과도한 부담을 주거나 중대한 영향을 미치는 지방자치단체의 주요 결정사항 등에 대하여 지방자치단체장이 주민투표에 붙일 수 있으며, 주민투표의 대상·발의자·발의요건·기타 투표절차 등에 관하여는 따로 법률로 정하도록 하고 있다. 이와 관련하여 2003년 12월 29일 주민투표법이 제정되었다. 2004년 7월 29일 발효된 주민투표법은 지방자치법 제13조의2에 해당하는 사안과 중앙행정기관의 장이 지방자치단체의 폐치(廢置)·분합(分合) 또는 구역변경, 주요시설의 설치 등 국가정책의 수립에 관하여 주민의 의견을 듣기 위하여 필요하다고 인정하여 주민투표를 요구한 경우를 주민투표 대상으로 하고 있다. 우선 지방자치단체의 장은 중앙행정기관의 장으로부터 주민투표의 실시를 요구받은 때에는 지체없이 이를 공표하여야 하며, 공표일부터 30일 이내에 그 지방의회의 의견을 들어 그 결과를 관계 중앙행정기관의 장에게 통지하여야 한다(주민투표법 제 8 조 제 2 항 및 제 3 항). 또 지방자치단체의 장은 주민 또는 지방의회의 청구에 의하거나 직권에 의하여 주민투표를 실시할 수 있다(제 9 조 제 1 항). 주민투표청구권자는 주민투표청구권자 총수의 20분의 1 이상 5분의 1 이하의 범위 안에서 지방자치단체의 조례로 정하는 수 이상의 서명으로 그 지방자치단체의 장에게 주민투표의 실시를 청구할 수 있다(제 9 조 제 2 항). 지방의회는 재적의원 과반수의 출석과 출석의원 3분의 2 이상의 찬성으로 그 지방자치단체의 장에게 주민투표의 실시를 청구할 수 있다(제 9 조 제 5 항). 지방자치단체의 장은 직권에 의하여 주민투표를 실시하고자 하는 때에는 그 지방의회 재적의원 과반수의 출석과 출석의원 과반수의 동의를 얻어야 한다(제 9 조 제 6 항).

주민투표에 부쳐진 사항은 주민투표권자 총수의 3분의 1 이상의 투표와 유효투표수 과반수의 득표로 확정된다(제24조 제1항).

그러나 제정된 주민투표법은 주민의 주민투표 청구 요건을 지나치게 높게 설정하고 있고, 중앙행정기관의 장이 주민투표를 요구할 수 있도록 하고 있다는 점에서 주민참여자치제도라는 취지를 제대로 반영하고 있지 못하다.

(4) 주민소송제

지방자치법 제13조의5에 따라 주민감사청구의 규정에 의하여 공금의 지출에 관한 사항, 재산의 취득·관리·처분에 관한 사항, 당해 지방자치단체를 당사자로 하는 매매·임차·도급 그 밖의 계약의 체결·이행에 관한 사항 또는 지방세·사용료·수수료·과태료 등 공금의 부과·징수의 해태에 관한 사항을 감사청구한 주민은 그 감사청구한 사항과 관련있는 위법한 행위나 해태사실에 대하여 당해 지방자치단체의 장을 상대방으로 하여 소송을 제기할 수 있다.[20] 구체적으로 주민이 제기할 수 있는 소송은 당해 행위를 계속할 경우 회복이 곤란한 손해를 발생시킬 우려가 있는 경우에는 당해 행위의 전부 또는 일부의 중지를 구하는 소송, 행정처분인 당해 행위의 취소 또는 변경을 구하거나 효력의 유무 또는 존재여부의 확인을 구하는 소송, 당해 해태사실의 위법확인을 구하는 소송, 당해 지방자치단체의 장 및 직원, 지방의회 의원, 당해 행위와 관련이 있는 상대방에게 손해배상청구 또는 부당이득반환청구를 할 것을 요구하는 소송 등이다(제15조의5 제2항). 소송은 주무부장관 또는 시도지사가 주민의 감사청구를 수리한 날로부터 60일이 종료된 날, 감사결과 또는 조치요구내용에 대한 통지를 받은 날, 조치요구시 지정한 처리기간이 만료된 날, 이행조치결과에 대한 통지를 받은 날로부터 90일 이내에 이를 제기하여야 한다(제15조의 제4항).

지방자치단체의 장은 손해배상 또는 부당이득반환의 청구를 명하는 판결이 확정된 때에는 당해 판결이 확정된 날부터 60일 이내를 기한으로 하여 해당 당사자에게 그 판결에 의하여 결정된 손해배상금 또는 부당이득반환금의 지불을 청구하여야 한다. 다만, 손해배상금 또는 부당이득반환금을 지불하여야 할 당사자가 지방자치단체의 장인 경우에는 당해 지방의회 의장이 그 지불을 청구하여야 한다. 지방자치단

20) 그 구체적 요건은 주무부장관 또는 시·도지사가 감사청구를 수리한 날부터 60일을 경과하여도 감사를 종료하지 아니한 경우, 감사결과 또는 조치요구에 불복이 있는 경우, 주무부장관 또는 시·도지사의 조치요구를 지방자치단체의 장이 이행하지 아니한 경우, 지방자치단체의 장의 이행조치에 불복이 있는 경우이다.

체는 지불청구를 받은 자가 기한 이내에 손해배상금 또는 부당이득반환금을 지불하지 아니한 때에는 손해배상·부당이득반환의 청구를 목적으로 하는 소송을 제기하여야 한다. 이 경우 그 소송의 상대방이 지방자치단체의 장인 경우에는 당해 지방의회 의장이 당해 지방자치단체를 대표한다(제13조의6). 변상명령을 명하는 판결의 경우에도 마찬가지이다.

그러나 주민 소송제도는 소송제기 이전에 주민감사청구를 거쳐야 하고, 당해 행위가 있었던 날 또는 종료한 날로부터 2년을 경과한 때에는 원칙적으로 주민감사청구를 할 수 없도록 되어 있어 그에 따라 자동적으로 주민소송도 제기하지 못하게 되어 있으며, 지방재정에 손해를 끼친 자치단체장이나, 공무원, 업자를 상대로 직접소송을 제기할 수 없고, 지방자치단체에 대해 소제기를 요구하는 소송만 제기할 수 있는 등의 문제점을 안고 있다.[21)]

(5) 의정 활동 공개제도

지방의회도 국회와 마찬가지로 회의는 공개를 원칙으로 하고 있으나 위원회의 의결로 비공개로 할 수 있으며, 방청은 허가제로 운영된다. 특히 국회와는 달리 모든 회의에서 속기록 작성이 의무화되어 있지 않은 점은 공개성과 투명성 원칙에 비추어 심각한 문제다.

Ⅲ. 참여연대 입법운동 사례 분석

참여연대는 1994년 창립 이래 2005년 8월까지 모두 124건의 법안을 청원하였다.[22)] 이 중 16대 국회(2000년-2004년)에 청원한 법안은 59건이며, 17대 국회에 들어 2005년 8월 10일 현재 청원한 법안은 12건이다. 이 중 청원안이 그대로 채택되지는 않았지만 어떤 형식으로도 든 전면 혹은 부분 입법화된 법안은 부패방지법, 국민기초생활보장법, 증권관련집단소송법, 정치관계법 등 수십 건에 이른다. 이들 법안에는 정치관계법이나 부패방지법처럼 10년, 6년이라는 오랜 기간에 걸친 입법운동

21) 하승수, "주민참여제도개선방안," 「시민사회단체연대회의 발제문」 중, 2005.

22) 이는 동일 법률이라도 청원 내용이 다른 경우, 국회 임기 만료로 다음 국회에 다시 청원한 경우, 예산 청원 등을 포함한 수치임

을 통해 입법화된 경우도 있고, 국민기초생활보장법이나 상가임대차보호법처럼 불과 1년여 만에 제정 법률안이 입법화된 경우도 있다.[23] 각각의 사례마다 운동전략, 조건, 과정이 다르지만 이를 분석해보면 몇 가지 교훈을 얻을 수 있다.[24]

첫째, 새롭게 의제를 설정한 경우 시간의 문제이지 입법화에 성공할 가능성이 높다.

이는 문제의 심각성에 비해 이를 해결할 수 있는 제도가 부재하거나 기존의 제도가 근본적 결함을 가지고 있는 상황에 해당하기 때문이다. 이 경우 시민단체가 제기한 법안이 국민들에게 신선하게 다가가고, 동시에 정치권도 다른 제도나 정책을 이유로 이의 입법화를 전면적으로 부정하거나 회피하기 어렵다. 또 입법 논의과정에서 의제를 제기한 시민단체가 주도권을 행사할 수밖에 없다는 점도 입법 성공의 한 요인이라고 할 수 있다. 부패방지법, 국민기초생활보장법, 상가임대차보호법, 생명윤리법, 증권관련집단소송법, 소액주주권 관련 상법 및 증권거래법 개정, 공직자윤리법상 백지신탁제 도입 등이 이런 경우로 대개 제정법률안의 형태로 법안이 청원되었다.

부패방지법은 공익제보자 보호, 세부적인 공직자 윤리 규정의 법제화, 검은 돈의 흐름을 차단하기 위한 돈세탁방지제도의 도입, 공직부패를 엄격하고 독립적으로 수사할 고위공직자비리조사처의 신설을 주요 내용을 한 것으로, 이는 형법 등 기존 부패 관련 제도와는 차원을 달리하는 새로운 제도였다. 비록 검은 돈의 최대 수혜자인 정치권의 저항으로 인해 법 제정까지 상당한 시일이 걸렸지만 부패 사건이 터질 때마다 부패방지법은 가장 유력한 제도적 대안으로 제기되어 정치권이 끝내 입법화를 거부할 수 없었던 경우다.[25]

국민기초생활보장법도 IMF 외환위기 이후 초유의 대량실업이 발생하였음에도 불구하고 기존의 생활보호법이 연령적 기준 등으로 인해 전혀 기능을 발휘하지 못하

---

23) 대개의 경우는 입법까지 몇 년 이상이 걸리는 것이 일반적이다. 이런 점에서 부패방지법, 정치관계법, 증권관련 집단소송법, 사법개혁 관련 법안처럼 입법운동에 있어서도 지속성의 중요성은 두말할 필요가 없다.

24) 참여연대가 입법에 성공한 주요한 법안의 구체적인 입법화 과정은 차병직 외, 「짜고 치나 봅시다 - 참여연대 권력감시운동 10년」, 도서출판 시금치, 2004를 참조하기 바람.

25) 참여연대는 1996년 1월 24일 공청회를 통해 처음 부패방지법의 필요성을 제기하였고, 동년 11월 27일 15대 국회의원 157명을 받아 입법청원하였다. 그 직후 당시 야당이었던 국민회의가 그 주요 부분을 수용한 법안을 별도 발의하였으나, 집권 이후 태도를 돌변하여 법안을 축소, 왜곡하였고, 15대 국회 입법은 실패하였다. 결국 부패방지법은 2001년 6월 공직자 윤리 규정 법제화와 고비처가 빠진 채 공익제보자 보호 규정과 부패방지위 신설을 내용으로 통과되었으며, 9월 참여연대 원안에서 분리된 돈세탁 방지법도 고액현금거래보고제, 국내 금융거래에 대한 계좌추적권을 삭제하고 통과되었다.

는 등 근로능력이 있는 절대 빈곤층에 대한 대책이 부재한 상황에서 새롭게 제기된 대안으로 근로능력 유무과 상관없이 법령이 정한 최저생계비에 못 미치는 경우 원칙적으로 누구나 수급대상이 되고, 특히 각종 급여의 수급을 국민의 권리로 인정했다는 점에서 기존의 생활보호법과는 차원이 다른 제도라 할 수 있다. 이 법은 무엇보다 고실업시대 사회안전망 문제를 집중 제기하고, '사회안정망 구축=국민기초생활보장법 제정'이라는 등식을 사회적으로 인식시킴으로써 입법에 성공한 경우다. 이 법은 사회복지 관련 법제 중 권리성을 인정한 최초의 법률이라는 점에서 그 의미가 더욱 각별하다.

주택임대차보호법을 통해 주거 세입자의 권리가 일정하게 보호되고 있는 것에 비해, 외환위기 이후 경기 침체로 어려움을 겪으면서도 전혀 권리를 보호받고 있지 못하던 상가임차인의 권리 보호 문제를 제기한 상가임대차보호법, 분식회계·주가조작 등 수천억 원대의 피해가 발생함에도 불구하고 기존 민사소송제도로는 사실상 권리구제가 불가능한 집단 피해에 대한 권리구제 제도를 마련한 증권관련 집단소송법, 비록 개정법률안이었으나 내용상으로는 기업지배구조문제와 상법상에 사문화된 소액주주권을 의제화해낸 상법 및 증권거래법 개정법률 등은 모두 참여연대가 새롭게 의제화하여 입법에 성공한 사례들이다. 또 아직 입법화되지는 않았지만 배심제, 법조일원화, 로스쿨 등도 참여연대 창립 당시부터 사법개혁을 위한 제도개혁 의제로 제기되어 10년여 간의 운동을 통해 어떤 수준에서든 입법화가 예정된 사안들이다.

참여연대의 목적의식적인 의제 설정 방식의 입법운동 전략을 잘 보여주는 사례는 백지신탁제 등 공직자 이해상충 방지제도 도입 운동의 경우다. 부패방지법이 우여곡절 끝에 여러 개의 법률로 부분 입법화된 이후 부패방지법이란 상징적 의제가 사라진 조건에서 참여연대는 2기 반부패운동 전략을 고민했고, 그래서 선택한 것이 공직자 이해상충 문제를 새롭게 의제화하는 것이었다. 공직자 이해상충 방지제도가 거의 부재함은 물론 이에 대한 사회적 문제의식조차 형성되어 있지 않은 조건에서 참여연대는 정부 부처 장·차관과 국회의원의 주식 보유 실태 및 해당 직무와의 관련성에 대한 조사 결과를 연이어 발표함으로써 사회적으로 문제의식을 환기하고, 의제화에 성공하였다.[26] 그 결과 문제제기를 한 지 불과 1년 만인 2005년 4월 공직

26) 기존 공직자 윤리 규정은 법적 강제성이 없을 뿐만 아니라 본인이 아닌 이해관계가 있는 타인과의 관계에서 지켜야할 기준을 정한 것이나, 참여연대에서 제기한 이해상충 방지 제도는 공직자 본인의 재산 혹은 영리 활동이 직무와 관련되는 것을 사전에 미리 차단하자는 것이라는 점에서 다르다. 또한 이 제도는 사후 규제에 촛점이 맞추어진 다른 반부패 제도와는 달리 사전 규제제도이기도 하다. 국회법의 경우 상임위 배정시 직무와 사적 이해가 관련이 있을 경우 국회의장이 해당 의원을 다

자윤리법 개정이 이루어졌으며, 그 연장선상에서 2005년 6월 국회법 개정을 통해 국회의원의 상임위 직무관련 영리행위 금지 조항이 신설되었다.[27]

둘째, 상황적 요인은 입법운동 성공의 주요한 조건이 된다.

참여연대가 전개한 입법운동 중 가장 어려웠던 것은 선거법, 정치자금법, 정당법, 국회법 등 정치관계법 개정운동이었다. 이들 법안이 입법자인 국회의원들의 직접적인 이해관계를 반영하는 것이라는 점에서 어쩌면 이는 당연한 것이었다. 10년간의 운동이 거의 아무런 성과를 얻어내지 못하던 상황에서 2003년 하반기 시작된 대선자금 수사, 2004년 새해 벽두 발생한 비리 의원 체포동의안 부결 사태 등으로 인해 정치권 공멸의 위기 상황이 조성되지 않았다면 한국 정치사에 한 획을 긋는 2004년 3월의 획기적인 법 개정은 불가능했을 것이었다. 참여연대 등이 청원한 법안의 내용이 거의 그대로 유지된 채 통과된 국민기초생활보장법도 그 내용을 볼 때 1년여 만에 제정되었다는 것은 가히 경이적인 일이라 아니할 수 없다.[28] 이는 IMF 외환위기 이후 초유의 대량 실업 발생이라는 상황을 배제하고는 설명할 수 없다. 또 1995년 하반기 터진 전두환·노태우 비자금 사건이 부패방지법 제정 운동의 결정적 계기를 마련해 주었음도 분명하다.

그러나 모든 운동에서 마찬가지이지만 상황적 요인은 입법운동이 성공할 수 있었던 하나의 요인일 뿐이다. 10년간의 정치관계법 개정운동, 특히 2000년 낙선운동이 없었다면 2004년의 정치관계법 개정은 불가능했을 것이고, 94년 국민생활최저선[29] 확보 운동 당시부터의 문제의식이 없었다면 국민기초생활보장법과 같은 법안은 세상에 태어나지도 않았을 것이다. 또 97년부터 소액주주운동을 시작하지 않았다면 참여연대도 IMF 외환위기 이후 금모으기 운동이나 하고 있었을지 모른다. 준비되지 않은 주체에게 상황 변화는 그 자체로 별다른 의미가 없다. 상황을 적극적으로 활용하고 때론 상황을 만들어 내는 것, 그것이 바로 운동단체의 능력이다.

셋째, 입법운동은 직접적인 입법 로비활동과 함께 대중 운동 등 다른 운동적 수단과 결합될 때 더욱 효과적이다.

른 상임위에 배정하도록 한 규정이 있었으나 이 조항은 사실상 사문화되어 있는 실정이었다.

27) 공직자 이해상충 방지제도와 관련해 참여연대는 퇴직 공직자의 취업제한 제도를 개혁하는 입법운동도 전개하고 있다.

28) 때문에 일본, 영국 등 외국의 학계에서도 이 법과 그 제정과정에 대해 매우 높은 관심을 보이고 있으며, NGO의 역할론 연구에 있어 주요한 사례가 되고 있다. 덕분에 참여연대도 외국 사회복지 학계에 널리 알려지게 되었다.

29) 복지문제의 보편성을 보다 명확히 하기 위해 뒤에 '국민복지기본선'으로 재정의 됨

부패방지법이나, 상가임대차보호법 등은 새롭게 의제를 설정하였다는 점과 함께 다양한 대중운동 프로그램이 결합됨으로써 입법에 성공한 사례다. 참여연대는 1996년 부패방지법 제정 운동을 시작한 직후인 3월부터 한겨레신문과 '맑은 사회를 열자'는 캠페인을 시작하여 총 49회의 기획 시리즈를 연재하였다. 그 기간 동안 15대 총선 출마자를 대상으로 한 서명운동, 100만인 서명운동, 시민 걷기 대회, 전두환·노태우 부정재산 환수운동 등 다양한 대중운동이 전개되었다. 이런 대중운동 프로그램 외에도 6차례에 걸친 정책토론회와 마르코스 재산 환수 사례를 소개한 죠비토 살롱가 필리핀 상원의장 초청 강연회 등도 개최되었다. 당시 컴퓨터로 프린트하여 제작된 피켓은 이후 운동 단체의 피켓 문화를 완전히 바꾸는 계기가 되기도 하였다.[30] 상가임대차보호법도 상가임차인 조직, 민주노동당과 연대하여 법 제정이 이루어지기까지 1년 동안 수십 차례의 집회, 서명운동, 1인시위, 단축마라톤 대회, 농성 등이 전개되었다.

정책 토론회는 입법운동의 필수적 수단으로 참여연대는 청원 법안과 관련해 거의 대부분 청원 소개 의원의 협조로 국회에서 토론회 또는 공청회를 개최하였다. 이는 국회 공청회 제도가 거의 작동되지 않는 조건에서 이를 대체하여 의회 내 논의를 촉진하는 역할을 하였다.

입법운동은 법안을 먼저 제기하고 이후 운동을 전개하는 경우와, 다른 운동 과정이 선행되고 그 성과에 기초하여 법안을 청원하는 경우가 있다. 부패방지법, 국민기초생활보장법, 상가임대차보호법 등이 전자의 경우이고, 증권관련 집단소송법, 상법 및 증권거래법, 국민연금법 등이 후자의 경우다. 전자는 법안의 제기를 통해 대중운동의 계기를 만든다는 점에서 입법운동이 대중운동의 매개적 수단으로 활용된 경우라고 할 수 있다. 후자의 경우, 참여연대 운동에 있어 특징적인 것은 공익소송이 입법의 필요성을 사회적으로 환기시키는 중요한 수단이 되었다는 점이다. 삼성, 현대 등 재벌 기업을 상대로 한 고발, 주주대표소송 및 손해배상소송의 제기는 기업경영의 투명성을 제고하고 기업지배구조를 개선하기 위한 상법 및 증권거래법 개정이나, 집단 피해 구제를 위한 증권관련 집단소송법의 필요성을 구체적 사례를 통해

30) 참여연대는 보도자료 등 문서양식, 플랭카드 제작 기법 등은 물론, 운동 방식에서도 공익소송과 1인시위 등 새로운 방식을 도입하였고, 이러한 새로운 시도는 이후 운동단체에 보편화되었다. 공익소송의 경우 대중동원력이 취약한 시민운동단체에게 있어 효과적인 문제제기 수단일 뿐만 아니라, 그 전개 과정 자체가 운동의 과정이 되고, 승소할 경우 문제 해결을 법적으로 강제해 낼 수 있다는 있다는 점에서 매우 유의미한 운동 수단임에 틀림없다. 1인시위도 집시법의 문제를 주체적으로 극복한 방식으로 시위문화의 새 지평을 열었다고 해도 과언이 아니다.

사회적으로 확인시켜 주었다.[31] 공공자금관리기금법에 의해 정부가 임의로 국민연금 기금을 사용하는 것을 방지하고, 국민연금 기금운영의 민주성과 투명성을 제고하기 위한 제도 개혁을 목적으로 한 국민연금 손해배상 청구소송의 제기는 관련 법률 개정의 결정적 계기가 되었다.

법안이 시민사회단체의 공동의 관심사안인 경우 연대 사업이 입법운동의 성과를 보장하는 주요한 수단이 된다. 정치관계법 개정, 국민기초생활보장법 및 부패방지법 제정 운동 등이 이 경우다. 참여연대 등 시민단체들은 2003년 초 '정치개혁을 위한 시민단체 연대회의'를 구성하여 정치권과 시민사회가 함께 참여하는 정치개혁 범국민협의회의 구성을 촉구하는 연대운동을 전개하였는데, 실제로 2003년 11월 국회의장 직속 자문기구로 협의회가 구성되어 2004년 초 정치관계법 개정에 결정적으로 기여하였다. 국민기초생활보장법 제정운동도 참여연대, 민주노총 등 64개 단체가 참여한 '국민기초생활보장법제정추진연대회의'가 구성되어 연대 사업으로 진행되었고, 2000년 7월 38개 단체로 구성된 '부패방지입법시민연대'는 15대 국회 입법 실패를 딛고 2001년 6월 법안이 제정되는데 크게 기여하였다.

넷째, 치밀한 대국회 입법 전략을 수립하고, 적극적인 로비활동을 전개할 필요가 있다.

입법운동은 앞서 지적한 것처럼 로비활동만으로는 성공하기 어렵고, 대중운동 등 다른 운동과 결합되어야 성공 가능성이 높아지지만, 반대로 적극적 로비활동 없이 외부에서의 대중운동만을 전개해서도 성공하기 어렵다. 특히 법안의 최종 심의 단계에서나 국민들이 이해하기 어려운 전문적인 법안의 경우 로비 활동의 중요성은 한층 높아진다. 참여연대는 법안 청원시 거의 예외없이 로비전략을 수립하고, 다소 소모적이라고 할 만큼 집요하고 반복적인 로비활동을 전개하였다. 이는 어찌 보면 당연한 것이지만, 대형 사안이 연이어 터져 아무리 큰 이슈이고 국민적 지지를 받는 사안이라고 하더라도 일정 시간이 지나면 국민적 관심에서 멀어지는 현실, 지역주의적 정당구도로 인해 정책적 타당성이나 명분, 국민적 여론이 곧 입법으로 연결되지 않는 정치 상황을 반영한 것이기도 하다. 또 법안이 정작 입법 단계에서 취지가 훼손되거나 왜곡되는 것을 방지하기 위해서도 적극적 로비활동은 불가피했다.

국회 입법로비는 우선 적극적으로 지지하고, 의원 발의 등을 통해 법안을 추진

31) 이와 관련된 사례는 210억 원 배상토록 한 삼성전자의 이건희 회장 등에 대한 주주대표소송, 400억 원을 배상하도록 한 제일은행의 행장 등 경영진을 상대로 한 주주대표소송, 현대전자 주가 조작 사건시 50여 명의 주주들을 모아 제기한 손해배상소송 등 무수히 많다.

할 의원을 확보하고, 동조자를 만드는 한편, 법안에 소극적인 의원을 최소화시키고 적극적 반대자를 정치적으로 타격하여 고립시키는 전략을 구사하는 것이 일반적이다. 따라서 의원들의 성향이나 해당 법안에 대한 태도를 분석하는 것은 로비활동을 위한 가장 기초적인 작업이다. 구체적인 로비활동은 과거에는 당 지도부를 설득하는 것이 가장 중요했기 때문에 당 대표, 정책위 의장, 해당 정책조정위원장에 집중되었으나, 17대 국회 들어서 여야 모두 당적 통제가 약화되어 해당 상임위 의원들을 개별적으로 설득하는 것이 중요해지고 있다.[32)]

어느 정당이나 국회의원이든 국민의 지지를 받는 법안을 주도적으로 입법하여, 정치적 지지기반을 넓히고, 정치적 성과를 챙기고 싶어하는 것이 당연하다.[33)] 이러한 점을 잘 활용한 경우가 국민기초생활보장법과 상가임대차보호법 제정운동이다. 1998년 7월 23일 법안 청원 이후 1999년 6월 21일 김대중 대통령이 울산에서 법 제정을 약속하는 등 순항하는 듯 했던 국민기초생활보장법 제정 운동은 기획예산처 등 정부부처의 반대로 난관에 봉착하게 된다. 이에 기초법연대회의는 한나라당 지도부와 면담하여 법 제정의 필요성을 설득, 1999년 7월 6일 한나라당에 의해 시민단체의 요구를 전폭 수용한 법안이 발의된다. 이에 자극받은 당시 새천년민주당 지도부는 일부 정부 부처의 반대에도 불구하고 1999년 8월 12일 임시국회에서 전격적으로 법안을 처리한다. 상가임대차보호법 제정에 있어 결정적인 역할을 한 의원은 법사위 소속 천정배 의원과 최연희 의원인데, 이들을 동시에 집중 로비 대상으로 한 전략은 법 제정에 기여한 바 크다.

경제 관련 법안의 경우, 로비활동이 입법운동의 처음이자 끝이라고 할 만큼 결정적이었다. 이는 법안 자체가 매우 전문적이라 국민들이 이해하기 어렵고, 따라서 다른 대중운동 수단을 동원하기 곤란하기 때문이다. 상법, 증권거래법 개정이나 증

32) 2004년 국민연금법 개정 문제를 둘러싸고 연금 기여율과 수급율 조정을 보류하고, 수급권 관련 제도 개선 및 기금운용의 지배구조 개혁 방안을 선 처리하자는 참여연대의 주장을 당시 천정배 원내대표와 이목희 정책조정위원장 등 열린우리당 지도부가 전적으로 수용하였으나, 유시민 의원 등 보건복지위 소속 열린우리당 의원들의 반대로 법 개정이 무산된 예가 있다. 2004년 정기국회에서 처리된 간접투자자산운용업법 개정안의 경우도 열린우리당 지도부와 국회 재정경제위원회 소속 열린우리당 의원들이 입장을 달리하여 결국 의원 다수의 견해대로 처리되었다. 이런 현상은 정당 민주화라는 긍정적 측면을 보여주는 것이기도 하지만 개별의원들의 성향이나, 정치적 요인, 기업 등 소위 돈과 표를 매개로한 이익집단의 로비로 인해 국민적 여론과는 무관하게 법안이 처리될 수 있다는 점에서 각별히 유의할 필요가 있다.

33) 정치가 정상화될수록, 정당이 이념 · 정책 정당화될수록 정책과 법안의 정치적 중요성이 높아지는데 우리의 정치도 그런 경향이 점점 강화되고 있는 추세다. 2004년 하반기 소위 '4대개혁입법' 논란이나 연금 문제나 부동산 정책 등이 주요 정치 쟁점화되는 현상이 이를 반증한다. 국적법 등으로 정치적 성과를 한껏 높인 홍준표 의원의 경우도 좋은 예이다.

권관련집단소송법 제정, 참여연대 청원한 법안은 아니지만 간접투자운용업법 개정, 최근 이슈가 되고 있는 금융산업의구조개선에관한법률 개정 등과 관련된 입법운동은 성명, 논평 발표나 의견서 제출을 제외하고는 거의 전적으로 전문가들의 일대일 로비활동을 통해 전개되었다. 2000년 10월 16일 집중투표제를 의무화한 상법 개정안과 증권관련집단소송법을 청원한 뒤 장하성 당시 경제민주화위원회 위원장은 국회에 상주하다시피 하며 여야를 막론하고 당 지도부, 법사위, 재정위 소속 의원 전원을 면담하였고, 다른 법안의 경우도 당 지도부 면담은 물론 해당 상임위 의원들을 대상으로 간담회 개최, 개별 면담, 상임위 및 법안심사소위 방청 등 직접적인 로비활동을 입법운동의 가장 중요한 수단으로 하였다. 특이한 점은 경제 관련 법안의 경우 법안심사소위 방청이 쉽게 허용되었고, 심지어 의견 개진은 물론 의원들이 방청한 참여연대측 전문가에게 질의를 하는 경우도 있었다는 것이다. 이는 법안이 전문적이라 의원이나 보좌관들이 그 내용을 충분히 소화하지 못하기 때문이기도 하고, 경제부처나 재계 이외에 다른 의견 그룹이 유일하게 참여연대밖에 없었기 때문이기도 한 것으로 보인다.

다섯째, 여론 조성을 위한 직접적이고 적극적 노력이 필요하다,

모든 입법운동은 여론 조성을 통해 성공한다. 물론 모든 운동수단과 과정이 여론 조성에 영향을 미친다. 그러나 때로 운동의 결과로서의 여론 조성이 아니라 직접적으로 여론을 조성하기 위한 노력이 필요하고, 그것이 운동의 성패를 좌우하는 경우가 있다. 특히 시민운동단체의 대중동원력의 한계, 여론이 정치에 미치는 영향이 매우 강력한 우리 정치현실 등을 고려할 때 여론전은 매우 중요하고 때로 결정적이다.

한겨레신문과 1년간 공동으로 진행한 '맑은 사회를 열자' 캠페인을 포함해 참여연대가 언론 공동기획이나 보도, 제작 지원에 적극적인 것도 이 때문이다. 상가임대차보호법 제정, 부도 임대아파트 주민의 피해 구제와 관련된 임대주택법 개정 등은 잘 제작된 방송 프로그램이 법 제정 및 개정에 결정적인 역할을 한 경우다. 여론전은 꼭 직접적인 언론 기획에만 의존하는 것은 아니다. UNDP의 용역을 받아 연구, 발표한 빈곤보고서를 통해 우리 사회 빈곤층이 1천만 명에 이른다는 충격적인 결과를 내놓음으로써 국민기초생활보장법 제정을 위한 여론 조성에 크게 기여하였다. 전국적인 순회 간담회를 통해 국민기초생활보장법이 대량실업시대 사회안정망 구축의 핵심과제라는 여론을 전국적으로 조성한 것도 당시 실업대책마련을 위한 전국 순회 정책 간담회를 개최하던 여당 지도부에게 법 제정을 정치적으로 결단하게 만든 요인

이 되었다. 최근 주목받고 있는 '삼성보고서' 발간도 보다 근본적인 문제의식을 담고 있지만 금산법 개정 논란에서 참여연대의 입장을 반영하기 위한 여론전의 측면도 있다. 이해상충 방지제도를 도입하기 위해 장, 차관과 국회의원의 주식 보유 실태 및 해당 직무와의 관련성을 조사하여 발표한 것도 일종의 여론전이다.

한편 입법운동은 청원한 법안을 입법화하는 것만이 아니라 정부나 의원이 발의한 법안에 대해 개입하는 것도 포함한다. 출자총액제한제도나 재벌 금융계열사 의결권 제한 등과 관련된 공정거래법 개정 과정에 개입한 경우가 그런 사례인데, 이런 경우는 대개 개악을 저지하는 것이 목표가 된다. 의정 모니터 활동도 입법운동과 밀접히 연관되어 있다. 지역주의 정치구도와 당론 투표가 지배적인 우리 정치 현실에서 법안에 대한 개별 의원의 태도가 유권자의 선택에 미치는 영향은 아직 미미하지만 앞으로는 유권자의 중요한 선택 기준이 될 것이며, 의정 모니터가 정당에 대한 평가로도 작용한다는 점에서 입법운동에서 매우 중요하다. 이 때문에 참여연대 의정감시센터는 최근 몇 년간 상시적이고 체계적인 의정 모니터 시스템을 구축해 왔다. 그 결과 올해 들어서는 매 회기마다 모니터 보고서를 발간하고 있고, 본회의 출석률 및 의안 투표율 등을 비교 분석한 이슈리포트, 정치자금 기부 내역을 분석한 보고서 등 다양한 기획모니터 보고서를 발표하고 있다.

Ⅳ. 입법운동의 성과와 한계, 제언

한국의 입법 운동은 짧은 민주화 기간에 비해 양과, 질, 입법화 속도에 있어 다른 나라에 비교할 수 없을 만큼 성과를 보여주었다. 참여연대 11년의 입법운동의 성과를 돌이켜 보면 가히 정당적 수준이라 해도 과언이 아니다. 입법에 성공한 정치관계법, 사법 개혁 관련 법안, 부패방지법, 공직자윤리법, 국민기초생활보장법, 상법 및 증권거래법, 증권관련집단소송법 등 각각의 법률은 정치, 경제, 사회 등 각 영역별로 기본 시스템의 변화를 초래케 한 법률들이다. 참여연대 입법운동의 경험은 국민의 지지가 있고 그 내용이 정책적으로 타당한 것인 한은, 언제 어느 수준에서 입법이 되든 반드시 입법화에 성공한다는 점을 잘 보여주고 있다. 이는 분단냉전체제 하에서의 오랜 독재기간으로 인해 사회의 기본 시스템이 제대로 구축되지 못하고, 정치와 정당이 제 기능을 하지 못하는 현실에서 민주화운동 세력에 대한 국민적 지지기반을 바탕으로 형성된 한국 시민사회운동의 막강한 정치적 영향력이 반영된 결과다.

민주화 이후 변화된 조건에 대응하고, 동시에 그 조건을 활용하며 활성화된 입법운동은 운동의 새로운 지평을 열었고, 이전 시기 운동의 추상성을 극복하고, 개혁을 구체화하고 제도화하는 성과를 낳았다. 또한 정책과 법제도를 정치투쟁의 하위수단이 아니라 현실적인 운동의 목표로 끌어 올렸다. 부패방지법과 상법 및 증권거래법, 국민기초생활보장법을 통해 '부패를 척결하라', '재벌을 개혁하라', '생존권을 보장하라'는 운동의 요구는 추상적, 정치적 구호에서 정책과 법률로 구체화되었다. 무엇보다 입법운동은 현실을 변화시키는 구체적 성과를 보장한다는 점에서 의미가 있다.[34] 또한 입법운동이 정책과 법률의 중요성을 부각시킴으로써 정치의 변화를 촉진하고, 법치주의 확립에 기여한 측면도 평가할 만하다.

하지만 입법운동의 한계도 분명하다. 의료법, 약사법, 변호사법, 사립학교법 등 힘 있는 이해 집단이 관련된 법률의 경우 입법운동의 성과를 보장하기 어렵다. 사회복지, 조세 관련 법률처럼 이념적, 계급·계층적 이해관계가 첨예한 사안에서 부분적 개선이 아니라 근본적인 구조를 개혁하려는 경우는 더더욱 그렇다. 이는 진보, 개혁적인 시민사회와 조응하는 제도권 정치집단이 부재했거나 아직 미약하기 때문이기도 하다. 즉 정당구조가 지역이 아닌 이념, 정책 중심으로 재편되고, 강력한 진보정당이 등장하지 않는 한 적어도 사회, 경제 분야에서 근본적 개혁을 위한 입법운동은 더 이상 발전하기 어렵다.[35] 어쨌든 90년대 이후 급속히 발전해 온 시민사회운동단체의 입법운동은 2006년 전개될 개헌국면에서 현 단계 운동의 정점에 이를 것으로 보인다

입법운동 관련 제도는 앞서 상세히 언급한 것처럼 다양하게 존재한다. 그러나 실제 운동과정에서는 공식적인 의견 제출, 청원, 공청회 등 공적 제도들이 별다른 기능을 못하는 것이 현실이다. 물론 청원제도를 통해 시민단체가 법안을 직접 국회에 제출함으로써 의원 입법을 촉진하기도 하고, 방청 등 관련 제도를 활용한 의정

34) 6년간의 노동운동 기간 동안 노조 결성과 불과 한달 몇만 원의 임금인상을 위한 투쟁과정에서 발생한 구속 노동자, 해고자들과 어려운 시기를 함께 했던 필자는 노령수당 소송을 승소하고, 노인복지법 개정을 통해 수십만 명의 노인들이 노령수당의 혜택을 받게 되었을 때의 감동과 보람을 잊지 못한다. 그 일은 참여연대를 창립할 당시부터 지속된 기존 운동진영 내부의 논란에도 불구하고 참여연대 운동에 대해 확신하게 된 계기가 되었다.

35) 물론 이념, 정책 중심의 정당 구조 개편이 절대 다수의 보수정당과 소수의 진보정당 구조로 이루어진다면, 주요 정당이 어떤 수준에서든 Catch-All전략을 구사하고 있는 지금보다도 더 개혁입법을 관철하기 어려운 조건이 될 수도 있다.

모니터 활동이 압력수단이 되기도 한다. 또 최근에는 공청회 제도가 활성화되고 있는 추세다. 그러나 주된 입법운동 수단은 제도 외의 다양한 수단과 비제도화된 직접적인 로비 활동이다. 이는 국회가 관련 제도를 형식적 운영하고 있기 때문이기도 하고, 제도적 수단에 의존하지 않고도 정치적 영향력을 발휘할 수 있는 우리 사회 시민단체의 위상 때문이기도 하다. 또한 폭넓게 형성되어 있는 국회의원과 시민단체 간부들간의 인간관계도 시민단체가 제도에 의존하지 않고도 입법운동을 전개할 수 있는 조건이 되고 있음도 부인할 수 없다.

하지만 이런 현실은 지금의 특수성을 반영한 것으로 장기적으로 입법운동의 발전을 위해서는 관련 제도가 보완되고, 내실화될 필요가 있다. 우선 예측 가능성을 높여주고, 정보 수집을 용이하게 한다는 것 외에 사실상 제 기능을 못하는 행정부의 입법예고제도를 보다 내실있게 운영할 필요가 있다. 제출된 의견에 대해서는 그 처리과정과 결과뿐 아니라 사유까지를 반드시 통지하도록 해야 한다. 국회의 경우 청원 심사를 강화하고, 그 자체로 상임위 심의 절차를 거치도록 할 필요가 있다. 또 소위 속기록 작성 의무화를 정치적 담합을 통해 무력화시키지 못하도록 감시를 철저히 하고, 정치적으로 견제해야 한다. 공청회의 경우 생략할 수 있는 경우를 구체적으로 법령에 명시하여 의결을 통해 위원회가 임의로 절차를 생략할 수 없도록 해야 한다.

지방자치 관련 제도에 있어서도 해당 사무처리가 있었던 날 또는 종료한 날로부터 2년 경과시 감사청구를 할 수 없도록 한 조항은 삭제해야 하며, 주민투표 청구요건을 완화하고, 주민소송제도를 개선하여 감사청구 전치주의를 폐지하고, 자치단체에 소제기를 요구하는 소송이 아니라 해당 공직자 및 업자를 상대로 한 직접적인 손해배상 소송이 가능하도록 해야 한다. 또 주민소환제, 참여예산제도 도입되어야 한다.

로비스트제도와 관련해서는 로비를 제도화하고 음성적 로비를 규율할 수 있는 근거가 마련되는 점은 긍정적이나, 돈과 표를 매개로 한 이해집단의 입법 영향력이 강화되고, 시민단체들의 로비 활동이 오히려 위축될 위험이 있다는 점에서 매우 신중할 필요가 있다.[36)]

90년대 이후 시민단체를 중심으로 입법운동이 활성화되었음은 분명하다. 그러

---

36) 엄격한 로비스트 등록 및 활동 요건과 로비스트 등록 단체에 대한 제한 규정(미국의 경우 세제 혜택에서 배제)에 따라 시민단체 로비활동이 원천적으로 봉쇄될 위험이 있다.

나 여전히 제한적인 것이 현실이다. 앞서 지적한 것처럼 개선되어야 할 부분이 있지만 관련 제도와 그 운영의 문제는 부차적이다. 문제는 운동 진영 내부에 있다. 입법운동의 중요성에 대한 한층 높은 자각과 적극적 태도가 필요하다. 물론 운동이 제도적 틀에만 매어 있을 필요도 없고, 그래서도 안된다. 또한 제도의 개혁만이 운동의 전부일 수 없다. 그러나 제도의 변화가 갖는 의미가 제한적이라 하더라도, 그것이 변화의 계기를 만들고, 변화를 공고화하는 것은 분명하다.[37] 이런 점에서 제도적 틀을 활용하고, 제도적 개혁을 이루어 내는 것은 변화된 조건에서 운동의 충분조건은 아니나 필요조건이다. 대중운동의 관점에서도 입법운동이 그 자체로 중요할 뿐만 아니라 대중운동의 매우 중요한 매개이자 기폭제가 될 수 있음에 주목해야 한다.

입법 과정에서의 경직성도 문제다. 운동단체는 종종 All or Nothing의 태도를 취함으로써 입법에 실패하거나, 더 얻을 수 있는 부분도 얻어내지 못하는 경우가 있다. 물론 국가보안법처럼 폐지가 아니면 대체입법과 같은 타협안보다는 아예 법 개정을 하지 않는 것이 더 나은 경우도 있다. 그러나 이런 경우는 극히 예외적이다. 어차피 개혁이 한번에 이루어질 수 없는 것이라면 우선순위를 정해 보다 유연한 협상잔략을 구사할 필요가 있다. 또 내부의 문제가 직접적으로 입법과정에 투영되거나, 편의적 발상이 입법내용에 반영되는 것도 경계되어야 한다.[38]

전문성을 제고하고, 보다 신중하게 구체적으로 내용을 검토하는 태도도 필요하다. 참여연대가 청원한 대표적인 법안인 부패방지법의 경우 구체적인 사건에 있어 고위공직자비리조사처와 검찰간의 수사권 조정 문제를 검토하지 않은 점이 있고, 배심제, 법조일원화, 로스쿨 도입 등 사법개혁 관련 법안의 경우 10년의 운동에 비해 구체적 방안을 마련하지 못해 실제 제도 도입 논의 과정에서 구체적인 안을 내놓지 못하는 한계를 보여주었다. 비례대표제와 관련해 채택한 전국단위 명부작성 방안도 신중히 검토하지 못한 사례다. 입법운동이 활성화될수록, 시민단체의 위상이 높아질수록 대안의 전문성, 구체성, 정책적 타당성에 대한 책임 역시 높아지기 마련이다.

---

37) 최근 최장집 교수가 시민사회의 개헌논의와 관련해서 민주주의의 문제를 개헌이라는 제도적 틀로 좁혀서는 안된다는 문제제기를 한 바 있다. 이는 민주주의의 정치적 역동성을 지적한 것으로 타당한 면이 있으나 다른 한편으로 법, 제도가 갖는 적극적 의미를 지나치게 폄하한 측면도 있다. 2004년 총선에서 민주노동당이 진보정당으로서 50년 만에 원내에 진출하고, 그것도 일거에 10석을 차지하여 제 3 당으로 등장한데에는 2004년 초 선거법 개정을 통해 이루어진 정당명부식 비례대표제의 도입이 결정적인 것이었음은 부인할 수 없다.

38) 과거사법 처리과정에서 내부의 문제로 인해 군 의문사 관련 조항에 지나치게 집착한 것이나 해당 사안에 매몰되어 부메랑이 되어 돌아올 위험을 간과하고 임의동행 거부에 대한 형사처벌을 고집한 태도 등이 그런 예이다

제 2 절 여성운동이 여성관련 법 제·개정 과정에 미친 영향[1)]

남윤인순*

Ⅰ. 들어가는 말

1987년 여성연합이 창립된 이후, 여성연합의 역할로 부여된 것 중의 하나가 대안적인 여성정책을 만들어 성평등한 법, 제도를 수립해 나가는 일이었다. 과제별, 지역별, 부문별 여성단체를 대표해서 정부와 의회를 대상으로 여성단체의 입장을 대변하고, 다양한 관점과 이해가 상충될 때 여성주의적 입장을 견지하여 가부장적인 정치권을 압박하는 역할이다. 이러한 역할이 활성화된 것은 군사 독재정권이 붕괴하고 민간정부, 국민의 정부가 들어서면서 NGO가 정부 정책결정에 미치는 영향력이 커지기 시작했고, 1985년 나이로비 세계여성회의 이후 여성정책 발전을 위해 국가의 역할만이 아니라 여성단체의 역할이 중요하게 대두되기 시작하면서 그 영향이 커졌다고 볼 수 있다.

한국 여성운동의 성과를 꼽을 때 성차별적인 법과 제도를 짧은 기간 내에 개선했다는 점에 대해서는 누구나 동의할 것이다. 3차 가족법 개정, 남녀고용평등법 개정, 영유아보육법 제·개정, 성폭력특별법 제·개정, 가정폭력방지법 제·개정, 여성부 설치 정부조직법 개정, 모성보호비용 사회분담화 관련 3법 개정, 성매매방지법 제·개정, 호주제도 폐지 민법개정 등을 성사시켰다. 또한 여성운동은 동성동본금혼제 위

---

* 여성연합 상임대표.

1) 이 발제문은 2002년 7월 여성연합 수련회에서 발제한 내용을 수정 보강한 것이다.

헌 판결, 군복무가산점 위헌 판결, 직장내 성희롱 및 남녀차별 금지를 위한 법률 제정, 국민기초생활보장법 제정, 여성농어업인육성법 제정, 여성의 정치참여 확대를 정치관계법 개정 등 성평등정책 발전에 직·간접적인 영향을 미쳤으며 최근에는 성인지적인 가족정책 추진을 위해 부부공동재산제 도입, 가족지원기본법 제정, 학령기아동보호및교육지원위원회법 제정 등을 추진하고 있다.[2)]

이처럼 여성운동이 다양한 성평등 과제를 사회문제화하고 정책의제화하면서 정책결정과정에 영향을 미치는 세력으로 등장한 것은 사실이나 정책환경이 변화하면서 여성관련 법·제도 개선과정에 대한 여성운동의 세밀한 전략이 모색될 필요가 있다. 즉 성평등 과제의 사회문제화 단계에서 페미니즘 내부의 다양한 목소리가 상충되거나 여성주의를 반대하는 입장이 세력화되어 여성운동을 공격하는 등 사회문제화 단계 또는 그 이전 단계에서 사회적 합의에 이르지 못하는 경우가 발생하기 시작했다. 또한 사회문제화에 성공했다고 하더라도 정책의제로 채택되기 위해서는 국회 또는 정부가 성평등 과제를 해결해야 한다는 사회적 합의가 필요한데 이 때 대안적인 정책생산, 정치체제의 성격, 여성운동의 영향력, 여론의 흐름에 따라 정책의제화 성공 여부가 결정된다. 또한 정책의제화되었다 하더라도 입법화 단계에서 그 주도권이 정치권의 이해관계에 따라 좌지우지되어 여성운동의 영향력이 약화되기도 한다.

따라서 그동안 여성관련 법·제도 개선과정을 시기별·과제별로 살펴보면서 여성운동의 입법화 전략과 성과, 쟁점 등이 무엇인지 주로 살펴보고 거꾸로 법·제도화가 여성운동에 끼친 영향과 한계는 무엇인지 간략하게 살펴보고자 한다.

Ⅱ. 여성관련 법 제·개정과정 분석틀

여성관련 법 제·개정과정 분석틀은 여성정책 형성과정을 분석하는 틀과 유사할 것이라고 보고 정책형성과정 모형, 정책형성요소, 설명이론에 근거해서 여성관련 법 제·개정과정을 분석하였다.

2) 주로 한국여성단체연합이 추진해 온 법·제도 개선활동을 중심으로 서술하였기 때문에 포괄성에 있어서 한계가 있다.

1. 정책형성과정의 모형

정책형성과정의 몇 가지 모형을 보면, 학자에 따라 초점이 상이하긴 하지만 정책형성과정을 세부 단계로 구분한 것은 유사하다. 각 모형은 연구자에 따라 모형의 명칭과 단계의 구분 및 하위과정의 이름이 다르다. 정책형성과정 모형을 세부적인 과정으로 분석한 것을 표로 정리하면 아래와 같다(현외성, 2000).

<표 1> 정책과정 모형별 단계

제안자	Dinitto & Dye (1983)	Gilbert & Specht (1974)	Jones (1977)	Heffernan (1979)	현외성 (1993)
명칭	정책결정과정	정책형성과정	정책과정	사회복지정책 과정	사회복지정책 과정
단계	정책문제 확인	문제의 발견	인지 정의	문제의 발견/인지	인간의욕구불충족 개인문제 사회문제
	정책형성	분석 대중홍보 정책목표개발	결집/ 조직화 대표형성	정치적 여과	사회복지정책 문제 정책의제
	공공정책의 정당화	대중의 지지와 정당화	합법화	입법화	정책화
	정책실행		적용/집행	행정적 실행	정책실현
	정책평가			새로운 문제의 발견	정책평가
					욕구불충족의 해결/미해결

* 출처 : Dinitto & Dye, 1983; Gilbert & Specht, 1974; Jones(김해동 역), 1977; Heffernan, 1979; 현외성, 1993 : 17 재인용.

본 발제에서는 이들 모형 중에서 여성정책 형성과정을 초기과정부터 정책결정에 이르기까지 전체적으로 조망할 수 있을 뿐만 아니라, 각 단계별 관련 세력과 개인 및 집단들의 활동을 자세하게 분석할 수 있는 존스(Jones, 1977)의 정책형성과정의 모형을 선택하고자 한다. 존스(1977)의 모형은 다른 모형에 비하여 정책이 문제의 인지와 정의에서부터 공식적인 법·제도로 확립되는 전체 과정을 소상하게 포괄하고 있을 뿐만 아니라, 그 과정을 구체적인 정책형성과정으로 구분함으로써 정책연구에서 간과하기 쉬운 부분을 놓치지 않고 있다는 점이다.

여성정책 형성과정은 입법화 이전 단계부터 여성운동이 성평등 문제를 단순히 사적인 문제로 보는 시각에 대해 사회문제로 인식되도록 하기 위해, 여성에 대한 사회적 태도를 변화시키기 위한 활동을 전개하는 것이 특징이다. 여성인권 3법이라고 할 수 있는 성폭력특별법, 가정폭력방지법, 성매매방지법 제정과정은 성폭력 및 가정폭력, 성매매 범죄에 대한 피해여성 유발론 및 책임론에 대한 사회적 인식을 바꾸기 위한 운동 과정이 매우 중요한 단계였다.

존스(1977)의 모형은 정부에서 여성정책을 논하기 전부터 성차별적이고 폭력적인 가부장제 사회에서 여성운동의 문제제기에 의해 여성정책의 맹아로 언급되어 공공의 관심을 끌어낸 여성정책 형성과정의 특징을 잘 설명해줄 수 있을 것이다.

존스(1977)의 모형은 다음과 같은 기본과정으로 설명할 수 있다. 현실 속에 산재해 있는 사적·공적 문제들 중에서 정부의 시간, 재원의 제약으로 인하여 선택할 수 밖에 없게 되는데 과연 어떤 문제가 정책문제화 하느냐에 따라 많은 변화가 생기게 된다. 즉 개인이나 집단은 서로 자기에게 이익을 가져다 줄 수 있다고 생각되는 문제를 적극적으로 정책문제화하려고 노력한다. 정책문제의 채택은 정부의 결정권자에 의해 일방적으로 이루어질 수도 있지만 여기서는 정부체제 밖의 개인이나 집단들이 그들에게 있어 문제라고 생각되는 것들을 어떻게 정부 속으로 귀속시켜 해결책을 모색하는가를 보고자 한다. 존스(1977)의 정책형성론을 번역한 김해동(1983) 연구에 따라 3단계로 나누어 보면 아래와 같다.

(1) 인지와 정의 단계

하나의 사건이 발생했을 때 사람들은 제각기 다르게 인식하게 된다. 현실이 욕구수준에 미달될 때 문제의 인지를 자극한다. 문제의 인지를 자극하는 요인은 불만, 긴장, 갈등, 불균등, 불편 등으로 불리어지고 있다. 문제의 인지를 자극하는 요인은 매우 다양하며 그 자극의 강도에도 차이가 심하다. 한 가지 사건과 자극에 의해서 즉각적으로 문제가 인지되는 경우도 있지만 여러 가지 사건이나 자극이 일정한 기간 누적되어야만 인지가 가능하게 되는 경우도 있다. 문제의 인지단계는 문제의 정책형성과정 전체에 있어서 첫 단계라고 하겠다. 문제에 대한 인지가 이루어져야 그 문제에 대한 해결책을 모색하게 되고 그 해결을 위해 문제를 정부에 귀속시키고자 나서게 된다. 보다 많은 사람들이 공통적으로 문제라고 인식하게 될 때 그 문제가 정부에 귀속될 가능성이 점점 커지게 된다. 문제의 인지과정을 통해 어떤 사건 속에 문제점이 존재하고 있음을 깨닫게 된 뒤에는 구체적으로 문제의 내용이 무엇인가를 알아야만 그 해결책을 모색할 수 있게 된다. 문제의 정의 단계는 진단·분석을 통하여 그 문제의 정확한 내용이 무엇인가를 밝히는 단계이다. 문제의 정확한 내용이 밝혀져야만 그 문제가 사적 수준에서 해결 가능한 것인지 아니면 정책문제화하여 정부의 힘을 빌려야만 할 것인지를 판단할 수 있게 된다.

(2) 결집과 대표 단계

천차만별하게 인지되고 정의된 문제를 정책문제화하기 위해서는 서로 이해상관이 비슷한 사람들이 함께 뭉쳐지게 된다. 이처럼 이해상관이 비슷한 사람들이 하나의 집단조직화하여 그들에게 공통적인 문제를 정책문제화하기 위해 노력하게 된다. 어떤 문제에 대해서 공통적인 이해관계를 가지고 있는 일단의 사람들을 공중이라고 하는데 이러한 公衆들은 그들의 이익을 위해 문제의 해결에 특별한 관심을 갖게 된다. 같은 성격의 문제라도 公衆이 있는 경우에는 정책문제화할 확률이 높지만 公衆이 없는 경우에는 그렇지 못하다. 公衆보다 좀더 조직화된 집단으로서 이익단체가 있는데 이들은 정책문제의 채택에 중요한 영향력을 행사하게 된다.

대표란 公衆이나 이익집단들이 그들의 문제를 정부에 귀속시키고자 행하는 모든 노력을 말한다. 즉 여러 유형의 집단들이 많은 다양한 통로를 통하여 그들의 문제를 정책문제화하고자 하는 것이다. 대표작업은 공식적·비공식적, 직접·간접의 많은 통로를 통해 이루어지게 되는데 대체로 국회의원을 통해 국회로 표현되거나 직접적인 청원, 언론을 통해 간접적으로 여론을 조성해 정부로 하여금 문제를 채택하도록 하는 것이다. 이들 방법들은 서로 복합적으로 사용되게 된다.

(3) 합법화 단계

정책문제로 채택되더라도 결정과정의 권한을 가진 사람들에 의하여 판단되고 받아들여져야 결정이 이루어지고 시행된다. 정책문제가 법으로 추진되고 국회를 통과한 후 공표되면 정부에서 시행계획을 수립해 법이 집행되는 단계에 이른다.

2. 정책형성요소 및 설명이론에 대하여

(1) 정책형성요소

앤더슨(Anderson, 1985)은 정책결정이 이루어지는 환경요인을 정치문화와 사회경제적 조건에 두었다. 정치문화는 넓게 보면 정부가 무엇을 해야 하며, 어떻게 운영되어야 하는가에 관한 가치, 신념, 태도 및 정부와 시민 간의 관계를 말한다(이종수 외, 1985). 이러한 정책환경과 함께 정책형성의 요소로 참여자를 꼽을 수 있다. 정책형성과정의 참여자는 그 나라의 사회체제나 정치·행정체제의 성격에 따라 달라진다. 민주주의 정치체제를 지향하는 나라에 있어서는 공식적인 참여자와 비공식적인 참여자가 있다. 공식적인 참여자는 정책형성에 합법적인 권한을 가지고 참여하는 사람들로서 앤더슨(1985)은 입법부, 행정부, 사법부를 설정하고 있고, 법적 권한을 갖지 못하는 비공식 참여자로 이익집단, 정당, 일반국민으로 분류한다. 이익집단은 정책형성과정에 참여하는 모든 관계자들을 공식·비공식으로 접촉하여 영향력을 발휘한다. 일반국민은 투표를 통하거나 언론기관을 통해 여론을 형성하여 정책형성과정에 영향력을 발휘하게 된다(김해동 외, 1983).

(2) 정책설명이론

개인이나 집단들이 정책문제 선택에 얼마만큼의 영향을 미치고 있는가에 대해서 정치학자간에 논쟁이 많았다. 소수 엘리트 집단이 정책문제 채택을 결정한다고 보는 것이 엘리트 이론이고 그렇지 않다는 입장이 정치적 다원론이다. 다원론은 공식적으로 소수가 정책과정을 좌우하지만 실질적으로는 다수에 의한 정치가 이루어진다는 것이다. 이에 대해 엘리트론자들은 정치체제가 능력상 한계가 있기 때문에 모든 문제를 다 처리할 수 없고 소수의 문제만을 정책문제화 한다고 주장한다(김해동 외, 1983).

이 중에서 사회운동의 역할을 중시하는 접근들은 보면 사민주의론, 다원론(이익집단 역할), 사회통제이론 등이다. 본 발제에서는 이러한 이론적 설명 중에서 일반적으로 서구의 공공정책이 다원주의론적인 해석이 흔히 많고, 운동의 역할을 중시하는 접근에도 포함되어 있는 다원주의론으로 여성운동이 여성관련 법·제도 개선과정에 미친 영향력을 분석하고자 한다.

Heffernan(1979)은 다원주의론을 기본적으로 사회구조를 상호 대등한 개인들이 집단을 이루고 있다는 시각을 말한다고 한다. 그러므로 국가권력은 사회를 구성하고 있는 대중에 의해 공유되며, 대중의 집단은 그들이 선호하는 것을 선택하기 위하여 상호 경합함으로써 공공의 선택과정에는 갈등이 불가피하게 존재하게 된다는 것이다. 다원주의론은 이와 같이 집단적 행위에 관심을 가진다. 이런 맥락에서 본다면 다원주의론에서 생각하는 정책이란 집단간에 이익대결의 산물로서 간주되며, 정부는 정책을 둘러싸고 이들 집단들이 경쟁하는 과정에 있어 공정하고 중립적인 입장의 심판자로서 역할을 하게 된다고 파악된다(Heffernan, 1979 ; Ham & Hill, 1984).

그리고 다원주의론자들은 정책결정과정에서 대중의 요구와 비판이 정책에 자유롭게 반영되고 수용되는 특성을 지니며, 따라서 정책형성구조는 개방적이고 민주적인 성격을 지니게 된다고 가정한다.

Ⅲ. 여성관련 법 제·개정과정에 여성운동이 미친 영향 — 1993년 성폭력특별법 제정에서 2005년 호주제도 폐지까지

여성관련 법 제·개정과정을 존스의 모형에 따라 정리하고 앤더슨의 정책형성요소 중 비공식참여자인 여성운동(단체)의 영향을 살펴보고자 한다. 또한 그 시기를 성폭력특별법 제정부터 설정한 것은 1993년 문민정부 탄생 이후 형식적이지만 절차적 민주주의가 진전되면서 시민운동의 정부 정책에 대한 참여와 비판이 이루어지기 시작했고, 1994년부터 북경여성회의를 준비하면서 세계적인 여성정책의 흐름에서 국가의 책임이 부각되기 시작하면서 정책형성과정에서 여성운동(단체)의 참여가 높아졌다고 볼 수 있다.

이 시기 이전에 이루어진 주요 여성정책을 보면,

1989년 3차 가족법 개정의 경우 가족법의 봉건성에 대한 사회적 문제인식과 범여성계의 가족법 개정운동이 법 개정의 요인이 되기도 했지만 보다 결정적인 요인은 당시 노태우 정권이 문민을 가장한 군사정권이라는 태생적인 한계로 인해 정권

반대운동이 거세게 일어나자 다른 민주적인 요구는 억압하고 여성계의 요구를 들어주는 모양새를 취한 것으로 다분히 정치적 이해관계에 의한 산물이라고 볼 수 있다.

이에 반해 1990년 영유아보육법 제정은 혜영·용철 남매 화재참사가 사건적 계기가 되고, 빈민지역에서 탁아소운동을 하던 지역사회탁아소연합, 여성노동자회, 기독여민회 주축으로 탁아문제의 심각성을 사회문제화하고 탁아입법 제정을 요구하면서 정책의제화시켰다. 그러나 당시 노태우 정권하에서 탁아입법 제정과정에 여성단체를 대변해줄 수 있는 정치세력이 거의 없었고 탁아현장의 부모와 교사, 아동이 정치권을 압박하는 행동을 지속적으로 추동하기 어려웠다. 결과적으로 영유아보육법이 제정되는 과정에서 여성운동에서 대안적으로 준비했던 법안의 주요 목표인 '보육의 사회적 책임'이 누락되었다. 정책결정력이라고 할 수 있는 여성운동의 영향력과 여성운동을 대변할 수 있는 정치세력이 취약하여 입법과정에서 여성운동의 제시한 대안이 채택되지 못하였다.

1. 성폭력범죄의처벌및피해자보호등에관한법률(이하 '성폭력특별법') 제정(1993. 12)

보은·진관 사건, 김부남 사건 등 성폭력 피해자가 가해자를 살해한 사건 등이 개인적인 살인사건으로 끝나지 않고 여성단체의 문제제기에 의해 성폭력 문제로 부각되었고, 성폭력특별법 제정의 필요성이 여성연합에 의해 제기되어 국회에서 논의되기 시작했으나 성폭력 개념을 '정조에관한죄'에서 '성적자기결정권 침해죄'로 규정하고 제 3 자의 고소·고발도 가능하도록 친고죄를 폐지하고자 했으나 여성운동(단체)의 핵심적인 주장이 반영되지 못한 채 법이 제정되고 말았다. 여러 가지 성폭력 사건이 사회적 자극이 되어 언론에 성폭력 문제의 심각성과 제도적인 대안이 자주 거론되었고 여성운동(단체)의 적극적인 캠페인과 대안적인 법안에 대한 청원을 통해 정책의제화 단계까지 성공했으나 입법과정에서 성폭력을 범죄로 인정하지 않으려는 정치권의 반인권적인 흐름으로 인해 절반의 성공에 그치고 말았다. 당시 14대 국회는 보수 여당이 집권하고 있었고 여성의원이 299명 중 8명에 불과했고 여성운동(단체)의 의견을 대변해 줄 수 있는 의원이 이우정 전의원 한 명에 불과했기 때문에 정치세력에서 절대적인 열세였다. 성폭력특별법이 제정된 이후 강간뿐 아니라 성희롱, 강제추행도 성폭력이라는 인식이 확산되었고 상담소와 쉼터가 전국적으로 만들어지면서 성폭력 피해자를 지원할 수 있는 시스템이 구축되었다. 법이 제정된 이후, 아동 또는 장애인 성폭력 문제가 사회문제화될 때마다 부분적으로 성폭력특별법을 개정해왔는데 17대 국회에 들어와서는 여성운동이 정책의제화하기도 전에 의원들이 앞다투어 성폭력특별법 개정안을 내놓는 기현상이 벌어지고 있다. 앞으로 입법과정에서 여성운동의 역할은 대안적인 법률안을 제시하고 정치권을 압박하는 여론화 활동에서, 정치권이 제시하는 법률안을 비판적으로 검토하고 법 제정 이후 제대로 수행되는지 감시하는 활동으로 옮겨갈 전망이다.

2. 가정폭력범죄의처벌등에관한특례법, 가정폭력방지및피해자보호등에관한법률(이하 '가정폭력방지법') 제정(1997. 11)

가정폭력방지법 제정은 가정폭력 문제의 인지와 정의 단계, 대표와 결집되는 단계, 합법화하는 단계마다 여성운동(단체)의 영향력이 결정적이었다고 볼 수 있다. 극한 상황에 몰린 가정폭력 피해자의 가해자 살인사건을 계기로 여성단체가 피해자 구명운동을 전개하면서 가정폭력을 가정 내 문제에서 폭력의 문제로 정의하여 사회문제화시켰고, 1996년 구타 사위를 살해한 이상희 할머니 사건을 계기로 가정폭력을 방치한 경찰의 문제가 집중 부각되면서 가정폭력은 국가가 개입해야 할 정책과제로 결집되었다. 여성단체에서는 대안적인 입법안을 만들면서 가정폭력 가해자를 처벌보다 가정보호처분제도를 통해 교정하여 가정으로 복귀하도록 하여 가정폭력방지법이 가정을 파괴하는 법률이라는 반대 여론을 잠재웠다. 특히 15대 국회에서는 각 정당의 여성위원회가 입법안을 만들어 발의하였고, 국회 여성특별위원회에서 사전에 법률안을 검토해 의견을 만들어 법 제정을 국회내에서 추진하였고 여성주의 시각을 갖춘 여성의원이 진출해 있어 법 제정이 용이하였다. 또한 법 제정과정에서도 남성 중심의 법제사법위원회 활동을 지속적으로 감시하여 법안에 대한 여성운동의 의견을 관철하였다. 가정폭력방지법 제정에 반대하는 여론에 대응하여 대항적인 입장을 취하기보다는 가정폭력방지법 제정이 평등한 가정을 유지하기 위한 법률이라는 점과 이 법 제정운동에 시민사회운동이 함께 참여한다는 이미지를 사회적으로 부각해 나갔다. 이러한 여성운동의 전략은 가정폭력방지법안에 여성운동에서 주장했던 내용이 90% 이상 반영되는 성과를 낳았다. 가정폭력방지법 제정의 특징은 사건적인 계기를 여성운동에서 잘 포착하여 사회문제화하고, 성평등 가치에 대한 다원적인 입장 충돌에 대해 법 제정이라는 현실적인 목표를 달성하기 위해 가족주의 정서가 강한 우리 사회에서 수용 가능한 수위로 법안을 마련해 대중적인 설득력을 얻었다는 점이다.

그러나 7년간 법이 시행되면서 가정폭력 범죄가 줄지 않았고 피해자가 가해자를 살해하는 극단적인 상황이 반복되는 것을 보면서 보호처분제도를 통해 가정폭력 가해자를 교화시켜 가정으로 복귀시키는 전략이 별 실효성을 거두지 못했고 피해자를 보호하는 임시조치도 사실상의 보호조치가 되지 못하는 것으로 평가하였다. 현재 여성운동에서는 경찰의 위기개입 강화, 가해자에 대한 적절한 형사처벌, 독자적인 위상의 피해자보호 명령제도가 도입되어야한다는 내용으로 개정안을 내놓고 있다.

가정폭력방지법 제정은 여성운동에 대한 반동이 약한 상황에서 시민운동과 공조하면서 법 제정을 성공시켰지만 법을 정착시키는 과정에서 경찰과 사법부의 개입의지가 미약하여 법 제정의 취지를 충분히 살리지 못하고 말았다. 법 제정에 성공했다고 하더라도 정착시키는 과정이 더 중요하므로 입법 후 법 시행자의 의식개선과 감시운동이 중요함을 알 수 있다.

3. 모성보호비용 사회분담화, 남녀차별금지및구제에관한법률 제정, 여성부 신설 정부조직법 개정 등(1999년 / 2001년)

1990년대 후미에 IMF 경제위기 속에 가부장제 사회분위기가 팽배해지고 여성운동에 대한 공격이 노골화된 상황에서 여성운동은 다원화되는 정책환경을 고려하면서 입법전략을 모색하고 있다. 즉 성평등적인 법·제도·의식을 확산하는데 있어 이를 명시적으로 반대하거나 비가시적 무관심을 나타내는 집단에 대한 설득과 조정이 필요하게 되었다.

모성보호비용의 사회분담화는 여성의 재생산 노동에 대해 국가가 사회적 가치를 부여하고 출산휴가비용의 일부를 국가가 분담한다는 점에서 여성정책을 질적으로 발전시키는 조치로 볼 수 있다. 이미 여성운동에서는 1990년대 초반부터 모성권리를 제기하고 출산으로 인해 여성의 차별받지 않도록 하는 제도적인 조치를 마련해왔다. 그러나 그 비용부담을 기업에게만 맡김으로써 보호받을 수 있는 여성이 제한되어 있었고 근로기준법의 적용을 받지 못하는 여성과 농어촌여성, 도시영세자영업 여성에 대한 모성권리는 사회에서 전혀 책임지지 않고 있었다.

모성보호비용을 사회에서 분담해야 한다는 여성운동(단체)의 주장은 사회적 공감대를 얻었고 여성단체와 노동단체의 결집으로 국회에 모성보호관련법 개정 청원에 이르게 된다. 여성·노동계의 연대와 여성주의 시각을 갖춘 여성의원의 주도로 국회에서 법 개정에 대한 논의가 전개되지만 그 비용의 분담 주체들은 반론을 제기하기 시작했다. 경제계는 생리휴가 무급화가 전제되지 않는 모성휴가 확대를 반대했고 예산당국에서도 일반회계에서 모성보호예산을 책정하는 것에 대해 사회적 공감대가 부족하다는 이유로 난색을 표했고, 한나라당의 경우 전 여성을 대상으로 건강보험에서 재정을 분담하자는 원칙을 내놓았지만 고용보험에서 분담하는 단계적인 접근에 대해 반대입장을 들고 나왔다. 더구나 내부 결집이 균열되기 시작했는데 민주노총이 야간근로 금지 완화에 대해 동의할 수 없다며 공대위를 탈퇴한 것이다. 이처럼 다양한 입장 충돌로 모성보호관련법 개정은 표류하기 시작했다. 2001년 여성부가 설립되면서 정부는 중립적인 위치에서 다양한 견해를 조정해 나가면서 모성보호관련법 개정을 성사시켰다. 당시 여성운동에서는 경제계의 반대여론에 맞서 신속하게 대응논리를 펴나갔고 국회 앞에서 다양한 퍼포먼스와 집회를 통해 여성·노동계가 국회를 지켜보고 있다는 것을 과시했다. 모성보호비용 사회분담화 투쟁은 여성운동이 놓인 다양한 정책환경을 드러내주고 있고 여성운동의 대응전략이 성공했음을 보여준다. 여성이슈를 둘러싸고 여성·노동계 내부의 균열을 최소화하기 위해 공통의 목표 설정에 노력했으나 공통의 목표 설정에 대한 입장 차이가 발생하면서 후반기에 서울여성노조와 민주노총이 공대위에서 탈퇴하는 것을 막지 못했다. 결집력에 균열이 생기면 입법화에 실패할 가능성이 높기 때문에 이 과정에서 보다 다각적인 노력을 기울일 필요가 있었다. 두 단체가 탈퇴했지만 남은 단체들이 결집력을 갖고 대표성을 유지했기 때문에 입법화에 성공하였다. 2001년 모성보호비용 관련 법이 개정될 때는 모성휴가를 60일에서 90일로 확대하고 30일치만 고용보험에서 분담하도록 하였는데, 2005년 개정에서는 90일치를 고용보험에서 분담하도록 개정되었다.

모성보호비용의 사회분담화 운동은 다원주의적 입법 환경의 특징을 드러내는 것으로 향후 입법운동에서 여성운동이 고려해야 하는 다양한 변수를 잘 드러내주고 있다.

남녀차별금지및구제에관한법률이 1999년 7월부터 시행되면서 직장내 성희롱 금지에 대한 사회적 인식이 확산되어 직장내 문화가 바뀌고 있다. 이는 1994년부터 전개한 서울대 우조교 성희롱 사건 대책활동을 통해 손해배상을 승소로 이끌어내면서 성희롱을 아무렇지도 않게 생각했던 직장 문화를 바꿔내고 사회 공론화하는 과정을 오랫동안 전개해왔기 때문이다. 성희롱 문제를 인권 침해로 정의해내고 사업주의 예방의무 및 예방교육 실시를 강제해내고 이제 자발적으로 성희롱에 대한 경각심을 갖도록 정착되고 있다. 성폭력범죄 처벌, 직장내 성희롱 금지 등 일련의 여성인권 보호조치가 제도화되면서 법 시행 초기에는 가해 남성들의 노골적인 반발이 없었으나 최근 2~3년 사이에 성폭력 가해 남성들이 피해자와 여성운동단체를 명예훼손으로 고소하면서 여성인권운동의 정당성과 공익성을 공격하기 시작했다. 이는 남성들의 암묵적 정서적 연대 속에서 확산될 소지가 있기 때문에 이에 대한 여성운동의 대응전략도 시급히 마련되어야 한다.

여성정책전담기구 기능 강화는 여성정책의 주류화 전략에서 매우 중요한 고리였다. 여성부 신설을 둘러싸고 다양한 견해가 충돌할 때 여성연합은 여성부의 필요성을 일관되게 주장하였다. 여성부를 만들면 여성정책이 게토화 될 우려가 있기 때문에 여성특위를 존치해야 한다는 입장, 여성부만으로는 힘이 없기 때문에 청소년업무와 통합하자는 주장, 여성관련 업무 이관에 대한 반발 등 여성부 신설은 다양한 이해관계와 정치적 입장 차이에 의해 결론에 이르지 못하고 있었다. 더구나 여성부 신설은 일반 여성들에게는 별 관심이 없는 영역이었기에 여성단체가 정치권을 상대로 정책으로 채택되도록 압력을 가하는 활동이 주축을 이루었다. 이 때 중요한 변수는 여성계의 결집이었다. 대표성이 분열되면 당장이라도 여성부 신설은 휴지조각이 될 수 있었기 때문에 여성연합과 여협이 공통의 입장을 마련하고 대응하는 것이 무엇보다 중요했다. 여성계는 최고정책결정권자에게 여성유권자의 대표성을 부각하여 여성부 신설을 확보해낼 수 있었다.

4. 육아의 사회화를 위한 영유아보육법 개정

1991년 영유아보육법이 제정된 이후 보육서비스는 양적으로 커다란 성장을 하였다. 그러나 보육시설 설치를 허가제에서 신고제로 전환하면서 민간보육시설 설치가 크게 늘어나고 정부의 지원을 받지 못하는 개인민간시설의 보육서비스는 질적으로 열악한 수준에 놓여 있었다. 여성의 경제활동 참여가 늘어나면서 질좋은 보육서비스에 대한 욕구가 높아졌지만 이를 충족시킬 수 있는 국공립 보육시설은 전체 보육시설 중에 5-6% 정도에 불과하였다. 여성운동(단체)에서는 육아의 사회화를 위해 영유아보육법을 제정할 당시부터 보육에 대한 국가 책임을 명시하고자 했지만 사회적인 합의수준이 육아에 대한 일차적인 책임은 가정이고 국가는 저소득층 맞벌이 부부의 자녀를 돌보는 역할 정도로 설정하였기 때문에 많은 한계를 지닐 수밖에 없었다. 이러한 국가의 인식이 여성의 출산파업이라는 초유의 사태를 불어온 원인이기도 하다.

1998년 여성연합은 시민단체, 보육단체 등과 연대하여 보육의 공공성 확보를 위해 영유아보육법 개정을 위한 팀을 구성하여 개정안을 마련한 후 토론회, 공청회 등을 거쳐 1999년 15대 국회에 법안을 청원하였다. 개정안의 주요 골자는 법안 명칭을 '영유아 · 아동보육'에 관한 법률로 바꾸고 영유아기 보육뿐 아니라 방과후 보육까지 포괄하였고 보육에 대한 국가의 책임 명시, 차등보육료제 확대, 보육교사 자격증제도 도입, 건강 · 영양 · 안전에 대한 기준을 마련하여 보육의 공공성을 확보하고 보육의 질적인 개선을 이루는 내용이었다. 여성운동이 마련한 내용을 수렴하여 이성재 의원이 입법발의를 하였으나 보건복지부의 무성의와 방해로 영유아보육법을 개정하지 못하였다.

2000년 16대 국회가 구성된 후 정부에서 영유아보육법 개정안을 마련하기 위한 연구와 토론회를 개최하더니 막상 개정법률안은 제출하지 않았다. 여성운동에서는 15대 국회에서 청원했던 내용을 토대로 '방과후 보육' 장을 삭제하여 영유아보육법 개정안을 김홍신 의원과 협력하여 입법발의하였다. 김홍신 의원이 마련한 안에는 정부의 의견도 수렴되어 국회 보건복지위원회에서는 여러 차례 논의된 후 2004년 1월 국회에서 통과되었다.

보육의 공공성을 대폭 강화한 영유아보육법 개정안이 국회에서 통과될 수 있었던 것은 2003년 우리 사회의 화두로 등장한 저출산 문제가 크게 영향을 미쳤다. 여성운동에서는 2003년에 집중적으로 보육정책의 패러다임 전환을 요구하는 토론회를 2차례 열었고 각종 언론활동을 통해 보육의 공공성 문제를 집중 부각하였다. 민간의 존도가 너무 높기 때문에 보육의 질적인 발전을 저해하고 있으므로 국공립보육시설 확대와 차등보육료제 도입을 통해 보육의 공공성을 확대하자는 내용이었다. 또한 2002년 대통령 선거시 여성계의 3대 요구로 보육의 공공성을 요구하여 보육비용의 50%를 국가가 부담한다는 공약이 채택되었다.

영유아보육법 개정된 후 정부에서는 고령화및미래사회위원회와 여성부가 주축이 되어 육아지원정책방안을 마련하여 육아지원 예산을 대폭 확대하여 육아의 보편성 확대, 육아서비스의 질적 개선, 교사인력 처우개선 등에 주력하고 있다. 그러나 경제부처를 중심으로 보육료를 자율화하여 시장경쟁에 의해 보육서비스의 질을 높이자는 주장이 강력하게 제기되고 있어 보육료 자율화 반대와 국공립보육시설 확대 운동을 전개하고 있다.

5. 성매매알선등행위의처벌에관한법률, 성매매방지및피해자보호등에관한법률(이하 '성매매방지법) 제정(2004. 3)

(1) 입법배경

성매매방지법 제정은 여성의 몸에 대한 천민자본의 수탈과 구조적인 인신매매를 방지하기 위해 성산업의 알선착취고리를 끊어내기 위한 입법적인 노력이었다. 성매매방지법 제정은 2000년 9월 군산 대명동 성매매 지역의 화재참사로 희생된 여성들의 실상이 사회에 알려지면서 성매매 방지를 위한 제도적인 대안의 필요성이 제기되고 있다. 성매매 문제는 오랫동안 우리 사회에서 문제를 인지하고 정의하는 단계에서부터 많은 쟁점이 있어 왔다. "윤락"이라는 용어를 사용한 것은 성매매를 여성의 윤리적인 타락으로 보았기 때문이다. 또한 성매매는 근절할 수 없기 때문에 남성의 성적욕구 배설과 성매매 여성의 최소한 인권보호를 위해 공창제를 도입하자는 절충적 해결방식이 해법으로 제시되기도 하였다. 이에 대해 여성운동에서는 소극적인 개입을 해오다가 성매매된 여성들의 반인권적인 참상이 알려지고 현장에서 활동하던 단체들의 문제제기로 성매매는 성적 착취를 전제로 이루어지는 조직적인 범죄이며 이는 근절되어야 한다는 금지주의 입장에서 성매매방지법 제정을 주장하게 된 것이다.

(2) 입법과정

한국여성단체연합에서는 2001년 2월부터 현장활동가와 전문가로 구성된 전문가회의를 구성하여 민주화를위한변호사모임 이찬진 변호사의 법률적 지원을 받아 성매매방지법안을 마련한 후, 토론회를 거쳐 2001년 11월 26일 한국여성단체연합과 매매춘근절을위한한소리회가 공동으로 국회에 입법청원하였다. 청원을 하였지만 국회 법제사법위원회에서는 제대로 심사조차 하지 않다가 2002년 1월 군산 개복동 성매매 집결지에서 화재참사로 수많은 여성이 희생당하는 두번째 사건이 터지자 정치권에서도 관심을 갖기 시작했다. 군산 개복동 화재참사 현장에 여성의원을 중심으로 국회의원의 방문이 이어진 것이 그 예이다. 군산의 화재참사 사건을 계기로 성매매 문제는 반인권적인 사회문제로 정의되었고 여성운동의 전국적인 법 제정 캠페인과 서명운동, 수차례의 토론회, 홍보물 제작 등을 통해 성매매에 대한 잘못된 인식을 바로잡으면서 국민적인 공감대를 형성해 나갔다. 당시 언론에서도 성매매 문제에 대해 관심을 나타내기 시작하면서 보도와 시사프로그램에서 종종 다뤄지기도 하였다. 이처럼 입법화할 수 있는 여건이 조성되면서 여성운동, 전문가와 공동으로 법안을 준비하던 조배숙 의원 등 86명이 2002년 9월 11일 국회에 법률안을 발의하면서 국회 차원의 본격적인 논의가 가능하게 되었다.

법안을 국회에 제출하긴 했지만 법안을 반대하는 역풍이 일어나지 않도록 하기 위해 성매매방지법이 모든 남성을 적으로 설정한다는 오해를 받지 않도록 성매매방지법의 주요 골자를 제대로 알리고 성을 구매하는 남성을 교화의 대상으로 설정하고, 성을 파는 여성은 자활할 수 있도록 지원하고 성매매알선업자는 강력하게 처벌한다 지점에 방점을 두고 있음을 알려 나갔다. 그리고 2002년 대통령 선거를 앞두고 각 정당의 공약으로 채택하도록 후보초청 토론회에서 적극 제기하였고, 건의문을 제출하여 각 정당의 공약으로 채택되는 성과가 있었다.

법안 제출, 여론 조성, 정당의 약속 등을 받아냈지만 정작 국회는 미동조차 하지 않았다. 여성운동(단체)에서는 법 제정을 촉구하는 성명서를 여러 차례 발표하고 국회 여성위원회와 간담회를 개최하고, 국회의장에게 법 제정을 촉구하는 16,372명의 서명부를 전달하기도 하였다. 조배숙의원이 입법발의한 지 10개월만인 2003년 7월 국회 차원의 공청회가 열렸다. 공청회 이후 국회에서 비로소 논의가 시작되었는데 두 개의 법률안이 제출되었기 때문에 국회 여성위원회와 법제사법위원회에서 법안심사소위를 구성하여 법안 심사에 들어갔다. 법안을 심사하는 국회의원을 설득하는 것이 관건이었다. 개별적으로 만나 입법 취지를 설명하면 고개를 끄덕이고 알겠다고 말하지만 법안을 심사하는 과정에서는 발언을 하지 않는 것이 특성이었다. 즉 말 잘못해서 여성계의 비난을 받고 싶지 않으니까 침묵하고 있는 것이다. 정말 지난한 과정이었다. 반대하지 않지만 아무도 추진하지 않는 분위기가 지배적인 상황에서 여성운동은 법제사법위원회 방청을 통해 안건이 상정되고 논의되도록 압력활동을 전개하였다. 2003년 정기국회에서 법이 제정되기를 기대했지만 결국 16대 국회의 마지막 회기인 2004년 2월 임시국회로 넘어갔다. 2004년 1·2월에 법제사법위원회 법안심사소위가 여러 차례 열리면서 법 제정의 가능성이 높아졌다. 마침내 법제사법위 합의가 이루어지면서 3월 2일 국회에서 통과되었다.

법 제정과정에서 국회를 압박하는 국민적인 캠페인을 적극 전개하지 못한 것은 법 제정에 대한 역풍을 고려해 조용히 통과시키고자 한 점도 있고, 호주제도 폐지 캠페인에 주력하느라 운동을 집중하지 못한 점도 있다. 어쨌든 국회 법제사법위에서는 호주제도 폐지를 통과시키지 못한 부담과 성매매 피해자에 대한 인권침해가 지속적으로 사회문제화되자 법 제정을 통과시킨 것으로 볼 수 있다.

(3) 법 시행 이후 나타난 문제점과 대응

법이 제정된 후 시행령과 시행규칙을 만들어 2004년 9월 23일 법 시행이 공포되자, “성매매는 필요악이다, 사회적 범죄다”라는 해묵은 논쟁이 전 사회적으로 일어났고, 성매매 집결지에 대한 집중단속에 따라 성매매 피해여성들이 생존권을 요구하며 거리로 튀쳐나왔다. 법이 시행된 후 새로운 문제가 발생하기 시작했고 이에 대해서 여성운동(단체)에서는 긴급하게 대응하기 시작했다. 총체적인 문제가 죽 끓듯 일어나기 시작했는데 성매매를 금지하는 법에 대한 남성 일반의 반발, 집결지 단속으로 지역경제가 위축된다는 지방자치단체의 아우성, 집결지 피해 여성들의 생존권 외침, 성매매방지법 시행에 대한 거부감을 조장하는 언론 등 거의 날마다 성매매문제가 사회이슈화되었다. 여성운동(단체)에서는 일일동향소식지를 만들어 보수언론에 대항하여 성매매 반대운동 소식을 언론사와 단체, 정치권에 보냈고 80여 개 여성·시민사회단체가 ‘성매매없는사회만들기시민연대’를 만들어 정부에 대해서는 성매매 범죄에 대한 강력한 처벌을 요구하고, 시민을 향해서는 성매매를 허용하는 인식을 바꿔야 한다는 캠페인을 전국적으로 전개하였다. 경제논리를 내세우는 학자나 경제관료들을 비판하는 경제정의실천시민연합의 성명서 발표, 신문기고 등을 통해 경제가 어렵다는 주장도 잠잠해졌다. 그러나 성매매를 금지하는 것은 비현실적이므로 합법화하고 성매매 여성들의 인권을 보호해야 하는 주장은 남성, 주부, 전문가, 피해여성들한테 지속적으로 제기되었다. 2001년 8월 윤락행위 알선혐의(윤방법 위반)로 구속영장이 청구된 사건에서 대전지법의 황○○판사가 구속영장을 기각하면서 제시한 기각이유의 한 대목을 보면 단적으로 드러난다.

“공창제도를 포함해 성의 제도화 문제는 매우 미묘하고 그에 대한 시각도 천차만별로 다양하나 현재 우리 사회에서는 윤락가나 룸살롱 등을 통해 성의 매매가 제도적으로 사실상 묵인되고 있다 … 범죄 폭력조직과의 연계나 미성년자의 접근 등 부정적 요인을 제거한다면 성의 매매는 사회의 필요악으로서 일면의 긍정적인 사회적 기능을 담당하는 측면을 무시할 수 없다.”

이러한 사회지도층의 인식은 생존권을 주장하는 성매매 피해 여성들의 주장을 집중적으로 조명해주는 언론과 합작을 이루어 사회 전반적으로 급속하게 확산되어 갔다. 특히 생존권 주장은 성매매업소의 포주의 요구까지 결합되어 ‘한터’라는 조직을 결성하여 성매매방지법 시행 유보를 요구하는 형국에 이르게 되었다. 여성운동에서는 성매매방지법 시행을 방해하는 일부 사회지도층과 언론, 포주, 공창제 옹호론자 등과 대항하여 정부와 공조하여 성매매 금지주의 입장을 견지해 나갔으며 성매매 피해 여성들의 탈성매매를 지원하기 위한 다각적인 프로그램을 정부에 제안해 나갔다. 탈성매매 여성들에게는 긴급 생계비 지원, 창업지원, 의료지원 등이 제공하고 인천과 부산의 집결지를 시범지역으로 지정해 탈성매매 프로그램을 시작하였다. 탈성매매 시범사업은 전국적으로 확산될 예정이다.

성매매방지법 시행과정에서 새롭게 등장한 문제들은 여전히 계속되고 있다. 최근에는 일부 성매매 피해 여성들과 일부 여성학자, 일부 진보운동 그룹에서 성매매 피해 여성의 세력화를 위해 ‘성노동자’라는 개념을 사용하고 있어 이에 대한 논란이 벌어지고 있다.

입법운동이 성공하려면 법 시행과정에서 나타나는 새로운 문제에 대해서 지속적으로 대처하지 않으면 법 시행이 좌절되거나 개악되는 경우도 종종 있다. 특히 성매매방지법 시행은 저항하는 세력이 광범위하게 존재하고 있기 때문에 법 시행을 유지하기 위한 시민운동, 여성운동의 감시가 지속되어야 한다.

6. 호주제도 폐지 민법개정

(1) 입법운동 배경 및 과정

1989년 3차 가족법 개정을 통해 성차별적이고 불합리한 조항들이 대폭 개정되었음에도 불구하고 ‘호주와 가족’장의 유지, 부성강제조항, 부가입적제도 등이 변화하는 가족의 현실을 반영하지 못한다는 문제제기가 여성운동(단체)을 중심으로 다시 나오기 시작했다. 즉 성차별적인 ‘호주승계’ 조항으로 남녀차별의식 및 관행이 존속되고, 부가입적 및 부성강제주의로 이혼·재혼 등 다양해지는 가족을 수용하지 못할 뿐 아니라 딸만 키우는 220만 가구는 남자 중심의 호주 승계로 인해 민법상 가족이 사라지는 소외감을 느껴야 하는 문제점 등이 제기된 것이다.

1999년 3월 한국여성단체연합(이하 '여성연합') 주최로 열리는 한국여성대회에서 이효재 여성학자의 선언으로 '부모성함께쓰기'운동을 선언하면서 호주제의 문제점을 사회적으로 제기하기 시작했다. 당장 호주제 폐지를 제기하기보다는 우회적으로 가족안에서 '여성'의 존재를 드러내는 일부터 시작한 것이다. 다소 도발적인 문제제기였지만 언론에서는 많은 관심을 보였고 PC통신상에서 젊은이 중심으로 '부모성함께쓰기' 운동이 확대되기 시작했다. 이를 계기로 여성운동에서는 호주제 폐지 전국캠페인을 시작하였으나 아직 사회의 반응은 냉랭했다. 호주제 폐지 찬성 여론이 40% 미만인 상황에서 민법 개정을 추진하기는 어려웠다. 특히 호주제 존치를 주장하는 유림세력이 버티고 있는 상황에서 호주제 폐지에 대한 국민여론이 올라가지 않는 이상 어려운 싸움이라고 생각했다. 그래서 국민의 마음을 움직이기 위해 시간이 오래 걸리더라도 교육과 홍보에 중점을 두고 호주제 폐지운동을 전개하였다. 또한 정치권과 국내 여론을 움직이기 위해 국제사회를 움직이는 우회방식도 채택하였다. 99년 11월 유엔 인권위원회에서 "한국 정부의 호주제는 가부장제를 강화시키고 있다"고 지적하였고, 2001년 5월 '유엔 경제·사회·문화적 권리위원회'에서 "주요 우려 사항으로 호주제도"를 지적하였다. 이처럼 국제사회의 권고를 이끌어내기까지 한국의 여성운동은 한국 여성의 인권상항에 대한 보고서를 국제사회에 제출하는 등 다각적인 활동을 펼쳤다.

여성운동 내에서 다양하게 호주제 폐지운동이 확산되면서 범 여성연대의 필요성이 제기되었다. 호주제 폐지는 성차별 문제 차원뿐 아니라 민주사회의 걸림돌이라는 점에서 시민·노동·언론·종교 단체까지 연대할 수 있는 고리였다. 2000년 9월 143개 단체가 '호주제폐지시민연대'(이하 '시민연대')를 결성하여 호주제 폐지 청원, 위헌소송 추진, 서명운동 등을 통해 호주제 폐지 지지 여론을 확산해 나갔다. 2000년 9월 호주제 폐지 민법개정을 요구하는 청원서(청원인 대표 : 곽배희, 은방희, 지은희)를 국회에 제출하고 2001년 4월 서울지방법원 북부지원과 서부지원에서 헌법재판소에 호주제 위헌법률심판을 제청하였다.

청원과 위헌소송을 추진하면서 여성운동 내부의 다양한 목소리가 존재하였다. 호주제 폐지와 친양제제도 도입에 대한 우선순위 설정에서 여성연합과 가정법률상담소의 입장이 다소 달랐고, 성씨선택의 자유를 채택하더라도 현실적으로 제도화하는 데 어려움이 따를 것이므로 호주제 폐지를 우선하자는 주장 등이다. 시민연대가 넓은 연대단위였기 때문에 합의되는 내용을 중심으로 연대활동을 하고 나머지는 개별단체 중심으로 활동을 전개하였다. '호주제 폐지와 성씨선택의 자유'라는 방향을 원칙으로 합의하면서 정부와 국회의 추진과정에서는 수정된 내용을 수용하는 방식을 취하게 된다. 그 내용은 차후에 다시 언급하고자 한다.

(2) 입법과정

2003년 호주제 폐지를 공약한 참여정부가 출범하고 법무부 장관과 여성부 장관이 호주제 폐지를 추진하겠다는 의지를 보이면서 호주제 폐지운동은 급물살을 타기 시작했다. 각 단체별로 교육과 캠페인에 주력하던 시민연대도 다시 모여 국회를 움직이기 위한 방법을 모색하기 시작하였다. 그러나 국회는 2004년 총선을 앞두고 지역 여론을 의식하면서 쉽사리 움직이지 않았다. 2003년 5월 국회인권정책연구회와 시민연대가 공동으로 호주제 폐지를 위한 국회의원 간담회를 열어 민법개정안을 설명하고 호주제 폐지를 우려하는 입장에 대한 대응논리를 소개하였다. 당시 참여한 국회의원들은 호주제 폐지는 동의하지만 총선을 앞두고 있어서 시기적으로 적절치 않다는 문제제기를 하였다. 시민연대 대표들은 의원발의를 다음 국회에서 할 것인지 아니면 16대 국회에서 할 것인지 논의한 끝에 국민여론이 폐지로 돌아서고 있다고 판단하고 의원발의를 추진하고 1년간 집중적으로 추진하기로 하였다.

2003년 5월 27일 이미경 의원 등 52명 발의로 민법개정안이 국회에 제출되면서 여성운동에서는 활발히 운동을 전개하기 시작했다. 여성연합에서는 호주제 폐지 사이버 캠페인을 전개하여 네티즌들에게 호주제 폐지 여론을 확산시키고 호주제로 고통당하는 피해자들을 위한 상담코너를 개설해서 호주제 폐지의 구체적 필요성을 사례를 통해 확산시켜 나갔으며 시민연대에서는 호주제 폐지 272 국회의원 전담 1:1 설득활동을 통해 사회 지도층, 여성단체 대표 등이 국회의원을 1명씩 담당하여 전화와 이메일로 국민로비활동을 전개하였다.

한편 정부에서는 민·관 합동으로「호주제폐지특별기획단」을 구성하여 호주제 폐지를 위한 여론을 조성하고 법무부 '가족법개정특별분과위원회'를 개최하여 민법개정안을 마련하여 공청회를 개최한 후 2003년 11월 6일 민법중개정법률안을 국회에 제출하였다. 의원발의안과 정부발의안을 제출받은 국회 법제사법위원회는 12월

11일이 되서야 법제사법위원회 제 1 소위에 법안을 회부하였다. 법사위 1소위는 공청회 이후 처리하겠다는 계획만 확정짓고 2003년을 마감하였다.

여성연합에서는 2003년 연내 통과를 주장하며 학계 · 문화계 · 종교계 · 법조계 · 사회원로 등 각계각층의 릴레이 성명서 발표, 법사위 소속 국회의원 개별 방문, 권해효 · 김미화 호주제 폐지 홍보대사 등이 참여하는 국회앞 1인시위 등 다양한 활동을 전개하였지만 17대 총선만 의식하는 국회의원을 설득하는 것이 역부족이었다. 또한 법제사법위원회에는 여성의원이 한명도 없었을 뿐 아니라(조배숙 의원이 있었으나 열린우리당을 창당하면서 민주당을 탈당해 비례의원자격 상실) 272명 중 5.9%에 불과한 16명의 여성국회의원이 각 정당을 설득하고 국회 안에서 목소리를 내는 것는 거의 역부족이었다. 그런 가운데 호주제 폐지에 소극적이던 한나라당이 여성정책위원회 주최로 2003년 11월에 민법중개정법률안 공청회를 열었던 것은 총선을 앞두고 여성들의 여론을 의식한 것이라고 볼 수 있다. 2004년 임시국회가 개원되었지만 공청회는 열리지 않았고 16대 국회가 끝나고 말았다.

16대 국회에서 호주제 폐지가 좌초되는 것을 경험한 여성운동에서는 17대 국회에 여성의원 참여율을 확대하는 운동을 추진하였다. 총선여성연대, 맑은정치여성네트워크를 통해 국회의원 비례직 여성할당 50%를 제도화하고 성평등의식을 갖춘 여성후보 102인 리스트를 만들어 각 정당에 전달하였다. 17대 국회의원 선거결과 지역구 선출직에서 10명의 여성의원이 당선되고 29명의 비례직 여성의원이 당선되어 총 39명의 여성의원이 탄생하였다. 39명의 여성의원에게 1차적으로 주어진 과제는 호주제 폐지였다. 2004년 6월 4일 정부가 먼저 호주제 폐지 민법중개정법률안을 제출하였고 9월 9일 이경숙 의원 등 156인의 제출로 개정안이 발의되었으며 9월 14일 노회찬 의원 등 10인 발의로 개정안이 제출되었다.

정부안, 이경숙 의원안, 노회찬 의원안이 나오게 된 배경은 조금씩 내용의 차이가 있었기 때문이다. 우선 정부안에는 '호주'조항을 삭제하는 대신 '가족'조항을 신설하여 가족을 '배우자, 직계혈족, 형제자매, 생계를 같이하는 직계혈족의 배우자 · 배우자의 직계혈족 · 배우자의 형제자매로 설정하고 부성강제주의를 부성원칙주의를 바꾸는 내용이다. 이경숙 의원안은 호주 조항은 완전히 삭제하고 부성원칙주의는 유지하자는 안이고, 노회찬 의원안은 시민연대가 청원한 안을 그대로 받아들여 호주조항을 전면 삭제하고 자녀 성씨도 부모 협의에 따라 선택하자는 내용으로 발의하였다. 시민연대에서는 노회찬 의원안을 지지하지만 호주제 폐지를 통과시키기 위해 부성강제주의를 부성원칙주의로 바꾸는 정도는 수용할 수 있다는 입장을 취했다. 다만 '가족' 조항을 넣는 부분에 대해서는 입장이 나누어졌는데 여성연합에서는 가족조항을 넣는 것에 대해 반대하였다.

정부와 여당에서 호주제 폐지를 추진하겠다고 했지만 유림측의 조직적인 반발과 방해로 국회 법제사법위원회는 심의일정도 안잡고 시간을 보내더니 2004년 12월이 되어서야 공청회를 열고 법사위 1소위에 배정하였다. 12월 27일 법사위 1소위에서는 호주제 폐지에 합의하고 민법개정법률안을 통과시켰다. 그러나 전제조건으로 호주제 폐지 이후 신분등록제도에 대한 논의가 필요하다는 점과 헌법재판소 위헌판결 여부를 지켜봐야 한다는 한나라당 측의 문제제기가 있어 바로 법제사법위원회로 회부되지 못했다.

2005년 1월 대법원에는 혼합형1인1적제 신분등록제도를 발표하였고 2월 21일 국회 차원에서 공청회를 개최하였다. 그리고 무엇보다 2월 3일 헌법재판소는 호주제에 대해 헌법불합치 판결을 내렸다. 호주제 폐지의 모든 걸림돌이 제거된 셈이다. 모든 조건이 갖추어지자 국회 법제사법위원회는 2월 28일 전체회의를 열어 다수결로 호주제 폐지를 통과시켰고 3월 2일 본회의에서 가결되었다. 본회의가 열리는 날도 반대토론자로 자민련 김학원 의원과 한나라당 김용갑 의원의 반대토론과 민주당 손봉숙 의원과 열린우리당 이경숙 의원의 찬성토론을 통해 긴장이 조성되었으나 과반수를 넘겨 통과될 수 있었다.

민법개정법률안이 국회에서 논의되는 과정에 여성운동(단체)은 법제사법위원회 1소위 방청과 진술, 언론기고, 각 당 대표 면담 등을 통해 개정안이 통과되도록 총력을 기울였다. 3월 2일 국회안에서 여성단체 대표들은 본회의 방청도 불허된 상황에도 불구하고 국회 본회의장 근처에서 모니터로 가결되는 순간을 지켜보면서 환호성과 기쁨의 감격을 나누었다. 호주제를 폐지하는데 반세기가 걸린 셈이다.

(3) 호주제 폐지 민법개정법률안이 통과될 수 있었던 성공요인

호주제 폐지운동은 총체적인 운동이라고 해도 과언이 아니다. 1999년 3월 4차 민법개정운동을 시작한지 7년 만에 국회에서 통과된 것이다. 호주제 폐지는 국민 개개인의 이해관계가 걸려있는 가족관습과 가족관계를 변화시키는 것이므로 국민적인 관심사가 될 수밖에 없는 사안이었다. 여성운동은 호주제 폐지를 위해 시민연대운동과 언론, 사법부, 입법부, 행정부를 움직이는 총체적인 운동을 전개하였고 그 결과 성공할 수 있었다.

1) 국민적인 공감대 확산

호주제 폐지를 반대하는 유림세력이 지역사회 안에서 영향력이 크기 때문에 호주제 폐지를 찬성하는 여성과 젊은층 이외에 무관심한 중장년층을 지지세력으로 끌어들이는 것이 중요했다. 대중적인 인지도가 높은 배우와 코메디언을 홍보대사로 임명하여 그들의 목소리로 호주제 폐지를 국민에게 알려나갔다. 특히 김미화 코메디언의 경우 자신의 개인 가족사까지 공개하며 본인이 호주제의 피해자임을 알려나갔고 당당하게 호주제가 폐지되어야 한다는 입장을 피력하였다. 또한 2003년 1월 한국방송 일일드라마로 방영된 '노란손수건'은 독신모 여성이 낳은 자식이 엄마의 동의없이 아버지 호적으로 옮겨가고 성도 아버지 성을 따라야 한다는 현행 민법의 문제를 잘 드러내면서 일반 국민들에게 호주제의 문제점을 확산하는데 크게 기여하였다. 무엇보다도 전국의 여성단체, 시민단체, 종교단체들이 호주제 폐지 캠페인을 전개하고 다양한 퍼포먼스를 통해 문화적인 방식으로 호주제 폐지 여론을 확산시켜 나갔으며 각종 여론매체를 활용해서 호주제 폐지의 필요성을 확산시켜 나갔다.

2) 시민연대

호주제 폐지가 여성과 남성의 대결로 비쳐지지 않도록 남성의 참여를 적극 조직하였다. 호주제 폐지 1만인 남성선언, 호주제 폐지를 지지하는 시민사회단체의 성명서 발표, 시민사회단체가 요구하는 대선핵심공약으로 '호주제 폐지'를 선정하였다. 남성도 호주제의 피해자라는 사실을 강조하면서 남성과 연대하여 호주제 폐지를 추진한 여성운동의 방식은 적중하여 호주제 폐지가 성대결로 나가는 것을 방지할 수 있었다.

3) 사법제도의 활용

2000년 12월 「민주사회를위한변호사모임 여성·복지위원회」가 주관하여 호주제 위헌심판제청을 신청하면서 호주제의 위헌성을 집중 부각하였다. 호주제가 헌법에서 보장하는 민주적 기본질서(헌법전문 및 제4조), 행복추구권(제10조), 혼인생활과 가족생활의 자유로운 형성(제36조 제1항) 등을 위반한다고 보았다. 시민연대에서는 소송인단을 모집하여 2000년 10월 각 구청에 子를 母가에 입적하는 내용 및 현행 호주를 無호주로 변경해달라는 신고를 했고 각 구청에서는 입적신고 및 호주변경신고에 대해 불수리처분을 하였다. 같은 해 11월 28일 서울가정법원에 호주변경신고 및 입적신고 불수리처분에 대해 불복을 신청하였다. 2000년 12월 서울지방법원 북부·서부·남부지원에 위헌여부심판제청을 신청하였고 2001년 3월에 서울지방법원 서부·북부지원에서 위헌제청을 결정하였다. 2차 위헌소송은 2002년 5월 수원지법 성남지원, 대전지원, 대구지원 가정지원에 민법 제778조, 제826조 제 3 항에 대한 위헌제청을 신청하였고 2003년 2월 서울지방법원 북부지원은 민법 781조 제 1 항 '자는 부의 성과 본을 따르고' 부분에 대한 위헌제청을 결정하였다.

위헌 여부를 심리해야 할 헌법재판소가 전혀 미동조차 하지 않자 여성단체, 종교단체, 국가인권위원회 등이 위헌 결정을 촉구하는 의견서를 제출하면서 압력을 가했지만 여전히 변화가 없었다. 드디어 2003년 11월 1차 변론을 시작으로 2004년 12월까지 5차에 걸쳐 합헌론과 위헌론측의 참고인 진술과 변호인 변론이 있었다. 여성운동에서는 변론과정을 조직적으로 참관하고 진술인으로 참여하였다. 또한 남성일색인 헌법재판관 구성을 변화시키기 위해 헌법재판관 추천운동을 통해 전효숙 헌법재판관이 임명되었다.

2005년 2월 3일 헌법재판소가 호주제 폐지에 대한 위헌결정을 내리자 유림측의 조직적인 반발도 주춤해졌고 민법중개정법률안이 통과될 수 있는 입법환경도 확고해졌다.

4) 행정부 추동

2003년 2월 호주제 폐지를 약속한 참여정부가 등장할 때, 여성운동에서는 호주제 폐지에 대한 기대가 어느때보다 컸다. 위헌소송을 담당했던 강금실 법무부 장관, 국회에 청원서를 제출한 여성운동 출신 지은희 여성부 장관이 호주제 폐지를 공언했기 때문이다. 여성운동에서는 호주제 폐지를 성공시키기 위해서 민·관 합동으로 기획단 구성을 제안한 상태였고 노무현 대통령 공약에 반영되어 있었다.

2003년 5월 여성부 차관을 단장으로 7개 부처와 13개 시민사회단체, 한국여성개발원, 대법원 등이 참여하는 「호주제폐지특별기획단」을 구성하였다. 산하에 총괄기획분과, 법제정비분과, 홍보분과, 국민참여분과를 구성해서 정부가 발의하는 민법중개정법률안을 심의하고, 옥외전광판 애니메이션 홍보, TV 프로그램 제작지원 및 라디오광고 등 대국민홍보를 추진하고, 각 시민사회단체와 협조하여 교육활동을 진행하였다. 2004년 2월에는 새마을운동중앙회와 한국자유총연맹이 추가로 참여하여 보수적인 사회단체의 반대여론을 무마시켜 나갔다.

5) 입법부 추동

16대 국회가 개원되던 2000년, 시민연대 중심으로 청원서를 제출하면서 16대 국회가 끝나기 전에 호주제를 폐지시키려고 했는데 결국 17대 국회로 넘어가게 되었다. 국민여론이 낮다는 이유로 차일피일 미뤄오던 입법발의가 2003년 5월에서야 이루어지게 되었고, 2004년 17대 총선에서 지역 유권자를 의식하는 국회의원들은 개인적으로 만나면 호주제 폐지에 찬성한다고 하면서 지역의 유림들이 반대한다는 이유로 여성단체와 만나는 것을 아예 기피하였다. 16대 국회에서 호주제 폐지가 성사되기 어렵다고 판단한 후 여성운동에서는 17대 총선에서 각 정당을 대상으로 호주제 폐지 당론을 요구하여 열린우리당, 민주노동당, 민주당은 당론으로 확정하였고 한나라당은 친양제제도 도입을 당론으로 정하였다. 17대 국회가 개원되자마자 의원을 대상으로 여성단체와 언론사에서 호주제 폐지 설문조사를 실시하여 호주제 폐지에 대한 높은 지지를 확인했다. 그러나 가장 큰 문제는 민법중개정법률안을·다루는 법제사법위원회의 입장이 중요했기 때문에 여성의원이 참여하도록 각 정당에 요청하였다. 열린우리당에서 법학자 출신인 이은영 의원이 법사위 배치를 희망하여 호주제 폐지를 추진할 수 있는 교두보를 확보하였다.

여성단체에서는 각 정당의 대표를 면담하여 2005년 임시국회에서 반드시 통과시킬 것을 요구하였고, 39명의 여성의원들에게는 각 당의 법제사법위 의원들을 설득할 것과 법제사법위 1소위 심의과정에 참관하도록 요구하였다. 2004년 12월 27일 1소위 심의과정에서 쟁점이 발생하자 심의를 중단하고 다음해로 넘기려는 것을 여성의원과 여성단체가 끝까지 자리를 지키자 심의를 속개하여 호주제 폐지가 성사될 수 있었다.

(4) 남은 입법과제

호주제 폐지 민법개정안 부칙에 따르면 호주제 폐지와 친양자제도 도입 등은 2008년 1월 1일부터 시행하도록 되어 있다. 이는 호주제도가 폐지 이후 새로운 신분등록법이 마련되어 안정적으로 시행될 때까지 법 시행을 유보한 것이다. 현재 새로운 신분등록제도에 방향은 대법원이 제출한 혼합형 1인1적제로 모아지고 있다. 법무부에서는 신분등록부에 기록하는 개인 정보를 지나치게 많이 수록하려는 의도를 갖고 있지만 이에 대해서는 반대가 만만치 않다. 또한 노회찬 의원이 목적별신분등록제 발의를 준비하고 있어 논쟁이 예상된다.

새로운 신분등록법이 만들어지고 시스템을 갖추기까지 약 2년6개월이 소요된다고 한다. 2005년 정기국회에서는 반드시 결정되어야 하는데 여러 가지 논쟁으로 결정하지 못하게 되면 자칫 2008년 1월에 시행되는 호주제 폐지가 유보될 수 있다. 여성운동 내부에서도 대법원안을 지지하는 입장과 노회찬 의원안을 지지하는 입장이 나눠져 있다. 2005년 정기국회에서는 국민적인 토론을 거쳐 새로운 신분등록법이 반드시 만들어져야 할 것이다.

Ⅳ. 입법과정에서 나타난 여성운동의 성과와 과제

1. 성 과

지난 10년간 여성관련 입법운동 흐름을 개괄적으로 정리해 보면, 정책의제화되기 이전에 성평등 문제에 대한 "인지와 정의단계"가 매우 중요함을 알 수 있었다. 가부장제 가치와 관행이 뿌리깊은 사회에서 여성문제는 개인문제로 정의되었기 때문에 여성운동은 성평등주의 입장에서 '개인적인 것은 정치적인 것이다'로 정의될 수 있도록 관점을 바꾸는 운동부터 전개해 왔다. 성폭력 범죄를 '정조에관한죄'에서 '성적자기결정권침해죄'로 정의하고, 가정폭력을 '남의 집안 일이니까 간섭하지 말자'는 시각에서 '경찰이 개입해야 하는 폭력범죄'로 정의하고, 보육은 '가정에서 여성이 담당할 일'에서 '국가가 육아를 지원해야 하는 일'로 정의하고, 성매매 문제는 '윤락'이 아니라 '성매매'로 정의하도록 토론회, 캠페인, 조사·연구 등을 통해 사회적인 여론을 조성하였다.

또한 입법화의 전 단계인 정책의제화 단계에서 현장 실천에 기반하여 대안적인 입법안을 마련하여 입법에 대한 현실적인 타당성을 갖추었고, 여성운동 내부의 토론과 의사수렴을 통해 운동의 대표성을 구축하였고, 정책의제화 단계에서는 다양한 세력과 연대하여 사회적인 합의과정을 구축하였다. 그리고 입법화 단계에서는 낮은 정치적인 영향력을 보강하기 위해 시민로비방식을 취하였고 여성운동을 지지하는 의원과의 연대를 통해 정치적 영향력을 확대해 나갔다.

이처럼 여성운동의 조직적인 힘으로 여성관련 입법이 빠르게 추진되어 우리 사회가 부족하나마 성평등한 사회 시스템으로 전환할 수 있게 되었고, 많은 여성들이 법적인 보호를 받을 수 있게 된 것이 가장 큰 성과로 볼 수 있다.

2. 과 제

(1) 여성문제가 사회문제로 정의되었다고 하더라도 자동적으로 정책과제가 되는 것은 아니다. 수많은 사회문제 중에서도 그 문제를 해결하기 위해 결집하는 세력이 있고 대표성이 형성되어 국가로 문제 해결을 귀속시킬 때 정책과제로 전환될 수 있다. 즉 수많은 여성문제 중에서도 국가로 문제 해결을 귀속시킬 때 여성관련 법이 만들어지고 정책으로 수립될 수 있는 것이다. 그동안 여성연합은 여성관련 법 제·개정에서 여성운동의 대표성을 발휘해 왔다. 여성연합이 제기하는 여성문제를 여성정책으로 전환하는데 별 무리가 없었다. 이제 상황은 변화하고 있다. 여성연합 내부적으로도 과제에 따라 대표성을 분화하고 있으며 여성연합 외부의 다양한 페미니즘 그룹, 시민사회운동과 정책방향을 조율하면서 연대기구를 구성하기도 한다. 성평등 과제의 성격에 따라 어떻게 결집하고 대표성을 누구와 구성할 것인지를 판단하는 것은 정책의제화, 입법화 과정에서 매우 중요한 요소라고 볼 수 있다. 대표성을 제대로 구성하지 못하면 입법화 과정에서 다양한 견해가 충돌되면서 이익집단, 반대집단의 논리에 밀리게 되거나 입법화를 기피 또는 반대하는 의원들을 설득하기 어려워질 수 있다. 따라서 연대를 목표로 다양성과 차이를 이해하고 소통하는 과정을 잘 만들어 나가야 한다.

(2) 법 제·개정 이후에 제대로 시행되는지 감시하는 역할과 의식개혁운동이 매우 중요하다. 성매매방지법 제정 이후 드러나는 다양한 역풍을 보았을 때 행정부에 대한 감시만이 아니라 성평등을 거부하는 세력, 공익보다는 사익을 지키려는 세력에 대한 감시와 견제가 필요하다. 성매매방지법의 경우 법 집행의 강력한 의지를 행정부에 촉구하고, 시민연대를 구성하여 시민사회 영역에서 담당해야 할 의식 및 문화 개선을 지속적으로 추진해야 한다. 오랫동안 우리 사회에서 묵인해왔던 성매매 문제가 금지하는 법이 제정되었다고 해서 금방 해결될 수 있는 것은 아니기 때문이다. '윤락행위등방지법'이 있었음에도 불구하고 사문화되었던 것처럼 국민의 의식이 바뀌지 않으면 법만으로 세상을 바꿀 수 없기 때문이다. 앞으로 여성운동은 성차별적인 의식과 문화를 바꾸기 위해 교육·미디어·문화영역에 대한 결합을 강화하고 생활속에서 구체적으로 관행·관습을 바꾸는 생활개혁운동도 추진해야 할 것이다.

(3) 입법화 이후 여성운동의 많은 과제가 제도권 안에서 실현될 때 운동의 역할을 어떻게 설정할 것인가에 대해 모색해야 한다. 감시 · 견제하는 운동, 대안운동에 주력할 것인가 아니면 제도화 이후 확장된 사회서비스 영역에 적극 참여할 것인가에 대해 논쟁이 진행되고 있다. 이 두 가지가 반드시 선택적인 것은 아니지만 제한된 운동역량 속에서 우선순위를 정해야 한다는 문제제기가 있다. 제도화된 영역에 참여하면 국가의 간섭을 받게되고 운동의 자율성이 침해되어 운동성을 상실한다는 우려가 있는가 하면 한편으로 굿거버넌스 차원에서 대안적인 사회서비스 영역에 참여해야 한다는 주장도 있다. 이 두 가지는 상호 연관되어 있어 경계를 정하는 것이 매우 어려운 상태이다. 향후 실천과정에서 보다 분명해 질 것이라고 생각한다.

V. 나오는 말

여성운동은 가부장제 사회의 가치와 틀을 바꾸기 위해 성차별적인 시각에서 만들어진 법을 부정하고 성평등주의 시각에서 새로운 법을 만들고자 노력해왔다. 법의 제 · 개정 과정은 법안에 담겨있는 가부장제 가치관과 투쟁하는 일이고 대안적인 가치를 제시하여 사회적으로 설득하는 과정이었다.

우리 사회의 기본법이라고 할 수 있는 민법을 개정한 것인 매우 지난한 과정이었지만 가족과 사회를 변화시키는 큰 전기를 마련했다는 점에서 의미있는 일이었고 이제 형법을 개정하는 일이 남아 있다. 여성의 인권이 고려된 형법을 개정하는 것은 또 한번의 대장정에 오르는 일이라고 생각한다.

이 뿐만 아니라 여성운동에서는 호주제도 폐지 이후 가족관계의 민주성, 돌봄의 사회화, 다양한 가족형태를 인정하는 가족정책을 만들고자 '가족지원기본법' 제정을 추진하고 있다. 이 외에도 부부공동재산제, 방과후 보육과 교육 지원 제도화, 기초연금제 도입을 위한 국민연금법 개정, 모 · 부자복지법 개정 등을 추진할 예정이다.

아직도 많은 입법과제가 남아 있지만 여성운동은 지방분권화 과정에서 기왕에 추진된 여성관련 입법이 후퇴되지 않도록 지역 여성운동을 강화해 나갈 것이며, 무한경쟁의 세계화 속에서 빈곤의 여성화가 심화되지 않도록 사회적 양극화를 방지하는 법 · 제도 개선에 노력해 나갈 것이다.

〈참 고 문 헌〉

김해동·유훈·조석준,「정책형성론」, 서울방통대출판부, 1983.

현외성,「사회복지정책강론」, 양서원, 2000.

James E. Anderson, *Puble Policy-Making, Holt, Rinehart and Winston,* 이종수·이대희 역, 「정책형성론」, 대영출판사, 1985.

제 3 절 환경운동과 환경 정책·제도

여 영 학*

Ⅰ. 머 리 말

환경운동은 현대 사회에서 인간의 생존을 위협하는 공기·물·땅의 오염, 생태계 파괴, 에너지 위기를 해결하고 환경적으로 지속가능한 사회를 만들기 위한 사회운동이다.

지금까지 우리나라 환경운동은 환경오염 피해의 보상을 요구하고 오염시설의 설치 또는 각종 개발사업에 반대하는 운동에 치중해왔다. 그러나 오늘날 수많은 환경단체들이 등장하여 상당한 대중적 기반과 전문성, 정치적 영향력을 확보하였다. 정치과정에서의 민주성과 개방성도 높아져 정책수립 과정에 대한 환경단체의 영향력이 커져가고 있다. 이제 환경운동이 정책의 수립·집행과 법령의 제·개정에 직접 관여할 수 있는 기회가 날로 확대되고 있다.

이 글에서는 환경운동과 환경정책·환경법의 생성과 발전 과정을 살펴본 위에 이후 환경운동이 환경과 관련된 정책과 법제도의 개선과 혁신에 효과적으로 기여할 수 있는 방안을 모색하고자 한다.

* 법무법인 한결 변호사, 환경법률센터 소장.

Ⅱ. '새로운 사회운동'으로서 환경운동의 생성과 발전

1. 환경운동의 탄생과 성장

(1) 근대 이후 자본주의적 경제성장은 대기와 하천·해양의 오염, 상수원 수질의 악화, 쓰레기 문제 등을 낳았다. 한 지역과 나라를 넘어서서 전 지구적으로도 인류의 생존을 위태롭게 할 지구온난화, 오존층 파괴, 산성비, 열대우림의 파괴, 생물종의 급격한 감소 따위의 현상을 불러왔다.

누적된 오염과 환경위험은 충격적인 환경참사로 이어지기 일쑤였다.

1952년 아황산가스가 함유된 안개로 1만 2천여 명이 목숨을 잃은 런던스모그 사건, 1950년대 초 공장폐수에 들어있는 수은이 체내에 축적되어 43명이 사망하고 111명이 치유불능의 마비증상을 겪었으며 19명의 아이가 심각한 기형증상을 갖고 태어난 것으로 밝혀진 미나마타병 사건, 1950년대 말 폐광석에서 흘러나온 카드뮴이 몸 속에 쌓여 수백 명이 사망하거나 중독증상에 시달린 이타이이타이병 사건, 1970년대 미국 뉴욕주 나이아가라 지역에 매립되어 있던 유독 화학물질로 인근지역 주민들이 만성천식, 신장 및 간질환, 선천성 기형아 출산 등의 피해를 입은 러브캐널 사건, 1984년 인도 보팔시에서 미국의 다국적 기업인 유니언 카바이트사의 살충제 제조공장에서 유독가스가 약 1시간 동안 누출되어 인근지역 주민 20만 명이 가스를 흡입, 2만 명 이상이 응급치료를 받고 가축들이 떼죽음을 당했던 보팔 사건, 1986년 라인강 상류 유역 스위스 바젤 부근의 화학제품 제조회사 화재사고로 1,300톤의 화학물질 라인강으로 흘러들어 수중생물이 떼죽음을 당한 바젤 사건, 1986년 러시아 체르노빌 핵발전소의 원자로가 폭발하여 사고지점으로부터 수천 킬로미터 떨어진 유럽 각국에까지 방사능물질이 유출된 결과 수백만 명이 암과 백혈병에 걸리고 사산하거나 기형아를 출산한 체르노빌 사건 등 환경사고가 세계 각국에서 잇따라 일어났다.

(2) 유럽, 미국과 일본 등 선진 산업사회를 대표하는 나라들에서는 이러한 환경재난이 거듭되자 1960년대와 1970년대에 걸쳐 환경운동이 본격적으로 싹트기 시작했다. 2차 세계대전 이후 과학기술의 발전과 더불어 경제가 지속적으로 성장하고 대중소비 사회가 도래했지만 그와 동시에 인간과 사회의 생존을 위협하는 산업화의

폐해가 드러나면서, 환경문제에 대한 자각과 반성의 움직임이 일어나게 된 것이다. 현대 산업사회가 불러온 환경파괴와 오염에 대한 대중적인 인식이 확산되었고 전문 연구자들과 운동가들이 참여하는 환경운동 단체가 만들어졌다. 신문, 방송과 그 밖의 언론매체도 자주 환경문제를 비중 있게 다루기 시작했다.

미국의 경우 초창기 환경단체들은 주로 자연보호운동에 국한되어 있었다. 그러나 1962년 레이첼 카슨의 '침묵의 봄'이 출간된 이후 환경운동은 새로운 인식의 지평을 열었다. 즉, 현대 산업사회의 환경문제는 복합적인 원인에서 비롯되며 오염과 파괴는 오랜 기간 누적되어 자연 파괴를 넘어 인간의 삶을 근본에서 위협하는 문제임을 깨닫게 된 것이다. 그 후 무려 2천만 명이 참여한 1970년 지구의 날 행사는 환경의식의 대중적 확산에 기여하였을 뿐 아니라 환경정책의 획기적인 변화를 일구어내기도 하였다.

2. 우리나라 환경운동의 역사

(1) 우라나라의 환경오염 사건

우리나라에서도 1960년대 중반 이후 크고 작은 대기오염과 수질·해양오염에 의한 환경오염 사고가 끊이지 않았다. 1980년대 울산시 온산공단 내 화학공장과 금속제련업체 등에서 배출된 오염물질로 1천여 명의 주민들이 구토, 피부병과 눈병, 전신마비 증상을 보여 몇 년 만에 결국 주민들을 이주시킨 온산병 사건, 1991년 구미시에 있는 두산전자의 제조공장에서 페놀원액 수십 톤이 새어나가 대구지역 주민들이 마시는 수돗물을 오염시킨 낙동강 페놀 사건, 같은 해 동양화학 군산공장에서 인체에 치명적인 화학물질인 TDA가 유출되어 인근 수 킬로미터 지역에 사는 주민들의 호흡기 질환, 농작물 피해를 입힌 군산 TDI 오염 사건 등 대형 환경오염 사건도 적지 않게 터져나왔다.

(2) 1970년대까지의 환경운동

1960년대와 1970년대의 한국사회는 국가 주도로 외자도입에 의한 경제발전 전략을 추진하면서 경제성장 제일주의 이데올로기가 지배적 이념으로 등장하였다. 60년대 경공업과 수입대체산업 위주로 출발한 산업구조가 70년대 들어 중화학공업 중심으로 재편되면서 울산, 온산, 여천 등 임해지역에 대규모 중화학 공단들이 건설되기 시작했다. 그에 따라 공단지역의 환경오염이 급속히 진행되었다. 하지만 아직은 공해가 국지적인 현상에 그쳤고 그 정도도 상대적으로 덜 심각한 수준이었다. 또 공단건설을 통한 지역개발이 인근지역의 주민들에게는 수혜로 받아들여짐으로써 어느 정도의 환경피해는 감수할 수밖에 없는 문제로 인식되었다.

이러한 경제성장 이데올로기, 권위주의 군사정권의 억압적인 정치체제, 일반국민의 낮은 환경인식으로 말미암아, 당시의 환경운동은 주로 공단지역 주민들의 국지적 피해보상운동이 주류를 이루었다.[1)]

1965년 부산 화력발전소 주변지역 주민들의 매연반대운동이 최초의 환경운동이었다.[2)] 이후 유사한 주민운동이 뒤를 이었다. 1960년대 말 울산공단의 한국알루미늄, 한국비료 등이 본격 가동되면서 울산 삼산평야의 벼가 말라죽는 피해가 발생하자 1971년 지역주민들이 '공해대책위원회'를 조직하여 피해보상을 요구하였다. 광양공단 주변에서도 폐수나 기름이 유출되어 어업피해가 속출하고, 대기오염으로 여천 주민들 700여 명이 눈병과 피부병에 시달리게 되자 주민들은 '대책위원회'를 만들어 보상과 이주대책을 요구하였다.[3)]

1970년대 후반으로 가면서 공해피해의 규모가 커지고 운동경험도 축적되어 지속적인 주민운동조직이 등장하기도 하였으나, 운동의 목표는 여전히 재산상의 피해보상 요구에 머물렀고 피해지역 주민들의 보상운동은 외부단체와의 연대나 지원을 받지 못한 채 고립된 채 지역의 울타리를 넘지 못하였다.

(3) 1980년대의 환경운동

1980년대 중화학공업 중심의 경제개발은 더욱 가속화하여 산업단지의 규모는 갈수록 커졌지만 정부와 기업은 공해방지에 그다지 관심이 없었다. 그에 따라 환경오염도 심화될 수밖에 없었다. 1970년대 말부터 환경오염피해 사례가 빈발하고 주민들의 공해보상투쟁이 대대적으로 일어나 언론에서까지 비판적인 기사가 실리면서 1980년 5공화국 군사정권은 헌법에 환경권을 명시하고 환경청을 신설하였지만, 권위주의 군사정권의 경제성장 지상주의는 변함이 없었다.

1) 정준금, "환경운동과 환경정책: 90년대 이후를 중심으로," 「울산대학교 사회과학논집」, 제11권, 2001.
2) 이회성 · 이성우, "우리나라 환경운동의 발달과정과 정책영향에 대한 고찰," 「환경정책」, 제 2 권 제 1 호, 1994.
3) 한국환경기술개발원, 「한국의 환경 50년사」, 1996.

하지만 70년대까지의 운동경험이 밑거름이 되어 이 시기의 환경운동은 변화된 모습을 보여주었다.

먼저 민주화운동 세력이 주도하는 조직적이고 체계적인 환경운동단체들이 출현하기 시작하였다. 1982년 최초의 전문 환경운동조직인 공해문제연구소가 출범하여 환경운동의 이념을 모색하면서 피해지역 주민들의 운동을 지원하는 구실을 담당하였다. 이 단체는 1985년 온산공단의 집단괴질을 조사하여 '온산병'을 사회문제화하는데 성공하였다. 뒤이어 반공해운동협의회, 공해반대시민운동협의회, 공해추방운동청년협의회 등이 연이어 결성되었다.

둘째, 공단 주변 지역주민들의 투쟁도 체계적인 조직을 갖추고 전문 환경운동단체들과의 연대를 형성하였다. 그에 따라 언론을 통한 여론화에도 유리한 조건을 갖추게 되었다. 온산병이 언론에 크게 보도됨으로써 정부가 급기야 이주대책을 발표하게 된 것도 연대운동과 언론을 통한 여론화의 성과였다.

셋째, 주민 환경운동도 지방의 공단지역뿐 아니라 도시지역으로 확산되었다. 1983년 목포의 진로주정공장 설치반대 운동, 1985년 동두천지역의 상수원오염 반대 운동, 1987년 구로공단 주변의 주민운동, 상봉동 연탄공장 주변 주민운동 등이 그것이다.

(4) 1990년대 이후의 환경운동

1987년 6월 항쟁 이후 1990년대에 이르기까지 한국사회가 급격한 변동을 겪으면서 환경운동도 획기적인 전환의 시기를 맞게 된다.

우선 잇따른 환경오염 사고와 그에 따른 국민들의 환경의식 변화가 환경운동의 성장을 북돋우었다. 이 시기에도 중화학공업 위주의 경제개발정책이 지속됨에 따라 대기와 수질 등의 오염이 악화일로로 치달았고, 정부와 기업의 무분별한 과잉개발은 심각한 생태계 파괴 문제를 야기하였다.

거의 해마다 식수오염 사건이 터졌다. 1989년 수도권 수돗물 중금속오염 사건, 1990년 수도권 수돗물 발암물질 검출 사건, 1991년 두산전자의 낙동강 페놀오염 사건, 1993년과 94년 낙동강 오염 사건, 1994년 김포매립지 침출수유출 사고, 1995년 시프린스호 남해안 기름유출 사고 등이 그것이다.

그 밖에도 1994년 러시아의 핵폐기물 동해안 투기 사건, 같은 해 포항 제철화학 폭발 사고 등이 국민의 이목을 끌었고, 1991년과 1995년 안면도와 굴업도의 핵폐기물 처리시설 설치계획, 골프장 건설, 양수발전소 건설 반대운동도 적지 않은 여론의 관심을 끌었다.

그에 따라 환경문제에 대한 여론의 관심도 무척 높아졌다. 환경문제의 중요성을 묻는 여론조사에서 시민들은 '환경문제가 물가, 범죄, 부정부패, 남북한 문제 못지않게 중요하다'고 응답했고, 1997년 환경부가 실시한 '환경문제에 대한 의식조사'에서도 응답자의 78%가 경제개발보다는 환경보전이 더 중요하다고 답했다.

1980년대 말 이후 사회적·정치적 상황의 변화도 환경운동에 유리한 조건을 조성하였다. 1987년 노동자 대투쟁을 필두로 민중운동이 폭발하면서 분배, 복지, 환경, 지방분권과 같은 새로운 가치와 이념을 중시하는 사회적 흐름이 형성되었던 것이다.

더욱이 1992년 리우환경회의 이후 지구환경문제가 전세계적인 관심사로 대두되고 여러 나라의 환경단체 사이에 공동연구, 정보교환, 국제행사 등 국제적 연대운동이 활발하게 벌어져 환경운동의 입지는 더욱 강화되었다.

이러한 상황변화에 힘입어 1990년대에 환경운동은 양적·질적인 성장과 변모를 거듭하였다.

먼저 수많은 전문 환경운동단체가 생겨나고 분화되었다. 1988년에는 80년대에 자라난 공해반대운동단체들이 통합하여 공해추방운동연합을 결성, 환경운동이 더욱 전문화·대중화할 수 있는 기틀을 다졌다. 이듬해에는 환경문제에 관한 과학기술적인 전문연구활동을 주된 활동내용으로 하는 환경과 공해연구소가 창립되었다. 이들 단체는 피해주민들과의 연대 및 전문적인 지원, 일반시민에 대한 교육과 홍보를 통해 환경운동의 대중적 기반을 더욱 확대하였다. 또한 환경문제를 객관적으로 분석하고 과학적인 해결방안을 제시함으로써 환경운동의 위상을 한층 높일 수 있게 되었다. 그리고 '한살림운동', '자연의 친구' 등 기존의 환경운동과는 다른 노선의 환경운동단체들이 생겨났으며, 경실련과 서울YMCA 등 기존 시민운동조직도 환경운동에 뛰어들기 시작했다.

둘째, 환경오염피해를 둘러싼 지역주민운동도 양적으로 크게 팽창하였고 활동이 치열해졌으며, 그 운동의 내용에서도 사후 피해보상 요구만이 아니라 공해시설의 가동이나 입지를 반대하는 운동으로까지 발전하였다. 김포공항주변 주민들의 소음피해보상 요구, 대구 페놀사태에 대한 시민들의 보상요구, 듀퐁의 이산화티타늄 공장설립을 반대한 울산지역 주민운동, 동양화학의 TDI 공장 건설을 반대한 군산주민운동 등이 그 예다.

셋째, 국가의 환경파괴적인 개발정책과 환경오염시설의 설치를 반대하는 환경단체와 주민들의 반대운동이 고조되었다. 1990년 이후 정부는 핵폐기장 후보지로 안면도, 울진, 영일, 영덕 지역을 연이어 선정했지만 번번이 주민들의 반대에 부딪혀 무산되었고 1995년 굴업도를 부지로 선정하려던 계획도 환경운동단체와 주민들의 격렬한 반대운동 앞에 백지화되고 말았다.

1990년에는 경기도 가평, 양주, 이천, 청평 등지에서 골프장 건설을 반대하는 주민대책위원회가 결성되었고 환경단체도 그에 호응하여 주민운동을 지원하는 한편 '골프대중화정책의 철회를 위한 관계법률개정'을 청원하기도 하였다. 그 후 환경운동단체가 주도하는 지리산 양수발전소 건설과 가야산·덕유산 등 국립공원 내 각종 개발사업 반대운동에 이어, 1998년에는 영월 동강댐 건설과 새만금간척사업의 백지화, 1999년에는 그린벨트 대폭 해제방침 철회 등을 요구하는 운동이 대중적인 호응 속에 계속되었다.

2000년 이후에도 새만금간척, 북한산 관통도로 건설, 경인운하 건설 등의 이른바 '국책 개발사업'에 대한 환경단체의 반대운동은 끊임없이 이어졌다.[4)]

이러한 개발사업 등에 반대하는 환경단체와 주민들의 운동은 정부의 동강댐 건설계획 백지화 발표, 가야산 골프장 건설 및 속리산 용화온천 개발에 대한 법원의 사업승인 취소판결 등으로 부분적인 승리를 거두기도 하였다.

3. 환경운동의 발전단계와 유형

(1) 환경운동은, 구미와 우리나라의 경험으로 보아, 일반적으로 다음과 같은 몇 가지 단계를 거쳐 발전하여 왔다.[5)]

첫 번째 단계는 환경오염 사고가 발생하면서 환경문제에 대한 사람들의 관심이 차츰 높아지지만 그에 대한 대응이나 운동이 아직은 출현하지 않은 상태이다.

두 번째 단계는 공단지역 주변이나 대도시에서 직접 환경피해를 입은 주민들이 자연발생적으로 피해의 보상과 생존, 생활대책을 요구하는 단계이다. 이 때 운동조직은 일시적인 조직으로 머무르는 경우가 많고, 보상이나 집단이주가 이루어지고 나면 해체되는 것이 보통이다.

4) 환경운동연합, 「환경운동연합 10년의 기록」, 2003.
5) 환경운동연합 출판부, 「환경의 이해」, 1993.

세 번째 단계는 지역의 상설적인 환경운동단체가 조직되는 단계이다. 이러한 단체는 단순한 피해보상과 같이 특정 지역주민의 특수한 환경피해가 아니라 그 지역 전체 주민들과 관련된 상수원 보호나 대기오염 감시 등 예방적이고 장기적인 운동 목표를 설정하여 활동하게 된다.

네 번째 단계는 전국적인 환경운동조직이 만들어지며, 자원봉사자가 아닌 환경운동을 직업으로 하는 전문적 환경운동가가 체계적인 조직을 구성하게 된다.

다섯 번째 단계는 환경운동이 직접 정치적인 영향력을 행사하는 단계로서, 환경운동세력의 일부가 녹색당 등의 환경정당을 구성하여 정치과정에 참여하는 단계이다.

물론 이와 같은 단계가 환경운동의 단선적인 발전경로를 말해주는 것은 아니며, 특히 다섯 번째 단계인 환경정당으로의 발전에 대하여는 운동세력 사이에 상당한 견해 차이를 보이고 있다.

(**2**) 우리나라 환경운동은 그 이념적 지향 또는 접근방법에 따라 다음과 같은 유형으로 나누어 볼 수 있다.

첫째, 환경문제는 정치·경제·사회·문화적 차원의 문제와 함께 구조화되어 있는 것이므로, 환경운동은 사회구조적으로 환경문제가 발생하는 원인을 분석하고 왜곡된 구조를 변화시키기는 데 집중하여야 한다고 보는 입장이다. 이러한 견해에서는 환경문제를 개인적 차원의 실천이나 환경기술의 개발에 의해 해결할 수 없다고 보는 바, '모든 국민이 가해자이면서 동시에 피해자라는 식의 소시민운동이나 생명의 절대성만을 강조하는 생명운동 차원의 해결방식으로는 사회구조적으로 치밀하게 짜여진 환경파괴의 논리를 해체할 수 없다'는 점을 분명히 하고 있다.[6]

이와 같은 지향을 가진 대표적인 환경단체로는 환경운동연합을 들 수 있다. 이 단체는 '환경위기는 국민의 소비양식보다는 성장지향주의 경제운용, 환경오염을 대가로 이윤을 추구하는 기업활동, 다국적 기업의 공해산업 진출 등 사회구조적인 문제에 주된 원인이 있으며, 산업구조의 친환경적 개조, 독점과 집중의 사회상황을 분배와 분산의 방향으로 개선하는 것을 사회개혁의 기본방향으로 설정한다'고 선언하고 있다.

둘째, 개발과 보전을 균형 있게 추구함으로써 지속가능한 성장을 이룩할 수 있으며, 특히 환경위기의 극복을 위해 환경에 관한 과학적 지식의 축적과 전문기술의

6) 김병완, "환경운동의 이념과 접근방법 및 전략에 관한 연구," 「사회과학연구」, 제 8 집, 1998.

개발이 요구된다고 보는 입장이다.

기존의 반공해운동에서 한계로 지적되었던 전문성 결여의 극복을 환경운동의 가장 중요한 과제로 삼아 탄생한 환경과공해연구회 등이 여기에 속한다. 이들은 연구중심의 환경운동을 지향하면서, 객관적이고 과학적인 사실을 통해 환경오염의 실상을 파악하고 정책대안을 제시함은 물론 민간차원의 환경영향 평가 및 환경성 검토를 하는 등 전문성과 과학성을 표방하고 정책과정에 적극적으로 참여하여 영향력을 행사해왔다.

셋째, 자연의 생태적 가치를 절대적으로 존중하고 인간의 욕망을 반자연적인 것으로 보면서 정신운동적 측면에서 순수한 자연보존운동과 생명운동을 지향하는 입장이다. 환경운동에서 이데올로기적 개입을 전적으로 배제하고 정치적 중립을 유지하고자 하는 이 생태학적 접근방식은, 미시적 차원에서 생활양식의 변화를 추구하는 생활협동조합운동과 거시적 차원에서 패러다임의 변화를 꾀하는 생명운동을 환경운동의 중심적 과제로 삼고 있다.

이러한 흐름에 속하는 단체로는 한살림공동체, 불교환경교육원, 풀꽃세상 등이 있다.

Ⅲ. 환경정책·환경법의 생성·발전과 환경운동

1. 환경정책·환경법 생성·발전의 계기

(1) 환경문제가 주요한 사회문제로 자리잡기 시작한 현대사회에서 환경정책이 획기적으로 전환되고 정책전환을 반영한 환경관련 법령이 제·개정되는 구체적인 계기 또는 동인은 무엇인가 하는 문제를 둘러싸고 수많은 논쟁이 제기되었다.

이에 대해서는 ① 일련의 환경오염사고나 급작스런 환경오염의 증가 등으로 사람의 건강이나 생활환경에 심각한 피해가 야기되는 위기에 직면하여 기존 정책과 법률로는 그에 대한 효율적 대처가 불가능할 때 정책변화와 법제도의 개선이 이루진다고 보는 견해, ② 환경운동단체들이 기존정책에 문제를 제기하며 강력한 규제 등에 필요한 정책의 수립과 법률의 제·개정을 요구하여 정책과 법제도에 변화가 이루어진다고 보는 견해, ③ 정치권력구조의 변화가 정책이념의 변화와 동시에 일어나거나 기존 정책의 실패의 결과로 일어날 때 정책의 혁신적 변화가 일어난다고 보는 견해, ④ 환경이슈가 정치이슈화 되어 환경친화적 입장이 정치적 인기 및 득표에 도움이 되는 상황에서 환경이슈를 둘러싼 정치세력 간의 경쟁에 의하여 더욱 강력하고 혁신적인 환경 정책과 제도가 만들어지게 된다는 견해 등이 있다[7].

하지만 어떻든 환경오염의 악화나 대형 환경사고, 환경문제를 우려하는 강력한 여론의 형성, 환경운동세력의 정치적 압력, 환경정책을 둘러싼 정치세력 간의 경쟁 등이 복합적으로 환경정책과 환경법제도 개선의 계기로 작용하게 된다는 점은 분명한 사실이다.

(2) 세계 각국에서 환경사고를 계기로 환경정책과 환경법이 생성·발전하게 된 몇 가지 대표적인 사례를 보면 다음과 같다.

① 1952년 영국은 일주일간의 스모그현상으로 1만 2천 명이 목숨을 잃었던 런던스모그 사건을 계기로 1953년에 비버위원회를 설립하여 대기오염의 실태와 대책을 조사하고 연구하기 시작하였고, 이 위원회에서 제출한 보고서를 바탕으로 1956년에 대기오염규제법(Clean Air Act)을 제정하였다.

② 1956년 일본 욧가이시(四日市)에서는 각종 석유화학공장이 들어섰고 1959년 입주업체들이 본격 가동되기 시작하면서, 주민들이 악취와 기침, 천식, 만성기관지염 등 각종 호흡기질환에 시달리게 되었다. 1960년 욧가이시가 대기오염 실태와 주민건강에 관한 조사를 한 결과 이산화황, 이산화질소, 포름알데히드 등이 질환의 원인물질인 것으로 밝혀졌다. 이에 대해 1972년 법원이 입주업체들의 배상책임을 인정하였으며, 이를 계기로 1974년 일본 정부는 오염 유발자가 피해자에게 의료비와 생계비 등을 보상하는 내용을 골자로 한 '공해로 인한 건강피해보상법'을 제정하여 시행하게 되었다.

③ 1968년 무렵 일본 가네미 지방에서 식용유에 함유된 PCB가 사람의 체내에 축적되어 내분비계 및 말초신경 장애 등의 증상을 보인 이른바 가네미유(油) 사건이 발생하였다. 이 사건으로 1만여 명 이상이 건강피해를 입었고 닭 70만 마리가 집단 폐사하였다. 이 일을 계기로 일본은 1972년에 PCB와 같이 자연환경에서 분해되지 않고 인체에 유해한 물질을 특정화학물질로 규정하고 이러한 특정화학물질의 제조 또는 수입을 규제하는 법률을 제정하게 되었다.

---

7) 이송호, "환경정책의 획기적 변화에 관한 미·일간 비교 연구,"「한국행정학보」, 제29권 제 3 호, 1995.

④ 1955년 미국 로스앤젤레스에서 차량 배기가스에 의한 광화학스모그 현상으로 노인 사망자가 급증하는 사고가 있었고, 1960년대 초반에도 뉴욕시에서 스모그 현상으로 200명이 사망하는 사건이 발생하였으며 그 후 몇 년에 걸처 유사한 대기 오염사고로 인해 수백 명이 추가로 숨졌다. 이러한 일련의 사태를 계기로 대기정화법(Clean Air Act)이 제정되었고, 1967년에는 개정법인 대기질규제법(Air Quality Act)이 만들어졌다.

⑤ 1970년 여름 일본 도쿄에서도 약 3개월 동안 뉴욕의 광학스모그와 유사한 대기오염 사고가 발생, 만여 명의 시민들이 고통을 호사하였다. 이 사건 직후 일본 의회는 14개 환경오염관련법을 제·개정하여 환경규제를 대폭 강화했다.

⑥ 1969년 석유회사인 유니언오일의 시추공에서 기름이 대량으로 유출되어 캘리포니아 해안 20마일을 오염시킨 사고가 발생했다. 이 사고 후 1970년 미국정부는 수질개선법을 제정하였다.

⑦ 1970년대 미국 뉴욕주 나이아가라 지역에 매립되어 있던 유독 화학물질로 인근지역 주민들이 만성천식, 신장 및 간질환, 선천성 기형아 출산 등의 피해를 입은 러브캐널 사건 당시 미국정부는 이 지역을 환경재해지역으로 선포하고 주민들을 이주시켰다. 미연방정부는 이 사건을 계기로 1978년 환경복구·보상및책임에관한법률을 제정하였고, 이 법률에 의하여 유해지역에서 발생하는 문제점을 신속히 처리하기 위해 160억 달러 상당의 연방기금을 조성했다.

⑧ 1986년 라인강 상류 유역 스위스 바젤부근의 화학제품 제조회사 화재사고로 1,300톤의 화학물질 라인강으로 흘러들어 수중생물이 떼죽음을 당한 바젤 사건이 발생하였다. 이 사건이 발단이 되어 독일은 환경소송에 관한 무과실책임과 인과관계 등을 규정한 환경책임법을 제정하였다.

⑨ 1989년 알래스카 남부해안에서 석유회사인 엑손발데즈(Exxon Valdez)사의 유조선이 좌초되어 약 25만 8천 배럴의 원유가 누출되는 사고가 벌어졌다. 배출된 엄청난 양의 원유가 부근 해역 및 해변을 뒤덮었고 바다수달, 물개들이 죽어갔다. 미국정부는 사고 이후 유류오염방지법(Oil Pollution Act)을 제정하여 오염사고에 대비한 방제장비의 추가비치, 피해배상금의 대폭 증가 등의 조치를 시행하였다.

(3) 우리 나라에서도 일부 환경관계 법률의 경우 대형 환경사건이 직접적인 계기가 되어 제정 또는 개정되었다.

1991. 3. 발생한 낙동강 페놀 사태로 '환경범죄의처벌에관한특별조치법'이 제정

되었다.

또한 1996. 6. 상류지역 주변의 피혁공장 등에서 배출된 폐수가 한탄강으로 흘러들어 1톤 트럭 3대 분의 물고기가 집단폐사하는 이른바 한탄강 물고기 떼죽음 사건이 발생하자 정부와 국회는 환경범죄의처벌에관한특별조치법을 개정하였다. 개정법에는 어패류 집단폐사 등 자연생태계 파괴범에 대한 처벌규정이 추가되었다.

1999년에도 16톤급 유조선이 춘천호에 추락하는 사고가 일어난 직후 상수원보호지역 등에서 유독물 차량의 통행을 제한하는 수질환경보전법 개정이 이루어졌다.[8)]

2. 환경정책 · 환경법의 생성과 발전에 환경운동이 미친 영향

(**1**) 1960년대 말에서 1970년대 초반 사이에 미국과 일본에서 주요 환경법령의 제·개정을 비롯해 환경정책의 혁신적인 변화가 이루어지게 된 정치·사회적 배경에는 환경운동의 영향력이 적지 않은 비중을 차지하고 있다.

① 미국의 경우 우선 1969년 개별 환경법령의 기본법인 국가환경정책법(National Environmental Policy Act)을 제정하여 경제개발과 환경보전 사이의 균형을 도모하기 위한 환경영향평가제도를 도입하였다. 그리고 1970년 환경오염규제에 관한 정책형성 및 조정을 위해 백악관 산하에 환경위원회(Council on Environmental Quality)를 신설하는 한편 여러 부처에 흩어져 있던 환경정책 집행조직을 분리하여 환경청(Environmental Protection Agency)로 통합하였다.

뒤이어 1970년대 초반에는 대기정화법(Clean Air Act)과 수질오염규제법(Water Pollution Control Act) 등의 개정을 통해 환경정책의 혁신적인 전환을 시도하였다. 즉 두 법률에서 연방정부 차원의 전국적 환경기준과 엄격한 배출기준을 설정하고 배출감축 목표와 이행시한 및 수단을 명시하였으며 그 밖에도 시민소송제도를 도입하는 등 환경정책의 목표와 수단을 대폭 강화한 것이다. 이들 법률개정에 의한 정책의 변화는 종래의 환경오염방지 정책과 비교할 때 환경정책의 근본적인 혁신으로 평가될 만한 내용이었고, 이후 미국 환경정책의 기본 골격을 이루는 것이었다.

이러한 환경규제정책의 강화로 기업들의 환경투자가 증대된 결과, 1970년대에 걸쳐 미국의 대기 및 수질은 크게 개선되었으며, 특히 5대 대기오염물질은 10년 사

8) 조현권, 「환경법」, 1999.

이에 21%나 감소하였다.9)

1970년을 전후하여 이루어진 이러한 미국의 혁신적인 환경입법은 환경운동단체들의 다양한 활동에 힘입은 바 컸다.

1962년 레이첼 카슨의 '침묵의 봄'이 출간되면서 이전까지 자연보전운동에 머물러 있던 많은 환경단체들이 환경오염의 심각성과 강력한 오염규제정책의 필요성을 절감하게 되었고, 1960년대 말에는 Environmetal Defense Fund와 Natural Resources Defense Council과 같은 환경입법 로비를 주된 임무로 하는 단체들이 대거 등장하였다. 법률가, 과학자, 로비스트들이 참여한 이 환경단체들은 강력한 오염규제를 위한 로비활동과 법정투쟁을 통해 행정부와 의회에 직접 압력을 행사하였다. 또한 1960년 이후 주요 환경단체의 회원수가 10년 사이에 10배 이상 늘어나는 등 환경정책의 변화를 요구하는 여론이 폭발적으로 커지면서 입법과정에 대한 환경단체의 영향력은 더욱 높아졌던 것이다.

② 1968년 후생성이 그 동안 수백 명의 환자가 발생했던 이타이이타이병을 카드뮴에 의한 공해병으로 인정한 데 이어, 1970년에도 도쿄에서 충격적인 대기오염 사태가 벌어진 것을 계기로, 1970년대 초 일본 정부는 획기적인 환경입법을 단행하였다.

1970년 의회는 14개 환경관련 법률을 제정 또는 개정하였다. 환경오염방지기본법을 개정하여 그동안 정책목표로 제시되었던 '환경과 개발의 조화' 규정을 삭제하고, 수질오염방지법과 대기오염방지법에 의한 오염규제의 범위와 정도를 더욱 강화하였다. 오염방지사업비용부담법을 제정하여 공해방지사업에 소요되는 비용의 일부를 사업자가 부담하도록 하였으며, 공해범죄처벌법의 제정으로 인간의 건강에 유해한 오염물질을 배출하는 개인과 기업을 처벌할 수 있게 하였다.

1973년 공해피해구제법을 개정하여 공해 피해자에 대하여 치료비 이외에도 보상 및 위로금까지 지급할 수 있도록 구제대책을 강화하였다. 이후 대기오염방지법과 수질오염방지법을 재차 개정하면서 오염피해에 대한 무과실책임을 인정하고 오염물질 총량규제 제도를 도입하였으며, 자동차의 오염물질 배출기준을 대폭 강화하였다. 1971년에는 수상실 산하에 환경정책을 전담할 독립된 행정기구인 환경청을 신설하기도 하였다.10)

9) 이송호, "환경정책의 획기적 변화에 관한 미·일간 비교 연구," 「한국행정학보」, 제29권 제 3 호, 1995, 1081면.

10) 같은 책, 1082면.

이와 같은 정책변화로 인해 1970년대 초 기업들의 공해방지시설 투자가 큰 폭으로 늘어났으며, 일본의 대기상태는 현저히 개선되었다.

일본에서의 이와 같은 획기적인 환경관련 정책과 법제도의 개선도 공해피해 주민들과 환경단체의 활동과 무관한 것이 아니었다. 오염피해자들이 중심이 되어 결성되었던 초기의 환경단체들은 피해에 대한 경제적 보상투쟁에 주력하였으나, 1960년대 중반부터는 한층 조직적인 주민환경운동으로 발전하였다. 1960년대 말부터는 환경운동에 참여하는 주민들의 숫자가 비약적으로 증가했고 70년대 접어들면서는 환경단체의 수가 약 3년 사이에 10배로 늘어나 1973년 전국적으로 3천여 개에 이르렀다. 환경단체들은 오염피해와 관련된 손해배상 또는 오염발생의 중지 등 유지를 청구하는 소송을 제기하는 한편, 선거과정에도 개입하여 오염규제에 적극적인 후보를 지지하거나 규제에 소극적인 후보를 반대하는 활동도 전개하였다.

(**2**) 우리나라에서는 1963년에 공해방지법이 제정된 이래 1970년대 후반부터 80년대까지의 환경보전법 시대를 거쳐 1990년대 초반 이후 환경정책기본법과 개별대책법이 제정되기까지 일련의 변화를 겪어왔다. 그 과정에서 일부 대형 환경사건이 새로운 법률 제정의 직접적인 계기로 작용하기도 하였고, 환경운동이 부분적으로 정책변화와 법제도 개선을 촉진하기도 하였다.

① 1970년대까지의 환경입법은 극히 형식적인 수준에 머물렀고, 환경운동이 환경정책에 미친 영향도 미미하였다. 최초의 환경법인 공해방지법의 제정은 경제개발에 필요한 외자도입을 위한 구색 맞추기 입법이었다. 정부 내에 법 집행을 전담할 조직도 예산도 없었으며 행정규칙도 1967년이 되어서야 만들어졌다. 1977년 환경보전법이 제정되면서 비로소 환경기준이 마련되었고 환경영향평가제도와 특별대책지역지정에 관한 규정이 만들어졌다. 1979년에야 독립된 행정기관인 환경청이 설치되었다.

그때까지 환경운동은 오염피해에 대한 경제적 보상요구에 머물러 있었으므로 위와 같은 환경입법이나 정책변화에 영향을 주지는 못하였다. 다만 피해주민들의 투쟁이 여론의 형성에 일부 기여하였다는 점에서 간접적인 영향을 미친 것은 사실이다.[11)]

② 1980년대 들어 환경정책에 일정한 변화가 있었고 환경법도 일부 개정되었다. 1980년 환경청이 본격적인 독립된 환경행정 업무를 시작하였고, 83년에는 환경

11) 정준금, 같은 논문, 7면.

관리공단이 설립되었으며, 86년 전국 6개 도시에 환경지청이 설치되었다. 1982년 환경보전법이 개정되어 배출부과금 제도가 도입되었고 환경오염방지기금이 설치되었으며, 86년의 개정으로 환경영향평가대상을 민간사업에까지 확대하였다.

이 시기는 환경단체들이 출현하여 이들의 지원 아래 공해피해지역의 주민운동도 더욱 활발하게 일어났으나, 환경운동이 직접 환경정책에 의미있는 영향을 준 것은 아니었다. 다만 주민운동에 의해 집단이주대책이 수립되고 공장입주계획이 철회되는 등 부분적인 성과가 나타났다. 또한 환경단체의 활동에 의해 '온산병'이 사회문제로 부각되고 환경문제에 대한 여론의 관심이 높아지게 되었으며, 이러한 여론의 변화가 환경오염 규제정책을 강화하는 하나의 계기로 작용하였다.

③ 1990년대 초반에는 환경보전법이 폐지되고 환경정책기본법을 비롯하여 대기환경보전법, 수질환경보전법, 소음·진동규제법, 유해화학물질관리법, 환경분쟁조정법 등 6개의 개별 환경대책법이 제정됨으로써, 환경오염이 분야별로 전문적인 관리가 이루어지게 되었고 규제수단도 대폭 강화되었다. 낙동강 페놀오염사고를 계기로 환경범죄처벌에관한특별조치법이 제정되어 환경오염행위에 대한 처벌이 강화되었고, 수질개선을 위한 '4대강수질개선종합대책'과 '전국상수도정화대책' 등이 발표되었다. 그 밖에 쓰레기분리수거 및 재활용제도, 폐기물예치금제도, 환경개선부과금제도 등이 도입되기도 하였다. 1994년에는 환경예산의 안정적 확보를 위해 환경개선특별회계법이 제정되었다. 1991년 자연환경보전법이 만들어진 이후 90년대 중반 이후에는 자연환경보전을 위한 각종 정책이 마련되었는데, 97년 독도등도서지역의생태계보전에관한특별법이, 99년 습지보전법이 제정되었다. 이로써 1970~80년대 9개에 지나지 않던 개별 환경법이 90년대에 급격하게 늘어나 2005년 현재 39개에 이른다. 이처럼 환경법 체계가 방대해지고 환경정책의 중요성이 증대되면서 1990년 환경청이 국무위원급 부처인 환경처로, 95년에는 환경부로 승격되었다.

1990년대에 등장한 수많은 환경운동단체들은 커다란 사회적 영향력을 행사하였고, 영월 동강댐 건설계획이나 새만금간척사업을 비롯하여 대규모 개발사업에 반대하는 활동을 끊임없이 전개하여 상당한 성과를 거두기도 하였다.

또한 환경단체들은 개발정책에 반대하고 환경규제의 강화를 요구하는 운동 이외에도, 환경현안에 관한 정부·지방자치단체와의 협의기구에 적극 참여하기도 하였다. 1994년부터 전문 환경운동조직들은 환경부와의 협의기구인 '민간 환경단체정책협의회', '개발제한구역 제도개선협의회', '녹색서울시민위원회', 각 지자체의 지방의

제 21와 같은 자문기구에도 참여하였다. 2000년 9월에는 정부, 기업, 시민사회로 구성된 '대통령자문 지속가능발전위원회'가 만들어지기도 하였다. 환경운동단체들은 제도 안에서의 협상과 압력을 통한 목표달성을 위해 이러한 기회를 적극 활용했다.[12)]

환경운동은 환경관련 정책과 제도를 개선하는 데 부분적으로 성공하기도 하였다. 환경단체의 동강댐 반대운동은 정부의 물수요 관리정책을 강화하도록 하였고 수질보전을 위한 오염총량관리제를 도입하도록 하였다. 쓰레기 종량제, 일회용품 규제 등의 제도화에도 기여하였다.

이러한 환경단체들의 활동은 일련의 환경오염사고에 대한 여론의 관심을 증폭시켜 국민들의 환경의식을 전반적으로 고양시키는 데 중요한 기여를 하였다. 동강댐 백지화 운동이나 새만금사업 반대운동은 환경이슈를 사회적 의제로 만든 결과 대중 속에 환경주의적 가치가 널리 퍼지게 되었다.

그 밖에 환경단체들은 환경규제에 필요한 정책수립과 법률의 제·개정을 정부와 국회에 직접 요구하는 활동, 환경정책에 관한 연구용역 수행 등을 통해서도 정책형성에 관여하였다.

이상과 같은 환경운동단체들의 다양한 활동은 환경관련 정책의 수립·시행과 입법강화에 직·간접적인 영향을 미친 것으로 평가할 수 있다.

Ⅳ. 우리나라 환경정책·환경법의 현실

첫째, 현행 헌법은 제35조에서 국민의 환경권과 국가의 환경보전의무를 선언하고 있다. 이 헌법 규정에 따라 제정된 환경 분야의 법률을 꼽아보면 환경정책에 관한 기본법인 환경정책기본법을 비롯해서 환경부 소관 법률만 해도 39개에 이르고, 그 밖에 자연환경과 생활환경을 다루는 다른 부처의 소관 법률까지 합하면 100개가 넘는다.

환경정책기본법은 사전예방원칙을 명시하고, 정부로 하여금 '각종 정책을 수립할 때는 환경과 경제를 통합적으로 평가'하도록 하는가 하면, 국민의 건강을 보호하고 쾌적한 환경을 조성하는 데 필요한 환경기준을 설정하고 국가환경종합계획까지

12) 구도완, "한국 환경운동 : 급속한 성장과 제도화," 「계간사상」, 2003 겨울호, 64면.

수립하도록 하고 있다. 형식적인 측면으로 보아 환경정책기본법에다 대기·수질 등 각 분야별 개별법까지 갖추어져 있어 현재의 우리나라 환경법은 별다른 문제가 없어 보인다.

하지만 오늘의 우리 사회는 수많은 환경문제를 여전히 안고 있다. 도시의 대기오염은 일부 개선되었으나 전반적으로 심각한 수준이다.

아황산가스의 경우 전국 주요 도시 중 오염도가 가장 높은 울산도 연간 오염도가 0.012ppm(2001년)으로 세계보건기구의 권고기준(0.019)을 달성했다. 그러나 자동차로 인한 대도시 공기질 오염은 매우 심각한 수준이다. 특히 서울은 급증하는 자동차로 미세먼지와 이산화질소의 오염도가 매우 높으며, 이산화질소의 경우 연간 오염도는 0.37ppm으로 세계보건기구의 권고기준(0.02ppm)을 훨씬 웃돌고 있다. 정부는 2003년 말 한편으로는 수도권대기환경개선에관한특별법을 제정하여 대기오염 규제를 강화하면서도 다른 한편으로는 도시 대기오염의 주범인 경유승용차의 배출허용기준을 오히려 완화하는 등 서로 모순된 정책을 내놓고 있어, 대기환경의 개선을 낙관하기 어려운 상황이다.

수질관리도 아직 갈 길이 멀다. 전국 하천 194개 구간의 수질환경기준 달성률은 2001년에 29.4%에 머물렀다.

폐기물의 경우, 생활폐기물은 종량제 실시로 1993년 하루 6만3천 톤 발생하던 것이 2001년에는 4만 8천여 톤으로 크게 줄었다. 그러나 사업장폐기물은 1993년 하루 7만 8천5백 톤에서 2001년 21만 2천 톤으로 크게 늘었다.

해양오염도 1990년대 이후 적조의 발생빈도가 증가하고 발생해역이 광역화하여 해양생태계와 어업에 큰 피해를 낳고 있다. 또한 무분별한 간척사업 등으로 지난 15년간 연안습지 면적은 25%가 줄었다.[13)]

전반적으로 환경기술의 발전, 효율화, 연료개선 등을 통해 부분적으로 환경개선이 이루어졌으나 오염총량은 증가세를 멈추지 않고 있다. 그 결과 세계경제포럼(WEF)이 발표한 2002년 환경 지속가능성지수(ESI) 평가에서 우리나라는 조사대상 142개국 중 136위, 2005년 146개국 중 122위를 차지하여 거의 최하위에 머물렀다. 국제자연보전연맹(IUCN)과 국제개발연구센터(IDRC)의 자연생태계 복지지수(EWI) 평가에서도 180개국 중 161위로 최하위권을 맴돌았다.[14)]

13) 구도완, 같은 논문, 65면.
14) 대통령자문 지속가능발전위원회, 2003. 위 논문에서 재인용.

둘째, 이러한 우리의 환경현실은 환경법이 각종 개발관계 법률에 비해 그 지위가 현저히 낮고 환경오염과 생태계파괴의 방패막이 구실을 할 만큼 충분한 위력을 갖지 못하는 데서 비롯된 측면이 크다.

우선 현행 환경법은, 국토기본법과 국토의계획및이용에관한법률을 비롯한 수많은 개발과 건설에 관한 법률과, 건교부 등의 개발부처들이 그런 개발법을 근거로 추진하는 정책·계획·사업 들을 뒤쫓아가며, 배출허용기준 따위의 미약하기 짝이 없는 규제수단을 적용하는 정도의 노릇밖에 하지 못하고 있는 것이 현실이다.

예컨대 환경적인 고려가 지극히 소홀한 도로법에 따라 온 국토에 거미줄처럼 도로를 건설해가지만, 환경당국은 기껏해야 대기환경보전법에 정해진 배출허용기준에 적합한지, 자연공원법에 필요한 절차를 밟았는지 하는 등등의 제한된 기준만을 가지고 심사하여 부분적인 통제밖에 할 수 없다는 것이다. 토지관계법과 환경정책기본법의 관계조항을 전면적으로 정비하여 이른바 '국토환경종합계획법'을 제정해야 한다는 주장이 설득력을 얻게 되는 것도 바로 이 때문이다. 이 주장은, 먼저 국토 전체에 대한 환경기초조사를 실시해서 환경용량을 설정하고, 국토계획을 입안하는 단계에서부터 환경관리계획을 국토이용계획과 같은 위상에서 수립한 다음, 그에 따라 구속력 있는 세부 환경계획에 맞게 토지이용과 개발을 계획하고 허용해야 한다는 것이다.

이러한 문제는 비단 토지이용·국토개발 분야에 그치지 않는다. 개별 환경법이 오염규제에 관한 수많은 제도적 장치를 마련하고 있지만 번번이 경제논리에 밀려 예외를 허용하고 있는 것이다. 도시지역의 심각한 대기오염 문제를 해결하기 위해 특별법을 제정해놓고도 뒷전으로는 자동차업계의 이해를 앞세워 대기오염의 주범인 경유차의 배출허용기준을 완화한 것이 그 대표적 사례다.

사전배려 원칙에 따라 개발사업과 행정계획의 환경적 영향을 미리 평가하기 위해 마련된 환경영향평가제도도, 무계획적인 개발이 불러올 환경오염과 생태계파괴를 막기에는 역부족이다. 현행 환경·재해·교통등에관한영향평가법상의 환경영향평가제도나 환경정책기본법의 사전환경성검토제도는, 개발에 관한 정책, 계획, 사업 등이 이미 대부분 확정된 단계에서, 그것도 한정된 사업에 대해서만, 몇 가지 분야의 환경영향을 평가하도록 하고 있을 뿐이다. 또 지금의 제도로는 환경적 영향을 회피할 수 있는 대안을 선택하는 것도 불가능하며, 지역과 시간의 경과에 따른 누적적인 영향을 평가할 수도 없다. 많은 사람들이 현재의 환경영향평가제도를 두고 '개발의 면

죄부' 또는 '통과의례식 제도'라는 혹독한 비판을 퍼붓는 것도 무리는 아니다.

결국 현재의 환경법·환경정책은 경제성장과 개발 중심의 사회체계 속에서 그러한 성장과 개발의 부산물인 환경오염과 생태계 파괴를 제어하고 사회의 지속가능성을 담보할 수 있을 정도의 위력을 갖지 못하고 있는 것이다.

V. 최근 국내 환경운동단체의 입법운동 사례

1. 에너지기본법 제정운동

국내의 현행 에너지관련 법규들은, 에너지원이나 기능에 따라 제각기 다른 법령으로 제정되어 있어 장기적이고 종합적인 에너지정책을 수립하고 추진해가기에는 어려움이 있는데다가, 공급중심의 에너지정책에 치우쳐 수요관리, 에너지와 환경, 사회적 형평성 등의 측면을 간과해왔다는 지적이 환경단체들 사이에서 꾸준히 제기되어 왔다. 이에 시민환경단체가가 에너지부문의 여건 변화에 대응할 수 있는 체계적인 법망의 구축, 에너지정책의 전환, 에너지의 환경연계성 및 공익성의 확립과 에너지 복지 실현 등을 위한 에너지기본법 제정에 나서게 되었다. 2003년 환경운동연합, 에너지시민연대 등의 단체가 참여하여 입법추진을 위한 위원회를 구성하고 그 해 말 법률안을 마련하기 이르렀다. 그 후 산업자원부도 시민단체의 법률안을 일부 수용한 독자적인 법률안을 만들었고, 현재 입법이 추진중이다.

2. 폐촉법 개정운동

2003년 쓰레기문제해결을 위한 시민운동협의회('쓰시협')과 환경법률센터는 폐기물처리시설설치촉진및주변지역지원등에관한법률('폐촉법') 개정안을 만들어 정부에 제안하였다.

요즘도 쓰레기 소각장과 매립장과 같은 폐기물처리시설을 설치 문제를 둘러싼 지역주민들의 분쟁이 끊이지 않고 있는데, 이는 현행 폐촉법이 폐기물처리시설의 입지선정 절차에 대한 인근지역 주민들의 참여를 충분히 보장하고 있지 못한 데서 비롯되는 문제라고 보는 것이 이들 환경단체의 기본인식이다. 따라서 이 폐촉법 개정안에서는 입지선정 절차의 투명성을 더욱 강화하고 주민참여를 훨씬 폭넓게 보장하고 있다.

3. 보건환경기본법 제정운동

2005년 시민환경연구소를 비롯한 전문환경단체와 환경·보건 분야의 전문가들, 환경법률단체 등이, 환경부의 환경보건정책에 관한 연구프로젝트를 수행하는 형식으로, 이른바 '환경보건법'의 제정과 그 밖의 보건환경 관련 법률의 개정을 제안하였다.

이들 단체는 오늘날 갈수록 심각한 사회문제가 되고 있는 환경성 질환에 대한 제도적인 방안 마련이 시급하다고 보고, 환경보건정책을 체계적·종합적·전문적으로 수립·시행하기 위하여 환경보건정책에 포함되어야 할 주요사항의 정립, 환경보건위원회의 설치 및 예산 확보 등에 관한 사항을 담은 '보건환경법안'을 마련한 것이다. 이 법안은 수용체 중심의 환경관리, 사전예방원칙의 적용 강화, 환경보건 정의의 실현, 시민 참여, 알권리 보장 등을 주된 입법취지로 삼고 있으며, 현재 환경부 등과 구체적인 입법을 위한 준비활동을 계속하고 있다.

4. 광양만환경개선특별법 제정운동

광양만 일대는 지난 30여 년간 국가산업단지와 포스코 제철 등 각종 산업시설이 몰려있어 한국 산업화의 전진기지 노릇을 해왔다. 그 동안 온갖 환경오염에 몸살을 앓아왔고 앞으로도 언제 끔찍한 환경재난이 닥칠지 모르는 곳이다. 광양, 순천, 남해, 여수, 하동 등 5개 시·군으로 둘러쌓인 폐쇄적인 내만인 광양만은 여천석유화학단지, 광양제철소와 연관단지, 지정폐기물 처리업체, 율촌산업단지, 화력발전소, 컨테이너부두 등 대형 공해사업장이 밀집해 있다. 그러다 보니 이 지역 주민들은 해난사고에 의한 기름유출, 적조현상, 해수의 중금속오염, 오존오염, 산성비, 비산먼지 등 갖가지 환경오염으로 말미암아 질병에 시달리고 건강을 위협받으며 살아왔다. 최근에는 여천화학단지 주변마을이 집단이주를 해야 할 정도로 위험성이 나날이 증폭되고 있다. 광양제철소 인근지역 주민들의 호흡기 질환이 전국평균에 비해 수십 배나 높게 나타난 것이다.

바로 이런 문제를 해결하기 위해 2003년부터 환경단체들이 광양만 환경개선

특별법 제정에 나서게 되었다. 지역의 여러 환경단체들과 환경법률센터 등은, 이 지역의 환경오염이 현행 대기환경보전법 등으로는 풀 수 없는 심각한 지경에 이르렀다고 진단하고, 비상한 오염저감 방안과 피해주민 보상 대책 등을 담은 특별입법이 필요하다고 본 것이다. 환경단체들은 광양만환경개선특별법안을 마련하여 환경노동위원회 소속 국회의원들과 협의를 하는 한편 환경부와도 국회 토론회를 여는 등 법 제정을 위한 다양한 활동을 벌이고 있다.

Ⅵ. 결론 : 정책·법제도 분야에 관한 환경운동의 과제

첫째, 1990년대 이후 우리나라 환경운동은 상당한 대중적 지지를 확보해왔고 전문적인 역량 강화에서도 일정한 성공을 거두었다. 환경단체의 수가 급격하게 늘어났을 뿐 아니라 그들 단체의 회원도 수만 명을 헤아리게 되었다.

수질·대기오염, 폐기물 및 재활용 정책, 자연환경·동식물 보호, 에너지 정책, 각종 개발사업과 경제정책 등을 비롯하여 지구온난화와 같은 지구환경 문제에 이르기까지 운동이 제기하는 이슈도 지난날에 비해 매우 다양해졌다.

또한 환경운동은 시위, 농성, 캠페인뿐만 아니라 전문적인 연구활동, 교육, 홍보, 정부·의회에 대한 로비 등 다양한 수단을 활용하고 있다.

그 결과 환경운동이 정부의 환경정책에 미치는 직접적인 영향력도 높아졌다. 정부가 개최하는 공청회나 정책 간담회에 환경단체가 참석하여 의견을 개진하거나 환경단체와 행정기관 또는 입법부간의 비공식적인 면담, 개별접촉 등이 빈번하게 이루어지고 있다. 이제 정부와 의회는 환경 분야만이 아니라 경제 및 개발 정책을 수립하고 입법을 추진함에 있어서도 환경단체의 목소리를 외면할 수 없는 상황에 이르렀다.

둘째, 하지만 환경정책 또는 환경문제와 관련된 주요정책을 결정하는 과정에서 각종 경제단체를 비롯한 사익집단에 비해 환경단체는 여전히 소외되고 있다.

또한 환경단체도 스스로 제기하는 환경문제의 근본적인 측면에 초점을 맞추어 지속적으로 역량을 집중하려는 노력을 기울이기보다는 환경오염사건이 발생하거나 여론의 형성으로 일시적인 사회적 이슈로 등장하는 지엽적인 문제에 매달리는 경향에서 벗어나지 못하는 경우가 많다. 이슈화된 부분적인 문제를 다루는 경우에도 환경단체는 문제를 지적하고 성명을 발표하거나 시위, 농성을 통해 일시적인 관심을 표명하는 데 그치는 경우도 적지 않다.[15]

그리고 다양한 목적과 지향을 가진 환경단체들이 많이 등장하였지만, 중요한 환경 정책·제도를 놓고 정부나 기업의 전문가 그룹이 주장하는 개발논리와 성장 이데올로기를 극복할 만큼의 충분한 전문성을 갖추지 못하고 있다. 게다가 환경단체는 환경관련 정책·입법 로비와 정책대안 제시 등의 활동에 대하여 큰 비중을 두지 않고 있다.

셋째, 환경운동이 환경현안과 관련된 정책과 법제도의 변화를 통하여 실질적인 성과를 거두기 위해서는, 우선 해결해야 할 과제의 우선순위를 적절하게 정하고 거기에 역량을 집중해야 한다. 주요사안에 대해서는 관련기관에 충분한 정보의 공개를 요구하고 문제의 근본원인을 파악하기 위한 지속적인 모니터링과 연구가 필요하다. 아울러 전문가 역량을 더욱 확충하기 위한 노력을 기울여야 한다.

또한 의회와 정부, 지방자치단체 등의 환경관련 법령 및 조례 제·개정, 그 밖에 중요 정책의 수립 과정에 환경단체들이 공식적으로 참여할 수 있는 통로를 마련하여야 한다.

나아가 정부·지방자치단체가 발주하는 오염피해 조사 또는 환경정책 수립 등에 관한 연구프로젝트에 참여할 수 있는 기회를 더욱 확대하여야 하고, 환경단체가 직접 입법안 또는 법개정안을 만들어 의회를 설득하는 노력도 강화하여야 한다.

앞서 본 '환경보건정책 10개년 종합계획 연구 프로젝트', '에너지기본법안', '폐기물처리시설설치촉진및주변지역지원등에관한법률 개정안', '광양만환경개선 특별법안' 등의 사례가 그 좋은 본보기라 하겠다.

---

15) 정준금, 같은 논문, 13면.

제 4 절 과거사법 제정운동과 NGO

김 동 춘*

Ⅰ. 머 리 말

제국주의, 독재의 억압, 반민주 반인권 정책에 부역했던 인사들을 처벌, 혹은 공직에서 추방하거나 사회적으로 그 죄과를 들추어내는 것은 민주주의 공고화(consolidation)를 위한 가장 중요한 출발점이다. 그래서 세계 여러 나라에서 파시즘 혹은 군부독재에서 민주 정부로 이행하는 시기에는 언제나 이 '과거청산'(historical rectification)이 가장 중요한 과제로 등장했다.[1] 그것은 과거청산이 일차적으로는 독재, 권위주의 시대의 주역을· 정치무대에서 몰아내는 효과를 갖기 때문이고, 이차적으로는 민주주의와 인권의 가치를 국가운영의 원칙으로 삼고, 사회정의를 세움으로써 법의 지배와 대중의 자발적인 정치참여를 촉진시켜주기 때문일 것이다. 87년 6월 항쟁 이후의 한국의 민주화 운동, 특히 5·18 특별법 제정운동은 대표적 과거청산운동이었고, 더 확대하면 2000년 총선연대의 낙천·낙선운동도 일종의 과거청산 운동이었다고 볼 수 있다. 한편 과거 전쟁범죄, 국가폭력, 혹은 반인륜적 범죄의 주역을 처벌하거나 그 죄악상을 밝히지 않는다면, 그러한 일이 재발할 가능성이 있고, 이들이 활보하는 것을 바라보는 대중들은 여전히 도덕적 허무주의에서 벗어나지 못할 위험성이 있다. 이런 이유 때문에 제 2 차 대전 후 전범처벌에서부터 시작된 과거청산 작업

* 성공회대학교 사회과학부.

1) 영어권에서는 이를 주로 정치적 이행기의 정의의 수립 문제(transitional justice)로 접근한다. 우리사회에서는 역사바로잡기라는 용어가 더 익숙하다. 청산이라는 용어는 일본에서 온 것으로 보이는데, 일제 잔재청산 등을 거론할 때 주로 사용되었다.

은 이들 가해 세력의 저항으로 격렬한 정치투쟁의 양상으로 전개되기도 했고, 또 과거청산을 주도하는 세력은 그것을 일종의 국민 정치교육의 장으로 활용하기도 했다.

그러나 각 나라의 사례를 보면 여러 형태의 법정, 혹은 정부주도의 과거사 관련 위원회를 통한 과거청산이 만족스럽게 추진되어 민주주의가 공고화되고 사회통합이 달성된 예를 찾아보기는 쉽지 않다. 오히려 90년대 이후의 인도네시아, 필리핀, 태국, 대만, 아르헨티나의 경우를 보면 구세력의 집요한 저항으로 과거청산이 중도에 좌초되거나 굴절되고, 구세력이 변형된 형태로 집권하거나 국론이 양분되는 일도 있었다. 특히 경제불안이 지속될 경우 이들 구세력은 그것을 빌미로 하여 과거청산 작업 자체에 대해 격렬하게 저항을 하기도 했다.[2] 그래서 구세력과 여전히 대립중인 아시아, 남미 여러 나라는 아직 민주화 이행(transition)을 아직 만족스럽게 완수하지는 못하고 있다고 볼 수 있다. 한국 역시 외국인들의 눈에는 두 전직 대통령을 감옥에 보냈다는 것만을 들고서 과거청산에 성공한 사례로 보여지고는 있으나, 우리의 시각으로 보면 반드시 그렇지도 않다. 오히려 2004년 이후 친일진상규명법, 과거사법 입법 과정에서 '국가 정통성 수호,' '친일청산 무의미', '정치적 음모'론이 줄기차게 제기된 것처럼 구세력의 집요한 방해와 저항은 끈질기다.

통상 과거청산은 혁명 이후, 전쟁 후, 권위주의 붕괴 등의 시점에 수행된다. 과거청산은 과거 국가권력에 의해 저질러진 범죄 중에서 범죄 발생 시점에서는 정치상황의 한계 때문에 그 범죄사실을 충분하게 밝힐 수 없었으나, 시간이 지나서 정치권력이 교체되거나 유리한 상황에 조성된 이후 과거 공권력 범죄의 진상을 밝히자는 취지를 갖고 있다. 즉 과거청산은 미해결 과거사를 사법, 혹은 행정적으로 재론하여 과거 국가권력의 죄과를 밝히고, 피해자의 억울함을 풀어주고 사건의 재발을 방지하려는데 취지를 두고 있다.

해방 후 한국에서 과거청산의 기회는 해방 후(반민특위), 4·19 이후(민간인 학살 진상규명 운동) 두 번이 있었으나, 모두 가해세력의 저항으로 좌절되고 말았으며, 결국 1987년 민주화 운동 이후 본격화될 수 있었다. 그러나 문민정권의 등장이후 오래된 과거가 아닌 가장 가까운 과거사인 광주 5·18 당시 학살 문제부터 거론되었다. 그런데 문민정권이었다 하더라도 5공 세력 혹은 그들과 협력한 보수세력이 국회의 다수의석을 점한 상황에서 정치권 내에서 정상적인 논의를 거쳐서 과거사 관련 입법이 이루어지는 것은 거의 불가능했기 때문에, 과거사는 민원처리, 일련의 정치

2) 이내영 · 박은홍, 「동아시아 민주화와 과거청산」, 아연출판부, 2004, 21면.

적 타협 등에 의해 편법으로 처리되고 말았으며, 결국 노무현 정권 들어서 친일진상규명 이후 모든 과거사 문제가 제기되어 입법화되기에 이른 것이다. 즉 한국에서 과거청산 건으로 거론된 사건들은 발생 직후의 시점이라면 가해자 혹은 관계자 처벌 및 진상규명 작업으로 돌입할 수 있는 사안이었지만 정치적 이유로 그 접근이 계속 차단되다가 참여정부 들어서 미해결된 이 모든 과거사 관련 사건의 해결이 한꺼번에 제기되기에 이른 것이다. 그래서 상당수의 사건은 이미 발생 이후 너무 오랜 세월이 경과했고, 가해자나 피해자도 대부분 사망했으며 자료도 상당부분 인멸된 상태이다.

따라서 최근의 과거청산 문제는 군사정권 붕괴 이후 등 비상 시기의 과거청산과는 성격을 달리한다, 과거청산 작업은 결국 사회의 여론과 정치적 뒷받침에 따라 그 성패가 좌우된다. 물론 국회에서의 입법 작업 역시 단순한 의석수가 아닌 여론이 뒷받침되지 않고서는 불가능하지만, 설사 법에 의거하여 정부 차원의 과거사 위원회가 만들어졌다고 하다라도 관련 시민 사회단체의 지속적인 감시와 압박이 없이는 제대로 작동하지 않는다. 그래서 과거청산 작업은 정부와 시민 단체가 협력하여 추진할 수밖에 없고, 정부의 의지, 시민단체의 힘, 국민의 여론 등이 종합적으로 결합되어야 성공할 수 있는 가장 대표적인 프로젝트다. 이 논문에서는 과거 민주화 이행기에 제기되었던 이른바 과거청산 작업의 두 사례를 통해서 과거사 문제해결의 맥락, 그리고 사회운동으로서 과거청산이 실제 어떤 한계와 가능성을 갖고 있는지 살펴본 다음 2005년 5월 3일 통과된 과거사법(진실 화해를 위한 과거사정리 기본법안) 입법과정에서 관련 시민단체의 역할에 대해서 살펴보기로 한다.

Ⅱ. 민주화 이행과 과거청산 운동
— 5·18 특별법과 의문사위원회의 경우

정치적 국면, 과거청산의 주체, 과거사 발생 시점과의 시간적 거리, 대상의 성격, 운동세력의 힘과 여론의 지지 등에 따라 각각의 작업은 상이한 방식으로 진행될 수밖에 없다. 90년대 이후 한국의 과거청산은 전쟁이나 혁명 등 비상 국면에서 제기된 것이 아니라 민주화와 정권교체라는 정치국면에서 제기되었으며, 주로 운동단체

주도로 시민 입법의 형태로 제출되었고, 따라서 일부 사안은 발생시점에서 매우 오랜 세월이 지난 후에 제기되었다는 특징을 갖는다. 그리고 과거사 해결의 요구도 일차적으로는 유족과 사회운동 진영에서 먼저 거론하였다는 특징을 갖는다.[3] 이러한 특징들이 한국의 과거청산을 처벌이나 보상보다는 진상규명에 더 비중을 두게 만든다. 결국 한국의 과거청산은 사회운동으로 출발해서 법, 정치적 해결로 일단락되어 왔다고 볼 수 있을 것이다. 우선 가장 대표적인 두 사례를 통해서 그 성과와 한계를 살펴볼 필요가 있다.

1. 광주 5·18 청산작업의 경우

5·18 관련 전두환, 노태우 재판, 청문회, 진상규명과 피해자 보상 등 일련의 과거청산 작업이 한국의 민주화에 기여했는가, 만약 기여했다면 어떤 점에서 그러한가의 문제를 생각해 보기로 하자. 우선 전국적인 차원에서 5·18 과거청산 작업이 한국 민주화에 기여했는가의 문제와 5·18이 광주 전남 지역의 민주화에 기여했는가에 대한 질문으로 좁혀져야 하고, 좀더 구체적으로는 5·18 과거청산 이후 군부독재에 대한 비판의식, 및 민주화와 인권의 가치에 대한 민감성 제고 여부, 그리고 지역주의의 극복여부, 시민의 정치참여의 활성화 여부 등을 통해 종합적으로 판단되어야 할 문제로서 본격적인 조사연구가 필요하다. 여기서는 본격적인 조사연구 이전의 예비적 탐색 정도의 언급에 그칠 수밖에 없다.

우선 긍정적인 변화의 내용을 한번 살펴보자. 이른바 '5월 운동'[4]에서 가장 중요한 장면은 88년의 5공 청문회와 93년 이후의 전·노 재판이었을 것이다. 이것은 불과 수년 전까지만 하더라도 천하를 호령했던 5공 군부세력이 국회에 출석하여 역사의 심판대에 서게 되었으며 자신의 과거를 변명하는 모습을 보여준 극적인 사태였고, 또 사법당국에 의해 수감되었다는 사실 때문일 것이다. 청문회가 제대로 5·18

3) 5·18 특별법의 경우도 1994년 '5·18 진상규명과 광주항쟁 정신 계승 국민위원회'가 구성되어 범국민적인 차원에서 5·18에 대한 진상규명 운동이 시작되었고, 5·18 관련 피해자들이 전두환 전대통령 등 35명을 내란 혐의로 서울지검에 고발함으로써 여론화되었고 결국 특별법 제정에 이르게 되었다. 의문사진상규명위원회 역시 유족과 관련단체가 국회앞에서 422일 농성을 한 결과 받아들여지게 되었으며, 이번의 과거사법 역시 각 관련 단체의 수년간의 투쟁, 그리고 2004월 9월 3일 '올바른 과거청산을 위한 범국민위원회(준)'이 결성됨으로써 본격적으로 입안되기 시작했다.

4) 5·18 진상규명, 가해자 처벌, 그리고 피해자 보상을 요구하는 일련의 운동을 지칭한다. 5월 운동은 80년 5·18 직후부터 시작되었다고 볼 수 있는데, 87년 6월 항쟁도 일종의 5월 운동이라고 볼 수 있다. 그리고 본격적인 5월 운동은 87년 이후 본격화되었다고 볼 수 있다.

학살의 진상을 규명하지는 못했지만, 청문회 석상에서 이들이 "기억이 나지 않는다"는 식으로 시종 변명하는 모습은 과거 최고 권력자들인 이들의 무책임성을 폭로하는 기회가 되었으며 국민 앞에 불려나와 시종 비굴한 모습을 취했다는 사실 하나만으로도 군부권력에 대한 민주화 운동 그리고 문민정권의 도덕적 우위를 웅변해 주는 사건이었다. 이 청문회는 광주 5·18의 진실을 밝히지 못하고 결국 희극적으로 종결되었지만, 국민들은 이러한 행사를 통해 청문회라는 제도가 있다는 것도 알게 되었으며, 공권력에 의해 저질러진 범죄도 국민들에 의해 심판받을 수 있다는 사실을 배우게 되었고, 5공 군부세력인 신군부의 집권 자체가 정당성을 결여하였다는 것을 새삼 확인할 수 있게 되었다. 그리고 이러한 국민적 자신감과 인식변화는 비록 90년 3당 합당을 저지하는 정도까지 상승하지는 못했지만, 군부의 재등장을 영원히 불가능하게 만든 정치적 조건을 만들었다고 해도 과언이 아니다.

신군부 집권과정의 불법성과 정당성 결여를 더욱 확실하게 각인시켜준 다음의 작업이 바로 12·12와 5·18 사건 재판이었다. 1995년 7월 18일 검찰은 12·12와 5·18 사건에 대한 1년의 수사 끝에 '성공한 쿠데타는 처벌할 수 없다'는 논리를 내세워 관련자 불기소 결정을 내렸다. 그러나 이에 분노한 민주세력은 5·18 특별법 쟁취를 위한 공대위를 구성하여 지속적인 투쟁을 벌인 끝에 12월 21일 5·18 특별법을 제정하는 데까지 이르렀다. 결국 법원은 '폭동과 학살'의 주역들에게 유죄판결을 내리는데 성공했으나, 5·18에 대한 진실보다는 주로 5·17 비상계엄 전국 확대의 불법성에만 치중하는 한계를 보였다. 그래서 법원은 두 전직 대통령을 포함한 신군부 세력의 12·12 쿠데타와 비상계엄 확대를 "정권 쟁취 야욕에 물들어," "하극상에 기초한 반란과 국민의 지속적인 저항에 직면했던 실패한 내란"으로 새롭게 성격 규정하였으나 5·18 당시 학살의 진실에는 도달하지 못했다. 그럼에도 불구하고 이 재판이 갖는 의미는 부당한 정치권력이 아무리 적법한 외관을 지녔다고 하더라도 언젠가는 국민의 심판에 의해 단죄될 수밖에 없다는 사실을 보여주었으며, "반민주 반인륜 범죄는 어떤 이념이나 정황으로도 정당화될 수 없다는 국민적 교훈을 남겼다."[5) 그리고 5공화국을 뿌리로 하는 민자당이 신한국당으로 당명을 개칭한 것 역시 과거와 단절하지 않고서는 자신의 정치적 입지를 마련할 수 없는 상황의 압박을 드러내 주었다고 볼 수 있다. 이후 5·18 관련 구속자들에 대한 재심이 이루어지고 원심을

---

5) 정웅태, 「5·18 관련자 재판의 전개과정」, 「5·18 특별법의 제정과 법적 청산」, 광주광역시 5·18 사료편찬위원회, 2001, 525면.

파기하고 이들에게 무죄가 선고됨으로써 민주화를 향한 투쟁이 국가에 의해 적극적으로 인정을 받게 되었다.

이 재판 역시 청문회와 마찬가지로 많은 한계를 가졌음에도 불구하고, 군부정권의 권력찬탈의 불법성을 만천하에 확인시키는 결과를 가져왔고, 한국의 민주주의를 역전시키는 것은 불가능하다는 신념을 심어주었다. 특히 당시 김영삼 정부가 '12·12 및 5·18 특별수사본부'를 설치한 후 이틀 뒤에 전두환 전 대통령을 전격적으로 구속시킨 것은 노태우 전대통령의 비자금 문제를 돌파하기 위한 정략의 산물인 점도 있지만, 과거청산을 거세게 요구해온 사회단체의 요구를 수용하고, 호남지역의 정서를 달램과 동시에 문민정부의 입지를 강화시키고자 하는 포석이 있었다. 이러한 정치적 의도가 있었기 때문에 이들에 대한 사면 복권 조치가 곧바로 이어질 수밖에 없었던 점 역시 부인할 수 없다. 그러나 결과적으로 전직 대통령 구속이라는 조치는 독재로의 회귀를 저지하는 획기적인 사건임은 분명하다.[6] 그리고 군부독재 하 한국의 민주화를 상징하는 인물이자 5·18의 피해자인 김대중이 97년 말 대통령에 당선된 것은 바로 그러한 인식이 국민적으로 확산된 결과라 볼 수 있다. 결국 5·18 과거청산의 결실은 구체적으로는 김대중의 대통령 당선으로 결실을 맺었다고 볼 수 있다. 김대중의 당선은 호남의 소외와 한을 해소하는 측면도 있었지만, 동시에 5·18 사건으로 결정적으로 굳어진 호남의 지역주의를 완화시킬 수 있는 계기도 되었다.

이처럼 광주 5·18 진상규명 활동은 분명히 문민정권의 입지를 공고히 하고 군부 독재세력의 부활을 저지시킨 역사적 성과를 거두었다. 그러나 그것이 전 국민의 의식을 민주화하거나 광주·전남 지역을 민주주의의 상징적 구심으로 만드는데 성공했는지는 의문이다. 이것은 이른바 '광주의 전국화'의 실패로 자주 거론되는 점이기도 하다. 즉 광주 '5월 운동'이 피해자와 사회단체의 운동으로서 진행되기는 했지만, 국민적인 운동으로 확산되는 데는 일정한 한계가 있었고, 따라서 5·18 청산작업이 미봉적으로 파행적으로 이루어짐으로써 결국 과거청산이 5·18의 항쟁의 정신을 민주화의 질적 발전으로 연결시키는데 성공하지 못했다는 지적들이 바로 그것이다. 그리고 5·18 청산의 경우 그 한계가 이미 초기부터 내재되어 있었다고 볼 수 있다. 첫째는 5공 세력의 집요한 반대 때문에, 청문회에서 제대로 진실을 밝혀낼 수 없었고, 둘째는 앞서 언급하였듯이 5·18 특별법을 만들고서도 학살, 반인륜적 범죄의 책임 소재를 명확히 밝혀내지 못하고, '국가의 법익'을 보호한다는 법 개정 취지를 내

6) 박원순, "5·18 특별법의 제정과 법적 청산," 「5·18 특별법의 제정과 법적 청산」.

포함으로써 사실상 이들에게 거의 면죄부를 주었고,[7] 셋째 철저한 진상규명 없이 피해자 보상이 집단보상보다는 개인보상을 우선시함으로써 '항쟁'의 역사적 성과가 다분히 퇴색하였으며, 넷째 5·18 기념사업에 대해 광주사람들이 냉소적인 반응을 보일 정도로 이 사업이 지역과 전국차원에서의 5월 운동의 힘에 바탕을 두고 추진되지 못했으며,[8] 다섯째 이들 5·18의 주역들이 '당사자 주의'의 벽을 넘어서지 못해서[9] 광주 지역사회는 물론 전국적으로도 민주화 투쟁가들의 모범을 제대로 보여주지 못했다는 점 때문이다. 현재는 5·18 진압의 당사자에게 부여됐던 서훈이 취소되었으나, 각종 훈장과 포상이 그대로 유지된 과거 상태에서는 참가자에 대한 유공자 인정 문제 역시 국민들을 혼란에 빠트리기에 충분했다. 그러다 보니 5·18 항쟁의 정신이 보편화되지도 못하고, 초중등학교 교과서에 제대로 수록되지 못하고, 대다수 비호남 지역 사람들이 5·18을 민주화운동으로서보다는 호남의 저항으로만 기억하게 되었다.

결국 5·18 과거청산 작업은 '절차적 민주주주의 완성'이라는 점에서 민주화에 크게 기여했다고 볼 수 있으나, 그 이상으로 5공과의 철저한 단절, 및 민주주의의 공고화에 미친 영향을 미미했다고 평가할 수 있다. 이 과거청산이 이 정도의 성과와 한계를 갖게 된 중요한 이유는 우선은 과거청산의 불철저성, 즉 반인륜적인 학살 범죄에 대한 진상규명의 실패에서 기인한다, 그리고 다음으로는 접근방식에서의 문제점을 들 수 있다. 즉 이 재판은 김영삼 정부의 정치적 이해에 의해 추진되었다고 볼 수 있다. 따라서 구속과 사면은 다분히 국민에게 보여주기 위한 정치 쇼의 성격을 넘어서지 못했으며, 공범과 방조범 등에 대한 수사 역시 포기되었다. 과거청산이 정치적 이해에 종속된 결과 그것이 인권신장과 민주주의 신장에 미치는 효과 역시 반감되었다. 따라서 정치적 이해관계보다는 시민의 참여를 통해 과거청산을 추진하고 희생자들에 대해서도 개인보상보다는 집단보상을 중시했었다면 5·18의 정신은 호남의 벽을 넘어서 영남과 전국으로 더 많이 확산될 수 있었을 것이고, 지금처럼 5공세력의 다수가 정치권, 정부, 언론진영에 이렇게 남아있지는 못했을 것이다.

---

7) 현재 12·12와 5·18 서훈자는 137명이다. 이들 중 42명은 5·18 특별법에 의해 군사반란 주모자로 판결을 받았는데, 이들은 반란자이자 국가유공자였던 셈이다. 2005년 5월 16일 여야의원 23명은 서훈을 박탈하기 위한 상훈법 개정안을 제출했고 8월 4일에 일부개정되었다. 개정된 상훈법 제 8 조에 따라, 정부는 2006년 3월 21일 국무회의에서 관련자 83명의 서훈을 취소하고 훈장을 환수하기로 의결했다.

8) 조진태, "광주는 아프다," 「기억과 전망」, 민주화운동기념사업회, 2005년 봄.

9) 최정운, 「오월의 사회과학」, 풀빛, 1999 참조.

2. 의문사 위원회의 활동

김대중 정부 하에서 진행된 가장 대표적인 과거청산 작업은 의문사 진상규명위원회(대통령 직속)의 활동이었다. 1999년 12월 29일 국회는 '민주화운동 관련자 명예회복 및 보상에 관한 특별법'과 '의문사 진상규명에 관한 특별법'을 통과시켰다. 전자는 그동안 탄압을 받아온 민주화 운동 관련자들의 역사적 공헌이 정당한 평가를 받을 수 있는 기회가 열렸음을 의미하며, 후자는 군부독재 하의 의문사 사건 진상규명 작업을 통해 그러한 죽음의 원인이 된 군부독재 정권의 탈법성과 반민주성을 들추어내고, 민주주의를 공고화하자는 취지를 갖고 있었다. 2기 의문사 위원회 위원장을 역임한 한상범이 지적한 것처럼 "민주화를 위한 개혁은 민주에 반대한 권위주의 통치를 종식시키는 것이고, 그와 관련된 과거의 불의와 부정을 청산해야 밝은 세상을 만들 수 있기" 때문에 의문사 위원회의 활동은 5·18 진상규명과 더불어 단순히 피해자의 민원 해결을 넘어서서 군부 권위주의 정권에 의해 뒤틀려진 법치와 절차적 민주주의를 완성시킨다는 의미를 갖고 있었다.

광주 5·18 특별법이 그러하듯이 의문사 위원회 역시 거의 전적으로 사회운동의 힘에 의해 조직되었고, 시종 관련 사회운동 단체와의 긴장 속에서 진상규명 작업이 진행되었다. 의문사 유족들과 활동가들은 세계 사회 운동사상 유례가 없을 정도의 400일 이상의 천막농성을 여의도 국회의사당 앞에서 진행하였고, 그 결과 의문사 위원회가 구성된 것이다.

2기 의문사 위원회는 2004년 6월 30일까지 정연관 사건 등 11건을 민주화 운동과 관련하여 위법한 공권력에 의해 의문사한 사실을 인정했다.[10] 의문사위가 조사한 총 44건의 사건 중에서 민주화운동과 관련하여 위법한 공권력의 직간접 행사로 인한 사망으로 인정한 것은 정은복 사건 등 11건(25%), 기각한 사건이 7건, 진상규명 불능으로 결정된 사건이 총 24건(55%)이었다. 만족스럽지는 않지만 오랫동안 은폐되었던 진실이 밝혀진 사건이 11건이라도 있다는 것은 큰 의의를 갖는다. 이 진실 중에서는 군부재자 투표 과정에서 김대중 후보에 대해 기표한 것이 화근이 되어 사망한 사건, 야만적인 사상 공작의 실재, 80년대 대학에서 대학당국이 강제 징집에 직접 가담한 것, 조직적인 노동운동 탄압, 보안사의 사찰, 안기부의 대학 길들이기 작업 등이 실제로 있었다는 것이 확인되었다.[11] 이러한 진상조사를 통해 당시

10) 대통령소속 의문사진상규명위원회 보고서, 「진실을 향한 첨난한 여정 1」, 2005.

5공 군사정권이 권력유지를 위해 어떠한 수단과 방법을 동원했는지 확인할 수 있게 되었다. 의문사 위원회는 단순한 사인규명보다는 국가의 전체의 작동 시스템, 사회적 배경과 상황, 그리고 국가폭력의 실체를 밝히려 노력하였다.

이 의문사위원회의 활동으로 과거 군, 경찰, 공안기구 등 억압기구의 은밀한 활동들이 어느 정도 백일하에 드러나게 되면서, 이제 초법적인 공안기구가 비판적 사고를 가진 사회 구성원을 사찰하거나 그들의 활동을 통제하는 것은 어려워지게 되었다. 그래서 안기부는 자신의 이미지를 벗어버리기 위해 국정원으로 명칭을 바꾸기도 했다. 한편 과거의 사상전향 거부 행동을 민주화운동의 하나로 평가하자 보수 언론에서는 "간첩이 민주인사냐"라고 거세게 공격 하였으나, 설사 사회주의 신념을 갖고 있다고 하더라도 전향거부는 국민의 권리의 하나로 볼 수 있다고 판정을 내려 사상범이라고 해도 그를 마음대로 살해, 고문할 수 없으며 사상과 양심의 자유가 보장되어야 한다는 것을 확인시켜준 성과를 거두었다. 그리고 1·2기 의문사위는 이러한 사건의 재발방지를 위하여 여러 정부 기관에 대해 권고를 하였는데, 이 권고안이 일부 수용됨으로써 정부기구의 민주화에 기여하였다.[12)]

그러나 1기의 경우 '피의자 자백의 증거능력 제한', '공안기구 문서 중 인권침해 관련된 문서 국가기록원 보존', '고문 범죄에 대해 별도의 수사기관 조사 담당', '교과서 의문사 관련 내용 수록' 등은 각 부처가 수용불가하거나 '검토중'이라고 답변해서 공권력의 인권침해를 막을 수 있는 결정적인 장치에 대해서는 별다른 성과를 보여주지 못했다. 2기의 경우 '가해자의 처벌강화와 피해자의 명예회복 조치', '집단학살 및 고문 등 반인권적 범죄에 대한 공소시효 배제', '정보공개 특별법 제정'. '공권력에 의한 인권 침해사건에 대한 손해배상청구의 소멸시효 배제' '보안관찰법 폐지' 등을 요구하였다. 그러나 대부분의 권고는 받아들여지지 않았으며, 제 3 기 의문사위원회 구성을 위한 입법안에 일부 반영되었고, 또 그 정신은 과거사법(진실과 화해를 위한 과거사정리 기본법안)에 통합되기도 했다.

의문사 위원회가 이렇듯 4년 동안 활동하여 일부 사건의 진상을 밝혀내는데 성공했으나 그것이 과연 한국의 인권과 민주주의 신장에 얼마나 기여했는지는 다소 회의적이다. 앞에서 언급한 것처럼 의문사가 발생했던 그 정치적 제도적 환경을 변화시키는 것이 의문사위원회의 최종의 임무라고 했을 때, 그것은 주로 권고안에 집약

11) 김희수, "의문사 진상규명 위원회의 활동과 평가," 같은 책, 135~137면
12) 권고안 중에서 수용된 것들을 보면 사회보호감호제 폐지, 의문사 유족에 대한 보상조치 등이다.

된다고 볼 수 있다. 외국의 진실위원회도 그 조사활동 후 권고를 통해 사법제도, 군·경의 개혁, 민주제도의 강화, 국민적 화해를 촉진시킬 조치, 피해자에 대한 보상 등을 제안한다. 한국의 경우 의문사 위원회 활동을 통해 가장 강력하게 제안될 사안은 바로 의문의 죽음을 정당화했던 최고의 정치·법적인 환경인 국가보안법의 폐지라 볼 수 있다. 그러나 2004년 이후 17대 국회가 구성된 이후 일종의 제도적 차원에서의 과거청산 작업이자 민주주주의 공고화의 가장 결정적인 걸림돌인 국가보안법을 한나라당과 5공 세력 등은 완강하게 옹호하였다.

의문사위원회가 법, 제도 차원에서의 민주주의 공고화에 제한적인 역할 밖에 할 수 없었던 것은 처음부터 어느 정도 예정되어 있었다. 그것은 우선 계속 개정하기는 했으나 의문사위원회 법이 '민주화 운동 과정에서의 위법한 공권력의 개입이 의심되는 사건'으로 조사 대상을 제한한 데서 한계를 보여주었으며, 조사권한도 제대로 진상규명을 하기에는 역부족이었다.[13] 예를 들면 가해자로 의심되는 자가 출석을 거부하거나 진술을 거부해도 달리 강제할 수단이 없었다. 그리고 과거 의문사 관련 핵심적인 자료를 소장하고 있을 것으로 지목된 국정원, 기무사 등이 정보공개에 거의 협조하지 않았기 때문에 핵심적인 정보에 접근할 수 없었고, 그 밖에도 예산도 제한적이었으며 관계기관의 비협조도 큰 문제였다. 결국 의문사위원회는 과거 국가폭력의 진실에 접근하기에는 턱없이 미약한 기구였다. 일시적으로 구성된 정부기구가 다른 정부기구를 상대로 협조를 구하는 것이 대단히 어려운 일이었다.

앞의 광주 5·18 진상규명과 비교해 본다면 의문사위원회는 애초의 법적인 한계 때문에 제대로 된 과거청산을 할 수 없었고, 따라서 국가기관의 개혁을 이끌어낼 수 없었다.[14] 즉 사실상 과거청산을 원하지 않은 국회의원이 다수를 점하는 15대 국회가 통과시킨 의문사법 자체가 모든 문제의 근원이었던 셈이다. 바로 이러한 한계 때문에 5공화국 시절 공안검사, 고문 지휘자로 이름을 날린 전력을 가진 사람들을 처벌하기는커녕 오히려 그들 중 상당수가 국회에 진출하여 과거를 반성하기보다는 적반하장 격으로 과거 자신의 행동이 정당했다는 것을 주장하는 일이 발생하게 되었다. 이들은 2004년 이후 열린우리당이 추진한 과거사법에 대해서도 정면으로 반대하였다. 즉 과거를 제대로 청산하는 상황이라면 처벌을 받아야 할 사람이 살아

13) 김희수, 앞의 글, 142면. 김희수는 예산확보, 조사관수 증원, 위증처벌, 조사불응시 형사처벌, 비협조기관에 대한 징계가 보장되지 않으면 위원회 활동은 제대로 이루어질 수 없다고 지적했다.

14) 2기 의문사위원회 위원장인 한상범은 "찌개칼을 쥐고 청룡도 권 폭한과 싸우는 꼴"이라고 의문사위원회의 위상을 지적하기도 했다.

나 거꾸로 과거의 피해자를 두 번 죽이고 민주화를 완전히 후퇴시키는 일이 일어나는 것을 확인할 수 있다. 이것은 과거 친일세력이 반민특위를 저지시키고, 권력을 장악하기 위해 반공주의를 활용한 것을 연상케 한다.

3. 90년대 이후 한국 과거청산 운동의 성격과 한계

한국의 민주화는 여타 제3세계 국가와 마찬가지로 사회운동의 동력에 의한 민주화로 볼 수 있고, 87년 군부 독재정권의 종식 역시 민주화 운동의 투쟁의 결과였다. 그런데 당시의 민주화 운동은 군부독재 세력에게 전면적인 항복을 받아 낼 수 있는 힘을 갖지는 못했기 때문에 6·29 선언과 군부의 양보를 통한 타협을 통한 민주화의 길을 열었다. 그것이 바로 양김의 분열과 87년 대선에서의 군부세력인 노태우의 당선이라는 결과를 가져왔다. 즉 민주화 운동은 6·29 선언 이후의 주도할 수 있는 역량을 갖지는 못했고, 이러한 한계가 이후의 과거청산의 굴절과 좌초와도 연관성을 갖고 있다. 즉 90년대의 과거청산은 분명히 사회운동의 지속적인 항의와 문제제기에 의해 가능했지만, 입법의 칼자루를 쥐고 있는 사람들은 '청산해야할' 세력이 여전히 다수를 점하는 국회, 그리고 구세력과 연합한 일부 민주화 세력이었다. 이러한 한계 때문에 각종 과거청산법은 다른 아시아 국가의 경우처럼 철저한 진상조사를 통한 진실의 규명을 거의 할 수 없는 대단히 미흡한 법안이 되고 만다. 그래서 구세력은 처벌을 당하지 않는 것은 물론이고 별로 심각한 정치적 타격을 입지 않은 채 살아남게 되고, 이들은 민주주의의 진척을 방해하고 개혁을 저지하였다.

즉 청산되어야 할 세력이 청산을 위한 입법의 주체가 된 이 딜레마는 해방 직후 반민특위 활동의 좌절처럼 실제로는 과거청산 작업을 저지하거나, 어쩔 수 없이 진행하더라도 기존의 권력구조의 변동에 영향을 주지 않을 정도의 수위로 진행하도록 하였다. 예를 들면 '화해'를 거론하고 실행해야 할 주체는 사실상 피해자이고, 그 전제는 가해자가 누구인지에 대한 명확한 진상규명과 피해자에 대한 사과임에도 불구하고, 가해자들이 먼저 화해를 언제나 앞세우는 역설이 여기서 나온다. 87년 대선 무렵 당시 후보였던 노태우는 '민주화합추진위원회'를 설치하여 광주문제를 '화합'의 사안으로 접근하였으며, 그것은 이후 노태우와 민자당이 1990년 8월 6일 단독 처리한 '광주보상법'의 바탕이 된다. 이러한 화합과 보상의 논리는 국가폭력 행사의 정당성은 그대로 인정하고 가해자의 처벌과 진상규명 등은 포기하거나 묻어둔 채 사태를 봉합하자는 취지를 갖고 있었다.[15] 이처럼 사태에 대한 철저한 진상규명이 없는 '위로부터의 과거청산'은 가해자의 행위를 정당화하고, 운동진영을 분열시킴과 동시에, 사건에 대한 재해석을 어렵게 만들어 결국 국민 정치교육의 효과도 달성하지 못한다. 5·18 진상규명이 5공 정치세력과 그들에 의해 만들어진 법과 제도를 철저하게 청산하지 못하고 5·18을 전국적인 민주화운동으로 기념하지 못하는 이유가 여기에 있다.

과거청산 작업이 분명히 운동의 형태로 진행되었다고 하더라도, 그것이 과거의 가해세력이 주도하는 정치권에 의해 굴절될 경우, 운동 세력의 동력이 분산되는 효과가 나타나고 그것은 과거청산을 더욱 뒤틀리게 만든다. 제일 심각한 것은 바로 피해 '당사자'와 '대변자'의 분열, 혹은 '당사자' 내부에서의 분열이다. 과거청산운동은 언제나 피해자와 대변자라는 양 주체에 의해 진행되는데, 피해자의 아픔이 객관화되지 않고서는 운동의 동력이 형성되지 않지만 피해자들의 힘만으로는 운동을 성공적으로 이끌 수 없다. 피해자의 고통은 파시즘, 군부독재, 반민주 반인권 정치세력에 의해 초래된 것이기 때문에 그러한 피해자 재발을 방지하고 정의를 회복하기 위해서는 과거 정치의 유제를 청산하고 확실한 민주화를 이루어야 하지만, 피해자들은 대체로 민주화 운동가가 아니기 때문에 자신의 고통의 해결을 재발방지 장치 마련 즉 정치적 민주화라는 큰 대의와 직접 연결시키지 못하고, 당장의 억울함을 풀거나 경제적 고통으로부터 벗어나는데 관심을 갖는 경향이 있다. 그런데 피해자의 상처와 고통이 사실상 운동의 중요한 출발점이 되기 때문에 인원수와 관계없이 이들의 목소리는 운동을 지속시키는데 가장 중요한 자원이 되는 것은 분명하다. 이 경우 이들을 포섭하려는 구세력, 그리고 이들의 동의하에 정치적 성과만을 과시하려는 정치 세력이 던지는 미끼, 즉 '보상 혹은 명예회복을 통한 화합'을 '철저한 진상규명을 통한 정의의 회복'보다 우선시하는 경향이 나타나게 되고, 이 경우 과거청산 작업이 뒤틀리게 된다.

물론 여기서 대변자들의 역할과 도덕성이 대단히 중요하게 된다. 대변자들은 당사자가 아니기 때문에 문제를 일반화, 보편화할 수 있는 위치에 있고 과거청산을 통해 구세력을 청산하고 제도개혁을 통해 민주주의 공고화 작업에 나설 수 있는 위치에 있다. 그러나 문제는 이들이 피해 당사자가 아니기 때문에 과거청산을 운동을 위한 수단으로 삼을 위험성이 있고, 또 때로는 과거청산 작업이 제도화되고 그 기구가

15) 이영재, "과거청산과 민주주의", 「민주주의와 인권」, 제 4 권 2호, 5.18 연구소, 2004, 249면.

정부 관료의 주도로 진행될 경우, 애초의 운동의 목표를 포기하고 관료적 처리 방식에 안주하게 될 위험성이 있다. 이들 대변자들은 진상조사 작업, 기념사업 등의 담당자가 되는 경우가 많은데 이들의 활동이 제도화되는 순간 그들은 피해자들과 마찬가지로 '철저한 진상규명을 통한 민주화'보다는 '사업의 성공적 완수'라는 관료적 목표의 포로가 되기 쉽다. 그 중 일부는 자신의 과거청산 운동의 경력을 바탕으로 기득권 확보에 나서는 경우도 있다. 이처럼 과거청산 작업이 사회운동의 방식으로 출발했다고 하더라도 구세력이 정치적 주도권을 쥐고 있는 상황에서는 정치사회 민주화 운동으로 발전하기보다는 변질될 위험성이 크다.

과거청산이 민주주의의 공고화를 거두지 못한 한계는 과거청산 운동의 담당 단체들이 그것을 주로 법적인 해결로 그 범위를 제한한데서 기인하기도 한다. 즉 과거청산은 과거의 국가폭력의 진상 규명과 당사자 처벌에서 끝나는 것이 아니라, 법 제도 개혁으로 완수되어야 하기 때문에 사실 진상규명 작업은 출발점에 불과하다. 왜냐하면 그러한 폭력은 정도의 차이는 있지만 관료기구, 언론, 지식인, 그리고 수동적이고 복종적인 시민의 무언의 지지 없이는 발생하지 않았을 것이기 때문이다. 따라서 입법은 하나의 중요한 수단에 불과한 것이고, 입법 이후에는 곧바로 독재 혹은 권위주의 지배의 억압기구의 개혁, 그리고 이데올로기적, 사회적 기반의 극복에 나서야 한다. 과거의 국가폭력의 대행자이자 사법 판단을 권력의 의지에 종속시켰던 각종 공안기구, 검찰, 법원 등의 변화가 제도적 차원에서 민주주의 공고화의 가장 중요한 과제임은 분명하다.[16] 그러나 앞에서 의문사위 핵심 권고안을 각 정부 부처가 거의 수용하지 않은 사실들에서 확인할 수 있듯이 90년대 이후 문민정권의 등장과 절차적 민주주의의 완성에도 불구하고, 이러한 국가기구의 민주화, 국가정보의 공개는 여전히 지난한 과제다. 이러한 제도, 영역에서의 민주화가 제대로 진척되지 않은 이유 중의 하나도 바로 과거청산 작업이 보다 철저하게 진행되지 못한데 기인한 것이며, 동시에 가해자 징벌이라는 인적인 과거 청산에서 그러한 국가폭력과 반인권을 가능하게 했던 제도의 청산으로 관심의 축을 이동시키지 못한 운동세력 내부의 역량 한계도 지적할 수 있다.

아래의 <표 1>은 2005년 현재 통과되었거나 또 논의되고 있는 과거사 관련법들의 목록이다. 각 법의 조문에 나타난 목적들, 제정 일자는 다음과 같다.

16) 5.18 당시, 그리고 전두환 정권 하에서 폭력과 고문으로 억지 자백을 받아내고 그것에 기초해서 내란 및 내란 목적 살인, 그리고 국가보안법 위반 등을 이끌어낸 사법부가 이에 대한 공식 해명과 사과를 하지 않았다는 점을 주목해 볼 필요가 있다.

<표 1> 문민정권 등장이후 과거 청산 관련법

시기	이름	목적					과정			
		진상규명	보상	처벌	명예회복	예우	제안	제정	종결	개정
식민지기	동학농민혁명참여자등의명예회복에관한특별법				○			20040305		
	일제하일본군위안부에대한생활안정지원및기념사업등에관한법률		○					20021211	○	
	일제강점하친일반민족행위진상규명에관한특별법	○						20040322		
	일제강점하강제동원피해진상규명등에관한특별법	○						20040305		
	태평양전쟁희생자에대한생활안정지원법		○		○		20040621			
	대일민간청구권보상에관한법률		○					19741221	○	
분단·한국전쟁전후	제주4·3사건진상규명및희생자명예회복에관한특별법	○			○			20000112	○	
	6·25전쟁전후민간인희생사건진상규명및희생자명예회복등에관한법률	○			○		20040618			
	거창사건등관련자의명예회복에관한특별조치법				○			19960105	○	
	노근리사건희생자심사및명예회복에관한특별법				○			20040305		
	특수임무수행자지원에관한법률		○					20040129		

박정희집권 이후	의문사진상규명에관한특별법	○						20000115		○
	군의문사진상규명등에관한특별법	○					20040616			
	5·18민주화운동등에관한특별법		○	○				19951221	○	
	민주화운동관련자명예회복및보상등에관한법률		○		○			20000112		
	삼청교육피해자의명예회복및보상에관한법률		○		○			20040129		
	광주민주화운동관련자보상등에관한법률		○					19900806	○	
	5·18민주유공자예우에관한법률					○		20020126		

위의 법 중에서 "6·25 전후 민간인 희생사건 진상규명 및 희생자 명예회복에 관한 법률"과 "의문사건 진상규명 등에 관한 특별법"이 운동단체에 의해 통합되어 과거사법(진실화해를 위한 과거사정리 기본법안)으로 단일화되었다.

Ⅲ. 통합 과거사법 제정운동과 시민운동(NGO)

1. 운동의 배경과 경과

2004년 8월 15일 광복 제59주년 경축사에서 노무현 대통령이 '역사에서 쟁점이 되었던 사안을 포괄적으로 다루는 진상규명위원회를 국회 내에 만들 것'을 공식 제의함에 따라 과거청산 문제가 전국적인 의제로 부상하였다. 그 동안 친일진상규명법을 제외하고는 이 문제에 소극적인 태도를 보이던 여당인 열린우리당에서 이 문제 해결에 적극성을 띠기 시작했고, 한나라당과 보수언론은 과거사 문제가 대통령과 여당의 주요 정책의제로 부상한데 대해 극히 부정적인 반응을 보이기 시작했다. 신기남 의원의 부친 친일경력 시비와 여당의장직 사퇴, 그리고 박정희 친일 좌익 경력 시비, 박근혜 대표의 과거청산 조건부 수용 발언 등이 계속되면서 8월 말 정국에는 과거사 문제가 주요 화두가 되었다.

그러나 과거청산 문제가 과도하게 정치화되는 것을 우려하는 관련 단체나 유족, 피해자들은 결코 마음이 편치 않았다. 왜냐하면 이 문제는 길게는 수십 년 짧게는 수년 동안 과거 전쟁과 군사독재 하에서 저질러진 반인권 사태의 진상규명과 희생자의 명예회복 운동을 해온 유족이나 사회단체 관련 당사자의 입장에서 보자면 이것은 정쟁의 도구가 되어서는 안되고 정치권의 역사바로잡기의 의지에 따라 조용히 그리고 단호하게 추진되어야 할 사안이었기 때문이다. 그리고 과거사 진상규명 운동은 사실 노무현 대통령이 8·15 경축사에서 공개적으로 제안하기 이전에 이미 꾸준하게 진행되어 왔는데도 불구하고 마치 노무현 정권이 야당인 한나라당과 보수정치세력의 입지를 약화시키기 위한 정치적 포석을 갖고서 추진한다는 인상을 줌으로써 오히려 국민적 지지를 상실할 수도 있는 위험을 갖고 있기 때문이다.

사실 노무현 대통령의 발언 이전인 2004년 8월 3일 관련 단체와 연대기구 대표들이 연대를 통한 과거사 운동을 추진하기 위해 모임을 갖게 되었다. 이 문제 공동대응을 위한 관련 단체들 간의 의사소통과 연대의 필요성은 이미 2004년 상반기 이후 꾸준히 제기되어 왔으나 그것이 가시화된 것은 8월 초순이었다. 즉 노대통령의 발언이 있기 이전에 이미 단체 관련자들은 2004년 정기국회에서 친일관계법 등 이미 통과된 법안의 개정과 한국전쟁전후 민간인희생관련법의 제정, 의문사법의 개정 등 몇 가지 굵직한 사안을 갖고서 국민들의 여론에 호소하고 대 의회 활동에 공동보조를 취하기 위해 일차적으로 연합 심포지움을 개최할 계획을 세웠다. 그런 와중에 대통령의 발언이 나오게 되었고, 급기야 이들 관련단체 모임은 단순한 심포지움 개최 이상의 보다 강력한 공동기구로 발전되어야 한다는 공감대를 갖게 되었으며, 과거청산운동을 단순히 관련단체, 피해자 단체의 운동차원에서 머무르지 않고 범시민사회 차원의 운동으로 발전시켜야 한다는 문제의식에 도달하였다.

가장 일차적으로 요구된 것은 과거청산이 정치권의 논쟁으로 진행되는 것에 대해 최소한 쐐기를 박고, 관련단체의 공동 입장을 천명해야 할 필요성이었다. 그래서 우선 관련단체 간에 합의할 수 있는 최소한의 것이 무엇인지 논의하였는데 이 자리에서는 임시 사회자를 맡은 필자는 과거청산 운동의 방향에 대한 의견을 제출하고 논의를 하였는데, 과거청산 관련법을 공동으로 논의하거나 필요하면 '기본'법을 제정하자는 의견 정도를 교환하고 어떤 결론을 유도하기 보다는 8월 20일 공동기자 회견을 하기로 하였다. 이 자리에서 필자가 발제하고 참석자들 사이에서 논의된 내용은 대체로 다음과 같다.

● 국회의장 자문기구로 '범국민과거사청산특별위원회'를 구성한다.

- 이 기구는 학계, 시민단체, 법조계 대표로 구성하여, 기 제출된 과거사 관련 법안을 조율하고 위원회 구성, 진상규명 작업, 기념사업 방안 등 전체 과거사 정리 방향을 설정하여 기존 법에서 손질이 필요한 부분을 정리하여 각 당에 제의한다.
- 이 위원회 활동은 3개월 이내의 한시적인 것으로 하고, 올해 안에 모든 법안이 국회 회기 내에 통과될 수 있도록 한다.
- 이 위원회가 안을 마련하는 동안 기 통과된 법안(친일법, 강제동원법, 동학 농민 관련법)의 시행은 유보하고, 기 제출된 개별 법안의 통과 역시 유보한다.

그리고 향후 과거사 청산 방안에 대해 기 제출되었거나 논의중인 13개 법안의 모법(혹은 기본법)으로 '과거사 관련 기본법'을 제정하여 기 제출되었거나 이미 통과되어 시행을 앞두고 있는 법안전체의 기조를 정돈하고 속도를 조절하며 진상규명 작업을 효율적으로 이루어지게 하고, 이후의 기념사업, 연구 교육 사업을 통일적이고 일관되게 진행될 수 있도록 촉구한다.

그리고 과거청산의 기본 원칙은 다음과 같다.

– 엄격한 진상조사(관계기관이 최대한 협조할 수 있도록 법안을 개정한다)
– 정치적 이해관계에 좌우되지 않도록 모든 과정에서 민간의 참여를 높인다.
– 화해와 사회통합을 목표로 하고 처벌과 보상을 최소화 혹은 피한다
– 가능한 단기간에 마무리하고 추후 재론이 없도록 한다

모법 혹은 개별 과거사법이 모두 통과될 경우 모법에 규정한 대통령 직속의 3개의 위원회를 구성하고 과거사 관련 진상규명, 명예회복, 보상(배상) 작업은 크게 대통령 직속의 위원회에서 관장하도록하는 것이 바람직하다고 의견을 모았는데 3개의 위원회란

시기에 따라 "일제하 친일, 강제동원 진상조사 위원회"
"6.25전후 민간인 피해 진상조사 위원회"
"군사정권하 공권력 피해 진상조사 위원회"

를 주로 지칭한다.

진상조사작업 후 공권력의 잘못이 인정되는 경우 대통령의 적절한 사과를 하고 피해자에 대한 보상은 일단 앞의 두 위원회에서는 원칙적으로 배제하되 유족에 대한 의료비, 교육비 지원 정도로 하고 군사정권하 공권력 피해의 경우(예를 들면 삼청교육대) 예산 범위에서 적절한 보상을 한다. 그리고 과거 공권력의 잘못 문제, 일본·미국의 책임 문제, 과거 일본·미국과의 협정, 조약 문제 등 가능한 범위 내에서 공개를 한다. 일본과 미국에게 추가로 진상규명이나 보상을 요구할 수 있는 경우 이에 대해 국민의 여론을 수렴하여 공식적으로 제기한다. 가해 개인이나 집단에 대해서는 관련자 자녀들에게는 피해가 가지 않도록 한다(연좌제 적용금지). 진상을 정확히 규명한 이후, 단체 명의의 적절한 사과와 재발장치 조치를 마련하도록 한다.

20일 기자회견의 내용은 여당이 주장하는 국회 내에 특위를 두는 안에 대해 명백하게 거부의사를 표시하되, 대통령의 포괄적 과거청산 의지에 동의를 하면서 과거사 문제 전반을 다루는 독립적인 통합기구를 두자는 것이었다. 그리고 이 모든 문제를 포괄하는 기본법의 제정 필요성에 대해서도 참가 단체들이 어느 정도 동의를 표시하였다. 이 기자회견은 그 동안 개개의 법안 입안과 제출을 위해 힘써온 모든 과거사 단체들이 처음으로 공동의 입장을 갖고서 한 자리에서 모인 기회가 되었으며, 국민들에게 이 문제가 단순히 정치권이 주도하는 것이 아니라 이미 관련단체들이 추진해 온 것이며, 또 과거청산의 전 과정이 정치권의 주도 하에 진행되어서는 안된다는 의지를 분명하게 표시하였다.

이 기자회견 이후 관련단체는 한편으로 9월 3일 학술 심포지움을 준비하면서 다른 편으로는 (가칭)과거청산을 위한 민간위원회 구성을 위한 조직 작업에 착수하였다. 그래서 그 동안 이 문제에 관심을 기울이지 않았던 시민사회단체, 종교단체, 학계 등에 연대를 제의하였으며 신망있는 인사들을 공동대표단으로 위촉하는 작업에 착수하게 되었다. 향후 이 운동이 과거처럼 과거사가 중구난방으로 제기되거나, 정부에서도 그것을 민원처리 차원에서 진행되지 않도록 방향을 제시하고, 국민들의 지지를 이끌어내고 과거청산 담론을 형성하는 것을 최대의 과제로 하였다. 그래서 과거사 문제에 이해와 관심을 갖고 있는 모든 당사자들이 힘을 실어주어서 역사상 다시 오지 않을 이 기회를 살릴 수 있도록 하자고 의견을 모았다. 결국 2004년 9월 3일 올바른 과거청산을 위한 범국민위원회(준)(이하 과청)를 발족하고 본격적인 운동에 들어가게 되었는데, 개별법 논의를 계속하다가 일단 내부의 논의를 거쳐 모든 제

출된 과거사법을 통괄하는 하나의 법안을 만들자는 쪽으로 의견을 결집하였다.[17]

이후 11월 9일 과청이 정식 발족을 하고 내부에서 수차례의 논의를 거쳐 과거사 관련 기본법을 준비하고 이를 열린우리당의 정책위원장 등 관련 국회의원들에게 전달한 다음, 국회의원들과 수차례의 간담회를 거쳐 정책위원장인 원혜영 의원안으로 제출하는 단계까지 가게 되었다. 그리고 2004년 연말 정기국회 통과를 위해 모든 노력을 다했는데, 주로 국회의원 서명 작업, 유족 동원 위령제, 수 차례의 기자회견, 피해자 증언대회, 각 선전물 작성 배포, 언론 기고 등을 통한 여론조성 활동, 국회 앞 농성, 일인 시위 등이 내용이었다. 마침 정치권에서는 과거사법이 국가보안법, 사립학교법, 신문법과 더불어 이른바 4대 개혁 입법으로 분류되어 국가적으로도 큰 논란이 되었다. 과청은 이들 각 입법활동을 하는 시민사회 단체 그리고 연대기구와 공동전선을 구축하여 입법활동을 전개하였다. 과청 차원의 입법 운동의 일지, 경과는 <자료 1>과 같다.

2. 법 제정 논란

국회 일정에 따라 2004년 11월 이 법에 대한 국회 행자위 차원의 공청회를 열었다. 그런데 이 공청회 자리에 한나라당은 불참하여 반쪽만의 공청회가 되고 말았다. 그러나 다음 단계인 법사위가 열리지 않았기 때문에 이 법안은 결국 국회의 절차보다는 양당 대표자들의 합의 테이블에 올라가게 되었다. 열린우리당, 한나라당 간의 4자 회담, 혹은 8자 회담을 거쳐 타협안이 만들어졌는데, 이 타협안은 애초의 법안의 취지를 심각하게 퇴색시키는 것이었다. 예를 들면 한나라당은 대한민국 정통성을 부정하는 세력에 의한 폭력과 반인권 사실에 대한 조사 항목을 집어넣을 것을 요구하였고, 열린우리당은 그것을 수용하였다. 과청은 이를 비판하는 성명을 내면서 올바른 과거청산법 제정을 촉구하였다. 그러나 그러한 타협법안마저도 김원기 국회의장이 상정을 거부하고 2월 국회에서 처리한다는 방침을 밝히자 12월 국회에서 통과를 기대했던 과청은 큰 실망을 하게 되었다.

그러나 2005년 2월 임시 국회에서는 신행정수도 문제가 정치권의 쟁점이 되어

17) 과청을 입법을 위한 한시적 대책위, 혹은 투위 형태로 할 것인지 아니면 일정한 지속성을 가진 기구로 할 것인지에 대한 논란도 있었는데, 일단 2005년이 여러 과거사 문제가 동시에 제기될 수 있는 매우 중요한 해이고 입법활동만이 과거청산의 전부는 아니기 때문에 보다 지속적인 조직으로 만들자는 의견이 다수의 지지를 얻었다.

집권당과 국회의장은 약속과는 달리 아예 본회의에 상정조차 하지 않았고, 결국 4월 국회를 기다리게 되었다. 지난 4월 입법 운동 과정에서 과청은 제대로 된 과거사법을 제정하자는 쪽에 무게를 실었다. 여야 대표들은 4월 국회에서는 국가보안법 폐지안이나 사립학교법 개정안은 유보하더라도 과거사법은 반드시 통과시키겠다고 약속을 했다. 그러나 여당 지도부에서 다수의 힘으로 표결처리하는 방침을 포기하고 한나라당과의 '합의통과'를 계속 강조했기 때문에, 결과적으로 한나라당이 요구한 내용을 대폭 수용하게 되었다. 결국 5월 3일 제출, 통과된 안은 과거청산의 취지를 매우 희석시킨 안이 되었으며, 애초 시민단체와 여당이 합의해서 제출된 안에서 크게 후퇴한 반쪽만의 법안이 되고 말았다.

여야간에 최종적으로 쟁점이 된 내용은 다음과 같다. 즉 왼쪽의 박기춘 법안은 2004년 12월 여야합의로 통과되기 직전의 안이며, 문병호 안은 2005년 통과되기 직전에 열린우리당 측에서 요구한 내용이다. 진실규명의 범위에서 한나라당은 "이제 동조하는" 문구를 집어넣어 보다 광범위한 반체제 운동을 조사하자고 요구하였으며 한나라당은 이것의 삭제를 요구하여 결국 열린우리당의 안이 관철되기는 했지만, 과거 인권침해 사실을 진상규명한다는 애초의 입법취지는 한나라당이 요구한 "대한민국 정통성 부정 … 이 포함되어 크게 변질되었으며, 과거사 위원회가 또다시 이데올로기 투쟁의 장으로 변하게 되었다. 과청은 여당안(문병호안)이 '대한민국의 정통성을 부정하는 세력에 의한 테러·폭력·학살·의문사'의 표현을 수정한 '적대시한 세력'까지는 받아들이려는 자세를 갖고 있어서 이것은 과거청산을 좌우대립의 정쟁으로 몰아갈 가능성이 있다고 판단해서 여당 측에 강력한 항의 의사를 전달하였다. 그러나 타협할 준비를 하고 있던 여당을 설득하는 것은 거의 불가능했다.

조사위원 자격요건을 놓고는 한나라당이 변호사, 3급 이상 공무원, 대학교수로 제한하자고 주장하였는데 반해 열린우리당은 시민단체, 종교계, 언론계로 문호를 넓히자는 주장을 했다. 과청은 애초부터 이러한 자격조건을 언급해서는 안된다는 입장이었다. 결국 여야 합의로 '종교계'를 하나 추가하는 쪽으로 마무리되었다. 한편 여야는 법원 확정판결이 난 사건은 진상조사 대상에서 제외하되, 조사위원회가 소송법상 재심사유에 해당한다고 인정하면 조사할 수 있다는 쪽으로 의견을 모았다. 이에 대해 과청은 재심사유가 매우 제한적이라는 점을 들어 이미 확정판결이 난 인혁당 사건, 민청학련 사건, 통혁당 사건, 동백림사건 등은 조사대상에서 제외될 가능성이 높기 때문에 이를 수용할 수 없다는 입장을 밝혔다.

<표 2> 최종 쟁점 사항

	박기춘 수정안	문병호 수정안
진실규명 범위	1. 항일독립운동 2. 해외동포사 3. 1945. 8. 15부터 전쟁전후 민간인 집단희생사건 4. 1945. 8. 15부터 시행일까지 사망, 상해, 실종, 중대한 인권침해사건과 조작의혹사건 5. 대한민국의 정통성을 부정한 세력에 의한 테러·인권유린과 폭력·학살·의문사 6. 위원회가 필요하다고 인정한 사건	좌 동 5. 대한민국의 정통성을 **부정하거나 적대적인 세력 또는 이에 동조하는** 세력에 의한 테러·폭력·학살·의문사 **이에 동조하는** 삭제요구(열린우리당)
진실규명 범위 (제외범위)	진실규명 범위에 해당하는 사건이라도 법원의 확정판결을 받은 사건은 제외한다. 다만, 제 3 조의 규정에 의한 위원회의 의결로 민사소송법 및 형사소송법에 의한 재심사유에 해당하여 진실규명이 필요하다고 인정하는 경우에는 예외로 한다	**열린우리당** : 민사소송법 및 형사소송법의한 재심사유에 **의심되어** **한나라당** : 수정불가
위원회 구성	국회 7명(상임 4) 추천(3:3:1) 상임 : 열린우리당 2, 한나라당 2 - 독립운동사, 해외동포사(한나라) 정부 4명(상임 3) 사법부 3명	국회 8명(상임 6명) 추천**(4:3:1)** 상임 : 열 3, 한 2, 비교섭 1 - 독립운동사, 해외동포사, **대한민국의 정통성부정** 정부 3명(상임 1명) 사법부 3명
위원 자격	1. 역사고증·사료편찬 10년 이상 2. 전임교수 10년 이상 3. 판검사 10년 이상 4. 3급 이상 공무원으로 10년 이상	1. - 4. 좌동

	5. 진실규명 및 화해와 관련된 지식과 경험이 풍부하여 위원회의 업무를 공정하고 독립적으로 수행	5. 삭제(한나라당)
종기규정 진실규명 범위	제2조 제1항 4 1945년 8월 15일부터 이법 시행일까지	1945년 8월 15일부터 권위주의 통치까지 **군의문사 진상조사 별도의 입법**
다른법률과의 관계	다른 법률에 의해 진실규명, 피해보상, 손해배상, 명예회복 청구를 하였거나 할 수 있는 경우 이 법에 의한 진실규명 신청을 할 수 없음.	다른 법률에 의해 진실규명, 피해보상, 손해배상, 명예회복 청구를 하였거나 할 수 있는 경우 이 법에 의한 진실규명 신청을 할 수 없음. 다만 다른 법률에 의한 진상규명이 어려운 경우는 이 법으로 진실규명에 필요한 조사 등을 할 수 있음.

그 외에도 과청은 양당 합의과정에서 삭제된 조사 권한(영장청구의뢰권, 예금조회권, 통신사실조회권, 실지조사에서의 신문)을 위원회가 되가져야 할 것이며, 청문회 제도도 도입되어야 한다고 주장했다. 특히 의문사진상규명위원회가 이미 보유하였던 통신사실 조회권뿐만 아니라 고발 및 수사의뢰권마저 삭제한 것은 위원회의 업무가 무엇인지에 대한 기본적인 전제 자체가 잘못된 것이라고 비판하였다.

어쨌든 최종 통과된 법은 한나라당의 요구를 대폭 수용한 형태로 통과되었다.

3. 입법 운동과정에서 제기된 내·외부의 장벽들

(1) 관련 단체 내부의 입장과 시각의 차이

한국에서 과거사 관련 운동단체가 연대기구를 조직한 것은 2004년이 처음이었다. 그 동안 개별 유족들 차원에서는 오랫동안 진상규명과 명예회복을 촉구하는 운동을 해 왔고, 또 이들을 대변해온 민족문제연구소, 한국전쟁민간인학살진상규명위, 민주화운동 계승연대 등 유족 외곽의 시민사회단체 역시 개별적으로 입법 활동을 해

왔으나 여러 과거사 사안이 한꺼번에 제기되면서 공동행동을 취하게 된 것은 처음이었기 때문에 경험과 시각의 차이가 심대했고, 그리고 자신이 담당해온 개별 과거사 사안과 다른 사안에 대한 이해도와 접근방식의 차이가 매우 컸기 때문에 여러 내부의 의견 차이를 노정하게 되었다. 한국 근현대사 거의 전시기에 발생한 이 모든 과거사를 모두 잘 이해하고 있는 전문가도 거의 없었고, '과거사 운동'이라는 운동영역에서 활동해온 시민운동가도 없었으며, 이러한 대립된 의견들을 조정할 수 있는 권위있는 단체도 없는 상태에서 입법활동을 시작하였다.

일단 기본법이 가해자 처벌과 피해자 보상은 명시하지 않는 진상규명법이 되어야 한다는 데는 별다른 이견이 없었다. 그리고 화해를 통한 과거청산이 한국에서 제대로 이루어지고 위령사업 등이 통합적으로 이루어져야 한다는 데 대해서도 이견이 없었다.

여러 단체가 관련되기는 했으나 주요 흐름은 의문사 위원회 활동에 관여했던 '군사정권과 인권침해' 진상규명 및 명예회복(보·배상) 운동 그룹과 한국전쟁전후 민간인학살 진상규명 운동 관련 그룹, 그리고 친일 및 일제하 강제동원 진상규명 운동 그룹으로 크게 구분되었다. 이 각각의 과거사는 성격에서도 크게 차별적이었지만, 접근방식 해결방식도 다를 수밖에 없었는데 이 사안이 하나의 테이블에서 논의되기 시작하면서 단체 내부에서 여러 이견이 제출되었다. 특히 친일·강제동원관련법은 이미 입법화되어 있었으며, 개정운동을 준비중이었고, 의문사의 경우는 2기 의문사 위원회를 종료한 다음 3기 의문사 위원회 구성 입법안을 마련하던 중 합류하게 되었고, 한국전쟁의 경우는 16대 국회에서 입법안이 부결된 이후 새로 입법활동을 추진하는 처지였기 때문에 '기본법'을 보는 시각이 차별적일 수밖에 없었다.

여러 가지 차이가 있지만, 운동과정, 법안 마련 과정에서 충돌한 점을 하나 들자면 의문사 활동가들의 경우는 1·2기 의문사 위원회의 경험을 통해 보다 정치적으로 힘이 있고 강력한 조사권한을 갖는 위원회가 구성되지 않는다면 제대로 된 진상규명은 거의 불가능하다는 전제를 갖고서 연대기구에 들어왔다. 이들 시간적으로는 가장 최근에 발생한 사건인 군사정권 하의 의문사, 의문사건 등을 주로 과거사로 염두에 두고 있었기 때문에, 공소시효 정지, 조사권한 확대, 조사 비협조자 처벌 조항 삽입 등 보다 이상적이고 원칙론적인 입장을 강하게 표명하였다. 의문사 위원회가 관계기관의 비협조로 좌초된 경험을 갖고 있는 이들은 법적 강제력 없이 진상조사는 거의 불가능하다는 신념을 갖고 있었다. 그러나 한국전쟁 관련 활동가들의 군사정권 하의 인권침해와 전쟁기의 학살은 매우 성격이 다르고, 한국전 학살 문제를 군사정권 하의 인권침해 사안과 같이 다루는 것은 어렵기 때문에 가해자 불처벌, 피해자 명예회복(보·배상 유보 혹은 금지) 등의 접근법을 갖고 있었다. 일제 하 강제동원과 친일진상규명 관련 활동가들의 경우는 진실의 규명에 무게를 두고 있었다.

요약하자면 최근의 인권침해 사안과 씨름해온 단체, 관련자들은 외국의 과거청산에서 나타난바 '정의 모델'(justice model)에 입각해서 한국의 과거사를 청산하자는 입장이었으며, 한국전, 일제하 관련자들은 '진실모델'(truth commission model)이 입각해서 접근하자는 입장에 가까웠다.[18] 그리고 학살과 인권침해라는 각각 사안의 성격이 대단히 차별적이었기 때문에 양자의 주장은 나름대로의 일리가 있었다.

(2) '과거사'의 범위 문제

'기본법'에 포함될 과거사는 무엇이 되어야 하는가를 둘러싸고 내부의 논의가 전개되었다. 일차적으로 논의된 것은 이미 통과되어 개정을 준비중인 친일진상규명, 일제하 강제동원 관련 입법 활동을 아예 중지시키고 이 모두를 장차 입안할 기본법에 통합할 것인가 말 것인가의 문제였다. 과청은 일단 모든 사안을 다 포함시키자는 입장이었는데, 친일진상규명법의 경우 개정안이 이미 마련되어 국회의원들의 서명을 받고 있었기 때문에 과청의 '기본법'이 만들어진다면 그것이 개정운동의 발목을 잡을 위험이 있다고 해서 일단 별도의 법으로 가기로 했다. 문제는 일제 하 강제동원 관련법이었는데, 이 경우 16대 국회에서 통과된 법이 기구, 위원구성, 조사권한 등에서 대단히 많은 문제를 안고 있었기 때문에 개정하지 못한다면 과거사법에 포함되는 것이 바람직하다는 의견이 지배적이었으나, 일부 태평양 전쟁 유족들이 강력하게 반발하여 결국 과거사법에서 빠지게 되었다.[19] 다른 여타 과거사의 경우 유족과 대변자 시민단체가 병존하면서 후자가 입법운동을 주도해 왔다면 일제 하 강제동원의 경우 대변자 단체나 지식인들이 없는 상태였기 때문에 유족들의 요구가 곧바로 수용된 셈이 되었으나, 위원회가 구성된 지금 주변 사람들의 우려가 그대로 현실화되어

---

18) 정의모델은 주로 사법적 처리를 통해서 가해자를 처벌하고 진상을 규명함으로써 과거사를 정리하는 것을 말하며 전후 독일에서의 뉘른베르크 재판이 대표적인 예이다. 진실모델은 70년대 이후 권위주의 국가를 붕괴시킨 남아공화국, 그리스, 과테말라, 엘살바도르 등에서 채택된 것인데, 진실위원회를 통해서 사회 내 집단, 인종간 화해를 도모하는 방식이다.

19) 일제 하 강제동원 관련 유족 들은 여러 단체로 크게 분열되어 있었다. 그리고 이들은 하루 빨리 법안이 통과되기를 기다려왔기 때문에 또다시 법이 개정되거나 다른 법으로 통합된다면 시간이 많이 걸릴 것을 우려하였다.

그 결과는 현재의 강제동원 위원회의 문제점으로 그대로 남게 되었다.

둘째, 군사정권 이후 발생한 군 의문사를 과거사에 포함시킬 것인가 말 것인가의 문제였다. 이 역시 과청에서는 모든 군 의문사를 과거사법의 진상조사 대상에 포함하자는 의견을 모았다. 그러나 이 역시 사안이 단순하지 않았는데, 왜냐하면 군사정권 하의 군 의문사는 인권침해의 성격이 강하고 철저한 진상규명이 필요한 측면이 있었지만, 92년 문민등장 이후의 군 의문사는 정치적 의미는 없는 단순 사고사의 경우도 많고 더 이상 진상규명이 어려운 사안도 많았을 뿐더러, 대체로 일차 조사가 마무리되었기 때문에 이것을 과거사법의 조사 대상에 포함하는 것이 적절한가에 대한 반론이 있었기 때문이다. 특히 최근까지의 비정치적 이유로 발생한 군 의문사를 모두 포함할 경우, 기본법이 지향하는 과거청산이라는 개념 자체가 애매해질뿐더러, 법률적으로도 법안의 종기 규정이 없어지게 되는 문제점이 있다는 반론이 제기되었다. 유족들 역시 분열되어 92년 이후 사망 유족들은 자신들의 사안을 과거사에 포함시키지 말아달라고 요구하였다. 결국 이 문제는 2005년 6월 군 의문사 진상조사 특별법이 제정됨으로써 일단락되었으나 앞의 일제 하 강제동원 진상규명법의 경우처럼 운동과 시민사회의 관심으로 뒷받침되지 않는 위원회는 유족의 민원처리 기관화 되거나, 철저한 외부 감시가 불가능하게 되어 진상조사 작업도 국방부 등 관련 정부기구의 비협조와 반대로 유야무야될 위험성이 대단히 높아지게 되었다.

(3) 유족과 대변자들 간의 긴장 - 피해자의 고통, 기억이 갖는 한계들

시민단체는 공익성을 지향한다. 그러나 유족들은 우선 개인과 가족의 아픔을 치유하는 것을 일차적인 목적으로 둔다. 당사자인 유족들은 대체로 가장 먼저 문제를 제기하거나 운동을 시작해 온 사람들이고, 이들의 아픔을 자원으로 하지 않고서는 과거청산 운동을 시작될 수도 없었다. 그러나 유족들의 요구만으로 운동이 진행되기는 어렵다. 즉 유족의 요구는 운동의 가장 중요한 자원인 것은 사실이나 그 자원에 과도하게 의존할 경우 시민사회의 공감을 얻는 데는 한계가 있고, 과거청산 운동이 피해자의 한풀이로 끝날 위험도 있다.

예를 들어 한국전쟁시기 학살 진상규명과 피해자 명예회복을 가장 오랫동안 가장 절실하게 요청해온 당사자는 바로 유족이다. 극우 냉전체제 하의 한국에서 그들이 당해온 고초는 다른 어떤 정치적 반대세력이나 민중들이 겪어온 고통을 훨씬 능가한다. 그것은 대한민국에서 그들의 지위가 중세의 농노나 천민, 근대 유럽에서의 유대인, 일본사회 내의 천민과 유사하게 사실상 시민권을 갖지 못한 '2등 국민'으로 취급되어 왔기 때문이다. 그래서 진상규명 운동은 무엇보다도 그들의 요구에서 출발하였다고 볼 수 있다. 그러나 피해자의 고통과 '억압된 기억'만을 무기로 해서 문제해결에 나설 수는 없다. 피해자가 아닌 동시대의 한국 사람들에게 이 문제는 곧 학살, 국가폭력이라는 최대의 반인륜적인 범죄를 범한 가해자 처벌 문제이자 재발방지를 위한 인권 문제였기 때문이다. 민간인 학살을 포함한 중대한 인권침해 행위는 인간성에 반하는 죄(crimes against humanity), 집단학살죄(genocide), 전쟁범죄(war crime)를 구성하여 국제형사책임을 지게 된다. 이러한 행위에는 개인책임뿐만 아니라 국가책임도 뒤따르게 된다. 따라서 공권력의 잘못된 행사로 무고한 민간인이 학살된 사실을 우선 철저한 진상조사를 통해 확인하는 것이 중요하고, 사실이 확인되는 대로 국가는 국민 대통합의 차원에서 이에 대해 사과를 해야 하며, 학살의 책임자에 대해서는 응분의 처벌 혹은 용서 작업이 진행되어야 하는 문제였기 때문이다.

즉 유족들은 우선 자신, 가족과 관련된 사건에 대해서만 주로 관심을 갖고 있고, 자신의 고통을 특권화하려는 경향을 갖고 있지만, 외곽의 지식인들이나 시민단체들은 한국전쟁, 군사정권 하의 인권침해라는 역사적 사건, 전쟁과정에서의 좌우대립, 국군과 미군이 '적'인 좌익세력을 제거하려는 과정, 군사정권이 자신의 권력을 유지하기 위한 과정에서 발생한 것이라고 보기 때문에 개별사건별로 접근하기 어렵다. 즉 외부자의 관점에서 보면 개별사건은 전체의 일부이고, 전체를 구성하는 정치적 맥락을 고려하지 않고서는 절대로 개별적인 문제를 해결할 수 없었다. 그리고 유족들로서는 명예회복이나 경제적 보상에 더 많은 관심을 가질 수 있었지만, 외곽의 시민단체는 보다 철저한 진상규명, 사건의 총체적 진실에 접근하지 않고서는 명예회복이나 보상도 불가능하다고 보았다.

예를 들어 유족들이 주도해서 입법화된 '거창사건 등 명예회복법'의 경우 "특별법은 유족들에게 가해진 불명예에 대하여 명예를 회복시켜 줌으로써 국민화합과 민주발전에 이바지함을 목적으로 한다"는 제 1 조의 목적에 명시되어 있듯이 진상규명과는 거리가 먼 '명예회복'에 치우쳐 있다. 즉 전쟁시기 군의 공비토벌 작전은 정당한 것이고 그 과정에서 실수로 이러한 사건이 발생했다는 전제 위에서 특별법이 제정되었다. 따라서 그 법의 정신을 그대로 따른다면 유족들이 진정으로 명예를 회복하는 것이 아니라 학살의 정당성을 용인하는 결과가 된다. 실제 거창사건 피해자나 유족들은 다른 지역의 유족들과 연대를 기피하였으며 전국단위 진상규명 운동에도 극히 소극적이었다. 노근리 유족의 경우에도 별로 다르지 않았다. 유족들의 이러한 태도가 공익성을 지향하는 시민단체의 입장과는 충돌하였다. 이러한 충돌은 정도의 차이는 있지만 모든 과거사 관련 운동에 내재해 있다.

(4) 정치권과 시민단체의 긴장

정치가 그리고 정당은 우선 정치적 이해관계, 개별 정치가들은 차기 선거에서의 당선 가능성에 따라 움직인다. 그래서 이들은 '표'가 되지 않는 사안에 대해 별로 관심을 갖지 않는 경향이 있다. 우선 과거사 관련자들은 그들의 당락을 좌우할 정도의 세를 갖지 못하고 있기 때문에 도덕적 이유가 아닌 이상 이것이 정치가들의 의정활동의 가장 중심적 과제가 되기는 어렵다. 그리고 한국처럼 냉전의식이 널리 퍼져있는 사회에서 잘못하면 이데올로기 공격을 당할 수도 있기 때문에 오히려 이런 문제에 관여하지 않는 것이 도움이 될 수도 있다. 그래서 한국 정치권 일반은 이 문제에 대해 대단히 소극적인 태도를 취하고 있다.

한편 개별 정치가들의 평소의 식견과 경험, 문제의식, 역사의식과 민중 및 사회적 약자들에 대한 애정 여하에 따라 정치가와 국회의 활동은 좌우된다. 17대 국회에서 자유주의 성향의 열린우리당이 다수당이 되는 등 개혁세력의 큰 기대를 안고 출발했지만, 이들은 제대로 조직화되어 있지도 않았고, 일관된 개혁 청사진도 갖고 있지 않았다. 우선 17대 여당 국회의원 중에서 이 사안관련 운동을 했던 의원은 1명이었으며, 지속적 관심을 갖고 있었던 의원은 5명 이내였고, 과거청산 작업이 진행될 경우 자신의 과거가 들추어지거나 정치생명에 타격을 입을 수도 있는 의원은 야당인 한나라당에 수십 명이 존재했다. 게다가 한나라당은 처음부터 과거사법 제정을 원천적으로 반대하였고, 반대를 노골적으로 내세우기 어려운 분위기를 의식하여 '친북·좌익 활동 조사'로 계속 맞불을 놓았다. 더 나아가 과거 5·18 특별법 혹은 의문사 위원회의 경험을 나름대로 정리하고서 한국에서 이후 과거청산 작업이 어떻게 진행되어야 하는지에 대한 정치적 식견을 갖고 있는 의원은 거의 없다고 해도 과언이 아니었다. 그래서 이 문제에 관한한 대통령이 가장 적극적이었고, 오히려 당시 의원들은 소극적이었다고 해도 과언이 아니었다. 그래서 결국 법안의 내용과 성격은 입법부 구성원인 의원들이 갖고 있는 역사의식 정도만큼 진행될 수밖에 없었고, 반대세력의 목소리만큼 그것은 변질되거나 좌절될 위험을 갖고 있었다. 만약 청와대에서의 의지가 지속적으로 표시되지 않았다면 여당은 이 사안에 대해 애초부터 포기했을 가능성도 높다.

이 불리한 상황에서 입법작업을 하기 위해서는 시민단체와 유족회가 의원들을 지속적으로 압박하는 것 외에는 방법이 없었다. 그러나 집권당이 개혁입법을 추진할 수 있는 시간이 충분하지 않았기 때문에 시민사회나 국회에서 오랜 시간 동안 충분한 토론과 쟁점 정리작업과 국민 여론화 작업을 거쳐서 입법작업이 이루어진 것이 아니라, 시민단체의 변호사나 전문가들이 입안한 시민입법을 여당의 전문가들이 수용하는 방식으로 일이 추진되었다. 결국 여당의 과거사법은 시민단체가 일차적으로 작성한 법안을 약간 수정한 것이었으나 야당의 반대를 의식하여 조사권한 등의 내용을 약화시켰고, 조사 대상 등도 크게 수정하였다. 이 과정에서 관련 활동가들과 정치가들 사이에는 긴장이 발생하였으며, 이 정도의 법에 대해서도 소극적인 태도를 보이는 의원들을 압박하기 위해 계속되는 전화, 방문 등을 통해서 법 통과에 적극적인 태도를 보일 것을 촉구하였으며, 보다 진보적인 태도를 보인 민노당 의원들의 발언들을 통해 여당과 국회의장을 비판적 지지, 혹은 압박하였다.

Ⅳ. 향후의 과제

통상 시민단체에서 의제를 제기하여 개혁법안이 입안, 통과되는 경우 법안통과보다 더욱 어렵고 중요한 과제가 시행령 작업이다. 법이 불충분하더라도 시행령으로 보완되는 경우가 있고, 법이 훌륭하더라도 시행령에서 입법취지가 크게 퇴색하는 경우도 있다. 시행령 작업은 행정부와 시민단체의 싸움이라도 봐도 무방하다. 행정부에서는 일단 예산 확보 가능성, 인력 확보 가능성, 그리고 절차적 합리성을 중시하기 때문에 법의 목적과 이상을 중시하는 시민단체의 입장에서는, 행정부의 실천의지를 의심하게 되고 양자 간에는 심각한 대립이 발생하는 수도 있다. 특히 행정부 일부 관료들은 새로운 기구가 만들어질 경우 자신의 승진, 출세의 징검다리로 간주하는 경향이 있기 때문에 이 새로운 정부기구에서 사무처 구성과정에서 관료출신들과 민간 출신들과의 긴장은 거의 불가피하다. 따라서 과거사법의 경우에도 2005년 12

월 1일 공식적으로 출범하게 되어 있어서 이러한 문제가 발생할 것이다.

과거 의문사위원회의 경우처럼 일단 위원회가 구성되면 이 위원회의 성격은 형식적으로는 국가이구이나 실제로는 민관 합동기구의 성격을 갖게 된다. 우선 조사요원의 과반수 정도가 민간에서 충원되며, 조직의 목적 역시 시민적 요구를 국가의 이름으로 완료한다는 특성을 갖게 된다. 따라서 조직 내부에서는 조직의 운영과 성과를 관료적 방식으로 처리하려는 경향과 사회운동적 방식으로 처리하려는 경향 사이에 끊임없는 긴장이 발생하게 된다. 이 관료적 해결의 경향은 문제의 출발점이었던 유족의 요구를 단순한 민원 진정인 정도로 간주하고, 혹은 시민사회의 애초의 요구와 방향을 배반하는 양상으로 나타나게 되고 따라서 시민단체와 새 기구와의 갈등이 시작될 가능성이 높다. 이 경우 시민단체는 이제 정부의 일부가 되는 것이 아니라 동시에 밖에서 이 기구가 관료화되거나 활동이 변질되지 않도록 감시하는 새로운 임무가 부여된다. 그리고 시민단체의 감시활동의 일부는 이 조직의 구성원이 된 과거 시민단체 관련자들과의 협조 속에서 진행될 수도 있고, 반대로 과거의 동료였던 사람들 내부의 충돌의 양상으로 발생할 수도 있다.

이 새 정부기구가 된 과거사 위원회의 활동은 철저하게 법적인 근거에 따라 진행되기 때문에 활동과정에서 새로운 입법화의 요구가 제기될 수도 있고, 관련 정부 부처의 비협조로 활동이 좌초될 수도 있다. 그리고 조사과정에서 공소시효 배제, 보·배상 시효 문제 등에 대한 기존법의 개정이 객관적으로 요청될 수도 있다. 그리고 과거사 진상규명과 명예회복, 보상 작업이 과거의 법적인 판결과 배치되는 상황이 발생할 수 있기 때문에 법과 과거사의 긴장을 해결할 수 있는 기구나 조치도 필요하다. 과거사 위원회 자체가 정치적 성격을 갖기 때문에 그 권한과 활동을 약화시키려는 시도도 계속될 것이다. 지난 의문사 위원회의 경우처럼 조사관의 자격을 둘러싸고 보수세력과 언론에서 공격을 가한 적도 있다.[20] 따라서 과거사 위원회는 정치권, 행정부, 시민사회와 끊임없는 소통과정에 놓이게 되고, 그것은 정치권의 의지, 입법부 내에서의 지지세력의 힘, 시민단체의 감시 능력과 관심 등에 따라 좌우된다. 한편 광주 5·18 특별법, 민주화 보상법의 경우처럼 보상문제가 개입될 경우 보상의 형평성을 둘러싸고 사회적 논란이 발생할 수도 있고, 민주화운동이 경제적 보상으로 계량화될 위험성도 있다. 이 경우 과거청산 운동의 정당성은 크게 훼손을 입을 가능

20) 이미 사면복권이 된 의문사위원회 조사관들을 간첩, 사노맹 출신이라고 공격했던 중앙일보 등의 보도가 대표적이었다. 중앙일보, 2002. 7. 15.

성이 크고, 그것은 곧 민주화운동 혹은 현재의 시민운동에 대한 공격으로 나아갈 수 있다. 따라서 시민단체는 정부와 유족들 간의 협약이 우리사회의 국민적 공감대를 흔들지 않을 수 있도록 지속적으로 감시해야 한다.

따라서 입법, 위원회 결성 후에도 시민단체의 활동은 계속될 수밖에 없고, 어떤 점에서 입법후의 역할이 더욱 중요해 질 수도 있다. 과거사 위원회의 성과는 결국 시민사회에 환류되어야 하는 것이므로 궁극적인 마무리는 시민사회에서 담당할 수밖에 없다.

V. 맺 음 말

한국의 과거청산 운동은 현재 진행중이다. 그리고 이 과정에서 시민단체가 어떤 역할을 했으며 어떤 한계를 갖고 있었는지 분석, 평가하는 작업도 지금부터 시작되어야 한다. 과거청산 운동 과정에서 유족, NGO, 그리고 정치권의 역학과정에 대한 이해는 한국에서 NGO의 위상, 시민입법의 가능성과 한계, 그리고 정부와 NGO의 관계와 역할 배분 문제 등에 많은 시사점을 줄 수 있는 사안이다. 90년대 이후 한국 과거청산의 풍부한 경험은 아직 이러한 운동이 제대로 추진되거나 시작조차 되지 않은 나라에도 여러 가지 교훈을 줄 수 있을 것이며, 이미 이런 작업을 완수해온 세계 여러 나라의 과거청산 운동과의 비교연구를 통해서도 보다 심층적으로 조명되어야 할 것이다.

시민입법을 통한 과거청산은 그 출발점에서는 대단히 건강하고 바람직한 것이라고 생각되지만 아직 입법부가 제 기능을 하지 못하는 한국의 실정을 반영하는 측면도 있다. 따라서 장차 이런 과제의 중심이 입법부로 넘어가야 한다. 그렇게 될 경우 시민단체는 의제제기, 여론동원, 피해자 조직화, 감시 등의 역할에 보다 치중할 수 있을 것이다.

사실 국가기구를 통한 과거청산 작업은 과거 공권력에 의한 인권침해 가해자인 국가가 문제해결의 주체로 나선다는 데서 근본적인 한계를 갖고 있다. 즉 아무리 정치권력이 교체되어 신 권력이 과거청산의 주체가 된다고 하더라도, 과거 국가범죄와의 철저한 단죄와 처벌은 기존 제도 질서 전반을 문제시할 가능성이 높기 때문에,

입법을 통한 과거청산은 일정한 한계를 가질 수밖에 없다. 즉 과거청산은 국가를 국민의 것으로 거듭나게 해주는 역할을 해 주는데 기여할 수 있지만, 사실상 자본주의적 민주주의 하에서 국가가 완벽하게 국민의 요구와 기대에 부응하는 국가가 되기는 어렵다. 따라서 국가기구를 통한 과거청산 작업은 민주주의 확립에 오직 출발점 정도의 역할에 머문다는 비판도 가능하다. 이것은 과거청산 작업이 국기기구에서 시작해서 궁극적으로는 시민사회의 힘에 의해 완수되어야 한다는 말도 된다. 즉 민주주의가 강한 시민사회 없이 달성될 수 없는 것처럼 과거청산 역시 시민사회의 감시와 참여를 전제할 때 민주주의 발전에 기여할 수 있을 것이다.

〈참 고 문 헌〉

김성길, "과거사법 제정과정과 현황, 이후 방향에 대하여 – 통과된 과거사법의 문제점을 중심으로,"「청산하지 못한 역사, 어떻게 할 것인가」, 올바른 과거청산을 위한 범국민위원회, 2005.

김희수, "의문사 진상규명 위원회의 활동과 평가,"「진실을 향한 첨난한 여정 1」, 대통령소속 의문사진상규명위원회 보고서, 2005.

대통령 소속 의문사진상규명위원회 연구용역보고서,「의문사유족의 피해에 대한 조사연구」, 2002. 8. 12.

대통령소속 의문사진상규명위원회 보고서,「진실을 향한 첨난한 여정 1」, 2005.

박원순, "5·18 특별법의 제정과 법적 청산,"「5.18 민중항쟁사」, 광주광역시 5·18 사료편찬위원회, 2001.

이광일, "5·18 민중항쟁, 과거청산과 재구성의 정치,"「민주주의와 인권」, 제 4 권 2호, 5·18 연구소, 2004.

이내영·박은홍,「동아시아 민주화와 과거청산」, 아연출판부, 2004.

이영재, "과거청산과 민주주의,"「민주주의와 인권」, 제 4 권 2호, 5·18 연구소, 2004.

전명혁, "한국에서 과거청산운동의 역사,"「청산하지 못한 역사, 어떻게 할 것인가」, 올바른 과거청산을 위한 범국민위원회, 2005.

정웅태, "5·18 관련자 재판의 전개과정,"「5.18 민중항쟁사」, 광주광역시 5·18 사료편찬위원회, 2001.

조진태, "광주는 아프다,"「기억과 전망」, 민주화운동기념사업회, 2005년 봄.

조희연, "민주주의 이행과 과거청산,"「국가폭력, 민주주의 투쟁 그리고 희생」, 함께 읽는 책, 2002

최정운, 「오월의 사회과학」, 풀빛, 1999

홍석률, "의문사 진상규명과 과거청산,"「청산하지 못한 역사, 어떻게 할 것인가」, 올바른 과거청산을 위한 범국민위원회, 2005.

Ruti G. Teitel, *Transitional Justice* (Oxford: Oxford University Press, 2000).

<자료 1> 올바른과거청산을 위한 범국민위원회 활동 일지

○ 2004년 8월 3일

연구자단체와 과거사 관련 단체들이 "과거사청산을 위한 시민사회단체연석회의(가칭)" 준비모임 회의

○ 8월 18일

"포괄적 과거청산 구상"에 대한 입장마련을 위한 관련 민간단체 및 피해자단체 긴급 간담회 개최

<참여단체> 친일반민족행위진상규명시민연대, 일제강제동원진상규명시민연대, 한국전쟁전후민간인학살진상규명범국민위원회, 의문사진상규명을위한유가족대책위, 민족민주열사희생자추모(기념)단체연대회의, 민주화운동정신계승국민연대, KAL858기사건진상규명시민대책위

○ 8월 20일

▷ "포괄적 과거청산"을 위한 피해자 단체와 사회단체 공동 기자회견

<주요내용> △노무현 대통령의 포괄적 과거청산 의지 표명 환영 △과거청산 방향을 진상규명, 명예회복, 사회통합으로 제시 △과거청산의 정략적 이용 반대 △ 국정원 등 정부기관 스스로 과거 의혹 사건 조사 촉구 △일부 언론의 과거청산 본질과 취지 호도 비판 △독립적이고 철저한 진상규명 권한을 가진 통합적인 과거사진상규명위원회 설치 합의 천명 △과거청산 위원회의 국회 소속 반대 △과거사청산을위한민간공동위원회(가칭)(민간위원회) 구성 제안

○ 8월 27일

과거사청산을위한민간공동위원회(가칭) 결성을 위한 참여단체 실무회의 개최

○ 9월 3일

'올바른 과거청산을 위한 범국민위원회(준비모임)' 발족과 학술심포지엄 개최

<주요내용> 대표자회의를 통해 1000여개 인권시민사회단체로 '올바른 과

거청산을 위한 범국민위원회(준비모임)' 발족
「학술심포지엄 : 과거청산의 과제와 방향」 개최

○ 9월 25일
'올바른 과거청산법 제정을 위한 추석 대국민 캠페인' 실시(서울역, 청량리역, 용산역 등)

○ 9월 23일
▷ 열린우리당의 과거청산법안 개요에 대한 항의성명 발표
<주요내용> 국가기관의 자료제출 거부에 대한 제재조항 삭제 등 철저한 진상규명 조치가 없는 열린우리당의 과거청산법안 개요에 대해 단호한 반대입장을 밝힘.

○ 10월 8일
「과거청산! 진실과 화해 나무 키우기」 릴레이 금요캠페인 시작

○ 10월 13일
▷ 열린우리당 과거청산법(안)(진실규명과화해를위한기본법안)에 대한 논평 발표
<주요내용> △군의문사와 일제강제동원 사건 포함 △동행명령 불응시 벌금부과 △공소시효 정지 △진상규명을 위해 최소 10명 이상의 상임위원 보장 △과거청산과 근현대사 정리 문제 분리 요구 등

○ 10월 14일
▷ 조선일보 <좌파는 발굴하고 우파는 매장하고> 사설 관련 논평 발표
민중진영 대표자 간담회 실시

○ 10월 15일
「한나라당! 민간인학살 문제 완전 해결 촉구 전국 유족대회」 주최
열린우리당 과거청산법안 군 의문사 제외에 항의하며 군가협, 군사연, 의문사유가족대책위 국회 앞 집단 농성 돌입

○ 10월 17일

▷ 열린우리당 정책의총 과거청산법안 당론 확정에 즈음하여, 과거청산법안에 대한 요구사항 발표 기자회견

<주요내용> △ 권위주의 정권까지의 종기 규정 △ 상임위원 수 △ 공소시효 정지 삭제 △ 실효성 없는 권한 부여 △ 진상규명 기구 체계화 △ 민간인 집단희생 사건 규정 △ 부칙 제 5 조(다른 법령에서 진실규명 신청 가능한 경우 통합법에 의한 기구에 신청 금지)의 부당성 지적 및 보완 요구

○ 10월 18일

▷ 열린우리당의 과거청산법안에 군 의문사 포함 요구하는 군 의문사 유가족 농성자들을 강제 퇴거에 대한 항의와 군 의문사 포함 재차 촉구하는 성명 발표

○ 10월 20일

▷ 열린우리당이 당론으로 확정한 과거청산법안(진실규명과화해를위한기본법안)에 대해 과거청산 원칙으로 △ 포괄적 과거청산 △ 철저한 진상규명 △ 원칙 있는 화해를 발표하고, 올바른 과거청산법 제정을 위해 대국민적, 전방위적 운동 확대 선포.

과거청산 운동 대중화를 위한 활동가 워크샵 실시

○ 10월 21일

▷ 민주노동당 과거청산법안 제출에 대한 환영 논평 발표

「과거청산을 위한 목요릴레이 학술토론회」 1차 토론회 실시

○ 10월 26일

「민주주의의 걸림돌 조선일보 규탄대회」 공동주최

○ 10월 28일

'올바른 과거청산법 즉각 제정 촉구'를 위한 국회 앞 1인 시위 돌입

○ 10월 29일

'4대 개혁과제 완수를 위한 연대 조직 공동기자회견' 실시

○ 11월 2일

"올바른 과거청산법 완전 쟁취를 위한 농성투쟁 선포 기자회견" 및 국회 앞 노숙 농성 돌입

○ 11월 4일

「과거청산을 위한 목요릴레이 학술토론회」 2차 토론회 실시

○ 11월 5일

올바른 과거청산을 위한 전국 피해자 추모행사와 합동위령제 실시(여의도 공원)

○ 11월 9일

올바른 과거청산을 위한 범국민위원회 공식 발족

▷ 군의문사특별법 국회 제출에 대한 성명서 - "더 이상 군 의문사 가족들을 울리지 말라!" 발표

○ 11월 11일

「과거청산을 위한 목요릴레이 학술토론회」 3차 토론회 실시

○ 11월 18일

「과거청산을 위한 목요릴레이 학술토론회」 4차 토론회 실시

○ 11월 19일

「과거청산! 진실과 화해 나무 키우기」 릴레이 금요캠페인 실시

○ 11월 20일

▷ 4대 개혁 입법단체 공동 결의문 - "국가보안법 완전폐지, 민주적 사립학교법 개정, 언론개혁 쟁취, 올바른 과거청산 - 제 2 의 민주화투쟁으로 민주개혁

과제 쟁취하자" 발표

○ 11월 25일

「과거청산을 위한 목요릴레이 학술토론회」 5차 토론회 실시

○ 11월 26일

▷ 한나라당 과거사법 상임위 상정 저지 규탄 성명서 발표

○ 11월 27일

「과거청산을 위한 목요릴레이 학술토론회」 6차 종합토론 실시.

○ 11월 29일

KAL 858기 진상규명 촉구 17주기 추모행사 후원

○ 12월 7일

올바른 과거청산을 위한 국회 영화상영회 – "사람은 무엇으로 사는가" 주최

○ 12월 8일

▷ 성명서 – "과거청산법 상정 무산시킨 한나라당 강력히 규탄한다!" 발표

○ 12월 22일

▷ 성명서 – "과거청산의 대의를 무시하고 법 원칙을 훼손하는 각 당의 지연책동을 강력 규탄한다!" 발표

○ 12월 23일

▷ 한나라당의 과거청산법 위헌성 지적에 대한 반박자료 공개

○ 12월 27일

▷ 과거청산법 심의에 대한 과거청산범국민위의 입장 – "개혁과제를 무원칙한 타협으로 매듭지으려 말라!" 발표

○ 12월 28일

▷ 성명서 – "8인 회담 합의결과 전면 거부한다!" 발표

○ 12월 31일

* 여야 합의 과거청산법안이 국회 본회의 상정되었으나 한나라당이 본회의장을 점거함. 이에 김원기 국회의장은 "어제 열린우리당과 한나라당 원내대표가 저의 주재로 이룩해 낸 합의에 따라 251회 임시국회 3차 본회의에서 처리키로 한 법안 중 과거사법을 2005년 2월 임시국회로 의장직권으로 연기하고자 한다"고 밝혀 연내입법 무산됨.

▷ 과거사법 본회의상정 철회 규탄성명 – "열린우리당의 무능을 규탄한다!" 발표 '올바른 과거청산법 완전 쟁취를 위한 국회 앞 농성투쟁'(60일) 철수

○ 2005년 1월 19일

▷ 굴욕사기외교 주역 김종필 규탄 기자회견(중구 신당동 김종필 자택 앞)

○ 2005년 2월 28일

▷ 김원기 의장 과거사법 4월 처리 발표.

○ 2005년 3월 2일

▷ 이원영 의원 외 32명 이름으로 본회 수정안 국회 제출

○ 2005년 4월 25일

▷ 과청주도의 비상시국회의 조직. 누더기 법 처리될 바에는 저지투쟁을 하기로

○ 2005년 5월 3일

▷ 재적의원 250명 중 159명 찬성, 73명 반대, 18명 기권으로 과거사법 국회 통과

<자료 2> 올바른 과거청산을 위한 범국민위원회 발족 선언문

오늘 한국 사회의 인권 – 시민 – 사회단체들은 과거청산을 통한 국민통합이 우리 시대의 핵심과제이자 살아있는 자들의 신성한 의무임을 천명하며, 피해자, 시민, 인권, 민중, 통일 제 단체의 총의를 모아서 올바른 과거청산을 위한 범국민위원회를 공식 발족한다.

지난 우리의 역사 100년을 돌아보면 우리 민족 구성원은 일본 제국주의 강점기와 미 군정기, 남북 분단, 한국 전쟁, 군사 독재시기와 권위주의 통치 등 온갖 수난을 겪어왔다. 우리 민중은 나라의 주인으로 대접받지 못한 채 식민지 지배 하에서는 노예와 다름없는 처지에 있었고, 분단과 외세개입 및 이념 전쟁의 총알받이였으며 독재권력의 통제와 탄압의 대상이었다. 하지만 우리 민중들은 언제나 불의에 항거했고 부당한 권력에 맞서 민주화를 쟁취해 낸 위대한 역사를 만들어 왔다.

해방 후 수립된 국가 권력은 국민의 생명과 인권을 지켜주는 보루의 역할을 제대로 하지 못하였으며, 반공체제를 유지한다는 명분 하에 때로 공권력 남용과 불법행위를 자행했고, 그 결과 수많은 의혹 사건과 의문의 죽음, 심지어는 죄 없는 민간인에 대한 학살까지 자행했으나, 이후에도 잘못을 반성하고 피해자들을 위로하기보다는 진상을 은폐하고 조작하고 왜곡하기까지 하였다.

우리 사회는 아직도 국민들의 생명권을 유린했던 당시의 법과 제도를 상당부분 그대로 갖고 있다. 또한 해결되지 않은 수많은 사건 피해자와 그 유가족들은 평생을 고통과 한을 품고 살아왔으며 아직도 우리 사회의 일원으로 떳떳하게 대접을 받고 있지 못하다.

1960년대 이후 위대한 민주화 투쟁을 통해서 민주주의를 쟁취했던 우리 민중들은 이제 묻혀진 진실을 올바르게 규명하고 피해자들의 억울함을 풀 뿐만 아니라, 온전히 기억하려 한다. 그래서 우리는 청산되지 않는 과거의 진실을 공개할 것을 국가에 요구하고 군 의문사를 포함하는 과거청산 기본법을 하루 빨리 통과시켜서 제대로 된 진상조사가 이루어질 수 있도록 할 것을 촉구한다.

우리는 오늘 올바른 과거청산 범국민위원회를 공식 발족하면서, 과거청산 작업이 정쟁의 수단으로 전락할 위험성을 경계한다. 오직 역사의 정의를 세운다는 관점에서 정치권이 이 문제에 대처해 주기를 기대한다. 그리고 우리 모두가 합심하여 중대한 생명권 침해 사건들의 실체를 파악하여 더 이상 우리 사회가 비이성적이고 광기어린 야만으로 돌아가는 것을 막아야 한다.

우리는 공권력의 반인륜적 범죄에 가담했던 사람들에게 그 책임을 물어야 한다고 생각한다. 그러나 책임추궁에 앞서 철저한 진상규명이 우선되어야 하고, 단죄에 앞서 책임자의 사과를 통한 화해를 추구하는 것이 사회의 미래를 위해 바람직하다고 생각한다. 진실 위에 화해하고 이를 통해서 미래로 나아가기 위한 새로운 노정에 성별이 따로 없으며 노소가 따로 없다.

과거를 올바로 세우는 일은 진실의 등불을 밝히는 일이다. 우리는 이 등에 불을 지피고 있다. 우리 시대의 어두움을 걷어내고 인권과 평화, 진실과 정의로 전진하는 사회로 나아가기 위한 온 국민적인 염원과 갈망 그리고 시대적 소명이 과거청산을 올바로 실현해 내는 일임을 확신한다.

우리는 경제가 어렵다고 뒤틀린 역사를 그대로 둔 채 21세기를 맞을 수는 없다. 우리는 진실로 국민통합을 원한다. 이것은 바로 가해자 중심의 역사를 변경하여 피해 받은 자의 고통과 한을 우리 역사 속에 편입시키는 일이다. 부끄러운 일을 감추는 민족은 발전할 수 없다. 공은 공대로 과는 과대로 드러내는 작업은 그 자체가 우리 사회를 발전시킬 수 있는 동력이다. 유가족들의 역사적 상처를 치유하려는 사회적·국가적 노력이 없이 국민통합을 말할 수는 없다. 과거를 무조건 덮어두고 가자는 논리는 과거청산을 저지시키는 논리의 다름 아니다.

우리 올바른 과거청산을 위한 범국민위원회 소속 단체와 관련 인사들은 우리 시대의 사명인 올바른 과거청산이 범국민적인 사업으로 추진될 수 있도록 노력한다. 그리고 이를 통해 민주주의를 공고히 하고 국민적 화해를 도모하며, 인권의 새 역사를 열어 나갈 것을 다짐하면서 그 공식 발족을 온 국민과 역사 앞에 선언한다.

2004년 11월 9일
올바른 과거청산을 위한 범국민위원회

[토론 : 제 3 장 NGO와 입법형성]

발제 : 김기식
남윤인순
여영학
김동춘

지정토론 1 : 박주현(변호사, 시민경제사회연구소장)

발표하신 내용 잘 들었다. 이러한 자리에서 내부의 문제나 한계, 앞으로 돌파할 수 있는 전략이 좀 더 쟁점화되지 못한 것이 아쉽다. 이제까지의 입법운동의 성과는 중요했다고 본다. 문민정부 이후에도 정치는 파워게임이 연장되었고 정책 정당이 부재한 가운데, 시민사회가 많은 공백을 채워왔다. 청와대나 국회로 진출한 인물들을 통로로 해서 개혁적인 입법을 해왔으나, 앞으로는 조금 어려워질 듯하다. blue ocean이 이제 없어진 듯하다. 이제 전문성 없이는 더욱 힘들어 지게 되었다. 기득권과의 대치 과정에서 전문성과 타 정책과의 연계성을 요하는 문제가 많아졌다. 기득권층은 집단화되어 있는 반면, 국민들은 흩어져 있고 전략적으로 행동하지 못하는데 전문적으로 그러한 사안을 풀어서 국민들에게 설명해 줄 수 있는 오피니언 리더들이 필요하다. 이러한 전문가 집단이 취약하다.

입법이라는 것도 사실 법률이 추상적이어서 시행령과 시행규칙이 형성되어야 하고 예산이 배정되는 등의 복잡한 과정을 통해서 실행되기 때문에 국민에게 실효성을 갖기까지 험난한 과정이 있다. 예산, 지자체, 민간 제 3 섹터 등 고려해야 할 부분이 많다.

또 운동의 주제가 달라지고 있다. 자유권 중심의 인권 등에서 사회권과 양극화 해소 등의 문제로 주제가 이전하고 있다. 이 문제를 다루지 않고 공익대변자 1호라고 감히 애기할 수 있을지 의문이다. 양극화 해소는 너무나 어려운 문제이다. 여기서 공식적인 역할을 담당할 수 있는 정당과 노총, 언론, 대학, 국민이 참여할 수 있는 공식적인 절차들이 제 기능을 다하지 못하고 있다. 그러한 역할을 제대로 되게 하기 위해서 역시 시민사회 분야의 노력이 있어야 한다.

결국, 시민사회의 역량이 강화되어야 한다. 그리고 시민사회가 생활 현장에서의 국민과의 접점을 형성하여야 하고, 전문가·정치가·국민과의 만남의 장들이 활성화되어야 한다.

지역으로 눈을 돌리고 지역의 사회적 서비스를 제공하는 중간의 매개에 해당하는 공동체 코디네이터 역할을 수행하고 현장에 기반한 실효성 있는 대안을 제시하게 할 수 있다. 이런 경우 정부에서 재정이 나오는 경우도 있고 해서 프로젝트로서의 펀딩을 찾을 수 있다고 본다.

김기식의 발제에서 국민 기초생활법 제정이 1년 만에 된 것이 획기적이었다고 말씀하셨는데 95년부터 이미 세미나와 소모임이 아카데미를 가져왔다. 준비가 있었기 때문에 기회를 활용해 단기간에 이것을 해낼 수 있었다고 본다. 그리고 개별 사안 사안에 대해서 시민사회가 잘하고 있다고 본다. 그러나 근본적인 문제에 대해서는 과연 이것을 해결할 수 있을 것인가에 대한 의문 때문에 준비가 어렵지만, 할 수 있을 때 큰 그림에 맞는 준비를 해야 한다고 본다. 새로운 문제제기를 하고 준비를 하고 기회가 오면 해결할 수 있어야 한다고 본다.

그리고 차세대를 키워야 한다고 본다. 85학번 이후의 세대에게는 우리가 고민하고 있는 문제가 더 이상 흥미가 아닐 수 있다. 차세대가 참여할 수 있는 공론의 장, 공간을 마련해줘야 한다고 본다. 누가 막차를 타고 싶어 하겠나. 합리적이고 창의적인 생각을 하는 차세대의 참여를 이끌어낼 수 있어야 한다고 본다.

지정토론 2 : 이영주(법무부 여성정책 담당관 검사)

주제 발표 중 우선 방법론에 관해 약간의 보완을 하고자 한다. 정책형성 및 입법과정 자체의 본질 내지 역동성에 관한 연구의 필요성에 공감하면서 입법학의 권위자인 에스크리지(Eskridge)의 입법과정에 대한 접근방법을 소개하면 다음과 같다. 그는 우선 다원론(Pluralism) 외에도 입법절차론(Proceduralism), 제도중심론(Institutionalism)을 언급하고, 각 접근방법에 따라 입법과정의 속성을 분석하고 있다. 입법절차론은 법률안이 입법기구를 통하여 법률이 되는 과정 자체의 역학에 초점을 맞춘 접근방법이며, 제도중심론은 새로운 정치적 결과물이 입법에 관여하는 여러 의사결정주체 (decision makers)의 상호작용에 의한 균형(equilibrium)으로 산출된다고 보고 상대방의 예상되는 반응 등에 관하여 게임이론적인 분석을 하며 접근하는 방법이다. 이와 같은 구분은 발제자가 언급한 엘리트론과 다원론의 구분과는 관점을 달리한 분류이다.

발제자의 다원론의 전제에 대해 반론을 제기하고 싶다. 다원론은 기본적으로 우리의 정치시스템이 사상의 자유시장임을 전제로 각각의 이익집단은 구성원들의 수에 비례하여 권력을 가지게 되므로 넓고 일반적인 이해관계를 대변하는 집단이 보다 좁고 특수한 이해관계를 대변하는 집단을 압도하게 된다고 본다. 그리고 중립적인 위치에 있는 정부는 이러한 이해대결의 산물을 정책으로 채택하여 집행하게 된다고 한다. 그런데 실제로는 그 반대의 현상이 많이 나타난다고 한다. 다원론은 모든 사상이나 정책방안이 균등하게 표출되거나 정책결정자에게 전달되는 것을 전제로 하고 있는데 현실은 그렇지 않다는 것이다. 또 법률은 일종의 공공재적인 성격을 지니고 있어서 공익을 증진시키는 법률이 한번 만들어지면 누구나, 또 다른 사람과 동등하게 그 혜택을 볼 수 있기 때문에 합리적인 사람이라면 자신의 시간과 자원을 들여서 입법과정에 열성적으로 참여하려고 하지 않고 법률이 만들어지면 이에 무임승차하려고만 한다는 것이다. 그래서 모든 시민들이 이와 같이 이른바 '합리적인 선택'을 한다면 정책화 및 입법화를 추진할 집단(group)이 제대로 형성되지 않게 된다. 여성운동이 추구하는 성평등의 과제들은 아주 공공적인 성격을 지니므로 무임승차의 폐해에 취약한 속성을 지니고 있다. 여성운동은 경제적 이해관계가 아니라 대의명분을 중심으로 한 활동이라는 점, 광범위한 대중운동단체의 결성에는 계몽의 부족 등 종래 흔히 생각하던 문제점만이 아니라 일종의 인간의 본성에 기한 취약한 요소도 있다는 점, 정책방안을 강한 목소리로 효율적으로 전파하고, 전달할 수 있는 조직을 꾸리는 것이 긴요하다는 점 등을 강조하고 싶다.

거부권은 통상 국회를 통과한 법률안에 대하여 대통령이 행사하는 헌법상의 권한을 가리키나, 법률안이 법률로 되어 살아남기 위해서는 실제로 그 전에도 여러 차례의 관문을 통과하여야 하고 이를 통과하지 못하면 대통령의 거부권행사가 성공한 것과 다름이 없기 때문에 거부권관문이라고 이야기 하는 것으로 생각된다. 이러한 거부권관문이 문제로 되는 것은 그 관문들이 그 자체의 논리에 따라 움직이는 속성을 지니고 있어서 법률안에 대한 대중적인 인기나 다른 정책결정주체의 의지에 따라

관문의 개폐가 이루어지지 않고, 또 기존에 채택된 정책이나 법률을 고수하는 측에게 일방적으로 유리하게 작용하는 속성을 지닌다는 이유 때문이다.

법률안은 소관상임위, 법사위, 본회의의 심의, 의결을 거쳐 대통령이 서명, 공포하여야 법률로 그 효력을 발휘하게 된다. 본회의는 다수결의 원칙에 따라 결의가 이루어지므로 논외로 치더라도 다른 관문들은 모두 1인 또는 소수의 사람들에 의하여 의사결정이 이루어지므로 그 관문을 지키는 사람의 정치적 성향이나 의견에 따라 법률안의 운명이 크게 영향을 받게 된다. 상임위나 법사위 내부에서도 다수결 등 민주적 방법이 아니라 다선 위주로 된 위원장 또는 간사 등 핵심 구성원의 의사에 의한 권위적 의사결정이 이루어지기도 쉽다. 또 새로운 정책방안이나 법률안을 통과시키려고 하는 측은 모든 관문의 의사결정에서 승리하여야 하므로 역량의 분산이 불가피하지만, 기존의 확립된 정책이나 법률의 지지자들은 하나의 관문에서만 승리하면 뜻을 이루므로 유리한 관문에 집중하여 전투를 벌일 수 있다. 법률안 통과에 반대하는 사람들이 각 관문에서 구사하는 방법도 다양하다. 법률안을 단순히 부결시키는 것 외에도 심의, 의결의 지연, 장시간 발언을 통한 의사진행의 방해, 우리나라의 이른바 실력저지도 이와 유사한데, 수정안 제출 등의 각종 방법이 동원된다. 수정안 제출은 주로 원래의 법률안을 희석시키거나 쓸모없는 것으로 만드는 내용이지만, 경우에 따라서는 원래의 법률안을 더 급진적인 것으로 만들어 결국 국회를 통과할 수 없거나 대통령이 거부권을 행사하도록 만드는 방법도 사용된다고 한다.

거부권관문에 관한 논의도 여성운동이 진행하는 정책의 입법화 활동에 시사점을 준다고 생각한다. 즉 여성운동은 아직 기존의 법과 제도를 바꾸면서 계속 성장하는 도상에 있다. 그 정책방안을 입법화하기 위하여 거쳐야 하는 관문이 많을수록 목표달성에 불리한 입장에 있다. 각 관문의 속성이나 역학관계를 정확하게 이해하고 그에 맞는 통과방법을 심도 있게 마련하는 것이 필요하다.

성폭력, 성매매 관련 제·개정과정에 여성운동이 미친 영향에 대해서 살펴보면, 우선 2003년 이루어진 성폭력특별법 개정골자는 성폭력범죄의 수사 및 재판에서 피해자의 인권을 보장하는 장치를 강화하고 특히 피해자가 13세 미만의 어린이나 장애인의 경우에 피해자의 진술을 녹화하여 증거로 사용할 수 있도록 한 것이다. 그 무렵 다수의 아동 성폭력사건에서 부모들의 거부로 아동이 법정에 서지 못하거나 증언을 하더라도 모호한 진술을 하는 바람에 법원이 형사증거법을 엄격하게 해석하여 적용하여 무죄를 선고한 것이 기폭제가 되고 여성단체의 문제제기가 사회 전반에 확산되어 법의 개정이 이루어졌다. 위와 같이 녹화된 진술을 증거로 사용할 수 있게 한 것은 기존의 증거법칙에 대한 중대한 예외를 마련한 것이고 그 점에서 피고인의 방어권에 대한 제한이 될 여지가 없지 않지만 성폭력범죄의 피해자들이 상당한 시일에 걸쳐 수사기관과 법정에 반복하여 출석하지 않도록 하여 범죄의 상처를 조기에 치유하고 수사 및 공판과정에서 2차적인 피해를 입지 않도록 한 획기적인 조치였다.

입법과정에서 당초 재야 법조계의 반발이 예상되었으나 법무부에서 기존 증거법칙의 예외입법안을 수용하면서도 조화롭게 손질한 것이 법 개정을 성공적으로 이끈 요인이 되었다. 검찰에서는 법 개정 후 아동여성조사실을 별도로 설치하는 등 입법의 목적에 맞는 수사가 이루어지도록 개선하는 노력을 기울여서 이제는 수사실무에 정착이 되고 사회적으로도 일단 별다른 부작용 없이 수용되는 단계에 이르렀다.

성매매 관련 법에 대하여는 지금도 다양한 시각과 평가의 차이가 있다. 이러한 점 때문에 발제자도 아직 성매매방지법 시행에 저항하는 세력이 광범위하게 존재하고 있어서 법 시행을 유지하기 위한 시민운동, 여성운동의 감시가 지속되어야 한다고 지적한 것으로 생각된다.

아직까지는 성매매 관련 법 제정에 반대한 사람들이 주장하였던 부작용이 현실화되고 있다는 통계나 기타 의미있는 자료를 접하지 못하였고, 아직 성매매방지법의 시행에 따른 현상이라고 느낄 징후는 찾지 못하고 있다. 다만 집결지가 아닌 인터넷을 이용한 성매매는 상당히 성행하고 있는 것 아닌가 하는 우려를 갖고 있다.

인터넷상의 성매매가 자발적이고 개인적인 차원의 것인지 아니면 종전에 집결지에서 이루어지던 성매매가 변형된 것인지는 정확하게 파악하기는 곤란하나, 어쨌든 인터넷을 이용한 성매매는 성매매 여성을 다른 강력범죄에 아무런 보호없이 그대로 노출시킨다는 점에서 아주 위험한 일이다. 사례를 살펴보면, 인터넷으로 성매매하는 여성을 노리는 범인은 일단 세이클럽 등 인터넷 채팅 싸이트에 다른 사람의 신상정보 등을 이용하여 회원으로 가입한 후 대화방을 개설하고 범행 대상을 물색한다. 성매매를 원하는 여성이 대화방에 들어와 채팅을 시작하면 범인은 '조건'을 흥정하여 성매매의 대가, 상대방의 위치, 만날 시간 장소 등을 정한 후 가까운 시간 내에 길거리에서 피해자를 만난다. 단독범은 대개 부근 여관으로 피해자를 데려간 후 미리 준비한 흉기를 사용하거나 완력으로 피해자를 제압하고 압박붕대나 끈으로 묶은 후 성폭행을 하고 소지품을 강취한다. 대개 여러 명이 저지르는 범죄가 더 흉악하다. 처음에는 한 명이 자동차를 이용하여 성매매 여성을 약속된 장소에서 태운 후

다른 공범들이 합류하여 피해자를 제압하고 차 안에서 감금한다. 피해자의 소지품을 뒤져 금품을 강취하고 그 과정에서 신용카드나 은행의 현금카드 등을 발견하면 비밀번호를 알아내어 더 많은 돈을 빼앗고, 경우에 따라서는 친구, 친지들에게 연락하여 돈을 가지고 나오도록 피해자를 협박한다. 그리고 비교적 장시간 피해자를 끌고 다니면서 성폭행 등을 한다.

범죄의 잠재적 피해자, 즉 인터넷을 이용한 성매매 여성이 매우 많은 것으로 추정된다. 범행을 저지른 피의자나 피고인 진술에 의하면 인터넷상에서 성매매를 원하는 여성을 너무 손쉽게 너무 많이 구할 수 있다고 한다. 청년실업으로 상징되는 구직난이 여성들로 하여금 성매매에 나서게 하고 남성들로 하여금 성매매 여성을 상대로 한 범행에 나서게 하는 것인지, 경제상황이 나아지면 이러한 일이 현저히 줄 것인지는 알지 못하지만, 인터넷상의 성매매가 앞으로 지속적으로 면밀히 관찰하고 지혜와 힘을 모아 대처하여야 할 과제로 떠오르고 있다는 것은 분명하다. 만약 인터넷상의 성매매가 번성하여 집결지 성매매를 완전히 대체하는 정도에까지 이른다면 성매매방지법에 들인 그 동안의 노력이 퇴색될 수 있다는 것을 명심해야 할 것이다. 법무부 여성정책담당관이자 두 딸을 가진 엄마로서 여성이 차별받지 않고 건강하게 살아갈 수 있는 사회가 되었으면 하는 바람이 크다.

지정토론 3 : 장완익(법무법인 해마루 변호사)

김기식의 발제에서의 의정활동공개제도에 대해서 살펴보면, 시민단체 발의 법안이 해당 상임위원회의 법안심사소위원회에서 왜곡됨에도 이에 대한 접근방법이 없었으나, 이를 공개하게 됨으로써 의미가 깊다. 그러나 이조차 여러 가지로 무력화될 우려가 있다. 이에 대한 대안은 없는지 궁금하다.

과거사 청산에 관련된 법의 입법화 과정에는 특수성이 있었다. 보통 시민사회가 원하는 법안이 통과되는 것을 목표로 삼고 운동을 하고 있는데, 과거사 청산과 관련해서는 법안이 통과된 다음에 문제가 많은 문제가 드러나고 있다. 과거사법이 통과되고 진상규명위원회가 구성되게 되는데, 위원회 설립에 관한 시행령을 두고 치열한 싸움이 벌어지고 있다. 즉 위원회의 조사권의 실제적 범위와 한계, 인원과 예산 등의 문제이다. 그리고 위원회에는 시민단체 실무가도 들어가게 되어 있다. 그럼 이런 위원회에 누가 들어가서 활동하게 되느냐, 이에 대한 시민단체 내부분열 문제 등 심각한 문제가 많다. 그리고 이 위원회 등에 파견나온 공무원과의 관계 등의 문제가 대두된다.

기존의 진상규명위원회와 앞으로 구성될 위원회는 기본적으로 한계가 구체적인 프로세스가 없고 매번 개별적으로 조건이나 상황에 따라서 구성되는 한계가 있다. 또한 이런 진상규명기구는 2~4년의 임시기구다. 이런 임시기구로서의 한계, 다른 정부기관과의 권한문제라든지, 임기종료 이후 유지발전 문제에 대해서 아무 대책이 없다. 법이 통과되는 것이 능사가 아니라 어떻게 운영을 해갈 것인가도 시민단체에게는 문제이다. 진실화해 위원회에도 크게는 민간인학살, 의문사, 독립운동, 해외동포사, 과거사정리 등의 분야를 조화롭게 운영하는 데에 있어서 많은 문제가 상정되어 있다.

피해자를 부르는 명칭도 법안마다 각각 다르다. 참여자, 희생자, 피해자, 관련자 등 명칭이 다양하다. 입법이 되는 시기에 따라 이러한 명칭과 지위가 달라질 수 있겠지만, 그렇다고 가치중립적인 용어라고 하기에도 어려운 명칭이 주어지고 있다. 보상이나 배상, 명예회복과 진실규명 등에 있어서 그 용어에 따르는 법적 내용과 효과도 다르다. 이런 문제 때문에 이러한 용어를 정리하는 작업이 필요하다. 화해나 보호, 배상 등 그러한 구체적인 내용도 논의할 수 있는 위원회 즉 다른 관련위원회의 기능과 성격을 조정하고 통합할 수 있는 기구로서 진실규명위원회가 되어 줬으면 했는데 어렵다.

그리고 여영학 변호사님이 말씀하셨는데 환경사고의 경우에는 원상회복과 관련해서 소송을 제기한 분들만 배상을 받게 되는데, 그 결과로서 그것을 사회 전체에 적용되도록 제도화하고 법제화하는 과정에서 외국의 모범적인 사례가 없는지 알고 싶다.

제 4 장

NGOs와 합법성

제 1 절 NGO와 시민불복종 — 정당성과 한계 / 김도균

제 2 절 인권의 관점에서 본 시민불복종운동 / 박래군

제 3 절 시민운동의 합법성체제에 대한 인식 / 하승창

제 1 절 NGO와 시민불복종 - 정당성과 한계

김도균*

I. 한국사회에서 시민불복종운동의 전개

1. 한국 사회와 시민불복종

한국의 현대사에서 법률에 복종해야 할 의무를 강조하는 사람들보다 처벌의 위험을 무릅쓰면서도 법률에 불복종할 것을 천명하는 사람들이 도덕적으로 더 정당성을 인정받던 시대가 있었다. 그런 시기를 겪고 난 현재의 한국사회에서는 이제 다음과 같은 물음이 제기된다. 어떤 근거에서 국가와 법은 시민들에게 복종을 '요구'할 수 있고, 시민들은 왜 국가와 법에 복종할 '의무'를 받아들여야 하는가? 또는 어떤 경우에 법률불복종행위가 정당하다고 판단할 수 있는가? 한국의 헌법 전문에서 찾아볼 수 있는 "불의에 항거한 4·19 민주이념을 계승하고"라는 구절은 저항권과 시민불복종이 한국의 헌법의 정신에 반하는 것이 아님을 시사하고 있다.[1] 다른 한편으로는 각자의 권리가 비교적 보장되는 민주화의 단계에서는 가장 먼저 해결되어야 할 문제가 합리적 의사결정을 정착시키고, 법의 권위를 확립하는 것이라는 데 대부분의 사람들이 동의하고 있기도 하다.

한국사회에서 시민불복종운동이 최초로 수면 위로 떠오른 것은 1986년 이후 4년 동안 국민의 절반 이상이 참여했던 KBS-TV 시청료거부운동에서부터였다. 이는 당시 군부독재정권 하에서 공영방송이 농촌의 실상을 왜곡하여 보도하는 데 분노한

* 서울대학교 법과대학 조교수.

1) 김철수, 「헌법학개론」, 제17판, 박영사, 2005, 387면.

한 농민에 의해 촉발된, 한국 헌정사상 유례를 찾아볼 수 없는 새로운 형태의 저항 방식이었다. 이 운동은 1987년 11월 언론기본법의 폐지와 방송법, 한국방송공사법의 개정이라는 성과를 낳았으며, 당시 사회운동단체 내부에서 '민주시민의 권리회복 운동으로서의 시민들의 불복종운동', '최초의 시민불복종운동'이라고 불릴 정도로 새로운 방식의 운동으로 평가되었다.[2)]

한국사회에서 NGO의 시민불복종운동은 2000년 4월 13일 제16대 총선을 앞두고 1월 시민단체들이 대규모연대조직인 '총선시민연대'를 결성하여 각 정당 국회의원 후보자 공천감시와 부적격자 낙선운동을 선언하고 나서면서 본격적으로 시작되었다. 총선시민연대는 발족선언문에서 "총선시민연대가 변화한 시대와 성숙한 유권자의 편에 서고자 한 것이 불법이라면 우리는 기꺼이 법정에 설 용의가 있다. 그러나 우리는 최대한 법의 권위를 존중할 것이며 총선이 시작되는 날까지 낡은 선거제도의 개혁을 위하여 모든 노력을 경주할 것이다"라고 밝히고, 당시 노동조합 이외 단체들의 선거운동을 일괄적으로 금지한 「공직선거및부정선거방지법」 제87조, 낙선운동을 금지한 제58조, 사전선거운동을 금지한 제59조에 불복종하겠다고 선언한 것이다. 총선시민연대의 전략인 시민불복종운동에 대해서 한국 사회는 즉각 찬반양론으로 나뉘었으나 여론조사결과 국민 80% 이상이 낙천낙선운동이 필요하다는 의견을 제시하여 그 정치적·도덕적 정당성을 인정받기에 이르렀다. 같은 해 4월 3일 총선시민연대는 낙선자 명단을 발표하였고 선거운동 기간 내내 집중 낙선대상을 선정하여 전국 캠페인에 나섰으며 '선거법' 위반으로 전국 곳곳에서 고발되어 법정에 서게 되었고 결국에는 유죄선고를 받게 된다.[3)] 또한 2000년 7월 1일부터 시행된 개정 약사법의 의약분업제도에 대한 저항으로 의사들의 단체가 약사법에 불복종하면서 전혀 새로운 종류의 시민불복종운동이 생겨났고, 의사들의 법률불복종이 시민불복종운동에 해당하는지 여부에 대한 논쟁이 일어난다. 이후 한국사회에서는 크고 작은 법률불복종, 정치적인 성격을 띠는 법률불복종, 이해관계를 실현하기 위한 법률불복종 등이 빈번

2) "KBS-TV 시청료폐지운동," 여성단체연합 1986. 8. 25일자 발행 홍보지; 시청료거부운동, 제 7 호, KBS-TV 시청료거부범국민운동본부, 1988. 10. 26, 4면.

3) 총선시민연대 대표자들에 대한 대법원의 유죄판결에 관해서는 2000년 총선시민연대 편, "총선연대 백서," 2001, 1575면 이하 참조. 총선시민연대의 시민불복종운동은 한국사회 사회운동의 새로운 지평을 열었으며, 급기야는 법학자들로 하여금 한국사회에서 시민불족종운동에 대한 법이론적 성찰을 하게 하는 계기가 되었다. 그리하여 한국법철학회는 2000년 6월 17일 시민불복종운동을 주제로 학술대회를 개최하였고, 2000년 10월 28일 한국법률가대회에서 제 3 주제 "국가와 시민"에서 다루어지기도 하였다. 한국법철학회 학술대회의 성과물은 한국법철학회 편, 「법치국가와 시민불복종」, 법문사, 2001.에 담겨 있다.

하게 일어나면서 시민불복종의 정당성과 한계, 정당성과 합법성의 문제가 중요한 쟁점으로 되었다.

2. 시민불복종의 사례들과 문제제기

다음과 같은 법률불복종의 가상적인 사례들로부터 논의를 시작하도록 하자.

사례 1: 한 개발업자가 시의 허가를 얻어 빈민들이 거주하는 낡은 건물들을 부수고 재개발하여 고급아파트를 세우려고 한다. 그 여파로 이웃하는 주택들의 임대료가 상승하여 지금까지 살던 거주민들이 떠나야 할 지경에 이르렀다. 쫓겨나게 될 빈민들과 이들에 대해 동정적인 사람들이 '부당한 재개발반대 및 정의로운 주택개발정책을 위한 모임'을 결성한다. 이들은 부수어질 건물들에 침입하여 점거농성함으로써 그러한 재개발정책을 허용하는 법률들이 부정의함을 다른 시민들과 해당 시청에 설득하려 한다. 항의자들은 이 재개발정책과 해당법률들이 매우 부정의하다는 강한 감정을 가지고 있으며 보다 나은 주택정책을 펼쳐야만 빈민들이 시민으로서 살아갈 수 있는 조건이 확보될 것이라는 생각을 가지고 있다.

사례 2: 정부는 A 지역에 핵폐기물처리시설을 건립할 정책을 결정하고 사기업이 그 시설을 건설할 수 있도록 계약을 맺었다. 원자력반대자들과 핵폐기물시설반대자들이 핵폐기물시설이 건립될 장소에 불법침입하여 점거농성을 벌이면서 그 사기업으로 하여금 사업추진을 포기하도록 그리고 정부로 하여금 그러한 계획을 허용하는 법률과 정책을 변경하도록 설득하려고 한다. 점거농성에 참가하는 사람들은 그 정책이 추진되면 해당지역뿐만 아니라 전 국토에, 그리고 미래세대에게 매우 위험한 결과를 낳을 것이라고 확신하고 있다. 그리고 이 계획이 철회된다면 많은 사람들이 보다 환경친화적인 사회조건 아래에서 안전한 생활을 할 수 있을 것이라는 믿음을 갖고 있다. 이들은 이 계획이 실현되지 않도록 가능한 수단들을, 심지어는 폭력적인 수단들까지 동원할 용의도 있다.

사례 3: 신자유주의적 대학정책의 기조아래에서 교육부와 각 대학들은 신자유주의적인 경쟁체제를 대학입시에 도입하여 본고사형 논술고사를 실시하고, 고등학교 평가제를 시행하여 고등학교간의 서열을 공시하려고 한다. 또한 교육부는 자립형 사립 고등학교제도와 사립대학들이 요구해왔던 기부입학제를 곧 허가하려고 한다. 이 정책에 반대해 오던 개인들과 단체들이 '공교육정상화를 위한 민주시민모임'을 결성하였다. 교육영역에서의 부정의에 항의하는 이들은, 성명서 발표, 일인시위, 기자회견 등등의 방법을 쓰다가 급기야는 헌법상 보장된 교육기회균등의 원리를 보존하기 위하여 대중시위를 벌이는 한편 일부회원들은 교육부장관실을 점거하고, 또한 이 모임에 참여하는 학생들은 대학본부 총장실을 점거하기로 한다. 일부 학생들과 이들의 점거를 막던 경비원들 몇몇이 몸싸움 도중에 부상을 당하였다.

사례 4: 호주제에 대한 위헌판결이 나면서 호주제가 폐지되고 새로운 법이 국회에서 곧 통과될 예정이다. 가족공동체에 대한 전통적인 견해를 가지고 있는 개인과 단체들이 '호주제폐지모임'을 결성하였다. 이들은 이러한 변화는 그동안 자신들의 의견이 정부와 국회에서 제대로 반영이 되지 않았다는 불만을 가지고 있으며 새로운 법정책은 가족을 해체하는 매우 반인륜적 결과를 낳을 것이라고 확신하고, 헌법에 보장된 가족제도를 유지시키기 위하여 시위를 벌이는 한편 여성부에 진입하여 점거농성을 벌이기로 하였다. 이들이 판단하기에 새로운 가족법규정들은 반인륜적이어서 이를 저지하지 않는다면 한국 사회의 미래는 어둡다. 가족공동체에서의 양성평등은 인정하지만 한국의 전통적 가족제도 역시 타당하다는 생각을 가지고 있으며 이를 알리기 위해서 비폭력적이고, 공공적인 법률위반을 수행한다.

사례 5: 국가보안법이 폐지되고 대체입법이 곧 제정될 예정이다. 국가안보에 대하여 보수적인 견해를 가지고 있는 개인들과 단체들이 모여서 이러한 흐름에 반대하면서 '자유민주주의 헌법질서 수호를 위한 연합'(자헌련)을 결성하였다. 국가보안법폐지와 대체입법제정은 좌익세력들이 발호하게 되는 기회를 제공하여 한국사회의 혼란을 야기하고 자유민주주의체제의 붕괴를 가져온다고 확신하는 이들은 헌법에 내재하는 가치들에 충성하고 이를 복원하고 수호하려는 굳은 결의를 가지고 있다. 자유민주주의 공동체의 구성원인 참여적 시민이라는 자각을 가진 이들은 국민주권 및 참여민주주의 원리에 입각하여 주권(절박하다면 저항권까지도)을 직접행사하려는 시민성을 보인다. 매주 금요일 저녁 7시부터 시청 앞에서 야간촛불시위를 벌이고 있던 이들은 사안이 긴박하다고 판단하고 본격적인 시민불복종운동을 거행하려고 한다. 공영방송 TV 수신료 거부, 납세거부, 사이버시위 및 사이버 테러, 각 지역에서의 동시다발적 시위뿐만 아니라, 나아가서는 도로점거 및 대중교통시설점거, 주요 정부기관 점거농성, 마지막 순간에는 야간에 국회잠입한 후 입법 표결하는 시간대에 국회에서 할복, 분신자살이라는 수단을 채택하여 국회의원들 및 국민 다수에게 대체입법불가의 타당성을 설득하려고 한다. 이들은 이 한 몸 바쳐서 '좌익세력'으로부터 나라를 구할 수만 있다면 어떠한 처벌도 감수하겠다는 태도를 보이고 있다.

우리는 이 사례들에서 다음과 같은 질문을 던질 수 있을 것이다. 이 사례에서 제시된 단체들은 NGO인가? 그리고 이들이 벌이는 법률불복종행위는 시민불복종이며 정당한가? 이 물음들에 답하기 위해서는 우선 NGO와 시민불복종의 개념, 법률불복종의 정당성 요건을 순서대로 살펴볼 필요가 있다. 이 글은 이러한 사례들을 배경으로 하여 NGO가 정치적 행위의 하나로서 시민불복종운동을 선택한 경우 그 정당성은 어떤 기준에 의해서 판단할 것인지를 주제로 삼고 있다. 먼저 한국사회에서 NGO의 역할에 대하여 살펴본 후, 시민불복종의 개념상 구성요건을 고찰하고 시민불복종이 정당화될 수 있는 요건을 다루는 순서로 논의가 진행되어 갈 것이다.

Ⅱ. 시민사회, 심의민주주의, NGO

1. 시민사회와 NGO

시민사회(civil society)란 개념은 현재 한국사회의 흐름을 파악하는 데 매우 요긴한 이론적 도구이다.4) 시민사회영역은 일상적인 생활영역에서 생겨나는 문제들에 조우하면서 이들을 해결하기 위하여 자발적으로 출현한, 개인들 사이의 비국가적이고 비시장적인 연결망과 결사체들로 구성된 다중적인 공론장(公論場: public sphere, öffentlichkeit)들로 이루어져 있다.5) 이렇게 풀이될 수 있는 시민사회영역은 1990년대 이후 한국사회에서 급속하게 증대되었다.6) 시민사회의 사적 생활영역에서 활발하게 이루어지는 자유로운 의사소통들은 제도화된 정치영역에서 인식할 수도 없고 제기하지도 못하는 다양한 쟁점들을 공론의 주제로 띄우고, 문제에 접근하는 방식을 정의하고, 문제의 해결책을 제안하고, 가치들을 새롭게 해석하여 적절한 근거들을 동원하면서 광범위한 동의를 얻어냄으로써 제도화된 정치적 의사형성에 참여하고 의회, 사법부, 행정부에 압력을 가한다. 그리고 권력과 시장이 조종하는 정형화된 공론장에 대항하여 대항공론장 및 대항제도, 대항문화를 산출하고 새로운 활동공간을 형성해간다.7) 시민사회 공론장에서 이루어진 자유롭고 개방적인 논쟁 속에서 산출된

4) 한국에서 시민사회 개념에 대해서는 한국사회학회 · 한국정치학회 편,「한국의 국가와 시민사회」, 한울, 1992. 사상사적 분석으로는 Ehrenberg, J., *Civil Society: The Critical History of an Idea*(New York, 1999). 그리고 시민사회 개념의 연원에 대해서는 김상준, "시민사회 그리고 NGO/NPO의 개념,"「NGO 연구」, 창간호, 2003, 37~68면.

5) 위르겐 하버마스, 한상진 · 박영도 공역,「사실성과 타당성: 담론적 법이론과 민주주의적 법치국가 이론」, 나남출판, 2000, 440면.

6) 한국에서의 시민사회영역의 증대와 관련한 연구문헌들에 대해서는 박상필,「NGO학」, 아르케, 2005, 163면 이하 참조.

7) Cohen, J. and Arato, A., *Civil Society and Political Theory*(Cambridge, 1992), p. 531 이하 참조. 가

공적 의견은 곧바로 정치권력으로 전환되지는 않지만, 민주적인 제도 속에서 벌어지는 의견형성과 정치적 의지형성에 영향을 미치게 된다. 이러한 시민사회 공론장에 참여하는 개인들은 자신이 속한 생활영역에서 부딪치는 문제들을 해결하려는 목적을 가지고 자신이 '무엇을 왜 그리고 어떻게 해야 하는가?'에 대해서 끊임없이 물으면서 변모해왔기에 매우 자주적이다. 각 개인은 이 과정에서 자신의 정체성(가령 청소년으로서, 노인으로서, 장애자로서, 성적 소수자로서의 정체성)을 항상 재확인하는데, 자신과 유사한 정체성을 가진 타인들과 연합하여 공론장의 구조를 만들어내 간다.[8] 바로 이러한 개인들이 시민사회의 동력이자 NGO를 탄생시키는 인적 자원이다. 그리고 시민사회를 구성하고 유지하는 '제도적 핵심'은, 하버마스의 표현에 따르면, "자발적 토대 위에서 형성된 비국가적이고 비경제적인 모임들과 조직들"로서 구체적으로는 종교단체들, 문화단체들, 학술협회들, 독립적 여론매체들, 운동 및 여가단체들, 각종 토론그룹들, 시민광장, 시민운동단체들, 직업연합들, 정당, 노동조합, 대안기관들이다.[9] 이와 같은 NGO는 현대 한국의 시민사회를 지탱하는 핵심이 되었다.

시민사회에서는 누가 주제를 공론의 일정에 올리고 공론장에서 의사소통의 흐름을 누가 좌우하는가하는 질문이 매우 중요해진다. 90년대 이후의 역사를 보면 한국 사회의 시민사회의 주변부가 제도화된 정치영역의 중심부에 비해서 새로운 문제상황을 지각할 수 있는 공론적 감수성을 훨씬 더 많이 가졌으며, 공론화되어야 할 새로운 쟁점들을 끊임없이 제출해왔음을 알 수 있다. 선거제도문제, 남북한평화문제, 원자력문제, 환경문제, 빈곤문제, 여성문제, 성적 소수자 문제, 이주노동자문제 등등의 쟁점들은 시민사회의 주변부에서 제기되어 잡지, 관심있는 결사체, 직업단체, 사회운동단체, 대학 등으로 밀려들어가서는 각종 포럼, 공청회, TV 토론회 등을 거쳐 몇 가지 주요쟁점들로 묶여서 사회운동으로 체계화되고, 법원의 판결, 정당 내의 토론 등을 경유하여 정치체계의 핵심영역(국회와 청와대 등)으로 진입하여 공식적으로 다루어지는 것이다.[10]

그런데 시민사회 공론장에서 이루어지는 의견형성과정은 다음의 두 가지 위험

령 현재 한국사회에서 각종 쟁점들에 대해서 인터넷상에서나 각종 소집단 내에서 이루어지는 활발한 토론들은 이러한 시민사회 공론장의 예라고 할 수 있을 것이다.

8) 공론장에 대한 상세한 분석으로는 위르겐 하버마스, 「공론장의 구조변동」, 나남출판, 2001, 50면 이하 참조. 입헌민주주의 사회에서 '정체성의 정치'(politics of identity)에 대해서는 Gutmann, A., *Identity in Democracy*(Princeton, 2003) 참조.

9) 위르겐 하버마스, 「공론장의 구조변동」, 51면.

10) 이러한 의사소통과정에 대해서는 위르겐 하버마스, 「사실성과 타당성」, 457면 참조.

에 노출되어 있다. 하나는 민중주의적 지도자에 의해 유혹되고 세뇌되는 군중의 축적이며, 다른 하나는 시장언론에 의해 조종되어 분산되는 소비대중의 파편화이다.[11] 이러한 위험에서 벗어날 수 있는 시민사회 내의 자기조정장치는 성찰적 논의과정과 이를 가능하게 하는 문화와 의사소통의 장(場)들, 즉 사회적 연결망(network)과 진지(site)들이다. 그리고 자유롭게 의견형성을 할 수 있는 기본권 보장의 장치들을 사용하여 공론장의 구조를 끊임없이 재생산해가는 시민들의 능력과 태도이다.[12]

이러한 점에서 시민사회 공론장과 제도화된 정치적 공론장에서 정치적으로 중요한 주제들이 민중주의적 권력과 자본에 의해서 조종되지 않고 자발적으로 시민사회영역에서 발의되고 논의되며 결정될 수 있기 위해서 NGO가 중요한 역할을 하게 된다. 오늘날 한국사회에서 사회운동을 조직하고 추진하는 주체로서 NGO는 보통 시민사회영역에서 발생한 "비정부·비정파·비영리결사체로서 시민의 자발적인 참여로 결성되고, 회원가입에 배타성이 없으며 주로 회원들의 자원활동에 입각하여 공익추구를 목적으로 하는 단체"로 규정된다.[13]

이러한 다소 모호한 NGO 개념정의[14]는 위에서 언급한 시민사회의 공론장 개념과 연결하면 좀 더 분명한 개념기준을 얻을 수 있을 것이다. 필자가 상정하는 NGO는 "시민사회영역에서 부딪치는 문제들을 해결하기 위하여 형성된, 개인들 사이의 비정부·비정파·비영리의 자발적 결사체로서 유사한 문제의식과 유사한 정체성을 가진 개인이라면 누구나 가입할 수 있는 개방적 조직으로서 공론장에서 적극적으로 문제제기를 하며, 제기된 쟁점들을 해결하기 위하여 제도화된 정치영역에 대안을 제시하고 인습적으로 순환되고 있는 공론형성의 방향을 역전시켜 공동체의 문제해결양식을 변화시키고 문제해결능력을 증진시킴으로써 공익을 실현하려는 목적을 가진 단체"이다.[15] 즉, '공적 논의에 관여하여 새로운 문제에 대한 공동체의 감수성을 진작시키고 문제해결방식을 변화시킴으로써 보다 나은 공동체로 나아가게 하려는 목적을

11) Offe, C., "Challenging the Boundaries of Institutional Politics: Social Movements since the 1960s," in: Ch. Maire, ed., *Changing Boundaries of the Political*(Cambridge, 1987), 63면 이하.

12) 위르겐 하버마스, 「사실성과 타당성」, 442면 이하 참조.

13) 박상필, 「NGO학」, 219면 참조.

14) 이렇게 정의된 NGO는 비영리공익단체와 차이를 갖지 못하게 된다. 박상필 교수의 저서에서 제시된 다양한 기준들(238면 이하 참조)을 들이대더라도 NGO의 공론적 감수성과 문제제기, 정치적 의지형성에 영향력을 미치는 공적 의견형성 등과 같은 공론장의 동적 활동을 제거해버린다면 NGO의 특수성은 사라지고 말 것이다.

15) 이러한 관점에서 시민사회와 NGO를 바라보는 입장으로는 김상준, "시민사회 그리고 NGO/NPO의 개념", 「NGO연구」, 창간호, 2003, 37-68면; 또한 김상준, "성찰적 합의체제와 국가-시장-시민사회 관계의 재구성: R+PAD 거버넌스 모델," 「NGO연구」, 제 2 권 제 2 호, 2004, 5-58면 참조.

가진 비영리/비국가/자발적 결사체들'을 NGO라고 할 수 있을 것이다. 적어도 이러한 이미지야말로 한국 사회에서의 NGO에 걸맞는 것으로 보인다. NGO의 이러한 속성을 '시민성'(civility)과 '공공성'(publicness)으로 압축해서 표현할 수 있을 것이다.16)

한국 사회에서 NGO는 더 이상 이른바 '진보적인 단체들'로만 구성되지는 않게 되었다. 이는 한국 사회가 다원화되면서 나타나는 필연적인 현상이라고 본다.17) 보수적인 NGO가 등장할 토양도 마련되었고, 현 정부를 '좌익정권'으로 비판하면서 공론장에서 적극적으로 문제제기를 하며 공익을 추구하는 단체도 형성되어 있다. 민중주의적 성격을 가지는 급진적 보수단체들도 결성되고 있는 상황에서 NGO들 사이에 이제는 도덕적 정당성과 정치적 정당성을 둘러싼 '승인투쟁'의 단계로 접어든 것이다. 많은 NGO 중에서 어떤 단체들이 공론경쟁력을 가지며 공공적 정당화능력을 보유하게 되는가에 따라서 한국 시민사회의 성숙도가 달라질 것이며 정치영역에서의 문제해결방식과 방향이 다르게 될 것이다.

2. NGO의 역할과 기능: 성찰적 민주주의 실현과 성찰적 사회자본의 증진

앞에서 NGO를 특징짓는 속성을 '시민성'과 '공공성'으로 보았다. 이 특징들은 현대 민주주의 사상가들이 제창하는 이른바 '심의민주주의'(deliberative democracy)의 이상을 실현하는데 중요한 가치들이기도 하다. 민주주의가 제대로 작동되려면 대의제적(representative) 틀 내에서 결사체적(associational), 참여적(participatory), 심의적(審議的: deliberative) 요청들이 적절하게 보완·결합되어야 한다.18)

민주주의의 결사체적 측면은 개인들이 자유롭게 다양한 결사체를 조직할 수 있는 것이 민주주의의 기반이 된다는 점을 나타내며, 참여적 측면은 결사체를 조직할 뿐만 아니라 직접 정치적 의사형성에 참여함으로써 국민주권의 원리를 실현하게 하는 동력이 된다. 그러나 결사체적 측면만 강조되면 민주주의는 이익집단 간의 협상으로만 축소될 우려가 있고, 참여의 측면만이 강조되면 군중주의의 위험성이 생겨날 수가 있다. 참여와 결사를 바탕으로 하는 민주주의의 심의적 측면은 민주주의 양 측면

16) NGO의 핵심특징으로서 공공성(publicness)에 관해서는 김상준, 「시민사회 그리고 NGO/NPO의 개념」, 45면 이하 참조.

17) 한국 NGO의 다양성과 규모에 대해서는 박상필, 「NGO학」, 711면 이하 참조.

18) 이 점에 관해서는 김상준, "성찰적 합의체제와 국가-시장-시민사회 관계의 재구성: R+PAD 거버넌스 모델," 27면 이하 참조.

의 위험을 제어하는 역할을 한다. 즉, 민주주의의 심의적 측면은 공론장에서 제출된 논거들의 대립을 통해 공동체구성원들이 제기된 문제들에 관하여 심사숙고함으로써 공정한 결정을 내리게 되는 이성적 논의의 과정을 나타낸다. 민주주의의 심의성은 참여적, 결사체적 민주주의의 질을 높임으로써 성찰적 민주주의(reflexive democracy)로 나아가게 하는 동력이 된다.[19]

성찰적 민주주의는 구성원들이 사회의 각종영역에서 발생하는 문제들을 인식하는 감수성, 또는 기존의 문제인식의 관점을 새롭게 하는 감수성을 드높이며 문제해결방식에 대한 끊임없는 반성을 함으로써 문제해결능력을 증진시킨다. 또한 시민 상호간의 이해관계들과 관점들을 교환하게 함으로써 안정적이고 평화로운 공동체로 나아가게 한다. 즉 성찰적 민주주의를 매개로 하여 문제인식, 문제해결, 도덕성, 정치적 안정성의 차원에서 공정하고 질서정연한 사회가 이루어질 수 있는 것이다.

NGO는 바로 이러한 민주주의의 결사, 참여, 심의 차원을 실현하는 데 매우 중요한 역할을 한다.[20] 민주주의의 심의적 측면을 강조한다는 것은 성찰적 합의구조의 제도화에 관심을 기울인다는 것이다. NGO의 정당성은 심의적 민주주의, 즉 성찰적 합의구조의 차원에서 얼마나 생산적인 역할을 하는가에 달려 있다. 그렇다면 민주적 입헌체제가 틀이 잡혀가는 상황에서 시민사회의 공론장과 성찰적 합의구조의 틀이 제대로 기능하여 새로운 문제들에 탄력적으로 대처하고 효과적으로 결정할 수 있는 문제해결능력을 증진하는 데 얼마나 기여하는가에 따라서 NGO의 정당성 정도가 판단될 것이다.

NGO를 특징짓는 시민성과 공공성은 사회구성원들 각자의 마음가짐과 태도와도 관련성을 갖는다. 자신의 가치관에 따라서 자신의 삶을 자주적으로 꾸려가면서도 자신이 속한 생활영역에서 발생한 문제들이 공공적인 차원에서 인식되고 해결되도록 하려는 태도, 공공적인 규범에 따라서 판단하고 논의하려는 태도, 논의의 결과에 대해 승복하고 그 틀 내에서 자신의 이익을 실현하려는 태도 등등은 한 공동체가 발전하는 데 큰 역할을 한다. 이와 같은 가치들 중에서 특히 타인과의 연대 속에서 문제를 함께 인식하고 해결하려는 개인들의 사회적 연대망(social network)이 핵심적 지위를 차지한다. 이것은 호혜성의 규범과 가치, 이 규범을 승인하고 따르는 태도, 이러

19) 심의민주주의론은 민주주의의 심의적 측면을 어떻게 하면 훌륭하게 작동시킬 수 있는지, 심의성 요건을 어떻게 제도화할 것인지, 그리고 시민들은 어떤 덕목을 구비하여야 하는지에 대해 다룬다. Bohman, J., and Rehg, W., eds., *Deliberative Democracy*(Cambridge, 1999).

20) 김상준, "성찰적 합의체제와 국가 – 시장 – 시민사회 관계의 재구성: R+PAD 거버넌스 모델", 30면.

한 규범 위에서 문제해결에 참여하고 서로 연대함으로써 생겨나는 새로운 공동체적 정신, 합의절차에 대한 신뢰, 상호존중, 관용, 공정함, 정치경제적 제도영역에서의 투명성 등과 같은 또 다른 가치들을 낳는다.

이처럼 집단적으로 소유하게 되는 가치 자원들(collectively owned value-resources)을 '사회자본'(social capital)이라는 표제어로 총괄하도록 하자.21) 사회자본은 긍정적, 성찰적 사회자본과 부정적, 연고적 사회자본으로 구분할 수 있다. 전자는 시민사회적 공론장에서 자유롭고 평등한 개인들 사이의 성찰적 의사소통구조를 통해 형성된 관계망들에서 산출된다. 후자는 특정한 집단의 구성원이 됨으로써 획득하게 되는 실제적 또는 잠재적 이익이 연고, 학벌, 파벌, 배타적 종교/문화/인종단체 등과 같은 데서 나타난다.22) 여기서는 긍정적인 사회자본만을 염두에 두도록 하자.

긍정적 사회자본은 각 개인의 정체성과 결속감을 강화시키며 사회적 책임을 갖는 시민으로 전환시키는 역할을 한다. 그리고 자발적 결사를 통하여 생성된 신뢰 협동 호혜성의 규범과 같은 사회자본은 자원 서비스 시설의 협동적인 생산과 소비를 촉진시켜 사회적 효율성도 높이는 효과도 갖는다. 나아가서는 개인들로 하여금 민주적 덕목을 갖추게 하여 조직의 민주적 운영, 토론의 민주적 운영과 같은 긍정적인 효과를 산출한다.23) 특히 NGO를 통해서 생겨난 사회자본은 사회 전반적으로 신뢰·협력·공동체 정신을 강화하면서, 동등한 인간존중을 중심으로 하는 동등한 시민성, 동등한 자유, 균등한 기본적 기회의 원리들이 정착되어 가게 한다.24) 결국 NGO의 정당성은 긍정적이고 성찰적인 사회자본을 산출하는데 얼마나 기여하는가에 따라 판단될 것이다.

3. NGO와 시민불복종

'승인투쟁' 과정에서 어떤 NGO의 어떤 시민불복종이 보다 더 큰 정당성을 인정

---

21) 사회자본에 대한 분석은 다양한 관점에서 행해졌는데, 여기서는 공공성에 관심을 가진 참여적 개인들 사이의 연대에 초점을 맞춘 공화주의의 관점에서 분석한 R. Putnam, *Making Democracy Work: Civic Traditions in Modern Italy*(Princeton, 1993). 그리고 현대 선진 민주주의 사회에서 사회자본의 발전을 실증적으로 분석한 Putnam, R., ed., *Democracies in Flux: The Evolution of Social Capital in Contemporary Society*(Oxford, 2002).

22) 사회자본의 유형에 대해서는 김상준, 「성찰적 사회자본과 귀속적 사회자본」, 「한국NGO학회 춘계학술대회 발표논문집」, 2002 참조.

23) Putnam, R. and Goss, K., "Introduction", in: Putnam, R., ed., *Democracies in Flux*, p. 9 이하.

24) 박상필, 「NGO학」, 297면 참조.

받게 될까? NGO가 제도화된 정치적 의사결정과정에 만족하지 못하고 저항의 논거들을 제시하고 이것들이 공중에게 더 강한 반향을 얻고 더 큰 미디어 영향력을 확보하여 의회, 행정부, 사법부에 정치적 압박을 가하기 위해서 채택할 수 있는 마지막 수단이 바로 시민불복종 운동이다.[25]

복잡한 현대 입헌주의 사회에서 제도화된 정치적 의사결정의 결함이 눈에 띄게 노정되고, 누구나 정치적 의견을 표현할 수 있는 자유를 가지고 시민사회의 공론장에 참여할 수 있는 상황에서는 시민불복종운동은 손쉽게 호소할 수 있는 운동방식이 되었다. 형식적으로 절차적으로는 합법적이지만 헌법에 내재해 있는 원리들에 비추어보면 정당하지 못한 법률이나 정책에 대한 저항의 상징적 표현으로서 공개적 법률위반행위는 제도적 차원에서의 정치적 의사형성 및 결정과정을 시민사회 공론장 내의 의사소통과정에 다시 접속하라는 요구이다.[26]

이렇게 본다면 시민불복종은 특정한 법과 정책이 정당하지 않으므로 변화되어야 한다는 메시지를 시민사회가 제도적 정치영역과 시민사회 공론장에 정상적이고도 합법적인 방식으로 계속해서 전달하고 영향을 미치려는 노력을 다했지만 실패하고 다른 방안들도 소용이 없다고 판단될 때 제도화된 정치영역과 시민사회 공론장의 연결고리를 다시 역설하기 위해서 동원하는 최후의 수단인 것이다.[27] 그렇다면 다음과 같은 물음들을 생각해보자. 보통의 시민불복종과는 다른 NGO의 시민불복종에는 독특한 속성이 있는가? NGO는 자신이 꾀하는 목표를 달성하기 위하여 어떤 유형의 시민불복종을 택하여야 하는가? NGO는 어떤 불복종 전략을 채택하여야 하는가?

Ⅲ. 민주적 입헌국가에서의 시민불복종

1. 민주적 정의의 실현으로서 시민불복종

일반적으로 시민불복종은 ‘어떤 정부의 정책이나 법이 매우 부당하여 인간존엄의 가치/근본적 정의원리/공공이익을 계속해서 심각하게 훼손한다는 점을 사회구성원 전체에게 알리면서 그 정책이나 법을 변경 또는 폐지하려는 목적에서 양심적 진

25) 위르겐 하버마스, 「사실성과 타당성」, 458면.
26) 위르겐 하버마스, 「사실성과 타당성」, 459면.
27) Cohen, J. and Arato, A., *Civil Society and Political Theory*, p. 587 이하 참조.

지성을 가지고 다수의 정의감에 호소하여 실정법을 공적(公的)으로, 비폭력적으로 위반하는 정치적 행위'로 풀이되고 있다.[28] 좀더 세밀하게 살펴본다면 법률불복종으로서 시민불복종은 시민성, 공공성, 비폭력성, 양심성의 요건들로 이루어진다. 이제 이 요건들을 상세하게 살펴보도록 하자.

(1) 시민성 요건

법률불복종의 주체인 '시민성'(civility)이다. '시민'이란 단순한 '사적 개인'이 아니라 민주적인 정치적 공동체의 구성원, 즉 법적·제도적 차원에서의 민주적 의사형성의 결함을 인식하고 공론의 장에서 개선하려는 의식을 가진 개인 또는 단체를 말한다. 즉, 자신이 일원인 정치적 공동체의 주체로서 책임감을 가지고 공정한 사회적 협력조건(정치적·사회경제적·문화적 조건들)을 달성하는 데 관심을 가지고 참여하는 개인 또는 단체를 시민이라고 말할 수 있을 것이다.[29] 시민성이란 이러한 시민으로서 가져야 하는 덕목과 관련된 개념이다. 타인의 인간존엄성 인정, 공정한 사회적 협력조건을 논의하고 결정하는 데 참여하는 태도, 그렇게 결정된 규범을 지키고자 하는 태도, 위정자의 부정의에 대한 비판의식, 공개적인 비판의 용기, 부정의 폭로, 불법의 거절, 상관의 명령이나 다수의 관행이라 할지라도 그릇된 행동을 하지 않는 태도, 부정의를 시정하는 데 같이 할 용기 등이 시민성을 구성하는 덕목이라고 할 것이다.[30]

NGO와 관련해서 볼 때 '시민성'이란 공통적인 민주적 확신에 바탕을 둔 조직적 행위일 것(조직성/집단성),[31] 그리고 국가권력이나 시장권력으로부터 독자성을 가지

28) 이러한 시민불복종의 개념은 존 롤즈, 「시민불복종의 정당화」, 제임스 레이첼 엮음 / 황경식 외 옮김, 「사회윤리의 제문제」, 서광사, 1983, 227면을 참조한 것이다.

29) 이상돈, "시민불복종운동 – 논쟁, 이론, 법제화," 「법치국가와 시민불복종」, 한국법철학회 편, 법문사, 2001, 115면.

30) 박은정, "법치국가와 시민불복종," 「법치국가와 시민불복종」, 한국법철학회 편, 70면 참조.

31) 시민불복종의 '시민성' 요건과 관련하여 시민불복종이 조직적으로 집단적으로 이루어질 것을 강조하는 학자들도 있지만, 조직성/집단성의 요건은 시민불복종 개념의 차원에 속한다기 보다는 시민불복종의 정치적 효과의 차원에서 다루어져야 할 것 같다. 시민불복종에 참가하는 사람들의 숫자가 많을수록 그 불복종운동의 정치적 효과와 영향력이 커질 것이기 때문이다. 물론 역사적으로 중요한 시민불복종들이 대체로 조직적/집단적으로 행해졌기는 하지만, 한 개인이 홀로 정책이나 악법의 폐지 또는 개선을 위한 목적으로 비폭력적으로, 공공적으로 실정법을 양심적 진지성을 가지고 위반하는 것(개인적 시민불복종)이 불가능한 것은 아니다. 개인적으로 실정법에 불복하는 행위들은 대체로 양심적 법률불복종(conscientious objection)에 해당될 것이기는 하지만 말이다. 이 점에 대해서는 Bedau, H., "Civil Disobedience", in: *Encyclopedia of Applied Ethics Vol. 1*(San Diego, 1998), p. 502 참조.

고서 자발적으로 행동할 것(자발성)을 내용으로 한다. 동일한 계급성 및 이데올로기나 동일한 생물학적 속성(인종, 젠더 등등)에 기반을 두고 수행될 수도 있겠으나 보통은 시민불종에 참여하는 주체들은 이질적으로 구성되고 쟁점별로 연합한다.32)

(2) 공공성 요건

법률불복종의 공공성(公共性: publicity) 요건은 대체로 다음의 두 가지 요청을 내용으로 한다. 우선 법률위반의 방식과 관련된 것으로, 법률불복종은 공개적으로 수행되어야 한다는 요청이다. 즉, 법률불복종행위자들은 자신들의 주장내용과 그 근거 그리고 실정법위반의 행동을 공중(公衆)에 대해서뿐만 아니라 국가권력에 대해서도 공식적으로 천명함으로써 불복종운동의 시위가 어떻게 진행될 것인지를 예측할 수 있도록 하여야 한다. 공공성의 또 다른 요청으로는 법률불복종의 명분이 일반시민들이 정당하다고 받아들이는 공적인 정의원리들에 비추어서 정당화될 수 있어야 한다는 '공공적 정당화가능성'(public justifiability) 요청이다. 법률불복종자는 자신이 옳다고 믿는 불복종행위를 특정한 종교적/정치적 교의나 개인적 윤리적 확신에 비추어서 정당하다고 주장하는 것을 넘어서 공적인 논의를 통해서 그 정당성주장이 전체 사회구성원들에게 인정될 수 있도록 할 의무를 가지는 것이다.33) 그렇다면 어떠한 경우에 법률불복종행위는 그러한 공공적 정당화능력이 인정되는가? 이는 후술할 양심성 요건에서 좀 더 상세하게 다루고자 한다.

(3) 비폭력성 요건

시민불복종은 일반적으로 비폭력적인, 정중한 정치적 항의로서 받아들여진다.34) 법률불복종행위는 폭력적으로 수행되어서는 안 된다는 내용을 담고 있는 비폭력성의 요건은 톨스토이와 간디에 의해서 주창되었지만, 과연 언제나 그리고 어느 범위까지 시민불복종은 비폭력적이어야 하는가 하는 문제에 관해서는 논란이 많다.35) 가령 폭력을 행사하는 시민불복종(violent civil disobedience)과 비폭력적 시민불

32) Habermas, J., "Ziviler Ungehorsam - Testfall für den demokratischen Rechtsstaat. Wider den autoritären Legalismus in der Bundesrepublik", Glotz, P., ed., *Ziviler Ungehorsam im Rechtsstaat* (Frankfurt/M., 1982), s. 31.

33) 존 롤스, 「시민불복종의 정당화」, 280면 이하 참조.

34) The Oxford English Dictionary를 참고한다면, 시민불복종의 영어식 표현인 'civil disobedience'에서 'civil'은 '정치공동체 구성원으로서의 활동에 관련된' 또는 '공동체생활에서 정치적 의사형성과정과 관련된'의 의미를 가지며 또한 '정중한, 폭력적이지 않고 문명적인'이라는 의미를 담고 있기도 하다.

35) Bedau, H., "Civil Disobedience and Personal Responsibility for Injustice", in: H. Bedau, ed., *Civil*

복종(nonviolent/peaceful disobedience)을 구분하고, 후자는 언제나 도덕적으로 정당화(법적으로도 정당화되는지, 즉 합법적인지 여부는 차치한다면)되지만 전자의 경우는 매우 드문 경우에만 도덕적으로 정당화될 뿐 대부분의 경우에는 도덕적 정당성을 확보하지는 못한다(그리고 법적으로도 정당화되지 못한다)고 파악할 수도 있다. 즉, 비폭력성의 요건을 시민불복종의 개념요건으로 보지 말고 시민불복종의 정당화 요건으로 보자는 입장도 가능하다는 말이다. 그렇게 본다면 시민불복종을 '주로 비폭력적 수단을 사용하는 공공적이고 양심적인 법률위반행위'로 풀이할 수 있을 것이다.

1) '생활세계적 폭력개념'[36)]

일단 '폭력' 개념을 다음과 같이 풀이하도록 하자.

> "폭력이란 개인의 신체에 대하여 물리력을 행사하는 행위 또는 재산에 대하여 물리력 또는 그에 상당하는 물리력을 행사하는 행위, 개인의 기본적 인권을 침해하는 물리력을 행사하는 행위이다." [37)]

분명 개인의 신체를 상해하는 것과 같은 폭력행위는 정중한 정치적 항의의 방식인 시민불복종에 위배되는 것이다. 분명 타인의 재산이나 공공의 재산에 대한 심각한 해악을 끼치는 법률불복종은 개념정의상 시민불복종에 해당되지 않겠지만, 미약한 정도의 손해를 끼친 경우에도 그러한가? 비폭력성 요건을 엄격하게 해석한다면 어떠한 경우에도 폭력을 행사하지 않는 법률불복종행위만이 시민불복종에 속하게 된다. 결국 폭력의 개념을 어떻게 잡는가에 따라서 시민불복종의 개념범위가 달라지는데, 가령 폭력 개념을 넓게 잡아서 사람과 재산에 대하여 해악(이익의 후퇴)을 끼치는 '모든 종류의 有/無形力의 행사'로 본다면 많은 법률불복종행위들이 시민불복종에 해당되지 않게 될 것이다. 시민불복종의 많은 경우 시위를 하거나 연좌농성을 하거나 점거를 하거나 할 텐데, 이러한 행위들이 제 3 자에게 신체상, 심리상, 재산상의 손해를 끼치게 된다면 시민불복종에서 제외되는 결과가 된다.

시민불복종은 폭력을 전혀 행사하지 않는 법률불복종만으로 이루어져야 하는가? 폭력행위(acts of violence)란 사람에 대하여 물리력을 가하여 (ⅰ) 사망, 신체적

Disobedience in Focus, p. 49.

36) 이 표현은 이상돈, 「시민불복종운동 - 논쟁, 이론, 법제화」, 121면.

37) Miller, R., "Violence, Force, and Coercion," in: J. Shaffer, ed., *Violence*(New York, 1971), pp. 11-26; Holmes, R., "Violence and Nonviolence," in: J. Shaffer, ed., *op. cit.*, pp. 11-13 참조. 또한 Smart, B., "Defining Civil Disobedience," in: Bedau, H., ed., *Civil Disobedience in Focus*(London, 1991), p. 203.

고통, 신체적 능력의 손상을 가져오는 행위, (ii) 일정한 기간 동안 신체의 자유나 권리들을 제한하는 행위, 그리고 (iii) 재산에 유형력을 가하여 그 재산의 완전성을 파괴하거나 심각한 손상을 주는 행위를 말한다. 즉, 신체, 재산, 권리에 해악을 끼치는 물리력의 행사가 폭력이다.[38] 사망과 신체상해의 행위는, 이를 정당화하는 매우 강력한 사유가 없는 한, 일단 나쁜 행위로 판단된다. 부당한 물리적 폭력으로부터 신체와 재산이 자유로울 수 있는 것이야말로 개인이 가지는 근본적 권리이므로 개인의 신체자유를 제한하는 행위(약취/유인/감금행위 등)와 재산을 침해하는 행위는, 이를 정당화하는 강력한 사유가 없는 한, 마찬가지로 일단 나쁜 행위로 판정되어야 할 것이다.

비폭력성 요건은 폭력행위의 개념을 살펴봄으로써 좀 더 분명해진다고 생각한다. 시민불복종은 형법의 관점에서 보면 폭력행위에 해당하기 때문에 형법상의 구성요건을 적용하여야 하는데도, 우리의 도덕적·헌법적 직관은 형법적 폭력개념에서 벗어나기를 요구하고 있다.[39] 시민불복종을 처벌하여야 할 것인지를 검토할 때 가장 우선적으로 고려하여야 할 점은, 시민불복종이 '의회의 입법절차에 제도화된 민주적 의사형성의 절차가 수행할 수 있는 대화적 의사소통형성 기능' 그 자체를 문제시하고 있다는 사실이다.[40] 폭력 개념을 단순하게 형법적 관점에서 다루어 시민불복종의 비폭력성을 매우 엄격하게 파악하는 견해는 시민불복종운동이 민주적 입헌국가에서 차지하는 중요성을 거세해버리는 결과를 낳는다는 점에서 폭력성의 개념을 다른 관점에서 살펴볼 필요가 있다고 생각한다.[41] 이러한 점에서 폭력 개념에 대한 보다 세밀한 검토를 하여 형법상의 폭력개념을 넘어서는 폭력개념을 가공하는 것이 시민불복종의 합리적 핵심을 살리면서도 민주적 입헌국가의 발전을 실현할 수 있는 방안이 되리라고 본다.

2) 시민불복종의 두 가지 전략: 설득전략과 강요전략

시민불복종은 정부로 하여금 문제가 되는 정책이나 법을 포기하게끔 하는 행위로서, 이 정치적 목표를 달성하는 데에는 두 가지 전략이 있다. 하나는 '설득의 전략'(persuasive strategies)이고 다른 하나는 '강요의 전략'(nonpersuasive strategies)이다.[42]

---

38) R. Miller, *Violence, Force, and Coercion*, p. 15 이하 참조.
39) 이상돈, 「시민불복종운동 – 논쟁, 이론, 법제화」, 119면.
40) 이상돈, 「시민불복종운동 – 논쟁, 이론, 법제화」, 122면.
41) 박은정, 「법치국가와 시민불복종」, 70면 이하; 이상돈, 「시민불복종운동 – 논쟁, 이론, 법제화」, 117면 이하 참조.
42) Dworkin, R., *A Matter of Principle*, p. 109 이하 참조.

전자는 다수의 의사와 정부의 의사를 변화시키기 위하여 문제의 정책과 법률에 반대하는 근거들을 제시하고 다수와 정부에게 이것들을 경청하도록 하는 전략이다. 강요의 전략은 문제의 정책과 법률을 계속 시행하려면 치러야 할 불편과 비용을 증대시킴으로써 다수와 정부의 의사를 변화시키는 전략이다. 이러한 전략의 예로는 보통 교통차단, 수입차단, 공공기관 업무폐쇄 등과 같이 생활/교통/거래/행정상의 불편과 재정적 부담을 부과하는 방법이 있고, 보다 극단적으로는 공포와 불안을 느끼게 함으로써 다수의 의사를 변화시키려는 방식도 있다.[43]

강요의 전략은 일종의 위협행위(threat)를 포함하게 마련이다. 위협행위는 위협받는 자가 계속해서 문제의 행위를 한다면(또는 하지 않는다면) 이러이러한 해악의 결과를 가져오게 할 것임을 경고함으로써 위협받는 자가 여러 행위선택지들 중에서 특정한 행위만을 선택하도록 하거나 어떤 행위를 하지 않도록 하는 일종의 강제행위(coercion)이다. 위협행위는 크게 보아 폭력을 통한 강제(coercion of force)에 의해서 위협하는 경우와 설득을 통한 강제(coercion of persuasion)에 의해서 위협하는 경우로 나눌 수 있다.

폭력을 통한 강제적 위협행위의 예를 들자면 총을 들이대면서 지갑을 내놓지 않으면 죽이겠다는 경우이다. 이론적으로는 지갑을 주고 목숨을 건지거나 지갑을 주지 않고 죽는 경우라는 두 가지 행위선택지가 있지만 보통의 인간에게는 오로지 하나의 선택(지갑을 주고 목숨을 건지는 것)만이 현실적으로 가능하다. 이 경우에는 제대로 성찰을 한 후 어떻게 할 것인지에 관한 판단을 할 여지가 없다. 설득을 통한 강제에 의해서 위협하는 예는, 가령 임원이사들에게 타 기업인수안에 찬성할 것을 설득하면서 만일 투표결과 기업인수에 반대하는 결과가 나온다면 사장직에서 물러나겠다고 위협하는 사장 — 매우 훌륭한 평가를 받고 있지만 이 사람 외에는 사장직을 할 만한 인물이 없는 경우는 아니라면 — 의 경우이다. 이때 임원 이사들에게 기업인수 찬반이라는 두 가지 선택방안은 모두 현실적인 방안이며, 제대로 심사숙고하여 그 중 하나를 선택할 수 있는 기회도 주어진다는 점에서 사장의 위협행위는 설득방식을 통한 위협전략이다.

그렇다면 비폭력적 행위란 (i) 순수하게 설득의 전략을 사용하거나 (ii) 강요의 전략을 사용하며 강제적이고 위협적인 행위이기는 하지만 신체와 재산에 의도적인 해악을 발생시키지는 않는 비폭력적이되 비설득적 행위이다. 그리고 비폭력적 저항

43) 최봉철, “시민불복종의 요건과 처벌의 문제,” 235면 참조.

(nonviolent resistance)은 약자를 보호하고, 공정한 사회적 협동조건을 보존유지하고, 부당하게 차별받는 자들을 구제하고, 사회적 부정의를 교정하고, 폭압적 정권에 저항할 목적으로 국가의 판단과 선택에 강제를 가하는 위협전략을 사용하기는 하지만 신체와 재산에 해악을 끼치는 폭력을 사용하지는 않는 투쟁의 방식을 말한다. 지금까지 말한 바를 정리하여 다음과 같이 폭력의 유형과 시민불복종을 연결해 보자.[44)]

A. 위협적 시민불복종: 강요 전략

(i) 유형적 폭력을 사용하여 특정한 행위를 하게 하거나 하지 못하게 강제하는 시민불복종: 도로를 점거하고 불을 질러 경찰의 진입을 불허하는 경우(유형적 폭력을 사용하는 강요전략)

(ii) 무형적 폭력을 사용하여 특정한 행위를 하게 하거나 하지 못하게 강제하는 시민불복종: 사이버 테러를 통한 위협을 통하여 심리적 억압을 가하는 경우(무형적 폭력을 사용하는 강요전략)

(iii) 유형적 폭력을 동반한 설득의 방식으로 특정한 행위를 하게 하거나 하지 못하게 강제하는 시민불복종: 유형적 폭력을 동반하는 설득 전략(폭력적 강요전략과 설득전략의 혼용)

(iv) 유형적 폭력을 동반하지 않는 설득의 방식으로 특정한 행위를 하게 하거나 하지 못하게 강제하는 시민불복종: 사이버 상의 시위를 통한 위협(비폭력적 강요전략과 설득전략의 혼용)

B. 비위협적 시민불복종: 순수한 설득 전략

(i) 유형적 폭력을 사용하지만 위협하지는 않는 시민불복종[45)]

(ii) 무형적 폭력을 사용하지만 위협하지는 않는 시민불복종

(iii) 설득의 방식을 사용하지만 위협하지는 않는 시민불복종 - 국회로부터의 제한거리를 위반하는 촛불시위나 침묵시위 등.

필자는 A(i)과 B(i)을 제외한 법률불복종행위방식, 즉 A(ii), A(iii), A(iv), B(ii), B(iii)을 채택하는 법률불복종행위는 일단 시민불복종의 개념구성요건을 충족한

44) 이하의 정리는 Smart, B., *Defining Civil Disobedience*, p. 204.

45) 폭력을 사용하지만 위협하지는 않는 경우도 적어도 이론상으로는 가능한데, 타인이 어떤 행위를 선택할 것인지에 대해서 전혀 강제력을 미칠 전략적 의도가 없이 그저 폭력만을 사용하는 경우이다.

다고 본다. 다만 A(iii)의 경우 유형적 폭력이 인간의 신체와 재산에 대한 의도적인 해악을 끼치는 경우는 제외될 것이다.

일반적으로 시민불복종운동은 삼중의 메시지를 전달하고자 한다. 즉, 시민불복종자들은 (ㄱ) 입수가능한 정보와 사실에 비추어 판단하건대 정부는 매우 부정의하게 행동하였다는 것, (ㄴ) 법과 정책에 대한 항의의 강도를 고려하여 정부는 다른 행동을 취해야 한다는 것, (ㄷ) 정부가 문제의 정책이나 법을 계속 추구한다면 법률불복종에 의해 야기될 비용(불편함과 충격) 역시 계속될 것이라는 메시지를 보낸다. 국민 다수의 도덕심과 정의감에 호소하는 순수한 설득전략만을 사용하는 시민불복종운동은 매우 드물다. 시민불복종자들은 정부당국자와 국민 다수에게 문제가 되는 정책이나 법은 매우 비용이 많이 드는 것임을 설득하기 위하여(문제가 되는 정책이나 법이 시행되는 당시의) 비용 – 수익관계를 전복시키려 하며, 이를 위해서 고도로 계산된 압박, 즉 강요의 전략을 사용하기 마련이다.[46)]

따라서 비폭력성 요건을 오로지 설득의 방식만을 요구하는 것으로 파악하는 입장은 시민불복종이 일어나게 되는 상황을 고려하지 못한 지나치게 협소한, 비현실적인 견해라고 생각한다. 시민불복종의 발생상황은 민주적 입헌국가에서 제도적 의사결정과정의 결함이 노정된 경우, 즉 법체계가 민주적 의사형성과정을 통하여 법규범의 정당성을 창출하는 기능에 부분적인 구조적 장애가 지속되고 있는 경우이기 때문에[47)] 평화적으로 도로를 점거하고 홍보활동을 한다든가 통행료납부를 거부하고 평화롭게 자동차운행을 계속하는 행위 등을 공무방해의 폭력행위로 파악할 수는 없다고 본다.[48)]

(4) 양심성: '처벌감수자세'와 불복종 동기의 '고급성'

1) 불복종결과 감수의 요청

시민불복종의 양심성은 시민불복종주체들의 동기, 의도와 주관적 의사에 관련된 요건이다. 법률불복종이 시민불복종으로 승격되는 가장 중요한 속성이라면 부당하다고 판단되는 법과 정책의 개선을 목적으로 행한 법률불복종의 결과를 기꺼이 감수하

46) Greenawalt, K., *Conflict of Law and Morality*(New York, 1987), p. 255 이하 참조.

47) Habermas, J., "Ziviler Ungehorsam - Testfall für den demokratischen Rechtsstaat. Wider den autoritären Legalismus in der Bundesrepublik," Glotz, P., ed., *Ziviler Ungehorsam im Rechtsstaat* (Frankfurt/M., 1982).

48) 이상돈, 「시민불복종운동 – 논쟁, 이론, 법제화」, 117-8면 참조; Morreall, J., "The Justifiability of Violent Civil Disobedience," in: Bedau, H., ed., *Civil Disobedience in Focus*, p. 130 이하 참조.

겠다는 자세, 즉 실정법위반으로 인한 처벌을 받게 되더라도 기꺼이 감수하려는 태도이다. 처벌까지도 감수하겠다는 진지한 자세를 통하여 기존 법규범을 교정하고 변화시키겠다는 태도야말로 보통의 범법자와는 다른 시민불복종자의 양심적 진지성을 보여주는 중요한 속성이다.

이 '처벌감수자세'의 요구가 시민불복종에 참여하는 시민들에게 너무 가혹하거나 일종의 '엘리트주의'의 표현이라고 보아, 시민불복종운동이 지양하고자 하는 실정법이나 정책이 일련의 대화적 의사소통과정(공론과정)에서 타당하다고 근거지어진다면 처벌을 수용하겠다는 '대화적 처벌감수자세'의 요구로 좀 더 완화해서 이해할 수도 있을 것이다.[49] 그러나 공공적 정당화의 실패를 조건으로 하는 '조건부 처벌감수자세'의 요구는 시민불복종행위에 참여하지 않는 제 3 자들에게 또는 그 행위에 반대하는 사람들에게는 시민불복종주체들의 양심적 진지성을 의심하게 하는 효과를 낳을 뿐이다. 이런 점을 고려하여 이 '처벌감수자세'의 요구를 법적인 제재의 감수자세가 아니라 문제의 불복종행위 때문에 재판절차에 빠져들게 되고 그와 관련된 소송의 위험을 짊어지겠다는 자세, 즉 '소송위험 감수자세'의 요구로 이해하는 견해를 취할 수도 있다.[50]

필자는 '결과감수자세'의 요구는 위 세 견해 중에서 첫째인 일종의 무조건적 '처벌감수자세'로 이해되어야 한다고 생각한다. 그 까닭은 다음과 같다.

우선 시민불복종자들이 기꺼이 처벌을 감수하는 자세를 보임으로써 시민불복종행위에 의해서 자신들의 이익이 침해되었다고 느끼는 사람들의 분노나 불안감은 감소될 것이기 때문이다. 그리고 시민불복종자들의 처벌감수자세는 불복종행위자들이 상대방에 대해서 가지는 존중심, 심지어는 그들에 대한 사랑을 표현하기 때문에 시민불복종행위 자체 속에 이미 불복종행위의 동기가 실현되기 때문이다.

둘째 이유는, 처벌감수자세는 시민불복종행위자들이 가지는 신념의 깊이를 보여준다. 겉 명분만 그렇지 자신의 이익을 실현할 뿐인 위선적인 불복종이거나 과장된 행위가 결코 아니라는 점을 보여주면서 다른 시민들의 공감을 얻어낼 수 있고 그들의 내면을 변화할 수 있는 도덕적 힘을 발휘할 것이기 때문이다. 이렇게 되면 시민불복종운동은 개인과 사회가 인간존중의 가치를 체득해가면서 좀 더 성숙한 개인과 사회로 변모해가는 '사회적 학습과정'이 된다. 이는 시민불복종을 주창했던 사상가들

49) 이상돈, 「시민불복종운동 – 논쟁, 이론, 법제화」, 127면.

50) Dreier, R., "Widerstandsrecht und ziviler Ungehorsam," in: P. Glotz (hg.), *Ziviler Ungehorsam im Rechtsstaat*, p. 61 이하 참조.

이 실현하고자 했던 '영성적 사회운동'으로서의 시민불복종운동 목표이다.[51)]

셋째, 처벌감수자세는 시민불복종주체들이 가지는 신념의 강도를 판별하는 좋은 심사기준이 된다. "과연 나는 불복종의 결과인 처벌을 감수하면서까지 불복종할 수 있겠는가?"를 스스로에게 물음으로써 자신의 도덕적 판단에 대한 겸허함을 갖추게 되고, 그럼으로써 시민불복종주체들의 행위는 다른 시민들에게 보다 강한 감화를 주게 될 것이다. 누구든 옳음, 정의, 공익을 위해서 진실로 자신을 희생하는 태도를 보인다면 그것을 지켜보는 사람들은, 심지어 적이라 할지라도, 도덕적 감화를 받게 되기 때문이다.

마지막으로 처벌감수자세는 특정한 법이나 정책에는 반대하지만 자신이 속한 민주적인 정치공동체의 법질서 자체를 존중한다는 법복종의무를 보여주는 훌륭한 증거가 된다. 게다가 국가가 저지른 부정의(국가책임원리)에 대해서 공동체 전체(공동책임원리)뿐만 아니라 자신도 부분적인 책임을 진다는 겸허함(개인적 책임분담원리)[52)]은 시민불복종운동의 도덕적 정당성을 더욱 높이는 계기가 될 것이다.

2) 법률불복종 동기의 고급성 요청

광신자들이나 극단적 인종차별주의자들 역시 기꺼이 처벌을 감수하는 자세를 보일 수 있다는 점에서 시민불복종행위자들은 '왜 불복종 하는가'라는 동기 역시 양심적 진지성을 가지고 있음을 설득시킬 수 있어야 있어야 한다. 이른바 동기의 '고급성'[53)]이 시민불복종이 비합리적인 법률불복종들과 차이를 보이는 속성이다. 시민불복종은 사적/당파적 이익을 도모하기 위해서가 아닌 공공선을 위하여 법을 위반하는 행위이다. 도덕적으로 정당한 가치들의 복원이나 보존을 목적으로 행해진다는 점에서 다른 법률불복종행위들과 차이가 나지만 과연 법률불복종행위자들이 모두 '자신의 세계관, 정치관, 윤리관'에 비추어서 정당하다고 믿는 가치들의 복원을 위한 것이라고 주장한다면 과연 그 타당성은 어떻게 판단할 수 있는가?

동기의 고급성과 주관적 확신의 타당성은 입헌민주주의를 구성하는 정치적 도덕원리들에 비추어서 판단할 수밖에 없다. 한 정치적 공동체가 입헌민주적 공동체임

51) King, M. Luther Jr., "Letter From Birmingham City Jail," in: Bedau, H., ed., *Civil Disobedience in Focus*, p. 68 이하 참조.

52) 부정의에 대한 개인적 책임분담원리(the Principle of Distributive Responsibility)에 대해서는 Bedau, H., *Civil Disobedience and Personal Responsibility for Injustice*, p. 59 참조. 가톨릭에서 벌이는 '내 탓이오' 운동은 이러한 '개인적 책임분담원리'에 입각해 있는 것이라고 본다. 그러나 개인적 책임분담원리를 진다고 해서 부정의에 대한 국가(와 권력담당자들)의 책임이 면제되는 것은 아닐 것이다.

53) 박은정, 「법치국가와 시민불복종」, 79면.

을 보여줄 판단기준들은, 동등한 인간존엄성("모든 개인은 자유롭고 평등한 도덕적 능력을 가진 존재로서 존중받아야 한다"는 가치)이라는 최고 가치를 실현하는 삼대원리들, 즉 민주적 공동체구성원으로서의 평등성(시민적 평등성: civic equality) 보장, 동등한 자유(equal freedom) 보장, 기본적 기회들의 균등(equal basic opportunity) 보장을 내용으로 한다.[54] 이 원리들의 구체적 내용이나 실현정책들에 대해서는 의견의 불일치가 있겠지만, 그 원리들의 일반적 내용에 대해서는 대체로 광범위한 이성적 합의가 존재한다. 이러한 이성적 합의는 근대 민주주의 헌법 속으로 편입되어 있으며, 우리 헌법도 예외는 아니다. 우리 헌법에 구현되어 있는 민주적 정의의 삼대원리들을 심하게, 반복해서 훼손하는 정책이나 법률을 교정·개선하여 민주적 공동체를 실현하려는 목적에서 수행되는 법률불복종이라면 일단 그 동기의 고급성이 있다고 인정할 수 있을 것이다.

결국 법률불복종동기의 고급성은 저항의 대상인 (i) 정책이나 법률의 반인륜성, 부정의성, 비합목적성의 정도, (ii) 이 결함들을 치유하여 민주적 공동체의 안정과 발전에 기여하겠다는 시민적 태도(civic virtue), (iii) 입헌민주적 법질서에 내재한 가치들에 대한 충성(이른바 '애헌주의': constitutional patriotism)에 따라서 판단되지 않을까 싶다.

2. 시민불복종의 유형

위에서 든 시민불복종의 구성요소를 갖춘 법률불복종은 그 법률불복종의 동기에 따라 (ㄱ) 인간존엄성(인륜)의 핵심가치에 기초한 법률불복종, (ㄴ) 정의이념에 기초한 법률불복종(justice-based civil disobedience), (ㄷ) 합목적성의 실현에 호소하는 법률불복종(policy-based civil disobedience)으로 구분할 수 있다.[55]

(1) 인륜의 핵심가치에 기초한 시민불복종(integrity-based civil disobedience)

이 유형의 시민불복종은 인륜과 양심에 비추어서 부도덕한 행위를 도저히 할 수 없다는 휴머니즘적 판단 아래 법률을 위반하는 경우이다.[56] 그 예는 헌법 제19조의 '양심의 자유'에 기초한 불복종이다. 양심의 자유는 인간존엄성을 보호하고 실

54) Gutmann, A., *Identity in Democracy*(Princeton, 2003), p. 26 이하 참조.

55) Dworkin, R., *A Matter of Principle*(Cambridge/Massachusetts, 1985), p. 107면 참조. 한국 사회에 이 분류를 적용하는 문헌으로는 양건, "시민불복종의 논리," 한국법철학회 편, 「법치국가와 시민불복종」, 41면 이하; 최봉철, "시민불복종의 요건과 처벌의 문제", 같은 책, 229면 이하.

56) 양건, "시민불복종의 논리", 41면; 최봉철, "시민불복종의 요건과 처벌의 문제", 229면.

현하는 가치를 가지는 핵심권리들 중의 하나이다.

우리 헌법재판소는 인간이 가지는 자유 중에서 양심의 자유를 가장 기본적인 자유로 파악하면서 양심형성 및 양심결정의 자유는 내심에 머무르는 한에서 어떠한 경우에도 제한될 수 없는 절대적 자유로 분류하고 있다. 양심의 자유는 실천적 정당성을 판단하고 형성하는 차원에서 인간이 가지는 '인격적 존재가치', 즉 자기정체성의 형성('개인의 인격형성에 관계되는 내심에 있어서의 가치적 · 윤리적 판단'의 형성)을 핵심내용으로 하기 때문이다.[57] 그런데 최근 우리 헌법재판소는 구 국가보안법 제10조의 '불고지죄'와 관련하여 친척을 간첩인 줄 알면서 고발하지 않은 것은 양심자유의 절대적 보호영역에 해당되지 않는다는 판결을 내렸다. 국가보안법 제10조 '불고지죄'의 위헌여부 결정에서 '친척이 북한의 간첩임을 알면서도 신고하지 않은 것은 부작위에 의한 양심의 표현이자 실현이기 때문에 이미 절대적 기본권의 지위를 상실하며 따라서 제한가능하다'는 근거에서였다. 불고지의 행위는 이미 '간첩행위가 정당하다'는 가치판단을 부작위로서 표현한 것이며 이 부작위 자체가 대한민국의 안보에 위협(해악)이 된다는 것이다. "생각은 제한되어서는 안 되지만 그 실현 행위는 제한될 수 있다"는 전제에서 헌법재판소는 이때 양심적 판단의 내용을 문제삼아 국가안보라는 공공이익을 최대한 실현하기 위해서 인간존엄성의 구체적 내용인 양심의 자유의 비중을 측정한 후 형량하여 제한한 것이다.

그런데 만일 불고지 행위가 간첩행위가 정당하다고 판단해서가 아니라 '비록 간첩인 것은 나쁘지만 친척을 고발하는 것은 부정당하다'는 판단에서 나온 것이라면 어떤가? 양심적 판단의 내용이 관건이라면 이 경우 양심은 정당한 것이며 정당한 내용을 가지는 양심의 표현이 제한되려면 보다 강력한 정당화사유가 요구된다.[58] 이러한 판단 위에서 만일 당사자가 국가보안법 불고지죄 규정과 이를 개별적인 사안에서 구체화한 판결에 공공적으로, 비폭력적으로 불복종한다면 이는 인류의 핵심가치에 기초한 불복종이라고 할 것이다.[59]

57) 헌재 1997.3.27, 96헌가11.

58) 헌법재판소 권성 재판관은 '양심적 병역거부' 판결(헌재 2004.8.26, 2001헌가1 – 병역법 제88조 제 1 항 제 1 호 위헌제청)에서 제시한 별개의견에서 양심의 보편적인 정당성의 기준으로서 '仁義(禮知)'를 들고 있다. 그 내용이 구체적으로 무엇인가에 대해서는 논의의 여지가 있겠지만 '비록 간첩인 것은 나쁘지만 친척을 고발하는 것은 부정당하다'는 판단이 '인의예지'의 기준에 맞아 떨어진다는 점은 부정할 수 없을 것이라고 본다.

59) 그러나 우리 헌법재판소는 양심의 주관적 내용보다는 양심실현의 객관적 결과를 고려하여 다음과 같은 이익형량을 하였다. 남북한의 특수상황, 불고지죄가 보호하려는 법익(국가의 안위)의 중요성에 비추어보면, 구 국가보안법 제10조 불고지죄 조항은 헌법 제37조 제 2 항에서 "국민의 모든 자유와

(2) 정의에 기초한 시민불복종

정의에 기초한 시민불복종은 부정의한 것으로 판단되는 정책이나 법률에 대하여 반대하는 법률불복종으로서, 특히 인종/성별/지역/신체적 특성/성적 지향성 등을 근거로 삼아 한 사회에서 다수자가 특정 소수집단의 사람들을 억압하고 평등한 시민적 권리를 박탈하는 정책이나 법률에 저항하는 법률불복종행위이다.60) 이때 정의라 함은, 근대 입헌민주주의에 내재하는 '민주적 정의'(democratic justice)로서 이해되어야 할 것이다. 민주적 공동체구성원으로서의 '시민적 평등성' 보장, 동등한 자유 보장, 기본적 기회들의 균등 보장을 내용으로 하는 민주적 정의의 가치를 특정한 법정책이 계속해서 심각하게 훼손하고 있다면 문제의 법률에 대한 불복종은 정의에 기초한 불복종이다.

그 대표적 예는 마틴 루터 킹 목사가 주도한 인종차별법률들에 대한 법률불복종이나 미국-베트남 전쟁 당시 징병법에 대한 저항을 꼽을 수 있다. 당시 징병법은 대학을 갈 형편이 못되는 집안의 청년들을 부당하게 차별하였으며 비종교적인 이유로 특정한 전쟁에 대해 양심적 거부를 하는 청년들을 차별하였기 때문에 그 징병법에 반대하는 법률불복종은 정의에 기초한 시민불복복종인 것이다.61)

정의에 기초한 시민불복종의 경우 문제의 정책이나 법이 침해하는(또는 침해한다고 판단되는) 정의원리의 단계, 침해의 강도와 범위에 따라서 비폭력성의 요건이 충족되어야 할 정도도 달라질 것이다.

정의이념은 크게 보아서 민주적 입헌국가 자체를 구성하는 차원에서 작동하는 원리들과 평등원리 내에서 배분적 정의의 기준으로서 작동하는 원리들로 나눌 수 있다. 첫째 차원에서의 정의이념은 '보편적으로 타당한 정의의 본질적 가치' 또는 '정의의 근본원리들'로서 민주적 법체계의 토대이자 '최후의 경계'를 이룬다. 이러한 정의의 근본적인 가치들은 '恣意性 금지'를 핵심으로 하는 법치국가 원리, 즉 형식적 의미에서의 법 앞에서의 평등, 죄형법정주의가 정의의 본질적 가치들을 구성한다. 둘째 차원에서의 정의이념, 즉 헌법원리의 하나로서 평등원리의 맥락에서 실현된 정의이념은 '사회의 구성원들이 가지고 있는 정의에 대한 구체적이고 실질적 정의원리

권리는 (i) 국가안전보장, 질서유지 또는 공공복리를 위하여 (ii) 필요한 경우에 한하여 법률로써 제한할 수 있으며, 제한하는 경우에도 (iii) 자유와 권리의 본질적 내용을 침해할 수 없다"라고 규정하고 있는 비례성의 원칙에 합치한다는 것이다.

60) 양건, "시민불복종의 논리," 41면; 최봉철, "시민불복종의 요건과 처벌의 문제," 230면.

61) Dworkin, R., *A Matter of Principle*, p. 107.

들'로서 파악되고 개별적인 생활의 영역들에서 적용될 구체적인 배분적 정의의 기준들로 구성된다.[62] 정의에 기초한 시민불복종이라고 할 때 과연 어떤 정의원리에 근거를 두어 불복종하는가에 따라서 그 정당성과 합법성, 불복종방식, 처벌의 정도가 달라질 것이라고 본다. 이 점에 관해서는 후술하고자 한다.

(3) 합목적성에 기초한 시민불복종

이 유형의 시민불복종은 어떤 정책이 공동체 전체에 또는 일부 국민에게 해악을 가져다 줄 정도로 비합목적적이라고 판단하여 그 정책을 무산시키려고 법률불복종하는 경우이다.[63] 문제의 정책이 국민의 일부에 대해서 뿐만 아니라 국민전체에 치명적인 결과를 가져올 것이라는 이유에서 반대할 수도 있고, 다수에게는 좋을지 모르지만 국민일부는 그로 인해 심각한 불이익을 당하게 될 것이기 때문에 반대할 수도 있다.[64] 그 예로서는 핵을 탑재한 미사일을 어느 지역에 배치하는 정책을 정부가 결정한 경우나 특정 지역에 핵폐기물처리시설을 두기로 결정한 경우, 특정한 지역의 자연환경을 훼손하여 되돌릴 수 없는 피해를 야기할 터널공사를 결정한 정책에 대한 저항으로서 법률불복종을 하여 정부의 결정을 되돌리려는 운동 등을 들 수 있다.

3. 시민불복종의 정당화 판단기준

어떤 법률불복종행위가 시민성, 공공성, 비폭력성, 양심성의 요건을 충족하면 곧바로 정당한 시민불복종이 되는가? 즉, 시민불복종이기만 하면 언제나 정당화되는 것인가? 아니면 시민불복종행위들 중에서 특정한 조건들을 충족하는 시민불복종행위만이 정당화되는가? 개인들이 또는 시민단체들이 자신의 법률불복종이 시민불복종에 해당한다고 주장하는 현실을 고려한다면 이 물음들은 실천적인 중요성을 갖는다. 시민불복종주체들은 자신들의 법률불복종이 정당하다고 주장할 터인데 과연 어떤 기준에 의해서 그 정당성 주장이 판단되어야 하는가?

시민불복종의 정당성 문제는 두 차원에서 판단된다. 우선 도덕적, 정치적 차원에서의 정당성이며, 그 다음으로는 법적 차원에서의 정당성 판단이다. 법체계 외부

62) Kim, Dokyun., *Gerechtigkeit und Verfassung* (Baden-Baden, 2004), p. 33 이하 참조.
63) 양건, "시민불복종의 논리," 41면; 최봉철, "시민불복종의 요건과 처벌의 문제," 230면.
64) Dworkin, R., *A Matter of Principle*, p. 110 참조.

의 도덕적이고 정치적인 차원에서 정당하다고 해서 법적인 차원에서 정당한 것은 아니다. 즉, 정당성과 합법성은 구별된다는 것이다.

(1) 법체계 외부에서의 정당화 시도: 형이상학적인 자연법론의 논증방식

시민불복종을 법체계의 근원을 이루는 도덕원리나 상위법을 통해서 정당화하려는 시도를 '법체계초월적 정당화' 또는 '자연법적 정당화'라고 부를 수 있을 것이다. 이 경우 대체로 다음과 같은 논증방식이 눈에 띈다.[65] 불복종되는 법률이 자연법에 위반되므로 문제의 법률에 복종하는 것은 '불법'이 된다고 파악하면서, 시민불복종은 민주주의의 이념이나 국민주권이념을 실현하는 데 기여하므로 정당하다는 정치적인 관점에서 논증하는 방식이다. 이러한 논증방식에서는 시민불복종 행위가 법적으로도 정당한지 여부는 논의되지 않는다.[66] 이보다는 좀 더 법적인 논증방식을 택하는 유형은 불복종되는 법률을 자연법상 불법으로 비판하고, 시민불복종행위를 자연법의 구현인 헌법원리로서의 정치적 기본권(저항권)의 행사로 정당화하는 논증이다.[67] 그런데 이 때 원용되는 자연법은 형이상학적으로 전제되거나 믿어질 뿐 엄밀한 논리를 통해서 자연법의 존재와 내용이 해명되지 않는다는 점에서 이러한 논증방식은 다원주의 사회에 맞지 않는 정당화 시도라고 인정하지 않을 수 없다.[68] 이는 상위법 또는 정법(正法)이 존재한다는 믿음을 내세우는 자연법사상은 현대 가치다원주의 사회에서는 그 확실성의 토대를 상실해버렸기 때문에 '보다 나은 법'의 추구는 공론의 장에서 절차적 원리에 따라서 다수에게 인식되고 승인되는 과정에서만 실현될 수 있다는 비판을 일정 정도 받아들인 것이다.[69]

이와 같은 자연법적 정당화 방식은 시민불복종과 관련된 현실의 쟁점들, 가령 시민불복종으로 인해 야기된 손해의 배상문제나 형법상 처벌의 문제들을 해결할 수가 없다는 비판 또한 설득력 있는 지적이다.[70] 그렇다면 자연법적인 정당화 방식의

---

65) 이상돈, "시민불복종운동 – 논쟁, 이론, 개념, 법제화," 100면 이하 참조.

66) 홍윤기, "민주주의의 시민적 개혁 – 민주주의적 법치주의 원칙과 역사에서 본 총선시민연대 낙천낙선운동의 정당성과 합법성," 「총선시민연대 정책자문교수단 발간 낙천낙선운동 기초 자료집 (Ⅰ)」, 2000, 24-40면; 오현철, 「시민불복종」, 책세상, 2000.

67) 가령 심재우, "시민불복종과 저항권," 한국법철학회편, 「법치국가와 시민불복종」, 1-31면.

68) 이상돈, "시민불복종운동 – 논쟁, 이론, 개념, 법제화," 106면 참조.

69) 이상돈, "시민불복종운동 – 논쟁, 이론, 개념, 법제화," 100면 이하 참조; 변종필, "시민불복종과 국회의원 후보 낙천·낙선운동의 정당화 문제", 205-6면 참조.

70) 변종필, "시민불복종과 국회의원 후보 낙천·낙선운동의 정당화 문제", 204면.

합리성을 보존하면서도 법적인 관점에서 시민불복종의 정당화문제를 다루는 것은 가능할까?

(2) 법체계 내부에서의 시민불복종 정당화 시도

전형적인 법률가의 관점에서 본다면, 시민불복종은 민주적 법치국가의 핵심원리인 다수결원리를 전면 부정하는 결과를 낳게 된다.[71] 군사독재정권 시절과 같은 반민주적인 법체계에서는 의회제정법의 내용적, 절차적 정당성을 문제 삼는 것이 의미가 있었지만, 헌법재판제도를 갖춘 민주적 법치국가가 상당한 정도 확립된 법체계에서는 더 이상 내용적 정당성을 빌미로 효력 있는 법률에 불복종하는 것을 긍정적으로 평가할 수는 없다는 것이다. 또한 다수결원리에 기초하여 제정된 성문법의 구속력을 내용적 정당성을 명분으로 부정하는 시민불복종에는 도덕 엘리트주의 또는 '엘리트적 자연법론'(eiltäre Naturrechtsdoktrin)의 요소가 숨어 있다는 것이다.[72] 따라서 시민불복종의 정당성을 인정한다는 것은 주관적 확신에 바탕을 둔 법률불복종의 습관을 유포하여 민주적 법치국가의 핵심근거가 약화되면서 결국에는 시민불복종 당사자들의 자유와 권리를 침해하는 결과를 초래하게 된다는 비판이다.[73]

'모든 시민불복종행위는 범죄이다'라는 극단적 법실증주의나 '모든 시민불복종행위는 정당하다'는 강한 자연법론에 빠지지 않으면서, '정당화되는 시민불복종행위의 요건과 범위를 가능한 한 법적으로 구체화하는 방식'은 가능한가?

1) 헌법상 기본권 차원에서의 정당화

시민불복종을 법적으로 정당화할 때 '불의에 항거하는 4·19 이념'에 바탕을 둔 저항권, 인간존엄성 및 인권, 국민주권의 원리에 기초하는 것은 너무 높은, 추상적인 차원에서의 논증방식이어서 현실의 법적 문제를 처리하는 데 적절한 지침을 주지 못한다. 반면, 형법의 차원에서 시민불복종을 합법화하려는 시도(가령 위법성조각사유로서)는 너무 낮은 차원에서의 정당화방식이다. 개별법영역에서 시민불복종을 정당화하기 위해서는 최고법인 헌법차원에서 시민불복종을 정당화하는 논거들을 해명하지 않으면 안 될 것이다. 이러한 점에서 헌법상 기본권의 관점에 바탕을 둔 시민불복종

71) 변종필, "시민불복종과 국회의원 후보 낙천·낙선운동의 정당화 문제," 201면.

72) Hassemer, W., "Ziviler Ungehorsam ein Rechtfertigungsgrund," in *Festschrift für R. Wassermann*, 1985, p. 343 참조. 또한 이상돈, "시민불복종운동 – 논쟁, 이론, 개념, 법제화," 108면; 변종필, "시민불복종과 국회의원 후보 낙천·낙선운동의 정당화 문제," 203면 이하.

73) 변종필, "시민불복종과 국회의원 후보 낙천·낙선운동의 정당화 문제," 211-2면 참조; Hassemer, W., "Ziviler Ungehorsam," p. 346 이하 참조.

의 정당화 시도는 추상적인 정치적 정당화와 매우 구체적인 개별법적 정당화 사이에 놓여 있게 된다.[74)]

시민불복종은 법률과 정책의 부당함에 대하여 항의하고 정의를 실현하려는 목적에서 '원칙적으로 비폭력적이며', '공공적으로 정당화가능하며', '양심적 진지성을 가지고서', '공적으로' 법률을 위반하는 행위이다. 이에 해당되는 법률불복종행위는 ㉠ 헌법상 보장된 표현의 자유나 집회의 자유와 같은 정치적 기본권의 보호범위 안에 있어야 하며, ㉡ 기본권제한 규정에 따라서 법률을 위반하고 있지 않아야 한다는 기본권상 정당화요청을 충족하여야만 헌법상 정당화될 것이다. 그런데 시민불복종이 논의되는 까닭은 정치적 기본권의 행사가 기본권제한의 한계를 넘어서 현행 법률을 위반하기 때문이다. 그렇다면 다음과 같은 발상도 가능하지 않을까? 시민불복종이 제도화된 정치적 의사형성의 과정에 장애가 생겨나서 이를 치유하려는 목적에서 행해졌다고 주장하는 만큼, 문제의 법률위반행위를 민주적 법치국가에서 보장하고 있는 정치적 권리의 행사로 보고 일단 기본권의 보호영역을 넓게 파악한 후 이렇게 해석된 기본권 보호범위에 문제의 법률위반행위가 포함된다고 보는 것이다. 즉, 시민불복종의 법률위반행위가 국가의 중대한 부정의에 대한 의사표현으로서 정치적 자유의 행사인 만큼 기본권의 보호영역에 들어간다고 해석하고, 그러한 기본권행사가 제한될 수 있는지 여부를 검토하는 기본권제한의 영역에서 면밀하게 따져보자는 발상이다.[75)]

(가) 기본권담론의 삼단계와 시민불복종의 정당화

일반적으로 기본권담론은 (ⅰ) 어떤 행위가 헌법상 보장된 기본권의 행사인가 여부(기본권 보호영역의 논의 단계), (ⅱ) 헌법상 규정된 기본권제한의 사유에 해당되어 국가는 문제의 행위를 제한할 수 있는가 여부(기본권제한 사유의 논의 단계), (ⅲ) 기본권제한을 정당화할 만큼 기본권제한의 목적이 정당하며, 기본권제한의 수단이 적절하고 필수적이며, 기본권제한을 통해 발생하는 이익과 침해 사이에 적절한 비례관계에 있는지 여부(비례성 원칙 차원의 논의 단계)를 검토하는 삼 단계로 구성된다.

앞에서 서술하였던 것처럼 시민불복종은 (ⅰ) 법률과 정책의 부정의함에 대하여 항의하고 정의를 실현하려는 목적에서 (ⅱ) '원칙적으로 비폭력적이며', '공공적으로 정당화 가능하며', '양심적 진지성을 가지고서', '공적으로' 법률을 위반하는 행

74) Dreier, R., "Widerstand und ziviler Ungerhorsam im Rechtsstaat," in: P. Glotz(Hg.), *Ziviler Ungehorsam im Rechtsstaat*, p. 59 이하 참조.

75) Dreier, R., "Widerstand und ziviler Ungerhorsam im Rechtsstaat," p. 63 이하 참조.

위이다. 그렇다면 기본권논의 차원에서 본다면, 시민불복종의 법률위반행위는 ㉠ 헌법상 보장된 표현의 자유나 집회의 자유와 같은 정치적 기본권의 보호범위 안에 있어야 하며, 그리고 ㉡ 형법규정을 위반한 경우라 하더라도 비례성의 원칙에 따라 보았을 때 시민불복종의 목적이나 수단이 적절하여 기본권상 정당화요청을 충족한다면 헌법상 정당화될 것이다.

(나) 시민불복종의 권리

시민불복종은 제도화된 정치적 의사형성의 과정에 장애가 생겨나서 이를 치유하려는 목적에서 행해지는 법률위반행위이다. 그렇다면 시민불복종을 기본권논의의 차원에서 다루려면 일단 기본권보호범위를 넓게 해석할 필요가 있다. 즉, 문제의 법률위반행위를 민주적 법치국가에서 보장하고 있는 정치적 권리의 행사로 보고 일단 기본권의 보호영역을 넓게 파악한 후 이렇게 해석된 기본권보호범위에 문제의 법률위반행위가 포함되는지 여부를 판단하자는 것이다.[76] 이러한 점에서 독일의 법철학자 드라이어(R. Dreier)는 다음과 같은 일종의 〈시민불복종정당화 공식〉을 제시한 바 있다.[77]

> 누구든지 국가의 중대한 불법에 대항하여 항의행위를 하는 것이라면, 그리고 그 항의행위가 비례성의 기준을 충족한다면, 개인이든 집단이든, 정치적·도덕적 근거에 비추어서 법률이 금지하는 행위를 공적으로 비폭력적인 방식으로 행할 자유권을 갖는다.

그리하여 드라이어는 '시민불복종권리'(Recht auf zivilen Ungehorsam)'의 가능성을 말한다. 시민불복종권리는 일정한 방식으로 기본권을 행사할 권리'(Recht auf eine bestimmte Art und Weise der Grundrechtsausübung)의 일종으로 파악하자는 것이다.[78] 드라이어는 시민불복종도 기본권의 하나라면 정당한 사유가 존재하는 한 당연히 제한될 수 있다고 말한다. 시민불복종 기본권을 제한하는 사유는 다음과 같이 진행될 수 있을 것이다. 시민불복종의 법률위반행위가 국가의 중대한 부정의에 대한 의사표현으로서 정치적 자유의 행사인 만큼, 일견 위법으로 보이지만 목적론적으로 넓게 해석된 기본권의 보호영역에 들어간다고 해석하고, 그러한 기본권행사가 제한될 수 있는지 여부를 검토하는 기본권제한의 영역에서 면밀하게 따져보자는 발상을 드라이어는 제시한

76) R. Dreier, "Widerstand und ziviler Ungerhorsam im Rechtsstaat," p. 60.
77) R. Dreier, "Widerstand und ziviler Ungerhorsam im Rechtsstaat," p. 61 참조.
78) R. Dreier, "Widerstand und ziviler Ungerhorsam im Rechtsstaat," p. 62.

다.[79] 드라이어의 논리를 일반화하여 다음과 같은 시민불복종정당화공식을 구상해 볼 수도 있다.

【시민불복종기본권 정당화공식】 시민불복종의 법률위반행위는 국가의 중대한 불법에 항의하기 위한 의사표현이므로 일단 기본권의 보호영역에 속하며, 또한 비록 그 법률위반행위는 기본권제한의 사유에 해당되기는 하지만 그 수단과 방식이 비례성의 원칙에 부합한다면 시민불복종행위는 헌법상 정당화된다.[80]

(다) 시민불복종과 비례성의 원칙

시민불복종의 법률위반행위가 정당화되려면 다음과 같은 비례성원칙을 충족하여야 한다. 첫째, 시민불복종의 항의수단으로서 법률위반행위는 **국가가 저지르는 중대한 불법을 개선**하려는 목적으로서 행해져야 한다. 이때의 '중대성' 요건은 시민불복종의 정당성을 인정하는 기준이 매우 엄격하여야 한다는 것을 시사하고 있다. 그리고 '국가가 저지르는 불법의 정도'를 판정하는 기준은 헌법에 규정된 기본권조항들(인간존엄성 원리, 자유보장원리, 평등보장원리)과 국가정책의 목표조항들(민주주의원리, 법치국가원리, 시장경제원리, 복지국가원리, 평화통일원리 등)을 고려하여 구체화할 수 있을 것이다. 따라서 '중대한 불법'은 '민주적 정의에 대한 중대한 침해'(중대한 부정의)와 동일한 내용을 가지게 될 것이다. 그렇다면 중대한 부정의에 해당되거나 그러한 결과를 낳는, 입법부와 행정부의 부작위 역시 시민불복종의 대상이 될 것이다. 따라서 이러한 헌법 원리들을 제거하려는 시도들은 시민불복종에 해당되지 않으며 정당화되지 못할 것이다.[81]

둘째, 시민불복종의 수단인 법률위반행위는 그 항의목적에 적합하여야 하고, 필수적이어야 하며, 달성하고자 하는 목적과 법률위반행위 사이에 적절한 비례관계가 존재하여야 한다. 이 요청을 보다 구체적으로 살펴보면 다음과 같은 내용들로 이루어진다.

ⓐ 법률위반행위가 적합하여야 한다는 **수단적합성**의 요청: 시민불복종이 호소하려는 바가 법률위반행위를 통해서 여론의 관심과 공감을 얻어 다수의 견해가 변화할 가능성이 있어야 한다는 요청이다. 법률위반행위라는 수단의 적합성은

79) Dreier, R., "Widerstand und ziviler Ungerhorsam im Rechtsstaat," p. 63.
80) Dreier, R., Recht-Staat-Vernunft(Frankfurt/M., 1991), p. 64 참조.
81) Dreier, R., Recht-Staat-Vernunft, p. 65.

시민불복종의 궁극적 목적(법의 개폐, 정책의 수정)에 비추어서가 아니라 공중(公衆)에 대한 호소효과, 여론의 환기라는 법률위반행위의 직접적 목적에 비추어서 판단되어야 할 것이다.

ⓑ 법률위반행위는 필수적이어야 한다는 **수단필수성** 요청: 수단필수성의 요청은 우선 '보충성 요청'을 포함한다. 즉, "법률불복종행위는 문제의 법률을 제도화된 기존의 법적 수단을 통해서 변화시킬 수 있는 모든 가능성이 소진된 이후에 비로소 전개되어야 한다"[82]는 요청이다. 그러나 이 필수성 요청을 이렇게까지 엄격하게 해석하는 것은 다음과 같은 난점을 갖고 있다. 가령 장애인들의 경우, '장애인 이동권'에 대한 다수의 관심도 없고 행정청이나 법원, 입법자들의 의식도 매우 비우호적이어서 통상의 호소, 항의, 개별적인 소송을 하여도 아무런 반향이 없다고 하자. 헌법소원이나 국회의원들에 호소하는 방안들이 남아 있기는 하지만 기존의 경험에 비추어보면 그들의 관심 역시 끌지 못할 것이라고 판단되는 경우 장애인들은 '법적인 모든 수단을 강구한 이후에야' 비로소 시민불복종을 할 수 있는가? 따라서 시민불복종주체들이 자신들의 호소를 알리기 위한 법적인 수단들을 활용할 경로들이 — 다른 구성원들과 비교해볼 때 상당한 정도로 — 막혀 있어서, 사정들을 종합적으로 고려하면 국가의 현재 법률이나 정책들이 헌법원리를 침해하고 있다는 점을 공중에 충분히 알릴 수가 없다고 판단되는 경우에는 '보충성'의 원칙을 엄격하게 적용할 수는 없다고 본다.[83]

둘째, 필수성 요청은 "법률위반행위가 제 3 자의 권리영역을 침해하는 정도가 심하면 심할수록 그만큼 법률위반행위를 정당화하는 근거들의 비중이 더 커져야 한다"는 '정당화사유의 강력성 요청'을 담고 있다. 즉, 법률위반행위가 제 3 자의 권리나 중요한 이익들을 침해하는 경우, 법률위반행위의 강도는 가능한 한 최소한에 그쳐야 한다는 것이다. 따라서 연좌농성, 도로폐쇄, 시설물점거 등의 법률위반행위들은 가능한 한 짧은 기간에 한정되어야 하며 상징적인 행위일 때 법적으로 정당화될 수 있는 것이다.[84]

ⓒ **법익균형성**(이익우월성) 요청: 시민불복종이 달성하고자 하는 이익과 법률불복종으로 초래될 것이 분명한 해악과 비교하여 법률불복종이 낳을 이익의 공익성과 중요성이 더 커야한다. 시민불복종행위가 공익이나 제 3 자의 권리나 이익

82) 이상돈, "시민불복종운동 - 논쟁, 이론, 개념, 법제화", 130면.
83) Dreier, R., "Widerstand und ziviler Ungerhorsam im Rechtsstaat," p. 67.
84) Dreier, R., "Widerstand und ziviler Ungerhorsam im Rechtsstaat," p. 68.

에 끼치는 해악이, 불복종을 통해 얻을 이익보다 더 크다면 시민불복종의 법률위반행위는 헌법상 정당화되기가 어려워질 것이다.[85]

(3) 형법 차원에서의 정당화

헌법상의 정당화는 형법상의 정당화로 보완될 때 비로소 완성된다. 가령 시민불복종의 행위가 특수폭행죄, 강요죄, 업무방해죄 등에 해당되는 경우 형법상 정당화될 수 있는가? 이 물음에 대해서는 세 가지 견해가 나뉘고 있다. 첫째, "법은 법이고 법은 항상 엄격하게 집행되어야 한다"는 견해이다. 대체로 사법당국의 입장이라고 할 수 있을 것이다. 둘째, 국가가 시민불복종자에 대하여 관대한 조치를 취하여야 할 책임을 진다는 견해이다. 즉 민주적 법치국가라면 시민불복종자들의 법률위반행위에 대하여 가급적 범죄성립을 인정하지 않도록 하여야 하며, 범죄로 처벌하여야 한다고 할지라도 가능한 한 경하게 처벌하여야 할 책임을 진다는 것이다. 셋째, 관대조치 책임론을 넘어서 정당화요건을 갖춘 시민불복종이라면 포괄적으로 범죄성립조차 안된다는 견해이다.[86] 어떤 입장이 설득력 있는 견해일까? 일단 시민불복종행위에 대해 부여될 형법적 효과의 유형을 다음과 같이 구분하여 보자.[87]

㉠ 구성요건해당성 부인
㉡ 위법성 조각사유로 인정
㉢ 면책 사유로 인정
㉣ 기소유예처분 또는 협의의 불기소처분/기소중지처분
㉤ 형벌유예(선고유예/집행유예)
㉥ 실형선고: 양형사유 참작하여 감형
㉦ 통상적인 실형선고

시민불복종의 법률위반행위에 대하여 이 중 어떤 법적 통제를 가하는 것이 타당할지를 정하는 데에는 일단 다음과 같은 형법적인 고려사항들이 있다.

85) Dreier, R., "Widerstand und ziviler Ungerhorsam im Rechtsstaat," p. 68.
86) 최봉철, "시민불복종의 요건과 처벌의 문제," 240면 이하 참조.
87) 이는 이상돈, "시민불복종운동 - 논쟁, 이론, 개념, 법제화," 140면에서 제시된 분류를 받아들인 것이다.

1) 위법성조각사유의 관점에서: '긴급피난행위'와 '사회상규에 위배되지 아니하는 행위'

형법상 금지하고 있는 범죄행위의 구성요건은 충족하지만 위법하지는 않는 행위들이 있다. 가령 맹장수술을 하는 집도의(執刀醫)는 상해죄의 구성요건에 해당하는 행위를 하였지만 그 행위의 위법성은 면제되는 것과 같은 경우들이다. 원래는 위법한 행위이지만 예외적인 경우에 이를 정당하고 적법한 것으로 선언해주는 사유들을 '위법성조각사유'(정당화사유)라고 부른다.[88]

우리 형법 역시 형법상 구성요건에 해당되지만 그 위법성을 면해주는 위법성조각사유들을 명문화하고 있다. 위법성조각사유의 일반조항으로서 우리 형법은 제20조에서 "㉠ 법령에 의한 행위, 또는 ㉡ 업무로 인한 행위, ㉢ **기타 사회상규에 위배되지 아니하는 행위**는 벌하지 아니한다"는 '정당행위' 규정을 정하고 있다. 그 다음으로 위법성이 조각되는 행위들을 특별하게 규정하는 (ⅰ) 정당방위(형법 제21조), (ⅱ) 긴급피난(형법 제22조), (ⅲ) 자구행위(형법 제23조), (ⅳ) 피해자의 승낙(형법 제24조) 규정들이 있다. 어떤 행위가 이 4대 위법성조각사유에 해당되는지 여부를 검토한 후에 이들 중 어느 하나에도 해당되지 않는다면 일반조항 형법 제20조를 적용할 수 있는지를 따지는 것이 형법적 차원에서의 정당화 방식이라 할 것이다.[89]

(가) 긴급피난의 법리 적용

현재의 위법한 공격행위로부터 법익침해의 위험을 제거하기 위한 행위의 위법성조각을 인정하는 정당방위의 논리도 시민불복종을 정당화하는 논거로서 원용될 수 있겠지만, 긴급피난의 논리가 가장 관련성 있는 논거라고 보고 이에 초점을 맞추도록 하자.[90]

우리 형법 제22조 제 1 항의 긴급피난규정에서는 "자기 또는 타인의 법익에 대한 현재의 위난을 피하기 위한 행위는 상당한 이유가 있는 때에는 벌하지 아니한다"고 명시하고 있다. 따라서 긴급피난은 '법익', '현재의 위난', '피난행위', '상당한 이유' 네 가지 요소로 구성된다. 우선 법익의 경우 개인적 법익, 사회적 법익, 국가적 법익을 가리지 않는다.[91] 시민불족종의 경우 보호법익은 헌법상 보장된 인간의 존엄성, 기본권, 정부의 부당한 정책과 법률을 시정함으로써 얻게 될 공동적 이익이

88) 신동운, 「형법총론」, 법문사, 2001, 236면.
89) 신동운, 「형법총론」, 241면.
90) 이러한 형법상의 논의는 Schüler-Springorum, H., "Strafrechtliche Aspekte zivilen Ungehorsams," in: P. Glotz(hg.), *Ziviler Ungehorsam im Rechtsstaat*, p. 87 이하 참조.
91) 신동운, 「형법총론」, 278면.

다.[92)]

위난과 관련하여 보면 '현재의 위난'이어야 한다. 즉 법익의 침해가 목전에 임박한 경우, 실제로 진행중인 경우, 법익침해행위는 이미 이루어졌으나 범죄는 아직 완료되지 않은 경우 등이다. 또한 지금 당장 발생하지는 않고 있지만 언제든지 가까운 장래에 법익침해의 위험성이 현실화될 수 있는 상황, 이른바 '지속적 위험'의 경우에 대해서도 '위난의 현재성'이 인정된다.[93)] 그렇다면 시민불복종에서 구체적 상황을 검토하여 위난의 현재성을 인정할 수 있을 것이다.

위난을 피하기 위한 행위(피난행위)와 관련해서 본다면 시민불복종은 주관적으로는 정의와 양심에 따라서 중대하게 부정의한 법률이나 정책을 시정하려는 인식과 의욕을 가지고서, 객관적으로는 형법상 불법구성요건을 실현하는 공공적 행위이다. 또한 '상당한 이유'와 관련해서는 위에서 언급한 수단적합성, 수단필요성, 법익균형성(이익우월성)의 요건을 충족하면 시민불복종행위의 상당성이 인정될 것이다.

(나) 사회상규에 의한 정당화

우리 형법 제20조는 '기타 사회상규에 위배되지 아니하는 행위'는 벌하지 않는다고 규정하고 있다. 이 '사회상규' 규정은 독일 형법이나 일본 형법에서는 볼 수 없는 우리 형법의 특유의 조항이다.[94)] 전형적인 불확정개념으로서 사회상규는 '법질서 전체의 정신이나 [대한민국 법질서 전체의] 그 배후에 놓여 있는 사회윤리 내지 사회통념'(대법원 판결 2001.2.23, 2000도4415)이다. 따라서 위 규정은 '형법상 범죄구성요건에는 해당하지만 사회상규에 비추어 용인(허용)될 수 있는 행위들이 있음'을 지시하는 일종의 실질적 위법성조각사유를 명문화한 추상적인 일반원리라고 할 것이다. 우리 대법원은 '사회상규에 위배되지 아니하는 행위'를 다음과 같이 좀더 구체적으로 풀이하고 있다.

> "행위가 법규정의 문언상 일응 범죄규정에 해당된다고 보이는 경우에도 그것이 (ⅰ) 극히 정상적인 생활형태의 하나로서 역사적으로 생성된 사회생활질서의 범위 안에 있는 것이라고 생각되는 경우에 한하여 그 (행위의 – 필자첨가) 위법성이 조각되어 처벌할 수 없게 되는 것이며, (ⅱ) 어떤 법규정이 처벌대상으로 하는 행위가 사회발전에 따라 일반적으로 전혀 위법하지 않다고 인식되고 그 처벌이 무가치할 뿐 아니라 사회정의에 배반된다고 생각될 정도에 이를 경우나, (ⅲ) 자유민주주

92) 조천수, "시민불복종과 국가형벌," 268면.
93) 신동운, "형법총론," 278~9면.
94) 신동운, "형법총론," 315면.

의사회의 목적가치에 비추어 이를 실현하기 위해 사회적 상당성이 있는 수단으로서 행해졌다는 평가가 가능한 경우에 한하여 이를 사회상규에 위배되지 아니한다고 할 것이다"(대법원판결 1983.2.8, 82도357).

이 사회상규 규정은 시민불복종의 경우에도 충분히 적용될 수 있을 것으로 보인다.

2) 기소유예처분 · 형벌유예 · 감형 차원에서

시민불복종의 법률위반행위에 대해서는 통상의 범죄행위들과는 달리 검사의 기소단계에서나 법원의 판결단계에서 그 특수한 사정을 고려하여 다음과 같은 결정이 가능하다. 우리 형사소송법 제247조 제 1 항은 검사에게 형법 제51조('양형조건' 규정)를 참작하여 공소를 제기하지 않을 수 있는 기소유예처분의 권한을 부여하고 있다. 기소유예시 고려사항은 형법 제51조에서 규정하는 범인의 연령, 성행, 지능과 환경, 피해자에 대한 관계, 범행의 동기, 수단과 결과, 범행 후의 정황이다. 게다가 대법원은 "형을 정함에 있어서 일반적인 정의와 아울러 구체적인 정의도 함께 참작하여야 한다"(대법원판결 1961.3.10, 4292刑上745)고 설시하여 위 규정의 취지를 정의관념과 결부시키고 있다. 재판 후 법원은 범죄의 증명이 있다고 판단하여 유죄판결을 내리더라도 집행유예, 형면제, 형벌선고유예와 같은 형벌유예의 판단을 할 수 있을 것이다. 또는 범죄의 정상에 참작할 만한 사유가 있는 때에는 이를 고려하여 법원은 형을 감경할 수 있도록 하고 있다.

4. 시민불복종의 정당화 기준

시민불복종의 정당성 문제는 시민불복종행위자의 관점, 사법당국의 관점, 여론의 관점에 따라서 각각 다르게 판단될 것이다. 위 세 가지 관점의 교차지점 어딘가에서 시민불복종의 정당성 기준이 정해질 것으로 보인다. 법적인 차원에서의 시민불복종정당화 시도는 무엇보다도 사법당국의 관점에서 어떻게 시민불복종행위를 평가할 것인가를 예상하고 이루어졌다. 따라서 시민불복종의 정당화 기준은 위의 세 관점 모두에 적용될 일반적 기준을 마련하는 데 초점을 맞추도록 할 것이다.

(1) 일반적 기준

정당한 시민불복종을 판단하는 일반적이고 추상적인 기준은 다음과 같다.[95]

(i) 일반적으로 타당하다고 인정된 정의원리를 어떤 법률이나 정책이 명백하고도 실질적으로 침해하고 있으며, 이 침해가 제거된다면 여타의 부정의들도 일소될 수 있는 기반을 마련하게 되는 경우(**不正義 요건**)

(ii) 이 부정의를 시정하기 위하여 민주적이고 합법적인 항의수단들을 사용했지만 성공하지 못하였고(**보충성 요건**)

(iii) 부정의한 법률이나 정책이 침해하는 이익과 법률불복종행위가 침해하는 이익 사이에 적절한 비례관계가 있다면(**비례성 요건**), 문제의 시민불복종행위는 정당하다.

이 기준을 보다 간략하게 정식화한다면,

어떤 법이나 정책의 부정의가 심하면 심할수록, 부정의한 법률이나 정책이 침해하는 이익과 법률불복종행위가 침해하는 이익 사이의 관계가 적절한 균형관계에 가까울수록, 그리고 법률불복종방식이 비폭력적일수록 그에 항의하는 시민불복종행위의 정당성은 더 커진다.96)

그러나 이러한 정식은 추상적이기도 할뿐더러 형식적이어서 구체적인 상황에서 과연 어떤 시민불복종이 정당한지에 대해서는 거의 답을 주지 못한다. 부정의 요건, 보충성 요건, 비례성 요건, 비폭력성 요건을 좀 더 구체화하는 것이 도움이 될 것이다. 이 중 부정의 요건은 시민불복종주체들이 자신들이 확신하는 주관적 가치관(정의에 대한 주관적 견해)에 비추어서 주장하는 경우가 많은, 주관적 판단의 여지가 많은 요건이기는 하지만 정책이나 법의 부정의함은 정책과 법이 법률불복종당사자에게 끼칠 재산상의 손해와는 구분되어야 할 것이다. 이 점에 대해서는 이글에서는 다루지 않기로 하고, 좀 더 객관적인 판단이 가능한 비례성, 비폭력성 요건을 중심으로 살펴보고자 한다.

(2) 비례성 요건

먼저 비례성 요건과 관련하여 보도록 하자. 우선 다음의 기준이 적용될 수 있을 것이다.

95) 존 롤즈, "시민불복종의 정당화," 229면 이하 참조; 이상돈, "시민불복종운동 – 논쟁, 이론, 개념, 법제화," 129면 이하.

96) 이 기준은 Greenawalt, K., "Civil Disobedience", E. Craig, ed., *Encyclopedia of Philosophy Vol. 2*, (London, 1998), p. 368 참조.

(A) 항의되는 부정의와 불복종되는 법률사이의 관계가 긴밀하면 할수록 시민불복종의 정당성은 쉽게 인정된다(직접성 요청).[97)]

불복종의 대상인 법률이 항의의 대상인 부정의한 법률인 경우 – 가령 평화적 대체복무를 인정하지 않는 병역제도에 항의하기 위하여 병역법을 공개적으로 위반하는 경우 또는 국회의원선거제도의 부당함에 항의하기 위하여 현행선거법을 공개적으로 위반하는 경우 – 를 '직접적 시민불복종'(direct civil disobedience)으로, 불복종되는 법률이 항의의 대상인 부정의와 상관이 없는 경우 – 가령, 부정의한 침략전쟁에 참여하기로 결정한 정부의 결정에 항의하기위하여 납세를 공개적으로 거부하는 경우 – 를 '간접적 시민불복종'(indirect civil disobedience)이라고 부를 수 있는데, 대체로 직접적 시민불복종이 보다 손쉽게 정당성을 인정받을 수 있을 것이다.[98)] 이는 다음과 같은 기준을 함축하게 된다.

(B) 항의의 목적과 수단 사이의 연관성이 긴밀하면 할수록 정당성이 인정되기가 쉽다 (필수성 요청)

따라서 부당한 침략전쟁에 참가하기로 결정한 정부의 정책에 항의하는 경우 국방부에 진입하여 시위를 하는 편이 국립공원에 들어가서 삼림을 훼손하면서 시위를 벌이는 것보다 더 정당한 시민불복종이 될 것이다.[99)] 그러나 이로부터 오로지 직접적 시민불복종, 즉 위헌적이고 타당하지 않은 법률들에 대한 위반행위만이 정당하며 간접적 시민불복종은 정당성을 인정받지 못한다는 결론을 이끌어내는 것은 타당하지 않다고 생각한다.[100)]

시민불복종은 법률을 위반함으로써 타인의 이익에 해악을 끼치는 경우가 있다.

---

97) Greenawalt, K., *Conflicts of Law and Morality*, p. 235.

98) Bedau, H., "Civil Disobedience and Personal Responsibility for Injustice", in: H. Bedau, ed., *Civil Disobedience in Focus*, p. 56 이하 참조. 또한 Bedau, H., "Civil Disobedience", in: *Encyclopedia of Applied Ethics,* p. 503 이하 참조.

99) Greenawalt, K., *Conflicts of Law and Morality*, p. 236.

100) 가령 1970년대 미국에서 많은 법률가들의 입장이 그러했다. Fortas, A., *Concerning Dissent and Civil Disobedience*(New York, 1968), p. 62 이하; Allen, F., "Civil Disobedience and the Legal Order," *University of Cincinnati Law Review 36* (1967), p. 12 이하 참조. Griswold, E., "Dissent-1968," *Tulane Law Review 42*(1968), p. 726 이하 참조. 이들의 논리에 대한 요약과 반론에 대해서는 Bedau, H., "Civil Disobedience and Personal Responsibility for Injustice," p. 54 이하 참조.

가령 집시법이 허용하는 이상의 확성기 소음을 내는 경우 인근 거주자에게 피해를 주며, 이른바 '불법'적인 지하철파업은 교통혼란을 야기한다. 도로에서의 시위는 운전자들뿐 아니라 인근 상인에게 손해를 끼친다. 이때 이익침해의 유형을 (ㄱ) 법률이 중요하게 보장하고자 하는 중대한 법익들과 권리들에 대한 심각한 침해인 경우, (ㄴ) 중대한 불편을 초래하는 경우, (ㄷ) 경미한 불편을 초래하는 경우로 나눌 수 있을 것이다. 앞에서 든 목적과 수단 사이의 긴밀한 연관성 요건을 적용한다면 국가의 부정의한 행위에 항의하기 위하여 그 부정의와는 관련이 없는 제 3 자(일반시민)의 신체와 재산을 침해하는 경우 그 시민불복종은 정당하지 못하다. 이로부터 (C) 시민불복종행위 수단의 적합성 요청이라고 부를 수 있는 다음과 같은 기준이 생겨난다.[101]

(C) 항의목적과 시민의 정치적 권리의 행사가 아무리 중요하다고 하더라도 이를 위해서 무고한 제 3 자의 중요한 법익이 희생되어서는 안 된다.(수단 적합성 요청)

그런데 국가의 부정의한 행위에 항의하기 위하여 그 부정의와는 관련이 없는 제 3 자(일반시민)에게 불편을 초래하는 경우와 법질서전반에 해악을 끼치는 경우는 대체로 다음과 같은 이익균형성의 기준이 적용될 것이다.

(D) 시민불복종이 달성하고자 하는 이익과 법률불복종으로 초래될 것이 분명한 해악과 비교하여 법률불복종이 낳을 이익의 공익성과 중요성이 더 커야한다.

이 요건은 다음과 같이 표현될 수도 있다.

법률불복종이 야기할 해악이 발생할 가능성이 크면 클수록, 그리고 발생할 해악의 중대성이 크면 클수록 시민불복종이 달성할 공익의 내용이 더 명확하여야 하며 더 긴박하여야 하며 더 중대하여야 한다(이익우월성의 요청).[102]

---

101) 비슷한 기준으로 조천수, "시민불복종과 국가형벌," 268면 이하 참조.
102) 이상돈, "시민불복종운동 – 논쟁, 이론, 개념, 법제화," 130면 이하; 조천수, "시민불복종과 국가형벌," 270면.

(3) 비폭력성 요건의 차등화

비폭력성의 요건과 관련해서 앞에서 설명한 세 가지 유형의 시민불복종(인륜/정의/합목적성에 기초한 시민불복종)은 각각 그 요건을 충족하는 정도가 다르게 된다. 비폭력성 요건은 인륜에 기초한 시민불복종 – 정의에 기초한 시민불복종 – 정책합목적성에 기초한 시민불복종의 순으로 차등적으로 적용될 것이라고 생각한다.

1) 인륜에 기초한 시민불복종의 경우

이 유형의 시민불복종은 유혈폭력이나 테러를 사용하여 타인의 생명과 신체에 해악을 끼치거나 재산에 대한 부당한 해악을 끼치지 않는 한 항상 정당화된다. 시민불복종의 제 1 형의 경우, 시민불복종이 대상으로 삼는 법률과 정책은 침해되어서는 안 되는 기본적 인권의 핵심을 훼손하는, 극도로 부정의한 경우에 해당되므로 라드브루흐의 공식을 빌어 말하자면 극도로 부정의 한 법은 애초부터 법의 자격을 상실하기 때문이다. 이러한 점에서 인륜에 기초한 시민불복종은 도덕적 정당성뿐 아니라 법적 정당성도 주장할 수 있다.

이 유형의 시민불복종은 헌법상 기본권의 차원에서 정당화 될 수 있는데, 우리 헌법상의 국민주권원리, 불가침의 기본적 인권보장원리, 기본권제한의 제한 등이 그 정당화 근거로서 원용될 수 있을 것이다. 가령 점거농성이나 연좌농성의 방식을 통하여 시민불복종을 하는 경우 형법상 특수협박죄, 강요죄, 공무방해죄, 집시법위반 등이 적용될 것이지만, 국가의 중대한 불법(위헌적 불법행위)에 대한 자유로운 의사표현인 한에서 시민불복종행위를 (i) 일단 기본권 보호영역에 속하는 것으로 보호영역을 우선 넓게 해석한 후에 (ii) 기본권제한의 단계에서 국가의 불법에 대한 항의의 목적과 행동양식과 형법상 침해된 법익 사이의 이익형량을 비례성원칙에 따라서 한 후 합법·불법 여부를 결정할 수 있을 것이다.[103] 그러나 이러한 시민불복종을 수행하는 주체들은 한편으로는 법적 정당성을 강조하면서도 다른 한편으로는 설령 자신들의 행위가 정당하다고 하더라도 현행법을 위반한 결과를 기꺼이 감수하겠다는 의사를 표현함으로써 높은 차원의 법률불복종의무와 법복종의 의무(법의 지배 차원)를 동시에 실현하고자 할 때 보다 더 도덕적·정치적 정당성을 확보할 수 있을 것이다.

103) 조천수, "시민불복종과 국가형법," 「법치국가와 시민불복종」, 한국법철학회 편, 263면 이하 참조.

2) 정의에 기초한 시민불복종의 정당성

정의에 기초한 시민불복종은 (i) 우선 정상적인 구제방법을 동원하였으나 개선의 가망성이 없었고, 다음으로 (ii) 불복종의 결과를 예측할 때 다수자의 강한 반발을 불러 일으켜서 불복종을 하지 않았을 경우보다 사태가 악화되지 않을 것이라는 전망이 있을 때 그 정당성이 인정된다.[104] 설득의 전략만이 동원된다면 추가의 정당화 조건이 필요 없지만, 강요의 전략을 사용하는 경우 정의에 기초한 시민불복종은 다음과 같은 추가요건이 필요하게 된다.

> ㉠ 법률이나 정책이 매우 부정의하며, ㉡ 문제점이 제도적인 정치과정을 통해서는 조만간 개선되리라는 희망이 없으며, ㉢ 설득전략을 사용해보았지만 만족할만한 결과를 낳지 못하였고 앞으로도 그럴 가능성이 농후하고, ㉣ 비폭력적인 강요 전략을 사용할 경우 빠른 시일 내에 상당한 성공가능성이 있음이 예견되며, ㉤ 이러한 강요전략이 가져올 해악이 중대하지 않다면, 강요 전략을 사용한 시민불복종은 정당화된다.[105]

3) 합목적성에 기초한 시민불복종의 경우

이 유형의 시민불복종에는 대체로 강요전략의 사용은 정당화되기 어려울 것이다. 어떤 정책이나 법이 합목적적이냐 아니냐는 정의의 근본적인 가치를 침해하는 경우와는 달리 다수가 결정할 문제이고, 합목적성이 문제가 되는 영역에서 강요전략을 사용하는 것은 민주주의의 원리 중의 하나인 다수결의 원리에 반하는 것이기 때문이다. 따라서 설득전략을 활용하여 정부와 국민 다수를 설득하여 그 결정이 비합목적적임을 인식하게 하고 결정을 바꾸게 하는 시민불복종의 방식만이 원칙적으로 정당하다.[106] 그러나 이러한 기준은 일반적인 지침일 뿐이다. 만일 그동안의 많은 반대에도 불구하고 가공할 만한 대량살상무기(핵미사일무기)를 유치한다는 결정처럼 돌이킬 수 없는 재앙을 가져올 것이라고 판단되는 정부의 정책이 곧 시행될 예정이라면, 그 상황은 설득전략보다는 강요전략(그것도 폭력적 강요전략)을 사용하여야 할 긴박한 순간이라고 보아야 한다.[107]

이러한 경우 '위난의 현재성과 긴박성'(clear and imminent danger)은 폭력적 강요전략을 사용하는 것을 정당화할 사유가 되는가? 이 물음에 대하여는 앞에서 언급한

---

104) 최봉철, "시민불복종의 요건과 처벌의 문제," 235면.
105) 이 요건은 Dworkin, R., *A Matter of Principle*, p. 110 참조.
106) Dworkin, R., *A Matter of Principle*, p. 110 이하 참조.
107) Habermas, J., "Ziviler Ungehorsam", p. 45 이하 참조.

바와 같이 형법 제22조 제 1 항의 "자기 또는 타인의 법익에 대한 현재의 위난을 피하기 위한 행위는 상당한 이유가 있는 때에는 벌하지 아니한다"는 긴급피난규정을 유추하여 위와 같은 경우를 일종의 '공동체적 법익에 대한 현재의 긴박한 위난'으로 보고 이에 대한 시민불복종을 이러한 현재의 공동체적 위난을 피하기 위한 정당한 행위로 파악하는 견해도 가능할 것이다.108) 즉, 합법적이지만 심각하게 부당한 정책이나 법률이 야기할 명백하고도 긴박한 공동체적 위난을 방지하기 위하여 객관적 정의와 합목적성에 따라서 부당한 정책이나 법률을 시정하겠다는 시민적 의도는 시민불복종행위의 주관적 구성요소이고, 공적으로 폭력적 강요전략을 동원하여 법률을 위반하는 행위는 시민불복종의 객관적 구성요건이다.109) 따라서 이러한 긴급한 예외적 상황에서라면 강요전략, 그것도 일정 정도의 유형적 폭력을 동반하는 설득전략을 채택하는 시민불복종은, 위에서 든 비례성 요건을 충족한다면, 예외적으로 정당성을 인정받을 수 있을 것이다.110) 이 점에 대해서는 후술하고자 한다.

충분하고도 객관적인 환경영향평가를 하였는지가 불투명한 상황에서 정부는 지역주민들 일부의 반대에도 불구하고 터널공사가 가져올 경제적 효용만을 고려하여 터널공사를 감행하기로 결정하였고, 공사가 착공되어 상당정도 진행되고 있는데 환경적 위난이 명확하여 그 방지가 긴박하다는 이유로 그 지역 환경단체회원들이 공사장에 진입하여 공사를 방해하는 점거농성을 벌이고 있다면 그러한 시민불복종은 정당한가? 부당한 경제정책, 부동산정책, 교육정책에 대하여 강요전략을 사용하는 시민불복종은 정당한가? 이 물음들에 다음과 같은 일반적 기준을 적용하여 볼 수 있을 것이다.

> 정책의 비합리성 정도, 정책이 가져올 위난의 중대성과 명백함, 위난의 긴박함, 정책에 반대하는 근거가 되는 합목적성 원리들의 타당성, 법률불복종이 낳을 이익의 확실성과 중대성 정도 등에 따라서 설득적 전략과 강요전략 사이에서 다양한 수단들이 취해질 수 있을 것이며 위 요건들을 종합적으로 고려한 후에 그 정당성을 판단할 수 있다.

결국 비폭력성 요청은 보통의 시민불복종상황에 적용될 수 있는 잠정적 기준(prima facie criterion)이다. 정책이나 법률이 가져오는 위난·해악의 중대성과 긴박성

---

108) 조천수, "시민불복종과 국가형벌," 268면 이하 참조; 독일에서의 논의는 Schüler-Springorum, H., "Strafrechtliche Aspekte zivilen Ungehorsams," p. 87 이하 참조.

109) 조천수, "시민불복종과 국가형벌," 248, 269면 참조.

110) Greenawalt, K., *Conflicts of Law and Morality*, pp. 244-268 참조.

에 따라서 그리고 법률불복종을 통해서 확보할 이익의 명확성과 중대성에 따라서 시민불복종주체들은 다양한 법률불복종방식을 선택할 수 있지만, 그 정당성 판단은 폭력적 강요전략 – 비폭력적 강요전략 – 설득전략 순으로 높아질 것이다. 다시 말하면 폭력적 강요전략을 채택하면 할수록 시민불복종운동의 주체들은 자신의 법률불복종의 수단이 절대적으로 필요할 뿐 아니라 유일무이하며, 나아가 매우 확실하며 높은 이익을 낳을 것임을 공공적으로 정당화할 수 있어야 한다.

Ⅳ. 맺음말: NGO와 시민불복종

이제 다음과 같은 물음들을 생각해보자. NGO의 시민불복종에는 독특한 속성이 있는가? NGO는 자신이 꾀하는 목표를 달성하기 위하여 어떤 유형의 시민불복종을 택하여야 하는가? NGO는 어떤 불복종 전략을 채택하여야 하는가? NGO의 시민불복종은 앞에서 들었던 성찰적 민주주의의 실현과 사회자본의 증진이라는 기준 위에서 그 정당성과 적절성이 판단되어야 한다.

앞에서 시민불복종을 다음과 같이 파악하였다. 특정한 법과 정책이 정당하지 않으므로 변화되어야 한다는 메시지를 시민사회가 제도적 정치영역과 시민사회의 공론장에 정상적이고도 합법적인 방식으로 계속해서 전달하고 영향을 미치려는 노력을 다했지만 실패하고 다른 방안들도 소용이 없다고 판단될 때, 제도화된 정치영역과 시민사회의 공론장의 연결고리를 다시 역설하기 위해서 동원하는 최후의 수단이 시민불복종이다.[111] 여기서 최후의 수단이라는 점에 주목하자. NGO는 시민불복종이라는 수단을 택하기 전에 과연 성찰적 합의구조에 참여하여 자신의 입장들을 개진하는 데 최선의 노력을 다하였는지를 살펴보아야 할 것이다. NGO는 평상시에 성찰적 합의 구조를 제도화하여 성찰적 민주주의를 안착시키고 긍정적 사회자본을 산출하는 데 진지한 노력을 다하였는가에 따라서 시민불복종을 감행할 때 그 도덕적 정당성을 보다 손쉽게 인정받을 수 있을 것이다. 더군다나 다양한 이념을 매개로 하는 단체들이 NGO로 포섭되어 있는 상황에서는 위의 요청들을 보다 잘 충족하는 시민불복종만이 정당성을 획득할 수 있다고 본다.

군중주의적, 비합리적 시민불복종으로 빠지지 않으려면 NGO의 시민불복종은

111) Cohen, J. and Arato, A., *Civil Society and Political Theory*, p. 587 이하 참조.

공공성, 성찰성, 심의성에 바탕을 두어야 한다. 시민불복종은 헌법을 종결된 또는 특정한 정파나 이데올로기에 의해 독점된 자기폐쇄적 기획으로 보지 않는 역동적인 헌법이해를 바탕으로 한다. 우리 헌법에 구현된 또는 내재하는 가치들에 대한 개방적 해석, 실정화된 기본권들의 목적에 대한 성찰에 바탕을 둔 시민불복종은 민주적 정의이념의 틀 내에서 움직이면서 우리 헌법이 꾀하는 기획을 변화된 현실에 맞게 좀 더 적절하게 실현하려는 노력이다. 각자의 양심적 판단을 존중하면서도 민주적 정부의 권위를 인정하려는 태도는 시민사회의 자기제한(the self-limitation of civil society), 구체적으로는 시민불복종의 자기제한성 요청으로 이어진다. 즉, 시민사회는 다양한 공론장들에서 형성된 의견과 주장이 곧바로 권위 있는 법적 결정으로 전환되기를 요구할 수는 없으며 제도화된 민주적 의견결정과정에서 이루어지는 토론에 영향을 미침으로써 공식적 의결의 형식에 반영되기를 요구할 수 있을 뿐이다.

법치국가의 원리에 따라서 조직된 정치체계에 간접적인 영향을 미치는 것에 머물러야 한다는 시민사회의 자기제한 요청[112)]은 시민불복종에도 마찬가지로 적용될 수 있을 것이다. 한편으로는 법에 불복종하면서도 다른 한편으로는 법에 복종하는 태도 사이의 긴장관계를 적절하게 조화하는 시민불복종이야말로 '정당성과 합법성 사이'의 중간지대에 놓인 상태에서도 우리 한국 사회의 민주적 헌법이념을 발전시키는 데 큰 기여를 할 수 있을 것이다.

---

112) 위르겐 하버마스, 「사실성과 타당성」, 446면.

〈참 고 문 헌〉

김상준, "성찰적 사회자본과 귀속적 사회자본,"「한국NGO학회 춘계학술대회 발표논문집」, 2002.

김상준, "성찰적 합의체제와 국가 – 시장 – 시민사회 관계의 재구성: R+PAD 거버넌스 모델",「NGO연구」, 제 2 권 제 2 호, 2004.

김상준, "시민사회 그리고 NGO/NPO의 개념,"「NGO연구」, 창간호, 2003.

김철수,「헌법학개론」, 박영사, 2005.

박상필,「NGO학」, 아르케, 2005.

박은정, "법치국가와 시민불복종," 한국법철학회 편,「법치국가와 시민불복종」, 법문사, 2001.

변종필, "시민불복종과 국회의원 후보 낙천·낙선운동의 정당화 문제,"「법치국가와 시민불복종」, 한국법철학회 편,

신동운,「형법총론」, 법문사, 2001.

심재우, "시민불복종과 저항권,"「법치국가와 시민불복종」, 한국법철학회 편.

양 건, "시민불복종의 논리,"「법치국가와 시민불복종」, 한국법철학회 편.

오현철,「시민불복종」, 책세상, 2000.

위르겐 하버마스, 공론장의 구조변동, 나남출판, 2001.

위르겐 하버마스, 사실성과 타당성: 담론적 법이론과 민주주의적 법치국가 이론, 한상진·박영도 공역, 나남출판, 2000.

이상돈, "시민불복종운동 – 논쟁, 이론, 법제화," 한국법철학회 편,「법치국가와 시민불복종」.

조천수, "시민불복종과 국가형법," 한국법철학회 편,「법치국가와 시민불복종」.

존 롤즈, "시민불복종의 정당화," 제임스 레이첼 엮음, 황경식 외 옮김,「사회윤리의 제문제」, 서광사, 1983.

최봉철, "시민불복종의 요건과 처벌의 문제," 한국법철학회 편,「법치국가와 시민불복종」.

한국사회학회·한국정치학회 편,「한국의 국가와 시민사회」, 한울, 1992.

홍윤기, "민주주의의 시민적 개혁 – 민주주의적 법치주의 원칙과 역사에서 본 총선시민연대 낙천낙선운동의 정당성과 합법성,"「총선시민연대 정책자문교수단 발간 낙천낙선운동 기초 자료집 (Ⅰ)」, 2000.

Bedau, H., "Civil Disobedience," in: *Encyclopedia of Applied Ethics Vol. 1* (San Diego,

1998).

Bedau, H., ed., *Civil Disobedience in Focus* (London, 1991).

Bedau, H., "Civil Disobedience and Personal Responsibility for Injustice," in: H. Bedau, ed., *Civil Disobedience in Focus.*

Bohman, J. and Rehg, W., ed., *Deliberative Democracy* (Cambridge, 1999).

Cohen, J. and Arato, A., *Civil Society and Political Theory* (Cambridge, 1992),

Dreier, R., "Widerstandsrecht und ziviler Ungehorsam," in: P. Glotz(hg.), *Ziviler Ungehorsam im Rechtsstaat* (Frankfurt/M), 1982.

Dreier, R., *Recht-Staat-Vernunft* (Frankfurt/M), 1991.

Ehrenberg, J., *Civil Society: The Critical History of an Idea* (New York, 1999).

Glotz, P.(hg.), *Ziviler Ungehorsam im Rechtsstaat* (Frankfurt/M, 1982).

Greenawalt, K., *Conflict of Law and Morality* (New York, 1987).

Greenawalt, K., "Civil Disobedience," E. Craig, ed., *Encyclopedia of Philosophy Vol. 2* (London, 1998).

Gutmann, A., *Identity in Democracy* (Princeton, 2003).

Habermas, J., "Ziviler Ungehorsam – Testfall für den demokratischen Rechts-staat. Wider den autoritären Legalismus in der Bundesrepublik," P. Glotz(hg.), *Ziviler Ungehorsam im Rechtsstaat* (Frankfurt/M, 1982).

Hassemer, W., "Ziviler Ungehorsam ein Rechtfertigungsgrund," in *Festschrift für R. Wassermann* (Frankfurt/M, 1985).

Morreall, J., "The Justifiability of Violent Civil Disobedience," in: H. Bedau, ed., *Civil Disobedience in Focus.*

Offe, C., "Challenging the Boundaries of Institutional Politics: Social Movements since the 1960s," in: Maire, Ch., ed., *Changing Boundaries of the Political* (Cambridge, 1987).

Putnam, R., *Making Democracy Work: Civic Traditions in Modern Italy* (Princeton, 1993).

Putnam, R., ed., *Democracies in Flux: The Evolution of Social Capital in Contemporary Society* (Oxford, 2002).

Schüler-Springorum, H., "Strafrechtliche Aspekte zivilen Ungehorsams," in: P. Glotz(hg.), *Ziviler Ungehorsam im Rechtsstaat* (Frankfurt/M, 1982).

Shaffer, J., ed., *Violence*(New York, 1971).

제2절 인권의 관점에서 본 시민불복종운동

박래군*

Ⅰ. 시민불복종운동은 무엇인가?

시민불복종운동은 "공적으로 선언되고 윤리적 규범적으로 근거지어진 상징적 항의목적을 위한 수단으로서의 의식적인 법 위반" 운동으로 정리되고 있다. 국가에 의해서 위헌이 합법화되고, 국민들의 기본권이 무시되는 상황에서 시민들이 스스로 헌법을 수호하고, 기본권을 되찾으려는 의식적인 법 위반 행동을 말하고, 민주주의 사회에서는 국가가 행하는 행정, 입법, 사법의 활동에 저항함으로서 국가의 잘못을 바로잡으려는 활동을 총칭한다.

이런 시민불복종운동은 헌법으로 정당화된다. "개인이든 단체이든, 공적으로, 폭력에 의하지 않고, 정치적 도덕적 근거에서 금지규범의 구성요건을 충족시킨 행위는 (즉, 법규의 위반행위는), 그 행위가 중대한 불법에 대항하여 항의하는 행위이며, 그 항의가 상당한 이유가 있을 때에는 헌법적으로 정당화 된다"고 한다.

이런 시민불복종운동의 근원에는 근대자본주의 사회의 인권이론의 탄생과정에서 발생한 저항권론이 자리 잡고 있다. 로크는 정부는 "사회구성원의 생명, 자유, 재산을 보호·유지하는 것 이외의 다른 목적과 다른 척도를 가질 수 없다"고 하면서, 정부가 계약 목적에서 어긋날 때는 국민은 복종의무로부터 벗어나 정당하게 저항하는 것이 허용된다고 주장했다. 루소도 국가권력의 남용은 사회계약을 무효화하고 국가의 해체를 가져온다고 주장하면서 이럴 경우 국민들은 다시 '자연적 자유'를 저항

* 인권운동사랑방 상임활동가.

권을 발동하여 획득하여야 한다고 주장한다. 근대 사상가들은 상당 부분 근대국가의 국민의 기본권을 부정하는 권력행위에 대해서는 저항의 권리를 주장하게 되었다.

이런 저항권의 주장은 근대 이후의 헌법들에서 구체적으로 표현되고 있다. 프랑스 인권선언은 제 2 조에서 "모든 정치적 결합의 목적은 생래적이고 불가양의 인권을 보호하는데 있다. 그것은 자유권, 소유권, 안전권, 그리고 압제에 대한 저항권이다"고 선언했다. 독일 베를린 헌법 제23조도 "헌법에서 보장된 기본권이 현저하게 침해될 때에는 모든 사람은 저항할 권리를 가진다"고 했으며, 독일 브레멘주 헌법 제19조는 "헌법에서 보장된 인권이 공권력에 의해 헌법에 반하여 침해될 때에는 저항은 모든 사람의 권리인 동시에 의무이다"라고 규정하였다. 이러한 저항권은 '인권을 보호하기 위한(최후의 권리로서) 인권'이 된다. 인권의 보호를 의무로 갖는 '법치국가'가 그 역할과는 반대로 압제의 역할을 할 때 그 국가는 '불법국가'가 되며, 이런 국가는 국민의 저항의 대상이 된다.

저항권은 크게 비판·반대권으로서의 저항권, 헌법수호권으로서의 저항권, 인권보호권으로서의 저항권으로 나누는데, 시민불복종은 비판·반대권으로서의 저항권으로 분류된다. 그래서 시민불복종은 헌법내적 저항권이라고 하고, '작은 저항권'이라고도 불린다. 시민불복종운동은 그 발전 양상에 따라 혁명적 불복종운동으로 전화될 수 있으며, 이는 저항권의 성격으로 발전된다고 볼 수 있다.

시민불복종의 요건으로는 '공공적 성격', '비폭력적', '법률을 의도적으로 위반할 것' 등을 들 수 있지만, 비폭력의 문제는 반드시 필요한 요건은 아니다. 그래서 종합적으로 시민불복종을 정리하면, "공공의 이익을 위해서 의도적이며 공개적으로 법률이나 명령을 위반하거나 법률에 대한 공적인 해석 또는 정의에 대한 일방적 해석에 항의하는 행위이다. 폭력을 행사하지 말아야 하지만 사회적 통념에 의해 인정되는 한계 내에서는 정당성을 인정받을 수 있다. 또한 부정한 기업과 사회단체에 대해서도 행사될 수 있다"로 될 수 있을 것이다.

Ⅱ. 시민불복종운동의 해외 사례

시민불복종운동의 기원은 미국이 헨리 데이비드 소로로 얘기되고 있다. 그는

1848년 1월 미국 매사추세츠 주 콩코드 문화회관에서 '정부와 개인의 권리와 의무'란 제목으로 강연을 하였으며, 이를 「시민정부에 대한 저항」이란 제목으로 출간, 발표하였는데, 훗날 현재와 같이 「시민불복종」으로 바뀌게 된다. 그는 노예제를 유지하는 각종 법률에 저항하는 의미에서 개인적인 도덕적 결단으로 납세를 거부하였다. 그는 "당신의 표를 모조리 던져라. 종이쪽지 한 장이 아니라 당신의 영향력 전부를 던져라. 다수의 뜻에 고분고분 따르는 소수는 무력하다. 아니, 소수라는 이름조차 과분하다. 그러나 소수가 온 힘을 다해 가로막으면 그 힘은 불가항력이 된다. 정의로운 사람을 모두 감옥에 가두든지 아니면 전쟁과 노예제를 폐지하든지 양자택일을 해야 한다면, 정부는 한 치의 주저함도 없이 후자를 택할 것이다"고 주장하였다. 그러나 당시의 그가 비폭력적인 방법만을 옹호하였던 것은 아니었다. 그는 노예제 농장주들을 공격한 혐의로 구속된 브라운 등을 옹호하는 글을 발표하는 등으로 하여 훗날 그의 시민불복종이 비폭력이라고 하는 주장과는 상반된 행동을 보였다.

간디는 소로의 시민불복종에 영향을 받은 대표적인 사람으로 알려지고 있다. 아마도 시민불복종운동이 비폭력 운동이라고 인식되게 된 데는 간디의 운동이 많은 영향을 끼쳤던 것으로 보인다. 또 1960년대의 미국 흑인 민권운동가 마틴 루터 킹의 주장과 활동의 영향인 듯싶다. 개인적 차원에서 진행되는 시민불복종운동은 비폭력적인 방법으로 진행되지만, 대중적인 시민불복종운동은 종종 폭력투쟁화한다는 것은 많은 사례들에서 알 수 있다. 이럴 경우 자칫 잘못하다가는 폭력 문제가 쟁점으로 부상한다든지, 여론으로부터 지지를 받지 못하는 상황이 올 수 있으므로 폭력은 매우 제한적으로 사용되어야 한다.

1960년대 미국에서는 흑인차별에 반대하여 고의적으로 흑백 분리정책에 맞서서 법률위반행위를 했다. 결국 이런 흑인들의 차별반대운동은 흑백차별제도를 사라지게 하였다. 또, 당시 베트남전에 소집된 청년들은 소집영장을 불태우는 불복종운동을 전개했다. 베트남전 징집거부운동의 상징적인 인물인 댄 베리건은 "내가 이 카드를 불태우는 이유는 사람을 불살라 죽이는 것보다 차라리 종이를 태워버리는 게 더 낫기 때문이다"고 말하였다.

1996년 영국에서 네 명의 여성들은 당시 동티모르에서 인종말살정책을 폈던 인도네시아 정부에 판매될 영국제 호크전투기가 보관된 군사기지에 몰래 침입하여 전투기를 파손하였지만, 법원은 이들을 무죄석방하였다. 또 1999년에도 '행동하는 동료들' 소속의 앤지 젤터와 동료들은 트라이던트 핵잠수함 기지에 잠입하여 4시간 동안 기지 내부에 있던 대부분의 컴퓨터와 관련 장비와 자료들을 호수에 던져 수장시켜 버린 뒤 "핵 살인을 위한 연구를 중단하라"는 현수막을 내걸었다. 유럽에서는 이미 오래 전부터 양심적 병역거부가 인정되고 있다.

이 외에도 시애틀 세계무역기구(WTO) 회의 반대운동, 중국의 파룬궁 시위, 뉴욕의 살인경찰 처벌 시위, 프랑스의 외국인 차별 개정 이민법 반대 운동, 독재정권과 부패 정권에 맞선 필리핀의 시민불복종운동 등을 시민불복종운동의 대표적인 사례로 들 수 있다.

Ⅲ. 한국의 시민불복종운동의 경험들

KBS TV 시청료 거부운동: 1986년 농촌 실상을 왜곡 보도한 것에 분노한 전북 완주군의 한 농민에 의해 시작되어 4년여에 걸쳐 국민의 절반 이상이 참여한 한국 최초의 시민불복종운동으로 기록되고 있다. 이 결과 1987년 11월 언론기본법의 폐지, 방송법 제정, 한국방송공사 개정의 성과를 낳았다.

총선시민연대의 낙천낙선 운동: 2000년 총선에서 시민단체들이 대규모 연대조직인 총선시민연대를 구성하여 공천 반대 명단을 공표하고, 낙천 낙선 대상자 반대 투쟁을 벌였던 정치개혁을 위한 시민불복종운동. 이는 다른 발제자가 중점적으로 다루므로 여기서는 생략한다.

매향리 국제폭격장 폐쇄운동: 경기도 화성시의 작은 어촌마을인 매향리는 1951년부터 미군이 농섬이란 곳을 국제폭격장으로 만들면서 마을의 평화는 파괴되었고, 세 차례에 걸쳐서 연안 지역의 어장과 농경지들을 강제로 징발당했다. 계속되는 폭격으로 사망자가 늘고, 각종 부상 사고도 늘었으며, 황금어장을 잃게 되었다. 이에 2000년 5월부터 이 농섬 폭격장을 폐쇄하기 위한 투쟁을 전개하였다. 2000년 6월 6일 폭격이 재개되자 3천여 명이 매향리 현지에서 폭격장 폐쇄를 위한 범국민대회를 열고 1.5km에 이르는 미군기지 철조망을 절단하고, 사격장에 진입하는 등으로 폭격을 저지하였다. 이 투쟁은 정부와 군당국이 주민을 무시하고 행정편의적 권한 남용에 대한 저항으로 주민의 생존권, 행복추구권, 환경권을 쟁취하기 위한 시민불복종운동이었다.

이 외에도 미군 장갑차에 사망한 두 여중생을 추모하고, 살인 미군의 처벌, 한미행정협정의 개정을 요구하는 대대적인 촛불집회를 열었던 효선이·미순이 촛불시위(2002), 전북 부안군수의 일방적인 핵폐기장 유치에 반대하여 벌였던 부안 주민들의 핵폐기장 반대 투쟁(2003), 평택 미군기지 확장 저지를 위해 정부와 군 당국의 토지 수용을 거부하고 투쟁중인 평택 미군기지 투쟁(2005) 등은 대표적인 시민불복종운동이라고 할 수 있다.

한국의 시민불복종운동은 최근에 들어와 대규모의 촛불시위와 같은 대중적인 항의운동으로 발전하고 있다. 이런 시민불복종운동이 사회적으로 크게 발전하는 것은 그만큼 현재의 정치적 상황이 민중적 요구를 수렴하지 못하는 구조와 연관되어 있다. 즉 민주화운동의 주체로 나섰던 민중들은 민주화 이후 역사의 주체가 아닌 소외된 계층으로 머물러 있으며, 배제되어 있다. 민중들의 정치적 이해를 대변할 정당이 취약하고, 여전히 보수집단이 결정영역을 담당하면서 비결정 영역에 머물러 있는 민중들은 사실상 자신들의 의사를 대중적인 시민불복종운동으로 표출하고 있는 것이다. 대규모 촛불시위의 경우는 한국 시민사회의 특수한 운동을 보여주는데, 광화문에서 부안까지 확대되어 있고, 지난해에 국가보안법 폐지 투쟁에서는 전국적으로 동시에 촛불을 밝히기도 했다. 이런 촛불시위로 대표되는 시민불복종운동은 사안도 전국적인 정치 사안, 주한미군의 문제, 지방자치제의 민주적 절차의 문제, 생존권, 환경권의 문제 등 다양한 문제들에까지 그 대상을 넓히고 있다.

그렇지만 가령 노동조합에서 진행하는 기업에 대한 불매운동이 매번 성과를 내지 못하거나 지속적인 불복종운동(예를 들어 납세거부운동)과 같은 시민불복종운동을 기획하거나 책임질 수 있는 시민사회의 역량은 채 갖추지 못한 게 우리의 현실이다. 따라서 일시적인 정치 사안들에 시민불복종운동이 집중되고 있다.

시민불복종운동이 우리 역사에서 4월 혁명, 6월 항쟁으로 발전해 나갔던 예를 적극적으로 해석한다면 대중적인 분노가 있는 가운데 선도적인 투쟁들이 대중적인 시민불복종운동으로 나아가고, 이럴 때 대개 집시법이나 공안 관련 법률을 동원한 탄압은 오히려 권력에 역작용을 낳고, 대중들이 더 크게 결합하는 계기를 만들어 주었다. 이렇다고 한다면 한국 시민사회운동에서 운동의 초기에는 시민불복종운동을 의도적으로 기획하여 추진하는 것이 요청된다.

Ⅳ. 2004년의 인권운동으로 전개된 시민불복종 운동 사례[1)]

□ 장애인이동권 투쟁

○ 한국 사회, 장애인 이동권의 현실

이동권이란 기본적으로 "어떠한 목적으로 통행을 할 때, 출발지에서 목적지까지 수단 및 동선을 확보함에 있어, 제약을 받지 않고 자유로울 수 있는 권리"를 의미한다. 즉 말 그대로 자유롭게 이동할 수 있는 권리인 것이다. 이러한 이동권은 크게 건축물이나 시설과 같은 정적인 대상을 중심으로 그 안에서 그리고 안으로·밖으로 이동할 수 있는 문제(구조물의 편의시설)와, 동적인 교통수단을 자유롭고 안전하게 이용할 수 있는 문제, 그리고 일반적 도로 환경의 문제(인도의 턱, 횡단보도, 유도 블럭 등)를 포함하게 된다.

한국 사회의 장애인들은 집밖 활동시 여러 가지 이유로 불편을 느끼거나 이동의 불가능을 경험하게 된다. 전반적으로 전체 장애인의 64.5%가 집밖 활동시 다양한 이유로 불편함을 이야기하고 있으며, 교통수단 이용시에도 48.8%가 매우 어렵거나 어려운 편이라고 응답하고 있다. 이러한 집밖 활동의 불편함과 교통수단 이용의 어려움은 장애인들의 외출을 제약하는 중요한 원인이 되어, 재가장애인(시설이 아닌 지역사회에 거주하는 장애인)의 19.6%가 주 1~3회의 외출을 하고 있으며, 21.1%는 한 달에 3회 이하의 외출을 하고 있는 것으로 나타나고 있다(이중 연 10회 이내가 5.3%, 전혀 외출을 하지 않는 경우도 6.4%를 차지한다).

한편 집 밖에서의 활동시 불편사항을 살펴보면 대중교통수단과 각종 건축물의 편의시설 부재가 매우 심각한 상태이며(대중교통수단의 편의시설 부족이 52.5%, 계단승강기의 편의시설 부족이 59.0%), 이동을 보조할 수 있는 활동보조인제도(PAS : Personal Assistant Service)의 필요성이 매우 절실함을 알 수 있다(몸이 불편해서가 76.1%, 외출 시 동반자가 없음이 34.6%). 단 외출시 동반자가 없음, 몸이 불편해서라는 항목에 대한 부분은 전적으로 장애인의 신체적 장애에 따른 응답이라기보다는 사회적인 제도와 물리적인 환경의 문제(사회적 장애)가 함께 포함된 응답이라고 보아야 할 것이다. 실제적으로 사회의 물리적 시스템이나 환경이 장애인이 일상생활을 영위하는데 적합하

1) 이하의 사례들은 인권단체연석회의 편집위원회, 「2004 인권운동보고서」에서 인용하였다.

게 바뀔 수 있다면, 이러한 응답의 비율은 크게 줄어들 것이기 때문이다.

○ 장애인 이동권 쟁취를 위한 투쟁의 과정

지난 2001년 오이도역에서의 수직형리프트 추락참사를 계기로 구성된 장애인이동권연대는 서울역 천막 농성, 지하철 선로 점거 투쟁, 국가인권위 점거 단식농성, '장애인도 버스를 탑시다' 투쟁과 '백만인 서명 운동' 등을 벌여내며 장애인의 이동권 문제를 장애운동과 민중운동계에 하나의 의제로서 부각시키게 된다. 특히 39일간의 목숨을 건 국가인권위원회 점거 단식농성 이후, 서울 지하철 전 역사의 엘리베이터 설치와 '저상버스 도입 추진위원회'의 구성, 장애인 콜택시 도입이라는 일정한 성과를 만들어 내면서, 이동보장법률 제정이라는 문제를 구체적인 투쟁의 과제로서 상정하게 되었다고 볼 수 있다. 이는 장애인의 이동권 문제를 각각의 개별적 쟁점에 대한 대응을 통해서 그리고 각 지방자치단체의 임의적인 정책을 통해서 해결하는 것에는 일정한 한계가 있을 뿐만 아니라, 재정이 상대적으로 열악하며 직접적인 투쟁이 전개되지 않는 지역의 경우 이러한 문제는 더욱 심각할 수밖에 없다는 문제의식이 공유되었기 때문이다.

2002년 10월말 이루어진 이동보장법률 입법 투쟁 선포 기자회견 이후, 장애인이동권연대는 2003년 한 해 동안 전국 순회간담회 등의 과정을 거치며 법안의 내용을 다듬고 전국적인 규모의 법률 제정 공대위를 출범시키게 된다. 그리고 2004년 7월 19일 입법발의 이후 국회 노숙 투쟁, 한나라당사 점거 투쟁, 영등포 로터리와 마포대교 점거투쟁 등을 68일간의 천막농성과 함께 벌여 내며, 소기의 성과를 담은 이동보장법률을 만들어내게 되었던 것이다.

4년간 이루어진 수많은 투쟁을 짧은 지면에서 다 얘기할 수는 없겠지만, 기간의 투쟁에 있어 핵심 키워드는 '점거'였다고 할 수 있을 것 같다. 장애인이동권연대는 지하철 선로를 점거하고, 버스를 점거하고, 사다리를 목에 걸고 쇠사슬로 몸을 감아 도로를 점거하고, 서울시청을 점거하고, 국가인권위원회를 점거하고, 정부의 책임자들이 나오는 행사를 쫓아다니며 단상을 점거하기도 했다. 생산의 현장에서 착취당하는 노동자들은 생산을 멈추는 파업을 통해 싸우고, 가질 거 다 가진 의사들은 가진 거 못 내놓겠다고 국민의 목숨을 담보로 싸우기도 하였지만, 아무것도 가진 거 없이 맨몸뚱이밖에 없는 장애인 동지들은 그 한 몸 던져 지금까지의 투쟁을 만들어 내었던 것이다.

○ 성과와 한계

애초 장애인이동권연대가 국회에 제출한 법률의 명칭은 '장애인·노인·임산부 등의 교통수단이용 및 이동보장에관한법률(이하 장애인 등의 이동보장법률)'이었다. 그러나 그동안 장애인의 이동권을 철저히 무시해왔던 정부는 이러한 법률의 내용을 적극적으로 수용하기는커녕, 주요한 내용들을 모두 무력화시킨 '교통약자의 이동편의 증진법'을 마련하여 국회에 함께 제출하는 만행을 저지르고 만다. 결국 이 두 법안은 국회 건설교통위원회에 함께 제출되어 심의를 받게 되고, 이 기간 동안 이루어진 강력한 투쟁 속에서 명칭은 '교통약자의 이동편의 증진법'을 따랐지만, '장애인 등의 이동보장법률'의 핵심적인 요구사항이 반영된 새로운 대안이 마련되어 국회를 통과하게 된다. 물론 이 법률은 결코 완벽한 것이 아니며 저상버스의 도입의 의무화에 대해서도 '예산의 범위 내에서'라는 단서 조항을 달고 있기에, 이후에도 지속적인 예산 확보투쟁과 실효성 있는 시행령·시행규칙 및 지방자치단체 차원의 조례를 만들어내기 위한 노력이 요구된다고 할 수 있을 것이다.

□ 양심에 따른 병역거부

○ 양심에 따른 병역거부가 한국사회의 인권문제로 부각되기 시작한 것은 2001년 초의 일이다. 한 시사주간지에서 여호와의 증인들의 사연이 소개된 이후 신문과 TV를 비롯한 각종 언론에서 관련 기사들을 쏟아내기 시작했는데 이러한 반응은 활동을 막 모색하고 있는 시기였던 우리 인권단체들조차도 놀랄 정도였다. 사회의 많은 부분에서 민주주의의 성숙을 이뤄냈다고 시민들 스스로가 자부했던 탓인지 아직까지 시민적 조명을 받지 못해 생소했던 병역거부자들의 문제는 사회의 뜨거운 토론을 불러일으켰다. 특히 그저 그늘에서 숨죽인 채 살아갈 수밖에 없었던 병역거부자들과 가족들의 절절한 사연은 많은 사람들에게 인권적 차원에서 연민의 감정을 느끼게 했다. 같은 해 12월에는 불교신자이자 평화주의자인 오태양 씨가 병역거부 선언을 하였는데 이는 당시까지만 해도 기독교 소수파(이단으로 취급되었던)의 특이한 행동이고 '한 번 우리가 아량을 베풀자'식의 토론이 무성했던 논의의 지형을 국가와 개인 간의 합리적인 공존, 더 나아가 우리 사회의 징병제와 군사문화의 측면으로까지 논의를 삽시간에 확장시켰다. 1만여 명에 달하는 병역거부 전과자들, 심지어 죽음으로까지 몰아갔던 가혹했던 국가주의, 지금도 매일 2명꼴로 구속되고 있는 병역거부의 행렬…. 그 후 4년이 지난 지금까지도 이 문제는 여전히 한국사회의 뜨거운

이슈이며 해결되지 않은 과제이다.

○ 인권단체들이 이 문제에 관심을 갖고 활동을 시작한 시기는 2000년 하반기부터이다. 같은 해 7월부터 타이완에서 대체복무제도가 실시된 것에 고무되어 활동을 모색하던 중 언론기사에 대한 예상보다 뜨거운 사회적 반응과 마침 온라인상의 병역거부 관련 사이트들에 대한 서울경찰청의 과잉대응으로 자연스럽게 활동을 본격화할 수 있었다. 초창기 인권단체들의 활동은 사이비 신자들의 이기적 생각 정도로만 치부되었던 병역거부자들의 신념을 제자리로 돌려놓고 국가라는 이름으로 이들에게 가했던 폭력의 현실을 드러내는 것에 치중하였다. 더불어 이미 해외의 많은 나라와 유엔 차원에서도 80여 년 전부터 인정되어 왔던 인간의 기본적인 권리라는 것을 알리는데 힘썼다. 이러한 상황에서 대체복무제도가 개인과 국가 간의 합리적 공존을 위한 유력한 대안으로 제시되었다. 오태양 씨의 병역거부와 잇따른 평화주의자들의 병역거부, 그리고 2003년 3월 미국의 이라크 침공에 의해 병역거부는 인권적 측면뿐만 아니라 반전운동의 일환으로서도 논의되기 시작했는데 같은 해 11월 현역 이등병이었던 강철민 씨의 병역거부는 그 정점에 있었다.

○ 해외의 병역거부 운동 역사에서 종교적, 세속적, 선택적 병역거부들이 수십년에 걸쳐 나타났던 것과 대조적으로 한국의 그것은 압축적인 근대화의 역사만큼이나 그 흐름이 빨랐다. 2004년엔 이러한 압축적 병역거부 역사를 일단락 지을 사법부의 결정들이 잇따랐는데 7월과 8월에 대법원과 헌법재판소가 각각 병역거부 관련 사건에 대해 이를 인정하지 않는 결정들을 내렸다. 이로서 헌법재판소 결정 뒤로 미뤄졌던 병역거부자들의 재판이 속속 속개되고 있는 실정이며 2005년 1월 15일에도 현재 전국 각지의 교도소에 817명의 병역거부자가 수감중이고 이 통계는 앞으로도 계속해서 늘어날 전망이다. 이러한 사법부의 결정에 따라 이제 병역거부자들의 문제를 해결할 수 있는 공은 국회로 넘어간 셈인데 작년 9월과 11월에 열린우리당 임종인 의원을 비롯한 22명의 국회의원과 민주노동당 노회찬 의원을 비롯한 10명의 국회의원이 병역거부자들에 대한 대체복무 허용을 골자로 하는 병역법중개정법률안을 발의하기도 하였다. 현재 이 법률안들은 국회에 계류중이나 해당 상임위에서 변변한 논의조차 진척되지 못하고 있는 실정이다.

○ 하지만 2004년은 또한 어느 때보다도 양심이 의미하는 바에 대해 사회가 깊게 이해하기 시작했다고도 볼 수 있는데 바로 지난 5월에 있었던 서울남부지원의 무죄판결이 그것이다. 물론 그 판결이 논란의 여지가 아주 없는 것은 아니나 지난

50여 년 동안 고통 받아 왔던 병역거부자들의 인권문제를 해결할 수 있는 중요한 단초를 제공하고 있음은 물론, 그동안 소위 국가안보 논리에 의해 희생당해왔던 양심의 자유에 대한 '원칙'을 제시했다는 점에서 그 의미가 크다. 즉 지금까지 대한민국의 시민이면서도 양심의 자유라는 권리를 존중받지 못해왔던 병역거부자들의 신념이 헌법에서 보호하고 있는 양심 자유에 포함된다는 선언이자 병역의 형평성 문제와 같은 현실적인 측면에 있어서도 충분히 대체복무제도 도입 등을 통해 합리적인 방법을 모색할 수 있다는 것을 보여주고 있다는 것이다. 이러한 사상 초유의 무죄판결로 인해 또 한 번 한국 사회는 뜨거운 논란에 휩싸였는데 언론에서도 무려 1,000회 이상의 보도를 하여 무죄판결과 병역거부 인권문제에 관한 대중의 관심을 반영하였다. 그러나 여론은 그리 긍정적인 편은 못되었는데 이러한 결과에는 언론의 영향이 컸다. 한 일간지에는 무려 75%의 시민들이 무죄판결에 대해 반대한다는 기사가 실리기도 했는데 이는 어차피 대체복무제도가 존재하지 않는 현실에서 결과적으로 감옥에 갈 수밖에 없는(무죄선고를 받았던 2명의 병역거부자는 항소심에서 1년 6개월 형을 받고 현재 수감중이다) 현실을 언론이 제대로 보도하지 않았기 때문에 많은 사람들이 자연스럽게 '무죄판결 = 면제'라고 생각하게 된 것이다.

○ 또 2004년엔 종교적 사유가 아닌 평화주의적 관점에서 5명의 젊은이(영민, 김석민, 최진, 이원표, 임재성)가 병역을 거부했으며 이 중 최진 씨는 현직 초등학교 교사로서 병역을 거부하여 많은 사회적 관심을 끌었다. 이들을 공통적으로 이라크 전쟁에 대한 부당성, 전쟁에 대한 근본적 회의, 끝내는 전쟁과 파병을 찬성하게 만드는 한국 사회의 폭력성 및 국가주의에 대해 심각하게 문제제기를 하며 어떠한 연유에서건 국가폭력에 개입할 수 없음을 분명히 하였다.

○ 현재 국회에 계류중인 병역법중개정법률안의 통과를 지금의 상황에선 낙관하기 힘들다. 이것은 현 17대 국회의 수준뿐만 아니라 아직 시민들의 의식도 그리 병역거부자들에 대해 관대하지만은 않기 때문이다. 국회를 상대로 한 활동뿐만 아니라 대 시민 캠페인의 필요성도 꾸준히 제기되는 대목이기도 하다. 아마도 병역거부로 인해 수감될 사람들의 수가 곧 1,000명을 넘어설 예정이다. 정말 우려스러운 상황이라 하지 않을 수 없다. 하루빨리 국회에서 관련 논의를 시작하기를 기대해 본다. 징병제가 어느 날 아침 갑자기 사라질 수 없는 시스템이라 한다면 다양성을 존중하고 소수자를 보호한다는 측면에서 대체복무제도는 아주 훌륭하고 게다가 수십 년간의 검증을 거친 지혜로운 제도라 할 것이다.

더불어 개인적인 불이익을 감수하고서라도 병역거부를 선택하는 사람들의 마음을 한번쯤은 우리 모두가 헤아려주길 바란다. 군대대신 감옥을 선택하는 사람들을 자기만 아는 이기주의자라 하고 남을 해하기 싫어서 총을 잡을 수 없다는 사람들을 다른 대안이 있으면서도 굳이 감옥에 보내 본때를 보여줘야 한다(게다가 본때가 되지도 못한다. 그래도 병역거부자의 수는 계속 늘고 있기 때문이다)는 의식은 그 자체로 우리 사회의 군사주의를 드러내주고 있다. 병역거부자들은 폭력과 타인의 고통에 둔감한 우리 사회가 과연 정상인가, 전쟁을 일으키고 자연 위에 군림하려 하는 인간이 과연 이성을 가진 존재인가를 묻고 있는 것이다. 개인적 고통이 너무도 크기에 병역거부를 결심하는 것은 지극히 어려운 결정이지만 적어도 전쟁과 군대, 폭력 등에 대해 새롭게 고민할 수 있는 계기가 됐으면 하고 또 나와 다른 신념을 가진 소수자들과 조화롭게 공존할 수 있는 방법에 대해서도 생각해 볼 수 있었으면 한다.

□ 집회·시위의 자유 확보를 위한 개악 집시법 불복종운동

○ 불복종운동의 제기 배경

2003년 12월말 국회 본회의는 집회및시위에관한법률(이하 집시법) 개정안을 통과시켰다.

이 개악된 집시법에서 가장 큰 문제는 '소음규제'를 명시하고 있다는 점이다. 집회에서의 소음을 강제적인 법으로 규제하는 것이 옳지 못하며, 비현실적이라는 시민사회단체의 주장은 여지없이 묵살당했다. 경찰은 소음 규제 기준을 이미 주간 80데시벨로 정해 놓았고, 이를 초과할 경우 시정조치를 집회 주최 측에 요구하고, 이에 따르지 않을 경우 6개월 이하의 징역 또는 50만 원 이하의 벌금에 처할 수 있게 되었다. 이럴 경우 두 사람과의 대화가 60데시벨이라는 점을 감안한다면 이런 법 규정을 제대로 적용하면 사실상 대규모의 집회는 원천적으로 불가능하게 된다. 이후 이 법 조문이 시행령에 구체화되는 과정에서 시민사회와 경찰 당국의 밀고 밀리는 신경전이 진행된다.

이 밖에도 개악 집시법은 "유치원을 포함한 초중고 학교시설(서울시내만 2,229개의 학교시설) 주변지역과 군사시설 주변의 집회를 경찰당국이 자의적으로 금지통고할 수 있게 되었고, 사실상 서울시 대부분의 도로가 포함되는 주요도로에서의 행진도 이제는 경찰당국이 교통소통에 방해될 수 있다는 이유로 금지통고를 할 수 있게 되었다. 그리고 지난 2003. 10. 30. 헌법재판소가 외국대사관 주변 집회금지조항에

대하여 위헌결정을 하였으나, 개정 집시법은 다시금 대사관에 외교사절의 숙소까지 포함하여 해당 기관과 아무런 상관없는 집회거나 소규모로 이루어지는 집회라도 경찰당국이 외교기관과 숙소의 기능이나 안녕을 침해할 우려가 없다고 인정할 때에만 가능하도록 하여 위헌결정의 취지를 무위로 돌리고 있다"는 비난을 받았다.[2] 거기에 이 집시법의 개악 과정은 인권 관련 법령의 개폐에 대해서는 사전에 국가인권위원회와 협의할 의무를 저버리고, 공청회 한 번 하지 않은 채 비밀스럽게 진행되었다. 개악된 집시법은 일반적인 법 개정의 절차도 무시한 것이었다.

이에 천주교인권위원회, 원불교인권위원회, 인권운동사랑방 등의 인권단체들을 비롯한 87개의 시민사회단체들이 '개악 집시법 대응 연석회의'(이하 연석회의)를 3월 4일 결성하였다. 연석회의는 개악 집시법이 헌법이 보장하는 집회·시위의 자유를 원천적으로 봉쇄하고 있다고 규정하고 이에 대해 전면적인 거부를 천명하였다. 개악 집시법의 재개정을 위한 운동을 전개하기로 하고, 집시법 불복종운동을 천명하게 된다.

이를 위해 연석회의는 집회·시위의 현장 감시, 집시법 불복종 매뉴얼 제작·배포, 집회·시위 현장에서의 소음 측정을 통한 시행령 제정 저지 활동, 불복종 집회의 기획 등을 계획하게 된다.

○ 개악 집시법을 둘러싼 경찰과 연석회의의 대응

– 경찰의 집회·시위 현장 불법행위 감시

경찰의 집회·시위현장에서의 불법행위는 여전했다. 2월에 여의도에서 열린 농민집회가 합법집회였음에도 불구하고 집회 현장에 경찰력을 투입하여 강제 해산에 나서 수백 명의 부상자가 발생했다. 1월의 이주노동자들의 집회에 대해서도 경찰이 합법집회를 무시하고 강제해산하면서 성직자를 폭행하고, 가스총을 사용하면서 이주노동자를 강제 연행하였다. 이런 사례들은 비일비재하게 나타났다.

거기에 과잉진압의 사례들도 나타났다. 2월 27일에 있었던 서울대 병원 간병인 농성장에서도 서울노동청의 요청에 의해 투입된 경찰은 농성 간병인을 40여분 만에 물리력으로 강제 연행[3]했으며, 6월 13일에 있었던 세계경제포럼(WEF) 동아시아 정상회의 반대 공동행동의 날 집회에서도 경찰은 시위대를 향한 불법 채증작업을 계속했으며, 물대포와 방패, 곤봉으로 무장한 전경들을 대거 배치함으로써 비무장 상태

2) 개악집시법대응연석회의, 발족선언 기자회견문, 2004. 3. 4.
3) 오마이뉴스, 2004년 2월 27일.

인 시위대를 위협하는 공포 분위기를 조장했다. 4)

인권단체들의 경찰 감시활동에서 지적된 점들은 이런 진압 방식의 문제 외에도 2003년에 심각하게 문제가 되었던 방패 밑을 날카롭게 갈아 시위대를 공격하는 점, 집회·시위대를 둘러싼 경찰 차벽의 설치 문제, 지나치게 많은 경찰력의 배치로 인한 시민 참여의 봉쇄의 문제와 차량 소통 방해의 문제, 법적인 근거 없는 불법 채증작업과 그를 이용한 집시법 위반자의 추적 등이었다. 이런 문제는 오래 전부터 지적되어 왔던 것이지만 전혀 개선되지 않고 있었다. 그러나 이런 집회·시위에서의 경찰의 불법행위들에 대한 모니터 작업이 일부 이루어졌지만 체계적이고 지속적인 작업으로 이어지지 못했고, 향후 법 개정을 위한 근거자료로 만들어내지 못했다.

– 집시법 중 소음 규제 관련한 공방

개악 집시법 중 가장 문제가 많은 부분이 소음 규제의 기준과 방법이었다. 개악 집시법에서는 경찰이 기준치를 초과하는 소음에 대해서는 경찰당국이 확성기의 사용금지, 일시보관과 압수 등의 조처를 취할 수 있게 규정되어 있으므로 시행령에서 소음기준과 측정방법이 어떻게 규정되느냐는 큰 문제가 아닐 수 없었다. 애초 경찰은 5월 말까지 시행령을 마련한다는 것이었으나, 연석회의의 대응에 따라 시행령의 제정은 9월로 연기되어 시행되었다.

경찰은 애초 주거 지역을 제외한 기타 지역의 소음 기준을 주간 80데시벨로 제시하였다. 야간은 70데시벨로 제시되었으나 사실상 합법적 야간집회는 불가능했기 때문에 별 의미가 없다. 주거 지역과 학교 주변에서는 주간 65, 야간 60데시벨을 기준으로 제시되었다. 이중 가장 문제가 되는 부분은 주간의 대규모 집회다.

사실 집회와 시위 현장에서 발생하는 소리를 소음으로 규정한 것부터 문제가 아닐 수 없지만, 현실에서 이와 같은 소음기준과 측정방법을 둘러싼 공방이 이어질 수밖에 없었다. 연석회의는 막연한 주장만으로는 경찰의 시행령 제정 움직임을 제지할 수 없기 때문에 구체적인 근거자료를 만들기로 했다. 4월 10일 세종문화회관 앞 공무원 노조의 집회, 4월 24일 대학로에서의 반전집회, 5월 1일 민주노총의 대학로에서의 세계노동절대회 집회 등 3회에 걸쳐서 집회 현장에서 소음을 직접 측정했다. 경찰도 나름대로 소음을 측정했고, 특히 4월 24일에는 공동으로 소음을 측정하기도 했다.

이와 같은 소음 측정의 결과를 바탕으로 연석회의는 다음과 같은 결론을 내렸다.

---

4) 인권운동사랑방 경찰감시팀 모니터링 활동.

"일률적인 소음규제를 적용할 수 없다. 소음측정을 '피해가 예상되는 자가 위치한 건물의 외벽에서 소음원 방향으로 1~3.5m 떨어진 곳'에서 하게 되어 있는데, 집회장소마다 그러한 건물까지의 거리가 다르기 때문이다. 집시법 연석회의에서 자체 측정한 자료를 보아도 세종문화회관 앞이나 대학로처럼 집회장소 가까이에 건물이 있으면 그 측정치는 80데시벨을 훨씬 초과하였고 마로니에공원과 같이 건물이 어느 정도 떨어져 있는 곳에서도 80데시벨을 넘나들었다. 이렇게 다양한 상황을 무시하고 통제만 하려든다는 것은 비합리적인 발상이다. 집회현장 상황, 주변 여건 등을 고려하여 집회 주최자로 하여금 자율적으로 조정하도록 하는 것이 바람직한 것이다."[5)]

나름대로 경찰은 공청회를 여는 등 신중하게 시행령 제정 작업을 진행하는 듯했지만, 결국 소음규제가 비현실적이라서 법을 개정해야 한다는 시민사회의 주장을 무시한 채 소음규제를 담은 시행령을 9월에 통과하여 시행하게 되었다.

− 촛불집회를 둘러싼 공방

집시법 제10조는 일출시간 전, 일몰시간 후의 옥외 집회와 시위를 금지하고 있다. 단, 집회의 성격상 부득이한 경우 주최자가 질서 유지인을 두고 미리 신고할 때 관할 경찰서장이 허용할 수 있도록 하고 있다. 그러나 지난 94년 헌법재판소는 '현행 집시법 제10조가 야간의 옥외 집회·시위를 일률적으로 금지하는 것이 아니고, 또 단서규정에 따른 야간 옥외 집회의 허용 여부는 헌법이념 및 조리상 관할 경찰관서장의 편의재량사항이 아니고 기속재량 사항이라고 해석되는 점' 등을 이유로 야간의 집회 금지를 다룬 집시법 제10조가 위헌이 아니라고 판단했다. 즉, 집시법 제10조가 야간집회의 원천적인 금지를 규정한 조항이 아니며 또 경찰서장의 자의로 허·불허를 판단할 것이 아니라 헌법에서 보장한 집회의 자유의 원칙에 따라야 한다는 것이다.[6)]

하지만 경찰은 야간집회를 무조건적으로 금지하였으며, 이에 따라 야간집회를 열고자 하는 단체들은 문화제니 추모제니 하는 집회 신고가 필요 없는 행사로 강행하게 된다. 지난 2002년 '미선이, 효순이 추모 촛불집회'가 그것이었다. 3월에 국회에서 대통령 탄핵안이 가결되자 탄핵무표 국민행동 등은 광화문에서 매일 야간집회를 개최하였다. 많게는 20만 명의 시민들이 모인 이 집회를 주도한 관계자들에 대해서 경찰은 불법 집회 개최를 이유로 불구속 기소하였고, 법원은 경찰의 주장을 받아

5) 개악집시법대응연석회의, 집시법 시행령 개정에 즈음한 기자회견, 2004. 5. 24.
6) 인권하루소식 제2534호, 인권운동사랑방.

들여 이들에 대한 벌금형의 선고를 내렸다. 수십만 명이 운집한 야간 촛불집회는 여전히 경찰이나 사법당국의 입장에서는 불법인 것이다.

또 탄핵무효 집회가 열리던 비슷한 시기인 3월 26일 세종문화회관에서는 장애인 단체들이 모여 '최옥란 열사 2주기 추모문화제'를 열고 있었다. 경찰은 이 또한 추모문화제로 인정할 수 없으며, 불법 야간집회이기 때문에 해산하라고 종용하였다. 이를 주최 측이 거부하자 경찰은 현장에서 82명을 연행하고, 이중 4명을 불구속 입건, 15명을 즉심에 회부하였다. 특히 경찰은 강제연행 과정에서 '촛불집회와의 형평성'을 따지는 행사 참가자들에게 "수만 명이나 되는 촛불시위자들을 어떻게 다 연행하느냐"[7]고 말한 것으로 알려져 사회적 약자들만 골라 밀어붙인다는 비난을 면하기 어렵게 됐다.

이후 열린 김선일 씨 추모문화제, 국가보안법 폐지를 위한 여의도 촛불문화제 등에 대해서도 경찰당국은 야간집회를 허용하지 않는 태도를 그대로 유지했다.

– 서울시의 시청광장 조례의 문제점

서울시는 4월 20일 '서울특별시서울광장의사용및관리에관한조례'(시청광장 이용조례)를 제148회 시의회 임시회에 상정했다. 조례에 따르면 광장을 사용하려면 사용일 60일 전부터 7일 전까지 사용허가신청서를 제출해야 하고, 광장의 조성목적에 위배되거나 심각한 손상을 줄 우려가 있는 경우 시장은 허가하지 않을 수 있다. 또한 준수사항을 위반하면 사용을 정지하거나 허가를 취소할 수도 있다. 게다가 광장사용료(시간당 1제곱미터의 사용료가 10원)를 부과하고 있으며, 광장에 손상이 발생된 경우에 배상을 해야 한다.[8]

이런 조례안은 그대로 서울시의회를 통과하였고, 서울시가 자의적 판단으로 사용을 허가해 비판을 받고 있는 서울시청 앞 광장에 대해 관변단체들은 지난 5월 개장 뒤 6월말까지 두 달 내내 집회신고를 해놓아 다른 시민이나 단체는 전혀 집회를 열 수 없는 것도 확인[9]이 되었다. 특히 이 단체들은 서울시로부터 이번 집회(캠페인) 사업비나 올해 운영보조비 명목으로 수천만 원의 지원을 받는 것으로 확인돼, 이들이 다른 시민단체들의 정치적 집회·시위를 막기 위해 집회신고를 싹쓸이한 것이 아닌가 하는 의혹도 일었다.[10] 그 뒤에도 시청 광장에 대한 서울시 당국의 이중

---

7) 문화일보, 2004. 3. 29.
8) 인권운동사랑방, "조례로 광장에 '담쌓기,'" 「인권하루소식」, 제 2557호.
9) 한겨레신문, 2004. 6. 4.
10) 한겨레신문, 2004. 6. 4.

잣대는 늘 문제가 되었다.

시청광장 이용조례에 대해 연석회의는 △ 시청광장에 대한 사용신청과 허가를 받도록 한 점 △ 집시법의 규율대상이 되고 있는 집회·시위에 대한 업무는 전형적인 국가업무로 지방자치단체의 고유사무가 아니라는 점 △ 집회·시위에 관한 사항을 규율하는 법률인 집시법이 설정하는 제한보다 엄격하게 장소에 대한 규제수단을 도입하고 있다는 점 등을 문제점으로 지적하는 의견서를 서울시에 전달했다.

○ 불복종운동의 실패

연석회의의 집시법 불복종운동은 언론사들의 관심을 끄는 주제였다. 불법적으로 개악된 법률에 대해 시민사회가 직접행동 방식의 불복종운동을 전개한다는 것부터가 새로운 운동방식이었기 때문이다.

연석회의는 3월 10일 '개정 집시법의 문제점과 시민불복종운동'이란 토론회를 개최하였다. 이 자리에서 집시법의 개정 방향으로 권두섭 변호사는 △ 경찰당국의 자의적 금지통고를 막을 장치 마련 △ 위장집회와 대사관 유치를 통한 집회봉쇄 방지장치 마련 △ 병력 통제적 집회 관여 구조의 타파 △해산명령 등 개입절차의 명확화 등을 제시했다. 한상희 건국대 교수는 "여기서 이러한 집시법에 대한 교정의 노력은 이제는 더 이상 선택사항이 아니게 되었다. 왜냐하면 지난 1월 개정된 집시법은 집회 · 시위의 가능성을 너무도 협소하게 축소시켜 버려 시민사회가 정치과정에 자신의 의사를 제시하고 이를 통하여 정치적으로 참여할 수 있는 여지를 상당 부분 박탈해 버렸기 때문이다. 그동안 우리 사회의 민주화를 이끌어 왔던 시민사회의 추동력이 이 과정에서 합법성의 이름하에 스러져 버릴 가능성이 적지 않은 것이다. 이에 시민불복종은 적어도 이 집시법에 관한 한 가장 유효한 저항의 수단을 제공할 뿐 아니라, 유일한 대안으로서 존재하게 된다. 즉 개정집시법이 규율하고자 하는 대상인 집회·시위 그 자체가 시민사회가 정치영역에 대하여 자신의 의사를 표현하는 방법이며, 이 점에서 집시법의 오류에 대한 항거는 논리 필연적으로 그 오류를 거부하는 방식을 이루어질 수밖에 없는 것이다"[11]라고 하여 시민불복종운동을 옹호하였다.

이런 논리적인 뒷받침 위에서 연석회의는 집시법 재개정을 위한 불복종운동을 준비하여 나갔다. 3월에는 <개악 집시법 불복종운동 매뉴얼>을 제작하여 전국의 단체들에 배포하였고, 이를 위한 구체적인 시행 방법을 논의하였다.

5월까지 시행령 개정 작업에 대응하는 것에 집중했던 연석회의는 5월 28일 문

11) 개악집시법대응연석회의, 「'개정 집시법의 문제점과 시민불복종운동' 토론회 자료집」, 2004. 3. 10.

제가 되고 있던 서울시청 광장과 야간집회 문제를 주제로 첫 불복종운동을 기획했다. 이날 오후 6시 서울시청 광장에서 '집회·시위 자유를 허용하라'는 주제로 문화행사를 열기로 했으나 경찰의 봉쇄로 행사를 진행하지 못했다. 경찰은 2개 중대 240여명을 동원, 행사장에 모인 연석회의 관계자 50여 명을 둘러싸고 행사진행을 막았으며 깡통으로 만든 사람 모양의 조형물을 경찰이 빼앗는 과정에서 양 측 사이에 심한 몸싸움이 한때 벌어졌다.[12) 이에 연석회의는 문화행사가 무산되자 7시께 시청 앞 보도에서 기자회견을 갖고 ▲ 야간집회 보장 ▲ 위헌적이고 차별적인 서울광장 조례 개정 ▲ 집시법 재개정 등을 요구하는 성명을 발표한 뒤 7시30분께 자진해산 했다.[13)

어찌 보면 연석회의가 오랜 동안 준비한 것치고는 너무 싱겁게 끝나버린 한 판이었다. 그렇지만 여전한 경찰의 원천봉쇄를 뚫고 집회를 강행하기에는 여러 가지 무리한 측면이 없지 않았다. 더욱이 불복종운동이 대규모 집회 등에서 이뤄져야 함에도 불구하고 이런 대규모 집회는 큰 규모의 단체들이 경찰들과의 마찰을 빚으면서 강행하려 하기보다는 문제를 최소화하려는 경찰과의 타협 속에서 적당한 선에서 이뤄지는 것이 현실인 상황에서는 대규모 집회를 불복종 집회를 만들기는 어려웠다. 거기에 경찰 자체가 집시법 개악에 대한 여론의 동향을 살피면서 개악 집시법의 적극적인 적용을 미루던 상황에서는 불복종운동의 동력이 생겨나기가 어려웠다.

이후 연석회의는 매월 불복종집회를 연다는 방침을 세웠으나, 주요 이슈들이 이동하면서 연석회의의 불복종운동은 동력을 급격하게 잃고 연석회의는 거의 활동을 종료하게 된다.

○ 남은 과제

개악 집시법을 재개정하려는 운동은 연석회의가 사실상의 활동을 2004년 상반기에 종료하면서 소멸되었다. 그럼에도 소음규제를 주내용으로 하는 시행령은 9월에 시행에 들어갔고, 일부 이 규정이 적용되는 사례도 발생하고 있다. 2004년에는 이전해와 같이 집회와 시위에 대한 경찰의 대규모의 침탈과 진압은 없었지만, 집회·시위를 제약하는 경찰의 대응은 여전하게 나타났다.

집회와 시위의 자유를 행정벌이 아닌 형사 법규로 규제하는 집시법의 근본적인 문제로부터 집회와 시위의 규제에 대한 경찰당국의 자의적 제한 조치 등이 오히려

12) 연합뉴스, 2004. 5. 28.
13) 연합뉴스, 2004. 5. 28.

강화된 개악 집시법은 이제 현행 법률로 우리의 자유를 제약하고 있다.

국제인권법과 헌법이 보장하는 집회와 시위의 자유가 하위 법률과 조례에 의해 제약을 받는 전도된 현실을 개선하는 일이 인권단체들의 여전한 몫으로 남아 있다. 현행 집시법의 재개정을 위한 운동이 소강상태에 있으나 집시법 적용 상황의 일상적인 감시, 그에 따른 지속적인 문제 제기는 인권운동의 과제일 것이다.

이후에 집회와 시위가 사회적 약자들의 정치적 발언을 제약하는 방향으로 작용할 가능성이 충분히 예상된다면 더욱더 집회와 시위의 자유를 집시법과 경찰당국의 손아귀에 넘겨놓을 수는 없을 것이다.

V. 위 사례들에 대한 분석

앞서 든 3가지 사례 이전에 부안의 핵폐기장 반대 투쟁에 대해 언급하고 넘어가자. 이 투쟁은 주민들의 생존권을 위협하는 중요한 사안을 군수 단독으로 처리한 것에서 발단이 되었다. 즉 군민들에 의해서 선출된 지방자치 단체장이 독자적으로 대표권을 행사한 것이다. 이 과정은 민주적 절차를 밟지 않은 과정이었으며, 주민들의 동의를 구하는 절차는 더욱이 없었다. 그렇다고 해도 대의민주제 하에서는 자유위임된 대표권을 그 대표가 행사하는 것은 하등 문제가 되지 않는다. 이것이 대의민주제의 국민주권론의 한계가 아닌가 한다.

주민들은 직접적인 행동에 나서서 자신들의 대표를 부정하는 항의운동을 전개하였다. 이 운동에서도 합법과 비합법 운동이 배합되었으며, 주민들이 조직적인 대응을 했다. 광범한 시민사회와 연대하여 직접 주민투표를 조직하기도 했다. 이것은 주민들에 의한 직접민주주의의 가능성을 보여준 사례로 매우 중요하다. 이것은 지금까지의 시민불복종운동이 나아가지 못한 직접민주주의의 가능성을 제시하였다는 점에서 주목해야 할 사례다.

하지만, 앞서 든 인권운동으로서 전개한 3가지의 시민불복종운동 사례들은 부안이 열어젖힌 직접민주주의의 가능성에까지 도달하지는 못했다. 그런 한계 속에서도 위 사례들은 인권운동으로서 제기되었던 최근의 대표적인 시민불복종 운동이란 점에서 살펴볼 가치는 충분하다.

장애인이동권투쟁은 중증장애인이 투쟁의 당사자가 되어 문제를 제기하였고, 장애인만의 문제가 아닌 교통 약자들의 문제라는 대중적인 공감대를 형성하는 투쟁을 전개하였다는 점, 도로 점거, 지하철 점거, 버스 점거 등의 불법적인 점거농성과 대중집회와 홍보 등의 불법과 합법 투쟁을 적절하고 다양하게 구상하여 법 제정과 정부당국, 서울시의 정책 변화를 이끌어냈다는 점 등에서 주목해 볼 사례다. 4년간의 지속적인 투쟁 과정에서 시민사회운동의 역량과 연대하면서 진행되었고, 장애인이라는 특수성을 최대한 활용하여 공권력을 일정 정도 무력화시키면서 진행된 투쟁이었다.

이 운동은 투쟁의 방법으로 인해 언론의 관심은 끌었지만, 대중적인 관심과 지지는 낮았던 운동이었다. 그럼에도 이 운동을 통해서 중증 장애인들을 운동의 주체로 끌어냈고, 전국에서 운동의 주체들을 발굴, 육성하면서 운동의 주체 역량을 강화시켰다. 이를 바탕으로 이후 전국적인 연대조직을 결성하였고, 이동권투쟁에 한정되었던 장애인의 문제를 교육권과 노동권 등 장애인들의 다양한 차별문제로까지 확산시키고 있다.

양심에 따른 병역거부 운동은 이미 진행중이던 종교적 양심에 따른 병역거부운동을 인권운동이 결합하여 종교 영역에서 인권운동 영역으로 전환시킨 운동이었다. 이에 따라 비종교적인 이유로 양심에 따른 병역거부로 확산되고 있다. 운동이 시작된 것에 비하면 상당히 빠른 속도로 공감을 얻어가고 있으나, 여전히 정치권에서는 이를 수용하려 하지 않는 태도를 보이고 법원도 보수적인 기존의 판례를 유지하고 있다. 아직까지는 구체적인 성과를 내지는 못하고 있지만, 한국의 병영사회에서 전쟁에 반대하여 병역거부운동을 당사자들의 희생적인 결단으로 확산시켜 가고 있는 점에서 주목해 볼 만한 사례다.

집시법 개정을 위한 운동은 실패한 사례로 오히려 교훈을 찾아야 할 운동 사례다. 집시법에 의한 인권 침해는 매우 보편적으로 많은 사람들이 당하고 있지만, 구체적인 운동 주체를 마련하지 못한 점, 대중적인 공감대 형성에 실패한 점, 철저한 불복종으로 나가기보다는 현실적인 집회·시위 규제자인 경찰 측과 적당한 타협을 이루어 상황을 타개(자기희생을 회피하는)해가는 운동적 관성의 문제 등으로 인해 실패에 이르게 되었다.

이 운동 사례들은 합법성이라는 테두리 내에서 문제 제기를 하는 방식은 훨씬 벗어나 있다. 합법과 불법, 폭력과 비폭력의 이분법적인 도식은 시민불복종운동의 성공 여부를 판단하는 기준이 되지 못한다. 다만 그 운동의 주체들이 갖는 자기희생적 결단과 도덕성, 공익성이 문제가 될 뿐이다.

위의 사례들을 보았을 때 시민불복종운동이 성공하기 위해서는 정확한 타깃이 있어야 한다는 점이 우선적으로 지적될 수 있다. 그 다음으로는 명확한 주체가 세워져야 한다는 점이다. 그 주체의 희생적인 결단에 대중적인 공감대가 결합될 때 시민불복종은 성공할 수 있다. 시민불복종운동의 대상 사안은 공익성이 분명한 것이어야 대중적인 공감대를 형성할 수 있다. 성공적인 시민불복종운동은 합법과 불법을 교묘히 배합하였으며, 법률의 구체적인 제정과 개정을 목표로 하였다는 점에서 그 목표 또한 구체적이어야 한다.

Ⅵ. 인권운동으로서 시민불복종운동의 가능성과 한계

앞서 보았듯이 시민불복종운동이든 저항권의 행사든 간에 국가권력의 불법성을 타개하기 위한 인권운동으로 보아야 한다는 점에서는 이론의 여지가 없다. 다만 그것을 방법론으로 보려는 제한적인 태도는 넘어서야 할 것이다. 방법은 다양하게 열려 있다. 시민불복종운동으로 시작한 투쟁이 이후 대중적인 불복종운동으로 나아가 혁명적 불복종운동으로 발전해 나갈 수도 있는 것으로 이에 대해서도 열어 놓아야 하는 것이 운동의 발전경로와도 맞다.

근대사회 이후 자본주의 국가 체제에서 시민불복종운동은 자연권적 성격이 짙고, 이와 같은 운동은 헌법적 테두리 내에서 진행되고, 나아가서는 최후의 수단으로서의 저항권의 행사로 발전해 나갈 수 있다. 이를 통해 국가의 불법적 상황을 타개, 시정하여 제자리 찾도록 할 수 있다.

비록 우리 헌법이 저항권을 명시적으로 규정하고 있지는 않지만, 헌법 전문은 4월 혁명의 전통을 계승한다고 하는 것은 저항권을 암묵적으로 지지하는 것으로 해석하는 이도 있고 보면, 저항권의 하위범주인 시민불복종운동도 당연히 시민적 권리로서 인정되어야 할 것이다.

앞서 든 인권운동의 사례들은 각각 법제의 변경을 요구하는 운동이었다. 이 사례들에서 양심에 따른 병역거부운동은 대중적인 거부감에도 불구하고 개인들의 결단이 우선되어 진행된 운동이었고, 집시법 개정운동은 운동사회에서 공감은 있지만 인권으로서 집회와 시위의 권리에 대한 대중적인 인식이 부족한 가운데 추진된 운동이었다. 앞의 경우는 자기희생을 무릅쓰는 주체들이 있었다는 점에서 나름대로 운동의 성과들이 확산되어 가고 있고, 이 운동이 발전하면 우리 사회의 병역의 문제, 징병제의 문제, 반평화적인 대결구도의 문제에까지 문제의식이 발전해 나갈 수 있다. 집시법 개정운동의 실패는 이런 구체적인 주체를 형성하기 전에 운동 주체들의 자의적인 판단으로 불복종운동을 전개하였다는 점에서 그 한계가 분명하였다.

이런 구체적인 권리에 대한 박탈로 인한 문제제기의 방식으로 시민불복종운동은 적극적으로 고려할 수 있음은 당연하다. 나아가 시민불복종운동은 국가의 인권의 보호와 증진의 의무를 환기시키고, 국가 우선주의를 시정하기 위한 것이라는 점에서 거꾸로 선 시민사회와 국가의 관계를 바로 잡으려는 인권운동일 수 있다. 국가권력의 구성의 주체는 국민들에게 있으며, 국가는 이를 거부할 때 시민불복종운동의 대상이 된다.

현재 한국사회에서 시민불복종운동이 요구되는 사안으로는 한층 심화되는 빈곤의 문제를 우선 들 수 있다. 한국사회에서 사유재산권은 신성불가침의 영역으로 남아 있다. 신성불가침의 영역인 사유재산권을 향유하는 부유층을 압박, 재산권에 대한 일정한 정도의 제한으로 가함으로써 왜곡된 부의 구조, 빈부의 격차에 따른 사회 양극화 현상을 해결할 수 있을 것이나, 정부를 비롯한 국가기관들은 이런 방향과는 정반대의 방향으로 정책을 펴고 있는 게 현실이다. 또 최근에 사회문제로 대두된 '삼성의 X-파일' 문제 해결에 대해서도 시민불복종운동을 제기할 수 있을 것이다. 그렇지만 이런 사안들이 단순한 사안이 아니므로 이에 대한 기획은 매우 치밀하게 장기간의 투쟁을 염두에 두고 이루어져야 하며, 투쟁의 주체를 어떻게 형성할 것인가에 대한 진지한 고민이 있어야 한다.

결론적으로 시민불복종운동은 인권을 회복하기 위한 적극적인 행동으로 인권운동이 수용하고 실천할 수 있어야 한다. 인권운동은 반인권적 현실을 변화시키기 위해 적극적으로 시민불복종운동을 기획하여야 한다.

〈참 고 문 헌〉

앤드류 커크, 「세계를 뒤흔든 시민 불복종」, 그린비, 2005.
클레이븐 카슨 엮음, 「나에게는 꿈이 있습니다」, 이순희 옮김, 바다출판사, 2001.
조현연, "한국 현대정치의 악몽 – 국가폭력," 「책세상문고·우리시대」 21, 책세상, 2000.
오현철, "시민불복종 – 저항과 자유의 길," 「책세상문고·우리시대」 35, 책세상, 2001.
제임스 H. 콘, 「맬컴 X Vs. 마틴 루터 킹」, 정철수 옮김, 갑인공방, 2005.
한국법철학회 편, 「법치국가와 시민불복종」, 법문사, 2001.
인권단체연석회의 편집위원회 엮음, 「2004 인권운동 보고서」, 사람생각, 2005.
박은정, "법치국가와 시민불복종," 「법과 사회」, 3호, 1990.
이상수, "간디의 시민불복종," 「민주법학」, 25호, 2004.
이대훈, "시민불복종과 법치주의적 상상력: 합법성의 도그마에 대하여," 「시민과 세계」.
고병헌, "비폭력 평화사상의 흐름," 「녹색평론」, 59호(2001.8), 녹색평론사, 2001.

제 3 절 시민운동의 합법성체제에 대한 인식

— 낙천낙선운동을 중심으로

하 승 창*

Ⅰ. 시민운동과 법

1. 사회운동과 법

필자가 법에 관한 전문적 식견이 없는 사람이라는 건 누구나 아는 일이다. 따라서 이 글이 법에 관한 전문적 견해를 기반으로 쓰는 것이 아님은 두말할 나위가 없다. 물론 사회운동을 하는 사람으로서 법은 어떤 형태로든 익숙한 것이긴 하다. 사회운동에 몸담아 오면서 그동안 일해 온 단체의 주장과 행위가 '현행법'에 견주어 해석되거나, 혹은 그 주장을 사회적 제도로 실현하려고 할 경우에 '법의 제정' 혹은 '개정'이라는 목표가 주어지게 되므로 사실상 늘 '법'과 부딪혀 온 셈이다. 특히 시민운동을 하는 입장에서는 법의 제정과 개정이라는 목표가 자주 주어지는데 이는 시민운동이 중요한 개혁 과제로 생각하는 사회적 의제를 제도화하는 과정에서 일상적으로 제기되는 것이기도 하였다.

사회운동을 해 오는 과정에서 필자에게 법은, 독재정권 시절에는 탄압의 수단으로 여겨져 당연히 지키지 않는 것이라 생각했고, 시민운동을 하면서는 법은 곧 제도였기에 우리 사회의 발전을 위해 잘못되거나 모자란 법은 고치고, 필요한 법은 만들어야 하는 것이었다. 법을 제도나 규율로 생각하면서부터는 법은 지켜야 하는 것이었고, 지킬 수 없는 법은 지킬 수 있는 법으로 고쳐야 그 실제적 의미가 있다는 생각을 하게 되었다. 말하자면 사회운동에 있어서 '현행법' 혹은 '실정법'은 사회운동이

---

* 함께하는시민행동 사무처장.

추구하는 사회적 가치를 담지하고 있는가 그렇지 않은가에 따라 제정이나 개정이 운동의 과제가 되기도 하고 지켜야 할 제도가 되기도 하였다.

J. S. 밀이 "전 인류가 동일한 의견을 가지고 있고 단 한 사람만이 반대의견을 가지고 있다 하더라도, 인류가 그 한 사람에게 마음대로 말 못하도록 입을 다물게 하는 것이 부당한 것은, 그 한 사람이 권력을 장악했을 때 전 인류를 말 못하도록 침묵케 하는 것과 조금도 다를 바 없다"[1]고 설파한 것처럼 현재의 법이 표현하고 있는 정당성에 대해 소수자들의 의문은 언제나 제기될 수 있고, 그 소수의 의문이 언젠가는 다수의 생각으로 전화할 수 있는 가능성이 언제나 있는 것이므로 현행법에 대한 문제제기란 언제나 있을 수 있는 일인 셈이다. 덧붙여 롤스가 "시민불복종에 가담함으로써 소수자는 다수자로 하여금 그들의 행위가 위반이나 침해로 해석되기를 바라는지 아니면 공통된 정의감에 비추어서 소수자의 합당한 요구를 인정하고자 하는지에 대한 숙고를 강요하게 된다"[2]고 한 것과 동일한 문제의식을 사회운동은 근본적으로 가지고 있는 것이라 할 것이다. 말하자면 사회운동은 현행법의 정의와 정당성에 대한 의문제기를 통한 저항이라는 방식으로 사회발전에 기여해 온 셈이다. 사회운동이 사회변화에 기여한 결과를 법이라는 잣대로 보자면 말이다. 따라서 어느 경우에는 체제 자체에 대한 정당성을 부정하며 혁명적 상황까지도 이끌어내지만 기본적으로 사회운동에게 법의 변화는 결국 사회적 정의의 성장과 그리고 그 확대과정과 일치하는 것이기도 하다. 사회운동에게 법이란 그와 같은 위치에 있지 않을까 하는 생각이다.

이런 생각으로 총선연대 활동을 계기로 우리 사회에서 본격적으로 논란이 되었던 시민운동의 합법성 문제를 짚어보려 한다. 이 문제는 의외로 파장이 깊어서 합법적 테두리를 벗어났다고 여겨지는 시민단체들의 활동에 대해 운동의 도덕적 정당성을 공격하는 주요한 논거의 하나로 되기도 했다.

낙천낙선운동이 전개되던 시기에는 조선일보가 특히 낙천낙선운동의 정당성에 의문을 제기하고 있다. " … 법률의 개폐와 관련해 반대입장에 섰다는 이유로 특정인을 배척하는 것은 민주사회의 상궤가 아니다"[3]라든가, "명단을 발표한다는 것은 자칫 시민운동가 스스로 '사회적 판관'임을 자처하는 것 같은 인상을 준다 … 이치나 논리야 어떻든 여하튼 우리는 우리 뜻대로 밀어붙이겠다는 식으로 임한다면, 시민운

1)로크 · J. S. 밀, 「통치론자유론」, 이극찬 역, 삼성출판사, 1998, 256~257면.
2) 존 롤스, 「정의론」, 황경식 역, 이학사, 2003, 477면.
3) 사설, "시민단체의 낙선운동," 조선일보, 2000. 1. 10.

동은 마치 모든 것을 무시해도 좋다는 것처럼 돼 버리기 때문"[4]이라거나, "… 그들의 '위법불사선언'도 약자들의 최후의 자구행위라기보다는 다분히 힘에 의한 공격행위 같은 것으로 비친다 … 독재시대가 아니기 때문에 '실정법을 어겨서라도'라는 말은 절대로 정당화 될 수 없다. 그 법이 나쁘다고 생각될 때는 끝까지 그 개정운동을 벌여야지, 법이 개정되지 않았다고 해서 몸으로 밀어 붙이는 것은 민주주의가 아니다"[5]라고 주장하고 있다.

동아일보의 경우에는 "시민단체의 큰 뜻은 옳다. 그러나 그것은 어디까지나 민주주의와 법치의 큰틀 안에서 이루어져야 한다"[6]거나 "지금까지 총선연대를 비롯한 시민단체들의 활동으로 봐서는 이번의 낙선운동도 가급적 법의 테두리를 지키는, 합리적 운동으로 전개될 것이라는 신뢰를 갖는다"[7]며 합법적 방식의 운동을 전개할 것을 주문하는 것을 전제로 지지를 보내고 있다. 그러나 한 해가 지난 후에는 "지난해 4·13총선 당시 시민단체들이 '법을 뛰어 넘어'라는 표현으로 사실상 위법임을 인정하면서도 목표의 정당성을 내세워 낙선운동을 밀고 나갔던 것이다. 시민단체들의 초법적 문제해결방식을 단적으로 말해준다"[8]고 주장하며 마치 불법이 시민단체들의 일반적 행동양식인 양 비판하고 있다.

특히 이 같은 논리적 비판을 전개한 세력이 단지 보수적 언론이나 정치권[9]뿐만이 아니라 시민운동 내부의 한 그룹을 대표하던 곳으로부터 제기되었기에 그 파장은 더욱 컸다. 동아일보가 일정하게 입장을 변화시켰음을 드러냈던 사설도 이석연 경실련 사무총장이 시민운동의 초법화, 관료화경향에 대한 비판이 담긴 저서를 출판한 것이 한 계기였다. 그래서 더욱 지난 15년의 시민운동사에서 합법성이라는 것이 어떤 의미를 가진 것이었기에 이토록 논란이 되었는지 살펴 볼 필요가 있다 할 것이다. 이를 통해 시민운동의 합법성 논란이 가져다 준 운동적 의미를 다시 짚어 보고, 시민운동에서의 법의 위상도 함께 확인해 볼 수 있을 것이다.

4) 사설, "낙선운동의 객관성," 조선일보, 2000. 1. 11.
5) 사설, "'법을 어겨서라도'라니," 조선일보, 2000. 1. 14.
6) 사설, "시대의 큰 흐름 직시해야," 동아일보, 2000. 1. 12.
7) 사설, "총선연대의 낙선운동," 동아일보, 2000. 4. 3.
8) 사설, "경실련 사무총장의 '반성,'" 동아일보, 2001. 6. 16.
9) 정치권의 경우에는 자민련의 김종필 당시 총재가 낙선운동에 대해 '음모론'을 제기한 것을 시작으로 한나라당의 이사철 후보의 음모론 등으로 이어지면서 낙선운동의 정당성을 훼손하는 공세를 취해 왔다. 관련 내용은 총선시민연대, 「총선연대 백서」, 2000, 365면 이하 참조.

2. 합법성과 시민운동

89년 경실련의 창립으로 본격적인 시민운동의 시대가 한국 사회에서 시작되었다 할 수 있는데, 경실련은 창립 당시 자신의 중요한 정체성의 하나로 합법적 방식의 운동을 할 것이라는 점을 내걸었다. 경실련은 폭력적이고 불법적인 방식은 보통 시민이 참여해야 하는 시민운동의 방식은 아니라는 판단으로 '비폭력 평화운동의 방식으로, 대중적이고 합법적인 방식으로 전개하고자 하고자 하는 것'은 '이 때에만 일반시민들이 가장 편안하게 참여할 수 있기 때문'이라고 하였다.[10] 그 후 90년대의 시민운동에게 합법적 방식이란 시민운동이 가져야 할 중요한 정체성의 하나로 여겨졌고 2000년 총선시민연대의 활동이 전개되기까지는 별다른 의구심 없이 받아들여졌다.

그러나 총선시민연대가 낙선운동을 전개하면서 선거법 위반을 경고하는 선거관리위원회와 정치권의 경고에도 불구하고 시민들의 참정권을 제한하고 있는 선거법을 일부 위반한다 하더라도 그보다 더 중요한 것이 정치권의 '변화'를 위한 부패정치인의 퇴출이고 이를 위한 유권자운동은 실정법 일부를 위반하는 것인지는 몰라도 기본적으로는 헌법적 틀 내에 있는 생각과 행위임을 천명하면서부터 시민운동의 합법성 문제가 사회적으로 중요한 논란의 대상이 되었다. 선관위와 정치권의 경고는 어느 면에서는 시민운동에 대한 정치적 공세의 성격이 강하므로 실제 운동의 중요한 정체성 문제로 제기되었다기보다는 시민운동의 공세에 대한 방어적 차원의 반응이라고 할 것이다.

그러나 보수적인 언론이나 정치권, 경실련 같은 시민운동 내 일부 인사들에 의해 제기된 합법성 논란은 운동의 정체성과 관련된 문제였다. 2001년 9월 시민운동지원기금이 주최한 한 토론회에서 경실련 사무총장이던 이석연변호사와 총선시민연대의 중심멤버였던 박원순 변호사가 논쟁을 벌인 것을 비롯해 각종 매체에서 논란이 벌어졌지만 대개 보수적 논조의 언론들의 적극적으로 보도함으로써 주로 경실련 출신 인사들의 문제제기가 상대적으로 많이 노출되었다고 할 수 있고 이로 인해 마치 시민운동이 불법적으로 운동하려 한다는 인상을 주어 시민운동의 정체성이 심각하게 훼손된 것처럼 인식되기도 하였다.

10) 경실련, "우리는 왜 <경제정의실천시민연합>을 발기하는가?," 「<경실련>출범 1주년 기념자료집」, 1990, 14면.

이 논의과정에서 시사적인 것은 90년대의 시민운동이 낙천낙선운동을 실천하고 이로 인해 합법성 논란이 불거지면서, 시민운동은 합법적이어야 한다는 것을 절대 진리처럼 주장하는 하나의 흐름과 시민운동은 합법적이어야만 한다는 기존 운동의 정체성에 의문이 제기되면서, 스스로를 고정된 '현행법'의 테두리에 가두고 '현행법'을 매개로만 주장해야 한다는 생각에 대한 변화, 즉 시민운동이 주장하는 가치의 실현 방식 가운데 90년대 내내 시민운동의 중요한 정체성으로 인식되었던 방식에 대한 고정적 사고를 벗어던지기 시작하는 흐름으로 나누어지기 시작한다는 것이다. 말하자면 시민운동이 현행법을 지키지 말아야 한다는 인식이 아니라 사회운동이 주장하는 '가치'의 중요성에 대한 새로운 인식이 자리할 터를 새로이 제공해 준 것이다.

Ⅱ. 낙천낙선운동 합법성 논쟁 경과

논쟁은 2000년 총선시민연대로부터 시작되었다. 낙천낙선운동에 대한 논의는 99년 12월부터 본격적으로 전개되었다. 몇몇 시민단체들이 선거과정에 참여하여 압력을 가하지 않는 한 정치권 개혁은 불가능하다는 인식 하에 낙천낙선운동에 나서기로 하고, 시민단체의 선거운동참여를 가로막는 선거법 제87조의 개정도 함께 요구하기로 하였다.[11] 실제로 90년대 시민운동에서 선거과정에 참여해 왔던 공명선거실천협의회(이하 공선협) 역시 선거법 제87조가 공명선거캠페인조차 제한한다며 그 개정을 강력히 요구해 왔지만 정치권은 오불관언이었다.

당시 공선협 방식의 정책캠페인이나 공명선거캠페인에 대한 시민운동의 평가는 운동 초기와 다르게 정치권 개혁에 실질적인 압력을 가하기 힘들고 이미 일정한 한계가 확인되었다는 판단이 공감대를 형성하였다. 결국 선거법 제87조의 개정을 강력하게 요구하되 정치권이 자신의 독점적 지위를 유지하기 위해 이를 거부한다면 선거법 위반도 각오하여 최악의 경우 구속되는 상황도 가정하기로 하였다.

이 같은 생각은 총선시민연대 발족선언문에 '총선시민연대가 변화한 시대와 성숙한 유권자의 편에 서고자 한 것이 불법이라면 우리는 기꺼이 법정에 설 용의가 있

11) 2000년 총선시민연대, "(가칭)2000년 총선, 부패정치청산시민연대 제안," 「총선연대백서」, 2001, 324면.

다. 그러나 우리는 최대한 법의 권위를 존중할 것이며 총선이 시작되는 날까지 낡은 선거제도의 개혁을 위해 모든 노력을 경주할 것이다'라고 표현되어 있다.[12] 명백하게 유권자의 참정권을 제한하고 있는 선거법 제87조의 개정을 통해 최대한 합법적 운동을 할 것이지만 정치권이 낡은 권위주의적 사고로 이를 거부한다면 최종적으로 불법도 감수하겠다는 의지를 표현한 것이다. 90년대 시민운동의 정체성의 하나로 이해되었던 합법적 방식의 운동을 넘어설 수도 있다는 선언이었다. 그러나 모든 시민단체가 이에 동의한 것은 아니었다.

익히 알려진 대로 총선시민연대 결성을 위한 초기 논의의 시작부터 경실련은 참여하지 않았다. 총선시민연대를 준비하던 단체들은 경실련에도 이 같은 생각을 알리고 동참을 제의하였지만 경실련은 기본적으로 불법의 가능성을 열어 두는 운동에는 참여할 수 없다는 입장이라며 총선시민연대 준비 모임에 참여하지 않는다. 주요한 시민단체인 경실련의 불참선언은 낙천낙선운동에 대해 시민단체들이 참여 여부를 놓고 내부적으로 심각한 고민에 빠지게 하였다. 정치권과 선관위는 낙천낙선운동은 불법이라는 점을 여러 차례 강조하였다.

실제로 2000년 1월 12일 발족예정일을 눈앞에 두고도 총선시민연대 준비위에는 여전히 10여 개가 갓 넘은 단체만이 참여가 결정된 상태였다. 90년대 시민운동에 있어서 '합법적 방식'이란 시민운동의 정체성을 표현하는 것으로 이해되고 있었기 때문에 많은 단체들이 생각은 있다 하더라도 참여 자체는 선뜻 결정하지 못하고 있었던 것이다. 총선시민연대를 준비하던 단체들 내부적으로는 소수단체만 가더라도 강행하겠다는 의지를 굽히지 않았다.

그러나 발족을 이틀 앞두고 불법적 방식의 운동에 동참하기 어렵다던 경실련이 먼저 부패정치인을 비롯해 공천에 적합지 않다고 판단되는 167명의 공천부적격자 정치인 명단을 발표하게 된다. 경실련의 명단 발표는 엄청난 사회적 파급을 불러 왔다. 경실련은 이를 내부적으로는 99년부터 준비해 온, 유권자의 판단을 돕기 위한 '정보공개운동'의 일환이라 주장했지만 이미 공천부적격자 명단이라 함은 낙천낙선자 명단과 동일한 위상의 명단이라는 사회적 공감대가 있는 것[13]이어서 경실련의 주장에도 불구하고 이는 낙천낙선자 대상자 명단발표로 받아들여졌고 결과적으로 낙천낙선운동이 대세라는 인식이 순식간에 확장되었다. 발족을 앞두고 조금씩 참여단

12) 2000년 총선시민연대, "정치개혁시민선언," 「총선연대 백서」, 2001, 11면.

13) 경실련의 명단 발표 후, 선관위는 경실련의 명단 발표는 선거법 제58조 사전선거운동에 해당하여 위반이라는 유권해석을 내렸다.

체가 늘어나던 총선시민연대는 경실련의 명단발표 이후 참여단체가 급증하면서 412개 단체가 발족에 참여하게 된다. 당연히 정치권은 극렬히 반발했고, 선관위는 당황했다.

결국 경실련의 명단발표에 이어 1월 24일 총선시민연대의 16대 총선 공천반대 대상자 명단이 발표되었고, 경실련이 2월 1일 총선시민연대지지 방문을 통해 총선시민연대 활동에 공감을 표하면서 2월 8일 정치권으로 하여금 선거법 제87조를 부분적으로 개정하게 만들었다. 그러나 정치권은 정책토론회의 개최와 낙선대상명단발표에 국한하는 행위는 선거법 87조의 위반이 아니라는 선에서 봉합하려 하고 선거운동기간중의 캠페인 등의 행위는 여전히 불법으로 규정하고 있었다.

결국 이는 정치권과 선관위가 명단발표의 사회적 파급력에 놀라 총선시민연대와 경실련의 명단발표를 사후적으로 사실상 추인하는 것이자 향후 총선시민연대 활동의 가이드라인으로 제시한 셈이었다. 총선시민연대로 보면 명단발표는 합법적 활동으로 보장받게 되었고 다만 선거운동기간 동안 낙선캠페인을 전개한다면 이는 불법적 행위로 규정받게 되었다. 그러나 이는 여전히 선거운동기간 동안의 참정권운동을 제한하는 것이 명백했음으로 개정선거법 역시 다시 개정되어야 한다며 한편으로는 이에 대한 위헌소송을 제기하였고, 총선시민연대는 애초 계획대로 필요할 경우 불복종운동을 실행하게 될 것임을 선언하게 된다.[14)]

선거법 개정에 대한 별다른 변화가 없자 결국 총선시민연대는 4월 3일 낙선자 명단을 발표하고 선거운동기간 동안 집중 낙선대상을 선정하여 전국캠페인에 나서고 이는 개정선거법에 위반되는 행위로 전국 곳곳에서 선거법 위반 행위로 고발되어[15)] 법정에 서게 되고 종국에는 유죄로 인정되게 된다.[16)]

경실련은 총선시민연대의 대의에는 공감을 표하여 총선시민연대를 지지하는 총선시민연대 방문이라는 행동을 취하기는 하였지만 불법도 감수한다는 총선시민연대 방식의 활동에 대해서 동의하는 것은 아니었기 때문에 경실련 출신의 주요 인사들은 여전히 총선시민연대의 불법 활동에 대해 강력한 문제제기를 하면서 4.13총선 이후

14) 2000총선시민연대, "국민참정권 회복 부패정치인 추방 범국민대회 결의문," 「총선연대백서」, 2001, 457면

15) 검찰은 2000년 10월 수사결과를 발표하였는데, 총 208명을 수사하여 불구속기소 29명, 기소유예 63명, 무혐의 등 불기소처분 116명이었다(2000년총선시민연대, 「총선연대 백서」, 2001, 1575면).

16) 관련 기소자 중 울산총선연대 이수원 대표가 2001. 1. 16 제일 먼저 대법원 판결로 유죄가 확정되었다. 이후 기소된 총선연대 대표자들에 대한 재판에서도 유죄판결이 잇달아 내려졌다. 대법원 판결문 등 관련 자료는 2000년총선시민연대, 「총선연대 백서」, 2001, 1575면 이하.

2000년 하반기부터 시민운동의 합법성 테제에 대한 논쟁이 이루어지게 된다.

총선시민연대의 활동이 합법적 틀을 넘어선 것이 시민운동에게 어떤 문제를 야기하였는가에 대해 간결하게 잘 정리한 것은 아무래도 합법적 방식의 운동이 중요하다고 생각한 서경석 목사의 주장이다. 2000년 11월 당시 시민단체들의 연대기구인 한국시민단체협의회가 주최한 제 3 회 시민단체대회에서 서경석 목사는 "그동안 경실련으로 대표되는 전통적 시민운동의 행동원칙은 합법운동, 합리적 대안모색의 추구, 사회적 정론의 피력이었다. 그러나 금년(2000년/필자 주) 16대 총선시에 나타난 총선시민연대의 활동은 … 국민의 호응도가 모든 것을 판단하는 잣대가 되는 다중추수적, 포퓰리즘적 운동이었다"고 주장하였다. 그러면서 총선시민연대의 문제를 "첫째는 시민운동이 정의의 잣대를 독점할 수 없다는 점이다 … 제아무리 국민의 호응이 열렬하다고 해서 시민운동이 판관이 되어 낙선자명단을 절대무오(류)의 명단으로 확정하고 언론의 여론몰이의 도움을 입어 다중의 힘으로 이를 밀어 붙이는 방식의 운동은 시민운동의 바른 길이라고 할 수 없다 … 둘째는 이 낙천낙선운동이 탈법적인 방법으로 이루어졌다는 점이다. 이로 인해 그동안 공선협이 십년 가까이 공들여왔던 준법의 틀이 하루아침에 무너지고 말았다 … 앞으로 두고두고 시민운동은 이 낙천낙선운동의 불법성에 대해 답변해야 한다. 그렇지 않으면 앞으로 시민운동은 국민을 향해 법과 질서를 호소할 수 있는 자격을 얻지 못한다. 셋째는 낙선낙천운동은 국민의 시선을 끌었으나 공명선거의 확립, 정책대결 등 정치개혁의 근본 이슈를 잠재워버리고 이슈를 부패, 무능 등 개인의 문제로 축소시켜버렸다"고[17] 비판하였다.

서목사의 이 문제제기에 즉각적인 대응은 없었지만 계속되는 티브이 토론에서 문제가 제기되었고 2001년 1월 차병직 변호사가 한겨레신문 기고를 통해 총선시민연대의 낙천낙선운동은 불법적 방식의 운동이 아니라 시민불복종운동이라는 다른 정체성에 기초한 운동방식임을 제기하였다. 경실련 이석연 사무총장은 2001년 발간한 「헌법등대지기」라는 자신의 저서를 통해 다시 시민운동의 초법화, 관료화경향에 대해 문제제기하였고, 그 해 9월 시민운동지원기금이 주최한 토론회에서 이석연 당시 경실련 사무총장의 문제제기에 대한 박원순 변호사의 대응 등 논쟁이 계속되었다.

당시 이석연변호사는 "시민단체는 개혁을 위해서라면 법치주의도 뛰어넘어도 된다는 권한을 헌법으로부터 부여 받지 않았다. … 개혁을 명분으로 많은 논란이 있

17) 서경석, "한국 시민운동의 재정립을 위하여," 「2000년 3회 한국시민단체대회」, 한국시민단체협의회 편, 2000, 27~28면

고 법철학적으로 불확정 개념인 악법에 대한 저항권 이론을 내세워 법의 테두리를 뛰어 넘을 때에는 시민운동은 그 한계를 벗어나서 그 행위에 대한 헌법적 정당성 내지 국민적 신뢰성을 상실하게 된다"[18]고 주장하며 법치주의를 벗어나는 시민운동에 경악을 금치 못한다고 표현하였다.

박원순 변호사는 "현존 법질서를 지키기 위해 시민운동이 있는 것이 아니라 정당한 법질서를 지키기 위해서 시민운동이 있는 것이다 … 하나의 신념을 한 시대에서는 용납하지 않을 수 있다. 많은 법제들이 그동안 바뀌어 왔다. 바로 5년, 10년 전에 제 3 자 개입금지로 노동운동가들을 옥죄어 왔다. 지금은 다 합법화되었다. 심지어 50년, 1백년 전에 여성의 투표권을 인정받지 못했다. 영국과 미국에서 많은 시민운동가들과 여성운동가들이 그 투표권을 획득하기 위해 감옥에 갔다. 지금 그 사람들이 (법을 넘어섰다고) 비판하는 사람은 없다 … 시민운동가는 그런 신념과 다음 시대를 위해 싸울 수 있어야 한다"[19]라고 말해 전혀 다른 입장에 놓여 있음을 확연히 드러내었다.

더 이상 서로 다른 입장간의 본격적인 토론은 없었지만 이후에도 정치권, 언론과 더불어 90년대 초 시민운동을 주도하던 경실련 인사 일부 등이 총선시민연대의 활동에 끊임없이 비판을 가함으로써 시민운동의 현행법에 위배되는 불복종운동에 대한 이견은 이후에도 서로 설득되지 않는 쟁점으로 남아있는 셈이다.[20]

Ⅲ. 90년대 시민운동, 합법과 불법 사이

1. 연구하고 조사해서 법을 지키다

시민운동이 왜 합법적 방식을 택하게 되었는지는 경실련 창립 주역인 서경석 목사의 민중운동에 대한 비판적 평가에 잘 드러나 있다. "혁명을 통해 정권이 바뀌는 세상이 지나가고 투표로 정권이 바뀌는 세상이 되었"고 "따라서 이제는 민중운동

18) NGO지상대학 예비강좌: 시민운동과 그 비판들 (3) 초법화된 시민운동, 시민의 신문 427호 2002. 1. 28.

19) NGO지상대학 예비강좌: 시민운동과 그 비판들 (3) 초법화된 시민운동, 시민의 신문 427호 2002. 1. 28.

20) 합법성 논쟁을 매개로 다른 입장을 견지했던 시민운동의 대표들이 지금 소위 보수와 진보 양 진영의 나누어져 있다는 점은 시민운동의 최근 분화와 관련해 짚어보아야 할 지점이기도 하다.

도 법을 지키는 체제 내적인 운동, 합리적인 대안을 추구하는 운동, 대다수 국민의 지지를 받을 수 있는 운동으로 바뀌어져야 자신의 목표를 달성할 수 있다. 1987년 이후 민주화 과정 속에 있으면서도 민중운동은 여전히 과격한 방식의 운동을 계속했기 때문에 … 국민의 지지를 상실해 왔다"는 것이다.[21] 즉, 87년 민주화 이후 절차적 민주주의가 확립되어감에 따라 시민들이 폭력적이고 불법적인 운동방식에 더 이상 지지를 보내지 않게 되었다는 문제의식이 중요한 근거 중의 하나였다.

말하자면 87년 이전에는 권력의 성격 자체가 불법적 방식으로 구성된 것이었고, 그에 따라 시민의 저항이 불법적 권력이 만든 억압적 법제에 대한 저항의 성격을 가지게 되므로 불법한 방식으로 저항하게 된다 하더라도 도덕적 정당성을 갖고 있었고 대중적 공감대가 있는 일이었다. 그러나 권력의 선출 절차가 합법적으로 변화한 조건에서 더 이상 불법적 방식으로 권력에 저항하는 것은 대중적 공감대를 갖기 어렵다는 것이었다.

경실련은 스스로 합법적 방식으로 운동하겠다고 선언하고 실제로 그동안 집회와 시위를 '금지'하는 법으로 인식되어 온 집시법을 철저하게 지켜나간다. 이는 두 가지 효과를 가져왔는데 하나는 집시법을 지킴으로써 실제로 평화적 방식의 집회, 시위 문화를 일반화시켜 시민들의 신뢰를 확보하고, 지키기 어려운 집시법을 지킴으로써, 집시법이 갖는 집회시위의 보장이라는 법 제정의 취지를 담지 못하고 있다는 점을 드러냄으로서 역설적으로 집시법에 대한 문제제기를 했다는 것이다.

내용적으로 집시법이 집회와 시위를 금지하는 법이라는 것은 경실련이 집시법을 지키기 위해 쏟아 부은 노력을 통해서도 잘 드러난다. 한 번의 집회와 시위를 하기 위해서 경실련 실무자들은 집시법에 적시되어 있는 공공기관의 소재를 파악하기 위해 지도를 놓고 지도상에 표기되어 있는 기관들을 피해 집회장소를 선정하고 시위 경로를 일차로 그려보고 혹 지도에 나와 있지 않은 작은 나라의 대사관이라도 혹시 그 경로에 있지 않을까 하여 실제 조사를 나간다. 일일이 경로상에 놓여 있는 빌딩들을 조사해 보고 최종적으로 확정하면 이를 토대로 경찰서에 집회신고를 하게 된다. 당연히 오히려 경찰들보다 훨씬 정확하게 알고 있으므로 몇 번의 집회 이후에는 경찰조차 종종 경실련에 문의하는 일도 발생하게 된다. 이렇게 연구하고 조사해야 지킬 수 있는 법이 집시법이었다. 법의 허점을 이용하여 편법이나 불법을 저지르기

---

21) 서경석, "박재순 선생의 글에 응답함 - 민중신학과 민중운동의 나아갈 방향,"「월간기독교사상」, 1993. 11.

위해 법을 조사하고 연구하는 것이 아니라 법을 지키기 위해 법을 연구해야 했던 것이다.22)

이렇게 어렵게 억지로 법을 지키는 노력, 80년대 민중운동이 여전히 폭력적 저항과 '실정법'을 인정하지 못하고 기존의 운동방식을 고수함으로써 변화된 시대적 조건에 조응하지 못하고 있었던 것에 비추어 이 같은 시민운동의 합법적 방식의 운동은 대중적 공감대를 불러 왔고 이에 대한 지지와 확신은 90년대 시민운동의 주요한 정체성 중의 하나가 되었다.

2. 법을 위배하지 않으나 법을 넘어서 버린 경우, 1인 시위

경실련이 법을 지키기 위해서 연구하고 조사하는 노력을 기울임으로써 그 법의 문제와 한계를 드러내고 이를 통해 사회적 신뢰를 얻어냈다면 법이 갖는 형식적 규제의 허점을 파악하여 이를 넘어 선 경우도 있는 데 참여연대로부터 시작된 1인 시위가 그것이다. 이 운동은 참여연대가 2000년 11월 삼성그룹의 편법상속에 대해 국세청이 과세할 것을 요구하는 윤종훈 회계사의 시위로부터 시작되었다.

집회가 2인 이상이 모여야 성립된다는 점에 착안하여 집회신고도 필요 없는 1인이 시위를 전개함으로써 개인을 매개로 한 사회적 문제제기를 가능하게 하고 다시 집시법의 문제를 역설적으로 제기한 경우이다. 이제 합법적 시위를 위해 굳이 법을 연구하고 조사할 필요가 없게 되었다. 1인 시위가 다양한 형태로 발전하여 점차 집단적 시위의 변형 양상으로 변화하자 아예 집시법이 다시 개정되게 되었다. 여전히 집시법은 집회와 시위를 '가능한' 금지하는 법임이 폭로된 셈이기도 하다.

이는 '현행법' 혹은 '실정법'이 정당한 의사표현이나 문제제기를 가로막고 있음에도 불구하고 사회운동이 저항방식을 창의적으로 만들어 내어 법이 규정한 방식과 관계없는 행위를 조직함으로써 법을 위반하지 않고도 그 합법성을 획득한 경우라 할 것이다.

---

22) 2005년 8월26일부터 8월 28일까지 제주도에서 열린 서울대 법과대학 법의지배센터 주최의 'NGO와 법의 지배' 심포지움에서 관련 지도가 남아 있으면 법학교육에 좋은 교재가 되겠다고 한 서울대 한인섭 교수의 조언에 따라 당시 실무자였던 경실련의 박병옥총장에게 문의해 보았으나 아쉽게도 남아 있는 지도는 없는 것으로 확인되었다. 살아있는 법 교재가 되었을 것이라는 한인섭교수의 지적이 문제를 보다 잘 드러낸 것으로 생각되었다. 생각을 바꾸어 애초 원고의 소제목이 '합법성에 대한 시민운동의 최초인식'으로 되어 있던 것을 '연구하고 조사해서 법을 지키다'로 바꾸었고 내용도 일부 바꾸었다. 문제의 인식을 보다 분명하게 해 준 한인섭교수께 감사드린다.

3. 사문화되거나 전근대적인 법제여서 지킬 수 없는 법

아예 지킬 수 없는 법이어서 사문화되어 버린 법도 있다. 그 사문화된 법이 다시 생명을 갖게 되는 경우는 사회운동의 도덕성에 상처를 주려 하거나 사문화된 법으로 사회운동의 요구가 확산되는 것을 막아보고자 하는 시도가 있게 되는 때이다.

대표적인 것이 국가보안법과 기부금품모집규제법이다. 국가보안법의 경우 6·15 선언이나 남북교류특별법 등에 비추어 법 취지가 충돌하고 있다. 국가보안법의 찬양고무죄 같은 경우 그 전근대성이 너무 적나라하게 드러나 있는 경우이다. 자유주의 체제의 가장 기본적인 생각의 자유마저 제한하려는 이 법제가 21세기에도 여전히 살아 숨쉬는 것은 코미디 중의 코미디라 할 것이다.

기부금품모집금지법의 경우, 90년대에도 이런 법이 있구나를 인식하게 만들어준 것은 공선협의 공명선거 캠페인을 위한 후원행사에 대해 정부가 기부금품모집금지법 위반이라며 '친절하게' 후원금 모금을 하지 말 것을 경고하면서부터이다. 경실련이 존재하는지조차 몰랐던 시민사회의 자발적 모금마저 제한하는 이 법에 대해 문제를 제기하기로 하고, 법을 들여다 볼 당시에 이 법은 1년간 한 단체가 모금할 수 있는 한도액이 20환이라고 규정되어 있었다. 말하자면 이법은 실제 적용되지 않아서 사문화된 지 수십 년이 된 법이었던 셈이다. 경실련이 이 법을 폐지하고 강제적 모금이나 사기에 의한 모금의 경우에는 형법으로 처벌이 충분하다는 대안을 내놓으면서부터 이 법은 시민사회의 중요한 아젠다 중의 하나가 되었다.[23] 2005년 현재 의원입법으로 행정자치부 장관과 시도지사 등의 허가사항으로 되어 있는 모금행사를 등록제로 변경하고, 모집비용을 보다 현실화하는 등의 내용으로 개정안이 제출되어 있는 상태여서 국회에서 법 개정을 둘러 싼 논란이 벌어질 것으로 보인다.

기부금 모금을 할 경우 어느 단체도 이 법으로부터 자유로울 수 없지만 그렇다고 이 법을 지키고 있는 단체는 없다고 보면 그리 틀린 일은 아니다. 모집비용이 2%로 제한되어 있는 이 법에 의하면 전문적인 모금단체의 경우도 어느 한 곳도 이 법을 지킬 수 있는 단체는 없기 때문이다.

기본적으로 이 법이 현행 상태로 존재하는 한 모든 단체의 불법한 행위가 오히려 보편적이고 일반적인 행위인 셈이다.

---

23) 경실련정책연구위원회, 「우리 사회 이렇게 바꾸자」, 비봉출판사, 1992, 708~711면.

4. 운동의 성장을 법이 추인한 경우

90년대 초반 공선협의 공명선거 캠페인이나 정책 캠페인의 경우 처음부터 합법성을 획득한 것은 아니었다. 선거법 제87조의 단체의 선거운동 제한 조항에 해당하는 선거운동의 범위가 폭넓게 해석되고 있어서 제한적 방식으로 캠페인이 진행될 수밖에 없었다. 당시에 공선협의 활동은 어떤 점에서는 선관위와 그 유권해석을 둘러싼 갈등이기도 하였다. 예컨대 후보들의 정책을 단지 비교하여 서술하는 자료집을 발간하는 것은 합법이지만 이를 어느 후보가 우월하다는 판단을 하게 되면 특정후보에 대한 지지를 표명하는 것으로 되어 불법이라는 것이 그것이다.

그러나 이것만큼 눈 가리고 아웅이 어디 있겠는가? 10가지의 주요항목을 비교하여 나열하게 되면 의식적으로 우열을 배분하지 않는 한 평가자의 경향에 따라 특정한 후보에게 우월하게 나타나는 것은 불문가지이다. 당시 공명선거 캠페인이나 정책선거 캠페인을 진행했던 단체들은 각 당 정책에 대한 총론평가나 개별항목 평가를 통하여 정당이나 후보의 정책적 우월성을 어느 쪽이라고 낙인찍지 않았을 뿐 내용적으로 어느 정당의 공약이 우월하다는 것을 누가 보아도 알 수 있었다. 정책토론회 역시 단체가 주최하는 토론회는 금지되었지만 언론의 경우에는 가능했기에 단체 소유의 기관지들을 통해 정책토론회를 개최하는 방식을 사용하였다.

선거운동의 자유를 획득하기 위해 시민단체들은 법을 위배하지 않았다곤 하지만 사실상 편법적 방식을 통해, 정책평가나 단체의 정책토론회를 금지한 선거법의 조항을 무력화시킨 셈이다. 이 같은 활동에 이어 2000년 총선연대 활동을 거치면서 결국 선거법은 개인의 경우에 후보에 대한 지지나 반대 표명이 가능하게 되고 사회단체들도 정책토론회를 개최하는 것이 가능하게 되는 등 선거과정에 참여하는 시민운동의 영향력의 크기가 커지면서 사후 추인하는 방식으로 선거법이 개정되어 온 경우가 이에 해당한다 할 것이다.

Ⅳ. 다시, 시민운동과 법

시민운동의 합법성 논란은 총선시민연대 활동이 준비되는 시기에 정치권의 공세로 시작되었다. 그러나 당시 시민운동의 가장 영향력 있는 단체인 경실련이 총선시민연대 활동이 선거법을 위반하게 될 가능성이 크다는 판단을 하면서 경실련은 불법적 방식의 운동에 동참하기 어렵다는 견해를 제출하면서부터는 시민운동 내부의 문제로 전화되었다. 애초의 문제제기자는 서경석 목사였다. 그것은 앞서 본 것처럼 총선시민연대가 낙천낙선대상자를 지목하는 방식은 정의를 독점하려는 행위이며 불법한 행동을 하는 것은 시민운동이 그간 합법적으로 운동하면서 시민들의 신뢰를 받아 온 것을 일거에 무너뜨리는 행위이며 법을 무시하고 포퓰리즘적으로 운동하는 것이라는 비판이었다.

그러나 앞에서 여러 가지 경우들을 본 것처럼 비판자들을 포함하여 적극적으로 시민운동에 참여했던 사람들은 90년대의 시민운동이 이석연변호사가 주장한 것처럼 '현행법'의 질서를 고스란히 따른 것은 아니었다. 누구도 지킬 수 없어 사문화된 법의 경우에는 일상적으로 위반하면서 활동한 셈이었고, 현행법을 넘어서기 위한 편법을 사용하기도 했으며 법의 문제를 드러내기 위해 역설적 방식으로 법을 지키기도 하였고, 법의 규제 대상이 될 수 없는 방식을 창의적으로 고안하여 행동하기도 하였다. 낙천낙선이라는 운동의 과제가 오히려 법을 넘어서 시민들의 신뢰를 획득하고 있음은 총선시민연대의 모든 활동이 이를 웅변한다.24)

시민운동의 합법성에 관한 논란을 통해 결론적으로 우리가 확인해야 할 것이 있다. 하나는 '법을 지킨다'는 것이 그 법이 정당성을 상실한 경우에, 누구도 그 법에 대해 '아니다'라고 말해서 그 법을 고치지 않는다면 국가보안법의 경우처럼 전근대적 법제로 인해 고통받거나 기부금품모집에 관한 법처럼 모든 이를 범법자로 만들게 된다. 그 법이 정당성을 상실한 경우에 '아니다' 라고 말하고 행동하는 것 중의 하나가 '실정법'에 위배되는 행위일 수 있는 것이다.

차병직 변호사가 "총선연대는 낙선운동이 부분적으로 선거법에 위반된다는 사실을 명백히 알고 행동으로 옮겼다. 우리가 처한 정치적 환경의 요구에 의한 양심의 결정과 실정법의 지시가 달랐지만, 전자를 택했다. 그래서 낙선운동은 법률상 확신범이요, 사회적으로는 양심범이다. 불복종 운동이 불법과 근본적으로 다른 것은, 불복종에 참여한 사람은 처벌을 감수한다는 것이다. 결코 무죄를 구걸하지 않는다"25)

24) 총선연대백서에 따르면 전국낙선율은 68.6%이며, 그 중 수도권은 95%이며 집중지역으로 선정한 22개 지역의 경우에도 68.2%의 낙선율을 기록하고 있고, 총후원인수가 5667명, 총모금액이 350,191,652원, 홈페이지 접속건수가 856,090건, 하루 평균 10,569건으로 단 3달간의 기록으로는 경이롭다 할 것이다(2000년 총선시민연대, "시민선거혁명 99일," 「총선연대백서」, 295면).

25) 차병직, "<논단> 불복종, 법 넘어선 까닭," 한겨레, 2001. 1. 31.

라고 말하고 있다. 그런 점에서 역설적으로 법을 위반하고 처벌을 감수함으로서 법의 정당성에 대해 문제를 제기하고 있고 그 법이 부여하는 형벌을 감수함으로써 '실정법'의 테두리를 벗어나지는 않는 것이다. 총선시민연대의 불복종운동을 비판하는 사람들은 어느 한 가지 방식만이 옳다고 고집하는 것이야말로 그렇게 주장하는 것과는 달리 스스로 '선'을 독점하려고 하는 행위일 수도 있다는 점을 이해해야 한다.

다른 하나는 이 문제는 단순하게 합법이냐 불법이냐의 문제가 아니라 문제를 제기하고 답하는 사람들의 각각의 운동의 철학에 관한 문제이기도 하다. 현존하는 법은 무조건 지켜져야 하고 다른 방식의 운동은 정의를 독점하려는 것이라거나 운동의 기초를 무너뜨리는 것이라고 보는 것은 결국 운동이 공동체가 추구해야 할 가치의 실현을 통해 사회의 변화를 이끌어 내려 할 때 부딪히는 현존 제도와 싸울 수 없게 만드는 것이다.

따라서 법이란 고정불변의 것이 아니라는 점에서 사회운동이 제기하는 과제와 그 제기하는 방식은 그 법이 만들어진 절차와 과정, 법 제정의 취지와 그 이후의 변화, 사회적 동의의 정도에 따라 변화하는 것이다. 이는 동시에 한 법률의 삶이기도 하다. 출생과 성장, 사망이라는 과정을 통해 법은 발전하고 현실의 규범으로 정착된다고 할 때 현재의 행위는 불법이어서 처벌받는 행위이지만 미래에는 현실의 규범이 될 '가능성'이 언제나 있다는 점에서 우리가 주목해야 할 것은 사회운동이 무엇을 이야기하고 있는 것인지 즉, 그 메시지여야 하는 것이고 그것을 전달하는 방식이 그 메시지에 적합한 것인지를 판단할 때 법은 상대적으로 자신의 자리를 온전하게 차지하게 될 것이다.

[2000년 총선시민연대 관련 경과][26)]

1999년 12월

12/17 총선연대 준비위 제안서 검토, 발족 결의 대표자 간담회

12/22 (가칭)2000년 총선시민연대 1차 참가제안서 발송

2000년 1월

01/11 총선연대(준) 대표단, 정치권에 선거법 제87조 개정 촉구 서한 전달

01/12 총선연대 창립을 위한 전국대표자회의(412개 단체 참여)
2000년 총선시민연대 발족

01/16 100인 유권자위원회 제 1 차 회의

01/17 4개 학술단체, 시민사회단체의 낙천낙선운동 지지선언
전국사립대학교수협의회, 학술단체협의회, 민주화를 위한 전국교수협의회, 국공립대학 교수협의회
대한변협 선거법 제87조 폐지의견 제출

01/21 선거법 제87조 개정을 위한 긴급토론회, 총선연대와 여야 3당 공동주최

01/23 공천반대인사 명단 심의와 확정을 위한 합숙 – 100인 유권자위원회 제 2 차회의

01/24 제16대 총선 공천반대인사 명단발표

01/25 정치권은 공천반대운동에 대한 근거 없는 여론호도책을 당장 중단할 것을 촉구한다, 논평발표

01/30 제 1 차 국민주권의 선언의 날 개최, 전국 6개지역 동시 개최, 서울 약 5천 명 참석 추산

01/31 선거법 개정안을 즉각 수정할 것을 요구한다, 성명 발표

2000년 2월

02/01 경실련 총선연대지지 방문

02/02 2차 공천반대인사 명단 발표

26) 2000년 총선연대, “1부 낙천낙선운동의 개요,” 「총선시민연대 백서」, 2001. 2000년 총선시민연대 경과보고를 요약한 것임.

02/07 여야 기득권 포기 없는 선거법 개정 합의안은 무효, 성명 발표
02/18 개정선거법에 대한 헌법소원청구

2000년 3월

03/01 유권자 독립선언의 날 개최
03/02-06 정치개혁 국민광장 - 부패정치인 추방캠프 설치
03/10 공천무효확인소송 제기
03/18 김타균 공보국장, 이태호 정책기획국장 검찰출두
03/20-26 유권자약속 227만표 모으기 전국 버스투어
03/28 4.13 총선 공식일정 시작

2000년 4월

04/03 낙선명단 발표 및 낙선운동 결의대회
04/10 전과 납세 관련 45명 후보자 정보공개
04/11 수도권 낙선투어 '희망의 버스'
04/12 4.13 정치개혁 시민 촛불집회
04/13 유권자심판의 날(투표일)
04/14 16대총선결과에 대한 입장 발표 '낙천낙선운동의 대장정을 끝내며'
04/21 총선시민연대 해단식

〈참 고 문 헌〉

로크·밀, 「통치론/자유론」, 이극찬 역, 삼성출판사, 1998.

존 롤즈, 「정의론」, 황경식 역, 이학사, 2003.

2000년총선시민연대, 「총선연대 백서」, 2000.

대한기독교서회, 「월간기독교사상」, 1993년 11월호.

경실련 정책연구위원회, 「우리 사회 이렇게 바꾸자」, 비봉출판사, 1992.

경실련, 「<경실련>출범 1주년 기념자료집」, 1990.

서경석, "한국 시민운동의 재정립을 위하여," 「2000년 3회 전국시민단체대회」, 한국 시민단체협의회, 2000.

[토론 : 제 4 장 NGOs와 합법성]

발제 : 김도균
박래군
하승창

지정토론 1 : 이현민(부안범대위 정책실장)

지속가능발전위원회에서 중요한 사회 갈등에 관해서 부안사태를 중심으로 토론이 있었다. 당시 시민사회단체도 종교계에서도 중재나 상생의 목소리는 없고 비판만을 제기한다는 평이 있었다(노무현 대통령도 참석했었는데, 대통령 편이 없다는 의미도 들어 있었다). 이에 대해서, 과연 NGO의 역할이 중재자의 역할인가에 대해서는 고민이다. 시민사회운동은 한쪽으로 지향되어 있다고 하지만, 현장에서는 비판의 역할 만으로도 벽을 느끼고 어려움을 겪고 있다. 이러한 상황에서 한쪽에서는 NGO의 권력화를 애기한다. 부안 군수의 독단적 결정에 저항하여 부안 사태가 발생하였을 때, 부안 주민 1만여 명이 평화 행진을 시도하였으나, 이에 대해서 경찰의 차단과 차별 그리고 폭력이 자행되었다. 바로 다음날 대통령의 발표가 이어졌고 이는 NGO를 바로 보는 정치권의 시각을 반영하고 있다고 생각한다. 부안 시위가 폭력적으로 알려졌지만, 사실은 주민들은 정부와 주민의 공동기구에서 평화적 해결을 갈구했다. 그러나 정부에 의해서 무산되고 말았다. 시민사회가 합리적으로 목소리를 내려고 하지만, 그것을 가로막고 있는 정부에 의해서 그 합법성이 도전을 받고 있는 것이다. NGO의 자기 정체성에 대한 논의를 가져야 하고 재검토가 필요하다고 생각한다. 현장의 경험을 통해 느낀 것이 있는데, 결국 시민운동은 희망 찾기라고 생각한다.

지정토론 2 : 박경석(장애인 이동권 연대 대표)

장애인이동권에 대해서 말하겠다. 여러 차례의 구속 경험을 통해서 난 불법을 한 것이 아니라 시민불복종을 한 것이라는 결론을 내렸다. 이러한 운동이 확장되어야 한다는 입장이다. 시민불복종운동이 불법적인가 폭력적인가에 대해서, 합법적이라면 좋겠지만 불법적이라도 추진할 수 있다고 본다. 배경이 중요하다. 장애인에 대한 전반적 사회적 의식을 고려한다면, 다시 말해 장애인을 바라보는 관점은 여전히 시혜의 대상 혹은 동정의 관점으로 바라보고 있는 것이 여전할 때, 불법과 합법의 구분은 의미가 없는 듯하다. 오히려 이러한 사회적 관념을 부수려고 했을 때 불법은 언제든 가능하다. 불법을 했을 경우 경찰 및 검찰과 부딪히게 되는데, 이들 역시 장애인에 대해 시혜 혹은 동정의 대상으로 바로 본다. 이러한 현상에 대해서 장애인운동이 공권력을 무력화했다고 하지만, 사실은 장애인의 구속시 수반되는 공권력의 불편함 때문이라고 할 수 있다.

국가인권위원회에 제소한 사건에 대해서 아직 답을 받지 못했다. 장애인시설에서 빚어지는 인권침해에 대한 왜곡된 언론 보도에 대해서 제소하였으나 1년이 넘도록 아직 무답인 것이다. 사회적 무관심과 왜곡된 시선 속에서 장애인의 불복종 투쟁이 있었다. 시혜의 대상으로서가 아닌 권리의 주체로서의 사회적 공감대와 인식이 필요하다. 사회적 양극화가 가속화되고 있는 현실에서 빈곤자에 대한 사회적 공감대가 어디인가. 노숙자나 장애인에 대해 경찰보다 시민들이 보다 더 적대적인 태도를 취한다. 이러한 상황에서 장애인이나 빈곤자의 불복종을 폭력으로 말하는 것은 엄폐다. 보수적 언론의 왜곡 속에서 불법적 불복종운동을 통해서 사회적 공감대를 형성해 낼 수 있을 것인가에 대한 고민이 있다. 그러나 조작되고 왜곡된 것들 속에서 원칙을 지키고 투쟁하는 일이 우리가 지켜야 할 것이 아닌가.

장애인인권운동은 사실상 언론이 그리고 있는 것과는 달리, 인권위를 통해서 그리고 여러 법적 절차와 비법적·합법적 절차를 통해서 이루어지고 또 대응하고 있다. 무작위 대중에 대한 공감대가 아니라, 장애인이 배제되어서는 안 되고 주체가 되기 위한 장애인 스스로의 자기 조직화 그리고 그 투쟁에 의미가 있다. 시민사회단체의 합리적 기능에 대해서도 방향성을 검토해야 하지 않는가? 합리적 방식이 제도화되면서 기형적 모습으로의 한계를 갖고 있지 않는가. 시민불복종을 통해서 차별에 대한 저항운동이 함께 이루어져야 한다고 본다. 세계 여러 나라의 인권운동에서도 볼 수 있듯이 방식의 문제에 있어서 양자가 서로 보완되어야 한다.

지정토론 2 : 송호창(법무법인 덕수 변호사)

국가보안법과 관련하여 시민운동의 합법성 문제를 매치하는 것은 당황스럽다. 국보법은 한국의 국가체제를 유지하는 단순한 법이 아니라 국가의 존립을 유지하는 법이다. 국가보안법의 성격이 단순한 법률이 아니라 통치질서로서 역할을 해왔다. 국보법은 한국 현대사 전체를 규정짓는 헌법 이상의 규범력을 가지고 있는데, 그의 폐해도 만만치 않았다. 이 운동이 대중적으로 확산되면서 반대파와의 논쟁에 대한 대응 논리를 개발하였다. 90년대에는 시민사회운동 진영 내에서 폐지론과 개정론이 대립하는 가운데 폐지론이 우세하였다. 2004년에 폐지론이 본격적으로 제기되었다. 그 이유를 살펴봄으로써 시민사회운동과 입법운동의 현주소를 점검하고 앞으로의 운동의 방향을 탐색해보고자 한다.

시민운동진영의 활동을 두 가지로 나누면, 원외에서 여론을 형성하는 것과 원내에서 국회의원을 대상으로 로비활동을 펼친 것으로 나눌 수 있다. 원내 활동에 대한 많은 의문을 가진다. 국가보안법폐지운동은 폐지법안을 만들기 위한 입법운동으로 볼 수 있는데, 원내의 활동을 통해 입법과정에 개입하는 방식이었는데, 이러한 과정에서 시민사회단체가 특정한 법률에 대한 얼마만큼의 역량과 전문성을 가지고 접근하는 것인지 의문이 들었다. 정치권의 경우 여러 이해관계집단의 요구에 대해서 정파적 이해나 이후의 재선 혹은 정치적 홍보와 관련되어 있는데, 다양한 차원의 요구들의 부합점을 찾아 나가는 과정이 맞게 이루어지는지 고민이다. 과거의 국가권력의 영역이 축소되면서 그 빈 공간을 시민사회나 언론이, 그리고 그 외 민주적 건강성이 갖추어져 있지 않은 세력이 채우고 있다. 정치권은 절차적 정당성에 대한 검증 체계를 가지고 있으나, 언론이나 시민단체는 절차적 정당성을 가지지 못한 상태에서 세력이 주어졌다. 이에 대한 견제와 통제를 어떻게 할 것인가에 대한 고민이 필요하다. 입법활동 방식이 상당 기간 유지되겠지만, 시민사회운동의 주체적인 조건이 바뀜으로써, 객관적 상황도 많이 바뀌고 있다. 지금까지의 입법운동의 방식이 계속 유지될지 아니면 대안적 방식은 어떤 것이 될 것인지에 대해서도 마찬가지로 고민이 필요하다.

합법성의 문제에 대해서 말하겠다, 80년대에서 90년대 초반의 폭력과 비폭력 논의가 최근에 와서는 합법과 불법의 논의로 발전되고 있는 양상이다. 법과 제도, 질서를 바꾸고 새롭게 형성하기 위해서 운동을 하는데, 그 운동의 합법성 논란은 운동이 무엇인지에 대한 개념이 다른 것이 아닌가 하는 생각이 든다. 합법/비합법은 운동의 효율성을 제고하기 위한 하나의 방식으로서의 논의이지, 시민운동의 방향으로서의 아젠다는 아니라고 생각한다.

[종합 토론]

강금실(사회): 여성인권대사

주최측에서 사회를 부탁했지만, 특별히 사회라기보다는 말문을 먼저 연다는 의미로 시작하겠다. 지금까지 시민사회와 법치, NGO와 사법을 통한 권리구제, NGO와 입법형성, NGO와 합법성문제 등의 대주제로 나누어 발제와 지정토론 및 질의응답 시간을 가졌다. 이제 개별적으로 미진한 부분들에 대해서 더 토론하고 법치주의와 NGO의 관계를 큰 맥락에서 짚어보는 이야기도 나누어 보자.

NGO와 법의 지배라는 주제 하에 NGO의 주체성과 그 역할에 대해서 혼돈이 존재하고 있는 것 같다. 법치주의와 관련해서 NGO의 역할은 인간의 존엄적인 가치가 실현되는 실질적인 법치주의가 실현되는 사회를 만드는 것이다라고 생각한다. 이러한 측면에서 NGO의 목표가 이러한 실질적인 법치주의의 실현이라고도 볼 수 있다.

법치주의라는 목표를 당성하기 위해, 행위 자체가 법치주의를 지향해왔던 입법운동이나 공익소송, 권리구제에 대한 의논이 이루어져 왔다. 실질적 법치주의로 지향해 나가는 방향에서 NGO의 시민불복종 운동 역시 법치주의적 정당한 방법 중의 하나이다. 즉, 형식적으로는 법에 위반되는 것 같지만, 실질적으로 보자면, 그 법이 헌법이 보장하고 기본권의 보장을 위반하고 있고, 그러한 법에 저항하고 항의하는 NGO의 불복종 운동은 하나의 법치주의적 정당성을 갖는다. 불복종행위가 어떤 요건을 갖추어야만 법치주의에서 인정하는 정당성을 획득할 수 있느냐에 대해선, 폭력의 문제나 당위성, 시민성의 문제로 접근할 수 있을 것 같다. 다른 문제 하나는 NGO의 개념인데, 보수든 진보든 법치주의에서 지향하는 가치를 내포하였을 땐 NGO의 행위이지만, 그렇지 않은 경우 정당성이나 시민성이 결여되었다고 볼 수 있다.

합법이라는 표현이 내용적으로 우리의 생각을 구속한다. 용어가 확장됨으로써 마음대로 사용되는 측면이 있다. 합법이라는 개념에서 반대개념으로 불법이라는 의미로 가버릴 위험이 있다. 이는 형식적 법치주의를 강조하는 가운데 발생한다. 부안사태에서 볼 수 있듯이 정부의 결정에 대해서 주민 전체가 반대하면 그 결정은 정당성이 결여된 것이다. 정부의 정당성이 결여됐다면 그 행위를 다시 검토해 볼 필요가 있다. 이는 시민불복종으로 나아갈 수 있다. 그런데, 정부의 결정에 대해서 주민이 반대하는 것은 국가 질서를 혼란케 한다는 인식이 정부 내에 있었다. 탄핵 야간 집회가 불법행위로 금지된 적이 있다. 그러나 이것은 불법이 아니라 위법일 뿐이다. 즉 법이 문제가 있는 거지 집회의 정당성이 없는 것은 아니다. 그 내부에서는 집회 자체가 마땅하냐 못마땅하냐에 대한 가치 차이에서 비롯된 것이다. 이처럼 합법이라는 용어의 왜곡에서 정당성이 있는 행위가 불법의 논란의 대상이 되곤 한다.

많은 NGO 사람들이 정부에 들어가면서 NGO 영역의 고유성과 정부 내 활동과의 관계, 그리고 입법활동 중심의 NGO오의 행위가 어떻게 위상이 지워져야 하는가에 대해 고민이 필요하다. 행위의 형식을 속박하다 보니 이러한 문제가 제기되는 것이다.

이제까지 법치주의의 수준이 너무 떨어지기 때문에 NGO의 역할과 영향이 컸다면, 이젠 그 내용이 전문화되면서 NGO의 영역이 축소되는 것에 대한 방향의 문제에 대해 논의가 필요하다. 이런 문제를 어떻게 풀 것이냐와, 목표로서의 실질적 법치주의로 가기 위해서 형식적 법치주의가 발목을 잡는 문제에 대해 토론이 이뤄져야 할 것이다.

차병직: 법무법인 한결 변호사

사회가 정치적으로 성숙하게 되면, 형식적 법치주의를 유보할 수도 있다. 그러나 정치적 미성숙의 단계에서는 사법감시 활동에서 법치주의는 중요하다. 최근 새로운 문제가 제기될 때 바로 위헌문제가 제기되는데, 이는 형식적 법치주의의 단면이다. 특히, 삼권분립에 대한 위헌제기는 형식적 법치주의를 잘 보여준다. 몽테스키외식의 고전적 삼권분립의 개념은 현 사회에서는 유연성을 갖고 적용되어야 한다. 즉 사회적 상황에 따라서 법치주의 실현은 제한 혹은 유보할 수 있어야 한다.

박원순: 변호사, 아름다운재단 상임이사

사회가 다양화되면서 실체적 정의, 절차적 정의의 충돌 문제도 많이 나타나고 있다. 이 부분에 대해선 시민단체를 포함해서 모두가 고민해야 할 필요가 있다. 그럼에도 불구하고 실체적 정의와 절차적 정의는 간단히 재구성이 가능하다고 생각한다. 예를 들어, 빨갱이에 대한 논란에서 한번 빨갱이는 영원한 빨갱이라는 것은 잘못된 규정인 것이고, 한번 부패를 저지른 사람은 경력으로 그것이 남는 것이다. 친일인명에 대한 공개는 약간의 프라이버시의 문제가 있지만 분명한 공적 요소를 확보하고 있기 때문에 공개가 중요한 요소가 많다. 우리가 좀 더 정확한 잣대를 기준으로 삼으면 분명하게 구분이 가능하다고 생각한다. 예컨대 삼성의 엑스파일의 경우도 그렇다. 도청이라는 것은 철저히 문제화되어야 하는 것이고, 여기에서 엄청난 부패 부조리가 드러났는데, 독수독과 이론이라는 것은 판사가 판결할 때 주로 적용되는 것이고, 수사에서는 물론 참고는 해야겠지만 결정적으로 고려해야 할 필수 요소는 아니라고 생각한다. 설사 독수독과 이론이 수사에 적용되더라도 예외 사례가 많다. 엑스파일의 경우 얼마든지 분리해서 주장할 수 있다고 생각한다.

앞서 신종원이 지정토론에서 언급한 것처럼, 시민사회가 다원적 가치를 주창하고 중재의 역할을 수행해야 한다는 점에 대해서 매우 중요하게 생각한다. 그러나 중재가 가능하려면, 게임의 룰이 존재해야 한다. 그런데 우리 사회는 그러한 룰이 무시되고 승부가 조작되고 있는 곳이다. 신뢰를 얻지 못하고 법에 대한 존엄이 무너진 이유는 결국은 게임의 룰이 무너진 것이고, 룰을 감시하는 감독에 문제가 있는 것이다. 여기에 시민사회의 역할이 있다고 본다. 반드시 그러해야 하는 것은 아니지만, 우선순위를 따질 경우 그러하다.

과거 군사정권에서는 법은 정권의 흉기였으나, 시민사회가 성숙하면서 법은 시민들의 무기로 활용될 수 있다는 측면이 있다. 87년 체제가 이런 식으로 작동하고 있다고 본다. 시민사회는 지금 논의하고 있는 이러한 활동뿐만 아니라 수없이 다양한 영역 속에서 다양한 방식으로 활동을 하고 있다. 주제가 법치주의라서 법을 이용한 운동을 주로 얘기하고 있을 뿐이다.

이찬진: 법무법인 해람 변호사

헌법재판소가 대법원보다 사회 정책에 미치는 영향이 더 강력한 측면도 있다. 헌재의 결정이 국가의 정책을 좌우하고 있는 현실이 헌법의 정신에 부합한 것인지 의문이다. 이에 대한 사회적 합의를 이루어 내는 것이 중요하다. 헌재와 대법원이 참여주의를 거부하고 기존의 기득권을 유지하기를 고집할 가능성이 높다. 이에 대해서 NGO가 어떻게 사회적 다양성을 보장하고 담보해 낼 수 있는지, 즉 사법권력의 민주화를 위해서 법을 매개로 한 NGO의 운동에 대해서 고민이 필요하다. 사법권력의 민주화나 헌재의 개혁에서 운동이 지속적이지 못하고 실패하는 이유가 정치적 대표성이나 제도적 이해관계를 대변하는 그룹이 생성되지 못하는 가운데 전문가들에만 의존하는 것이 한계다. 운동성을 담보하는 NGO의 활동이 필요하다. 참여연대의 작은 권리 찾기 운동과 같은 요소를 발전시켜 대중으로부터 직접적인 참여의 모델을 개발하는 것이 필요하다.

장승화: 서울대 법대 교수

법치주의나 민주주의가 인간의 가치에 대한 관점의 차이라고 생각한다. NGO의 역할과 관련하여 법률가가 주인공이냐 조력자이냐의 문제가 되는 듯한데, 환경과 관련된 사안에 있어서 소송을 통해서 문제에 접근하는 예를 보면, 환경활동가뿐만 아니라 법률전문가, 과학자 등 여러 분야의 주체가 동시에 필요하다. 이러한 의미에서 종합적인 의미로 NGO의 활동이 이루어질 때 바람직하다.

김동춘: 성공회대 사회과학부 교수

이찬진의 발제에서 2000년 이후 사법감시 활동의 정체현상을 다루었는데, 그 원인의 분석에 대해서 이야기하고자 한다. 운동이 전문가주의를 강화시키는 방향으로 흘러간 부분이 있다. 또한 법치주의가 운동의 많은 효과를 발생시켰지만, 지나칠 경우 사회적 분열을 야기한 측면이 있다. 가장 중요하게는, 사법 운동의 영역에서의 소송이나 법률적 쟁송에 개입하는 운동의 주체를 개인화하였다고 본다. 관련 사안이 집단적 성격을 분명히 갖고 있음에도 불구하고 그러한 집단적 사안을 개인화하였다.

여기서 핵심적인 질문은 사법의 피해자가 사법 운동의 주체가 될 수 있는가 이다. 미국의 노동문제의 제기 방식이 법원에 제소하는 것인데, 부분적으로는 해결의 측면이 있어 보이지만 사회 전체적으로 거시적 관점에서 보면 미국의 노동 세력은 약화일로를 걷고 있다. 이러한 딜레마를 극복할 수 있는 사법감시운동이 가능한가에 대해 의문을 제기하고 싶다. 전환점이 필요한데, 기업에 대한 사법감시가 가능한가에 달려 있다고 생각한다. 여기에 대한 체계적인 감시활동은 어떤 것이 있는가? 그리고 노동영역에서 과연 소송을 통한 승소나 구제의 효과가 어떠한지? 그동안 독재권력에 대한 감시에 있어서는 분명히 성공을 했지만, 이제는 이러한 물음에 대해서 운동의 주체의 문제와 함께 고민해야 할 것 같다

이은우: 법무법인 지평 변호사

운동이 전문가 중심으로 이루어지고 있고 대중을 향한 설명이나 합의를 형성하는 면에서 사실상 부족하다. 사회의 의제로 제대로 상정되기 위해서는 대중과의 호흡이 이루어져야 하는데, 이에 대한 역량이 미비하였다. 정보운동만 하더라도 10년의 평가를 통해서 시민들과의 합의에 실패하였다고 본다. 예를 들어 '소리바다'의 경우, 시민사회가 주도적으로 의제를 설정해 나가는 데에서 실패하였다. 구심점을 먼저 형성하고 대중과의 합의를 도출해 나가야 하는데, 정보 운동에 있어서 그것을 실현하지 못한 것이다. 그러나 사법과 관련해서, 다양한 방면에서 이를 이용할 수 있게 되었다는 점은 발전이라 생각한다. 그 가운데, 시민사회의 안이 독자적 안으로 상정될 수 있다는 점은 큰 발전이라 생각한다. 즉 17대 국회에서 민주노동당을 통해서 가능해진 것이다. 이러한 점에서 입법운동의 영역이 확대되었다. 평론이나 토론회를 통해서 정책 방향을 제시하는 것이 편해진 것은 사실이다. 입법운동에서 대중운동과 괴리가 생기는 것을 주의하여야 하지만, 동시에 그러한 수준까지 가 볼 필요가 있다고 생각한다.

여영학: 법무법인 한결 변호사

앞서 내 발제에 대한 지정토론에 대해 몇 가지 할 말이 있다. 환경정책과 운동이 괴리가 크다. 개별법의 폐지나 개정을 요구해 본 경험이 있으나 전면적으로 법적

접근을 운동의 중심 과제로 설정하고 법안을 제출 하는 등의 경험이 거의 없어 환경법률 운동을 시도하는 사람들도 엄두가 나지 않는다. 절차적 측면에서 입법운동이 중요하다고 생각한다. 미국의 경우 환경 정책, 제도 등의 입안 단계부터 환경영향평가를 하게 하는 절차를 갖추고 있는데, 이러한 것이 모델이 되어서 우리나라도 이러한 제도의 도입을 통해 환경정책을 개선해 보려고 하나 진척이 이루어지지 않고 있고 환경단체도 이에 대한 관심이 별로 없다. 일본에서도 환경법률가 단체들이 공익사업으로 법적 운동을 시작하였으나, 한국의 단체는 아직 그러한 운동에 집중할 수 없다. 환경소송에 있어서도 새만금 소송이 제기되기는 했지만, 이러한 소송의 필요성에 대한 논란이 많았다. 승소한 사건이긴 하지만 이례적인 것으로 볼 수 있고, 이런 소송을 활발하게 하기 위해서는 앞으로 많은 시간과 노력이 필요하다고 본다.

김동춘

나도 과거사법 제정운동에 관한 내 발제와 관련하여 몇 마디 더 보태고 싶다. 과거보다 좀 더 높은 수준의 감시, 이후 시행령에 대한 논의, 처벌과 보상을 위한 사회적 합의를 이끌어 내기 위한 통합적 기구가 필요한데, 이에 대한 시민사회의 관심이 저조하다. 과거사문제는 사회전체에 영향을 미치게 되는 공익적 영역임에도 불구하고, 정치가들, 학자, 유족은 자기 입장만을 생각하게 되고 누구도 이 운동의 주인이 안되고 있는 실정이다. 현재로선 어떻게 공익적 관점에서 과거사 문제를 감시하고 할 수 있는가 하는 문제가 가장 중요한 현안이다. 이 문제의 해결이 어려워 보이는데, 이러한 피해는 다시 시민사회로 돌아가게 될 것이다.

박은정: 서울대 법대 교수

의문사는 김대중 정부 후반에 조용하게 시작되어 의문사진상규명위원회의 1기 활동은 범시민사회적 지지를 획득하는 역할을 수행하였다고 본다. 입법과정에서 개별법으로 이루어지다가 총괄법적 방향으로 나아가는 과정에서 과거청산범국가위원회라는 형태로 확대되었다. 총괄법 쪽으로 추진하다 보니 정치적으로 강력한 신호가 되고 결과적으로 운동적 차원에서 범시민적 지지를 얻는 데는 실패했다. 과거청산이 궁극적으로 역사 바로잡기나 사회통합의 차원에서 이루어져야 하는 당연한 작업임에도 불구하고, 그 큰 시대적 의의와 사회적 목적에 비추어 보면 현재의 상황은 안타깝기 그지없다. 처음에 과거사 청산이 일반시민과 여론의 관심을 얻을 수 있었던 것은, 보통의 평범한 사람들이 공권력에 의해 부당하게 취급되고 의문의 죽음을 당했다는 데 대한 시민적 차원의 분노였다. 그러한 시민적 자각 속에서 올바른 청산과 재발방지에 대한 인식도 확고했고 사회적 반향도 컸다. 그러나 그 후 사안의 동시다발적 다양화와 정치적 개입, 세력화 문제 등으로 대중과의 친밀도가 떨어지게 되었다. 예를 들어 시간적으로 먼 동학이나 일제 청산 등, 시민적 감수성을 움직이는 데에는 다소 둔한 영역들이 한꺼번에 거론되면서 성과를 가져오지 못하게 된 것이다. 지금이라도 전략적 차원에서 개별 사안들에 대해 하나하나씩 다루는 조용한 접근이 필요하다고 생각한다.

김동춘

운동의 실패에 대한 지적에 대해서 한마디 하자면, 우선 대통령에 의해 과거사 문제가 지나치게 정치화 함으로써 역풍을 유발한 감이 있다. 운동의 주체 측에서 보면 10개가 넘는 과거사안을 한꺼번에 다룰 때의 사회적 피곤함이 있었다. 정치적으로는 당과 정부의 의지가 있을 때 조속히 밀어 붙어야 한다는 조급함이 있었다. 상황적 판단에 의해서 총괄적인 접근을 취하게 되었던 것이다.

박래군: 인권운동 사랑방 활동가

과거사 청산에 있어서 어정쩡한 진상규명 등의 요청만 있었지 진실에 대한 접근력이 부족하다. 피해자는 애달아하지만 사회적 반향은 없는 것 같다. 진실규명은 첫 단계이고 그 다음 단계들이 있어야 하는데, 처벌에 대한 부분이 없는 상황에서 바로 배상 내지 보상의 문제로 나아가고 있다. 이는 과거의 청산이 아니라 다시 과거를 왜곡하는 결과를 가져 올 우려가 있다.

김동춘

가해자에 대해 처벌하지 않고 피해자에 대해 보상하지 않는 수준에서 법안을 통과시킨 셈이다. 통과된 이후 처벌과 보상 문제가 제기되었다. 강력한 사회적 합의 없이는 무차별적인 보상요구와 처벌요구가 제기될 것으로 예상된다. 노무현 대통령이 이러한 문제를 제기한 상태이다. 강력한 시민사회적 합의 없이 처벌문제와 보상문제를 그대로 둘 경우, 많은 사회적 문제 야기가 예상되고, 그동안의 운동 관련자가 그 피해를 부담하게 된다. 시민사회의 적극적 개입이 필요하다.

강금실

화제를 바꾸어 시민불복종문제에 대해서 좀더 이야기를 나누어 보자. 불복종에 대해 시민들이 거부감을 느끼는 이유가 절차적 폭력성인데, 행위방식의 다양화를 이룬다면, 때에 따라서는 폭력도 실질적인 법치주의를 위해선 정당성을 가질 경우도 있을 것 같다.

이현민: 부안범대위 정책실장

부안의 경우에, 분명 불법적인 투쟁이 있었고, 주민들의 운동의 모든 것이 정당화될 수는 없었다. 이 경우 부안 주민들 중에 집행위원회 구성원이 실형을 받았고 주민 200여 명 이상이 벌금형을 받았다. 잘못된 행위에 대한 대가를 치렀다고 생각한다. 중요한 것은 정부 장관을 비롯한 요직 관료들의 사과의 성명과 잘못됐다는 인정이 있었다. 국가인권위원회에서도 경찰의 과도한 진압이 주민의 인권을 침해했다는 것을 인정했다. 그러나 정작 사업추진세력 중에 누구도 처벌을 받거나 책임을 진 적이 없었다. 때문에 끊임없이 되면 좋고 안 되면 말자는 식의 논리로 정부 또는 이해관계를 갖고 있는 집단들이 이러한 정책을 추진해 왔다. 운동의 합리성을 강조하는 방향으로 성격이 변화되고 사회적 패러다임이 바뀌어 갈수록 그에 대한 책임의 소재도 분명해 져야 한다. 그런데도 NGO나 시민사회의 합리성만이 편향적으로 강조되고, 정책을 추진하는 쪽의 책임성은 그러지 못하다. 우리 사회의 절차적 민주주의가 성숙되어 감에도 불구하고 국민 일반이 느끼는 소외와 불만은 오히려 증폭되고 있다.

김도균: 서울대 법대 교수

법에 대한 시민불복종운동에 대한 논의는 주로 NGO가 어떠한 운동 방식을 취해야 하는가의 문제에 초점이 맞추어졌다. 이와 더불어 시민불복종운동에 대한 판단은 누가 할 것인가라는 주체의 문제, 판단 시기와 판단 뒤의 법적인 효과에 대해서도 논의가 되지 못해 아쉽다.

한인섭: 서울대 법대 교수

김도균 교수가 발표한 범주화에 약간 문제가 있는 것 같다. 시민불복종을 주장하는 사람의 종합적인 파워가 적을 때 시민불복종의 방향이 더 확대되는 것이 아닌가. 시민불복종을 주장하는 사람들의 위치나 권력에 따라서 시민불복종의 잣대가 합법·비합법인가를 유연하게 결정해야 되는 것이 아닌가. 경실련은 합법적인 노력의 길을 보여줬다. 이에 의하여 경찰조차도 유연한 잣대를 적용하게 된 것이다. 고정된 잣대로 판단할 사안이 아니라고 본다.

김기식: 참여연대 사무처장

의약분업 반대운동에 대해서 시민불복종이라고 보는 것에 대해서 동의할 수 없다. 사회적 약자·소수자의 저항권의 범위는 사회적 정당성이 더 확장되어야 한다. 예를 들어 다양한 수단을 갖고 있는 참여연대가 장애인인권연대와 같은 방식의 운동을 했을 때는 비판이 제기될 것이다. 장애인 권리운동이 소수자의 저항권이라는 장을 새롭게 열어 주었다고 본다. 민주화 과정 이후 제도화가 낳고 있는 또 다른 소외에 대한 저항적 권리를 부각시켰던 것이다. 그래서 주체와 그 주체의 처지에 따라 허용되는 저항권의 범위와 강도는 달라야 한다. 주체를 놓치고 나타나는 행위에 초점을 맞춘 것은 잘못된 분류다. 즉 의사집단처럼 사회적 기득권 층이 자신들의 이해를 관철하고 옹호하기 위한 불법행위를 시민불복종이라고 분류하는 것은 적합하지 않다. 불복종이란, 사회적 약자가 강요받은 법질서에 대해서 저항할 다른 수단을 갖고 있지 않은 조건에서 불복종함으로써 목소리를 내는 것이라고 본다. 즉 하나의 기준을 더 설정하여 범주화해야 할 것이다.

남윤인순: 여성연합 상임대표

시민불복종의 요건으로 공공성을 얘기하였는데, 의약분업의 경우는 의사와 약사의 이해가 공공성이란 이름으로 포장된 것이므로 불복종운동으로 보기 어렵다. 이동권연대의 운동은 소수자의 저항으로 시작되지만 그것이 시민적인 연대의 방식으로 나가서, 즉 당사자들의 투쟁에서 더 나아가 시민연대로 확장되었을 때 시민불복종의 개념으로 설정할 수 있을 것이라 생각한다.

하승창: 시민행동 사무처장

불복종의 개념이 특정한 법률이나 제도에 대한 직접적인 저항이라고 한다면, 장애인 이동권 연대의 운동이 시민불복종의 범주에 속한다고 보기 어렵다. 이동권연대의 운동은 집단적인 의사표현의 방식으로 철도법 등 그 법 자체에 저항하는 것은 아니라고 생각한다. 차별적 현실에 대한 저항이지 현행법에 저촉되는 법 자체에 대한 저항은 아닐 것이다. 생존권적 기본권에 관한 문제와 이동권에 관한 문제는 장애를 가지고 있는 분들에 대한 이용 설계이나 편의시설이 비장애인의 기준에 맞춰있는 국가 공권력의 간접 차별에 대한 의사표현일 뿐이다. 심각한 집단적 차별에 대한 절규의 차원이 아닌가 하는 생각이 든다. 시민불복종이라고 공감할 정도라면 간접 차별에 대한 문제를 모두 수용해야 할 것이다. 예산에서 도로 설계에 이르기까지 이에 대한 총체적 불복종이어야 한다.

박경석: 장애인 이동권연대 대표

기존의 비장애인 중심으로 사고하게끔 만들고 그렇게 건설된 사회에 적응하거나 순종하며 살지 않겠다는 것이 불복종이라고 생각한다.

박래군

인민들이 법의 지배에 도전하지 않아도 되는 데까지 가는 것이 인권운동이라고 본다. 법의 지배가 가능하기 위한 요건이 갖추어졌을 때 민중이 법치주의를 받아 들

이고 법에 따른다. 인권운동 쪽에서는 입법운동보다 폐지운동을 주로 하는 것 같고, 아직도 법의 이름으로 야만의 질서를 정당화하는 법이 남아 있다. 이러한 악법을 그대로 두고 법의 지배라는 논의하고 이를 수용할 수 있을 것인가. 법을 무시하고 무전유죄가 지배하는 사회에서, 법을 지켜봤자 손해라는 인식이 많은 상태에서 법의 지배가 가능하겠는가. 법의 지배가 가능하도록 요건을 마련하고 제도를 마련해야 한다. 법의 지배나 입법운동을 생각할 때 운동하는 사람들의 착시현상이 있는 것이 아닌가 한다. 시민운동이 대중을 대변하고 공익을 대변하고 있다고 스스로 생각하고 있는 것이 아닌가 한다. 예전엔 그랬다 하더라도 지금은 어떤지 검토해야 할 때가 온 것 같다. 여기에 운동의 위기론이 접목되어 있다고 생각한다.

김도균

자기 이해관계나 입장을 제도적 영역에서 제대로 대응할 수 있는 조직이나 포괄적인 단체가 없을 경우에는 시민불복종의 적용 범주가 넓어져야 한다고 생각한다. 시민불복종을 약자의 저항권으로 규정지을 것이 아니라 범주를 더 넓히고, 정당하냐 정당하지 않느냐로 하는 것이 더 적합한 규정이라 생각한다. 기존의 논의는 시민불복종을 굉장히 좁게 해석하고 있는데, 그러한 관점에서 보더라도 이동권연대의 운동은 인간의 존엄성 실현이나 정의 이념에 관련된 전형적인 불복종이고, 운동에서의 폭력적인 퍼포먼스가 정당성을 얻는다고 생각한다. 합법성적인 관점에서도 비록 실정법에 어긋나는 폭력이 있다해도 정당한 행위라고 판단될 수 있거나, 또는 정당한 행위가 아니지만 양면의 차원에서 보통의 범죄자보다 경감할 수는 있을 것이다. 따라서 장애인이동권의 사안은 한국 사회에서 부안사태와 마찬가지로 전형적인 시민불복종이라고 생각한다. 시민불복종은 전략적 정치적 효과와 목적을 효율화하기 위한 하나의 방법이라고 생각한다. 즉 도덕적 정당성이 높아서 효과가 크면 그 방법으로 가고, 폭력적인 저항 방법이 효율적이라면 이런 방식으로도 갈 수 있다고 생각한다.

박주현: 변호사 시민경제사회연구소 소장

김교수의 시민불복종 개념에 부적절한 면이 있다. 김교수의 개념에 의하면, 대도나 탈옥의 경우에도 명분을 내세우고 할 수도 있는데 이런 것도 시민불복종이 될 수 있지 않을까. 우리가 불복종과 거리가 멀다고 생각하는 행동이나 님비현상 같은 이익집단의 행동도 불복종으로 범주화될 우려가 있다. 법을 위반한다는 행태가 보이지만 사회적으로 의미있는 시도라고 할 수 있는 시민불복종만을 개념대상으로 범주화시켜야 한다고 생각한다. 장애인이동권 운동이 과격하게 비친 것은 사실이다. 이는 비타협적인 방법을 선택한 것으로 보인다. 그러나 사회적으로 의제화하고 스스로 주체적인 세력을 형성하는데 일정한 효과를 보았을 것이다. 장애인 이동권이 사회적으로 받아들여진 것을 직감적으로 느끼는 것이다. 장애인 스스로의 자주적인 운동의 시발로서의 움직임이기 때문에 경찰에서도 잡아가지 않았을 것이다. 물론 동정의 차원이 있었겠지만…. 부안사태나 장애인이동권 사례에서 볼 수 있는 비타협적이고 불복종적인 과격한 방법들이 사회적으로 쉽게 수용되지는 않지만, 그러한 것의 전체적인 맥락이나 의미를 인정하게 되는 것은, 그것이 사람들로 하여금 사회적 비용을 계산하게 하는 학습 효과를 주는 계기가 된다는 점이다. 이러한 문제를 바라볼 때는 거시적인 시각과 미시적인 시각을 겸할 필요가 있다.

박래군

시민불복종의 요소에 법이라는 것이 자리하는 것이 혼란스럽다. 법의 범주가 법률로 제정된 법만이 법인가에 대한 논의가 이뤄져야 한다. 이동권연대나 부안의 투쟁은 법의 미비함에 대한 입법을 요구하는 투쟁이 아닐까 한다. 시민불복종운동을 규정하는 데 있어서 법에 대해 저항한다는 명제가 필수적인 요소인가, 그리고 그 법의 범주는 어디까지인가 하는 논의가 우선되어야 한다.

불복종운동의 개인성과 집단성에 대해서, 그 경계를 넘어서는 경우는 어떻게 봐야 하는가하는 논의도 필요하다. 대체로 평화적으로 운동을 하다가 과격한 불법행위로 혹은 다른 방향으로 나아갈 수 있는데, 어떤 운동이 그 경계를 넘나드는 경우가 있다. 이를 시민불복종으로 볼 것인가. 불법 과격한 운동이 다시 경계를 넘어 보다 학문적이나 정화운동으로 가게 될 경우에는 시민불복종의 위치는 정확하게 무엇인가의 문제가 있다. 혁명적 시민불복종의 경우 사후 국가권력이 운동에서의 폭력이나 불법행위에 대해서 인정하게 되고 역사적 정당성이 부여되게 되는데, 시민불복종의 범주와 개념을 어느 선까지로 해야 하는가. 즉 시민운동이 바람직하고 안정적인 방향으로 나아갈 수도 있고, 그렇지 않게, 예를 들어 약탈행위로 갈 수도 있는데, 대중운동의 역동성에 대한 충분한 고려 없이, 시민불복종의 개념을 한계짓는 것은 문제라고 생각한다. 그래서 법불복종과 시민불복종의 차원이 다르지 않을까한다. 시민불복종의 한계는 어디까지인가를 규정할 필요가 있다.

박은정

시민불복종은 시민의 법불복종 문제를 어떻게 볼 것인가의 문제로 본다. 낙선·낙천 운동 경우처럼 이에는 의식적인 법위반이 따른다. 그리고 이러한 의식적 법 위반 행위가 법적으로 정당화되느냐, 된다면 어떤 근거로 정당화되는가가 문제인 것이다. 이에 대해서 한편에서는 도덕적 측면에서 법적 관용을 베풀 수는 있지만 법적인 정당성을 획득하는 것은 아니다라고 볼 수 있고, 다른 한편에서는 궁극적으로 민주주의와 주권재민의 원칙에서 보면, 시민불복종이 당장은 법 위반으로 보이나, 있는 법이 아니라 있어야 할 법을 실현하기 위함이라는 목적에 비추어 정당화될 수 있다. 즉 가장 크게는 국민 주권에 의해서 아니면 기본권 실현의 확대라는 측면에서 정당화의 근거를 찾을 수 있다. 보다 구체적으로는 형법이나 집시법 같은 개별법의 차원에서의 위법성 조각 사유에 의해 정당화될 수도 있을 것이다? 이와 같이 불복종에 대해서, 법적 차원에서 정당성을 확보할 수 있을 때는 법에서 그 정당성을 확보하고, 그렇지 못할 경우라도 시민불복종행위자는 여느 파렴치한 범법자 내지 법위반 행위자와는 다르다는 점에서 시민불복종행위에 대해서는 법적 존중 내지 관용이 필요하다고 말할 수 있다.

김기식

법치주의의 합법성을 어떻게 해석해야 할 것인가와 더불어 시민운동이 법제도를 개혁하고 전개하는 운동의 의의와 앞으로의 발전성에 대한 논의가 있었다. 민주화 이전에 법은 시민에 대한 탄압과 방어의 도구였다면 민주화 이후에는 개혁과 공격의 무기가 되고 있다. 지금은 법치주의는 이 양면을 동시에 보이고 있다.

한인섭

입법과 행정의 관문이 닫혔을 때 공익소송을 통해서 기존의 타성에 충격을 가할 수 있다. 이를 통해서 다시 입법화가 이루어지기도 한다. 예를 들어 성희롱 사건의 경우 오랜 시간을 걸쳐 사회인식이 크게 바뀌었다. 그러면서 입법안이 성사되고 개별 직장 단위로까지 확대되는 교육 프로그램이 만들어졌다. 지금의 입법운동은 과거와 달리 입법과 행정의 관문에 쉽게 접근이 가능해졌다. 반면 입법운동은 종래의 시민운동이 갖고 있던 대중 중심의 운동에서 이탈하고 있는 현상이 보인다. 예를 들어 성매매방지법은 1년 만에 성사가 되었지만, 성희롱의 경우는 5년의 시간이 걸렸다. 성매매방지법과 같이 빠르게 되는 것이 좋은 것이냐? 거기서는 사회적 합의의 과정이 생략되어 있고 이는 아직 진행중이다. 어느 쪽이 좋고 나쁨이 없다. 중요한 것은 국민 개개인에게 도덕적인 의식과 규범화가 확산되어야 한다는 점이다. 공익소송과 입법운동의 중요한 중추는 민변이었다. 지금의 민변은 권력과 가깝다는 평가를 받고 있다. 권력과 거리를 유지하고, 감시자로서의 역할을 해야 한다고 본다.

박주현

우리 사회의 가장 큰 문제는 양극화다. 이러한 현상은 첨단산업화와 세계화라는 물결 속에서 더욱 심화될 것이다. 세계화는 이미 멈추게 할 수 없는 현상이고 이는 무한대의 경쟁을 의미한다. 선진국의 경우 정부재정 개입 이전의 지니 계수가 좋지 않다. 이들 국가에서는 정부재정이 소득재분배에 올인한다. 사회개발비 지출이 정부재정의 50%를 초과하는 반면 경제개발비는 10% 미만이다. 그러나, 한국의 경우는 일부 집단, 즉 삼성과 같은 특정 기업 임원만이 잘 사는 현상이 나타나는 것과 같이, 기업과 민간 부분에서의 양극화가 급속도로 진행되었음에도 불구하고, 정부의 재정은 경제개발비와 사회개발비가 각 20여 %로 비슷한 상황이다. 이는 국내에서 경제 부처가 헤게모니를 장악하고 있기 때문인데, 경제 부처가 자기 관할 예산을 놓지 않고 있는 한 소득 재분배를 이루는 것은 매우 어렵다. 현재 이러한 문제제기를 바탕으로 정책이 수립되었으나 그 실행 속도가 매우 늦다. 2008년까지 경제 개발비 19%, 사회 개발비 29%를 설정해 놓고 있다. 이에 대해서 시민사회도 공동의 책임이 있다. 엄청난 사회프로그램과 전달 체계 시스템을 만들어야 하는데 사회개발비 같은 경우는 추상적인 성과를 입증하기 어려워 공무원들이 이러한 업무를 담당하지 않으려고 한다. 소득 재분배 개념을 늘려야 하는데 그 역할에서 NGO가 중요하다. 즉 지역 현장에서 관련 프로그램을 감시하고 직접 시행하기도 하고 관리하는 NGO의 역할이 필요하다. 그리고 사회개발비의 비중을 늘려가기 위해서 경제학자들, 경제 언론, 기업과 같은 기득권층과의 싸움을 시민사회가 당당해야 한다.

정부 재정으로 들어가서 시민사회가 모든 부분을 다 감시하고 관리할 수는 없다. 그러나 이러한 부분의 시작은 시민사회가 해야 한다. 시민사회가 압박하고 시작해야 정부는 이런 압력에 처해 사업에 착수를 하게 된다. 보통 정부의 사업 방식을 보면, 첫 단계에서는 거부 그 다음 단계에선 오히려 과장된 업무 추진으로 사회적 분란 야기, 세 번째 단계에선 시범사업을 한다든가 하는 단계적 접근을 통해 속도를 늦추는 양상을 보인다. 이 모든 과정에서 시민사회가 개입하지 않으면 그 결과는 엉뚱한 방향으로 나아가게 된다. 시민사회도 혼자서 할 수 없기 때문에, 전문가들과 정부 공무원과의 포럼의 장을 형성하고 상호 견제와 견인을 할 필요가 있다. 민변이나 개혁 세력이 정권에 많이 진출을 하였으나, 그러한 정권이 성과를 내지 못하는 것은 민변이나 개혁세력의 한계라고 생각한다. 민변은 계속 인권문제만을 주력해 다른 많은 분야에 대한 의지가 결여되어 있다. 경제 사회 분야에 대해선 준비와 의지가 없다.

송호창: 법무법인 덕수 변호사

NGO의 권력화에 대해서 이야기가 나왔는데, NGO의 위기에 대한 진단이 정확해질 필요가 있다. NGO의 기능이 권력에 대한 견제와 감시를 한다는 정당성에 기반하기 때문에 NGO의 권력화는 안된다는 결론은 위험하다. 시민단체는 국가기관보다 세밀한 견제와 감시의 기재가 자체로 존재한다고 본다. 바로 회원이라는 조직이다. 시민단체가 잘못하면 즉각적으로 회원이 줄어들고 언론을 통해 문제제기가 되기도 한다. 대중적인 검증절차를 거치고 있다고 본다. 무조건 권력화되면 안 된다는 진단에는 동의할 수 없다.

NGO의 권력화는 NGO 출신의 인사가 권력으로 나아가는 것과 구분되어야 한다. 이는 심지어 시민사회 내에서도 존재하는 보편적 오해라고 생각한다. 즉 시민단체가 그 활동을 통해 영향력이 강화되는 것과 개별적으로 정부 요직으로 진출하는 것을 동일시하는 것은 조선일보 식의 논법이라고 본다. 그리고 그들이 속한 정부 정책이나 결과물은 진출 인사 개개인의 정치적 소신의 산물일 수는 있어도 그들이 속해 있던 조직의 정책이 될 수 없다. 이러한 현상을 근거로 민변 혹은 특정 NGO의 한계라고 말하는 것은 타당성이 없다. 또한 한 단체가 다루는 영역이 어느 한 부분에 집중되거나 한정되어 있다고 해서 그것을 그 단체의 한계로 단정하는 것은 성급하다. 그것은 오히려 그 단체의 전문적 성격인 것이다.

NGO의 위기가 무엇이고 위기를 어떻게 진단해 나갈 것인가 하는 문제에 있어서, NGO의 영향력이 커질수록 보다 신중해져야 하는데, 그렇지 못해서 생기는 역효과가 있는 것 같다. 참여연대 일을 하면서도 살얼음판을 걷는 것 같았다. 확인을 하고 검토를 하면서 일을 한다. 엑스파일 실명 공개하고 세풍수사 관련자들이 누구인지에 대해서 지적을 했었는데, 이번에 많이 지적이 안 되었다. 참여연대가 공개를 했는데 실수를 하게 되면 대중의 비난을 받고 이제까지의 영향력에 타격이 될 것이다. NGO의 위기에 대해서 다룰 때, 조선일보 식의 논조로 접근할 것이 아니라 세심하게 짚고 넘어가야 할 것 같다.

강금실

입법과정 이전에 현장 속에서 문제와 갈등들을 찾아내고 합의를 도출해서 입법으로 가는 과정을 앞으로의 운동에서 어떻게 위치지울 것인가의 문제에 대한 논의도 필요하다. 즉 절차적으로 입법 이전에 현장에서의 갈등이 충분이 논의되고 정의된 후 입법활동으로 나아가야 하는데, 입법이 먼저 앞서 가게 될 때, 이 법을 현장에서 어떻게 시행하고 유지·정착시켜 나갈 것인가의 문제에 대한 논의 필요성에 대해 환기할 필요를 느낀다. 또한 NGO의 역할과 관련하여 NGO가 권력의 주체가 되는 문제와 그 고유성과 독자성을 어떻게 지킬 것인가의 문제에 대한 논의 필요성에 대해서도 마찬가지다.

김기식

입법운동과 대중운동과의 연계에 대해서 말하고 싶다. 한 마디로 제도화가 너무 앞서 감으로써 사회적 교육과정이 생략되고 있다. 사회적 의식, 문화, 관행의 수정이 없는 가운데 제도와 대중과의 괴리가 존재하게 되고 운동을 통해 이룬 제도가 제대로 기능하지 못하는 것이다. 대중과의 연계의 문제는 입법화의 과정에서뿐만 아니라 입법 후 사회적 수용의 과정에서도 매우 중요하다. 입법 전·후 모든 절차에서 사회적 공론화가 중요하다.

남윤인순

여성운동을 하면서 여러 가지 입법운동을 시도해 왔다. 입법운동을 넘어선 다른 차원이 필요하다. 즉 새로운 가치를 만들어가면서 실질적인 법치주의로 나아가야 하는데, 현실적으로 부족한 부분이 존재한다. 여기서 NGO에 대한 위기 논란도 나오는 것 같다. 지금과 같은 여러 가지 갈등이 상존하는 복잡한 상황 속에서, NGO가 이러한 복잡한 상황을 어떻게 이끌어 갈 것인가에 대한 성찰적인 문제가 대두 되는데, 전문적 지식보다는 이 부분에 대한 대처가 부족하다. NGO적 전문성은 우리 시대적 가치를 대중과 함께 호흡하고 성찰하고 정교하게 해나가는 것이라고 생각한다. NGO들이 급속한 사회변화에 대응하기 위해 조급하게 순간순간 대처해야 하기 때문에 이러한 부분에서 미흡하였다. 그래서, NGO의 역할이 법의 지배 속에서도 강화되어야 한다고 본다.

사실 전문가 집단도 취약하다고 본다, 특히 여성적 관점에서 보면 그렇다. 전문가들도 시대적인 정당성이나 사회적 사명감이 약화되고 있고, NGO도 세대교체가 되면서 그 정체성의 많은 것이 달라지고 있다. 그래서, NGO의 전문성 강화나 합리성 강화는 법의 지배라는 테두리에 갇힐 필요는 없지만, 합법성이라는 테두리를 적절히 구사하면서 활동을 전개해 나가야 한다.

김기식

법치주의라고 하면, 한편으로는 법에 의하지 않았던 통치에 대해서 법을 만들어서 법을 통해서 법치를 하라는 의미일 것이다. 그래서 NGO가 법 제도가 없이 권력에 의해서 운영되던 사회 속에서 제도화를 추구하면서 성과와 한계 부분이 언급되고 있는 것 같다. 즉 많은 제도화가 갖는 장점과 단점이 있다. 제도화함으로써 사회의식 변화의 촉진 역할과 같은 성과와 동시에 한계도 있다. 우리나라의 경우 앞으로 입법보다는 법의 집행과정과 사법과정이 굉장히 중요하다고 본다. 법률의 범위를 벗어나고 위반하는 행정부의 행위에 대한 감시를 해야 할 부분이 굉장히 많다. 직무유기나 직권남용에 대해서 법률은 이를 통제하도록 하고 있으나 법원이나 검찰이 굉장히 소극적이고 실제로 통제한 예가 하나도 없다. 하지 않더라도 제재나 징계를 전혀 받지 않는다. 그래서, 정부가 행정재량행위를 하는 것에 대한 감시가 중요하다고 본다.

철도노동자가 3일 파업을 하고 엄청난 벌금을 무는데, 기업주의 엄청난 액수의 횡령 등에 대한 처벌의 강도는 약하다. 이러한 상황에서 법치주의를 애기할 수 있는가? 자본가와 관련된 법적용과 노동자에 대한 법적용을 비교한 자료집을 내보려고 한다. 이렇게 편향된 법집행에서 법치주의를 이야기하기는 어렵다. 법집행에 있어서의 형평성과 공평성이라는 것이 앞으로의 법치주의 실현에서 크게 중요한 문제될 것이다.

입법운동이 법치주의 확립에 기여하는 부분이 있기는 하지만 최근에는 위험한 요소가 있다. 대의제에서 입법운동이 사법영역으로 이전된다. 최근 자주 발생하고 있는 위헌 결정에서 볼 수 있듯이, 헌재가 국민만이 갖고 있는 헌법 제정권한을 행사한다든지 등의 입법적 사안을 사법 심사의 대상으로 가져가서 사법부가 대의제의 결정구조를 왜곡하고 있다. 또 일정한 수준의 개혁이 법을 통해서 가능하지만, 법은 기본적으로 기득권 옹호적인 부분이 있다. 현재의 법을 통한 개혁은 일정 시점이 지나면 법이 가진 기득권 옹호적인 성격, 현재의 계급적 대립 관계를 대표하는 법의 성격이 점점 대두될 것이다. 입법적 사안이 사법 심판의 대상으로 전이되어 위헌이라는 판결로 국민의 대의기관을 무기력화하는 위험성 때문에 검찰이나 법원에 대한 부분이 법치주의에서 상당히 커지는 부분이 있다. 제도화의 측면에서의 법치주의와 법의 집행이라는 측면의 법치주의가 있다. 두 가지 측면의 법치주의가 잘 되더라도 법률 자체가 갖고 있는 한계점이 존재한다. 이러한 측면에서 시민불복종의 논의가 필요하다.

법치의 근본적 관계의 핵심의 하나는 재산권 문제이다. 사회경제적 개혁을 해나가는 데 있어서 재산권에 대해서 과도하게 절대적 권리로 보호하고 있다. 이러한 자본주의를 지탱하는 재산권에 대한 극단적 보수성이 앞으로의 사회경제적 개혁에 있어서 가장 큰 걸림돌이 될 것이다. 이 점에 있어서는 저항할 수밖에 없다.

이찬진

법의 집행이나 사법과정에서 참여민주주의를 어떻게 실현할 것인가의 문제는 제도화된 단계에서 절차적 정당성을 확보하는 것만으로 해결될 것은 아니다. 집권자에 의해 해결될 수 있는 문제를 넘어서 사법부에서 운영되는 권력이 절차적 정당성만 확보되면 문제가 없는가. 즉 참여민주주의 문제를 다루는 데에 있어서 단지 지도자를 선출하는 데에 그칠 것인가 아니면, 사법권력의 구성에 있어서도 국민의 참여를 제도화하고 그 인적 구성을 어떻게 할 것인가에 대한 문제로 나아갈 것인가를 심각하게 고민해야 할 필요가 있다. 특히 대법원장, 헌법재판관 구성 영역에 시민사회가 전혀 개입할 여지조차도 없다는 점을 고민해야 할 단계가 왔다. 이는 사법적인 통제가 내용적인 정당성을 담보할 수 있는 대표성을 어떻게 확보할 것인가의 문제이다.

NGO 구성원이 정치권 혹은 정부 위원회에 참여하는 것에 대해서 말이 많다. 이들은 NGO에서 전문가 그룹을 형성하고 권력과의 관계에서 상대적 균형을 이루었던 세력인데, 이들을 대처할만한 전문가 그룹을 NGO에서 형성하기 어렵다. 또한 이들이 아무리 속한 NGO와 유기적 관계를 갖고 활동하게 되더라도, 과연 공익의 대변자로서 대표성을 갖고 정책 결정에 참여했다고 할 수 있는지의 문제는 남게 된다. 결국은 NGO에서 충분한 전문가 인력 풀을 확보하면서 자체적 검증이 가능하도록 하는 수밖에 없는데, 현실적으로 어렵다. 즉 NGO의 전문성 약화를 가져온다.

결국은 참여민주주의를 현재와 같은 상황에서 담보하기 위해서는 알권리를 무기로 할 수 있다. 가령 제도나 정책을 입안하는 단계에서 국민의 실질적 참여가 된다면, 어떻게 입안되는가에 대해서도 모니터링이나 의견 개진 등이 되어야 할 텐데 그러기에 어려운 분야가 많다고 본다. 예를 들어 연금제도와 같은 사회복지 정책은 현 세대는 물론이고 다음 세대에게도 영향을 미치는 것인데, 이러한 정책의 수립은 차세대로부터 검증받아야 하는 문제가 있고, 이런 부분은 누구도 답할 수 없다. 이와 같이 여러 많은 정책이 섣불리 답을 제시할 수 없는데 이러한 부분에 대해서 전문가 혹은 단체라는 이유만으로 정당화되고 넘어가는 것은 월권과 자만이다. 이에 대한 고민이 필요하다.

양현아: 서울대 법대 교수

NGO에는 항상 에스(s)가 붙는다. NGO라는 개념은 굉장히 광범하고 복수적인 개념이다. NGO의 에스성, 이제 더 이상 하나의 행동이 아니다. 시민사회는 꼭 NGO만을 지칭하는 것은 아니다. 시민사회는 공적이지도 않고 사적이지도 않는 또 다른 영역으로서 또 다른 것을 추구할 수 있는 사회공간으로 이해해야 한다. 우리사회는 이 시민사회를 더욱 키우고 성장시켜 나가야 한다.

확실히 지금 NGO들의 국면이 과거와는 다르다는 것을 느낄 수 있다. 5년 전에 제주인권회의에서 호주제폐지 얘기를 했고 호주제 위헌제청을 처음으로 구상했다. 지금 여러 가지가 실현되고 있는 상황에서 지금의 과제는 무엇이고 한계와 위험은 무엇인지를 생각하게 되는 것을 보면, 확실히 지금의 NGO의 역할은 1990년대의 운동과는 위치를 다르게 설정해야 한다고 본다. 그래서 이런 NGO와 법이라는 심포지움을 개최한 것 같다.

NGO와 국가라는 주체가 있을 때, NGO가 국가 권력에 미치는 영향이나 작용부분을 논의하여 왔다. 이제는 NGO가 공적 부분에서 확보하고 얻어내야 할 것이 무엇인가에 대한 논의가 필요하다. NGO의 권력화라는 용어에는 전적으로 동의하지 않지만, 어느 정도 권력을 얻고 있는 NGO가 있다면 이를 어떻게 활용할 것인가가 중요하다고 본다. 반대로 이러한 NGO가 시민사회에서 어떻게 자리매김을 할 것인가에 대해서도 고민이 필요하다.

여성운동의 경우 90년대 법제화 운동으로 유명한데, 최근의 성매매방지법까지 시민운동에서 가장 법제화로 많이 나아간 운동이다. 이러한 법제화 운동 속에서 비법제화적인 다양한 문화적 부분은 줄어들지는 않았나 싶다. 그래서, NGO가 권력화 되는 것이 아니라, 풀뿌리와의 교감이 끊어진 것은 아닌지 한다. 그래서 권력화의 문제라기 보다는 NGO 운동의 사회 고유성, 정체성 찾기의 문제로 봐야 한다.

국가와의 관계도 생각되어야 하는데, 이번 성매매 방지법 등에서 중요한 것이 피해지 보호와 보호조치에 관한 시설이 있어야 하는데 현재 200여 명의 성매매 여성들은 갈 곳이 없다. 법안에 제도로 마련된 부분이 사회에서는 현실적으로 마련되어 있지 않은 상태에서 법안만이 통과되어 사회와의 격차가 벌어져 있다. 이는 NGO의 책임이 아니라고 생각한다. 해당 부서에서 법안을 면밀히 살피고 현실이 준비가 되었을 때 법안을 통과시켜야 하는 것이 아닌가 생각한다. NGO가 어떻게 변해야 하는가

보다 정부가 NGO의 아젠다를 받아서 실질적인 것을 이루어 낼 수 있도록 하는 노력도 있어야 한다고 본다. 담당정책 관료, 행정부에게 우리가 좀더 많이 요청해야 하고, NGO만 안고 가는 것이 아니라 국가가 해야 할 부분은 확실히 해야 한다고 본다.

최영애: 국가인권위원회 상임위원

여성운동의 주요 성과 가운데, 발제에서 다루어지지 않은 부분을 얘기하고자 한다. 성폭력특별법의 초기 논의 과정에서 '아내 강간'이라는 단어의 삽입 여부에 대한 논란이 있었다. 가정폭력방지법과 성폭력특별법을 함께 아내여성폭력방지법으로 통합하는 논의도 있었다. 그러나 사회적 수용 성숙도를 고려하여 전략적으로 성희롱특별법을 먼저 입법화하는 것으로 방향을 잡게 되었다. '아내강간'이라는 말도 막바지에 사용하지 않기로 하였다. 성희롱이란 명칭에 대한 내용적 논란 속에서 성희롱에 대한 개념화를 성추행 이전 단계로 정의하였는데, 서구의 개념과는 차이가 존재한다. 서구의 개념에서 섹슈얼 허러스먼트는 권력적 관계가 존재하는 것을 전제로 하기 때문에 가벼운 접촉에서 강간에 이르기까지를 포괄하지만, 국내에서는 성희롱과 추행을 구분하고 있다. 이러한 개념의 차이는, 우리 사회는 추행 이전 단계에 대한 행위에 대해선 친밀감에 대한 표현이라는 사회적 분위기 때문에 이 단계를 성희롱으로 규정한다. 이러한 개념화가 현재 문제가 되고 있다. 즉 성희롱을 가볍게 취급하는 문제를 낳는다. 입법활동시 깊이 고려하면서 가야 한다는 것을 이런 예가 잘 보여준다. 여성 입법운동의 성공적 배경과 대중의 인식 정착의 성공 배경에서는 현장을 기초로 해서 개별이 아닌, 성별에 따른 집단의 문제로 외화함으로써 가능하였다. 성매매방지법의 정착에 어려움이 있었던 것은, 상당한 기간 사회적 공론화의 과정을 거쳤던 성폭력이나 가정폭력의 경우와는 달리, 은밀하게 진행하면서 터뜨렸기 때문이 아닌가 한다. 즉, 성매매와 관련해서는 당사자들의 거부도 있었겠지만 강력하고 구체적인 이익집단이 존재하기 때문에 은밀하게 진행되었고 대중 공론화를 생략하고 짧았다.

홍관표

성매매특별법 제정 이후, 사법부의 재량에 의해 형량이 제대로 이루어지지 않았

던 과거의 관행에 비추어, 사법부의 재량을 축소하고 형량을 늘렸다. 그러나, 실제적인 결과를 보면 별로 달라진 점이 많지 않다. 그래서 입법 이외에 사법 부분에 있어서 재판이나 검찰에 대한 교육 계획은 없는지 궁금하다.

남윤인순

성매매 관련법안의 정착과정에서 공론화에 대한 고민이 많았다. 공론화할수록 언론과 지자체를 포함한 반대 세력의 결집이 강화될 것에 대한 우려가 있었다. 심지어 시민사회단체 내에서도 의견이 분할되었다. 이에 대한 고민을 지속하고 있다. 사법부의 인식에 대해서 판단이 어렵다. 사법적인 것에 대한 판단도 중요하지만, 사회적 인식이 보다 근본적이므로 사회인식이 바뀌면 사법부도 그러한 인식을 반영할 것이다.

박래군

민주주의를 발전시키지 못한 상태에서 법의 위치를 봐야 하는데, 80년대 혁명적 민주주의가 90년대에 사라지고 이제 참여민주주의가 그 자리를 차지했다. 90년대에 많이 발전했다고 하지만 민주주의의 제도적 면에서는 크게 발전은 이루어지지 않았다. 예컨대 국민소환제만 해도 그렇다.

민주주의가 성숙되어 정착되지 못한 상황에서 법의 지배를 논의하는 것은 순서적으로 다소 무리가 있다. 더구나 여태까지는 운동이라는 것이 대중을 대표하면서 해결사 역할을 해왔는데 언제까지 가야 될 것인가. 대리전 식의 운동으로 대중과의 끈끈함이 약해졌고 빈부격차 문제 등으로 점점 더 소외된 대중은 소통의 통로를 잃고 있다. 이러한 상황 속에서 민주주의와 법의 지배를 의제로 삼고 있기 때문에 다시 대중은 권력뿐만이 아니라 이제 NGO와도 거리감을 더욱 느끼게 되고, 결국 대중과의 분리가 가속화되고 있다. 여기서 지금 운동의 위기가 비롯된다. 결국, 전문가도 중요하지만 대중의 역량과 지지가 중요하다. 전문가와의 관계를 결합해 가는 것도 중요하다고 보지만, 대중적 기반 속에서 전문가도 양성하고 찾아내야 한다.

종합 토론 : 최영애

양현아 교수님이 말씀하신 것과 같이 많은 아젠다들이 지금 현실적으로 입법이 되고, 작동하게 되는 굉장히 많은 성과를 만들어 냈다고 본다. 그래서 여러 포럼이 중요한데, 특히 이번 NGO와 법률가 그리고 정부관료도 함께 한 자리는 매우 중요하다고 본다. 굉장히 많은 쟁점들을 이야기했다. 이찬진 변호사의 발제 속에 NGO들의 운동이 정체되는 것이 NGO의 정부에 대한 직·간접적 참여에 있다는 말이 나오고, 실제 이를 비판적으로 보는 시각이 NGO에 여전히 존재한다고 본다. 차병직 변호사의 발제에서 통합성이라는 것도 생각해야 하고, 민변이 약해지는 지금 상황의 문제에 대해서도 얘기를 나눠야 한다고 본다. 이것이 권력의 이동에서 발생했다는 결론은 문제가 있다고 본다. 그리고 교육현장에서의 과제는 또한 무엇인가도 중요하다고 본다. 법치주의의 실행에 있어서 지금까지는 참여하는 사람들의 과제에만 집중되었으나, 법치주의의 실현에는 법률의 필요성과 의존도가 상당히 높아지고, 참여해야 하는 사람도 낮아지고 있는데, 교육현장에서 이 부분을 과제로 가져갔으면 한다.

남윤인순

성매매방지법 등은 현상적으로 입법이 앞서 보이지만, 사실상은 빨리 입법이 되었다고 생각하지는 않는다. 입법이 사회 의식을 변화시키는 경우도 있다. 너무나 오래된 관습이었기 때문에 의식 수준이 통합되기 전이라도 우리 사회의 고질적인 문제였던 부분을 해결해야 하는 것이다. 이런 경우는 오히려 입법 이후의 과정이 중요하다. 탈 성매매한 여성들에 대한 입법 후의 행정조직 속에서의 자기의무 같은 것 말이다. 사실 운동도 그런 점에서 할 부분이 있다고 본다. 결국 여성들이나 시민운동이 걱정하는 것은 현장성과 정체성, 대중성이라고 보는데, 많은 사람들이 알권리를 확장시키는 문제도 중요하다고 본다. 지역에 있는 단체들은 정보에 대한 접근성이 떨어진다. 그래서 알권리가 일반 대중에게 확산된다면 현장성의 문제를 해소할 수 있다. 그러한 취지에서 지역 내지는 현장에 관한 얘기를 하고 싶다.

이영주: 법무부 여성정책담당관, 검사

정부를 대표해서 말할 위치는 아니지만, 최근 법무부에 업무가 폭주해서 감당하기가 어렵다고 하는 애기가 있는데 시민운동의 부분이 행정부로 많이 넘어가고 있어서 그런 건 아닌지(웃음)……. 기존 법을 취지대로 잘 지키기만 하면은 우리 사회 문제의 상당부분이 해결될 수 있지 않을까 생각한다. 괜찮은 법도 많은데 너무 그러시는 건 아닌가 한다. 일본은 법을 만들려면 수십 년씩 걸린다는데 우리는 너무 급한 것이 아닌가 한다. 시민불복종운동에 대해서 시민운동과 법률가는 헌법의 틀 안에서 개념을 구성해 볼 필요가 있다. 보수적이라고 생각하지 마시고 신중하다고 생각해 주기 바란다.

양현아

이번에 정부에서 일하는 분들도 많이 초대하려고 했다. 정부와의 접촉이 중요하다고 본다.

이찬진

정부와 NGO의 관계 설정에서, 감시자로서의 개입이지 협력의 관계는 아니다. 문제는 NGO가 국가 권력 작용에서 권력감시자로서 개입할 준비가 되어 있느냐인데, 준비가 안 되고 있는 부분의 고민을 함께 안고 가야 한다. 개입의 범위가 사법에 이르기까지 전방위적으로 확대되었다. 그러한 상황에서 대중성을 확보하면서 어떻게 대처해 나가야 할 것인가에 대해 고민이 필요하다.

종합 토론 : 최영애

국가 인권위원회의 역할이 간과되고 있는 것은 아닌가 한다. 국가인권위원회의 기능을 어떻게 잘 활용하는가에 대해서 고민을 해주시기 바란다.

김기식

이번 발표와 토론을 통해 NGO와 법의 관계는 불가분의 관계임을 확인했다. 법률의 활용적 측면에서 보다는 한계적 측면, 즉 법제도 그 자체의 한계를 가진다는 것, 법제도화의 한계, 법제도 의식, 관행, 인프라 등의 한계지점도 지적이 잘된 것 같다. 법치주의와 법률이라는 것이 지니는 구조적 문제와 한계점을 어떻게 극복할 것이냐 하는 문제도 지적되었다. 그래서 불복종 문제가 나온 것 같다. 현실 속에서 NGO의 정체성 정립의 방향에 대해서도 논의가 있었다. 특히, 권력과의 관계에서, 법치주의와 관계에서 운동의 목표와 정체성 등 고민해야 할 부분이 많았던 것 같다. 민주주의와 법치주의 그리고 법치주의와 사람들의 구체적인 삶과의 관계 속에서 법치주의가 목표이면서 수단적인 측면도 있는 것인데 이 양자를 어떻게 정립할 것인가의 논의도 있었다. 이런 문제들에 대해 본격적으로 논의하기는 처음이다. 많은 문제점들과 논의점들을 도출했는데 잘 정리가 되어 다음에 논의를 계속해 나갈 수 있기를 바란다.

박은정

김기식 처장이 모임의 성과와 의의를 잘 정리해 준 데 대해 감사드린다. 주최측의 한 사람으로서 오늘 논의에서 나온 고민을 이어 다음 단계로 도약해가는 모임을 꼭 마련하도록 노력해 보겠다.

집필진(차례순)

박 은 정　서울대학교 법과대학 교수

박 원 순　변호사/아름다운재단 상임이사

염 형 국　공익변호사그룹 공감 변호사

김 영 수　공익변호사그룹 공감 변호사

이 찬 진　법무법인 해람 변호사

이 은 우　법무법인 지평 변호사/진보네트워크센터 운영위원

차 병 직　법무법인 한결 변호사/참여연대 집행위원장

김 기 식　참여연대 사무처장

남윤인순　여성연합 상임대표

여 영 학　법무법인 한결 변호사/환경법률센터 소장

김 동 춘　성공회대학교 사회과학부 교수

김 도 균　서울대학교 법과대학 조교수

박 래 군　인권운동사랑방 상임활동가

하 승 창　함께하는시민행동 사무처장

편저자 약력

박은정은 이화여자대학교 법학과를 나와 독일 프라이부르크대학교에서 법학박사 학위를 받았다.

이화여자대학교 법과대학 교수를 거쳐 현재 서울대학교 법과대학 교수 겸 기초교육원장으로 재직중이며, 한국법철학회장, 유네스코 국제생명윤리위원회(IBC) 위원, 참여연대 공동대표로도 활동했다.

저서로는 「자연법사상」, 「현대의 사회문제와 법철학」, 「국민을 위한 사법개혁」(공저), 「5·18 법적 책임과 역사적 책임」(공편저), 「생명 공학 시대의 법과 윤리」, 「Bioethics, Research Ethics and Regulation」 등이 있다.

법의지배센터 연구시리즈 2006-1

NGO와 법의 지배

2006年 11月 30日 初版印刷

2006年 12月 10日 初版發行

編著者 박 은 정

發行人 安 鍾 萬

發行處 博 英 社

서울特別市 鍾路區 平洞 13-31番地

電話 (733) 6771 FAX (736) 4818

登錄 1952. 11. 18. 제1-171호(倫)

www.pakyoungsa.co.kr e-mail: pys@pakyoungsa.co.kr

定 價 30,000원 ISBN 89-10-51409-4